ASW III.1
Philosophisch-phänomenologische Schriften 1

Alfred Schütz Werkausgabe

Herausgegeben von
Richard Grathoff, Hans-Georg Soeffner und Ilja Srubar

Redaktion Gerd Sebald

Band III.1

Alfred Schütz Werkausgabe
Band III.1

Philosophisch-phänomenologische Schriften 1

Zur Kritik der Phänomenologie Edmund Husserls

Herausgegeben von Gerd Sebald,
nach Vorarbeiten von Richard Grathoff, Thomas Michael

UVK Verlagsgesellschaft mbH

Bibliografische Information der Deutschen Nationalbibliothek
Die Deutsche Nationalbibliothek verzeichnet diese Publikation in der Deutschen Nationalbibliografie; detaillierte bibliografische Daten sind im Internet über <http://dnb.d-nb.de> abrufbar.

ISBN 978-3-89669-747-9

Einband: Susanne Fuellhaas, Konstanz
Satz: Gerd Sebald, Erlangen
Druck: fgb · Freiburger Graphische Betriebe, Freiburg

UVK Verlagsgesellschaft mbH
Schützenstr. 24 · D-78462 Konstanz
Tel. 07531-9053-0 · Fax 07531-9053-98
www.uvk.de

Inhalt

Anhang

Einleitung des Herausgebers

Im vorliegenden Band III.1 der *Alfred Schütz-Werkausgabe* (ASW) sind Texte von Alfred Schütz versammelt, die sich einerseits der Verbreitung andererseits der kritischen Auseinandersetzung mit der Phänomenologie Edmund Husserls widmen, darunter auch der hier erstmals veröffentlichte Text »[Notizen zu Problemen der Explikation und der Gegenständlichkeit]«. Im Rahmen dieser Einleitung werden nach einer kurzen Einführung in die Phänomenologie Edmund Husserls zum einen die biografische Entwicklung der Beziehung von Alfred Schütz zu Husserl dargestellt zum zweiten anhand der für Schütz' Theorieentwicklung wichtigen phänomenologischen Theorieelemente der Zeit, des Sinnproblems, der Konstitution, des egologischen Ansatzes, der Intersubjektivität, der Lebenswelt und der Typik die Spezifika von Schütz' typisch selektiver Aneignung von Husserls Phänomenologie herausgearbeitet und in einem letzten Schritt einige nach wie vor aktuelle Anschlussmöglichkeiten und Desiderata des in diesem Band dokumentierten interdisziplinären Theorietransfers benannt.

I. Edmund Husserls Phänomenologie

Edmund Husserl (1859 – 1938) ist die zentrale Figur in der Entwicklung der philosophischen Phänomenologie, eine der ideengeschichtlich folgenreichsten Denkbewegungen des 20. Jahrhunderts.[1] Nach dem Studium der Astronomie, Mathematik, Physik und Philosophie, das er in Leipzig (u. a. bei Wilhelm Wundt) und in Berlin (u. a. bei dem Mathematiker Karl Weierstraß) promovierte er 1882 in Wien bei dem Weierstraß-Schüler Leo Königsberger mit der Arbeit *Beiträge zur Variationsrechnung*. In Wien hörte er auf Anraten seines Freundes Tomáš Masaryk, dem späteren Präsidenten der Tschechoslowakei, Vorlesungen

1 Für biografische Ausführungen zu Edmund Husserl vgl. Herbert Spiegelberg, *The Phenomenological Movement. A Historical Introduction*, Den Haag: Nijhoff [2]1976, Bd. I, S. 73 ff. und Elisabeth Schuhmann / Karl Schuhmann, »Einführung in die Ausgabe«, in: Edmund Husserl, *Briefwechsel.* Band X: *Einführung und Register*, hg. v. Karl Schuhmann i. Verbind. mit Elisabeth Schuhmann, Dordrecht: Kluwer 1993, S. 1-70. Für einen ersten Überblick vgl. auch Franz Josef Wetz, *Edmund Husserl*, Frankfurt: Campus 1995 u. Peter Prechtl, *Edmund Husserl zur Einführung*, Hamburg: Junius [3]2002, sowie für einen Einstieg in phänomenologische Philosophie Rudolf Bernet/Eduard Marbach/Iso Kern, *Edmund Husserl. Darstellung seines Denkens*, Hamburg: Meiner [2]1996.

bei Franz Brentano, von dem er entscheidend angeregt wurde. 1887 habilitierte er in Halle bei dem Brentano-Schüler Carl Stumpf mit einer psychologisch-mathematischen Arbeit *Über den Begriff der Zahl*, die in einer überarbeiteten und erweiterten Fassung 1891 unter dem Titel *Philosophie der Arithmetik. Logische und psychologische Untersuchungen* erschien.[2]

Zur Jahrhundertwende schließlich vollzog Husserl mit den zwei Bänden der *Logischen Untersuchungen*[3] den Durchbruch zur Phänomenologie, dem Versuch einer Neubegründung der Logik und Erkenntnistheorie durch eine analytisch-deskriptive Methode, die sich auf das erkenntnistheoretische Problemfeld des Verhältnisses von Bewusstsein und Gegenstand richtet. Dieses Verhältnis wird von Husserl, in Anlehnung an Brentano, bestimmt als Intentionalität, als spezifische Form des Gerichtetseins, des Vermeinens. Solche Arten und Weisen des Bezugs charakterisieren Erlebnisse, deren Unterschiede sich dementsprechend nicht in inhaltlichen Bestimmungen, sondern wesentlich in der je spezifischen Weise der intentionalen Beziehung finden.[4] »Phänomene« sind entsprechend Gegebenheiten in der Art und Weise ihres Gegebenseins, wie sie sich in Akten des Bewusstseins als sinnhafte konstituieren. Bewusstsein wird damit zum einzigen Zugang zur Realität und die deskriptive intentionale Analyse wird zur wissenschaftlichen Methode, »auf die ›Sachen selbst‹ zurückzugehen«.[5] Neben den sechs *Logischen Untersuchungen* stellen die »Vorlesungen zur Phänomenologie des inneren Zeitbewußtseins«[6] einen Glanzpunkt in dieser Phase der Phänomenologie dar.

---

2 Edmund Husserl, *Philosophie der Arithmetik. Logische und psychologische Untersuchungen*, Halle: Pfeffer 1891; jetzt in: *Husserliana*, Bd. XII, hg. v. Lothar Eley, Den Haag: Nijhoff 1970.

3 Edmund Husserl, *Logische Untersuchungen*. Erster Band: *Prolegomena zu einer reinen Logik* (1900), Halle: Niemeyer ^{4}1928, jetzt in: *Husserliana* Bd. XVIII, hg. v. Elmar Holenstein, Den Haag: Nijhoff 1984; ders., *Logische Untersuchungen*. Zweiter Band: *Untersuchungen zur Phänomenologie und Theorie der Erkenntnis* (1901), Halle: Niemeyer ^{4}1928, jetzt in: *Husserliana* Bd. XIX/1 u. XIX/2, hg. v. Ursula Panzer, Den Haag: Nijhoff 1984.

4 Vgl. zum Begriff der Intentionalität Husserl, *Logische Untersuchungen*, Bd. II/1, »V. Logische Untersuchung: Über intentionale Erlebnisse und ihre ›Inhalte‹«, a. a. O. (Fn. 3), S. 377 ff.; ders., *Ideen zu einer reinen Phänomenologie und phänomenologischen Philosophie*. Erstes Buch: *Allgemeine Einführung in die Phänomenologie* (1913), in: *Husserliana* Bd. III/1, hg. v. Karl Schuhmann, Den Haag: Nijhoff ^{3}1976, § 35 f.

5 Edmund Husserl, »Einleitung [zu *Logische Untersuchungen* Bd. II/1]«, a. a. O. (Fn. 3), S. 10.

6 Edmund Husserl, »Vorlesungen zur Phänomenologie des inneren Zeitbewußtseins«, in: *Jahrbuch für Philosophie und phänomenologische Forschung*, Bd. IX, hg. v. Martin Heidegger, Halle: Niemeyer 1928, S. 367-490; ND: Tübingen: Niemeyer ^{3}2000; auch in: *Husserliana* Bd. X, hg. v. Rudolf Boehm, Den Haag: Nijhoff 1966, S. 3-130.

Im Fortgang der Phänomenologie entwickelt Husserl zwei spezifische Methoden der phänomenologischen Analyse, die eidetische Methode und die phänomenologische Reduktion.

Die eidetische Variation, die Wesensschau, fördert die den konstituierten Gegenständen zugrundeliegenden Allgemeinheiten zu Tage. Das geschieht nicht durch einen empirischen Vergleich, sondern durch die freie Variation der Anschauung, die im empirisch gegebenen Konkreten das Invariante, die allgemeine Form, sein allgemeines Wesen zum Vorschein bringt. Vom individuellen Gegenstand gelangt man so zum Wesen des Gegenstandes, zu seinen wesentlichen Bestimmungen. Von hier aus bestimmen sich spezifische Regionen bzw. regionale Ontologien, die wiederum Grundlage für eine Einteilung der Wissenschaften sind.[7]

Die zweite Methode, die phänomenologische Reduktion oder ἐποχή stellt eine radikale Rückbesinnung auf das transzendentale Ich als letzte Instanz der Ausweisung von Sinn und Geltung dar. Ausgegangen wird von der »Generalthesis der natürlichen Einstellung«, das heißt von Menschen in ihrer natürlichen und sozialen Umwelt, die als geltend vorgefunden und hingenommen wird. In der phänomenologischen Reduktion wird nun nicht diese Welt selbst »ausgeschaltet«, sondern die Geltung dieser These. Der naive Glauben an die Vorhandenheit des Reellen, alle Urteile über die Wirklichkeit werden »eingeklammert« und damit zum Thema der phänomenologischen Analyse gemacht. Auf diese Weise kann in der Einklammerung und der damit möglichen Thematisierung die Konstitution von Sinn und Geltung an ihrem Ursprung nachvollzogen werden. Diese Form der Reflexion wird von Husserl als transzendental bezeichnet und das in dieser Reduktion sich zeigende Ich als transzendentales Ich. Mit diesem Begriff wird jedoch nicht, wie bei Kant, auf die Bedingungen der Möglichkeit von Erfahrung verwiesen, sondern auf das Ich als Quelle und Ursprung allen Sinns.[8] So wird die transzendentale Sphäre als abstrakteste und fundierende Schicht des Weltzugangs freigelegt, von der aus eine Letztausweisung von Erkenntnis und Philosophie erfolgen soll.

---

7 Vgl. Husserl, *Ideen I*, a. a. O (Fn. 4), §§ 1-10, sowie ders., *Erfahrung und Urteil. Untersuchungen zur Genealogie der Logik*, redigiert und hg. v. Ludwig Landgrebe, Prag: Academia Verlag 1939, ND: Hamburg: Claasen&Goverts 1948; jetzt: Hamburg: Meiner ^{7}1999, §§ 87 ff.

8 Vgl. zur phänomenologischen Reduktion etwa Husserl, *Ideen I*, a. a. O (Fn. 4), §§ 30 ff,; sowie Edmund Husserl, *Cartesianische Meditationen*, in: *Cartesianische Meditationen und Pariser Vorträge*, *Husserliana* Bd. I, hg. v. Stephan Strasser, Den Haag: Nijhoff ^{2}1973, S. 41-183, § 15.

Husserl hat seine Thesen und Begriffe in stetiger selbstkritischer Überarbeitung weiterentwickelt, aber nie ein kohärentes, umfassendes System entworfen. Eine generelle Veränderung im Spätwerk stellt die Betonung der genetischen Analyse dar, im Gegensatz zu den statischen Analysen der *Logischen Untersuchungen* und der *Ideen I*, die nur die aktuale Evidenz analysieren. Die genetischen Analysen des Spätwerks versuchen dagegen, die verborgene Herausarbeitung in ihrer Zeitlichkeit analytisch zu erfassen. Bezogen auf die Logik leistet das die *Formale und transzendentale Logik*[9], ursprünglich gedacht als Einleitung für die *Logischen Studien*, die nach Husserls Tod von Ludwig Landgrebe unter dem Titel *Erfahrung und Urteil. Untersuchungen zur Genealogie der Logik* herausgegeben wurden.[10] Gerade diese ausführlichen Analysen der vorprädikativen und prädikativen Konstitution der Wahrnehmung, der Typisierung und der eidetischen Methode wirken in ihrer Schärfe, Genauigkeit und Detailliertheit nach wie vor hochaktuell.

Die zu Husserls Lebzeiten nur in der französischen Übersetzung erschienenen *Cartesianischen Meditationen*[11] entfalten in den ersten vier Meditationen die transzendentale Egologie. Mit der egologischen Rückführung auf das Ich, die in den *Logischen Untersuchungen* bereits angelegt, aber keineswegs so radikal durchgeführt war,[12] wird mit dem drohenden Solipsismusvorwurf die Problematik der Intersubjektivität in der transzendentalen Phänomenologie virulent (vgl. dazu unten S. 31). Diese wird in der V. Meditation als ausführlichstem Text zu diesem Problem eingehend abgehandelt.

---

9 Edmund Husserl, *Formale und transzendentale Logik. Versuch einer Kritik der logischen Vernunft* (1929), in: *Jahrbuch für Philosophie und phänomenologische Forschung* 10, 1929; jetzt in: *Husserliana* Band XVII, hg. v. Paul Janssen, Den Haag: Nijhoff 1974. Zur genetischen Analyse vgl. Beilage II, S. 315 ff. Vgl. dazu auch Schütz' »Rezension zu Edmund Husserl, *Formale und transzendentale Logik*«, in diesem Band S. 87 ff.

10 Husserl, *Erfahrung und Urteil*, a. a. O (Fn. 7). Vgl. zum Verhältnis dieses Textes zur *Logik* das »Vorwort des Herausgebers«, S. XXII. Zur Verbreitung dieses Textes in phänomenologischen Kreisen und zu Schütz' Kenntnis dieses Textes vgl. unten Anm. E 5, S. 57, sowie M 1 im Materialienanhang (in diesem Band S. 361 ff.

11 Husserl, *Cartesianische Meditationen. Eine Einleitung in die Phänomenologie*, a. a. O. (Fn. 8), sowie Alfred Schütz, »Rezension zu Edmund Husserl, *Méditations Cartésiennes*«, in diesem Band S. 65 ff.

12 Vgl. dazu insbesondere wiederum die *V. Logische Untersuchung*, a. a. O. (Fn. 4), §§ 4, 6, 8 u. 12, in denen ein Bezug auf ein anderes als das empirische Ich explizit abgelehnt, und die Ichvorstellung auch nur als *mögliche* Beigabe in der intentionalen Analyse geführt wird.

Die *Krisis*[13] schließlich, Husserls letztes zu Lebzeiten erschienenes Werk, versucht von der Lebenswelt her die Wissenschaften und die Phänomenologie zu begründen. Einer Lebenswelt allerdings, deren historische Dimension er mit seiner intentional-historischen Analyse des menschlichen Weltverständnisses hervorhebt. Für die Krise der Philosophie macht er einen Bruch im Sinnfundament der Lebenswelt aus, der besonders mit der Heraufkunft der mathematisierten Naturwissenschaften der Neuzeit vollzogen wurde und wird, mit der Ursprungsvergessenheit der vorgeblich objektiven Erkenntnis und der Ausbreitung der τέχνη, was zu einer Sinnentleerung führe.

Diese Diagnose der Krise war eine in dieser Zeit durchaus verbreitet und keineswegs durch Husserls persönliches Lebensschicksal ausgelöst. Nach seiner Emeritierung 1929 erfolgte der offene Bruch mit seinem früheren Assistenten und Nachfolger Martin Heidegger, 1931 dann der Bruch mit dem phänomenologischen Weggefährten Alexander Pfänder. Husserl verzichtete in der Folge auf die Weiterführung des von ihm begründeten *Jahrbuchs für Philosophie und phänomenologische Forschung*. Er sah sich unverstanden von einer »primitiv-verständnislosen Umgebung«,[14] und umgab sich mit einem kleinen Kreis von Schülern, zu denen ab 1932 auch Alfred Schütz gehörte. In der Zeit des Nationalsozialismus hatte Husserl, obwohl evangelisch getauft, aufgrund seiner Vorfahren jüdischen Glaubens, viele Schikanen, auch an der Universität, zu erleiden. Er starb am 27. April 1938 in Freiburg.

Die Phänomenologie Edmund Husserls ist rückblickend betrachtet eine der wichtigsten geistesgeschichtlichen Strömungen des 20. Jahrhunderts. Auf ihr fußen unter anderem das Werk Max Schelers, die Fundamentalontologie Martin Heideggers, der Existentialismus von Maurice Merleau-Ponty und Jean-Paul Sartre, die philosophische Hermeneutik Hans-Georg Gadamers, die Sozialtheorie von José Ortega y Gassets, die Dekonstruktion Jacques Derridas, vermittelt über Heidegger Michel Foucaults Diskurs- und Machtanalysen, vermittelt über Merleau-Ponty Pierre Bourdieus Theorie des Habitus. In der Soziologie beziehen sich die Ethnomethodologie, die Theorie des kommunikativen Handelns und die Systemtheorie Luhmann'scher Prägung mehr oder weniger stark

13 Edmund Husserl, *Die Krisis der europäischen Wissenschaften und die transzendentale Phänomenologie. Eine Einleitung in die phänomenologische Philosophie* (1936); Teil I und II dieses Textes erschienen 1936 im 1.Band der Zeitschrift *Philosophia* in Belgrad, jetzt insgesamt in: *Husserliana* Bd. VI, hg. v. Walter Biemel, Den Haag: Nijhoff ²1962.

14 Brief an Gurwitsch v. 30. April 1932, Edmund Husserl, *Briefwechsel.* Band IV: *Die Freiburger Schüler*, hg. von Karl Schuhmann. Dordrecht: Kluwer 1993, S. 105.

auf phänomenologische Elemente. Für die soziologische Theoriebildung regten nicht zuletzt die phänomenologisch inspirierten Arbeiten von Alfred Schütz die Auseinandersetzung mit Husserls Werk an. Bevor auf diese Inspiration anhand einzelner Theoriekomplexe eingegangen wird, soll im nächsten Schritt das Verhältnis von Alfred Schütz zu Edmund Husserl auf der persönlich-biografischen Ebene dargestellt werden.

II. Alfred Schütz und Edmund Husserl

Alfred Schütz hatte über Felix Kaufmann bereits früh in seinem intellektuellen Leben Kontakt mit der Phänomenologie Edmund Husserls.[15] In einem an die UNESCO gerichteten Gutachten, die finanzielle Förderung des Husserlsarchivs betreffend, schreibt er mit Datum vom 21. September 1949: »Since I had the privilege of belonging to Husserls closer students during the last six years of his life having been studying his philosophy for more than 30 years, I might be permitted to express my deepest conviction that the core of Husserls work is not contained in his published books but in the manuscripts he left behind.«[16] Das hieße, dass Schütz bereits mit Beginn seines Studiums die Lektüre von Husserls Werken aufgenommen hat. Erste Spuren davon zeigen sich in seinem ersten, zu Lebzeiten unveröffentlichten Werk »Lebensformen und Sinnstruktur« (1925/27). Dort finden sich Husserls Begriffe »Noësis« und »Noëma«, allerdings nicht systematisch eingeführt.[17] Dieser erste Versuch einer philosophischen Grundlegung der verstehenden Soziologie Max Webers fußte vor allem auf Bergsons zeitphilosophischer Theorie

15 Für biografische Ausführungen zu Alfred Schütz vgl. Helmut R. Wagner, *Alfred Schutz: An Intellectual Biography*, Chicago/London: University of Chicago Press 1983; Michael D. Barber, *The Participating Citizen. A Biography of Alfred Schutz*, Albany: State University of New York Press 2004; Martin Endreß, *Alfred Schütz*, Konstanz: UVK 2006

16 Alfred Schutz Papers. General Collection, Beinecke Rare Book and Manuscript Library, box 20, folder 428.

17 »Diese Beispiele sollen nur dazu dienen, um das Problem ersichtlich zu machen und die Parallelität zwischen ihnen in dem Verhältnis des Konstituendum zum Konstitutum, der Noësis zum Noëma, des subjektiven (gemeinten, zu setzenden) zum objektiven (gesetzten, zu deutenden) Sinn klar herauszuarbeiten. Alle diese höchst komplizierten Spezialanwendungen sind auf eine Formel reduzierbar, nämlich auf die Sinnsetzung in einer anderen Lebensform als die Sinndeutung.« (Alfred Schütz, »Lebensformen und Sinnstruktur«, in: ASW I., hg. v. Matthias Michailow, Konstanz: UVK 2006, S. 45-173, S. 106. Zudem findet sich der Begriff des »intentionalen Gehaltes« S. 49.

der *durée* und versuchte von hier aus den Sinnbegriff zu entwickeln.[18] Erst das Scheitern dieses Versuches und die Bekanntschaft mit Husserls *Vorlesungen zur Phänomenologie des inneren Zeitbewußtseins* (1928) und *Formale und transzendentale Logik* (1929)[19] veranlassten Schütz in seiner einzigen Monographie *Der sinnhafte Aufbau der sozialen Welt. Eine Einleitung in die verstehende Soziologie* [1932-I-1], hin zur Phänomenologie Husserlscher Prägung als philosophisches Fundament der verstehenden Soziologie zu schwenken.[20] Auf Anregung von Felix Kaufmann schickt Schütz ein Exemplar an Husserl:

> »Meine Freunde, Herr Dozent Felix Kaufmann und Herr Professor Tomoo Otaka, ermutigen mich, Ihnen, hochverehrter Herr Geheimrat, ein Exemplar meines soeben erschienenen Buches ›Der sinnhafte Aufbau der sozialen Welt – Eine Einleitung in die verstehende Soziologie‹ zu überreichen. Ich habe in diesem Buch [. . .] die Problemstellung und die Methode der von Max Weber begründeten ›verstehenden Soziologie‹einer philosophisch fundierten Kritik zu unterziehen versucht. Beim Fortgang meiner Studien kam es mir immer deutlicher zum Bewusstsein, dass die gestellte Aufgabe, die Sozialität in der naturalen Sphäre zu analysieren, nur lösbar sein kann auf dem Boden einer phänomenologisch geklärten Einsicht in die Wesenstatsachen des Bewusstseinslebens, wie sie einzig und allein die transzendentale Konstitutionsanalyse vermittelt. [. . .] So [. . .] fand ich in der von Ihnen entwickelten Problematik der transzendentalen Intersubjektivität den Schlüssel zu fast allen soziologischen Problemen, die mich durch vie-

18 Vgl. dazu Ilja Srubar, *Kosmion.- Die Genese der pragmatischen Lebensweltheorie von Alfred Schütz ud ihr anthropologischer Hintergrund*, Frankfurt: Suhrkamp 1988, S. 44-96, sowie Matthias Michailow/Gerd Sebald/Ilja Srubar, »Einleitung«, in: ASW I., S. 7-42.

19 Für beide Werke liegen umfangreiche Exzerpte in Schütz' Nachlass vor (wahrscheinlich alle aus der Wiener Zeit). Im Falle der *Vorlesungen zum inneren Zeitbewußtsein*: lfd. Nr. 13450-13463 (geschrieben auf großformatigen Bögen (ca. DinA 3) und zur *Formalen und transzendentalen Logik*: lfd. Nr. 13391-13407, sowie zwei mit »Abend mit Kaufmann« betitelte Manuskripte 13408-13409 u. 13410-13412, die in diesem Band unter dem Titel »[Notizen zu Problemen der Explikation und der Gegenständlichkeit]« in diesem Band S. 49 veröffentlicht werden.

20 In einem ersten Entwurf wird diese neue Konzeption bereits in dem Text »Leitsätze zur Diskussion über meinen Vortrag vom 22. Mai 1930, vorbereitet für den Seminarabend am 27. Juni 1930« deutlich (ASW I., S. 249 ff.).

> le Jahre bedrängt hatten. Mein Buch, das sich nebenbei bemerkt ausschliesslich mit den Problemen der Intersubjektivität in der naturalen Sphäre befasst und auf die Lösung oder auch nur Erörterung des transzendentalen Problems bewusst verzichtet, ist nichts weiter als der Versuch, Ihre fundamentalen Erkenntnisse auf das [. . .] Arbeitsfeld der soziologischen Fachwissenschaft zu übertragen.«[21]

Daraufhin wird Schütz zu einem ersten Besuch nach Freiburg eingeladen und schreibt mit Datum vom 20. Juni 1932 voller Begeisterung an Kaufmann:[M 1]

> »Hingegen Husserl! [. . .] Ich war bisher dreimal mit ihm beisammen und hoffe, ihn noch weitere dreimal zu sprechen. Überdies habe ich sein Ms. (Studien)[22] bereits zu 2/3 gelesen. Mein Gesamteindruck: Hier wird eine philosophische Leistung vollzogen, deren Bedeutung in der europäischen Geistesgeschichte noch gar nicht gewürdigt werden kann. [. . .] Mir persönlich geht es wie Wilhelm Meister am Ende der Lehrjahre: Er kommt zur Gesellschaft vom Turm und man überreicht ihm eine Schrift, in der alles aufgezeichnet und gelöst ist, was ihn bedrückt. (Vgl. z[.]B[.] in Log[ische] Studien: Typenlehre, prädikatives und attributives Adjektiv, oder (im Gespräch) Schlaf und Einheit des Bewusstseins, Relevanz als phänomenale Grundkategorie usw.)«[23]

Der deutlich spürbare Enthusiasmus hinter diesen Formulierungen wird in diesem Brief aber gleich konterkariert : »Trotz alledem: Die ganze Richtung tendiert zu Metaphysik, wogegen *ich* ja gar nichts einzuwenden habe, es sei denn die Behauptung, dass diese – richtige – Metaphysik in ihrem Ansatzpunkt – nicht in ihrer Durchführung – einen Vorrang vor

---

21 Edmund Husserl, *Briefwechsel* Band IV: *Die Freiburger Schüler*, hg. v. Karl Schuhmann, Dordrecht: Kluwer 1993, S. 481 f.

22 Es handelt sich bei den »(Logischen) Studien« um eine mittlere Version des später von Ludwig Landgrebe herausgegebenen Bandes Edmund Husserl, *Erfahrung und Urteil*, a a. O. (Fn. 7). Vgl. zur Entstehungsgeschichte dieses Textes auch Dieter Lohmar, »Zur Entstehung und zu den Ausgangsmaterialien von Edmund Husserls Werk Erfahrung und Urteil«, in: *Husserl Studies* 13, 1996, S. 31-71.

23 Alfred Schutz Papers. General Collection, Beinecke Rare Book and Manuscript Library, box 27, folder 631. Der vollständige Brief ist im Materialienanhang in diesem Band S. 361 ff. abgedruckt.

allen anderen metaphysischen Systemen habe.« Es entwickelte sich im Gefolge dieses ersten Besuches ein reges persönliches Verhältnis zwischen Schütz und Husserl; Schütz besuchte Husserl bis Ende des Jahres 1937 mehrmals jährlich.[24]

Der zum Zeitpunkt des ersten persönlichen Kontakts bereits fünf Jahre emeritierte und 73 Jahre alte Edmund Husserl war bemüht, sein Werk, die philosophische Phänomenologie, in der philosophischen Welt und in der Öffentlichkeit in einer Art »Weltmission« zu verbreiten.[25] Gerade nach dem Bruch mit Martin Heidegger (1929) und mit Alexander Pfänder (1931) und der Einstellung des *Jahrbuches für Philosophie und phänomenologische Forschung* ist in dieser Hinsicht ein Tiefpunkt erreicht. Neben Ludwig Landgrebe, Eugen Fink und Dorion Cairns sieht er in der Folge jedoch in Schütz einen »hoffnungsvollen Fortsetzer, als Repräsentant der echten phil[osophia] perennis«[26] des eigenen Werkes.

Diese »Weltmission« wird von Schütz auch nach dem Tod von Edmund Husserl im erzwungenen Exil fortgesetzt. So ist Schütz an der von Marvin Farber, eines ehemaligen Husserl-Schülers, 1939 gegründeten »International Phenomenological Society«[M 2] beteiligt, deren Zeitschrift *Philosophy and Phenomenological Research* vor allem in den 40er Jahren eine wichtige Publikationsmöglichkeit für Schütz bleibt.[27] Die für diese Organisation und die Zeitschrift verschickten Einladungs- und Werbebriefe finden größtenteils ein negatives Echo, woraufhin Schütz am 12. Juni 1940 an Farber schreibt: »Die Auszüge aus ablehnenden Briefen koennen entweder entmutigen oder aber dazu ansporonen, in weiteren Kreisen aufklaerend zu wirken, was Phaenomenologie eigentlich ist und so den beschrittenen Weg fortzusetzen. Meine Reaktion ist die letztere.«[28] Das dahinter stehende Motiv wird aus folgender Sequenz deutlich: »Anfang dieses Jahres ist im *Journal for Political Economy* ein Artikel von Frank H. Knight unter dem Titel: [›]What is truth in eco-

24 Vgl. dazu auch den spät verfassten persönlichen Eindruck von Alfred Schütz in dem Text »[Husserl und sein Einfluß auf mich]«, in diesem Band S. 295 ff.

25 Zu Husserls »Weltmission« vgl. Elisabeth Schuhmann/Karl Schuhmann, »Einführung in die Ausgabe«, in: Edmund Husserl, *Briefwechsel. Band X: Einführung und Register*, hg. v. Karl Schuhmann, Dordrecht: Kluwer 1993, S. 1-70, S. 25 ff.

26 Edmund Husserl: *Briefwechsel IV*, a. a. O. (Fn. 21), S. 483.

27 Vgl. zur Rolle Marvin Farbers Helmut R. Wagner, »Marvin Farber's Contribution to the Phenomenological Movement: An international perspective«, in: *Philosophy and Science in Phenomenological Perspective*, hg. v. Kah Kyung Cho, Dordrecht: Nijhoff 1984, S. 209-236.

28 Alfred Schutz Papers. General Collection, Beinecke Rare Book and Manuscript Library, box 24, folder 515-528.

nomics[‹] erschienen. [...] Er beweist deutlich[,] wie sehr in geisteswissenschaftlichen Kreisen das Bedürfnis nach systematischer [F]undierung der Methodenlehren vorhanden ist. [...] Ich halte es im Interesse unserer Gesellschaft für wichtig, dass man den Anschluss an amerikanische Fachkreise findet, die fuer unsere Ideen gewonnen werden koennen. Alles was Knight sich wuenscht ist von der Phaenomenologie entweder bereits geleistet oder von ihren Methoden zu leisten.« (Schütz an Farber 5. Oktober 1940)[29]

Die zitierten Passagen zeigen, dass Alfred Schütz sich ab dem Beginn seiner persönlichen Beziehung zu Husserl und auch im Exil intensiv in der Verbreitung der Phänomenologie engagierte, angefangen mit den Rezensionen der *Méditations Cartésiennes* (1932) und der *Formalen und transzendentalen Logik* (1933), dem Vorwort zu Husserls »Notizen zur Raumkonstitution« (1940), dem Vorwort zu Husserls Text »Die Welt der lebendigen Gegenwart und die Konzeption der außerleiblichen Umwelt«[M 3], der Rezension des ersten Bandes der *Husserliana* (1950) und des dritten Bandes der *Ideen* (1953). Diese Texte haben insgesamt weniger den Charakter von Rezensionen, sondern sind eher konzentrierte und vereinfachte Kurzfassungen von Husserls Theorie, Konzepten und Argumentationslinien.

In diese Kategorie fallen im wesentlichen auch die Texte »Phänomenologie und Kulturwissenschaft (die Sozialwissenschaften)« (1939), »Einige Grundbegriffe der Phänomenologie« (1945), die Rezension der *Ideen II* (1953) und »Husserls Bedeutung für die Sozialwissenschaften« (1959), wenn hier auch schon einige Punkte der Kritik angesprochen werden.

Dass Schütz die Linie der kritischen Rezeption der Phänomenologie von den zögerlichen Anfängen in den 1920er Jahren trotz seines zwischenzeitlichen Enthusiasmus nie verlassen hat, zeigen neben dem Briefwechsel mit Kaufmann, die hier erstmals veröffentlichten »[Notizen zu Problemen der Explikation und der Gegenständlichkeit]« (1932), der Briefwechsel mit Aron Gurwitsch und vor allem »Das Problem der transzendentalen Intersubjektivität bei Husserl« (1957) samt den »[Diskussionsbemerkungen in Royaumont]« (1957)[30] und der letzte, von Schütz noch auf dem Krankenbett fertiggestellte Text »Typus und Eidos in Husserls Spätphilosophie« (1959).

---

29 Alfred Schutz Papers. General Collection, Beinecke Rare Book and Manuscript Library, box 24, folder 515-528.

30 Vgl. dazu auch die Bemerkungen von Eugen Fink zu Schütz' Vortrag[M 5], im Materialienanhang S. 370 ff.

Die kritische Auseinandersetzung mit Husserls Theorie hat Schütz bis an sein Lebensende beschäftigt, das zeigen nicht zuletzt seine Besuche im Husserl-Archiv in Louvain,[31] beginnend mit dem 16. Oktober 1946, während seiner ersten Europareise nach dem Krieg, aber auch 1947 und mindestens noch einmal 1958,[33] auch wenn dieses Studium der unveröffentlichten Manuskripte kaum einen Niederschlag im Werk findet. Bei seinem ersten Besuch in Louvain hat er vor allem Manuskripte aus dem *Krisis*-Umfeld gesichtet und auch Kopien davon entliehen.[34] In einem Brief v. 4. Februar 1947 schreibt van Breda, der Gründer und Leiter des Archivs an Schütz: »Bei Ihrem Besuch am 16. Oktober 1946 legten Sie ein groszes Interesse für bestimmte phänomenologische Probleme an den Tag, und zwar besonders für die der Primordialität, der Fremderfahrung und der transzendentalen Intersubjektivität.«[35] Welche Manuskripte Schütz bei seinen weiteren Besuchen konkret eingesehen und studiert hat, ist nicht nachzuvollziehen, auch weil seit dem Ende der 40er Jahre Kopien der Husserlmanuskripte an der Universität Buffalo gelagert wurden, auf die Schütz dann freien Zugriff hatte.[36] Noch während seiner

31 Schütz hat sich, wie aus dem Briefwechsel mit dem Gründer und Leiter des Husserls-Archivs Herman Leo van Breda auch mit einem Unterstützungsbrief an die UNESCO für die Finanzierung des Archivs eingesetzt und sich an der Suche nach möglichen Verlagen für die *Husserliana* beteiligt ([32]

33 Ein im Husserlarchiv dokumentierter Besuch von Alfred Schütz 1953 (E-Mail-Auskunft v. Thomas Vongehr vom Husserlarchiv v. 14. August 2008) ist in der Korrespondenz von Schütz nicht nachzuvollziehen.

34 Lt. einer von Schütz unterzeichneten Erklärung die Manuskripte M III 5 III 1, Krisis III, A (218 p.), M III 5 III 2, Krisis III, B (173 p) M III 5 III 3, Krisis – Inhaltsverzeichnis (24 p.); M III 5 III 4, Krisis – Zur Geschichtsphilosophie (46 p.), M III 5 IV 1, 2, 3, 4 Krisis – Anmerkungen (29 + 57 + 3 + 11 pp.) (Alfred Schutz Papers. General Collection, Beinecke Rare Book and Manuscript Library, box 20, folder 427). Zur *Krisis* findet sich im Nachlass auch ein 34-seitiges handschriftliches Exzerptenkonvolut des *Husserliana*-Bandes VI (lfd. Nr. 13501-13535). Für den Inhalt der aufgezählten Manuskripte vgl. http://www.hiw.kuleuven.be/hiw/eng/husserl/ToC.php.

35 Van Breda schlägt ihm dann folgende Manuskripte vor: B III 1 1929 (»Seinsvorzug der konstitutiven Subjektivität«), B I 9 Teil VI (»Primordiale Sphäre. Originale Erfahrung. Blätter über eigentliche und uneigentliche Fremdwahrnehmung«), B III 11 1930 (»Transzendentales Ego. Apodiktizität des Ego«); B IV 3 (»Einwände der Verrücktheit. Zu den Pariser Vorlesungen. Die Seinsabhängigkeit alles Seienden«). (Alfred Schutz Papers. General Collection, Beinecke Rare Book and Manuscript Library, box 20, Folder 427)

36 Im Nachlass findet sich eine nichtdatierte 50-seitige Auflistung von Husserlmanuskripten in Schütz' Handschrift, die sich wie ein Auszug aus dem Findbuch des Archivs liest (lfd. Nr. 13540-13589). Meist ist nur die Manuskriptnummerierung, -datierung und Seitenzahl notiert, nebst dem Titel und/oder einigen Stichworten zum Inhalt.

letzten, schweren Krankheit bittet er Farber um die Zusendung von Husserlmanuskripten.[37]

Diese nahezu während seines gesamten intellektuellen Lebens andauernde Auseinandersetzung mit Edmund Husserls Phänomenologie finden sich einerseits eine gewisse, für Schütz ungewöhnliche missionarische Komponente, gerichtet auf die Verbreitung von Husserls Werk, und andererseits die für Schütz typische, kritische und selektive Integration (und Weiterentwicklung) von phänomenologischen Theorieelementen in den eigenen Ansatz.

III. Phänomenologische Elemente in Schütz' Sozialtheorie

Um diese kritische Auseinandersetzung mit Husserls Philosophie zumindest punktuell zu beleuchten, sollen im Folgenden einige wichtige von Schütz übernommene phänomenologische Elemente in ihrem Problemhorizont und ihrer Weiterentwicklung dargestellt werden. Das geschieht anhand der gleichsam als Sonden verwendeten Themenkomplexe des Zeit- und des Sinnproblems, der Konstitutionsproblematik, des egologischen Ansatzes, der Intersubjektivität, der Lebenswelt und schließlich der Typik.

Zeit Eines der in der Übernahme durch Schütz auffälligsten phänomenologischen Theorieelemente, und ein wichtiger Grund für die Umstellung der Haupttheoriegrundlage von Bergson auf Husserl, war die

---

Etwas ausführlicher sind die Manuskripte A V 7 (2 S.), A V 10 (1 1/4 S.), A V 20 (2 S.), A VII 7 (9 S. »Welthorizont und seine Strukturen. Individualtypus des Realen in der Welt und Typus der Welttotalität. Analyse der typischen Apperzeption. Verschiedene Begriffe von Horizont«), u. A VII 9 (2 S.). Am 6. Mai 1959 schreibt Schütz an Rudolf Boehm, dass er die angebotenen Manuskripte der Gruppe A VII (zur mundanen Phänomenologie) bereits kenne (Alfred Schutz Papers. General Collection, Beinecke Rare Book and Manuscript Library, box 20, folder 422).

37 Es handelt sich um die Manuskripte B I 15, I-IV (zur Thematik der Lebenswelt) u. B I 16 (»Vorhandenes und praktische Umwelt«), die Schütz am 16. Mai 1959 an das Department für Philosophie der Universität Buffalo zurückschickt. (Alfred Schutz Papers. General Collection, Beinecke Rare Book and Manuscript Library, box 24, folder 528). Zu diesen beiden Manuskripten existieren auch nicht datierte Exzerpte im Nachlass (Alfred Schutz Papers. General Collection, Beinecke Rare Book and Manuscript Library, box 19, folder 376-377).

Phänomenologie des inneren Zeitbewußtseins.[38] Mit dem Rekurs auf Husserls Zeitanalyse wurde der komplexe Stufenbau von *Lebensformen und Sinnstruktur*, den Bergsons Theorie der durée nötig gemacht hatte, aufgelöst zu einem reflexiven Sinnbildungsprozeß, dessen Temporalisierung auf den Unterscheidungen von Retention und Reproduktion einerseits und Protention und Erwartung andererseits ruht. Husserls Begriff der Retention ermöglicht es, den Prozess der Sinngenese auf eine adäquate Repräsentation der ursprünglichen Impression, der »Urimpression«, aufzusetzen, und so einen nicht verzerrenden Zugriff auf den Erlebnisstrom selbst zu bekommen. Gerade letzteres ist aus der Sicht Bergsons nicht möglich. Ihm zufolge sind nicht entstellende Repräsentationen der reinen *durée* nicht möglich, weil sie nur diskontinuierlich, gleichzeitig und symbolisch erfasst werden kann.[39] Mit dem Rückgriff auf Husserls Phänomenologie des Zeitbewusstseins eröffnet sich für Alfred Schütz die Möglichkeit, die erfassende, unterscheidende und abgrenzende selektiv-reflexive Zuwendung zum Erlebnisstrom als entscheidenden Akt der Sinngenese eines Erlebnisses herauszuarbeiten. Daraus folgt aber auch, dass es Sinn für das Ich nur für schon abgelaufene Erlebnisse, für Erlebtes gibt, nicht im aktuellen Erleben der Gegenwart.

Entsprechend der handlungstheoretischen Orientierung von Schütz werden diese Begriffe aus dem von Husserl analysierten Wahrnehmungskontext herausgelöst und auf Erlebnis, Handeln und Handlung übertragen. Mit dieser Übertragung der Ergebnisse der phänomenologischen Analysen des Zeitbewusstseins in die mundane Sozialität und mit der Temporalisierung des Sinns selbst wird das Problem der Gleichzeitigkeit der unterschiedlichen subjektiven Zeitvorstellungen aufgeworfen. Für Husserl fungiert die transzendentale Ebene als apriorische Synchronisati-

38 Edmund Husserl, »Vorlesungen zur Phänomenologie des inneren Zeitbewußtseins« (hg. v. Martin Heidegger), in: *Jahrbuch für Philosophie und phänomenologische Forschung*, 9, 1928, S. 367-490; ND: Tübingen: Niemeyer ^{3}2000; auch in: *Husserliana* Bd. X, hg. v. Rudolf Boehm, Den Haag: Nijhoff 1966, S. 3-130.

39 Vgl. zu der nur verfremdend möglichen Repräsentation der Dauer Henri Bergson, *Essai sur les données immédiates de la conscience*, Paris: Alcan 1889, dt.: *Zeit und Freiheit* (1911), Frankfurt:Athenäum 1989, S. 178 ff.; sowie zu den Ebenen des Bewusstseins ders., *Matière et Mémoire*, Paris: Alcan 1896, dt.: *Materie und Gedächtnis. Eine Abhandlung über die Beziehung von Körper und Geist* (^{2}1919), Meiner: Hamburg 1991, S. 165 ff. Vgl. dazu die Darstellung von Schütz *Der sinnhafte Aufbau der sozialen Welt. Eine Einleitung in die verstehende Soziologie* [1932-I-1], in ASW II., § 7, sowie auch Roman Ingarden, »Intuition und Intellekt bei Henri Bergson«, in: *Jahrbuch für Philosophie und phänomenologische Forschung* Bd. V, Halle: Niemeyer 1922, S. 285-461.

onsinstanz. Für Schütz bleiben die im *Sinnhaften Aufbau* aufgeführten, mundanen Lösungen für dieses Problem,[40], als (ontologisch) gegebenes »gemeinsames Altern«, als Synchronisation über gemeinsame Wahrnehmungen und als Verschränkung von Wirkhandlungen gültig. In der pragmatischen Abstimmung der leiblichen Aktionen aufeinander in Kooperation und/oder Kommunikation werden, im Fall des Gelingens, auch die je subjektiven inneren Zeiten aufeinander abgestimmt. Das zeigt Schütz beispielhaft mit der folgenden Beschreibung aus den »[Diskussionsbemerkungen in Royaumont]«:

> »Der Redende baut seine Rede in polythetischen Akten seines Bewusstseins auf, denen die sukzessiven Abläufe der akustischen Ereignisse in der äußeren Welt streng koordiniert sind; eben diese Abläufe in der äußeren Welt werden von dem der sich entwickelnden Rede Lauschenden wahrgenommen und in strenger Gleichzeitigkeit verlaufenden polythetischen Bewusstseinsakten als Symbole für die Vorgänge im Bewusstsein des Redenden interpretiert. Auf diese Weise ergibt sich eine Simultaneität der beiden inneren Zeitströme[,] die die Konstitution eines gemeinsamen Jetzt und damit eines Wir ermöglicht.«[41]

Ein weiterer Aspekt der Zeitlichkeit ist die wohl von Husserl übernommene Metapher der Sedimentierung[42], die im *Sinnhaften Aufbau* noch ganz in Husserls Sinne für die Genesis der erworbenen, passiven Erfahrungshorizonte gebraucht wird: »Die kontinuierliche Abwandlung der Retention geht bis an einen wesensmäßigen Limes fort. Das sagt, mit dieser intentionalen Abwandlung geht auch eine Gradualität der Abgehobenheit Hand in Hand, und eben diese hat ihre Grenze, in der das vordem Abgehobene in den allgemeinen Untergrund verfließt«.[43] Schütz bezieht diese Metapher auf die mundane biografische Zeitlichkeit, auf die Aufschichtung von Typen und Relevanzstrukturen in den

40 Vgl. dazu Alfred Schütz, *Der sinnhafte Aufbau der sozialen Welt. Eine Einleitung in die verstehende Soziologie* [1932-I-1], in: ASW II., §§ 19 ff., S. 219 ff., sowie den »Vogelflug«, die Synchronisation über gemeinsame Wahrnehmungen, § 33, S. 315 f.) und ders., »Über die mannigfaltigen Wirklichkeiten« [1945-I-3], in ASW V.1, S. 177-247, S. 193 ff.

41 In diesem Band S. 275 f. Vgl. zum Problem der Gleichzeitigkeit bei Schütz auch Joachim Renn, »Appresentation and Simultaneity: Alfred Schutz on Communication between Phenomenology and Pragmatics«, in: *Human Studies* 29, 2006, S. 1-19.

42 Husserl, *Formale und transzendentale Logik*, a. a. O. (Fn. 9), S. 295.

43 Husserl, *Formale und transzendentale Logik*, a. a. O. (Fn. 9), Beilage II, S. 318.

lebensweltlichen Abläufen, in denen im Verzicht auf eidetische oder transzendentale Elemente, dieser biografisch-zeitliche Mechanismus zentral für die Einhegung der Typenbildung und damit für die Strukturbildung und -erhaltung wird (vgl. unten S. 38 ff.).

Sinn Der Begriff des Sinns, so wie er in Webers verstehender Soziologie angelegt ist, wird von Schütz auf phänomenologischen Grundlagen temporalisiert und einerseits mit der aus seiner Bergsonperiode übernommenen reflexiven Blickwendung als konstitutives Merkmal der Sinnbildung versehen, andererseits werden aber auch die sinngenerativen Momente im Vergleich zu Husserls Ansatz erweitert.

Sinn ist bei Husserl auf den gesamten Bereich der intentionalen Erlebnisse bezogen, in den *Ideen I* entweder noëtisch als Sinngebung oder noëmatisch als Sinngehalt.[44] Welt und Realität sind demnach durch ein sinngebendes Bewusstsein geschaffene »Einheiten des Sinnes«,[45] sind Sinnzusammenhänge. »Unbeirrbar muß ich daran festhalten, daß jeder Sinn, den irgendein Seiendes für mich hat und haben kann, sowohl nach seinem ›Was‹ als auch nach seinem ›Es ist und ist in Wirklichkeit‹ Sinn ist in bzw. aus meinem intentionalen Leben, aus dessen konstitutiven Synthesen, in den Systemen einstimmiger Bewährung sich für mich klärend und enthüllend.«[46] Oder, um es mit Schütz' Zusammenfassung der ersten drei *Cartesianischen Meditationen* zu sagen, »Jeder Sinn, den Seiendes für mich hat, [ist] Sinn nur kraft der leistenden Intentionalitäten meines strömenden Bewußtseinslebens und deren konstitutiver Synthesen.«[47] Sinn kann deshalb phänomenologisch als Einheit der ihn konstituierenden Akte erfasst werden oder auf seine Genesis, seine Konstitution hin untersucht werden. Husserl führt neben der leistenden Intentionalität des Bewusstseins auch die Leiblichkeit als sinngeneratives Moment an.[48]

44 Husserl, *Ideen I*, a. a. O. (Fn. 4), §§ 85 ff.

45 Husserl, *Ideen I*, a. a. O. (Fn. 4), § 55.

46 Husserl, *Cartesianische Meditationen* a. a. O. (Fn. 8), § 43, S. 123.

47 Alfred Schütz, »Rezension zu Edmund Husserl, *Méditations Cartésiennes*« [1932-I-2], in diesem Band S. 70.

48 Vgl. zur Leiblichkeit als sinnkonstituierendes Moment Edmund Husserl, *Ideen zu einer Phänomenologie und phänomenologischen Philosophie*. Zweites Buch: *Phänomenologische Untersuchungen zur Konstitution*, *Husserliana* Band IV, hg. v. Marly Biemel, Den Haag: Nijhoff 1952, §§ 35 ff. Vgl. dazu auch Alfred Schütz, »Edmund Husserls *Ideen II*« [1953-I-1], in diesem Band S. 175 f. u. 181 f. Für die Phänomenologie der Leiblichkeit zentral Maurice Merleau-Ponty, *Phénoménologie de la Pereception*, Paris: Gallimard 1945 (dt. Übersetzung: Phänomenologie der Wahrnehmung, Berlin: de

Schütz, von der verstehenden Soziologie Max Webers herkommend, versucht dessen Begriff von Sinn und sinnhaftem Handeln[49] auf ein philosophisches Fundament zu stellen: »1. Was bedeutet die Aussage, der Handelnde verbinde mit seinem Handeln einen Sinn? 2. In welcher Weise ist das alter ego dem Ich als ein Sinnhaftes vorgegeben? 3. In welcher Weise versteht das Ich fremdes Verhalten, a) überhaupt, b) nach dem subjektiv gemeinten Sinn des sich so Verhaltenden?«[50] Im Rückgriff auf Husserls Phänomenologie läßt sich so der subjektive Sinn einer Handlung als im re-flexiven Blick konstituierte Einheit der Handlung und als immanenter Prozess des handelnden und erlebenden Subjekts fassen.

Mit der Anwendung der Husserlschen Zeitbewusstseinsanalysen auf die Theorie der Handlung werden der Sinn- und der Handlungsbegriff Webers temporalisiert. Diese zeitliche Fundierung erfolgt auch im Rückgriff auf die Handlungstheorie des rationalen Wahlhandelns von Ludwig Mises.[51] Allerdings dehnt Schütz diese Temporalisierung auch auf Handlungsentwürfe und -motive aus. Zeitlichkeit im Sinne von Husserls Analyse der *Phänomenologie des inneren Zeitbewußtseins* wird damit zur wichtigsten formalen Dimension der Genese des Sinns.

Schütz' zentrales Problem bleibt allerdings das des Fremdverstehens, d. h. wie es möglich ist, fremdes Verhalten überhaupt und dem subjektiven Sinn nach zu verstehen. Dafür ist die entwickelte Theorie der Genese des subjektiven Sinns grundlegend: sie beweist einerseits die Unzugänglichkeit des fremden subjektiven Sinns, aber sie stellt andererseits auch die Mittel zur Erfassung des signitiven Ausdrucks des fremden Leibes zur Verfügung: die Typisierung, also die Auslegung des fremden subjektiven Sinns durch Deutungsschemata: »Der Deutende interpretiert in Selbstauslegung seine Erlebnisse vom fremden bewegten Leib oder von Artefakten, die auf Erzeugung durch das alter ego zurückweisen. Er

---

Gruyter 1966).

49 Vgl. dazu Max Weber, »Die ›Objektivität‹ sozialwissenschaftlicher und sozialpolitischer Erkenntnis«, in: ders., *Gesammelte Aufsätze zur Wissenschaftslehre* (1922), hg. v. Johannes Winckelmann, Tübingen: Mohr [7]1988, S. 146-214, insbes. S. 170 ff.; Max Weber, *Wirtschaft und Gesellschaft. Grundriß der verstehenden Soziologie* (1920/21), hg. v. Johannes Winckelmann, Tübingen: Mohr [5]1976, insbes. Kapitel I »Soziologische Grundbegriffe«, S. 1-30.

50 Schütz, *Sinnhafter Aufbau*, a. a. O. (Fn. 40), S. 98.

51 Vgl. dazu Ludwig v. Mises, »Soziologie und Geschichte«, in: ders., *Grundprobleme der Nationalökonomie. Untersuchungen über Verfahren, ufgaben und Inhalt der Wirtschafts- und Gesellschaftslehre*, Jena: Gustav Fischer 1933, S. 64-121, S. 76 ff., sowie Martin Endreß/Joachim Renn, »Einleitung der Herausgeber«, in: ASW II., S. 7-66, S. 25 ff.

vollzieht das echte Fremdverstehen also an Objektivationen, in denen sich die fremden Bewußtseinserlebnisse kundgeben, mögen diese Objektivationen konstituierte Handlungsgegenständlichkeiten (vollzogene Bewegungen, Gesten oder Handelnsresultate) oder Artefakte (Zeichen im engeren Sinne oder produzierte Gegenstände der Außenwelt, Geräte, Denkmale usw.) sein.«[52]

Husserls Sinnbegriff wird von Schütz zum einen mit Bergson enggeführt auf das reflexiv in den Blick genommene und so als sinnhaftes konstituierte Erlebnis und wird zum anderen erweitert um weitere sinngenerative Momente; zu Bewusstsein und Leiblichkeit treten bei Schütz die Handlung, die biografische Situation und die Sozialität.[53] Zeitlichkeit und Sinnhaftigkeit stellen die von Schütz im gesamten Werk nicht problematisierten phänomenologischen Theorieelemente dar, jedoch findet in beiden Fällen keine vollständige und unkritische Übernahme statt, sondern ein selektiver Einbau in die eigene Theoriekonstellation.

Konstitution Ein zentrales Feld der phänomenologischen Analyse ist das Verhältnis von Bewusstsein und Gegenstand. Dabei geht Husserl davon aus, dass die Gegenstände vom Bewusstsein gesetzt werden: »Andererseits ist die ganze *räumlich-zeitliche Welt* [...] *ihrem Sinne nach bloßes intentionales Sein*, also ein solches, das den bloßen sekundären, relativen Sinn eines Seins für ein Bewußtsein hat. Es ist ein Sein, das das Bewußtsein in seinen Erfahrungen setzt, das [...] *darüber hinaus* aber ein Nichts ist.«[54] Dieses »Setzen« wird verstanden als Sinnstiftung; Sinn, in dem der Gegenstand allererst als Sein (dem Bewusstsein) gegeben ist. Der Aufbau dieses einheitlichen gegenständlichen Sinns im Bewusstsein aus den verschiedenen Erscheinungsweisen in einem zusammenfassenden Akt wird von Husserl Konstitution genannt.[55]

Konstitution steht für die reflexive Präsentation immanenter Sinnobjekte als Korrelate der setzenden, intentionalen Akte, ist also nicht als Kreation oder Konstruktion zu fassen.[56] Dieser prozessuale Charakter

52 Schütz, *Sinnhafter Aufbau*, a. a. O. (Fn. 40), § 27, S. 268.

53 Vgl. dazu vor allem Schütz' vorletzten Text »Hic egregie progressus sum« [1958-II-8], in ASW VI.1, S. 331-339.

54 Husserl, *Ideen I*, a. a. O. (Fn. 4), § 49, S. 106.

55 Vgl. zum Konstitutionsbegriff bei Husserl Ernst Tugendhat, *Der Wahrheitsbegriff bei Husserl und Heidegger*, Berlin: de Gruyter 1967, S. 173 ff. u. 212 ff.; sowie Elisabeth Ströker, »Intentionalität und Konstitution. Wandlungen des Intentionalitätskonzeptes in der Philosophie Husserls«, in: *Dialectica* 38: Nr. 2-3, 1984, S. 191-208; auch in: dies., *Phänomenologische Studien*. Frankfurt: Klostermann 1987, S. 54-74.

56 Vgl. zur Ablehnung der Konstitution als erzeugendem, kreativem Akt Husserl, *Formale*

des Bewusstseins zeigt sich in den Konstitutionsanalysen, die das jeweils angewendete, strukturell vorgegebene, generalisierte Aktschema (das der jeweiligen Gegenstandskategorie entspricht) deskriptiv nachvollziehen. Diese Analysen sind für Husserl als eidetische *und* transzendentale nur innerhalb der phänomenologischen Reduktion zu vollziehen.[57]

Aber der Begriff der Konstitution bleibt bei Husserl ambivalent: neben dieser strukturellen Variante des Begriffes schiebt sich eine epistemologische: Sinn wird als Stiftung oder Zuweisung aus einer transzendentalen Subjektivität heraus begriffen: Mit der systematischen phänomenologischen Aufklärung der Erkenntnisleistung »wird jede Art Seiendes selbst, reales und ideales, verständlich als eben in dieser [intentionalen] Leistung konstituiertes *Gebilde* der transzendentalen Subjektivität.«[58] Damit wird ein Verständnis der Konstitution als produktive Tätigkeit des Bewusstseins, als Kreation bzw. Konstruktion möglich.[59]

In den Worten von Alfred Schütz stellt sich diese Ambivalenz so dar: »Konstitution bedeutete im Anfang der Phänomenologie Aufklärung der Sinnstruktur des Bewußtseinslebens, Befragung der Sedimente nach ihrer Geschichte, Rückführung aller Cogitata auf die intentionalen Leistungen des strömenden Bewußtseinslebens. [...] Aber unter der Hand und geradezu unversehens wandelte sich, wie es mir scheint, die Idee der Konstitution von einer Aufklärung der Sinnstruktur, von der Auslegung des Sinns des Seins, in eine Begründung der Seinsstruktur und von einer Auslegung in eine Kreation.«[60]

Mit dieser Auffassung, die er in der Diskussion in Royaumont noch mit einer Stelle aus den *Ideen I* belegt,[61] steht Schütz keineswegs allein. Roman Ingarden unterscheidet in seinem Vortrag in Royaumont[62] vier

und transzendentale Logik, a. a. O. (Fn. 9), § 63.

57 Insofern kann die Konstitution als Umkehrung der phänomenologischen Epoché gesehen werden, vgl. New York: State University of New York Press 1988, S. 14.

58 Husserl, *Cartesianische Meditationen*, a. a. O. (Fn. 8), § 41, S. 118.

59 Vgl. zu dieser Zweideutigkeit des Konstitutionsbegriffes Tugendhat, *Wahrheitsbegriff*, a. a. O. (Fn. 55), S. 220 ff.

60 Alfred Schütz, »Das Problem der transzendentalen Intersubjektivität bei Husserl« [1957-I-3], in diesem Band S. 227 ff., S. 255 f.

61 Vgl. Alfred Schütz, »Diskussionsbeitrag von Alfred Schütz zum Vortrag von Roman Ingarden: ›Le probléme de la constitution et les sens de la reflexion constitutive chez Edmond Husserl‹« [1959-I-2], in diesem Band, S. 271. Schütz verweist auf Husserl, *Ideen I*, a. a. O. (Fn. 4), § 122, S. 281, wo Husserl in Bezug auf die konstitutiven Synthesen explizit von »ursprünglicher Produktion« spricht.

62 Vgl. Roman Ingarden, »Le problème de la constitution et le sens de la réflexion constitutive chez Edmond Husserl«, in: Actes du Colloque internationale de phénoménologie à Royau mont (23-30 avril 1957), *Husserl*, Paris: Les Éditions de Minuit 1959,

Bedeutungen des Konstitutionsbegriffs. Auch Fink kritisiert in dem Aufsatz »L'Analyse Intentionelle et le Problème de la pensée spéculative«[63] das Schwanken Husserls zwischen einem rezeptiven und einem kreativen Konstitutionsbegriff. Schütz selbst verwendet den Konstitutionsbegriff vor allem im strukturellen Sinne bezogen auf die Sinnbildung und steht einer anderen Verwendung durchaus kritisch gegenüber:

> »Die Ersetzung des Husserlschen Egos durch 'my life' verfehlt aber die Husserlsche Problemstellung ganz, denn H[usserl] spricht vom transzendentalen Ego und der Konstitution der transzendentalen Intersubjektivität, indessen O[rtega] in der natürlichen Einstellung verbleibt. In dieser ›erscheint‹ aber der andere nicht, sondern ist fraglos gegeben da [...]. Kann man in der natürlichen Einstellung überhaupt die Frage nach der Konstitution stellen? O[rtega] will also – seiner natürlichen Einstellung bewusst – nicht den Konstitutionsmechanismus erklären durch welchen der ›andere‹ uns erscheint (whatever this means) sondern nur wie er uns erscheint; dass er da ist und wie er da ist soll ›klar gemacht‹ werden. Aber wie kann das ohne Aufhellung der Konstitution geschehen? Und was soll da in der natürlichen Einstellung klärungsbedürftig sein[,] wenn nicht die Konstitution?«[64]

Für Schütz werden phänomenologische Konstitutionstheorien in zweierlei Hinsicht wichtig: sie ermöglichen erstens eine Analyse der Genese des subjektiven Sinns in seinen temporalen und strukturellen Facetten und sie ermöglichen zweitens die methodisch wichtige Konstruktion eines zugeschriebenen (subjektiven oder objektiven) Sinns auf Basis der aus der eigenen Erfahrung gewonnenen Deutungsschemata.[65]

Die entwickelte Zweideutigkeit im Konstitutionsbegriff wird auch in der für Schütz' Auseinandersetzung mit Husserls Phänomenologie

---

S. 242-264. Für eine Zusammenfassung vgl. unten Anm. E 1, S. 283.

63 Eugen Fink, »L'Analyse Intentionelle et le Problème de la pensée spéculative«, in: *Problèmes actuels de la Phénoménologie*, hg. v. H. L. van Breda, Brüssel: Desclée de Brouwer 1951, S. 53-87, S. 78

64 Schütz' Randbemerkung in seinem Exemplar von José Ortega y Gasset, *Man and People*, New York: Norton 1957, S. 122. Übersetzung.: José Ortega y Gasset, *Der Mensch und die Leute*, Stuttgart: DVA 1957, S. 104. Vgl. zu einer gegenteiligen Position in Bezug auf Schütz' Verwendung des Konstitutionsbegriffes Renn, »Appresentation and Simultaneity«, a. a. O. (Fn. 41), S. 3 ff.

65 Schütz, *Sinnhafter Aufbau*, a. a. O. (Fn. 40), §§ 25 ff.

zentralen Intersubjektivitätsfrage zu einem wichtigen Kritikpunkt. Bevor diese Sonde zum Einsatz kommt, ist jedoch noch der egologische Ansatz als Ausgangspunkt dieser Problematik in den Blick zu nehmen.

Der egologische Ansatz Mit dem Anschluß an die verstehende Soziologie von Max Weber hat Alfred Schütz auch dessen methodologischen Individualismus übernommen. Ausgegangen wird vom einzelnen Individuum: »Das Ziel der Betrachtung: ›Verstehen‹, ist schließlich auch der Grund, weshalb die verstehende Soziologie (in unserem Sinne) das Einzelindividuum und sein Handeln als unterste Einheit, als ihr ›Atom‹ [. . .] behandelt.«[66] Schütz setzt auf dieser Basis auf, nicht im Sinne des methodologischen Individualismus der *rational choice*-Ansätze, sondern wiederum mit Weber insofern, als davon ausgegangen wird, dass soziale Phänomene prinzipiell »auf Handeln der beteiligten Einzelmenschen«[67] zurückgeführt werden müssen. Bei Weber bleibt jedoch offen, ob der Andere am Prozess der Sinngenese des sozialen Handelns beteiligt ist. Schütz entscheidet diese Frage in seinem ersten Manuskript »Lebensformen und Sinnstruktur« zugunsten der alleinigen Fundierung der Sinngenese im Ich.

Husserls (transzendental-)egologischer Ansatz dagegen geht von einer anderen Problemstellung aus: »Ich selbst gebrauche das Wort ›transzendental‹ *in einem weitesten Sinne* für das [. . .] Motiv des Rückfragens nach der letzten Quelle aller Erkenntnisbildungen, des Sichbesinnens des Erkennenden aus sich selbst und sein erkennendes Leben [. . .] Diese Quelle hat den Titel *Ich-selbst* mit meinem gesamten, wirklichen und vermöglichen Erkenntnisleben, schließlich meinem konkreten Leben überhaupt.«[68] Erst in den vollziehenden Akten des Ich erscheint überhaupt Welt. Das transzendentale Ego als Welt überhaupt Konstituierendes wird zum fundierenden Prinzip von Erkenntnis, Sinn und Sein.[69] Damit stellt sich aber die Frage nach der Konstitution dieses alles konstituierenden Ichs. Husserl geht, um die Selbstkonstitution und

66 Max Weber, »Ueber einige Kategorien der verstehenden Soziologie«, in: ders., *Gesammelte Aufsätze zur Wissenschaftslehre*, hg. v. Johannes Winckelmann, Tübingen: Mohr [7]1988, S. 427-474, S. 439.

67 Max Weber, »Ueber einige Kategorien«, a. a. O. (Fn 66), S. 439.

68 Husserl, *Krisis*, a. a. O. (Fn. 13), S. 100 f.

69 Husserl hat den egologischen Ansatz erst mit der Einführung der Epoché entwickelt. In den *Logischen Untersuchungen* (insbes. in der V. Logische Untersuchung: »Über intentionale Erlebnisse und ihre ›Inhalte‹«, a. a. O. (Fn. 3), S. 364 u. 373 f.) wird der egologische Ansatz noch abgelehnt. Einzig das Bewusstsein, nicht eine ursprüngliche Ich-Instanz, konstituiert Sinn in der intentionalen Korrelation.

-objektivierung des Ich erklären zu können, von mehreren Ichs bzw. von mehreren Schichten des Ichs aus.[70] Dabei fungiert das transzendentale Ego, das nicht weiter reduzible Residuum der phänomenologischen Reduktion, als letztgültige Stätte von Geltung, Erkenntnis und Sinn.[71] Schütz wehrt sich heftig gegen diese multiplen Ichs, aber auch gegen die These, dass das Ich selbst ein Konstituiertes ist, wie es etwa die non-egologischen Ansätze von Jean-Paul Sartre[72] und seines Freundes Aron Gurwitsch behaupten. So schreibt er am 12. Oktober 1952 an Gurwitsch: »Daß Du die egologischen Trinitäten und Quaternitäten für sehr unheilig hältst (und genau besehen handelt es sich [in den *Ideen II*] nicht um 4, sondern 6) begreife ich umsomehr, als ich Husserls ganze Subjektivitätstheorie für den verzweifelten Versuch halte, die transzendentale Phänomenologie (besser: den ›überschwenglichen Gebrauch‹, den Husserl von der transzendentalen konstitutiven Methode macht) zu retten. *Aber:* Ich vermag nicht einzusehen, wieso dieser Mißstand Wasser auf *Deine* non-egologische Mühle gießt. Das Ich ist von Husserl mißverstanden worden, aber daraus, daß er das Problem falsch ansetzt, folgt noch lange nicht, daß das Ich ein *constitutum* ist. Nur *ein* Aspekt, das Ich *modo praeteritis*, ist ein *constitutum*, und deshalb haben sowohl Scheler als der ihm in diesem Punkt merkwürdig verwandte G. H. Mead die verschiedenen Ich-Aspekte auf deren Zeitstruktur zurückgeführt (was ich schließlich auch tat).«[73] Schütz will also gegen Gurwitsch und

70 Vgl. etwa Husserl, *Cartesianische Meditationen*, a. a. O. (Fn. 8), § 15; ders., *Ideen zu einer Phänomenologie und phänomenologischen Philosophie.* Zweites Buch: *Phänomenologische Untersuchungen zur Konstitution*, *Husserliana* Bd. IV, hg. v. Marly Biemel, Den Haag: Nijhoff 1952, §§ 22 ff.; sowie Alfred Schütz, »Edmund Husserls *Ideen II*«, in diesem Band S. 171 ff., insbes. S. 177 f.

71 Vgl. zur Darstellung des egologischen Ansatzes Jan M. Broekman, *Phänomenologie und Egologie Faktisches und transzendentales Ego bei Edmund Husserl*, Den Haag: Nijhoff 1963; sowie Jeff King, »Ontology and Intersubjectivity in Husserl and Schutz«, In: *International Studies in Philosophy*, 14, Nr. 2, 1982, S. 33-56, insbes. S. 43 ff. Zur Kritik der Egologie vgl. Aron Gurwitsch, »A nonegological Conception of Consciousness«, in: *Philosophy and Phenomenological Research* 1, S. 325-338; sowie Richard Kozlowski, *Die Aporien der Intersubjektivität. Eine Auseinandersetzung mit Edmund Husserls Intersubjektivitätstheorie*, Würzburg: Königshausen&Neumann 1991, insbes. S. 72-91. Zur Auseinandersetzung von Schütz und Gurwitsch zum Problem der Egologie vgl. Alfred Schütz/Aron Gurwitsch, *Briefwechsel 1939 1959*, hg. v. Richard Grathoff, München: Fink 1985, S. 94 ff..

72 Vgl. dazu Alfred Schütz, »Sartres Theorie des Alter Ego«, in ASW III.2, S. 117-157, S. 140 ff., sowie ders., »Schelers Theorie der Intersubjektivität und die Generalthesis vom Alter Ego«, in ASW III.2, S. 65-108, Fn. 44, S. 90 f.

73 Schütz/Gurwitsch, *Briefwechsel*, a. a. O. (Fn. 71), S. 287. Vgl. zu Husserls Ichbegriffen Eugen Fink, »Die Phänomenologische Philosophie Edmund Husserls in der

Husserl ein in seiner Einheit und Integrität bewahrtes, mundanes Ich setzen, das als Zentrum der Sinngenese in der Lebenswelt fungiert. Die Integration dieses mundanen Ich, das selbst aus mindestens zwei Schichten, der intimen und der sozialen Person, besteht, erfolgt dann in den pragmatischen Wirkensbeziehungen zur Welt.[74]

Insofern bringt Schütz' Hinwendung zu Husserls egologischer Phänomenologie dem methodologischen Individualismus zusätzlich eine erkenntnistheoretische Begründung. Mit dem Einbau der egologischen Konzeption der transzendentalen Phänomenologie in eine mundane Sozialwissenschaft wird das solipsistische *transzendentale* Ego, das auch bei Husserl durchaus einen Gegenpart in der mundanen »kommunikativen Umwelt« hat, nicht zum einsamen, robinsonadischen Ich in der Sozialwelt, sondern ist von vorneherein in die intersubjektiven Zusammenhänge der Lebenswelt eingebunden. Damit gründet Schütz seine Sozialtheorie zwar auf das einzelne, handelnde Individuum[75] – Sinngebung bleibt eine subjektive Leistung – allerdings auf dem Boden einer immer schon sozialen Welt:

> »Selbstverständlich habe ich nur aus pädagogischen Gründen den Ausgangspunkt von einem theoretischen solipsistischen Ich genommen [. . .] Das soll aber natürlich nicht heißen, daß ich glaube, es sei eine private Erfahrung mög-

---

gegenwärtigen Kritik«, in: *Kant-Studien* 38, 1933, S. 319-383, S. 355 (ND in: Eugen Fink, *Studien zur Phänomenologie 1930-1939*, Den Haag: Nijhoff 1966, S. 79 ff. , sowie Schütz' Ausführungen dazu in »Edmund Husserl *Ideen II*«, in diesem Band S. 177 f. und »Das Problem der transzendentalen Intersubjektivität bei Husserl«, in diesem Band S. 234 f. Ebenso Schütz' »Beantwortung der Diskussionsbemerkungen zu meinem Vortrag ›Das Problem der transzendentalen Intersubjektivität bei Husserl‹«, in diesem Band S. 277 f. Zur Auseinandersetzung zwischen Schütz und Gurwitsch um den non-/egologischen Ansatz vgl. Bernhard Waldenfels, »Das umstrittene Ich. Ichloses und Ichhaftes Bewußtsein bei A. Gurwitsch und A. Schütz«, in: *Sozialität und Intersubjektivität. Phänomenologische Perspektiven der Sozialwissenschaften im Umkreis von Aron Gurwitsch und Alfred Schütz*, hg. v. Richard Grathoff u. Bernhard Waldenfels, München: Fink 1983, S. 15-30.

74 Vgl. dazu Alfred Schütz, »Das Problem der Personalität in der Sozialwelt« [1936-II-1] u. »Das Problem der Personalität in Sozialwelt. Bruchstücke« [1937-II-1], in ASW V.1, S. 42 ff., S. 118 ff. u. S. 132 ff.; sowie Martin Endreß/Ilja Srubar, »Einleitung der Herausgeber«, in ASW V.1, S. 7-29, S. 11 f., wo auch die Genealogie dieser Konzepte bei Bergson und Scheler erörtert wird. Vgl. dazu auch die »Hypothese der Ich-Spaltung« in den Relevanzmanuskripten (Alfred Schütz, »Das Problem der Relevanz« [1947-II-1 und 1951-II-1], in ASW VI.1, S. 57-249, S. 76.

75 Vgl. dazu etwa Alfred Schütz, »Personalitätsmanuskripte«, in ASW V.1, a. a. O. (Fn. 74), S. 56 ff. u. S. 91 ff.

lich, die nicht von vorneherein sozialisiert wäre. [...] [In der transzendentalen Phänomenologie] erst entsteht die Aufgabe, den Übergang von der transzendentalen Subjektivität in die transzendentale Intersubjektivität aufzuklären oder auch nur den Boden der transzendentalen Subjektivität, die mundane Intersubjektivität aufzuklären. Für mich aber, der sich an die natürliche Weltanschauung hält, besteht ein solches Problem gar nicht, denn schon durch die Erfahrung der gemeinsamen Sprache werden die Typisierungen gemäß den Kongruenzsystemen Jedermann's, der zu uns gehört, geschaffen und übermittelt. Die natürliche Welt ist durch und durch *social* und *social* ist auch unsere Kenntnis von dieser Welt«.[76]

Mit der Übernahme des egologischen Prinzips wird also der methodologische Individualismus Webers (und des Wiener Miseszirkels) auf die Sinngenese hin vertieft, die allerdings immer in einem sozialen Horizont situiert wird. Gleichzeitig ergeben sich aber gerade aus der Egologie Reibepunkte zum »überschwenglich gebrauchten« transzendentalen Theorieelement.

Intersubjektivität Mit der Grundlegung im egologischen Ansatz wird aus der Sicht von Husserl und verstärkt aus Schütz' soziologischer Problemstellung ein spezifisches Theorieelement notwendig: die philosophische Erklärung und Begründung von Sozialität und besonders der als Grundform derselben angenommenen Intersubjektivität. Dabei gehen jedoch beide von unterschiedlichen Prämissen aus: Schütz beharrt auf der Verortung des Problems in der Mundanität, Husserl verbleibt dagegen in transzendentalen Sphäre. Sodann tragen beide unterschiedliche Zielvorstellungen und Relevanzen an das Problem der Intersubjektivität heran. Dieses Problem zeigt sich dementprechend bei Husserl und Schütz in drei Horizonten:

1. Intersubjektivität als die Konstitution des Anderen *als Fremden* in Bewusstseinsakten des Ego (Intersubjektivität$_1$).

2. Intersubjektivität als Problem des Verstehens des Fremden (Intersubjektivität$_{2)}$.

76 Schütz/Gurwitsch, *Briefwechsel*, a. a. O. (Fn. 71), S. 279 f.

3. Intersubjektivität als Sozialität, etwa in gemeinsamen Typisierungs- oder Wissensbildungsprozessen (Intersubjektivität$_3$).

Husserl greift die Lösung des Problems der Intersubjektivität auf der für ihn grundlegenden transzendentalen Ebene an, also im Ausgang vom transzendentalen Ego. Deshalb richtet sich seine Fragestellung nach der Konstitution des Anderen als Fremdem im Ego (Intersubjektivität$_1$). Husserl geht dabei durchaus von einer mundanen Vorgegebenheit des Anderen aus, der mundane Andere dient als »transzendentaler ›Leitfaden‹« der Analyse.[77] Aufgrund des egologischen Ansatzes könnte der Phänomenologie ein (transzendentaler) Solipsismus unterstellt werden, dem Husserl dadurch entgegentritt, dass er »transzendentale Subjektivität« fassen will als »Ich als transzendentales Ich-selbst, konkret in meinem eigenen Bewußtseinsleben« und gleichzeitig als »die in meinem transzendentalen Leben sich als transzendental ausweisenden Mitsubjekte in der sich mitausweisenden transzendentalen Wir-Gemeinschaft.«[78] Die Zielsetzung für Husserl ist vor allem die Fundierung der Objektivität der Welt, die seinen grundlegenden erkenntnistheoretisch-phänomenologischen Untersuchungen erst ihre Relevanz sichert: »Aber es erweist sich eben alsbald, daß die Tragweite einer solchen Theorie [der Fremderfahrung] sehr viel größer ist, als es zunächst scheint, daß sie nämlich auch mit *fundiert eine transzendentale Theorie der objektiven Welt*, und zwar ganz und gar, also auch hinsichtlich der objektiven Natur.«[79] Die bisherigen Ausführungen bedeuten allerdings keineswegs, dass die Intersubjektivitätsproblematik im Mittelpunkt seiner Philosophie steht. Die in den Entwürfen für den zweiten Band der *Ideen* befindlichen ersten

77 Vgl. zur Darstellung von Husserls Intersubjektivitätsproblematik vgl. etwa Bernet/Marbach/Kern, *Husserl*, a. a. O. (Fn. 1), S. 143 ff.; James Richard Mensch, *Intersubjectivity and Transcendental Idealism*, a. a. O. (Fn. 57), S. 176 ff u. 262 ff; Richard Kozlowski, *Die Aporien der Intersubjektivität. Eine Auseinandersetzung mit Husserls Intersubjektivitätstheorie*, Würzburg: Königshausen&Neumann 1991; Michael Theunissen, *Der Andere. Studien zur Sozialontologie der Gegenwart*, Berlin: de Gruyter ^{2}1977, S. 13-155; Dan Zahavi, *Husserl und die transzendentale Intersubjektivität. Eine Antwort auf die sprachpragmatische Kritik*, Dordrecht: Kluwer 1996; David Carr, »The Fifth Meditation and Husserls Cartesianism«, in: *Philosophy and Phenomenological Research* 34, Nr.1: 1973, S. 14-35.

78 Edmund Husserl, »Nachwort zu meinen ›Ideen zu einer reinen Phänomenologie und phänomenologischen Philosophie‹«, in: *Jahrbuch für Philosophie und phänomenologische Forschung* XI, (1930), S. 549-570; jetzt in: Edmund Husserl, *Ideen zu einer reinen Phänomenologie und phänomenologischen Philosophie*. Drittes Buch: *Die Phänomenologie und die Fundamente der Wissenschaften, Husserliana* Bd. V, hg. v. Marly Biemel, Den Haag: Nijhoff ^{2}1971, S. 138-162, S. 153.

79 Husserl, *Cartesianische Meditationen*, a. a. O. (Fn. 8, § 43, S. 124.

Ausarbeitungen zur Intersubjektivität etwa bleiben unveröffentlicht. In der *Formalen und transzendentalen Logik* wird Intersubjektivität als »der dunkle Winkel [. . .], in dem die Gespenster des Solipsismus, oder auch des Psychologismus, Relativismus spuken«[80] in einem kurzen Abschnitt abgehandelt. Nach der intensiveren Durchleuchtung dieses »dunklen Winkels« in der *V. Cartesianischen Meditation*, entschwindet das Thema in der *Krisis* wieder in einigen wenigen Paragraphen. Husserl versucht dort zu zeigen, wie durch eine weitere transzendentale Reduktion, die alles Fremde im Bewußtsein einklammert, die primordinale Sphäre der reinen Eigentlichkeit freigelegt wird, in der dann die appräsentatierende Konstitution des Fremden als Fremden und in seiner Fremdheit vollzogen werden könne.

Schütz verweist im *Sinnhaften Aufbau*, in der enthusiastischen Frühzeit seiner Husserl-Rezeption in einer Fußnote noch optimistisch auf die *Cartesianischen Meditationen*, die »die ganze Bedeutsamkeit dieser Fragen [die Konstituierung des alter ego im Bewußtsein des einsamen Ich] in ungemein tiefdringenden Analysen aufgezeigt und bereits die wesentlichen Ansatzpunkte für deren Lösung dargeboten« hätten.[81] In seiner von Husserl gebilligten Rezension der *Cartesianischen Meditationen* liefert er eine knappe Ausführung von Husserls Problemlösung aufgrund der transzendentalen Intersubjektivität.[82] Bereits 1939 kommt Schütz jedoch zu einer gegenteiligen Auffassung hinsichtlich der Lösung des Intersubjektivitätsproblems$_1$ durch Husserl:

> »Wenn einerseits die transzendentale Phänomenologie die Konstituierung der Lebenswelt auf die Leistungen der transzendentalen Subjektivität beschränkt, andererseits aber von vornherein das alter ego und damit das Grundphänomen aller Kultur- und Sozialwissenschaften als diese Lebenswelt mitkonstituierend ansetzt, so ergibt sich für sie die Aufgabe, zu zeigen, wie der scheinbare Solipsismus der ersten These überwunden und das alter ego selbst sinnhaft-verständlich gemacht werden kann. Diesem Versuch ist unter den publizierten Schriften vor allem die V. der *Méditations Cartésiennes* gewidmet. Ihr Grundgedanke soll klargestellt, aber auch kritisiert werden. Es wird sich hierbei ergeben, daß Hus-

80 Husserl, *Formale und transzendentale Logik*, a. a. O. (Fn. 9), S. 244.

81 Schütz, *Sinnhafter Aufbau*, a. a. O. (Fn. 40), S. 219, Fn. 2.

82 Vgl. Alfred Schütz, »Rezension zu Edmund Husserl, *Méditations Cartésiennes*« [1932-I-2], in diesem Band S. 72 ff.

serls Lösungsversuch [...] nicht befriedigend ist, daß aber diese Problemstellung außerhalb des Bereiches liegt, auf den sich Kultur- und Sozialwissenschaften beziehen und daß demzufolge die Bedeutung der Phänomenologie für die Verständlichmachung des Sinnes dieser Wissenschaften durch das Mißlingen des Husserlschen Lösungsversuches nicht beeinträchtigt werden kann.«[83]

Seine ausführlichste Kritik an Husserls Lösungsversuch hat Alfred Schütz in dem Text »Das Problem der transzendentalen Intersubjektivität bei Husserl« dargelegt.[84] Die wichtigsten Kritikpunkte darin beziehen sich auf die von Husserl angenommene konstitutive Grundlage der transzendentalen Intersubjektivität, die eigenheitliche oder primordinale Sphäre, die selbst zu unbestimmt bleibe und deren Konstitutionsmöglichkeit als reine Eigenheitlichkeit, ohne Fremdes, Schütz aus seiner sozialwissenschaftlichen Perspektive bestreitet, gerade weil der Sinn unserer Erlebnisse immer auch von fremder Subjektivität mitbestimmt und mitgestiftet wird. Zudem bleibe offen, welches der multiplen Ichs denn die spezifische Epoché vollziehe, und in welchem Ich der Andere denn konstituiert werde. Sodann sei die um den Begriff der Appräsentation des fremden Leibes zentrierte Konstitution des Fremden voraussetzungsvoll und (bezüglich der angenommenen Einheitlichkeit und Normalität) nicht prüfbar. Zudem erlaube diese Appräsentationsbeziehung keinen Bezug auf das fremde Erleben, es bleibe das Problem der Gleichzeitigkeit und die Frage nach der Singularität oder Pluralität der transzendentalen Subjektivität. Mit diesen Punkten konstatiert Schütz ein Scheitern von Husserls Versuch der Begründung der Intersubjektivität$_1$ durch die Aufweisung der Konstitution des Fremden als Fremdem in der transzendentalen Sphäre.

Schütz' Umgehungsvorschlag für den ersten Problemhorizont der Intersubjektivität ist die Abzweigung zur philosophischen Anthropologie: »Solange Menschen von Müttern geboren werden, fundiert Intersubjektivität und Wirbeziehung alle anderen Kategorien des Menschseins.«[85]

83 Alfred Schütz, »Phänomenologie und die Sozialwissenschaften« [1939-II-2], in: *Gesammelte Aufsätze* Bd. 1, Den Haag: Nijhoff 1971, S. 136-161, S. 137 f.; jetzt in ASW IV.

84 Schütz, »Das Problem der transzendentalen Intersubjektivität bei Husserl« [1957-I-3], a. a. O. (Fn. 60), in diesem Band S. 227 ff.

85 Schütz, »Problem der transzendentalen Intersubjektivität« [1957-I-3], a. a. O. (Fn. 60), S. 254.

Mit dieser Verlagerung der Problematik in den Bereich der anthropologischen Grundlagen der Lebenswelt verzichtet Schütz auf eine Lösung des aus seiner Sicht unlösbaren Problems der Intersubjektivität$_1$ zugunsten der These einer immer schon vorhandenen Sozialität.

Denn er bleibt von seinem grundsätzlichen Interesse an einer philosophischen Fundierung des Sinn- und damit besonders des Fremdverstehens geleitet: »Wir fragen also nicht, wie sich das Du überhaupt in einem Ich konstituiere, [. . .] ob und in welcher Weise eine intersubjektive allgemeingültige Erkenntnis kraft der Konstitution des transzendentalen alter ego im transzendentalen ego möglich sei, usf. So wichtig derartige Analysen für die allgemeine Erkenntnistheorie und dadurch mittelbar für die Sozialwissenschaften sind, für unsere Problemlage können wir sie ungestraft außer Acht lassen.«[86] Die im *Sinnhaften Aufbau* entwickelte temporale Theorie der subjektiven Sinnkonstitution macht die Unmöglichkeit der Erfassung fremden Sinns deutlich. Es geht also im Fremdverstehen nur um eine Auslegung der fremden Erlebnisse mit Hilfe der in Selbstauslegung gewonnenen Typiken. Zur Lösung dieses Problem der Intersubjektivität$_{2+3}$ geht er (unter anderem mit Verweis auf Max Scheler) von »der *Existenz* der Sozialwelt in naiv natürlicher Weltanschauung«[87] aus, der mundanen Sphäre in Husserls Terminologie. Entsprechend verlässt er gerade am Übergang von der subjektiven Sinnkonstitution zur Sozialwelt die »transzendental-phänomenologische Reduktion«.[88] Das Problem der Intersubjektivität$_{2+3}$, als Grundbaustein von Sozialität und Fremdverstehen, wird von Schütz also von vorneherein aus der transzendentalen Sphäre herausgenommen und als elementarer Bestandteil der alltäglichen Sozialwelt gefasst.

Auf dieser Ebene bietet seine Theorie Lösungsvorschläge an. Für das Problem des Fremdverstehens (Intersubjektivität$_{2)}$ bleiben die Analysen aus dem III. Abschnitt des *Sinnhaften Aufbaus* grundlegend, die »signitive Erfassung des fremden Leibes«, des fremden Ausdrucks und die auslegende Deutung dieser Gegebenheiten.[89] Die Sozialität und die intersubjektive Wissensbildung (Intersubjektivität$_3$) werden von Schütz vor allem aus der pragmatischen Dimension des menschlichen Weltzugangs abgeleitet. Die Grundlage für die *Geltung* der intersubjektiven Typisierungen und Standardisierungen ist Schütz zufolge eine Idealisie-

86 Schütz, *Sinnhafter Aufbau*, a. a. O. (Fn. 40), S. 220.
87 Schütz, *Sinnhafter Aufbau*, a. a. O. (Fn. 40), S. 219 f.
88 Schütz, *Sinnhafter Aufbau*, a. a. O. (Fn. 40), S. 129.
89 Schütz, *Sinnhafter Aufbau*, a. a. O. (Fn. 40), §§ 19-28.

rung: die Generalthese der Reziprozität der Perspektiven und die damit vorgenommene *Ersetzung* der »Gedankenobjekte der privaten Erfahrung durch typisierende Konstruktionen gemeinsamer Gedankenobjekte«.[90] Erst damit ist die für Kommunikation notwendige »*wesentliche*« Übereinstimmung der Interpretationsschemata gegeben. Diese Idealisierungen erhalten durch Kommunikationssituationen selbst Bestätigung oder Widerlegung, werden sozusagen in der Kommunikation pragmatisch kontrolliert.

Dieser mit Bergson, Scheler, James, Dewey und anderen vorgenommene Versuch einer Rekonstruktion der pragmatischen Grundlagen seiner phänomenologisch fundierten Lebensweltheorie[91] ermöglicht auf der mundanen Ebene die Problemstellung der Intersubjektivität$_{2+3}$ und die Entwicklung erster Lösungsansätze. Für das unlösbar erscheinende Problem der Intersubjektivität$_1$ greift Schütz auf anthropologische Postulate zurück und auf Husserls Konzept der Lebenswelt als immer schon vorgängiger Sozialität.

Lebenswelt Der Rückzug auf die Lebenswelt (und die philosophische Anthropologie) erfolgt aufgrund des Fehlschlags der transzendentalen Phänomenologie in Bezug auf die philosophische Begründung der Intersubjektivität$_1$.

Den Begriff der »Lebenswelt« hat Husserl wohl um 1917 geprägt, prominent wurde er jedoch erst mit den Wiener Vorträgen bzw. der *Krisis*-Schrift.[92] Von der »Welt im Wie der Erlebnisgegebenheit«[93] wird sie ein »ständige[r] Geltungsboden, eine stets bereite Quelle von Selbstverständlichkeiten, die wir, ob als praktische Menschen oder als Wissenschaftler,

90 Alfred Schütz, »Symbol, Wirklichkeit und Gesellschaft« [1955-I-2], in ASW V.2, S. 117-220, S. 160. Gerade der hier mit »Ersetzung« bezeichnete Vorgang wäre noch genauer zu analysieren.

91 Vgl. dazu insbes. Schütz, »Personalitätsmanuskripte«, a. a. O. (Fn. 74), sowie Ilja Srubar, *Kosmion. Die Genese der pragmatischen Lebensweltheorie von Alfred Schütz und ihr anthropologischer Hintergrund*, Frankfurt: Suhrkamp 1988.

92 Vgl. für eine begriffs- und werkgeschichtliche Untersuchung Hans Blumenberg, »Das Lebensweltmißverständnis«, in: ders., *Lebenszeit und Weltzeit*, Frankfurt: Suhrkamp 2001, S. 7-68. Vgl. dazu auch Elisabeth Ströker (Hg.), *Lebenswelt und Wissenschaft in der Philosophie Edmund Husserls*, Frankfurt: Klostermann 1979 und Rüdiger Welter, *Der Begriff der Lebenswelt. Theorien vortheoretischer Erfahrungswelt*, München: Fink 1986, insbes. S. 77 ff. Für eine eigenwillige Lesart vgl. auch Niklas Luhmann, »Die Lebenswelt – nach Rücksprache mit Phänomenologen«, in: *Archiv für Rechts- und Sozialphilosophie*, Vol. 76, Nr. 2, 1986, S. 176-194

93 Edmund Husserl, »Kant und die Idee der Transzendentalphilosophie«, in: *Husserliana* Bd. VII, hg. v. Rudolf Boehm, Den Haag: Nijhoff 1956, S. 232.

ohne weiteres in Anspruch nehmen.«[94] Dieses »Allerbekannteste, das in allem menschlichen Leben immer schon Selbstverständliche«[95] wird zur Grundlage der Kritik an den neuzeitlichen Wissenschaften, sowie, parallel und in Rivalität zu Heideggers Fundamentalontologie, zum Versuch der Verwurzelung aller Wissenschaften in einem gemeinsamen Boden und damit einer Aufhebung der regionalen Ontologien. Von dieser erneuten einleitenden Selbstbegründung der Phänomenologie aus erfolgt auch die Integration der historischen Dimension in die Phänomenologie. Die Lebenswelt als »historisches Apriori« ist dabei zwar subjekt-relativ, aber im »freien Variieren und Durchlaufen der lebensweltlichen Erdenklichkeiten tritt in apodiktischer Evidenz hervor ein wesensallgemeiner Bestand, der durch alle Varianten hindurchgeht«.[96] Mit der eidetischen Methode lässt sich eine »Ontologie der Lebenswelt«[97] in ihrer allgemeinen und invarianten Strukturierung begründen, die dann wiederum als normative Folie der Kritik dienen kann.

Alfred Schütz greift auf diesen Begriff der Lebenswelt zurück, gerade weil Husserl die Möglichkeit einer »lebensweltlichen Ontologie auf dem natürlichen Boden«[98] offen lässt, weil »nur eine solche Ontologie der Lebenswelt, nicht aber eine transzendentale Konstitutionsanalyse jenen Wesensbezug der Intersubjektivität aufzuklären vermögen wird, der die Grundlage sämtlicher Sozialwissenschaften bildet«.[99] Eine Klärung der Strukturen der Lebenswelt beginnt für Schütz bereits mit den »Personalitätsmanuskripten« 1937[100] und setzt sich fort bis hin zu seinem nicht vollendeten zweiten Buch, den Notizen für die »Strukturen der Lebenswelt«[101]. Das sinnkonstituierende Subjekt ist lebensweltlich immer schon eingebunden in eine mundane Sozialität. Die Lebenswelt führt bei Schütz deshalb auch weg von der Egologie, weil die Sinngenerierung damit immer schon sozial strukturiert ist.

Erstaunlicherweise, das sei im Rahmen der Lebensweltthematik noch

94 Husserl, *Krisis*, a. a. O. (Fn. 13), § 33, S. 124.

95 Husserl, *Krisis*, a. a. O. (Fn. 13), § 34, S. 126.

96 Husserl, *Krisis*, a. a. O. (Fn. 13), Beilage III, S. 383.

97 Husserl, *Krisis*, a. a. O. (Fn. 13), § 51, S. 176 f.

98 Husserl, *Krisis*, a. a. O. (Fn. 13), § 51, S. 176.

99 Schütz, »Das Problem der transzendentalen Intersubjektivität« [1957-I-3], a. a. O. (Fn. 60), S. 254 f.

100 Vgl. Schütz, »Personalitätsmanuskripte« [1937-II-1], a. a. O. (Fn. 74), etwa S. 160

101 Vgl. Alfred Schütz, »Strukturen der Lebenswelt« [1957-II-3], in ASW V.1, S. 325-348 sowie Alfred Schütz/Thomas Luckmann, *Strukturen der Lebenswelt I* [1975-I-1] u. *Strukturen der Lebenswelt II* [1984-I-1], Frankfurt: Suhrkamp 1975/1984, jetzt in ASW IX.

angemerkt, schließt Schütz nicht an die von Husserl in den *Ideen II* formulierte erste Variante der Lebenswelt an, der »Konstitution der geistigen Welt«.[102] Diese geistige Welt gleicht in ihrer Anlage einer mundanen Phänomenologie, die Personen in ihrer kommunikativen Umwelt beschreibt, ohne auf die Reduktion zurückzugreifen: »Die Lebenswelt ist die natürliche Welt – in der Einstellung des natürlichen Dahinlebens sind wir lebendig fungierende Subjekte in eins mit dem offenen Kreis anderer fungierender Subjekte.«[103] Schütz' kritische Bemerkungen in der Rezension der *Ideen II* zu dem »am wenigsten befriedigende[n] Teil der Analyse« weisen zu Recht auf die ungelösten Probleme im Bereich der Sozialität hin.[104] Aber diese Kritik klingt eher wie eine Enttäuschung ob der wenig befriedigenden Analysen und würdigt in keiner Weise diese erste Verdichtung des Problems der Intersubjektivität$_3$ und der Lebenswelt in Husserls Werk. Die Fokussierung auf die Lebenswelt bringt in phänomenologischer Perspektive das Problem der Strukturierung derselben und damit die Frage nach der Typizität der Lebenswelt bzw. der menschlichen Erfahrung überhaupt auf die Agenda.

Typen und Typisierung Im Ausgang von Max Weber und dessen Begriff des »Idealtypus« taucht in Schütz' Sozialtheorie bereits in der frühen Wiener Zeit das Problem des Typus (und der Typisierung) in Verbindung mit dem Problem der Relevanz auf.[105] Im *Sinnhaften Aufbau* erscheint der Begriff des Typus dann erst in der Analyse der sozialen Mitwelt. Aber das damit eng verbundene Konzept der »Ordnungen der Synthesen erfahrener Erlebnisse« wird für die Selbst- und Fremdauslegung zentral unter den Begriffen der Erfahrungs- bzw. Deutungsschemata.[106] Diese vorgenommene begriffliche Trennung wird im weiteren von Schütz nicht aufrechterhalten, was wohl auch auf Husserls Einfluss zurückzuführen ist.

Für Husserl ist die Typik ein zentrales Charakteristikum des menschlichen Weltzugangs, der auf »in der Erfahrung sich darbietende[n] und in

---

102 Husserl, *Ideen II*, a. a. O. (Fn. 70), S. 172-302. Vgl. zur Entwicklung und der Problematik der »Göttinger Lebenswelt« Manfred Sommer, »Husserls Göttinger Lebenswelt«, in: Edmund Husserl, *Die Konstitution der geistigen Welt* (Text nach *Husserliana* IV), hg. v. Manfred Sommer, Hamburg: Meiner 1984, S. IX-XLII.

103 Husserl, *Ideen II*, a. a. O. (Fn. 70), Beilage XIII, S. 375.

104 Vgl. Alfred Schütz, »Edmund Husserls *Ideen II*« [1953-I-1], in diesem Band S. 194 f.

105 Vgl. Alfred Schütz, »Notizen aus der frühen Wiener Zeit«, in: ASW I., S. 215-246, S. 226, wo er Typus u. a. als »Gattung des Entwordenen im Werdenden« charakterisiert.

106 Schütz, *Sinnhafter Aufbau*, a. a. O. (Fn. 22), §§ 15 f. u. 21 ff.

den Abwandlungen möglicher Erfahrung invariant bleibende[n] anschauliche[n] Allgemeinheiten«[107] beruht. Entsprechend entwickelt sich der Typus zu einer deskriptiven Grundkategorie der Phänomenologie. Bereits in den *Logischen Untersuchungen* taucht das Konzept unter dem Titel der »vagen Ausdrücke« erstmals auf. In der Behandlung des Problems der Vieldeutigkeit von Ausdrücken trifft Husserl die Unterscheidung zwischen vagen und exakten Ausdrücken. »Vage sind die meisten Ausdrücke des gemeinen Lebens, wie *Baum* und *Strauch*, *Tier* und *Pflanze* u. dgl. [...] Vage Ausdrücke besitzen nicht einen in jedem Falle ihrer Anwendung identischen Bedeutungsgehalt; sie orientieren ihre Bedeutung nach typisch, aber nur partiell klar und bestimmt aufgefaßten Beispielen«.[108] Im weiteren Werkverlauf werden Typen eng an die Erfahrung gekoppelt. Für Husserl hat die Erfahrung zwei zeitliche Flanken, eine der Verarbeitung des Anwesenden, die »intentionale Abwandlung« im Absinken, und zum anderen die horizonthafte Anwesenheit des Abwesenden, der sedimentierten Abgehobenheiten im latenten habituellen Besitz, die »geweckt« werden können.[109] Typik in diesem Sinn ist damit Grundlage und Resultat jeglicher Erfahrung und Ursprung der Vertrautheit in der (Lebens-)Welt. In der *Krisis* differenziert Husserl dann zwischen einer Typik der Lebenswelt in der natürlichen Einstellung und einer dieser zugrundeliegenden »Wesenstypik«: im Bewusstsein »waltet – und das macht Wissenschaftlichkeit, Beschreibung, phänomenologisch-transzendentale Wahrheit möglich – eine feste Typik, die [...] eine methodisch als reines Apriori zu umgreifende Wesenstypik ist.«[110] In den *Cartesianischen Meditationen* wird die allgemeinste Form dieser Typik als *ego-cogito-cogitatum* bestimmt, von der aus mit der eidetischen Methode die Mannigfaltigkeit der möglichen Bewusstseinsleistungen gewonnen wird.[111] Husserl verortet Typiken also auf drei Ebenen: in der alltäglichen Erfahrung mit ihren zwei zeitlichen Flanken der Sedimentierung und der Weckung, in den mittels der eidetischen Variation gewonnenen Wesenheiten der Welt und schließlich in der (transzendentalen) Struktur

107 Edmund Husserl, *Phänomenologie und Psychologie. Vorlesungen Sommersemester 1925*, *Husserliana* Bd. IX, hg. v. Walter Biemel, Den Haag: Nijhoff 1962, Beilage XXXII (»Individualpsychologie und intersubjektive Psychologie)«, S. 533-539, S. 534.

108 Husserl, *Logische Untersuchungen*. Zweiter Band: *I. Ausdruck und Bedeutung*, a. a. O. (Fn. 3), § 27, S. 93.

109 Vgl. Husserl, *Formale und transzendentale Logik*. a. a.Ø. (Fn. 9), Beilage II, S. 318 f.

110 Husserl, *Krisis*, a. a. O. (Fn. 13), § 51, S. 176.

111 Husserl, *Cartesianische Meditationen*, a. a. O. (Fn. 8), §§ 20 ff.

des Bewusstseins.

Schütz beschränkt sich, seinem Ansatz gemäß, auf die erste Ebene, die Typik in der alltäglichen Lebenswelt. Diese ergänzt er mit dem Begriff der Relevanz um ein bei Husserl nicht klar ausgearbeitetes Prinzip der Selektivität. Aus dieser Position formuliert er in seinem letzten Text »Typus und Eidos in Husserls Spätphilosophie« eine harsche Kritik an Husserl, die dessen äquivoken Gebrauch des Typenbegriffes geißelt, die fehlende Begründung einer intersubjektiven Typenbildung bemängelt und schließlich die Unterscheidungen von passiven und aktiven Akten des Bewusstseins und die zwischen Typus und Eidos anzweifelt. Deshalb wird der Begriff der »Sedimentierung« für Schütz' Typenbegriff zentral, weil er die eidetischen bzw. transzendentalen Stabilisierungen und Einhegungen der Typik ablehnt und deswegen eine mundane Begründung für die Stabilität und Gleichsinnigkeit der Typiken benötigt.

Im Zusammenhang mit seinem letzten Text formuliert Schütz auch seine härteste Kritik an Husserls Phänomenologie: »Mit wirklich großen Schwierigkeiten arbeite ich an meinem Aufsatz für Farber, der den Titel ›Type and Eidos in Husserl's Late Philosophy‹ haben soll. Vielleicht bin ich in besonders kritischer Stimmung, aber jeder Versuch einer Klärung der Grundbegriffe der Husserl'schen Philosophie zeigt die Unhaltbarkeit der Konstruktion.«[112] So schreibt er am 3. Februar 1959 an Aron Gurwitsch, kurz vor der Serie von Operationen, deren Komplikationen schließlich zu seinem Tod am 20. Mai 1959 führen.

Ubi egregie progressi sunt?[113]

Alfred Schütz ist, so lässt sich die obige schlaglichtartige Sondierung einiger Theorieelemente resümieren, in der für ihn typischen selektiv-kritischen Aneignungsweise mit Husserls Phänomenologie umgegangen. Trotz seiner am Beginn der intensiven Auseinandersetzung stehenden Begeisterung ist der kritische Impetus von Anfang an vorhanden, wie der Briefwechsel mit Kaufmann und beispielsweise die in diesem Band erstmals abgedruckten »[Notizen zu Problemen der Explikation und zur

112 Schütz/Gurwitsch, *Briefwechsel*, a. a. O. (Fn. 1), S. 461.

113 Vgl. zu dieser Überschrift Schütz' vorletzten Text »Hic egregie progressus sum« [1958-II-8], in ASW VI.1, S. 331-339 sowie zur Herkunft dieses Zitats unten Anmerkung E 18, S. 113.

Gegenständlichkeit]«[114] zeigen. Ein weiteres Zeichen dafür ist, dass er selbst in der Phase des phänomenologischen Enthusiasmus, die kurz nach dem *Sinnhaften Aufbau* mit dem ersten Besuch bei Hussel wohl ihren Höhepunkt erreicht, keineswegs auf seine bisherigen philosophischen Theoriebausteine verzichtet, die er von Max Weber, Henri Bergson oder Max Scheler übernommen hatte. Die Kritik an der Phänomenologie durchzieht und prägt sein weiteres Werk, obwohl er andererseits ein aktiver Förderer und Verbreiter von Husserls Werk bleibt. Aufbauend auf Husserls phänomenologischen Fundamenten hat Schütz mit seinem genuin interdisziplinären Vorgehen so Grundlagen für die Formulierung nach wie vor aktueller sozialwissenschaftlicher Probleme geschaffen.

Bis wohin sind nun Edmund Husserl und Alfred Schütz gut vorangekommen bzw. wo kann aktuelle theoretische Soziologie produktiv anschließen? Hier ergeben sich aus der Perspektive des Herausgebers vier zentrale Felder von Anschlussmöglichkeiten und Desiderata:

1. **Grundlegung der Soziologie auf dem temporalisierten Sinnbegriff**: Alfred Schütz hat in Anlehnung an die verstehende Soziologie Max Webers den Sinnbegriff in seine Sozialtheorie übernommen und diesen mit Husserls Phänomenologie auf eine philosophische Grundlage gestellt. Die mit Husserl vorgenommene Temporalisierung des Sinnbegriffs stellt eine zentrale wissenschaftstheoretische Grundlegung und wird in der Soziologie in vielfältiger Weise genutzt. Die interpretativen Ansätze wenden diese theoretische Strategie an, um die Prozesse der Interaktion und Kommunikation zu rekonstruieren. Die neuere Systemtheorie Niklas Luhmanns gewinnt in Husserls temporalisiertem Sinngeschehen das Modell für die Autopoiesis sinnverarbeitender Systeme par excellence.[115] In der Konfrontation der handlungs- und systemtheoretischer Auffassungen des »sinnhaften Aufbaus der sozialen Welt« eröffnen sich neue Forschungsfelder für soziologische Theorie und Empirie, nicht zuletzt in methodischer Hinsicht (zu denken ist etwa an sequenzanalytische Interpretationsverfahren). Mit dem temporalisierten Sinnbegriff wird aus

114 Alfred Schütz, »[Notizen zu Problemen der Explikation und der Gegenständlichkeit]« [1932-II-1], in diesem Band S. 51 ff.

115 Niklas Luhmann, *Die neuzeitlichen Wissenschaften und die Phänomenologie*, Wien: Picus 1996. Vgl. Niklas Luhmann, »Sinn als Grundbegriff der Soziologie«, in: Jürgen Habermas/Niklas Luhmann, *Theorie der Gesellschaft oder Sozialtechnologie – Was leistet die Systemforschung?*, Frankfurt/M.: Suhrkamp 1971, S. 25-100; sowie für die autopoietische Phase ders., *Soziale Systeme. Grundriß einer allgemeinen Theorie*, Frankfurt/M.: Suhrkamp 1984, S. 92 ff.

theoretischer Perspektive aber auch das Problem der Gleichzeitigkeit aufgerufen, gerade in den konstruktivistisch orientierten Theorien der Gegenwart. Vor allem die Systemtheorie wird an diesem Punkt wieder auf eines ihrer Fundamente, die Phänomenologie, zurückgeworfen und kann dem, weil der transzendentale Ausweg verschlossen ist, nur durch das Postulat der Gleichzeitigkeit alles Geschehens entgehen.[116] Insofern bleibt die Gleichzeitigkeit »die Achillesferse des Konstruktivismus«[117] und eine Herausforderung jeder Sozialtheorie.

2. **Intersubjektivität und Theorie der Gesellschaft** Die für Schütz zentrale Problemstellung der Intersubjektivität markiert weiterhin ein offenes Forschungsgebiet der Sozialtheorie. Weder als Postulat einer philosophischen Anthropologie noch als Hintergrundannahme des Interaktionismus bzw. einer Theorie kommunikativen Handelns kann das Problem der Intersubjektivität, das für die Genese der Sozialität schlechthin steht, als gelöst betrachtet werden.

   Selbst wenn die Intersubjektivität schlicht als Problem und Begriff gestrichen wird, wie es in Luhmanns Sozialtheorie geschieht, ergeben sich Probleme. Denn sowohl die lediglich strukturell an eine Sozialität qua Kommunikation angekoppelten psychischen Systeme als auch die sozialen Systeme selbst weisen einige auffällige Parallelen zu den von Husserl untersuchten Strukturen des subjektiven Bewusstseins auf. Entsprechend monieren Kritiker die mit der Übernahme von phänomenologischen Motiven transportierten, aber nach wie vor ungelösten Probleme, vor allem das der Intersubjektivität, das mit der strukturellen Kopplung nur scheinbar gelöst wird und entsprechend in der Unterscheidung Selbstreferenz/Fremdreferenz oder in der sozialen Dimension des Sinns wieder auftaucht.[118] Das für die Sozialwissenschaften grundlegende Problem der Intersubjektivität (in allen drei oben entwickelten Problemhorizonten) ist also weder durch Anthropologisierung oder Versprachlichung noch mit Luh-

116 Niklas Luhmann, »Gleichzeitigkeit und Synchronisation«, in: *Soziologische Aufklärung*, VS Verlag, Wiesbaden, Bd. 5, S. 92-125.

117 Joachim Renn, »Grenzen des Konstruktivismus – Konstruktion, Dekonstruktion, Rekonstruktion«, in: *GrenzGänge – BorderCrossings. Kulturtheoretische Perspektiven*, hg. v. Gerd Sebald, Michael Popp u. Jan Weyand, Münster: LIT 2006, S. 19-41, S. 34.

118 Vgl. Hans Rainer Sepp, »Luhmann liest Husserl«, in: *Phänomenologie und Systemtheorie*, hg. v. Jaromir Brejdak et al., Würzburg: Königshausen&Neumann 2006, S. 84-95; sowie Lutz Ellrich, *Die Konstitution des Sozialen. Phänomenologische Motive in N. Luhmanns Systemtheorie*, in: *Zeitschrift für philosophische Forschung* 46, Nr. 1, 1992, S. 24-43.

manns Durchstreichung aus der (Theorie-)Welt geschafft und bleibt ein Desiderat.

3. **Kulturtheoretische Perspektiven** Die von Schütz formulierte pragmatische Theorie der Lebenswelt bietet gerade in ihrem Anspruch auf Universalität eine Grundlage für interkulturellen Vergleich und damit für die Formulierung einer Kulturtheorie. Kultur ist aus dieser Perspektive ein »kollektiver, semiotisch objektivierter, pragmatisch materialisierter und medial präsent gehaltener Wissensvorrat«.[119] Die Strukturen der Lebenswelt sind in diesem Zusammenhang auf vier Ebenen konstituiert: in der subjektiven Sinnkonstitution im Zusammenhang von Handeln, Denken und Sprechen, in der pragmatischen Strukturierung des Handlungsfeldes, in den Zeichensystemen, Semantiken und Medien und schließlich in den Kommunikationen und Diskursen. Eine solche lebensweltliche Perspektive ermöglicht, die notwendige Erfassung inter- und intrakultureller Vielfalt, ohne dass dazu auf die Hypostasierung einer spezifischen Kulturform als Vergleichsgrundlage zurückgegriffen werden muss und ohne dass nostrifizierende Elemente ins Spiel kommen.[120] Wenn die konstitutiven Mechanismen der Lebenswelt zugleich als Katalysatoren der Ausdifferenzierung betrachtet werden, erschließt sich von hier aus die Möglichkeit, aus einer interdisziplinären Perspektive, wie sie Alfred Schütz Zeit seines Lebens eingenommen hat, die Differenzen in kulturellen Entwicklungsprozessen in den analytischen Blick zu nehmen, ohne vorab auf ein Ziel abzustellen.

4. **Typisierung als grundlegende Form des Weltzugangs** Wird die Zeitlichkeit des menschlichen Weltzugangs mit Husserl in der Form der Doppelstruktur von Erfahrungsverarbeitung und Erfahrung gefasst, dann sind die Residuen der Erfahrung grundlegende Elemente, die sich in ihrer Überlagerung *in ihrer Besonderheit* auslöschen, jedoch mit dieser Auslöschung Struktur generieren. Das Gedächtnis als Einheit dieser beiden zeitlichen Flanken der Erfahrung, als Erinnern

119 Ilja Srubar, »Die pragmatische Lebenswelttheorie als Grundlage interkulturellen Vergleichs«, in: *Kulturen vergleichen. Sozial- und kulturwissenschaftliche Grundlagen und Kontroversen*, hg. v. Ilja Srubar, Joachim Renn u. Ulrich Wenzel, Wiesbaden: VS-Verlag 2006, S. 151-171, S. 153.

120 Für den Vorwurf des Eurozentrismus, den Luhmann an Husserl richtet (Luhmann, *Die neuzeitlichen Wissenschaften*, a. a. O. (Fn. 115), S. 17 ff.), gibt es durchaus Belegstellen in seinem Werk, für eine Zurückweisung dieser Vorwürfe vgl. jedoch Hans Rainer Sepp, »Luhmann liest Husserl«, a. a. O. (Fn. 118), S. 85 ff.

und Vergessen, kann aufgrund der Irreversibilität der Zeit nur in der Gegenwart operieren, aber es operiert mit spezifischen Zeitobjekten, Typen, die aufgrund der ihnen eigenen Dauerhaftigkeit am Horizont der Gegenwart präsent sind. Auf dieser Basis lässt sich eine durch Edmund Husserl und Alfred Schütz inspirierte mundane Theorie der Subjektivität entwerfen, die dann auf inter- bzw. übersubjektiver Ebene insbesondere drei sozialwissenschaftlich relevante Felder in den Blick nimmt:

a) Sprache als spezifische transsubjektive Gegebenheit ist aus phänomenologisch-soziologischer Perspektive gerade unter dem Aspekt ihrer präskriptiven und gleichzeitig evolutionär-dynamischen Bedeutungsstruktur von Interesse. Es stellt sich also die Frage der (sprachlichen) Semantik, als typisierte Bedeutung, in ihrem Verhältnis zu subjektiver und intersubjektiver Sinngenese einerseits und gesellschaftlicher Evolution andererseits.[121]
b) Das Problem der subjektiven und intersubjektiven Verarbeitung von bildhaften Wahrnehmungen, Interpretationen und Bedeutungsstrukturen, wozu Husserls Untersuchungen zum Bildbewusstsein vielversprechende Ansatzpunkte liefern könnten,[122] ist gerade aufgrund der enormen Bedeutung der analogen und elektronischen Bildmedien ein weitgehend offenes Forschungsfeld.
c) Ein weiteres Desiderat ist eine sozialwissenschaftliche Theorie des Gedächtnisses, die nicht auf die kulturwissenschaftliche Kategorisierung von kommunikativem und kulturellem Gedächtnis angewiesen ist, sondern mit den Begriffen Typus und Relevanz Halbwachs' Begriffe des Rahmens und der Konvention für eine Theorie sozialer Gedächtnisse spezifizieren kann.

Die Einführung phänomenologischen Denkens in die Sozialwissenschaften durch Alfred Schütz eröffnete so nicht nur den Weg zu neuen Paradigmen der soziologischen Theoriekonstruktion, sondern steckt

121 Vgl. dazu Niklas Luhmann, »Gesellschaftliche Struktur und semantische Tradition«, in: ders., *Gesellschaftsstruktur und Semantik. Studien zur Wissenssoziologie der modernen Gesellschaft*, Bd. 1, Frankfurt: Suhrkamp 1993, S. 9-71; Werner Kogge, »Semantik und Struktur. Eine ›alteuropäische‹ Unterscheidung inder Systemtheorie«, in: *Interpretation, Konstruktion, Kultur. Ein Paradigmenwechsel in den Sozialwissenschaften* hg. v. Andreas Reckwitz u. Holger Sievert, Opladen: Westdeutscher Verlag, S. 67-99.

122 Edmund Husserl, *Phantasie, Bildbewußtsein und Erinnerung. Zur Phänomenologie der anschaulichen Vergegenwärtigung. Texte aus dem Nachlaß (1898–1925), Husserliana* Bd. XXIII, hg. v. Eduard Marbach, Den Haag: Nijhoff 1980.

auch aktuell den Rahmen ab, in dem die grundlegende Frage aller soziologischen Theorie »wie ist Gesellschaft möglich« mit Gewinn zu suchen ist.

Anmerkung des Herausgebers

Die Edition des vorliegenden Bandes III.1 der Alfred Schütz-Werkausgabe war von mannigfaltigen Widerfährnissen, Umbrüchen und Kontingenzen gekennzeichnet. Als der jetzige Herausgeber im Februar 2007 seine Arbeit aufnahm, konnte er sich auf die editorischen Vorarbeiten und Transkriptionen von Richard Grathoff und Michael Thomas, sowie die Übersetzungen von Christian Thomas stützen. Die Ausarbeitung dieser Grundlage zu dem vorliegenden Text wäre nicht möglich gewesen ohne die Unterstützung von Ilja Srubar, Joachim Renn, Hansfried Kellner und Martin Endreß. Etwelche trotz dieser Hilfestellungen noch vorhandenen Mängel hat allein der Herausgeber zu tragen. Zu danken ist auch Thorn Kray für eifriges Korrekturlesen und großer Dank geht schließlich an Linda Nell, ohne deren Engagement und Genauigkeit im Textvergleich, in den Literaturrecherchen, in den Transkriptionen und zu guter letzt bei der Erstellung des Registers der Verlag noch länger hätte warten müssen.

Zu dieser Ausgabe

Die *Alfred Schütz Werkausgabe* (ASW) macht die publizierten und nachgelassenen Arbeiten von Alfred Schütz im Rahmen einer kritischen deutschsprachigen Studienausgabe zugänglich. Die Texte werden entweder auf der Grundlage der Fassungen »letzter Hand« oder – im Falle von zu Schütz' Lebzeiten publizierten Arbeiten – aufgrund der Textfassungen der jeweiligen Erstveröffentlichung im Original oder in Übersetzungen vorgelegt.

Um dem Leser über die vorliegende Ausgabe hinaus das Aufsuchen von Fundstellen in den Originalen zu erleichtern, sind in die Texte die Seitenumbrüche des jeweiligen Erstdruckes oder – im Falle unpubliziert gebliebener Arbeiten – der nachgelassenen Manu- oder Typoskripte jeweils in eckigen Klammern eingefügt. Dabei verweist bei nachgelassenen Texten die zusätzlich angegebene zweite Ziffer auf die fortlaufende Seitennummerierung des Nachlasses von Alfred Schütz (lfd. Nr.; z. B. [10/7078]).

Von Schütz selbst stammende Anmerkungen kommen stets unten auf der jeweiligen Textseite als Fußnoten zum Abdruck. Anmerkungen seitens der Editoren sind durch ein der Nummerierung vorangestelltes »E« gekennzeichnet und jeweils im Anschluss an den Text und die Textvarianten als Endnoten wiedergegeben.

Die Zitation der publizierten und nachgelassenen Arbeiten von Alfred Schütz richtet sich nach der »Alfred Schütz-Bibliographie«, die im Anhang eines jeden Bandes der ASW mitgeteilt wird. Unter Angabe des Originaltitels des Erstdruckes werden die Texte zusätzlich nach dem Jahr ihrer Publikation oder – im Falle unpublizierter Texte – des Manu- oder Typoskriptabschlusses, der Angabe der Textkategorie (publiziert: I / unpubliziert: II) sowie der laufenden Nummer des jeweiligen Jahres zitiert (z. B.: [1932-I-1]; vgl. die Vorbemerkung zur Bibliographie).

Über nicht im Text selbst ausgewiesene Vereinheitlichungen von Schreibweisen und ihre Angleichung an heutige Gepflogenheiten bei den im Original in deutscher Sprache geschriebenen Texten von Schütz wird jeweils im betreffenden editorischen Bericht informiert. Sämtliche darüber hinaus von den Herausgebern vorgenommenen Textkorrekturen und Ergänzungen, wie u. a. das Ausschreiben heute nur schwer verständlicher Abkürzungen und die Korrektur von offenkundigen Orthographie- und Interpunktionsfehlern, sind durch eckige Klammern kenntlich gemacht.

Für die Transkription von Textmarkierungen aus den Originalmanuskripten kommen die folgenden Regeln zur Anwendung: Einfache Unterstreichungen sind – mit Ausnahme der Überschriften – im Druck durch *Kursivsetzung*, doppelte Unterstreichungen durch KAPITÄLCHEN wiedergegeben.

Dem Abdruck der Texte von Alfred Schütz ist jeweils ein »Editorischer Bericht« vorangestellt, der über die Textgrundlage, die Entstehung und Überlieferung der Arbeiten sowie ihre Edition informiert. Im Anschluss an die Texte kommen ggf. Textvarianten (durch kleine hochgestellte lateinische Buchstaben gekennzeichnet) und schließlich die Anmerkungen der Editoren zum Abdruck.

Hinsichtlich der Rechtschreibung gelten folgende Konventionen: Bei den nachgelassenen deutschsprachigen Manuskripten von Schütz wurde die damals gültige Rechtschreibung und somit auch die in Österreich übliche Schreibweise von ss für ß durchgängig belassen. Für alle nachgelassenen englischsprachigen und im Original auf Englisch publizierten Texte, die in der ASW jeweils in überarbeiteten oder neuen Übersetzungen dargeboten werden, wird auf die alte deutsche Rechtschreibung zurückgegriffen. Für alle von den Editoren verfassten Texte (Einleitungen, editorische Berichte und Anmerkungen) kommt die neue Rechtschreibung zur Anwendung.

Im Anhang eines jeden Bandes der ASW finden sich weitere Erschließungshilfen: neben ergänzenden Nachlassmaterialien (auf die durch ein der Nummerierung vorangestelltes »M« gegebenenfalls in den Texten verwiesen wird) eine »Biographische Tafel« zu Alfred Schütz, die »Bibliographie zur Alfred Schütz Werkausgabe«, ein »Glossar fremdsprachiger Begriffe«, das einen ersten Zugang zu den in den Texten bewusst nicht eigens übersetzten griechischen, lateinischen und französischen (vereinzelt auch englischen) Termini ermöglichen soll, und gesonderte Personen- und Sachregister, die sich ausschließlich auf die jeweils abgedruckten Arbeiten von Alfred Schütz beziehen.

Die Herausgeber sowie die Editoren der *Alfred Schütz Werkausgabe* möchten an dieser Stelle Evelyn Schutz-Lang danken für ihre kontinuierliche Unterstützung und für ihre Genehmigung, dieses deutschsprachige Editionsprojekt zu realisieren. Der Dank gilt darüber hinaus der *Deutschen Forschungsgemeinschaft* für finanzielle Unterstützung, Friedhelm Herborth und *Kluwer Academic Publishers* für die Genehmigung, die Texte von Schütz, an denen dieser Verlag die Rechte hält, in dieser Ausgabe zum Abdruck bringen zu bringen können.

[Notizen zu Problemen der Explikation und der Gegenständlichkeit]

Editorischer Bericht

Der vorliegende Text »[Notizen zu Problemen der Explikation und der Gegenständlichkeit]« [1932-II-1] von Alfred Schütz wird an dieser Stelle zum ersten Mal veröffentlicht. Die Vorlage findet sich im Nachlass als eine fünf Seiten umfassende handschriftliche Notiz zu Husserls Werk *Formale und transzendentale Logik*, lfd. Nr. 13408-13412. Die Datierung auf den 19. Juli bzw. 4. August 1932 stammt von Schütz und verweist darauf, dass diese Texte, die jeweils mit »Abend mit Kaufmann« überschrieben sind, der Vor- oder Nachbereitung von Treffen mit Felix Kaufmann dienten. Der Titel wurde vom Herausgeber hinzugefügt.

Diese Notizen erlauben Einblick in Schütz' philosophisch-soziologische Arbeitsweise in der Wiener Zeit.[1] Diese Aktivitäten waren auf die Abend- und Nachtstunden und die Urlaubszeiten beschränkt. Die eigene, intensive Lektüre wird ergänzt durch Diskussionen im Kreis um den Ökonom Ludwig von Mises oder im »Geist«-Kreis, sowie mit Einzelpersonen wie etwa Erich Voegelin und – zentral für Schütz' Husserl-Rezeption – Felix Kaufmann. Letzterer hatte Schütz auf das Husserlsche Werk hingewiesen[2]. Gerade im Briefwechsel mit Kaufmann wird auch Schütz' frühe kritische Auseinandersetzung mit Husserls Werk deutlich. Bereits am 27. August 1930 schreibt er aus dem Urlaub an Kaufmann: »Hingegen habe ich mich intensiv mit Husserls *Ideen* [...] befasst. [...] Was Husserl anbetrifft, so geht es mir mit diesem Buch sehr sonderbar. Viele Dinge, die mir schon ganz unzweifelhaft erschienen, beginnen mir bedenklich zu werden. So z[.]B[.] die Theorie der ›Neutralisierung‹, die Gegenüberstellung von ›hyletischen Daten‹ und ›Noema‹, die prinzipi-

1 Vgl. zu Schütz' intellektuellem Umfeld in Wien insbes. Helmut R. Wagner, *Alfred Schutz: An Intellectual Biography*, Chicago/London: University of Chicago Press 1983, S. 5-70; Michael D. Barber, *The Participating Citizen. A Biography of Alfred Schutz*, Albany: State University of New York Press 2004, S. 25-62; Martin Endreß, *Alfred Schütz*, Konstanz: UVK 2006, S. 12 ff. u. 27 ff.; sowie Matthias Michailow, Gerd Sebald, Ilja Srubar, »Einleitung«, in: ASW I., S. 7-42, S. 8 ff.

2 Vgl. dazu auch Alfred Schütz, »[Husserl und sein Einfluß auf mich«] [1958-II-7], in diesem Band S. 295 ff.

elle Möglichkeit ›regionaler Ontologien‹ (das Otaka-[P]roblem)[3] und anderes mehr. Das sind ja aber alles Detailfragen mehr [oder] minder untergeordneter Art und besagen nichts gegen die tiefe Bewunderung, die jede Lektüre dieses wunderbaren Buches immer wieder in mir auslöst. Wenn es Ihnen recht ist, möchte ich gerne an einem Abend alle diese Fragen, und darüber hinaus, die Wandlung der phänomenologischen Grundposition, die mir durch die ›Logik‹[4] ausgelöst zu sein scheint, mit Ihnen durchsprechen.«[5] Dieser Abschnitt könnte darauf hindeuten, dass hier der Beginn einer Reihe von gemeinsamen »Husserlabende« von Alfred Schütz und Felix Kaufmann liegt.

Am 24. September 1932, also etwa zwei Monate nach den hier dokumentierten Abenden mit ihm, schreibt Schütz an Kaufmann: »Ich habe einen 7 Seiten langen Brief an Sie wieder weggelegt, weil er mir nicht klar genug erschien. Er behandelt unsere alte Streitfrage über formale Apophantik und formale Ontologie und sein Inhalt soll in Wien bei unseren nächsten Abenden Ihnen mündlich zur Kenntnis gelangen. Ein neuerliches Studium der ›Logik‹, die ich diesmal in stetem Gedenken an unsere schönen Abende gelesen habe, hat mich manches anders sehen gelehrt. Ich weiss jetzt genau, wie weit ich mit Ihrer Auffassung übereinstimmen kann und wo ich Ihnen widersprechen muss. Im Allgemeinen habe ich diesmal wenig Freude von der Durcharbeitung der Méditations und der Logik gehabt und zweifle jetzt an Vielem, das mir früher ganz feststehend zu sein schien.«[6]

Die im Text in eckigen Klammern eingefügten Zahlen verweisen auf die Paginierung des Manuskripts im Nachlass. Der Text wurde möglichst originalgetreu in die Druckschrift übertragen. Lediglich die erwähnten Buchtitel wurden im Sinne der Vereinheitlichung kursiviert. Alle anderen Änderungen sind durch eckige Klammern ausgewiesen.

---

3 Dieser Hinweis könnte sich auf Tomoo Otakas Versuch beziehen, eine Gegenstandseinteilung der Geistes- und Sozialwissenschaften anhand der Regionen des sozialen Verbandes vorzunehmen. Vgl. Tomoo Otaka, *Grundlegung der Lehre vom sozialen Verband*, Wien: Springer 1932, S. 252 ff.

4 Edmund Husserl, *Formale und transzendentale Logik. Versuch einer Kritik der logischen Vernunft* (1929), in: *Jahrbuch für Philosophie und phänomenologische Forschung* 10, 1929, S. 192 ff., jetzt in: *Husserliana* Bd. XVII, hg. v. Paul Janssen, Den Haag: Nijhoff 1974 . Vgl. dazu auch Schütz' »Rezension zu Edmund Husserl, *Formale und transzendentale Logik*«, in diesem Band S. 87 ff.

5 Alfred Schutz Papers. General Collection, Beinecke Rare Book and Manuscript Library, box 27, folder 631.

6 Alfred Schutz Papers. General Collection, Beinecke Rare Book and Manuscript Library, box 27, folder 631.

[Notizen zu Problemen der Explikation und der Gegenständlichkeit]

[13408]

Formale u[nd] transzendentale Logik

Abend mit Kaufmann 19. VII. 1932[E 1]

Ausgang: Frage nach dem Wesen der Explikation[E 2]
a) Was ist Explizieren?[E 3]
Ist Explizieren eine Art des Mitteilens –; begrifflich-formal logischen Denkens – des »allgemeinsten Denkens« überhaupt und somit der Aktivität (stellungnehmender Akt) –; oder ist Explikation auch in purer Passivität möglich (wofür die vorprädikative Theorie[E 4] der [»]Logischen Studien[«][E 5] vielleicht sprechen würden. M. E. setzt alle Explikation bereits den vorgängigen Erwerb von Syntaxen – Syntagmen voraus; deren Sinn in prädikativen Schritten enthüllen heisst eben Explizieren.
b) Wer expliziert?
Expliziert das mundane Ich – oder das Ego in der ersten phänomenologischen Reduktionsstufe – oder das transzendentale Ego – oder jener in der »Phänomenologie der phänomenologischen phänomenologische Reduktion«[E 6] eingeführte »Beobachter«[E 7], der, auf das weltgläubige transzendentale Ego hinsehend, selbst Welt einklammert?[E 8]
⟨[E 9] Diese Frage zeigt deutlich die beiden widerstreitenden Forderungen der neuen phänomen[ologischen] Entwicklung, den Konflikt, der sich aus der Unverträglichkeit der Zeitanalyse[E 10] mit den Theorien über die Stufen der phänomen[ologischen] Reduktion [E 11] ergibt.
In der Theorie der phänomen[ologischen] Reduktion wird Einsicht in die eidetischen Phänomene mit [H]ilfe der Wesensschau gewonnen. Diese Einsicht wird durch Vollzug der Epoché überhaupt ermöglicht. Alle Intentionalitäten, die so sichtbar werden, sind »Querintentionalitäten«[E 12][,] alle so durchgeführte Analyse ist »statische Analyse«. ([E 13]Das in der Epoché angesehene mundane Ich als das eidetisch erfasste Ich ist aber, wie sich nachträglich herausstellt, doch nicht das »transzendentale Ego (Subjekt)«. Nicht umsonst hat Husserl lange geschwankt, ob der Weltvernichtung auch das Ich anheimfällt! Alle diese Probleme sind überhaupt nur von der inneren Zeitlichkeit her lösbar, aber eben dies zeigt sich nur [–] oder nur am bequemsten? [–] vom transzendetalen Subjekt

her.) Was analysiert wird, ist immer schon »vollzogener Erwerb«, »Sedimentiertes«, »Geschichte«.[E 14] Aber es ist doch nicht das in natürlicher Anschauung Erworbene, das sozusagen in der Geschichte des mundanen Ich Sedimentierte. Darum die Abwehrstellung gegen den Psychologismus aller Art, darum die Warnung vor dem Rückfall in die natürliche Einstellung und die Behauptung, dass jeder Wissenschaft von der »Mundanität« eine »theoretische Sphäre« korrespondiere.[E 15] ([E 16]Kaufmann hat recht, wenn er den Sinn der Reduktion vor allem im Postulat sieht, das »Relevanzzentrum«[E 17] nicht zu verschieben. Zweck der Reduktion ist für ihn »das Fragliche fraglos zu machen, das Dogmatische zu entdogmatisieren[«].)

Demgegenüber geht bei Übergang zur Sphäre des inneren Zeitsinnes, also kein Übergang zur transzendentalen Logik, zur Konstitutionsproblematik, zur genetischen Analyse die Frage gar nicht mehr nach Gewinnung eidetischer Einsichten. Vielmehr wird eine radikale Wendung zur »Erfahrung« vollzogen bzw. zur selbstgebenden Urerfahrung des Konkretums. In dieser Perspektive ist auch alle Wesenserschauung nur ein besonderer Modus dieser Erfahrung im allgemeinsten und ersten Sinn. Nun wird nach den »Leistungen des Bewusstseins« gefragt, aus denen sich Welt überhaupt erst konstituiert. Alle Intentionalitäten, die nunmehr sichtbar werden, müssen auch als Lösungsintentionalitäten ausdeutbar sein, neben die statische [13409] tritt die genetische Analyse. Nicht der »vollzogene Erwerb«[,] sondern das Erwerben wird thematisch, nicht das je schon Sedimentierte, sondern dessen Geschichte, die ja aus dem Sediment abgefragt werden kann. Thema dieser genetischen Analyse ist die »Anreicherung« des Ich. Zwischen »Wissenschaft« und »Theorie« gibt es keine scharfe Trennung mehr: Darum Rückwendung zum »transzendentalen Psychologismus.«

Dieser Widerstreit der beiden Tendenzen der Phän[omenologie], die vorläufig mehr [oder] weniger unverbunden nebeneinander einhergehen, zeigt sich an dem neuen Bestreben H[usserl]s, eine Revision der Theorie der Reduktion vorzunehmen. Dies führt nicht mehr zu einem »Residuum«, sondern aufgelöst in eine Reihe schrittweise vollziehbarer Reduktionsstufen (primordinales Ich, eigentliches Ich, transzendentales Subjekt, phänom[enologischer] Beobachter) zu einer sukzessiven Abstraktion von »Erwerben« – nach denen aber gerade die Konstitutionsforschung zu fragen hätte;[E 18] ((So wie mit dem Begriff des Eidos ein Variationsbereich des Invarianten mitgemeint ist, der aber gerade verschwindet, wenn ich im Vollzug der Epoché Weltvernichtung übe)).

Welches ist nun der Sinn der Reduktion auf das transzendentale Subjekt? a) Es ist der Versuch, den (Weltvernichtung übenden) Beobachter *ausserhalb* des Ablaufs der inneren Zeitlichkeit zu postieren, in welcher sowohl Ich als transzendentales Ego lebt, der Versuch somit, den Fluss zum »Stehen« zu bringen. Darum spricht Husserl nunmehr auch von der »stehend-strömenden Zeitlichkeit« des »Jetzt«, in der das Ich steht. Legt man den Ton auf die Komponente »stehend«, so ergibt sich der Zugang zu den Phänomenen der Eidetik, folgt man den Strömen, so zeigen sich die Phänomene des inneren Zeitsinns. b) Aber diese Phänomene werden erst nach Vollzug der Reduktion auf das transzendentale Subjekt überhaupt erst *sichtbar* und dies ist ihre Hauptfunktion. Der gekennzeichnete Zwiespalt innerhalb der Phänomenologie wäre sorgfältiger zu untersuchen. Er ist unter anderem von großer Bedeutung für die Theorie der idealen (irrealen) Gegenstände ([E 19]als Erwerb und als Genesis) ([E 20]Otaka![E 21] und für die Theorie der Syntagmen und Syntaxen[E 22] (Weg von Anhang I zu F[ormale] u[nd] tr[anszendentale] Log[ik] zu Logischen Studien.) 〉

c) Was wird expliziert?

Offenbar kann nur ein Erwerb, nur ein Sediment bzw. ein bereits in Syntagmen-Syntax vorgebildeter Erwerb expliziert werden. Explikation ist also wesensmässig auf Vergangenes gerichtet, das in einem Zugriff oder in schrittweisem Durchlaufen verdeutlichend nachkonstituiert wird. Hie[r]bei spielt die »Synthesis der Recognition« eine große Rolle (*F[ormale] u[nd] t[ranszendentale] L[ogik]* 14[1], 14[3] f[.])[E 23]. Deren Wesen wäre noch genau zu erforschen: a) Recognition »desselben« Konkretums b) Recognition des »gleichen« Konkretums. Kommt es hier wirklich, wie Kaufmann meint, auf Lokalisierung und Zeitstelle von Qualitäten an? M. E. nicht, denn aus der Analyse des inneren Zeitbewusstseins folgt die retentionale und protentionale (reproduktive) Abwandlung aller im Bewusstsein auftretender Daten. Was ist aber »Selbigkeit«, »Ähnlichkeit«, »Natürlichkeit«[,] »Gleichheit«? Sind es tatsächlich »Urdaten« des »Verstandesvermögens«? Handelt sich es bei einem »Accouplement« (Paarung)[E 24] wirklich um eine das gesamte Bewusstseinslebens durchwaltende Erscheinung? Ist »Ähnlichkeit« etc. selbst eine Leistung der Passivität (siehe Husserls Theorie der vorprädikativen Erfahrung in *Logische Studien*[E 25]) und daher genetisch abfragbar oder ist alle genetische Analyse oder alle Analyse überhaupt erst auf dieses[E 26]

[13410]

Abend mit Kaufmann 4. VIII. 1932

Zur Problematik der Urteile im Sinne der apophantischen Logik
(*Formale u[nd] transzendentale Logik* § 45, S. 112 ff.)

Kaufmann bestreitet den Unterschied zwischen »Gegenständlichkeit schlechthin« und »vermeinter Gegenständlichkeit«.[E 27] Wie ist es möglich, dass ich einerseits Gegenstände schlechthin habe, die sich in Akten und Akttranszendenzen konstituieren (Gegenstände als unendliche Idee), dass andererseits diese Gegenstände »Anführungszeichen« bekommen (*Ideen*, S. 193 f.[E 28])[,] Substrate eines »Vermeinens« werden etc.? Es gibt neben Untersuchungen von »Gegenständen« nicht noch ausserdem Untersuchungen von »Noematischem«.[E 29] Nun sollen jene »vermeinten Gegenstände« aber eben die Noemata des Urteils sein (*Logik* 112, Anm., *Ideen* 194 ff. und 220). Alles Gerichtet-sein auf »Vermeintheit« ist nur ein Gerichtetsein auf ein »Meinen« überhaupt, nicht aber auf die Gegenstände, die in diesem »Meinen« »vermeint« werden. Es gibt also – immer nach Kaufmann – nur zweierlei Analysen: Aktanalysen (auf die noetische Seite gerichtet) und Analysen des Gegenstandes.
Dieser Einwand scheint mir nicht stichhaltig zu sein. Er entspringt mehreren Fehlerquellen:
a) K[aufmann] nimmt als Modell des »Gegenstandes« vor allem Gegenstände der äusseren [r]aumzeitlichen Welt und lehnt die Rede von »idealen« Gegenständen ab (bzw. lässt diese nur als unselbständige Gegenstände gelten, die darum letztlich immer auf »reale« Gegenstände rückführbar sein müssen)[E 30]
b) K[aufmann] leugnet einen besonderen Bereich der »Noemata« als »Sinn« von Gegenständen, insbesondere aber ein selbständiges Urteilsnoema als »Sinn« eines Urteils, das von den Sachen selbst, die in Urteilen *be*urteilt werden, ablösbar wäre. Der »Sinn« eines Urteils ist für ihn die Methode seiner Verifikation d. h. der adaequatio rei ac intellectus[E 31]. Daher man von Urteilen nur aussagen könne, dass sie wahr oder falsch seien. Alle Aussagen über »Vermeintlichkeit« können darauf zurückgeführt werden, dass Leute[,] die[E 32] solches vermeinen, wahr oder falsch urteilen (wobei von allen okkasionellen Daten abgesehen werden kann).
c) K[aufmann] interpretiert das Wesen der phänomenologischen Reduktion als Fraglosmachung des Fraglichen, als Entdogmatisierung des Dogmatischen (*Ideen [I]*, S. 119) und übersieht die Bedeutung für die

Konstitutionsproblematik ebenso, wie die Funktion des Noematischen Sinnes als »habitueller Erwerb« für die Idealisierung, die aller Logik zugrunde liegen (*F[ormale] u[nd] t[ranszendentale] L[ogik,]* S[.] 163).

Quellen:[E 33]

V. Logische Untersuchung	§ 17, II_1, S. 400 ff.	*Logik*	§ 37 S. 93 f.
" "	§ 33, II_1, S. 459 f.	"	§ 41 S. 98
" "	§ 21, II_1, S. 417 f.	"	§ 42a S. 99 § 42e S.103
Ideen	§ 89 S. 184 ff.	"	§ 44 f., S. 107-112
	§ 94 S. 194 ff. (197)	"	Blge. II § 2 S. 277 I
Logik	§ 11 S. 35	"	§ 48/49 S. $\frac{118}{119}$ f.
	§ 26b! S. 71 f.		

[13411]

Material zur Kritik

a) Auch bei der Aussage »S ist p« bin ich aufs Urteilsnoema »S ist p«, auf den vermeinten Sachverhalt »S ist p« gerichtet. Eben diesen vermeinten Sachverhalt suche[E 34] ich bei der Behauptung, das Urteil sei falsch, an dem Sachverhalt schlechthin[E 35] »S ist non p« vergeblich zu verifizieren. Dass es hier gar nicht auf den Urteilenden ankommt, geht schon daraus hervor, dass diese Analyse in jeder Schichte prädikativer Erkenntnis auftauchen kann: also auch in der egologischen und auch dann, wenn ich mich selbst, den Urteilenden oder Geurteilt habenden[,] einklammere. Urteile ich: »die Aussage ›S ist p‹ ist falsch« so beurteile ich jenen komplexen Sachverhalt[III], der [Un]verträglichkeit[E 36] zwischen dem gegenständlichen[E 37] Sachverhalt schlechthin[(I)]: »S ist non p« und dem *gegenständlichen Sachverhalt schlechthin*[(II)] »Hier liegt ein Urteilssubstrat ›S ist p‹ vor« besteht. Dass dieser letztere gegenständliche Sachverhalt[(II)] ein Urteilsverhalt ist, der sich auf jenen ersten gegenständlichen Sachverhalt[(I)] und aber *auch* als *vermeinter* Sachverhalt zwischen den Terminis S und p interpretiert werden kann, ändert nichts[E 38], dass mein Verifizierungsversuch[E 39] die Beurteilung eines neuen komplexen Sachverhaltes[(III)] ist, wobei freilich dieser Sachverhalt III zu seinen Terminis den »realen« Sachverhalt I und den »idealen« Sachverhalt II hat (exakter: wobei der Sinn des[E 40] *realen* Gegenstand[es]: »S welches non p ist« auf seine Verträglichkeit mit dem Urteilssinn als idealem Gegenstand »Urteil:[E 41] S ist p« geprüft wird.)

b) Man kann auch folgende Überlegung anstellen:
Alle »Gegenständlichkeit schlechthin« verweist konstitutiv auf die hyletischen[E 42] Daten, welche bloß[E 43] ein konstitutiver Beitrag zur intentionalen Gegenstandserfahrung, aber nicht selbst intentional sind. Die »Urimpression« ist darum ein bloßes Haben der hyletisch[E 44], aber noch nicht intentional. Sie ist reine Passivität (Rezeptivität). Hingegen ist »Urerfahrung« bereits intentional: sie erfordert ein »Sich richten auf«[,] also einen Akt spontaner Aktivität. Hier ist auch der Ursprung der »Urdoxa«[E 45]: Indem ich nämlich meine Urerfahrung erlebe, also auf den Gegenstand schlechthin hinsehe, bin[E 46] ich bei den »Sachen selbst«[E 47], sie sind mir in der eigenartigen Evidenz der Selbsthabe gegeben. Daher ich sie – wenngleich naiv – in[E 48] doxischer Seinsgewissheit erlebe[E 49]. ([E 50]Dies vielleicht sogar noch in blosser Passivität – zu prüfen[,] ob Urdoxa bereits Aktivität voraussetzt). All dies kann ich vorprädikativ vollziehen durch blosse Ansetzung des Sy[n]tagmas »Gegenstand schlechthin«. Gehe ich nun über aus der Urdoxa zur prädizierenden Positionalität, expliziere ich mir in schrittweiser Genese das vordem[E 51] vorprädikativ befasste in urteilender Aktivität[,] so erzeuge ich (*F[ormale] u[nd] t[ranszendentale] L[ogik,]* 277)[E 52] nebst dem »Sachverhalt selbst« (der »kategorischen Gegenständlichkeit selbst«) den »Sachverhalt im Modus der Erfahrung«. Noch sind aber beide ungeschieden, noch ist die Positionalität[E 53] naiv, den[n] sie ist nichts anderes als eine offene Horizontintentionalität auf künftige Bewährungen und Verifikationen, Protentionen und Antizipationen der erwarteten Einstimmigkeit. Die »thematische Hinwendung« vom Gegenstand selbst zum »vermeinten Gegenstand«, vom Beurteilen zum Urteilsnoema, wird überhaupt erst möglich, wenn ich mich »kritisch« mit dem habituellen Erwerb meines vorvergangenen Urteils befasse. Erst jetzt *kann* [13412] ich[E 54] – und nun in originärer Urerfahrung oder in Reproduktion dem Gegenstand selbst zugewendet, immer aber den vorangegangenen Urteilserwerb zugleich retinierend oder reproduzierend – Einstimmigkeit oder Diskrepanz zwischen Gegenstand (Sachverhalt) und Urteilssinn (Urteilsverhalt) konstatieren – wobei[E 55] dieses »Konstatieren« wiederum ein Urteil ist, das zu einem späterer kritischer Überprüfung unterworfene[m] Urteilserwerb führt usf. So ist jede in den Blick gefasste *kategoriale* Gegenständlichkeit freilich »Erzeugnis«, aber ich kann – eben durch die »thematische Blickwendung« auf das Erzeugte hinsehen, ohne nach dem »Erzeugen« (bzw. nach den noetischen Momenten) fragen zu müssen.

Anmerkungen des Editors

E1 Im Orig. befinden sich beide Elemente der Überschrift auf einer Zeile.

E2 Zum Begriff der Explikation bei Edmund Husserl vgl. vor allem *Formale und transzendentale Logik. Versuch einer Kritik der logischen Vernunft*, in: *Husserliana* Bd. XVII, hg. v. Paul Janssen, Den Haag: Nijhoff 1974, §§ 16, sowie Edmund Husserl, *Erfahrung und Urteil. Untersuchungen zur Genealogie der Logik*, redigiert und hg. v. Ludwig Landgrebe, Prag: Academia Verlag 1939, ND: Hamburg: Claasen&Goverts 1948; jetzt Hamburg: Meiner ^{7}1999, §§ 24 ff.

E3 Aufgrund des engen Zeilenabstands im Manuskript ist zu vermuten, dass diese Gliederungsebene und Überschrift nachträglich eingefügt wurde.

E4 Gerade im oben angegebenen Abschnitt von Edmund Husserl, *Erfahrung und Urteil*, a. a. O. (Anm. E 2), wird die Explikation bereits der vorprädikativen Sphäre zugerechnet, während in *Formale und transzendentale Logik*, a. a. O. (Anm. E 2) diese Zuordnung offen bleibt.

E5 Es handelt sich hier um den von Landgrebe kompilierten zweiten Entwurf für den Text von Edmund Husserl, der unter dem Titel *Erfahrung und Urteil*, a. a. O. (Anm. E 2),erschien. Vgl. zu diesem Text auch Dieter Lohmar, »Zur Entstehung und zu den Ausgangsmaterialien von Edmund Husserls Werk *Erfahrung und Urteil*«, in: *Husserl Studies* 13, 1996, S. 31-71. Schütz hatte kurz vor diesem Abend bei seinem ersten Besuch bei Husserl Einblick in das Manuskript der *Logischen Studien* nehmen können, wie sein Brief an Kaufmann vom 20. Juni 1932 zeigt:[M 1] »Überdies habe ich sein Ms[.] (Studien) bereits zu 2/3 gelesen. [...] Ich freue mich, dass wir im Herbst das Ms. nach Wien bekommen, es wird uns sicher manchen Abend beschäftigen.«[1] Kaufmann und Schütz erhalten eine Abschrift des Entwurfes im Dezember 1932 nach Wien, wie der Brief von Kaufmann an Husserl v. 27. November 1932, in dem er die *Logischen Studien* anfordert (Edmund Husserl, *Briefwechsel* Band IV: *Die Freiburger Schüler*, hg. v. Karl u. Elisabeth Schuhmann, Dordrecht: Kluwer 1994, S. 188 f.) nachdem Husserl sie Schütz im Brief v. 26. September 1932 (Edmund Husserl, *Briefwechsel* IV, a. a. O., S. 486) in Aussicht gestellt hatte. Das Manuskript verblieb mindestens bis August 1933 in Wien, wie der Brief von Kaufmann an Husserl v. 4. August 1933 zeigt (Edmund Husserl, *Briefwechsel* IV, a. a. O., S. 192 f.).

E6 Diesen Begriff verwendet Husserl in der 1932 noch nicht veröffentlichten Vorlesung »Erste Philosophie« von 1924 (Edmund Husserl, *Erste Philosophie. Zweiter Teil: Theorie der phänomenologischen Reduktion*, in: *Husserliana* Bd. VIII, hg. v. Rudolf Boehm, Den Haag: Nijhoff 1959, S. 82 ff. u. S. 164 ff.).

E7 Bei Husserl findet sich der Begriff des »Betrachters«, vgl. Edmund Husserl, *Erste Philosophie, Zweiter Teil*, a. a. O. (Anm. E 6), S. 92 ff., bzw. der Begriff des »Zuschauers« vgl. ebd. sowie Edmund Husserl, *Cartesianische Meditationen*, in: *Husserliana* Bd. I: *Cartesianische Meditationen und Pariser Vorträge*, hg. v. Stephan Strasser, Den Haag: Nijhoff ^{2}1973, S. 41-183, § 15.

E8 Vgl. zu den drei Ich Eugen Fink, »Die Phänomenologische Philosophie Edmund Husserls in der gegenwärtigen Kritik«, in: *Kant-Studien* 38, 1933, S. 319-383, S. 355 (ND in: Eugen Fink, *Studien zur Phänomenologie 1930-1939*, Den Haag: Nijhoff 1966, S. 79 ff.). Vgl. dazu auch Schütz' Ausführungen in »Das Problem

---

1 Alfred Schutz Papers. General Collection, Beinecke Rare Book and Manuscript Library, box 27, folder 631.

der transzendentalen Intersubjektivität bei Husserl« [1957-I-3], in diesem Band S. 234 f., sowie Schütz' Erläuterungen und Kritik zu den multiplen Ichs in »Edmund Husserls *Ideen II*« [1953-I-1], in diesem Band S. 177 f. u. 193 f.

E9 Diese Klammer, die erst am Ende von Gliederungspunkt b) geschlossen, markiert anscheinend eine Art erläuternden Einschub.

E10 Vgl. zur Zeitanalyse Edmund Husserl, »Vorlesungen zur Phänomenologie des inneren Zeitbewußtseins« (hg. v. Martin Heidegger), in: *Jahrbuch für Philosophie und phänomenologische Forschung*, 9, 1928, S. 367-490; ND: Tübingen: Niemeyer [3]2000; auch in: *Husserliana* Bd. X, hg. v. Rudolf Boehm, Den Haag: Nijhoff 1966, S. 3-130.

E11 Zu den Stufen der phänomenologischen Reduktion vgl. Husserl, *Cartesianische Meditationen*, a. a. O. (Anm. E 7), §§ 44 ff. sowie Husserl, *Formale und transzendentale Logik*, a. a. O. (Anm. E 2), § 96.

E12 Vgl. dazu Husserl, »Phänomenologie des inneren Zeitbewußtsein«, a. a. O. (Anm. E 10), S. 436 [83].

E13 Im Orig. eckige Klammern.

E14 Vgl. Husserl, *Formale und transzendentale Logik*, a. a. O. (Anm. E 2), S. 215 u. 252 ff.

E15 Es handelt sich um keine direkten Husserlzitate. Vgl. zu der hier angesprochenen Problematik etwa Edmund Husserl, »Nachwort zu meinen ›Ideen zu einer reinen Phänomenologie und phänomenologischen Philosophie‹«, in: *Jahrbuch für Philosophie und phänomenologische Forschung*, Bd. XI, (1930), S. 549-570; jetzt in: Edmund Husserl, *Ideen zu einer reinen Phänomenologie und phänomenologischen Philosophie*. Drittes Buch: *Die Phänomenologie und die Fundamente der Wissenschaften*, *Husserliana* Bd. V, hg. v. Marly Biemel, Den Haag: Nijhoff [2]1971, S. 138-162, S. 144 ff.

E16 Im Orig. eckige Klammern.

E17 Es handelt sich wiederum nicht um ein Husserlzitat. Zum Begriff der Relevanz bei Schütz in dieser Zeit vgl. Alfred Schütz, »Wiener Exzerpte«, in: ASW Bd. VI.1., Konstanz: UVK 2004, S. 45-55, sowie Alfred Schütz, *Der sinnhafte Aufbau der sozialen Welt. Eine Einleitung in die verstehende Soziologie* [1932-I-1], ASW Bd. II., Konstanz: UVK 2004, S. 438 ff.

E18 Zum Problem der Konstitution vgl. die Einleitung zu diesem Band S. 25 ff.; sowie Schütz' »Diskussionsbeitrag zum Vortrag von Roman Ingarden« [1959-I-2] in diesem Band S. 271 f.

E19 Im Orig. eckige Klammern.

E20 Im Orig. eckige Klammern.

E21 Der japanische Rechtsphilosoph Tomoo Otaka (1859 – 1956) war Schüler von Hans Kelsen und Edmund Husserl und ein Freund von Alfred Schütz, den er auch bezüglich der Druckkosten für den *Sinnhaften Aufbau* unterstützte. In Tomoo Otaka, *Grundlegung der Lehre vom sozialen Verband*, Wien: Springer 1932 versucht er, den »sozialen Verband« als ideales Geistesgebilde bzw. idealen Gegenstand in Husserls Sinne zu fassen. Vgl. dazu auch Schütz' Rezension »Tomoo Otakas Grundlegung der Lehre vom sozialen Verband« [1937-I-1], in: *Zeitschrift für öffentliches Recht* 17, 1937, Nr. 1, S. 64-84, jetzt in ASW IV., sowie zum Verhältnis von Schütz und Otaka Yoshikazu Sato, »Tomoo Otaka and Alfred Schutz in the 1930's – their Social Theory and It's Socio-Cultural Background«, Vortrag auf der Alfred Schütz Centennial Konferenz in Konstanz v. 26.-29. Mai 1999.

E22 Vgl. Husserl, *Formale und transzendentale Logik*, a. a. O. (Anm. E 2), Beilage

I »Syntaktische Formen und syntaktische Stoffe, Kernformen und Kernstoffe«, S. 299-313.

E23 Vgl. Husserl, *Formale und transzendentale Logik*, a. a. O. (Anm. E 2), S. 166 u. 169.

E24 Vgl. Husserl, *Cartesianische Meditationen*, a. a. O. (Anm. E 7),§ 51.

E25 Vgl. Husserl, *Erfahrung und Urteil*, a. a. O. (Anm. E 2), §§ 16 u. 43 ff.

E26 Die letzte Zeile auf dieser Seite ist nicht lesbar.

E27 Husserl, *Formale und transzendentale Logik*, a. a. O. (Anm. E 2), § 45.

E28 Vgl. Husserl, *Ideen zu einer reinen Phänomenologie und phänomenologi- schen Philosophie I* (1913), in: *Husserliana* Bd. III/1, hg. v. Karl Schuhmann, Den Haag: Nijhoff [3]1976, § 93.

E29 Zu den Begriffen »Noesis« und »Noemata« vgl. Husserl, *Ideen I*, a. a. O. (Anm. E 28), §§ 87 ff.

E30 Im Orig. danach gestrichen: »alle eine bestimmte Raumzeitstelle«.

E31 Vgl. zu diesem scholastischen Wahrheitsbegriff auch Husserl, *Logische Untersuchungen, Zweiter Band, Zweiter Teil, VI. Logische Untersuchung: Elemente einer phänomenologischen Aufklärung der Erkenntnis*, in: *Husserliana* Bd. XIX/2, hg. v. Ursula Panzer, Den Haag: Nijhoff 1984, S. 540.

E32 Im Orig. danach »sie setzen« gestrichen.

E33 In der folgenden Tabelle wurden Satzzeichen im Sinne einer Vereinheitlichung ergänzt, ohne dass dies mit eckigen Klammern ausgewiesen wurde.

E34 Im Orig. ist das Wort »suche« über dem durchgestrichenen »verifiziere« eingefügt.

E35 Im Orig. ist das Wort »schlechthin« nach dem folgenden negativen Urteil geschrieben und mit einem Pfeil an diese Stelle verwiesen.

E36 Im Orig. ist die Vorsilbe »Un« über der Zeile vorangefügt.

E37 Im Orig. davor »Sachverhalt« gestrichen.

E38 Im Orig. »nichts« über der Zeile eingefügt

E39 Im Orig. danach »nichts anderes als« gestrichen.

E40 Im Orig. »Sinn des« über der Zeile eingefügt.

E41 Im Orig. »›Urteil:« vor der Zeile eingefügt und ursprüngliches Anführungszeichen am Zeilenanfang gestrichen.

E42 Im Orig. davor »jedem« und ein unleserlicher Wortanfang gestrichen.

E43 Im Orig. über dem gestrichenen »zwar« eingefügt.

E44 Vgl. zum Begriff der hyle (ὕλη) vgl. Husserl, *Ideen I*, a. a. O. (Anm. E 28), § 85.

E45 Husserl, *Ideen I*, a. a. O. (Anm. E 28), § 104 ff.

E46 Im Orig. davor »erlebe ich« gestrichen.

E47 Husserl, *Ideen I*, a. a. O. (Anm. E 28), § 19.

E48 Im Orig. danach »der« gestrichen.

E49 Im Orig. davor »als die« gestrichen.

E50 Im Orig. eckige Klammern.

E51 Im Orig. an dieser Stelle über der Zeile eingefügt.

E52 Husserl, *Formale und transzendentale Logik*, a. a. O. (Anm. E 2), Beilage II, S. 315 f.

E53 Im Orig. wird danach »welche ja« gestrichen und die folgenden vier Worte über der Zeile eingefügt.

E54 Im Orig. vorher »wenn« und nachher ein unleserliches Wort gestrichen.

E55 Im Orig. danach »sich in« gestrichen.

Rezension zu Edmund Husserl, *Méditations Cartésiennes*

Editorischer Bericht

Die Edition dieses Textes beruht auf dem Abdruck in der *Deutschen Literaturzeitung* 53, 1932: Heft 51 vom 18. Dezember 1932, Sp. 2404-2416 [1932-I-2]. Sie wurde bereits abgedruckt in Alfred Schütz: *Gesammelte Aufsätze III: Studien zur phänomenologischen Philosophie* [1971-I-2], S. 222-230. Eine englische Übersetzung erschien in Alfred Schütz: *Collected Papers IV* [1996-I-1], ed. with Preface and Notes by Helmut Wagner and George Psathas. In Collaboration with Fred Kersten, Dordrecht: Kluwer 1996, S. 155-165.

Die Entstehungsgeschichte dieses Textes geht zurück auf den persönlichen Kontakt von Alfred Schütz mit Edmund Husserl.[M 1] Schütz hatte Husserl mit Datum vom 16. April 1932 ein Exemplar seiner Monographie *Der sinnhafte Aufbau der sozialen Welt*[1] geschickt. Der zu diesem Zeitpunkt bereits fünf Jahre emeritierte Husserl war bemüht, sein Werk, die transzendentale Phänomenologie, in der philosophischen Welt und in der Öffentlichkeit zu verbreiten.[2] Dafür sieht er in Schütz einen »hoffnungsvollen Fortsetzer«[3] der eigenen Intentionen. Am 20. Juni 1932, während seines ersten Besuches bei Husserl, der durch die von Kaufmann angeregte Sendung des *Sinnhaften Aufbaus* an Husserl zu Stande kam und von Kaufmann wohl auch persönlich gefördert wurde, schreibt Schütz an Kaufmann: »H[usserl] hat mich gebeten,*F[ormale] u[nd] t[ranszendentale] Logik* und *Meditations* zu besprechen, letztere im Archiv f[ür] Sozialw[issenschaften], erstere womöglich in der Deutschen Lit[eratur]z[ei]t[un]g. Ich habe mich gerne dazu bereit erklärt.«[4]

1 Alfred Schütz, *Der sinnhafte Aufbau der sozialen Welt. Eine Einleitung in die verstehende Soziologie* [1932-I-1], in: ASW II., Wien: Springer 1932.

2 Zu Husserls »Weltmission« vgl. Elisabeth Schuhmann/Karl Schuhmann: »Einführung in die Ausgabe«, in: Edmund Husserl: *Briefwechsel. Band X: Einführung und Register*, hg. von Karl Schuhmann, Dordrecht: Kluwer 1993, S. 1-70, S. 25 ff.

3 Edmund Husserl, *Briefwechsel. Band IV: Die Freiburger Schüler*, hg. v. Karl Schuhmann, Dordrecht: Kluwer 1993, S. 483.

4 Alfred Schutz Papers. General Collection, Beinecke Rare Book and Manuscript Library, box 27, folder 631.

Für wie wichtig Husserl diese ›Mission‹ erachtet, zeigt sich daran, dass er Schütz im Brief vom 13. August 1932 erneut zu der vorliegenden Rezension auffordert: »Lieber Herr Doktor! Es ist in der jetzigen Situation noch viel wichtiger, dass Sie die Rez[ension] der Cart[esianischen] Medit[ationen] für die D[eutsche] Lit[eratur]-Z[eitung] übernehmen. Dann könnte ja wohl Herr Dr Fel[ix] Kaufmann für Sie im ›Arch[iv] f[ür] Sozialw[issenschaft]‹ einspringen. Es hat mich sehr gefreut, dass Herr Prof. Hinneberg *Ihnen* diese grosse und schöne Aufgabe übertragen hat, sowohl die f[ormale] und tr[anszendentale] L[ogik] als die Medit[ationen] zu rezensieren.« Daran anschließend wird das große Ziel beschworen: »dass endlich von wirklich Verstehenden zur Darstellung komme, was in der const[itutiven] Phänomenologie in Wahrheit erstrebt« ist. Schließlich bittet Husserl darum, »Ihren ersten Entwurf auch an Dr Fink [zu] senden, damit ja in allem Einstimmigkeit und s[o]z[u]s[agen] klassische Richtigkeit u[nd] Präzision erzielt werde, bis in die letzten überaus schwierigen Tiefen.«[5] Im Brief vom 24. August 1932 wird Schütz erneut Unterstützung angeboten: »Natürlich wollen wir (als Anonymi) Ihre wichtigen Mühen um ein gründliches und endlich den zentralen Sinn der ph[änomenologischen] Phil[osophie] nicht verfehlendes Referat über die *C[artesianischen] M[editationen]* und die *f[ormale] u[nd] tr[anszendentale] Logik* in jeder Weise erleichtern«.[6] Der Herausgeber der *Deutschen Literaturzeitung*, der Historiker Paul Hinneberg ließ Schütz am 30. August 1932 für die Bereitschaft zur Übernahme der Rezension der *Méditations Cartésiennes* danken.[7] Aus dem Brief von Fink an Schütz vom 25. Oktober 1932 geht hervor, dass Husserl zwar »– aus begreiflichen prinzipiellen Gründen – auf eine Rezension über ihn keinen Einfluß nehmen will«. Aber Eugen Fink schickt durchaus »›Anregungen aus Freiburg‹«; Anmerkungen, die sich auf Stellen beziehen, »an denen mir Ihre Darstellung allzuleicht missverständlichen Deutungen ausgesetzt erschien« und die sehr wohl »mit Herrn Geheimrat durchgesprochen« waren. Diese Anmerkungen sind an den jeweiligen Stellen ausführlich in den Endnoten zitiert. Von der diesen Text betreffenden Korrespondenz ist leider nur die mit Edmund Husserl und Eugen Fink erhalten, in der sich aber auch keine Entwürfe von Alfred Schütz befinden. Die Korrespondenz von Schütz mit der Deutschen Literaturzeitung

5 Husserl, *Briefwechsel IV*, a. a. O. (Fn. 3), S. 483 f.
6 Husserl, *Briefwechsel IV*, a. a. O. (Fn. 3), S. 484 f.
7 Husserl, *Briefwechsel IV*, a. a. O. (Fn. 3), S. 484.

ist nach einer Auskunft des Archivs der Preußischen Akademie der Wissenschaften vom 19. März 2008 nicht erhalten. Auch Entwürfe für die Rezension sind nicht mehr auffindbar.[8]

Die in den Text in eckigen Klammern eingefügten Zahlen verweisen auf die Spaltennummerierung im Originaldruck. Der Sperrdruck wurde im gesamten Text durch Kursivierung ersetzt. Die im Text erwähnten Buchtitel wurden zur Vereinheitlichung alle kursiviert.

8 Vgl. zu dieser Rezension auch die Rezension des ersten Bandes der Husserliana durch Alfred Schütz, »Rezension zu Edmund Husserl, *Cartesianische Meditationen und Pariser Vorträge*« [1951-I-2], in diesem Band S. 161 ff.

Rezension zu Edmund Husserl, *Méditations Cartésiennes*

Edmund Husserl [ord. Prof. i. R. f. Philos. an d. Univ. Freiburg i. Br.], *Méditations Cartésiennes*. Introduction à la Phénomenologie. Traduit de l'Allemand par *Gabrielle Pfeiffer* et *Emmanuel Levinas* [Bibliothèque de la Soc. Franç. de Philos.]. Paris, Armand Collin, 1931. VIII u. 136 S. 8°. Fr. 15,—.

Das vorliegende, in deutscher Sprache bisher nicht publizierte Werk *Husserls* ist die Übersetzung einer erweiterten Niederschrift zweier Vorlesungen, die H[usserl] im J[ahr] 1929 an der Sorbonne gehalten hat.[E 1] Das Buch, das sich im Untertitel bescheiden eine »Einleitung in die Phänomenologie« nennt, unternimmt nichts weniger als eine Begründung der Philosophie von der absolut erkennenden transzendentalen Subjektivität[E 2] her und die systematische Auslegung dieser transzendentalen Subjektivität in ihrer vollen Extension. Mit Hilfe der von H[usserl] schon in seinen *Ideen zu einer reinen Phänomenologie und phänomenologischen Philosophie* entwickelten Methode der »phänomenologischen Reduktion«[E 3] wird zunächst in den ersten vier Meditationen das egologische transzendentale Erfahrungsfeld in seiner eigentümlichen zweifachen Beschaffenheit als Feld strömender Welterfahrung und als Feld von Habitualitäten systematisch erschlossen, indessen in der fünften und letzten Meditation die transzendentale Intersubjektivität und das Problem der »Einfühlung«[E 4] behandelt wird. Alle diese Untersuchungen haben insoweit bloß vorbereitenden Charakter, als sie nur der Aufweisung der transzendentalen Intersubjektivität als des thematischen Feldes der Philosophie dienen, aber noch nicht letzte konkret-konstitutive Analysen durchführen.[E 5] Dennoch führen insbesondere die beiden letzten Meditationen zu [2405] völlig neuen, dabei außerordentlich kühnen und schwierigen Gedanken, die in ihrer Radikalität eine heute noch gar nicht abzuschätzende Erweiterung unserer philosophischen Erkenntnis vorbereiten. Hier wird in der Tat wissenschaftliches Neuland betreten und die Bahn für bedeutende weitere Arbeiten freigelegt. Es soll nun der Versuch gemacht werden, in großen Zügen und unter Weglassung ganzer Problemkreise, aber möglichst im Anschluß an die von H[usserl] selbst herrührenden Formulierungen, den Gang der Untersuchungen dieses in einer kurzen Darstellung kaum auszuschöpfenden Buches nachzuzeichnen.

Es ist weit mehr als eine bloße Höflichkeitsgeste gegenüber einem französischen Auditorium, daß H[usserl] seinen Ausgang gerade von den Meditationen des Descartes nimmt;[E 6] Descartes' Ziel war es, die Philosophie radikal zu reformieren und sie durch »Ermittlung eines ersten Anfangs« zu einer Wissenschaft aus absoluter Begründung [E 7] zu machen: Jeder ernstlich Philosophierende muß »mindestens einmal im Leben«[E 8] sich auf sich selbst zurückziehen und nach der bekannten Zweifelsmethode, die nur das Ego und seine cogitationes als unzweifelhaft bestehen läßt, den Umsturz aller ihm bisher geltenden Wissenschaften und ihre Neubegründung versuchen. Diese Fragestellung nach dem letzten Bestand apodiktischer Evidenz[E 9], der im Bewußtseinsleben des Meditierenden vorfindlich ist, macht die Cartesianischen Meditationen zum Prototyp jeder radikalen philosophischen Selbstbesinnung und verleiht ihnen »Ewigkeitswert«[E 10]. Als wahrhaft neu »anfangende«[E 11] Philosophie will die Phänomenologie den Weg Descartes' neuerdings gehen, ohne aber in die cartesianischen Mißverständnisse zu verfallen.[E 12] Zu diesen gehört vor allem, daß Descartes bei seinem Zweifelsversuch noch immer die Idee des deduktiven Wissenschaftssystems selbst, die Zweckidee der Wissenschaft more geometrico [E 13] beibehalten hat. Soll der cartesianische Umsturz in aller Radikalität vollzogen werden, so muß in ihn nicht nur die faktische Geltung aller Wissenschaften, sondern auch deren Zweckidee einbezogen werden. Diese enthüllt sich als eine Ordnung von an sich früheren zu an sich späteren Erkenntnissen, als ein Stufenbau oder eine Rangabfolge von Evidenzen, deren Konstitution systematisch aufgezeigt werden kann.[E 14] Nach dem wirklich ersten Anfang suchen heißt daher[,] nach einer ersten vollkommenen und in Wahrheit apodiktischen Evidenz fragen.[E 15] Eine solche kommt nun dem aller naiven Welterfahrung zugrunde liegenden Glauben an das Dasein der »Welt«[E 16] ebenso-[2406]wenig zu, wie dem Glauben an die Existenz anderer dieser Welt zugehöriger Iche. Nicht nur die körperliche Natur, sondern die ganze konkrete Lebensumwelt[E 17] muß daher dem cartesianischen Umsturz anheimfallen. Nicht, daß die Phänomenologie die Existenz der Welt überhaupt oder der »Anderen« leugnen wollte. Aber als wahrhaft anfangende Philosophie muß sie sich jedes Urteils über ihr Sein, jedes Erfahrungsglaubens an sie »enthalten«, sie muß alle Stellungnahmen zur vorgegebenen objektiven Welt »außer Spiel setzen«, sie muß – um einen erstmalig in H[usserl]s *Ideen* eingeführten Terminus zu gebrauchen – »*phänomenologische* ἐποχή« üben.[E 18] Zu dieser objektiven Welt, welche in der ἐποχή »eingeklammert« wird, gehören aber nicht nur die transzendenten Objekte, sondern auch das mundane Menschen-Ich des Meditierenden als weltlich Seiendes und damit auch als »*psychologisches Subjekt*« der inneren Erfahrung.[E 19] Diese in der ἐποχή vollzogene *phänomenologische Reduktion* stellt den Meditierenden aber keineswegs einem Nichts gegenüber. Sie weist ihn nur auf das reine Bewußtseinsleben seines »vor« allem weltlichen Sein für sich seienden *transzendentalen ego cogitans* zurück und auf dessen reale Erlebnisse, in denen und durch die weltliches Sein erst zur Seinsgeltung kommt. Damit wird die Welt von den bezweifelbaren Seinsstellungnahmen zur objektiven Welt auf die unbezweifelbaren Erlebnisse des Meditierenden von der Welt (auf seine cogitationes im cartesianischen Sinne) zurückgeführt und zugleich in apodiktischer Evidenz die transzendentale Subjektivität des ego cogitans – freilich in der ihr anhaftenden Allgemeinheit eines »offenen Horizontes« von Vergangenheit, von transzendentalen Vermögen und habituellen Eigenheiten – als erster Erkenntnisboden enthüllt.[E 20] Dies hat in gewisser Weise auch Descartes gesehen. Aber er hat den Sinn seiner großen Entdeckung dadurch verfehlt, daß er das ego cogitans, in welchem er ein »Endchen Welt« erfaßt zu haben vermeinte, mit mens sive animus sive intellectus und damit das transzendentale mit dem mundanen psychologischen Subjekt identifizierte.[E 21] Aber das Ich als psychologisches Subjekt, als menschliches natürliches Ich, gehört eben der »Welt« an, die der phänomenologischen Reduktion anheimgefallen ist. Erst durch die ἐποχή reduziere ich meine psychologische Selbsterfahrung auf meine transzendental-phänomenologische. Diese heißt deshalb »transzendental«, weil sie das strenge Korrelat zur »Transzendenz alles Weltlichen« und [2407] damit auch meines mundanen Ich darstellt, das seinen Sinn und seine Seinsgeltung erst aus mir, dem in der Reduktion philosophisch Meditierenden, schöpft.[E 22]

Das durch Vollzug der phänomenologischen Reduktion erschlossene Feld transzendentaler Erfahrung kann nun nach seinen universalen Strukturen freigelegt werden. Die in der ἐποχή gewonnene Seinssphäre des ego cogito umfaßt ja nicht nur das leere »Ich bin«, sondern alle wirklichen oder auch bloß möglichen cogitationes als universale apodiktische Erfahrungsstruktur.[E 23] Auf dieses strömende Bewußtseinsleben, in dem das identische Ich des Meditierenden in seinen cogitationes lebt, kann hingesehen und dieses Leben nach seinen Gehalten ausgelegt und beschrieben werden. Solche phänomenologische Deskription unterscheidet sich freilich wesensmäßig von einer Bewußtseinspsychologie, dies ungeachtet der strengen Parallelität beider: bei dieser handelt es sich um die Aufsuchung von »Daten« einer auf die als seiend vorausgesetzte Welt bezogenen äußeren oder inneren Erfahrung, bei jener um die unter strengem Festhalten an die phänomenologische Reduktion vorzunehmende Auslegung der je eigenen Erlebnisse und deren *Intentionalitäten*.[E 24] Mit diesem Grundbegriff der Phänomenologie wird die eigenartige Struktur aller Bewußtseinserlebnisse bezeichnet, die darin besteht, daß jedes cogito irgend etwas *meint* und in dieser Weise den Sinn des Gemeinten in sich trägt, daß also jedes Bewußtseinserlebnis Bewußtsein *von* etwas ist. Soweit sich also meine Bewußtseinserlebnisse auf »Welt« beziehen, tragen sie, infolge ihres intentionalen Charakters, diese Beziehung »in sich«.[E 25] Dies gilt sowohl innerhalb der natürlichen Einstellung als auch in der phänomenologischen Reduktion, wenngleich erst nach Vollzug dieser Reduktion sichtbar wird, daß alles natürlich Seiende für mich nur als cogitatum meiner wechselnden und im Wechsel miteinander verbundenen cogitationes ist und Geltung hat. »Gegenstände« sind daher – in der reduzierten Sphäre sowohl als auch in der natürlichen Einstellung – nichts anderes als intentionale Korrelate ihrer Bewußtseinsweisen.[E 26] Die phänomenologische Erforschung dieser Intentionalität, welche das unendliche Thema der Phänomenologie ist, muß in jener absoluten Vorurteilslosigkeit erfolgen, die den Phänomenologen, den nach Vollzug der ἐποχή »uninteressierten Zuschauer«, von dem naiv dahinlebenden und naiv weltgläubigen Menschen in der natürlichen Einstellung unterscheidet. Sie ist durch eine eigenartige »Zweiseitigkeit« gekennzeichnet, die sich als »*noë*-[2408]*matische*« und »*noëtische*«[E 27] Richtung charakterisieren läßt. Jene zielt auf das im cogito gemeinte cogitatum qua cogitatum und seine ihm in den betreffenden Bewußtseinsweisen »zugemeinten« Bestimmungen (z. B. die Seinsmodi des Gewiß-seins, Möglich-seins, Vermutlich-seins usw.), diese auf die Weisen des cogito selbst (wie Wahrnehmung, Wiedererinnerung, Retention usf.).[E 28] Die unabtrennbare Zusammengehörigkeit beider gründet sich in jener der Bewußtseinsregion eigentümlichen Verbindungsweise von Bewußtsein mit Bewußtsein, die durch den Titel »*Synthesis*« gekennzeichnet ist.[E 29] Deren Prototyp ist die Identifikation, d. h. die aus intentionaler Leistung vollzogene »Konstitution«[E 30] der Bewußtseinserlebnisse von den mannigfaltigen Erscheinungsweisen eines Gegenstandes zum Bewußtsein von der »Einheit« der intentionalen Gegenständlichkeit selbst. Nun ist aber, wie weitere Untersuchungen zeigen, das gesamte Bewußtseinsleben synthetisch vereinheitlicht, und zwar im allumspannenden inneren Zeitbewußtsein[E 31], das nicht nur die »aktuellen« Bewußtseinserlebnisse, sondern auch die

Potentialitäten[E 32] mitumfaßt, auf die das aktuelle Bewußtsein in seinen offenen Horizonten des »ich kann« verweist.[E 33] All das ist der *intentionalen Analyse* zugänglich, deren Wesen eben darin besteht, die in den Bewußtseinsaktualitäten implizierten Potentialitäten [E 34] zu enthüllen und damit zunächst in *noëmatischer* Hinsicht zu verdeutlichen und zu klären, was in jedem intentionalen Akt »mitgemeint« ist. Denn jedes cogito ist als Bewußtsein zwar im weitesten Sinn Meinung seines Gemeinten, aber dieses Vermeinte ist in jedem Moment mehr als dasjenige, was im jeweiligen Moment als *explizit* Gemeintes vorliegt.[E 35]

In der Einheit der Synthesis ihrer mannigfaltigen Erscheinungsweisen »konstituiert« sich wie gesagt die intentionale Gegenständlichkeit selbst. »Gegenstand« ist also nichts anderes, als der »Identitätspol«[E 36] höchst mannigfaltiger synthetisch verknüpfter Bewußtseinserlebnisse; nun können auch die die Synthesis leistenden *noëtischen* Intentionalitäten in einer wesensmäßigen, streng ableitbaren Typik [E 37] nach ihrer eigenartigen Konstitutionsweise beschrieben werden, wobei der intentionale (auf seiten des cogitatum stehende) Gegenstand selbst als »transzendentaler Leitfaden« der ihn konstituierenden cogitationes fungiert.[E 38] So scheiden sich also die Gegenständlichkeiten nach ihren formal-ontologischen und material-ontologischen Besonderungen in scharf abgrenzbare Strukturtypen, und die Welt als egologisches [2409] Universalproblem, als Allheit der für das transzendentale Ego aktuell seienden und potentiell erdenklichen Gegenstände ist kein Chaos, sondern nach einer vorgezeichneten erforschbaren Typik vorgeordnet.[E 39]

Zu der Typik synthetisch zusammengehörender Bewußtseinsweisen vermeinter Gegenstände gehören auch jene höherstufigen intentionalen Synthesen, die als wesensmäßig von seiten des transzendentalen Ego herzustellende Akte Korrelate der »*Vernunft*« und darum universale Strukturformen der transzendentalen Subjektivität selbst sind[E 40] und auf das Problem der »Evidenz« als Selbstgegebenheit »wirklicher« Gegenstände und ihre Abwandlungen verweisen.[E 41] Es ist unmöglich, hier dieser Problematik nachzugehen, deren Darstellung im Zusammenhang des Gedankenkreises von H[usserl]s Buch *Formale und Transzendentale Logik*[E 42] erfolgen soll. Nur kurz sei als Eigentümlichkeit jener »Evidenz« genannter Synthesen erwähnt, daß jede Evidenz für mich eine »bleibende Habe«[E 43] stiftet, so daß ich auf die in ihr erschaute Wirklichkeit immer wieder zurückkommen kann. Habituelle und potentielle Evidenz fungiert also konstitutiv für den Sinn »Seiender Gegenstand«; »Welt« als »wirkliches« Objekt ist nichts anderes als die Korrelatidee einer vollkommenen Erfahrungsevidenz, wobei den verschiedenen Objektarten – den Regionen – der Welt transzendentale Systeme je besonderer Evidenzen entsprechen.[E 44]

Wollte man das Ergebnis der drei ersten »Meditationen«, deren Inhalt im Vorstehenden angedeutet ist, kurz zusammenfassen, so könnte man sagen, daß *jeder Sinn, den Seiendes für mich hat, Sinn nur ist kraft der leistenden Intentionalitäten meines strömenden Bewußtseinslebens und deren konstitutiver Synthesen.* Wie steht es nun aber mit der Konstitution dieses (obschon von seinen Erlebnissen unabtrennbaren) Ego selbst, das als für sich selbst Seiendes »Gegenstand« ist und seine strömenden cogitationes als »derselbe« erlebt? Offenbar tritt in einer zweiten Synthesis neben den einen »Einheitspol« der Gegenstände das identische Ich, das als kontinuierlich konstituierendes Ich in allen seinen Bewußtseinserlebnissen lebt und durch sie hindurch auf alle Gegenstandspole bezogen ist.[E 45] Aber dieses zentrierende Ich ist keineswegs ein leerer Identitätspol, sondern ein Substrat von Habitualitäten[E 46], d. h. von »Erwerben«[E 47] vorgängiger Bewußtseinserlebnisse, in denen verharrend oder sie »durchstreichend« es sich in eigener aktiver Genesis zu »meinem personalen Ich«[E 48] konstituiert. Von diesem per-[2410]sonalen Ich wiederum ist zu scheiden das Ego in der strömenden Vielseitigkeit seines intentionalen Lebens und der in diesem als für es seiend konstituierten Gegenstände, also das in voller Konkretion genommene Ego, welches das gesamte wirkliche und potentielle Bewußtseinsleben mitumfaßt.[E 49] H[usserl] nennt es in bewußter Anlehnung an Leibniz »*Monade*«.[E 50] Das Problem der Konstitution dieses monadischen Ego für sich selbst muß also alle konstitutiven Probleme überhaupt erfassen und die Phänomenologie dieser Selbstkonstitution muß sich mit Phänomenologie überhaupt decken.[E 51] Um diesem Problem näherzukommen, muß ich jedoch mein empirisches faktisches transzendentales Ego zum universalen Eidos: »transzendentales Ego überhaupt«, also zum Universum aller möglichen für mein faktisch empirisches transzendentales Ego nur irgend erdenklichen Erlebnisformen in freier Variation abgewandelt denken. Diese »freie Möglichkeitsabwandlung« ist die *eidetische Methode* [E 52] der Wesenserforschung, welche neben der phänomenologischen Reduktion eine Grundform aller besonderen transzendentalen Methoden ist. Sie wurde in ihrer prinzipiellen Bedeutung für die Begründung der Phänomenologie von H[usserl] in dem ersten Abschnitt seiner *Ideen*[E 53] genauestens beschrieben und wird in der vorliegenden Schrift nur aus pädagogischen Gründen an so später Stelle eingeführt.[E 54] Ihr Wesen besteht, grob gesagt, darin, daß ich jedes Faktum in freier Variation zu einem Spezialfall bloßer Erdenklichkeit, d. h. zu einem bloßen Exempel einer reinen Möglichkeit umfingieren und den so gewonnenen allgemeinen Typus intuitiv nach seinem in allen diesen Variationen invariant bleibenden Wesen befragen kann. Führe ich nun diese eidetische Reduktion an meinem empirisch faktischen transzendentalen Ego durch, so zeigt sich, daß zu dem so gewonnenen Eidos: »transzendentales Ego überhaupt« ein universales Apriori gehört, das eine unendliche Mannigfaltigkeit von Typen erdenklicher Aktualitäten und Potentialitäten des Lebens umfaßt. Diese Mannigfaltigkeit regelt sich in Koexistenz und Sukzession, in den eigentümlichen Gesetzen der Motivation[E 55], in der universalen Einheitsform des inneren Zeitbewußtseins, kurz in der formalen Gesetzmäßigkeit der »egologischen Genesis«[E 56], innerhalb deren sich die beiden Grundformen der *aktiven und passiven Genesis* abheben.[E 57] In vielfältigen Synthesen spezifischer Aktivität erzeugt das praktisch handelnde Ich (in jenem weitesten Sinn, der auch das urteilende und überhaupt »stellungnehmende Ich« einbegreift)[E 58] auf dem Untergrund [2411] schon vorgegebener Gegenstände neue Gegenstände, die – einmal erzeugt – in Habitualität fortgelten und nun »passiv gehabt« aber auch jederzeit wiedererzeugt werden können. Daneben verläuft die gleichfalls Intentionalitäten entspringende passive Genesis, kraft dere[r] sich jene Gegenstände konstituieren, die uns in der Synthesis passiver Erfahrung im Leben als »sie selbst«, als sozusagen »fertig«, als Materie für künftige Aktivitäten entgegentreten.[E 59] Schon daran, daß alles mein Ich Affizierende als »Gegenstand« apperzipiert ist, ist die passive Genesis wesentlich beteiligt.[E 60] Deren universales Prinzip ist die Assoziation, die, richtig verstanden, eine der universalsten genetischen Form, nämlich der Zeitlichkeit, unterstehende intentionale Wesensgesetzlichkeit des reinen Ego ist.[E 61] Aber auch die Form der Zeitlichkeit selbst ist in einer passiven Genesis aufgebaut und somit ein »eingeborenes Apriori«[E 62] der konkreten Konstitution des reinen Ego. Alles in aktiver oder passiver Genesis Erzeugte kann nun »in genetischer Analyse« nach seiner »Geschichte«[E 63] , d. h. nach den Intentionalitäten, die zu seiner Erzeugung geführt haben, befragt und ausgelegt werden. Diese Rückführung der gesamten Problematik auf die statische und genetische Konstitution der »Gegenständlichkeiten« ist es, deretwegen die Phänomenologie für sich allein in Anspruch nimmt, echte *transzendentale* Erkenntnistheorie zu sein. Denn sie allein zeigt in Selbstauslegung, wie das Ego sich und alles, was für es Seinsgeltung hat, konstituiert. Sie vermeidet aber auch jenen Widersinn, dessen sich viele als Transzendentalphilosophien auftretende Lehrmeinungen dadurch schuldig machen, daß sie – und zwar meist schon im Begriff der Transzendenz selbst – ein Universum wahren Seins außerhalb des Universums möglichen Bewußtseins voraussetzen. Die in systematischer Konkre[t]ion[E 64] durchgeführte Phänomenologie ist eben deshalb aber auch »transzendentaler *Idealismus*«[E 65] in einem wohlverstandenen, obschon neuartigen und zu allem psychologischen Idealismus in schärfstem Gegensatz stehenden Sinn: ohne von sensuellen Daten auszugehen oder die Möglichkeit einer Welt von »Dingen an sich«[E 66] vorauszusetzen, zeigt sie in systematischer Enthüllung der konstituierenden Intentionalitäten nicht nur den absoluten Seinssinn der transzendentalen Subjektivität, sondern auch den Seinssinn der realen »objektiven«[E 67] Welt, einer Welt, deren Wirklichkeit ebenso unzweifelhaft ist, wie ihre Relativität auf die transzendentale Subjektivität und die in dieser konstituierten Intersubjektivitäten. [2412]

Nun aber erhebt sich eine außerordentlich schwierige Frage: Wie kann innerhalb dieses egologischen Kosmos die »Objektivität« der Welt und – was damit zusammenhängt, da objektive Welt nichts anderes ist, als Welt für jedermann, also auch für »Andere«, – die Existenz »Anderer« begründet werden? Ist nicht durch den Vollzug der ἐποχή mein transzendentales Ego ein solus ipse geworden? Wie ist es möglich, auch die Existenz Anderer und in weiterer Folge die Intersubjektivität der Welt aus den Intentionalitäten meines Bewußtseinslebens und deren konstitutiven Leistungen abzuleiten? [E 68]

Um diese Aufgabe zu lösen, muß innerhalb der bereits phänomenologisch reduzierten egologischen Universalsphäre eine weitere Reduktion vorgenommen werden, durch welche alle konstitutiven Leistungen der auf fremde Subjektivität unmittelbar oder mittelbar bezogenen Intentionalitäten ausgeschaltet werden. Es wird also von allem »Fremden« zunächst abstrahiert, und zwar nicht nur von den »Ander[e]n« als Lebewesen, sondern auch von allem »Fremdgeistigen« (z. B. Kulturobjekten),[E 69] das meine phänomenale Welt bestimmt oder mitbestimmt, und schließlich auch von dem Charakter meiner nun »verbleibenden« Welt als Welt für »jedermann«.[E 70] Was nach dieser Wendung, die H[usserl] – m. E. nicht ganz glücklich – als »zweite ἐποχή«[E 71] bezeichnet, im thematischen Feld verbleibt, sind ausschließlich jene aktuellen und potentiellen Intentionalitäten, in denen sich das Ego in seiner »Eigenheit« und die dieser Eigenheit zugehörigen synthetischen Einheiten konstituieren, also noch immer eine einheitlich zusammenhängende Schicht des Phänomens »Welt«, die freilich nicht mehr objektive Welt für jedermann ist, sondern »eigenheitlich reduzierte Natur« (nature qui m'appartient).[E 72] Innerhalb dieses Universums des Selbst-eigenen weist sich also auch eine »transzendente Welt« sozusagen als »immanente Transzendenz«[E 73] aus. Diese reduzierte Welt, die immanente Transzendenz, welche immer noch ein Bestimmungsstück meines eigenen konkreten Seins ist, ist die an sich erste in der Konstitution einer meinem konkret eigenen Ich »äußeren« (natürlich nicht räumlich-äußeren) Welt, weshalb sie auch von H[usserl] primordinale Welt (oder primordinale Transzendenz)[E 74] genannt wird. Gegenüber dieser primordinalen Transzendenz erweist sich die Transzendenz der objektiven Welt dadurch als eine höherstufige, daß sie die Konstitution der »Anderen« bereits voraussetzt.

Unter allen Körpern dieser eigenheitlich [2413] reduzierten Natur zeichnet sich jener, den ich »meinen Leib« benenne, dadurch aus, daß ich ihm »Empfindungsfelder« zurechne und über ihn handelnd unmittelbar verfüge.[E 75] In der eigenheitlich reduzierten Sphäre ist der in ihr auftretende »andere Mensch« zunächst bloß eigenheitlich reduzierter »*Körper*«. Diesem Körper verleihe ich nun – und das ist von fundamentaler Wichtigkeit für H[usserl]s Theorie der Fremderfahrung – durch eine apperzeptive Übertragung von meinem Leib her, durch eine analogisierende Auffassung also (die darum noch keineswegs ein Analogie*schluß* ist) den Sinn »*Leib*«, und zwar von vornherein den Sinn »*fremder Leib*«.[E 76] Was hier »analogisierende Auffassung« – oder mit einem anderen Wort »Appräsentation«[E 77] – heißt, ist eine besondere, aber keineswegs auf die Fremderfahrung beschränkte, sondern den ganzen großen Bereich der »Vorgegebenheit« umfassende Form der mittelbaren Intentionalität. Ihr Wesen besteht darin, daß in Verflechtung mit einer eigenheitlichen Selbstgebung (einer Gegenwärtigung) eines A eine »Mitgegenwärtigung« eines B, des »Appräsentierten«, bewirkt wird, das selbst niemals wirklich zur »Präsenz«, also zur eigentlichen Wahrnehmung kommt, aber stets mit einem in Selbstgebung Wahrgenommenen – dem A – verflochten ist. So wird z. B. mit der eigenheitlich wahrgenommenen Vorderseite eines Dings stets dessen unsichtbare Rückseite appräsentiert. Das Phänomen der Appräsentation ist nur ein Sonderfall des universalen Phänomens der »Paarung« (accouplement), die selbst nichts anderes ist als jene Urform der passiven Synthesis, welche auch als Assoziation in einem besonderen Sinne, der »Ähnlichkeit« und »Unähnlichkeit« einschließt, bezeichnet werden kann.[E 78] Bei der Appräsentation des »Anderen« ist also mein eigener primordinal reduzierter Leib das immer lebendig gegenwärtige urstiftende Original.[E 79] Wenn ein »Körper« in mein Wahrnehmungsfeld tritt, der meinem Leibkörper »ähnlich«, d. h. so beschaffen ist, daß er mit dem meinen eine phänomenale Paarung eingehen muß, wird ihm in Sinnesüberschiebung der Sinn »Leib«, und zwar »fremder Leib« von dem meinen her übertragen. Damit eine Appräsentation Bestand habe und sich nicht sofort als Schein erweise, muß sie sich in weiteren synthetisch einstimmig verlaufenden Appräsentationen bewähren. So muß sich der »fremde Leib« durch sein immerfort zusammenstimmendes »Gebaren« (comportement) fortgesetzt als solcher bekunden, als *beseelter* Leib nämlich, kurz als »Anderer«. Damit ist aber auch in der analogisierenden [2414] Modifikation all das appräsentiert, was zur Konkretion dieses fremden Ich, als dessen primordinale Welt und dann als das voll konkrete Ego gehört. »So konstituiert sich appräsentativ in meiner Monade eine andere«.[E 80] Der »Andere« tritt also in meiner primordinalen Welt als intentionale Modifikation meines Selbst auf, aber doch vorweg mit dem Sinn »anderes Selbst«. Daß ich den fremden Leib als *fremden* Leib ansehe und nicht etwa als Reduplikation meines eigenen Leibes, zeigt sich unter anderem auch durch folgende Überlegung: Ich selbst bin leiblich Zentrum einer um mich orientierten primordinalen Welt und meine primordinale Eigenheit als Monade hat den Index des »hic«, des Hier, der auftauchende Körper des Anderen aber hat in meiner primordinalen Sphäre den Index des »illic«, des Dort, wiewohl er für ihn – den nachmals Anderen – im Modus des absoluten »hic« steht.[E 81] Indem der »fremde Körper« im Dort eine paarende Assoziation mit meinem Leib im Hier eingeht, wird in einer höherstufigen Apperzeption der Andere appräsentiert als jetzt mit-daseindes Ego im Modus des Dort, also als ein anderes Ego. Beide stehen aber in der Funktionsgemeinschaft *einer* präsentierend-appräsentierten Wahrnehmung. Darum ist von vornherein die in der Primordinalsphäre des Anderen erscheinende Natur, sein mir im Modus des Dort erscheinender Leibkörper *derselbe*, wie der ihm im Modus des [sach]Hier und Dort gegebene Zentralkörper: nur die *wirklichen* Wahrnehmungen sind nicht dieselben, weil meine wandelnden Perspektiven um meinen Leib hier als Nullpunkt (also »von dort aus«, »wie wenn ich dort wäre«[E 82]) zentriert sind. Damit ist aber auch die objektive Natur als Erfahrungsphänomen konstituiert, und zwar dadurch, daß meiner primordinal konstituierten Natur eine zweite, appräsentative und in synthetischer Identitätseinheit mit dieser erfahrene und erfahrbare Schichte aus der Fremderfahrung zuwächst: dieselbe Natur in den möglichen Gegebenheitsweisen des Anderen.[E 83]

Durch diese identifizierende Synthesis derselben zugleich primordinal und appräsentativ gegebenen und bewährten Natur ist aber auch die Koexistenz meines und des fremden Ich und damit eine gemeinsame Zeitform urgestiftet.[E 84]

Zusammenfassend kann also gesagt werden, daß die Intentionalität der Fremderfahrung, obschon sich diese innerhalb meiner eigenheitlichen Sphäre abspielt, meine Eigenheit transzendiert, daß also in der Tat meine primordinale Monade in sich eine fremde und somit für sich seiende, aber mir appräsentativ [2415] aufweisbare Monade konstituiert. Damit ist aber nur die erste Gemeinschaftlichkeit zwischen Ego und Alter ego[E 85] gestiftet, aus der allerdings alle anderen intersubjektiven Gemeinschaften unschwer abgeleitet werden können: So die Menschengemeinschaft – ich und Andere und jedermann als Mensch unter anderen Menschen, welche gegenseitig voneinander Erfahrung haben und als solche von mir erfahren sind, – und deren transzendentales Korrelat, die Monadengemeinschaft der transzendentalen Intersubjektivität, die sich gleichfalls in mir, dem meditierenden Ego, rein aus Quellen meiner Intentionalität konstituiert; weiters die eigentlich »sozialen« Vergemeinschaftungen, die aus »Ich-Du-Akten« entspringen und denen in der objektiven Welt die geistigen Objektivitäten sozialer Gemeinschaften, darunter die »Personalitäten höherer Ordnung«[E 86] entsprechen; sodann die »Kulturwelt«, die konstitutionsmäßig bereits in verschiedenen Stufen primordinal und sekundär Konstituiertes voraussetzt und deren Konstitution selbst nach einem »Nullglied«, bzw. einer Personalität (»ich und meine Kultur«)[E 87] »orientiert« ist.[E 88]

Auf diese Weise verwirklichen die vorliegenden Untersuchungen ihr »cartesianisches Programm«, nämlich die Enthüllung der universalen, in ihrer apriorischen Strukturgesetzlichkeit faßbaren Konstitution der Welt aus dem transzendentalen Ego.[E 89] Eine ganze Fülle neuer Aufgaben ergibt sich, wie H[usserl] zum Schluß andeutet, aus ihrer Weiterführung. Da ist das Problem einer apriorischen Ontologie der realen Welt, d. h. die Herausstellung des zu ihrer Universalität gehörigen Apriori, für welche jede in Positivität vollzogene ontologische Feststellung nur Vorarbeit ist; ferner das Problem der konkreten konstitutiven Auslegung der primordinalen Natur, vor allem der genetischen Analyse ihres Raums und ihrer Zeit und der in ihr auftretenden Dingphantome (entsprechend den in der Psychologie – freilich unter Außerachtlassung der intentionalen Genesen – oft abgehandelten Fragen nach dem Ursprung der Raum-, Zeit-, Dingvorstellung [E 90]); da sind gewisse metaphysische Konsequenzen, wie z. B. die generativen Probleme von Geburt und Tod, die richtig und nicht im Sinne der hergebrachten naiven Metaphysik verstanden, allesamt als konstitutive Probleme in der monadischen und intermonadischen Sphäre wiederkehren und konstitutiv aufweisbar sind;[E 91] schließlich das Problem einer apriorischen und reinen, d. h. von allem Psychophysischen freien intentionalen Psychologie, welche als eidetische Wissenschaft die Auslegung der Phänomene [2416] intentionaler Konstitution in der natürlichen Weltanschauung durchzuführen hätte und der durch die Aufweisungen der Phänomenologie bereits die fundamentale Struktur vorgezeichnet ist. Als weitere Hauptaufgabe möchte ich dieser Aufzählung H[usserl]s das Problem einer eidetischen, wenn auch auf die mundane Sphäre beschränkten Sozialwissenschaft anreihen[E 92], welche die mannigfaltigen Formen jener höherstufigen sozialen Akte und sozialen Gebilde, die allesamt auf der bereits vollzogenen Konstitution des alter ego fundiert sind, in statischen und genetischen Analysen intentional auszulegen und so die apriorischen Strukturen der positiven Sozialwissenschaften aufzuzeigen hätte. –[E 93]

Die vorstehende, notgedrungen sehr lückenhafte und leider vielfach inexakte Darstellung hat dem Leser wohl einen Begriff von der fundamentalen Bedeutung der H[usserl]schen Untersuchungen nicht nur für die reine Philosophie, sondern auch für alle Geisteswissenschaften und besonders die Sozialwissenschaften [E 94] gegeben, aber auch deren außerordentliche inhaltliche Schwierigkeit gezeigt. Wie alle Werke H[usserl]s will auch das vorliegende in mühsamen Studien erobert sein; wer diese nicht scheut, wird sich, auch wenn er nicht in allem zustimmen können sollte, durch das Bewußtsein belohnt finden, daß ihm durch dieses Buch radikal neue philosophische Einsichten von größter Tragweite in klassischer Darstellung vermittelt werden. Leider erschwert der Umstand, daß die Schrift nur in französischer Sprache erschienen ist – die Gewandtheit der Übersetzer[E 95] sei hier rühmend hervorgehoben – dem deutschen Leser den Zugang. Es sei deshalb dem Wunsch Ausdruck gegeben, daß der große Philosoph dieses so wichtige Werk auch dem deutschen Publikum nicht länger vorenthalten möge.

Wien. *Alfred Schütz.*

Anmerkungen des Editors

E1 Edmund Husserl, »Pariser Vorträge«, in: Edmund Husserl, *Cartesianische Meditationen und Pariser Vorträge*, in: *Husserliana* Bd. I, hg. v. Stephan Strasser, Den Haag: Nijhoff [2]1963, S. 1-39. Die *Cartesianischen Meditationen* gehen zurück auf zwei Vorträge, die Husserl am 23. und 25. Februar auf Einladung des *Institutes d'Études germaniques* und der *Société Française de Philosophie* an der Sorbonne in deutscher Sprache gehalten hat. Die Vorträge wurden von Husserl überarbeitet (*Cartesianische Meditationen*, in: *Husserliana* Bd. I, hg. v. Stephan Strasser, Den Haag: Nijhoff [2]1963, S. 41-183) und von Emmanuel Levinas, der zu der Zeit in Freiburg studierte, und Gabrielle Pfeiffer ins Französische übersetzt. Mit der am 17. Mai 1929 nach Frankreich geschickten, erheblich erweiterten Textgrundlage war Husserl jedoch unzufrieden, so dass eine Veröffentlichung in deutscher Sprache immer wieder verschoben wurde und letztendlich erst posthum erfolgte. Von dieser Textgrundlage ließ er jedoch durch Ilse Schütz mindestens fünf Abschriften anfertigen (vgl. Brief von Husserl an Schütz v. 24. August 1932, in: Edmund Husserl: *Briefwechsel. Band IV: Die Freiburger Schüler*, hg. v. Karl Schuhmann, Dordrecht: Kluwer 1993, S. 485.. Schütz stand also zum Zeitpunkt der Niederschrift dieser Rezension, neben der französischen Fassung, die sich in seiner Bibliothek findet, auch eine deutsche Fassung des Textes zur Verfügung.

E2 Vgl. zur transzendentalen Subjektivität und Schütz' Kritik daran die Einleitung zu diesem Band S. 31, sowie »Das Problem der transzendentalen Intersubjektivität bei Husserl« [1957-I-3], in diesem Band S. 227 ff.

E3 Vgl. Edmund Husserl, *Ideen zu einer reinen Phänomenologie und phänomenologischen Philosophie I* (1913), in: *Husserliana* Band III/1, hg. v. Karl Schuhmann, Den Haag: Nijhoff [3]1976, § 31; sowie Edmund Husserl, »Husserls Inhaltsübersicht im Urtext«, in: Husserl: *Cartesianische Meditationen*, a. a. O. (Anm. E 1), S. 189. Vgl. dazu auch die Darstellung der phänomenologischen Reduktion von Alfred Schütz, »Einige Grundbegriffe der Phänomenologie« [1945-I-1], in diesem Band, S. 124 ff.

E4 Vgl. Husserl, *Cartesianische Meditationen*, a. a. O. (Anm. E 1), §§ 54, 58 u. 61. Zum Konzept der »Einfühlung« vgl. auch Max Scheler, *Wesen und Formen der Sympathie*, jetzt in: *Gesammelte Werke* Bd. 7, hg. v. Manfred S. Frings, Bern/München: Francke [7]1979, S. 7-258, S. 232 ff. und Schütz' Kritik daran in: »Schelers Theorie der Intersubjektivität und die Generalthesis vom Alter Ego« [1942-I-1], in ASW III.2, S. 65-108, S. 79 ff. Diese gesonderte Hervorhebung der V. Meditation unter den Stichworten der »transzendentalen Intersubjektivität« und der »Einfühlung« verweist auf die Bedeutung dieser Problemstellung für Schütz und auf einen zentralen Punkt der späteren Abgrenzung von Husserls transzendentaler Phänomenologie, vgl. Schütz, »Das Problem der transzendentalen Intersubjektivität bei Husserl«, [1957-I-3], in diesem Band S. 227 ff.

E5 Vgl. zu diesem Abschnitt den Brief von Eugen Fink an Schütz vom 25. Oktober 1932: »Wäre es nicht notwendig, die Meditationen grundsätzlich zu charakterisieren als die Grundlegung der Philosophie durch die systematische Entfaltung der phänomenologischen Reduktion. Denn das ist doch der du[r]chgängige thematische Grundgedanke, wenn er auch expressis verbis nicht so hervortritt. Nirgend ist in den ›Meditationen‹ die konkret-konstitutive Analytik in Gang gesetzt, sondern immer nur vorbereitet durch die Herausstellung der philosophischen Problemebene, d.i. der vollen Seinsweite der transcendentalen Subjektivität. Die Entfaltung der Reduktion führt von der egologischen Reduktion zur intersubjektiven, in welcher sie sich vollendet. Die ersten vier Meditationen entfalten die egologische transcendentale Dimension nach ihren zwei Momenten 1. der strömenden Welterfahrung. 2. der Welthabe (Habitualitäten), während die fünfte Meditation die transcendentale Intersubjektivität freilegt. So wie in den ersten vier keine eigentlichen Konstitutionsanalysen vollzogen sind, so ist auch in der V. Meditation keine konstitutive Auslegung der Fremderfahrung gegeben, sondern diese ist nur soweit analysiert, als es eben zur Erschliessung des transcendentalen Monadenalls als des thematischen Feldes der Philosophie notwendig gewesen war. M. a. W. diese vorläufige Analyse der ›Einfühlung‹ hat nur die Funktion der reduktiven Ausweisung der transzendentalen Intersubjektivität.« Dieser Wink Finks wird von Schütz wieder aufgegriffen in »Das Problem der transzendentalen Intersubjektivität bei Husserl« [1957-I-3], in diesem Band S. 230.

E6 Vgl. Renè Descartes, *Meditationes de prima philosophia/Meditationen über die Grundlagen der Philosophie*, lat.-dt., auf Grund der Ausgaben v. Artur Buchenau neu hg. v. Lüder Gäbe, durchgesehen v. Hans Günter Zekl, Hamburg [2]1977.

E7 Vgl. Husserl, *Cartesianische Meditationen*, a. a. O. (Anm. E 1), S. 43 f.

E8 Das Wort »mindestens« findet sich weder in den »Pariser Vorträgen« (*Husserliana* Bd. 1, a. a. O. (Anm. E 1), S. 4), noch in der französischen Fassung von 1931 (Edmund Husserl, *Méditations Cartésiennes. Introduction à la Phénomenologie*. Paris: Armand Collin 1931, S. 2), noch in der Textfassung der *Cartesianischen Meditationen* (*Husserliana* Bd. 1, a. a. O. (Anm. E 1), S. 44).

E9 Vgl. zum Problem der Evidenz bei Husserl, *Logische Untersuchungen. Zweiter Band* (1900), Halle: Niemeyer [4]1928, jetzt in: *Husserliana* Bd. XIX/1 u. XIX/2, hg. v. Ursula Panzer, Den Haag: Nijhoff 1984, besonders die VI. Untersuchung, »Elemente einer phänomenologischen Aufklärung der Erkenntnis« und Husserl, *Cartesianische Meditationen*, a. a. O. (Anm. E 1), §§ 23 ff. Zu den Begriffen Evidenz und Wahrheit bei Husserl einschlägig: Ernst Tugendhat, *Der Wahrheitsbegriff bei Husserl und Heidegger*, Berlin: de Gruyter 1967.

E10 Vgl. *Cartesianische Meditationen*, a. a. O. (Anm. E 1), S. 43 ff., wo Husserl von der »Ewigkeitsbedeutung« der *Meditationes* spricht, die »Ewigkeitswerte« reserviert er (a. a. O. (Anm. E 1), S. 47) für die auf Descartes gründende Phänomenologie.

E11 Husserl, *Cartesianische Meditationen*, a. a. O. (Anm. E 1) passim.

E12 Vgl. zu Husserls Kritik an Descartes *Cartesianische Meditationen*, a. a. O. (Anm. E 1), §§ 3 u. 10, sowie Edmund Husserl, *Die Krisis der europäischen Wissenschaften und die transzendentale Phänomenologie. Eine Einleitung in die phänomenologische Philosophie* (1936); Teil I und II dieses Textes erschienen 1936 im 1. Band der Zeitschrift *Philosophia* in Belgrad, jetzt insgesamt in: *Husserliana* Bd. VI, hg. v. Walter Biemel, Den Haag: Nijhoff [2]1962, §§ 18 ff. sowie zu einer Kritik dieses Bezugs Eric Voegelins Brief an Schütz vom 17. September 1943 in Alfred Schütz/Eric Voegelin, *Eine Freundschaft, die ein Leben ausgehalten hat. Briefwechsel 1938 – 1959*, hg. v. Gerhard Wagner und Gilbert Weiss, Konstanz: UVK 2004, S. 165 ff.

E13 Vgl. dazu Descartes, *Meditationes*, a. a. O. (Anm. E 6), Anhang zu den 2. Responsionen, sowie *Cartesianische Meditationen*, a. a. O. (Anm. E 1), §§ 3 u. 10.

E14 Husserl, *Cartesianische Meditationen*, a. a. O. (Anm. E 1), § 4.

E15 Husserl, *Cartesianische Meditationen*, a. a. O. (Anm. E 1), § 6.

E16 Husserl, *Cartesianische Meditationen*, a. a. O. (Anm. E 1), § 7.

E17 Husserl, *Cartesianische Meditationen*, a. a. O. (Anm. E 1), § 8, S. 58 f.

E18 Husserl, *Cartesianische Meditationen*, a. a. O. (Anm. E 1), § 8, S. 60 f.

E19 Husserl, *Cartesianische Meditationen*, a. a. O. (Anm. E 1), § 11. Eugen Fink hat in dem Brief an Schütz vom 25. Oktober 1932 explizit diese »Zweiseitigkeit« der Reduktion betont: »Einklammerung der Welt ist nicht nur Einklammerung der transcendenten Gegenstände, sondern auch die Einklammerung der menschlichen Immanenz samt der ihr zugehörigen apodiktischen Evidenz (des ›Ich bin‹)«.

E20 Husserl, *Cartesianische Meditationen*, a. a. O. (Anm. E 1), § 9.

E21 Vgl. Descartes, *Meditationes* a. a. O. (Anm. E 6), II, 6 [21]. Husserl, *Cartesianische Meditationen*, a. a. O. (Anm. E 1), § 10, S. 63. Nicht die hier an Descartes kritisierte Identifikation des mundanen mit dem transzendentalen Subjekt, sondern die Aufgabe des transzendentalen Egos überhaupt wird Schütz' späterer Theorie zugrunde liegen, vgl. »Das Problem der transzendentalen Intersubjektivität bei Husserl« [1957-I-3], in diesem Band S. 227, und Alfred Schütz/Aron Gurwitsch, *Briefwechsel 1939 – 1959*, hg. v. Richard Grathoff, München: Fink 1985, insbes. die Briefe v. 19. August 1939, 24. November 1941, 11. Dezember 1941, u. 21. Juli 1958.

E22 Vgl. zu diesem zentralen Begriff des Transzendentalen bei Husserl *Cartesianische Meditationen*, a. a. O. (Anm. E 1), § 11, S. 64 f. Zum Begriff der Transzendentalität in Husserls Phänomenologie vgl. Karl-Heinz Lembeck, »Transzendental; Transzendentalphilosophie. X. Die phänomenologische Bewegung«, in: *Historisches Wörterbuch der Philosophie*, hg. v. Joachim Ritter und Karlfried Gründer, Bd. 10, Sp. 1412-1420. Vgl. zum Problem der transzendentalen Intersubjektivität auch Alfred Schütz: »Das Problem der transzendentalen Intersubjektivität bei Husserl«, in diesem Band S. 227 ff.

E23 Husserl,*Cartesianische Meditationen*, a. a. O. (Anm. E 1), § 12, S. 67.

E24 Husserl, *Cartesianische Meditationen*, a. a. O. (Anm. E 1), § 14. Zum Begriff der Intentionalität vgl. auch Husserl, *V. Logische Untersuchung: Über intentionale Erlebnisse und ihre »Inhalte«*, a. a. O. (Anm. E 9); ders., *Ideen I*, a. a. O. (Anm. E 3), § 35.

E25 Husserl, *Cartesianische Meditationen*, a. a. O. (Anm. E 1), § 14, S. 71 f.

E26 Husserl, *Cartesianische Meditationen*, a. a. O. (Anm. E 1), § 15. Fink hat im Brief an Schütz vom 25. Oktober 1932 explizit den Satz »Gegenstände sind in der reduzierten Sphäre nichts anderes als intentionale Korrelate ihrer Bewusstseinsweisen« als missverständlich markiert, weil auch in der »natürlichen Einstellung ›Wirklichkeit‹ nur Korrelat des transzendentalen Bewusstseins ist, dass nur in der reduzierten Sphäre der Einblick in diese ›metaphysische Qualität‹ des mundanen Seins gewonnen wird.« Vgl. zum Problem der Gegenständlichkeit auch die »[Notizen zu Problemen der Explikation und der Gegenständlichkeit]« [1932-II-1], in diesem Band S. 49 ff.

E27 Vgl. zu den Begriffen »Noëma« und »Noësis« Husserl, *Ideen I*, a. a. O. (Anm. E 3), §§ 87-96, besonders S. 189 ff., 229 ff.

E28 Vgl. dazu Husserl, *Cartesianische Meditationen*, a. a. O. (Anm. E 1), § 15, S. 74 f.

E29 Husserl, *Cartesianische Meditationen*, a. a. O. (Anm. E 1), § 17.

E30 Vgl. zum Begriff der Konstitution vor allem Husserl, *Cartesianische Meditationen*, a. a. O. (Anm. E 1), §§ 37 ff; vgl. auch Husserl, *Ideen I*, a. a. O. (Anm. E 3), § 86. Vgl. dazu auch »Diskussionsbeitrag von Alfred Schütz zum Vortrag von Roman Ingarden: ›Le probléme de la constitution et les sens de la reflexion constitutive chez Edmond Husserl‹« [1959-I-2], in diesem Band S. 271 ff. und die Einleitung zu diesem Band S. 25 ff.

E31 Husserl, *Cartesianische Meditationen*, a. a. O. (Anm. E 1), § 18. Vgl. dazu auch Edmund Husserl, »Vorlesungen zur Phänomenologie des inneren Zeitbewußtseins«

(hg. v. Martin Heidegger), in: *Jahrbuch für Philosophie und phänomenologische Forschung* 9, 1928, S. 367-490; ND: Tübingen: Niemeyer ^{3}2000; auch in: *Husserliana* Bd. X, hg. v. Rudolf Boehm, Den Haag: Nijhoff 1966, S. 3-130.

E32 Im Orig. »Potentionalität«.

E33 Husserl, *Cartesianische Meditationen*, a. a. O. (Anm. E 1), § 19.

E34 Im Orig. wiederum »Potentionalität«.

E35 Husserl, *Cartesianische Meditationen*, a. a. O. (Anm. E 1), § 20, S. 83 f.

E36 Husserl, *Cartesianische Meditationen*, a. a. O. (Anm. E 1), § 19, S. 83.

E37 Zur Typik bei Husserl, *Cartesianische Meditationen*, a. a. O. (Anm. E 1), § 21, sowie insbesondere Edmund Husserl, *Erfahrung und Urteil. Untersuchungen zur Genealogie der Logik*, hg. v. Ludwig Landgrebe, Prag: Academia Verlag 1939,ND: Hamburg: Meiner ^{7}1999, § 25. Schütz kannte das diesem Werk zugrunde liegende Manuskript bereits seit seinem ersten Besuch bei Husserl im Juni 1932 (vgl. dazu oben S. 57, Anm. E 5).[M 1] Vgl. dazu auch Alfred Schütz, »Typus und Eidos in Husserls Spätphilosophie« [1959-I-6], in diesem Band, S. 325 ff.

E38 Husserl, *Cartesianische Meditationen*, a. a. O. (Anm. E 1), § 21.

E39 Husserl, *Cartesianische Meditationen*, a. a. O. (Anm. E 1), § 21. Zu der an dieser Stelle abgehandelten Theorie der »Regionen« vgl. wiederum »Typus und Eidos in Husserls Spätphilosophie«, in diesem Band, S. 342 ff.

E40 Vgl. dazu Husserl, *Cartesianische Meditationen*, a. a. O. (Anm. E 1), § 23, S. 92.

E41 Vgl. dazu Husserl, *Cartesianische Meditationen*, a. a. O. (Anm. E 1), § 24. Zum Evidenzbegriff bei Husserl vgl. oben Anm. E 9.

E42 Edmund Husserl, *Formale und transzendentale Logik. Versuch einer Kritik der logischen Vernunft* (1929), in: *Jahrbuch für Philosophie und phänomenologische Forschung* 10, 1929, S. 192 ff., jetzt in: *Husserliana* Bd. XVII, hg. v. Paul Janssen, Den Haag: Nijhoff 1974 . Vgl. dazu auch Schütz' »Rezension zu Edmund Husserl, *Formale und Transzendentale Logik*«, in diesem Band S. 87 ff.

E43 Vgl. Husserl, *Cartesianische Meditationen*, a. a. O. (Anm. E 1), § 27, S. 95.

E44 Vgl. Husserl, *Cartesianische Meditationen*, a. a. O. (Anm. E 1) § 29. Zur Problematik dieser Einteilung in Objektarten bzw. Regionen vgl. oben Anm. E 39.

E45 Vgl. dazu Husserl, *Cartesianische Meditationen*, a. a. O. (Anm. E 1), § 31, wobei Husserl an dieser Stelle nicht von »Einheitspol«, sondern von dem »identischen Pol« schreibt.

E46 Vgl. dazu Husserl, *Cartesianische Meditationen*, a. a. O. (Anm. E 1), § 32 und Edmund Husserl, *Erfahrung und Urteil*, a. a. O. (Anm. E 37).

E47 Husserl, *Cartesianische Meditationen*, a. a. O. (Anm. E 1), § 33.

E48 Vgl. Husserl, *Cartesianische Meditationen*, a. a. O. (Anm. E 1), § 32 und die davon unterschiedliche Konzeption des personalen Idealtypus bei Schütz (Alfred Schütz, *Der sinnhafte Aufbau der sozialen Welt. Eine Einleitung in die verstehende Soziologie*[1932-I-1], in ASW II., § 37 und in den »Personalitätsmanuskripten« (Alfred Schütz, »Das Problem der Personalität in der Sozialwelt« [196-II-1] und »Das Problem der Personalität in der Sozialwelt. Bruchstücke« [1937-II-1], in ASW V.1, S. 33-176), in denen die Personalität als um das ego agens zentriert entworfen wird.

E49 Husserl, *Cartesianische Meditationen*, a. a. O. (Anm. E 1), § 33.

E50 Vgl. Gottfried Wilhelm Leibniz, »Die Monadologie« (1714), in: *Hauptschriften zur Grundlegung der Philosophie* Bd. II, hg. v. Ernst Cassirer, Hamburg: Meiner 1966, S. 435-456, §§ 14-28, bes. §§ 14 f.

E51 Husserl, *Cartesianische Meditationen*, a. a. O. (Anm. E 1), § 33.

E52 Vgl. zur eidetischen Methode Husserl, *Cartesianische Meditationen*, a. a. O. (Anm. E 1), § 34, sowie Husserl, *Ideen I*, a. a. O. (Anm. E 3), 1.Kapitel; kritisch dazu Alfred Schütz, »Typus und Eidos in Husserls Spätphilosophie«, in diesem Band, S. 347 ff.

E53 Husserl, *Ideen I*, a. a. O. (Anm. E 3), §§ 1-26.

E54 Die Formulierung zur Stellung der »eidetischen Methode« geht wiederum auf einen Kritikpunkt Finks in seinem Brief an Schütz vom 25. Oktober 1932 zurück: »Um eben den Anfang nicht zu überlasten durch methodische Erwägungen, hat Husserl zunächst die Strukturen des transcendentalen Ego in einer typischen Allgemeinheit herausgestellt; prinzipiell aber wäre die Einführung der eidetischen Methode in jeder Meditation möglich gewesen, da sie sich ja auch auf alle bezieht.« Husserl selbst schreibt: »um der Erleichterung des Zugangs in die Phänomenologie willen« (Husserl, *Cartesianische Meditationen*, a. a. O. (Anm. E 1), S. 103).

E55 Husserl, *Cartesianische Meditationen*, a. a. O. (Anm. E 1), § 36 f., zum Begriff der Motivation vor allem S. 109. Die Formulierung »eigentümliche Gesetze der Motivation« findet sich nicht bei Husserl. Sie verweist auf das von Schütz seit dem Ende der 1920er Jahre bedeutsame Problem der Relevanz, das im *Sinnhaften Aufbau* (a. a. O. (Anm. E 48), S. 439 f.) als zweiter im weiteren zu bearbeitender Problemkreis ausgewiesen wird. Vgl. dazu auch Alfred Schütz, »Wiener Exzerpte«, in ASW VI.1, S. 43-55.

E56 Husserl, *Cartesianische Meditationen*, a. a. O. (Anm. E 1), § 37. Zur Begründung des Ausgangs der phänomenologischen Analyse vom Ego vgl. Husserl, *Cartesianische Meditationen*, a. a. O. (Anm. E 1), § 12 f.

E57 Husserl, *Cartesianische Meditationen*, a. a. O. (Anm. E 1), § 38. Vgl. zur späteren Kritik von Schütz an diesem Konzept auch Alfred Schütz, »Typus und Eidos in Husserls Spätphilosophie«, in diesem Band, S. 346 f.

E58 Ein »praktisch handelndes Ich« taucht in Husserls *Cartesianischen Meditationen* nicht auf, allenfalls eine »im weitesten Sinne praktische Vernunft« (a. a. O. (Anm. E 1), § 38. Vgl. zum Begriff des Handelns aber Husserl, *Formale und transzendentale Logik*, a. a. O. (Anm. E 42), § 63. Schütz' Interesse an der Einführung des Handlungsbegriffes in die Phänomenologie begründet sich insbesondere im *Sinnhaften Aufbau*, a. a. O. (Anm. E 48), §§ 9 ff. sowie in den »Personalitätsmanuskripten«, a. a. O. (Anm. E 48), wo Handeln, Wirken und Handlung als Grundbegriffe der Soziologie ausgeführt werden.

E59 Husserl, *Cartesianische Meditationen*, a. a. O. (Anm. E 1), § 38, S. 112.

E60 Fink weist in seinem Brief vom 25. Oktober 1932 auf die wesentliche Beteiligung der passiven Genesis am konstitutiven Aufbau der Gegenstände hin, mit dem sie aber nicht identisch sei. »Gerade die in den Manuskripten der letzten 10 Jahre niedergelegten Forschungen Husserls weisen die wesentliche Rolle der Aktivität im Aufbau der Apperceptionen aus; z. B. alle Kinästhesen sind Aktivitäten, und in Zusammenhängen aktiver Genesis erforschbar.« Schütz scheint diesen Punkt nicht aufgenommen zu haben.

E61 Husserl, *Cartesianische Meditationen*, a. a. O. (Anm. E 1), § 39. Zur späteren Kritik am Assoziationsbegriff vgl. wiederum Alfred Schütz, »Typus und Eidos in Husserls Spätphilosophie« [1959-I-6], in diesem Band, S. 345 f.

E62 Husserl, *Cartesianische Meditationen*, a. a. O. (Anm. E 1), S. 114.

E63 Husserl, *Cartesianische Meditationen*, a. a. O. (Anm. E 1), S. 112 f.

E64 Im Originaldruck findet sich ein Leerzeichen an der Stelle des »t«.

E65 Vgl. Husserl, *Cartesianische Meditationen*, a. a. O. (Anm. E 1), § 40. Die folgende

Passage zum transzendentalen Idealismus geht wohl auf eine Bemerkung von Fink im Brief vom 25. Oktober 1932 zurück: »Aber ob man diese ›idealistische Position‹, in der sich doch eine Grundtendenz der Husserl'schen Philosophie ausspricht, ganz weglassen kann, scheint mir fraglich.«

E66 Vgl. Husserl, *Cartesianische Meditationen*, a. a. O. (Anm. E 1), S. 118.

E67 Vgl. Husserl, *Cartesianische Meditationen*, a. a. O. (Anm. E 1), S. 117.

E68 Vgl. zu dieser Exposition des Problems der Intersubjektivität Husserl, *Cartesianische Meditationen*, a. a. O. (Anm. E 1, § 42. Dieses Problem wird für Schütz der zentrale Punkt der Distanzierung von Husserl, vgl. Alfred Schütz, »Das Problem der transzendentalen Intersubjektivität bei Husserl« [1957-I-3], in diesem Band S. 227 ff. Das Ziel für Schütz in diesem Zusammenhang ist das Fremdverstehen (vgl. *Sinnhafter Aufbau*, a. a. O. (Anm. E 48), §§ 19 ff.) zur Grundlegung einer verstehenden Soziologie.

E69 Husserl, *Cartesianische Meditationen*, a. a. O. (Anm. E 1), § 44, S. 127. Husserl schreibt allerdings an dieser Stelle »Kulturprädikate«.

E70 Husserl, *Cartesianische Meditationen*, a. a. O. (Anm. E 1), § 44, S. 127.

E71 Dieser Ausdruck findet sich nicht in Husserls *Cartesianischen Meditationen*, a. a. O. (Anm. E 1), statt dessen: »eigentümliche Art thematischer ἐποχή« (S. 124) und »neuartige ἐποχή« (S. 126).

E72 Husserl, *Cartesianische Meditationen*, a. a. O. (Anm. E 1), § 44, S. 129.

E73 Husserl, *Cartesianische Meditationen*, a. a. O. (Anm. E 1), § 47.

E74 Husserl, *Cartesianische Meditationen*, a. a. O. (Anm. E 1), §§ 47 f.

E75 Husserl, *Cartesianische Meditationen*, a. a. O. (Anm. E 1), § 44, S. 128. An dieser Stelle schreibt Husserl auch vom »leiblich *handeln*« (Hvhg. i. Orig.).

E76 Husserl, *Cartesianische Meditationen*, a. a. O. (Anm. E 1), § 50.

E77 Schütz referiert den Begriff der Appräsentation hier in Husserls Sinn (vgl. dazu Husserl, *Cartesianische Meditationen*, a. a. O. (Anm. E 1), § 50. Während Appräsentationen bei Husserl blosse Bewusstseinsvorgänge sind, betont Schütz später die pragmatische Funktion der Appräsentation. Vgl. dazu die Ausführungen von Schütz im Aufsatz »Symbol, Reality and Society« ([1955-I-2], S. 144; jetzt in ASW V.2, S. 128 ff.), die »Beantwortung der Diskussionsbemerkungen zu meinem Vortrag ›Das Problem der transzendentalen Intersubjektivität bei Husserl‹« [1957-II-1], in diesem Band S. 274 f., sowie Ilja Srubar, *Kosmion. Die Genese der pragmatischen Lebensweltheorie von Alfred Schütz und ihr anthropologischer Hintergrund*, Frankfurt/M.: Suhrkamp 1988, S. 231 und Joachim Renn, »Appresentation and Simultaneity: Alfred Schutz on Communication between Phenomenology and Pragmatics«, in: *Human Studies*, 29, 2006, S. 1-19.

E78 Husserl, *Cartesianische Meditationen*, a. a. O. (Anm. E 1), § 51.

E79 Zur Frage der Urstiftung in diesem Zusammenhang vgl. Husserl, *Cartesianische Meditationen*, a. a. O. (Anm. E 1), § 51, S. 141; sowie Husserl, *Formale und transzendentale Logik*, a. a. O. (Anm. E 42), § 61.

E80 Husserl, *Cartesianische Meditationen*, a. a. O. (Anm. E 1), § 52, S. 144.

E81 Husserl, *Cartesianische Meditationen*, a. a. O. (Anm. E 1), § 53 f.

E82 Husserl, *Cartesianische Meditationen*, a. a. O. (Anm. E 1), § 54, S. 148.

E83 Husserl, *Cartesianische Meditationen*, a. a. O. (Anm. E 1), § 55, S. 152 f. Hier zeigt sich Husserls Zielsetzung in der Explikation der Intersubjektivität: es geht um die Konstitution der objektiven Natur. Vgl. hierzu auch Schütz' »Beantwortung der Diskussionsbemerkungen zu meinem Vortrag ›Das Problem der transzendentalen Intersubjektivität bei Husserl‹« [1957-II-1], in diesem Band S. 273 ff. und die

Fragen Eugen Finks zu diesem Vortrag, wie sie im Materialienanhang[M 5] (S. 370) dokumentiert sind.

E84 Husserl, *Cartesianische Meditationen*, a. a. O. (Anm. E 1), § 55. Vgl. dazu auch Schütz' Konzeption der Gleichzeitigkeit im *Sinnhaften Aufbau*, a. a. O. (Anm. E 48), etwa das gemeinsame Altern (§§ 19 f.) oder über die Triangulation durch eine gemeinsame Wahrnehmung (§ 33).

E85 Im Orig. »Alter-Ego«.

E86 Vgl. Husserl, *Cartesianische Meditationen*, a. a. O. (Anm. E 1), § 58, S. 160.

E87 Husserl, *Cartesianische Meditationen*, a. a. O. (Anm. E 1), § 58, S. 162. Vgl. dazu auch den Problemkreis der »soziologischen Personalität«, wie ihn Schütz am Ende des *Sinnhaften Aufbaus* entwirft (a. a. O. (Anm. E 48), S. 439, sowie die »Personalitätsmanuskripte«, a. a. O. (Anm. E 48).

E88 Schütz übernimmt hier die Analyse der transzendentalen Intersubjektivität als konstitutiv für die verweltlichten sozialen Beziehungen, wie es auch Fink in seinem Brief vom 25. Oktober 1932 nahelegt. Vgl. zur weiteren Entwicklung Alfred Schütz, »Das Problem der transzendentalen Intersubjektivität bei Husserl« [1957-I-3], in diesem Band S. 227 ff.

E89 Fink kritisierte in seinem Brief vom 25. Oktober 1932 den Ausdruck »apriorische Konstitution« als »missverständlich (gerade im Hinblick auf den von Heidegger vertretenen ›ontologischen Idealismus‹)« und schlägt folgende Formulierung vor: »›universale Konstitution, die in ihrer apriorischen Strukturgesetzlichkeit fassbar ist, ..‹ o. ä.«

E90 Vgl. zur phänomenologischen Raumvorstellung auch Schütz, »Vorwort zu Edmund Husserl, ›Notizen zur Raumkonstitution‹« [1940-I-2], in diesem Band S. 103 ff.

E91 Husserl, *Cartesianische Meditationen*, a. a. O. (Anm. E 1), § 64.

E92 Vgl. zu Schütz' Programm, das hier skizziert wird, die Ausführungen dazu im *Sinnhaften Aufbau*, jetzt in ASW II., §§ 1 ff., § 19, sowie die »Anmerkung« zu § 6, S. 129 f. Zum Problem der Eidetik vgl. wiederum Alfred Schütz, »Typus und Eidos in Husserls Spätphilosophie«, in diesem Band S. 325 ff., besonders die Abschnitte V. und VI.

E93 Dieser Gedankenstrich findet sich so im Originaldruck.

E94 Vgl. dazu auch die beiden Aufsätze von Alfred Schütz, »Phänomenologie und Kulturwissenschaften« [1939-II-2], jetzt in ASW IV. und »Husserls Bedeutung für die Sozialwissenschaften« [1959-I-5], in diesem Band S. 305 ff.

E95 Die Übersetzung besorgten Gabrielle Pfeiffer und Emmanuel Levinas vgl. dazu Anm. E 1.

Rezension zu Edmund Husserl, *Formale und transzendentale Logik*

Editorischer Bericht

Die Edition dieses Textes beruht auf dem Abdruck in der *Deutschen Literaturzeitung* 54, 1933: Heft 17 vom 23. April 1933, Sp. 773-784 [1933-I-1]. Eine englische Übersetzung erschien in Alfred Schütz, *Collected Papers IV* [1996-I-1], ed. with Preface and Notes by Helmut Wagner and George Psathas. In Collaboration with Fred Kersten, Dordrecht: Kluwer 1996, S. 166-173.

Schütz erhielt den Auftrag zu dieser Rezension zusammen mit dem für die *Cartesianischen Mediationen* während seines ersten Besuches bei Edmund Husserl.[1] [M 1] Er hat dazu mindestens zwei Entwürfe angefertigt, wie der Brief von Schütz an Fink vom 19. Februar 1933 zeigt: »Bei der ersten Niederschrift betrug der Umfang meiner Besprechung das doppelte der jetzigen [ungekürzten] Fassung und die Komprimierung auf das jetzige Ausmass hat mich mehr Zeit und Mühe gekostet, als der erste Entwurf.«, von denen jedoch keiner erhalten ist. Fink bestätigt in einem Brief an Schütz vom 22. Dezember 1932 den Erhalt eines (wohl des zweiten) Entwurfes zu dieser Rezension. Er formuliert in diesem Brief drei Verbesserungsvorschläge: Erstens sei die Problementfaltung in der Einleitung mit der Entsprechung »zwischen formaler Logik und thematischer Einstellung einerseits und transcendentaler Logik und ›subjektiver Begründung der formalen Logik‹ andererseits« falsch angesetzt. Statt dessen solle die subjektive Begründung näher beschrieben werden. Zweitens sei eine angestrichene Stelle »viel zu schwer und konzentriert«. Statt dessen solle Schütz die Grundgedanken der Schrift durch die Übersetzung in die eigene Sprache veranschaulichen. Drittens schließlich sei die Textstelle, die sich auf § 49 beziehe, mißverständlich durch die Verwendung des Begriffes ›Satz‹ statt in Husserls Bedeutung der »Thetischen Gesetztheit« als »sprachliches Bedeutungsganzes (Satz als syntaktisches Gebilde)«.[2] Am 25. Januar 1933 erging eine Aufforderung zur Kürzung

---

1 Vgl. den editorischen Bericht zur »Rezension zu Edmund Husserl, *Méditations Cartésiennes*«, in diesem Band S. 62.

2 Die drei in diesem Brief angemerkten Verbesserungsvorschläge sind im dann gedruckten Text wohl aufgrund der erfolgten Kürzungen nicht mehr nachzuvollziehen.

um ein Drittel von der Redaktion der *Deutschen Literaturzeitung* an Schütz.[3] Daraufhin schickt Fink brieflich am 14. Februar 1933 drei Kürzungsvorschläge an Schütz, die sich dem Brief zufolge auf einen Umfang von ca. sechs Seiten summieren. Diese Kürzungsvorschläge werden an den jeweiligen Stellen in den Endnoten zitiert.

Die in den Text in eckigen Klammern eingefügten Zahlen verweisen auf die Spaltennummerierung im Originaldruck. Der Sperrdruck wurde im gesamten Text durch Kursivierung ersetzt. Die im Text erwähnten Buchtitel wurden zur Vereinheitlichung alle kursiviert.

---

3 Edmund Husserl: *Briefwechsel. Band IV: Die Freiburger Schüler*, hg. von Karl Schuhmann. Dordrecht: Kluwer 1993, S. 488, Fn. 14. Diesbezügliche Briefe und Texte sind nicht im Archiv der Deutschen Literaturzeitung erhalten (Auskunft v. 19. März 2008).

Rezension zu
Edmund Husserl, *Formale und transzendentale Logik*

Edmund Husserl [ord. Prof. i. R. an d. Univ. Freiburg i. Br.], *Formale und Transzendentale Logik.* Versuch einer Kritik der logischen Vernunft. [S.-A. aus: Jahrb. f. Philos. u. phänomenolog. Forschg., Bd. X hg. von E. Husserl.] Halle, Max Niemeyer, 1929. XI u. 298 S. 8°.[E1] [774]

Das kürzlich an dieser Stelle erschienene Referat über *Husserls* 1931 veröffentlichte »Méditations Cartésiennes« (DLZ. 1932 Sp. 2404 ff.)[E2] hat von der neuesten Entwicklung der Phänomenologie berichtet. Dieser Bericht wäre unvollständig, wollte man das oben angeführte ältere Werk nicht entsprechend berücksichtigen. In ihm wird eine Einleitung in die Philosophie ausgehend vom Faktum der traditionellen formalen Logik dargeboten. Deren *objektive* Bestände werden einer schrittweise durchgeführten Kritik unterzogen, und zwar durch Aufdeckung jener verborgenen *subjektiven Formen*, in denen die theoretischen Gebilde, die Urteils- und Erkenntnisgegenständlichkeiten, erzeugt werden. Jedes objektiv Logische hat nämlich sein Korrelat in seinen es konstituierenden Intentionalitäten[E3] und den daraus erwachsenden Habitualitäten, welche systematisch zu enthüllen eben die subjektiv gerichtete logische Thematik ausmacht.[E4] Hierbei zeigt es sich, daß alle subjektiv gerichteten Probleme der Logik nicht Probleme der natürlichen menschlichen Subjektivität, also *psychologische* Probleme sind, sondern Probleme jener »*transzendentalen Subjektivität*«, durch deren Bewußtseinsleben allein alles für sie Seiende erst seinen Seinssinn erhält.[E5] Dies ist der Gedankengang, der von der formalen zur transzendentalen Logik führt. Er setzt die schon in H[usserl]s *Logischen Untersuchungen* (1900/01)[E6] eingeschlagene Richtung unmittelbar fort.[E7]

H[usserl] wendet sich in der Absicht, den Sinn der traditionellen formalen Logik zu klären, zunächst der objektiven Thematik zu. Gleich allen positiven Wissenschaften hat nämlich auch die herkömmliche formale Logik nur diese Thematik erforscht.[E8] Die subjektive Thematik blieb dem Psychologismus in seinen verschiedenen Formen überlassen und wurde mit den der Logik eigenständigen Methoden selbst dort nicht weiter verfolgt, wo sie, wie im Problem der »Evidenz«[E9], dem subjektiven Korrelat zum Problem der Wahrheit, besonders auffällig in Erscheinung tritt. Der Hauptgrund hierfür liegt nach der Meinung H[usserl]s darin, daß die formale Logik zunächst als formale *Apophantik* erwachsen ist,

d. h. als Formenlehre der behauptenden Aussagen (»Urteile« im streng logischen Sinn).[E 10]

Diese apophantische Sphäre ist nun genauer zu analysieren. Es zeigt sich bald, daß sie keineswegs einheitlich ist, sondern eine eigenartige Dreischichtung ihrer Grundbegrifflichkeit aufweist, der verschiedene logische Disziplinen entsprechen:

[775] 1. Die an sich erste formal-logische Disziplin ist die reine Formenlehre der Urteile, wie sie von Aristoteles begründet wurde, also die Lehre von der »Einteilung« der Urteile, von den Schlüssen und Urteilsmodalisierungen usw. Bei konsequenter Durchführung würde sich diese Disziplin zu einer »reinen Formenlehre der Bedeutungen«, d. h. zu einer »rein logischen Grammatik« erweitern. Ihr Thema ist »die bloße Möglichkeit von Urteilen als Urteilen, ohne Frage, ob sie wahr oder falsch, ob sie auch nur bloß als Urteile verträglich oder widerspruchsvoll sind«.[E 11]

2. Wird nun nicht nach den möglichen Urteilsformen überhaupt, sondern nach den *möglichen* Formen *wahrer* Urteile gefragt, so hebt sich als zweite Stufe der formalen Logik der geschlossene Bereich der Konsequenzlogik (Logik der Widerspruchslosigkeit) ab, die nach den Wesensgesetzen der »Urteilskonsequenz«[,] das ist nach dem (»analytischen«) Beschlossensein von Urteilen bestimmter Form in Prämissenurteilen entsprechender Form[,][E 12] zu forschen hat. Man kann diese Thematik der formalen Logik auch als die der *puren apophantischen Analytik*[E 13] bezeichnen. Hier ist noch nicht von der Wahrheit der einzelnen Urteile die Rede, sondern nur von ihrer reinen Verträglichkeit miteinander, zu welcher auch die Kompossibilität[E 14] ganz beliebig hergestellter Urteilskollektionen gehört.

3. Eine dritte gegenüber der Konsequenzlogik höherstufige Problematik ergibt sich schließlich, wenn man die – in der Logik der Widerspruchslosigkeit noch nicht thematisch gewordene – Frage nach den Wesensbedingungen möglicher Wahrheit stellt. Eine dieser Wesensbedingungen – aber auch nur eine – ist die Widerspruchslosigkeit.[E 15]

Die Scheidung der beiden höherstufigen Schichten – der Konsequenzlogik und der Wahrheitslogik – findet ihr Korrelat in besonderen Vollzugsmodis oder, wie man auch sagen kann, in besonderen Evidenzunterschieden des Urteils. »Dasselbe« Urteil kann in sehr verschiedenen subjektiven Gegebenheitsweisen, nämlich »verworren« oder »deutlich«, »klar« oder »unklar« evident sein. Ersteres Begriffspaar entspricht der Konsequenzlogik, letzteres der Wahrheitslogik. Ein vage urteilendes Meinen läßt sich durch *Explikation* des in ihm nur verworren Gemeinten, und zwar durch fortlaufende Erfüllung der das Vermeinte indizierenden Intentionen »verdeutlichen«, wobei das Explikat als »eigentliche« Meinung evident gemacht wird. Explizit, also deutlich urteilen ist aber noch nicht in »Klarheit« urteilen.[E 16] Dem [776] klaren Urteil kommt vielmehr eine eigene Evidenz zu, in der dasjenige zur Selbstgegebenheit gebracht wird, *worauf* der Erkennende durch sein Urteilen hinaus will, also Klarheit der Sachen und Sachverhalte, die Objekte des Urteilens sind. Darum ist in der Verworrenheit jedes Urteil möglich, das in der Deutlichkeit unmöglich ist, indessen in der Deutlichkeit wiederum jedes Urteil möglich ist, das in der Klarheit als einsichtige Erkenntnis unmöglich ist. Nur ein Urteilen in der Fülle der Klarheit kann Erkenntnis, also *wahres* Urteilen sein.[E 17] In der puren Analytik ist aber nur die Evidenz der Deutlichkeit des Urteilens thematisch, dagegen bleibt außerthematisch, ob dieses Urteil geklärt werden kann oder nicht, ob es auf Wahrheit gerichtete Erkenntnis werden kann oder nicht.[E 18] In der puren Analytik (Konsequenzlogik) sind darum den Urteilen und Urteilsgliedern – außer der allen Urteilen eigentümlichen »Form« – nur die Relationen des Beschlossenseins (der Konsequenz), des Ausgeschlossenseins (der Inkonsequenz) und der leeren Widerspruchslosigkeit (Urteilsverträglichkeit) a priori eigenwesentlich;[E 19] sie hat es also nur mit analytischem, nicht mit sachlichem Widersinn zu tun, und Fragen der »Adäquation an den Sachen selbst«[E 20] fallen nicht in ihren Bereich. Die Wahrheitslogik setzt allerdings ihrerseits die pure Analytik voraus, und H[usserl] zeigt in tiefschürfenden Analysen, auf die hier leider nicht weiter eingegangen werden kann, wie die in der herkömmlichen Wahrheitslogik überlieferten, die Begriffe Wahrheit und Falschheit auslegenden Prinzipien, wie der Satz vom Widerspruch, der Satz vom ausgeschlossenen Dritten, der modus ponens und modus tollens ihre Analoga, aber auch ihre Begründung in der Schicht der puren Analytik finden.[E 21]

Die apophantische Analytik, deren Schichtungen im vorstehenden dargestellt wurden, entspricht zwar in ihrer auf dem Aristotelischen Begriff der Urteilsform basierenden Geschlossenheit der traditionellen Logik, nicht aber der Idee einer formalen Logik überhaupt. Zu dieser gehört vielmehr auch die formale mathematische Analysis bzw. deren Vereinigung mit der traditionellen Syllogistik zu einer »mathesis universalis« im Leibnizschen Sinn, zu einer logischen Grundwissenschaft also von mathematischer Form und Strenge, einer universellen Mathematik im höchsten und umfassendsten Sinn.[E 22]

Was zunächst die mathematische formale Analysis betrifft, so ist deren thematischer Sinn am besten durch eine Gegenüberstellung zur Aristotelischen apophantischen Analytik zu [777] klären. Letztere hat zum definitorischen Grundbegriff den behauptenden Aussagesatz, also das prädikative Urteil, und läßt sich leicht zu einer apophantischen Mathematik ausgestalten, da man ja, wie unschwer einzusehen ist, mit Sätzen ebenso »rechnen« kann wie mit Zahlen. Gegenüber dieser apophantischen Mathematik steht nun die traditionelle »formale Analysis« der Mathematiker, die Mathematik der Mengen, Kombinationen, Anzahlen, Mannigfaltigkeiten usw. die deshalb als nichtapophantische Mathematik bezeichnet werden muß, weil in ihr prädikative Sätze (»Urteile« im Sinn der Logik) als thematische Grundbegriffe überhaupt nicht vorkommen. Genauere Untersuchungen zeigen, daß diesen Disziplinen das Prädikat »formaler mathematischer Disziplinen« deshalb zukommt, weil sich ihre Grundbegriffe als Ableitungsgestalten des obersten Formbegriffes: »Etwas überhaupt«, »Gegenstand überhaupt«, darstellen lassen. Diese formale Mathematik müßte sich also, wesensmäßig ausgestaltet, zu einer »apriorischen, auf die Modi des ›Etwas überhaupt‹ bezogenen Gegenstandslehre«[E 23], oder mit einem bereits in den *Logischen Untersuchungen* eingeführten Terminus zu einer »formalen Ontologie«[E 24] erweitern lassen. – Die Klärung des Verhältnisses zwischen formaler Logik und formaler Mathematik kann also nur durch Aufhellung des Verhältnisses von formaler Apophantik und formaler Ontologie erfolgen. Schon in den *Logischen Untersuchungen* hat H[usserl] die sachliche Zusammengehörigkeit beider – unbeschadet ihrer thematischen Verschiedenheit – nachgewiesen.[E 25] Nunmehr erbringt er den Nachweis, daß die vollständige – also zur mathesis universalis erweiterte – formale Mathematik mit der vollständigen logischen Analytik identisch ist. Dies geschieht zunächst durch Bestimmung der höchsten Stufe der formalen Logik als einer Theorie der deduktiven Systeme, d. h. als einer Theorie der möglichen Theorieformen oder »Mannigfaltigkeitslehre«[E 26] (im Sinne der modernen Mathematik). Der Begriff der Mannigfaltigkeit ist hierbei im Sinne der Ausdrucksweise der Mathematik zu verstehen als derjenige eines Erkenntnisgebietes überhaupt, das durch eine *nur der Form nach bestimmte* Theorie beherrscht wird. Sie ist also ein Gebiet, welches ausschließlich dadurch bestimmt ist, daß es einer Theorie solcher Art untersteht. Aus diesem Begriff erwächst dann die von H[usserl] bereits in den »Prolegomena«[E 27] scharf umrissene Aufgabe, nach einer Theorie zu streben, die alle möglichen Mannigfaltigkeitsformen als ableitbar in sich fassen würde. (Über den wichtigen Begriff der *defini-*[778]*ten Mannigfaltigkeit* vgl. *Ideen* S. 135 f.).[E 28]

Die Doppelseitigkeit der formalen Logik als formale Apophantik und formale Ontologie erfährt nun weitere phänomenologische Aufklärung. In deren Verlauf wird gezeigt, daß der thematische Unterschied zwischen beiden darin besteht, daß erstere wesensmäßig auf *Urteile* (und auf die in Urteilen als Bestandteile auftretenden »syntaktischen« Gestaltungen), letztere aber auf *Gegenstände* thematisch eingestellt ist.[E 29] Weiter wird nachgewiesen, daß auch die mathesis universalis die Gliederung in Wahrheitslogik und Konsequenzlogik in sich trägt.[E 30]

Damit wäre die objektive Thematik der analytischen Logik aufgezeigt, und es erhebt sich nunmehr die Frage nach dem Sinn und Recht der eingangs postulierten subjektiv gerichteten logischen Thematik. Sind wir aber nicht schon durch das bloße Aufwerfen dieser Frage in jenen Psychologismus zurückgefallen, den auf dem Gebiet der Logik bekämpft zu haben das große und unbestrittene Verdienst des I. Bandes der *Logischen Untersuchungen* ist?[E 31] Dies ist nun keineswegs der Fall. Vielmehr weist die Phänomenologie gegenüber dem psychologistischen Vorurteil, daß die Urteilsgebilde lediglich als Phänomene der inneren Erfahrung Sinn und Existenz haben, die Idealität der logischen Gebilde in sorgsamen Analysen der sie gebenden Anschauung und Evidenz aus.[E 32] Die Denk*prozesse* sind freilich reale Vorkommnisse des realen Seelenlebens, nicht aber die in diesen Denkprozessen gedachten *Gedanken*, die als »ideale« (oder besser: »irreale«) Gegenstände[E 33] in gleicher Evidenz wie die realen Gegenstände erfahrbar sind. »Evidenz« ist hier nicht, wie sonst nur zu oft, als Berufung auf eine rätselhafte und unmotivierte Apodiktizität zu verstehen, sondern bedeutet die »intentionale Leistung der Selbstgebung«, die allgemeine ausgezeichnete Gestalt des »Bewußtseins von etwas«, in welcher das in ihr bewußte Gegenständliche als »es selbst« erfaßt ist.[E 34] Evidenz ist also »Erfahrung« in einem weitesten Sinn, nämlich »die Urstiftung des Für-uns-seins von Gegenständen ihres gegenständlichen Sinns«.[E 35] – Die Form der Selbstgebung, in der im besonderen die *logischen Gebilde* auftreten, ist nun die der ursprünglich erzeugenden Aktivität. Im gestaltenden Tun des Urteilens wird der ideale Gegenstand »Urteilssinn« erzeugt, der nicht – wie der Psychologismus annimmt – nur »in« oder »während« der Erzeugung »ist«, sondern die Akte der Erzeugung überdauert.[E 36] Wohl aber sind die idealen Gegenstände in der ursprünglichen Er-[779]zeugung in einer Intentionalität von der Form der spontanen Aktivität bewußt, und ihre Gegebenheitsweise aus solcher ursprünglichen Aktivität ist die ihnen eigene Form der Wahrnehmung. Die in jedem Theoretisieren verborgenen Leistungen der konstituierenden Subjektivität zu enthüllen[,] ist eine der vornehmsten Aufgaben der Phänomenologie.[E 37]

Daß diese konstituierende Subjektivität nicht das psychophysische Ich ist, welches, an die vorgegebene Welt gebunden, selbst ein Bestandteil dieser Welt ist, sondern die transzendentale Subjektivität, jenes Ego cogito also, das vor aller Setzung der Welt ist und in dessen Akten sich die Welt erst konstituiert, wird jedem Kenner der früheren Schriften H[usserl]s klar sein. Wenn man nämlich die »phänomenologische Reduktion« durchführt, d. h. wenn man sich jedes Erfahrungsglaubens an die Welt und jeder Stellungnahme zu ihrem objektiven Sein enthält und also die objektive objektive Welt, zu der nicht nur die transzendenten Objekte, sondern auch das mundane psychologische Ich gehört, »einklammert«,[E 38] so bleiben doch das transzendentale Ego cogito und seine cogitationes erhalten und damit jene eigentümlichen Leistungen der Intentionalität, welche vordem als Evidenzen gekennzeichnet wurden und die es nunmehr in phänomenologische Reduktion, d. h. bezogen auf das transzendentale Subjekt[E 39], näher zu erforschen gilt.

Nur im weitesten Umriß kann hier die so umschriebene transzendentallogische Problematik angedeutet werden, die der V[er]f[asser] im zweiten Abschnitt seines Buches ausführlich behandelt. Er zeigt zunächst auf, daß jede Kritik der analytischen Logik eine subjektiv gewendete Kritik ihrer Grundbegriffe und deren subjektiver Konstitution voraussetzt. Um diese durchzuführen, muß man vor allem die *idealisierenden Voraussetzungen*[E 40], die der analytischen Logik zugrunde liegen, aufdecken und auf ihre Konstitution hin befragen. Da zeigt sich zunächst, daß die pure mathematische Analytik (Konsequenzlogik) sich nicht auf die sich jeweils mehr oder minder »verworren« oder mehr oder minder »explizit«[E 41] erlebnismäßig abwandelnden und in aktueller Evidenz gegebenen Intentionalitäten des Urteilens bezieht, sondern auf die in den erzeugenden Akten erzeugten Gebilde, deren Ansichsein in Identität feststeht. Aber dieses ideale, die jeweilige lebendige Evidenz transzendierende Sein der Urteile wird von der traditionellen Logik nur naiv vorausgesetzt und nicht methodisch nach seiner Konstitution befragt. Eine weitere, ebenfalls niemals explizit herausgestellte Idealisierung [780] ist die implizit gemachte Voraussetzung von der iterativen Unendlichkeit des »Und so weiter« oder – subjektiv gewendet – des »Man kann immer wieder«,[E 42] die allen – wesensmäßig iterierbaren – Gesetzmäßigkeiten der analytischen Formenlehre stillschweigend zugrunde liegt.

Noch wichtiger als für die Konsequenzlogik wird die Herausstellung der in den Grundprinzipien enthaltenen idealisierenden Voraussetzungen beim Übergang zur Wahrheitslogik. So ist z. B. im Satz vom ausgeschlossenen Dritten stillschweigend impliziert, daß jedes Urteil prinzipiell zur Adäquation gebracht werden kann, weiter, daß ein Urteil ein für allemal und für jedermann wahr (oder falsch) ist. Die herkömmliche Logik hält also alle Urteile für grundsätzlich entscheidbar, wenn schon nicht für uns, so doch an sich; dennoch sieht sie Wahrheit und Falschheit nicht als »konstituierende Merkmale« des Urteils[E 43] an. Aber gerade die Evidenz der Wahrheitsvoraussetzung muß nach ihrem eigentümlichen Sinn und ihrer Tragweite befragt werden. So wird die Frage »Was ist Wahrheit?«[E 44] zu dem gewaltigen Problem, wie die Evidenzkritik der logischen Prinzipien auf die Evidenzkritik der Erfahrung zurückgeführt werden kann.

Dieses Problem kann nur mit Hilfe konstitutiver Sinnesanalyse bewältigt werden. Wie jedes Sinngebilde kann auch das Urteil »nach seiner Sinnesgeschichte befragt werden«, und zwar durch Enthüllung der intentionalen Implikationen, die im »offenen fertigen« Sinn[E 45] verborgen sind. Geht man dieser Sinnesgenesis der Urteile nach, so ergibt sich ein Prinzip genetischer Ordnung oder, subjektiv gewendet, eine vorgezeichnete Ordnung sachlicher Evidentmachung. Der erste Schritt dieser Analyse muß der Rückgang vom Urteil zu den Urteilssubstraten, den »Gegenständen-worüber«, sein, und zwar zu den letzten »Kernen«[E 46], die allen Urteilssyntaxen zugrunde liegen, ohne selbst Syntaxen zu sein. Für die Konsequenzlogik besagt dies: Reduktion auf letzte Etwas-Meinungen, auf die Urkategorie »absolutes Etwas«[E 47] und dessen Abwandlungen; für die Wahrheitslogik: Reduktion auf individuelle Gegenstände, die also ihrem erfahrbaren Dasein nach vor allem Urteilen, allem »Prädizieren« liegen. Erfahrung im ersten und prägnanten Sinn definiert sich geradezu als direkte Beziehung auf Individuelles.[E 48] Aber bei den schlichten Erfahrungsurteilen darf die genetische Analyse der Evidenz nicht haltmachen. Es zeigt sich vielmehr, daß Gewißheit, evidente Selbsthabe, identisches Sein und identischer Sinn nicht [781] ausschließlich Eigenheiten der prädikativen Sphäre sind, sondern schon zur Intentionalität der vor allem Urteilen liegenden und eben darum »vorprädikativen« Erfahrung gehören.[E 49] Jeder Urteilstheorie hat darum eine Theorie der Erfahrung, der Apperzeption und passiven »Assoziation«[E 50] voranzugehen, und die

Genesis dieser intentionalen Leistungen weist wiederum zurück auf die Zeitform der intentionalen Genesis und deren Konstitution.[E 51] Andererseits hat eine voll entwickelte Urteilstheorie, aufsteigend von der individuelle Gegenstände gebenden Erfahrung, die eigenartigen höherstufigen Evidenzen zu beschreiben, die sich ergeben, sobald Wesensverallgemeinerungen im Sinne des materialen (aus dem eigenwesentlichen Gehalt des zum Exempel umgedeuteten Individuellen gewonnenen sachhaltigen) und formalen (aus der Entleerung des Individuums zum Etwas überhaupt gewonnenen) Apriori vollzogen werden.[E 52]

Mit dieser Aufklärung der Evidenz und ihrer Leistungen ist aber die Kritik des Wahrheitsbegriffes noch keineswegs abgeschlossen. Weder als formale Apophantik noch als formale Ontologie hat die traditionelle Logik ernsthaft die Frage nach der Möglichkeit von Seiendem überhaupt und damit einer letzten absoluten Evidenz erhoben. Sie hat vielmehr naiv die Welt als seiend vorgegeben und zwar als für jedermann vorgegeben vorausgesetzt und sich damit in die Reihe der *positiven* Wissenschaften gestellt. Alle Urteile, Wahrheiten, Wissenschaften, auf die sich die Logik bezieht, betreffen tatsächliches Dasein in dieser naiv vorausgesetzten Welt oder diese selbst, und auch die apriorischen Wissenschaften, die die Logik im Auge hat, sind weltlich.[E 53] An dieser Einstellung hat auch die Erfahrungskritik Descartes' und aller seiner Nachfolger nichts geändert. Denn sie alle operieren bei Behandlung der transzendentalen Thematik mit der naiven Voraussetzung ontologischer und logischer Evidenzen.[E 54] Wird aber im Verfolg der subjektiven logischen Thematik auf die Subjektivität des Ego cogito zurückgegangen, aus dessen Evidenzen allein alles Seiende ist, wird also die transzendentale Reduktion auf das Ego cogito als Subjekt des reinen Bewußtseins durchgeführt, so erschließt sich das universale Problem der Transzendentalphilosophie, auf deren Boden erst das Wesen der »Erfahrung« und damit des erfahrenen Seins, das immer »transzendentes« Sein ist, geklärt werden kann, weiter aber auch der Sinn der »Anderen«, der Mitmenschen, und der »objektiven« Welt,[E 55] die Welt nicht nur für mich, sondern auch für Andere ist. Die Konstitution alles Seienden in [782] der Bewußtseinssubjektivität zu enthüllen,[E 56] ist Aufgabe der [t]ranszendentalen Phänomenologie.[E 57] Die entsprechenden Kapitel[E 58] in dem vorliegenden Werk (S. 197-235)[E 59], welche sich großenteils nur mit der Aufstellung eines Programms begnügen, bilden den Höhepunkt der ganzen Darstellung. Wie die Konstitutionsanalyse von der je-eigenen Subjektivität ihren Ausgang nimmt, um von hier aus die transzendentale Problematik der Intersubjektivität und der intersubjektiven Welt aufzurollen[E 60], soll hier aber nicht weiter behandelt werden. H[usserl] hat diese Probleme in extenso 193[1] in seinen ›Méditations Cartésiennes‹[E 61] dargestellt, auf deren ausführliche Besprechung durch den Unterzeichneten in dieser Zeitschrift bereits eingangs verwiesen wurde.[E 62] Der Grundgedanke der transzendental-phänomenologischen Konstitutionsanalyse ist, daß in allem, was im Bewußtsein auftritt, eine *sedimentierte Geschichte*[E 63] beschlossen ist, deren intentionale Implikationen als konstitutive Leistungen des Bewußtseins bloßgelegt werden können. Diese Analysen vollziehen sich aber nicht als empirische, sondern in reiner Wesensforschung, also als apriorische. Durch freie Variation der faktischen Einzelheiten, die als bloße »Exempel« angesehen werden, kann das in allen diesen Variationen invariant Verbleibende, die ontische Wesensform oder das Eidos, das diesem Exempel entspricht, herausgestellt werden. Hierbei zeigt sich, daß zu jedem ontischen Apriori unabtrennbar ein konstitutives Apriori gehört, auf welches jenes rückbezogen werden kann. Das ganze Bewußtseinsleben ist so von einem universalen konstitutiven, alle Intentionalitäten umspannenden Apriori beherrscht, das durch eidetische Methode [E 64] und darum in wahrer Allgemeingültigkeit beschrieben werden kann.

Von hier aus ergibt sich auch die letzte radikale Scheidung zwischen Transzendentalphilosophie und Psychologie. Ich, das transzendentale Ego, die konstituierende Subjektivität, bin für mich in apodiktischer Notwendigkeit; hingegen hat die in mir konstituierte Welt, mit ihr aber auch mein psychologisches und psychophysisches Ich als menschliche Seele (Person) nur präsumptive Existenz (wenngleich diese sich im Strom meiner einstimmigen Erfahrung immer wieder bestätigt). Sie sind allesamt »Weltbegriffe«, transzendente Apperzeptionen, und somit hineingehörig in das transzendentale Universalproblem der Konstitution aller Gegenständlichkeiten überhaupt. Die Psychologie, nur sinnvoll als positive Wissenschaft, und zwar als Zweig der Anthropologie, hat nur das der Welt verhaftete psychologische Ich zum Thema.[E 65]

[783] Sie ist – wenn sie, was durchaus möglich ist, eidetisch-apriorisch durchgeführt wird – Konstitutionsanalyse in der natürlichen Einstellung (psychologische Phänomenologie), d. h. sie behält die Beziehung auf Leibliches und somit Weltliches bei. Die Ergebnisse der intentionalen Analysen der transzendentalen Phänomenologie gelten aber auch in psychologischer Apperzeption, nur daß aus letzterer die transzendentale Einstellung erst durch Einklammerung der Welt gewonnen werden kann.[E 66]

Alle subjektiv gerichteten Sinnprobleme der Logik und Wissenschaft sind nun aber, wie oben gezeigt wurde, nicht psychologische Probleme, sondern Probleme der transzendentalen Subjektivität.[E 67] Daraus folgt, daß eine wirklich philosophische Logik als Lehre von den Wesensmöglichkeiten echter Wissenschaft nur im Zusammenhang mit einer transzendentalen Phänomenologie entstehen kann. Nach H[usserl] ist die überlieferte Logik infolge ihrer naiven Weltbezogenheit nicht imstande, den positiven Wissenschaften über ihre Positivität hinwegzuhelfen, d. h. den Seinssinn ihrer Gebiete zu klären. Nur die der Welt nicht verfallene transzendentale Phänomenologie als Selbstauslegung des transzendentalen Ego als dem einzigen absolut Seienden vermöchte die Ursprungsbegründung aller Wissenschaften als Zweige konstitutiver Leistungen der je eigenen Subjektivität zu leisten.[E 68] Damit falle aber auch der Popanz eines im voraus in leerer Weise angenommenen absolut Seienden und einer »absoluten Wahrheit«, die mehr sein will als eine regulative Idee, mehr nämlich als die Auslegung der Horizonte jener intentionalen Leistungen, die Evidenzen heißen.[E 69] Mit einem kurzen Hinweis auf den Wesensstil einer solchen Theorie der Evidenz schließt H[usserl]s Buch. –[E 70]

Die vorstehende Inhaltsangabe konnte dem Gang der Untersuchungen selbstverständlich nur in den Hauptlinien folgen. Wichtige Kap[itel][E 71], wie z. B. die in drei gesonderten Beilagen dem Buche beigegebenen Studien über syntaktische Formen und syntaktische Stoffe, über die phänomenologische Konstitution des Urteils und über die Idee einer Logik bloßer Widerspruchslosigkeit mußten nahezu unberücksichtigt bleiben. Gerade diese Abschnitte eröffnen bedeutende Ausblicke auf weitreichende Untersuchungen, deren Veröffentlichung H[usserl] für die nahe Zukunft in Aussicht stellt.

Das ungemein prägnant geschriebene Werk stellt an den Leser große Anforderungen. Es verlangt von ihm Ausdauer, Hingabe und straffste gedankliche Selbstzucht. In ihrem jedem Kompromiß abholden Radikalismus me-[784]thodischer Selbstbesinnung eröffnet die Schrift der phänomenologischen Forschung den Zugang zur Thematik der transzendentalen Subjektivität und damit zu einer Tiefenschicht, deren Bedeutung für die Philosophie heute noch gar nicht voll eingeschätzt werden kann. Jeder, dem an der Begründung der Philosophie als strenger Wissenschaft ernstlich gelegen ist, wird sich mit diesem Buch und dem in ihm erschlossenen Problemkreis auseinandersetzen müssen.

Wien. *Alfred Schütz.*

Anmerkungen des Editors

E1 Edmund Husserl, *Formale und transzendentale Logik. Versuch einer Kritik der logischen Vernunft*, in: *Jahrbuch für Philosophie und phänomenologische Forschung* X, Halle: Niemeyer 1929, jetzt in: *Husserliana* Bd. XVII, hg. v. Paul Janssen, Den Haag: Nijhoff 1974.

E2 Vgl. Alfred Schütz, »Rezension zu Edmund Husserl, *Méditations Cartésiennes*« [1932-I-2], in diesem Band S. 65 ff.; sowie Edmund Husserl, *Méditations Cartésiennes. Introduction à la Phénomenologie*, traduit de l'Allemand par *Gabrielle Pfeiffer* et *Emmanuel Levinas*, Paris: Armand Collin 1931; dt. Urtext in: Edmund Husserl, *Cartesianische Meditationen und Pariser Vorträge*, *Husserliana* Bd. I, hg. v. Stephan Strasser, Den Haag: Nijhoff [2]1963, S. 41-183.

E3 Zum Begriff der Intentionalität vgl. Edmund Husserl, *V. Logische Untersuchung: Über intentionale Erlebnisse und ihre »Inhalte«*, in: *Logische Untersuchungen. Zweiter Band. Untersuchungen zur Phänomenologie und Theorie der Erkenntnis* (1900), Halle: Niemeyer [4]1928, in: *Husserliana* Bd. XIX/1, hg. v. Ursula Panzer, Den Haag: Nijhoff 1984, S. 352-528, insbes. §§ 9 ff.; Edmund Husserl, *Ideen zu einer reinen Phänomenologie und phänomenologischen Philosophie*. Erstes Buch: *Allgemeine Einführung in die reine Phänomenologie* (1913), in: *Husserliana* Bd. III/1, hg. v. Karl Schuhmann, Den Haag: Nijhoff [3]1976, § 35.

E4 Husserl, *Formale und transzendentale Logik*, a. a. O. (Anm. E 1), § 8, S. 37. Vgl. dazu auch Schütz' Ausführungen zur Stellung der Logik in dem Typoskript »Lebensformen und Sinnstruktur« [1927-II-1], in ASW I., S. 45-173, S. 49 ff.

E5 Husserl, *Formale und transzendentale Logik*, a. a. O. (Anm. E 1), S. 17 f. Das verweist auch auf Husserls Problem der Abgrenzung von Psychologie und Phänomenologie, siehe auch Husserl, *Formale und transzendentale Logik*, a. a. O. (Anm. E 1), §§ 56 f.

E6 Vgl. Edmund Husserl, *Logische Untersuchungen. Erster Theil: Prolegomena zur reinen Logik* (1900), in: *Husserliana* Bd. XVIII, hg. v. Elmar Holenstein, Den Haag: Nijhoff 1975 und *Zweiter Theil: Untersuchungen zur Phänomenologie und Theorie der Erkenntnis* (1901) in: *Husserliana* Bd. XIX/1 u. XIX/2, hg. v. Ursula Panzer, Den Haag: Nijhoff 1984.

E7 Der erste Kürzungsvorschlag von Eugen Fink in dem Brief an Schütz vom 14. Februar 1933 bezieht sich auf die Einleitung: »1. eine Umschreibung der Einleitung (S. 1 bis in die Mitte der dritten Seite), etwa in dem Sinne einer kurzen und überaus gedrängten Angabe der Tendenz des Werkes: Einleitung in die Philosophie durch die Rückfrage von der Formalen Logik (im Durchgang ihrer Klärung) zur Dimension der konstitutiven Probleme derselben. Die Kontinuität mit den Log[ischen] Untersuchungen und den ›Ideen‹ kann dabei, wie Sie es ja getan haben, erwähnt werden, aber eben nur mit einem Satz. Das Ganze liesse sich auf eine halbe Seite zusammendrängen.«

E8 Husserl, *Formale und transzendentale Logik*, a. a. O. (Anm. E 1), § 9.

E9 Husserl, *Formale und transzendentale Logik*, a. a. O. (Anm. E 1), § 10. Zum Evidenzbegriff bei Husserl im Verhältnis zum Wahrheitsbegriff vgl. auch §§ 21, 46 u. 82 ff; ders., *Cartesianische Meditatione*, a. a. O. (Anm. E 2), § 24; sowie Ernst Tugendhat, *Der Wahrheitsbegriff bei Husserl und Heidegger*, Berlin: de Gruyter 1967.

E10 Husserl, *Formale und transzendentale Logik*, a. a. O. (Anm. E 1), §§ 12 f.

E11 Husserl, *Formale und transzendentale Logik*, a. a. O. (Anm. E 1), § 13, S. 55.

E12 Der Satz ist ein beinahe wörtliches Zitat aus Husserl, *Formale und transzendentale Logik*, a. a. O. (Anm. E 1), § 14, S. 58.

E13 Husserl, *Formale und transzendentale Logik*, a. a. O. (Anm. E 1), § 14, S. 60.

E14 Vgl. zum Begriff der »Kompossibilität« Husserl, *Formale und transzendentale Logik*, a. a. O. (Anm. E 1), § 14, S. 59, sowie zu diesem Begriff bei Kant, Husserl und Gurwitsch auch Joseph Claude Evans, Jr., »Das Problem der prädikativen Kompossibilität«, in: *Sozialität und Intersubjektivität. Phänomenologische Perspektiven der Sozialwissenschaften im Umkreis von Aron Gurwitsch und Alfred Schütz*, hg. v. Richard Grathoff u. Bernhard Waldenfels, München: Fink 1983, S. 51-67.

E15 Vgl. Husserl, *Formale und transzendentale Logik*, a. a. O. (Anm. E 1), § 15.

E16 Vgl. zum Problem der Explikation auch Alfred Schütz, »[Notizen zu Probleme der Explikation und der Gegenständlichkeit]« [1932-II-1], in diesem Band S. 49 ff.

E17 Husserl, *Formale und transzendentale Logik*, a. a. O. (Anm. E 1), § 16.

E18 Husserl, *Formale und transzendentale Logik*, a. a. O. (Anm. E 1), § 17.

E19 Husserl, *Formale und transzendentale Logik*, a. a. O. (Anm. E 1), § 18.

E20 Husserl, *Formale und transzendentale Logik*, a. a. O. (Anm. E 1), § 19, S. 70.

E21 Husserl, *Formale und transzendentale Logik*, a. a. O. (Anm. E 1), § 20; vgl. auch die §§ 77 ff. u. 88 ff.

E22 Husserl, *Formale und transzendentale Logik*, a. a. O. (Anm. E 1), § 23. Der zweite Kürzungsvorschlag von Eugen Fink in dem Brief an Schütz vom 14. Februar 1933 lautet: »2. wegzulassen von S. 7, 2. Z. (›Man veranschauliche ..‹) bis S. 8, 6. Z. v. u. Nur wäre aus S. 8 zu extrahieren, dass die Mathesis universalis auch die Gliederung in Wahrheitslogik und Konsequenzlogik«[der Rest der Briefseite (vermutlich eine Zeile) ist nicht erhalten].

E23 Husserl, *Formale und transzendentale Logik*, a. a. O. (Anm. E 1), § 24, S. 81 f.

E24 Husserl, *Logische Untersuchungen. Zweiter Band, »III. Zur Lehre vom Ganzen und von den Teilen«*, a. a. O. (Anm. E 3), S. 228.

E25 Husserl, *Logische Untersuchungen. Zweiter Band, »III. Zur Lehre vom Ganzen und von den Teilen«*, a. a. O. (Anm. E 3), S. 227-300 u. *»Über intentionale Erlebnisse und ihre ›Inhalte‹«*, a. a. O. (Anm. E 3), §§ 32 ff.

E26 Husserl, *Formale und transzendentale Logik*, a. a. O. (Anm. E 1), § 28, S. 93 f.

E27 Vgl. dazu auch Husserl, *Logische Untersuchungen. Erster Band*, a. a. O. (Anm. E 6), §§ 69 f.

E28 Im Orig. »definitiven«. Gemäß Husserl, *Ideen I*, a. a. O. (Anm. E 3), S. 151 ff.; dort »definite Mannigfaltigkeit« verbessert. Vgl. auch Husserl, *Formale und transzendentale Logik*, a. a. O. (Anm. E 1), § 31, S. 101 (ebenfalls mit »definiten Mannigfaltigkeiten«). Der Hinweis auf die Ideen findet sich mit Seitenangabe ebenda bei Husserl.

E29 Husserl, *Formale und transzendentale Logik*, a. a. O. (Anm. E 1), §§ 37 ff., v. a. § 42.

E30 Husserl, *Formale und transzendentale Logik*, a. a. O. (Anm. E 1), § 51.

E31 Husserl, *Formale und transzendentale Logik*, a. a. O. (Anm. E 1), § 56. Vgl. wiederum Husserl, *Logische Untersuchungen. Erster Band*, a. a. O. (Anm. E 6).

E32 Der dritte Kürzungsvorschlag von Eugen Fink in dem Brief an Schütz vom 14. Februar 1933 lautet: »3. den Inhalt der Seiten 9. und 10. komprimieren, etwa so, dass statt der S. 9 ausführen: Gegenüber dem psyc[h]ologistischen Vorurteil, dass die Urteilsgebilde lediglich als Phänomene der inneren Erfahrung Sinn und Existenz haben, weist die Phänomenologie die Idealität der logischen Gebilde in der sorgsamen Analyse der sie gebenden Anschauung und Evidenz. Usw. Vielleicht noch einige zusammenfassende Worte über Evidenz als Intentionalität der Selbstgebung, ehe sie zu der Selbstgebung der logischen Gebilde überleiten. Und ähnlich liesse sich wohl auch der Inhalt der Seite 10 auf das Wesentlichste zusammenstreichen, so dass wieder 2 Seiten auf eine halbe zusammengedrängt worden wären.«

E33 Husserl, *Formale und transzendentale Logik*, a. a. O. (Anm. E 1), § 59. Zu den »irrealen Gegenständen« vgl. § 56, S. 159 bzw. zu »irrealen Geistesgebilden« § 57, S. 163.

E34 Husserl, *Formale und transzendentale Logik*, a. a. O. (Anm. E 1), § 59. Vgl. zum Begriff der Evidenz auch oben Anm. E 9.

E35 Husserl, *Formale und transzendentale Logik*, a. a. O. (Anm. E 1), § 61, S. 173.

E36 Husserl, *Formale und transzendentale Logik*, a. a. O. (Anm. E 1), § 63, S. 176.

E37 Husserl, *Formale und transzendentale Logik*, a. a. O. (Anm. E 1), § 66.

E38 Zur phänomenlogischen Reduktion (die in der *Formalen und transzendentalen Logik* nicht beschrieben wird) vgl. Husserl,*Ideen I*, a. a. O. (Anm. E 3), § 31; sowie Edmund Husserl, »Husserls Inhaltsübersicht im Urtext«, in: ders., *Cartesianische Meditationen*, *Husserliana* Bd. I, a. a. O. (Anm. E 2), S. 189. Vgl. dazu auch die Darstellung der phänomenologischen Reduktion von Alfred Schütz, »Einige Grundbegriffe der Phänomenologie« [1945-I-1], in diesem Band, S. 124 ff.

E39 Vgl. zu diesem zentralen Begriff des transzendentalen Subjekts bei Husserl, *Cartesianische Meditationen*, a. a. O. (Anm. E 1), § 11, S. 64 f. Vgl. dazu auch Schütz' Kritik an Husserls Subjektivitätstheorie in »Edmund Husserls *Ideen II*«, in diesem Band S. 193 f. sowie die Einleitung zu diesem Band S. 28 ff.

E40 Husserl, *Formale und transzendentale Logik*, a. a. O. (Anm. E 1), § 73, S. 191. Zum Begriff der Konstitution vgl. die Einleitung zu diesem Band S. 25 ff.

E41 Husserl, *Formale und transzendentale Logik*, a. a. O. (Anm. E 1), § 73, S. 192. Husserl verwendet an dieser Stelle allerdings nicht »explizit«, sondern »deutlich« als Gegensatz zu »verworren«.

E42 Vgl. Husserl, *Formale und transzendentale Logik*, a. a. O. (Anm. E 1), §§ 74 f. Vgl. dazu auch Husserl, *Cartesianische Meditationen*, a. a. O. (Anm. E 2), § 27;

E43 Husserl, *Formale und transzendentale Logik*, a. a. O. (Anm. E 1), § 79.

E44 Husserl, *Formale und transzendentale Logik*, a. a. O. (Anm. E 1), § 80.

E45 Husserl, *Formale und transzendentale Logik*, a. a. O. (Anm. E 1), § 85, S. 215 f.

E46 Husserl, *Formale und transzendentale Logik*, a. a. O. (Anm. E 1), § 82. In dieser Passage wird die Hinwendung Husserls zur genetischen Phänomenologie besonders deutlich. Zu dieser Wende vgl. die Beilage II: »Zur phänomenologischen Konstitution des Urteils. Das ursprünglich-aktive Urteilen und seine sekundären Modifikationen«, S. 314-326. Zu den »Gegenständen-worüber« aus der früheren Phase vgl. auch Husserl, *Ideen I*, a. a. O. (Anm. E 3), §§ 5 u. 94.

E47 Husserl, *Formale und transzendentale Logik*, a. a. O. (Anm. E 1), § 82, S. 211.

E48 Husserl, *Formale und transzendentale Logik*, a. a. O. (Anm. E 1), § 84. S. 213.

E49 Husserl, *Formale und transzendentale Logik*, a. a. O. (Anm. E 1), § 86. Vgl. zur vorprädikativen Erfahrung vor allem Edmund Husserl, *Erfahrung und Urteil. Untersuchungen zur Genealogie der Logik*, hg. v. Ludwig Landgrebe, Prag: Academia 1939; ND: Hamburg: Claasen&Goverts 1948; jetzt Hamburg: Meiner [7]1999, I. Abschnitt. Husserl selbst verweist in *Formale und transzendentale Logik* an zwei Stellen auf diese *Logischen Studien*: S. 163 u. 220. Dem Briefwechsel mit Husserl zufolge hat Schütz zur Zeit der Abfassung der vorliegenden Rezension bereits eine Abschrift der logischen Manuskripte.[M 1] Vgl. dazu oben Anm. E 5, S. 57.

E50 Husserl, *Formale und transzendentale Logik*, a. a. O. (Anm. E 1), §§ 4, 100, 104, sowie Beilage II »Zur phänomenologischen Konstitution des Urteils«, S. 320 ff. Wichtig wird der Assoziationsbegriff vor allem in Husserl, *Erfahrung und Urteil*,a. a. O. (Anm. E 49), §§ 16, 42 ff. u. 81 ff. Zur späteren Kritik von Schütz an diesem Konzept vgl. »Typus und Eidos in Husserls Spätphilosophie« [1959-I-6], in diesem Band S. 345 ff.

E51 Husserl, *Formale und transzendentale Logik*, a. a. O. (Anm. E 1), § 85.

E52 Husserl, *Formale und transzendentale Logik*, a. a. O. (Anm. E 1), § 87.

E53 Husserl, *Formale und transzendentale Logik*, a. a. O. (Anm. E 1), § 92. Hier zeigt sich eine für Schütz Zeit seines Lebens wesentliche Abgrenzung: die gegenüber dem logischen Positivismus des Wiener Kreises um Rudolf Carnap, Moritz Schlick und Otto Neurath. Vgl. dazu Matthias Michailow, Gerd Sebald und Ilja Srubar: »Einleitung« in ASW I., S. 12 ff.

E54 Husserl, *Formale und transzendentale Logik*, a. a. O. (Anm. E 1), § 93.

E55 Husserl, *Formale und transzendentale Logik*, a. a. O. (Anm. E 1), § 94. Bei Husserl ist die Reihenfolge umgekehrt: erst die »objektive Welt«, dann die »Anderen«, deren Konstitution die Funktion der Begründung der Objektivität haben, während für Schütz die Intersubjektivität zentral ist. Vgl. zu dieser Frage des Primats bzw. der Gleichursprünglichkeit auch die »[Diskussionsbemerkungen in Royaumont]«, in diesem Band, S. 276.

E56 Husserl, *Formale und transzendentale Logik*, a. a. O. (Anm. E 1), Titel von § 94.

E57 Husserl, *Formale und transzendentale Logik*, a. a. O. (Anm. E 1), § 98, S. 253. Im Orig.druck »Transzendentale Phänomenologie«.

E58 Im Orig.: »Kapp.«.

E59 Das entspricht S. 230-273 in Husserl, *Formale und transzendentale Logik*, a. a. O. (Anm. E 1).

E60 Husserl, *Formale und transzendentale Logik*, a. a. O. (Anm. E 1), § 96. Zu diesem wichtigsten Punkt der späteren Divergenz zwischen Husserl und Schütz vgl. auch »Das Problem der transzendentalen Intersubjektivität bei Husserl« [1957-I-3], in diesem Band S. 227 ff.

E61 Einfache Anführungszeichen im Originaldruck.

E62 Alfred Schütz, »Rezension zu Edmund Husserl, *Méditations Cartésiennes*« [1932-I-2], in diesem Band S. 65 ff. Es kann vermutet werden, dass dieser für Schütz zentral relevante Teil zur Intersubjektivität ein Objekt der von der Redaktion geforderten Kürzungen gewesen sein dürfte, weil die Thematik schon in der ersten Rezension ausgeführt wurde.

E63 Husserl, *Formale und transzendentale Logik*, a. a. O. (Anm. E 1), § 98, S. 257. Diese Stelle zeigt deutlich Husserls Hinwendung zur genetischen Phänomenologie, vgl. dazu auch unten Anm. E 46.

E64 Zur eidetischen Methode vgl. Husserl, *Ideen I*, a. a. O. (Anm. E 3), I. Kapitel. Zu Schütz' späterer Kritik daran vgl. »Typus und Eidos in Husserls Spätphilosophie« [1959-I-6], in diesem Band S. 340 ff. und S. 347 f.

E65 Vgl. zu diesem Absatz Husserl, *Formale und transzendentale Logik*, a. a. O. (Anm. E 1), § 99. Der Verweis auf die Anthropologie wirkt angesichts der Entwicklung der phänomenologischen (Proto-)Soziologie geradezu prophetisch. Vgl. dazu auch die Bemerkungen in »Das Problem der transzendentalen Intersubjektivität bei Husserl«, in diesem Band, S. 254 ff., sowie Schütz' »[Diskussionsbemerkung zum Vortrag von John Wild ›L'anthropologie+ philosophique et la crise de sciences europeennes‹]«, in diesem Band, S. 280.

E66 Vgl. dazu die »Anmerkung« von Alfred Schütz im *Sinnhaften Aufbau* ([1932-I-1], in ASW II., S. 129 f.), in der die Geltung der in transzendentaler Reduktion gewonnenen Ergebnisse in der mundanen Sphäre behauptet wird.

E67 Husserl, *Formale und transzendentale Logik*, a. a. O. (Anm. E 1), § 102.

E68 Husserl, *Formale und transzendentale Logik*, a. a. O. (Anm. E 1), § 103.

E69 Husserl, *Formale und transzendentale Logik*, a. a. O. (Anm. E 1), § 106.

E70 Gedankenstrich so im Orig.

E71 Im Orig.: »Kapp.«.

Vorwort zu Edmund Husserl, »Notizen zur Raumkonstitution«

Editorischer Bericht

Das hier erstmals in deutscher Übersetzung abgedruckte Vorwort von Alfred Schütz zur Edition des Husserlmanuskriptes »Notizen zur Raumkonstitution« [1940-I-2] wurde zuerst veröffentlicht in *Philosophy and Phenomenological Research* 1, 1940/41, No. 1: September 1940, S. 21-23. Es wurde wieder veröffentlicht in Alfred Schutz, *Collected Papers IV* [1996-I-1], ed. with a Preface and Notes by Helmut R. Wagner and George Psathas. In Collaboration with Fred Kersten, Dordrecht/Boston/London: Kluwer 1996, S. 174-176.

Im Nachlass findet sich der Text als undatiertes englischsprachiges Manuskript (lfd. Nr. 7594-7598) und als ebenfalls undatiertes Typoskript (lfd. Nr. 7599-7603). Zusätzlich findet sich dazu ein Brief von Felix Kaufmann an Marvin Farber vom 22. Juli 1940 (lfd. Nr. 7604-7606) mit Korrekturhinweisen zur Edition, sowie die undatierte Skizze eines Antwortbriefes von Schütz an Kaufmann (lfd. Nr. 7607-7608).[1]

Dieser Text ist in Schütz' Bemühungen einzuordnen, sich in den Vereinigten Staaten ein intellektuelles Umfeld zu schaffen, und nicht zuletzt Husserls Phänomenologie im neuen Umfeld zu verbreiten. Angesichts des Krieges in Europa war zudem unklar, inwieweit überhaupt eine Veröffentlichung von Husserls Schriften dort möglich sein würde. So hatte Marvin Farber in dem ebenfalls 1940 erscheinenden Husserlgedächtnisband ein erstes Manuskript von Husserl veröffentlicht: Edmund Husserl, »Grundlegende Untersuchungen zum phänomenologischen Ursprung der Räumlichkeit in der Natur«, in: *Philosophical Essays in memory of Edmund Husserl*, hg. v. Marvin Farber, New York: Harvard University Press 1940, S. 305-325.[2]

1 Vgl. zu den beiden Briefen unten Endnote 16, S. 113.

2 Dieses Manuskript findet sich im Original im Husserlarchiv Leuven unter der Signatur D 17 mit dem Titel (Aufschrift): »Umsturz der Kopernikalischen Lehre in der gewöhnlichen weltanschaulichen Interpretation. Die Ur-Arche Erde bewegt sich nicht. Grundlegende Untersuchungen zum phänomenologischen Ursprung der Körperlichkeit, der Räumlichkeit der Natur im ersten naturwissenschaftlichen Sinne.

Das mit dem vorliegenden Vorwort von Schütz 1940 in der Zeitschrift *Philosophy and Phenomenological Research* versehene Manuskript (D 18) stellt die Fortsetzung dieses ersten Manuskripts (D 17) dar.[3] Farber wollte das zweite Manuskript auf jeden Fall in der ersten Nummer der Zeitschrift haben, wie er im Brief vom 17. Juli 1940 an Schütz klarstellt. Schütz hatte dafür die editorischen Arbeiten übernommen.[4] Farber eröffnet Schütz brieflich am 1. Juli 1940 mehrere Möglichkeiten:

»I am returning the pages of D 18, and am quite in agreement with you concerning the procedure. [...] The additional terms you insert may well be placed in brackets. I know what a slow process this is, and regret that it must be done in such a short time. In view of the additional work involved, let me set the final date at *July 23rd* for the receipt of this manuscript and your introduction. The arrangement with the printers was to have *all* material in early June; so that they can do the work during free time. But I shall ask them to make a special case of this manuscript, because it is the most important thing for the first issue. [...] No summary of D17 and D18 has been planned either for the memorial volume or the journal. It is up to you, to choose from the following alternatives: (a) to write an explanatory footnote for D18 and to write adequate reviews (and summaries) of D17 and D18 (if you could finish these by the end of July. I think we could still print them in the first issue) (b) write an introduction to D18 to be published along with the manuscript (that would have to be ready when the manuscript is ready – the 23rd). [unleserlich] you will describe Husserls method of working in detail. This might even suggest alternative (c), an *article* on this material, which you might finish by the end of August, if you preferred, for the *second* issue, material for which must be in by September.«

Am 19. Juli schreibt Schütz an Farber, dass »das Manuskript nun fristgerecht zugegangen ist« und: »Sobald meine Einleitung zu D 18 von

---

Alles notwendige Anfangsuntersuchungen.« Datierung: 1934; transkribiert v. Ludwig Landgrebe.

3 Im Husserlarchiv in Leuven findet sich das von Schütz herausgegebene Manuskript unter der Signatur D 18, »Fortsetzung der Untersuchungen zur phänomenologischen Interpretation der Kopernikanischen Lehre. Notizen zur Raumkonstitution.«, datiert ebenfalls auf 1934, transkribiert v. Ludwig Landgrebe, dort ausgewiesen mit einem Umfang von 35 Manuskriptseiten.

4 Wie wohl auch für das erste Manuskript, zumindest schreibt Schütz am 8. November 1957 an van Breda, den Leiter des Husserlarchivs: »Sie wissen, dass ich selbst waehrend des Krieges mich bemueht habe, zwei Manuskripte, D 17 und D 18, zu edieren« (Alfred Schutz Papers. General Collection, Beinecke Rare Book and Manuscript Library, box 20, folder 429).

dem amerikanischen Freund, dem ich diese zur Durchsicht uebersandt habe, zurueckerhalten werde, wird Ihnen diese ungesaeumt zugehen.« Ende September 1940 verweist die Korrespondenz zwischen Farber und Schütz mehrfach auf Schwierigkeiten mit dem Drucker, der anscheinend keine Erfahrung mit dem Druck deutscher Texte hat. Am 10. Oktober schließlich bestätigt Schütz in einem Brief an Farber den Erhalt zweier Exemplare der ersten Ausgabe der Zeitschrift.[5] Am 17. Oktober schließlich bedankt sich Schütz bei Farber für die Mitteilung von Kaufmanns Lob des Vorworts. Im Briefwechsel findet das Vorwort außerdem in einem Brief von Eric Voegelin an Schütz vom 23. November 1940 Erwähnung. Voegelin bestätigt den Empfang der ersten Nummer der Zeitschrift und kommentiert die im Vorwort beschriebene Arbeitsweise Husserls.[6]

Die Zahlen in eckigen Klammern verweisen auf den Seitenumbruch der Erstveröffentlichung. Die Übersetzung wurde von Christian Thomas angefertigt und von Gerd Sebald überarbeitet.

5 Alfred Schutz Papers. General Collection, Beinecke Rare Book and Manuscript Library, box 24, folder 515-528.

6 Alfred Schütz/Eric Voegelin, *Eine Freundschaft, die ein Leben ausgehalten hat. Briefwechsel 1938 – 1959*, hg. v. Gerhard Wagner und Gilbert Weiss, Konstanz: UVK 2004, S. 68.

Vorwort zu Edmund Husserl, »Notizen zur Raumkonstitution«[1]

Vorwort des Herausgebers

Die folgenden Seiten geben ein Manuskript von Edmund Husserl wieder, das im Mai 1934 geschrieben wurde und sich mit dem Problem der phänomenologischen Raumkonstitution befasst. Es setzt das zur selben Zeit verfasste und sich mit demselben Thema beschäftigende Manuskript fort, das in den *Philosophical Essays in Memory of Edmund Husserl*[2] unter dem Titel »Grundlegende Untersuchungen zum phänomenologischen Ursprung der Räumlichkeit der Natur«[E2] veröffentlicht wurde. Diese Arbeit ist nur insgesamt verständlich als Versuch, sich einigen der speziellen Analysen anzunähern, die das im ersten Essay betrachtete grundlegende Problem erforderte. Beide Manuskripte sind nur erste Skizzen für zukünftige Studien. Sie sind nicht ausgearbeitet, weder in stilistischer noch gedanklicher Hinsicht. Sie offenbaren all die Vorzüge und all die Nachteile einer ersten Aufzeichnung einer großartigen Inspiration. Einerseits spiegeln sie die Begeisterung der Entdeckung wider, die Frische und Originalität eines ersten Einblickes in bis dahin unbekannte Bereiche, die Verzückung des schöpferischen Geistes, dem sich Wahrheit in neuer Form offenbart, die Überfülle von Ideen, und die Abenteuer, die Idee im Übergang zu greifen. Andererseits ist der Gedanke noch nicht geordnet; die Probleme sind vermischt; mehr oder weniger relevante Gedanken stehen gleichwertig nebeneinander; es gibt Paradoxien und Kontradiktionen, Wiederholungen und Neuanfänge; die Sprache ist aphoristisch und unklar, ein Durcheinander von Sinngehalten anstelle detaillierter Querverweise. Diese Manuskripte Husserls sollten nicht als wissenschaftliche Veröffentlichung angesehen werden, nicht einmal als Rohentwürfe zukünftiger literarischer Arbeiten, sondern eher als ein philosophisches Tagebuch, ein Skizzenheft seiner Gedanken.

Es gibt mehr als vierzigtausend Seiten posthumer Manuskripte von Edmund Husserl.[E3] Um diese Tatsache verstehen zu können, müssen

1 Fortsetzung der Untersuchungen zur phänomenologischen Interpretation der kopernikanischen Lehre. [S.]1-25: 21 zusammenhängende, mit Blaustift num[m]erierte Blätter und 3 Beilageblätter, in Briefumschlag; 10. Mai 1934 und folgende Tage; Aufschrift auf dem Umschlag; Bemerkung auf dem 1. Blatt: »Zum Teil unter ganz argen Störungen zusammengeschrieben.«

2 [Marvin Farber, *Philosophical Essays in Memory of Edmund Husserl*, New York:] Harvard University Press 1940.[E1]

wir uns die Arbeitsweise dieses außerordentlichen Mannes vor Augen halten, der einmal über sich selbst sagte, dass er keinen anderen Verdienst vorzuweisen hätte, als versucht zu haben, ein philosophisches Leben in seiner vollsten und gewissenhaftesten Stärke zu führen.[E 4] Nach seinem Rücktritt von der akademischen Lehre war Husserls typischer Arbeitstag wie folgt: Am Vormittag unternahm er ausgedehnte Spaziergänge in die schöne Umgebung Freiburgs, begleitet von seinen Assistenten und von ein oder zwei seiner nahestehendsten Schüler.[E 5] Er diskutierte mit ihnen gern diejenigen Probleme, mit denen er selbst sich beschäftigte. Tag für Tag und mit exakter Regelmäßigkeit verbrachte er drei Stunden des Nachmittags an seinem Schreibtisch, schrieb nieder, was er während des Morgenspaziergangs erwogen hatte, las und überarbeitete ältere Manuskripte, ein ununterbrochenes Nachdenken mit dem Stift in der Hand. Ohne Rücksicht auf seine physische und psychische Verfassung, ohne Beachtung der Störungen durch die Außenwelt, setzte er seine tägliche philosophische Arbeit mit bewundernswerter Selbstdisziplin und Gewissenhaftigkeit fort. Er erzählte gern wie er, selbst wenn ihm manchmal nicht danach zumute war, seine gesamte Energie nutzte, um »sich selbst in Gang zu bringen«. Und jedes Mal, nachdem er eine halbe Stunde lang aufgeschrieben hatte, was ihm in den Sinn kam, kam er richtig in Schwung und arbeitete in befriedigender Weise. Die so entstandenen Manuskripte enthalten deshalb die wichtigsten Meditationen eines passionierten Denkers als auch Wiederholungen von Ideen, die der Autor selbst an anderer Stelle in besserer und klarerer Weise präsentiert hatte.

Während das im Husserl-Gedächtnis-Band veröffentlichte Manuskript in ruhiger Gemütsverfassung geschrieben scheint und ohne viel Rekonstruktion wiederhergestellt werden konnte, ist dies mit dem vorliegenden Manuskript leider nicht der Fall, dessen Titelseite [22] Husserls Notiz »Zum Teil unter ganz argen Störungen zusammengeschrieben«[E 6] enthält.[E 7]

Nicht ohne Zögern haben sich die Herausgeber dieser Zeitschrift[E 8] deshalb entschieden, die folgenden Seiten, die nur durch einen glücklichen Zufall in ihre Hände gelangten,[E 9] in autorisierter, maschinengeschriebener Transkription[E 10] des Originalmanuskripts zu veröffentlichen, das, wie alle Husserlschen Manuskripte, eine wenig gebräuchliche deutsche Stenographie[E 11] verwendet, die nur Husserl selbst und sehr wenigen seiner engsten Assistenten bekannt war. Sie erkannten die Gefahr, dass bestimmte Passagen ein enormes Missverständnis der grundlegenden Konzeption von Husserls Philosophie unter Einsteigern in die phänomenologische Forschung hervorrufen könnten, besonders unter denjenigen, die nie Husserls Hauptwerke studiert haben und die hoffen, eine wohlfundierte Einsicht in seine Gedanken durch das Lesen dieses Manuskriptes zu erhalten. Diese Leser können gar nicht deutlich genug davor gewarnt werden, überstürzte Schlüsse zu ziehen. Eine der ernsthaftesten Fehlinterpretationen zu Husserls Versuch einer Analyse des Raumes wäre, zum Beispiel, die Annahme, dass dieser Philosoph je die Absicht hatte, Konstruktionen einer primitiven Spekulation gegen die Auffassungen moderner Wissenschaften und der Mathematik, die er so umfassend wie kaum jemand kannte, auszutauschen.[E 12] Es muß für eine andere Gelegenheit vorbehalten bleiben, die Motive für Husserls Ausarbeitung dieser Studie zu entwickeln und den Platz, den sie in seiner Philosophie einnimmt, zu umschreiben.

Das ist der entscheidende Grund, weshalb die Herausgeber dieser Reihe meinen, dass die Veröffentlichung nur den Gelehrten zugänglich sein wird, die nicht nur mit Husserls veröffentlichten Arbeiten, sondern auch mit der generellen Struktur seiner Art des Philosophierens und seiner besonderen Art der Annäherung an Probleme und seiner Methode ihrer Behandlung vertraut sind. In jedem Fall glauben sie, dass ein Blick auf den arbeitenden Husserl diesen Gelehrten sicherlich eine Quelle der Regung und des Interesses sein wird, zusätzlich zu der fundamentalen Bedeutung des Problems, das der Autor in diesen Notizen entwickelt. Wir präsentieren keine abgeschlossene Arbeit Husserls, sondern ein Fragment der laufenden Arbeit – »quasi una fantasia«[E 13] – um mit Beethoven zu sprechen. Doch welcher Musikliebhaber wäre nicht begeistert, eine echte Aufnahme einer Improvisation Beethovens zu haben, von diesem, aus dem Stegreif, in der Abgeschiedenheit seiner Werkstatt gespielt?[E 14]

Der Unterzeichnete hatte die Ehre, vom Herausgebergremium mit der Überprüfung des Manuskriptes betraut worden zu sein. Er nahm sich dieser Aufgabe an, wissend, dass die Männer, die am besten für diese Mission geeignet wären, z. B. Husserls persönliche Assistenten aus den letzten Jahren seines Lebens, während des europäischen Krieges nicht verfügbar sein würden. Er entschloss sich, von allen Änderungen in Husserls Text abzusehen und den Wortlaut unverändert wiederzugeben, beschränkte sich dementsprechend auf das Einsetzen solcher Zusätze, die ihm aus logischen oder linguistischen Gründen angebracht erschienen, mit dem Ziel, aphoristische Fragmente in ganze Sätze und grammatikalische Konstruktionen umzuformen. Letzteres wurde vor allem für Leser betrieben, deren Muttersprache nicht die deutsche Sprache ist. Da der Text im Original extrem schwierig ist, selbst für deutsche Muttersprachler, und da die Bedeutung bestimmter Sätze und Paragraphen nicht eindeutig ist, haben die Zusätze, die der Unterzeichnete vorgenommen hat und die mit [Klammern] gekennzeichnet sind,[E 15] häufig den Charakter philologischer Mutmaßungen und sind oftmals offen für Kritik.[3] [E 16] In jedem Fall hat der Leser immer das Vorrecht, sie zu überprüfen und zu verbessern, da er, durch Nichtbeachten der Begriffe innerhalb der eckigen Klammern, den Originaltext von Husserls Manuskript finden wird.

Bezüglich des philosophischen Inhalts beider Studien – die vorliegende sowohl als die erste, im Husserl-Gedächtnis-Band veröffentlichte – freut sich der Verfasser,[23] einige Worte in einer frühen Ausgabe dieser Zeitschrift sagen zu dürfen.[E 17] Er glaubt, dass Husserl beiden Papieren dieselbe Fußnote angefügt haben könnte, welche Leibniz – ein Philosoph, dessen Arbeitsstil analog zu dem Husserls war – einem seiner wichtigsten posthumen Manuskripte[E 18] verliehen hat:

»Hic egregie progressus sum«[E 19]

ALFRED SCHUETZ

New York, N.Y.

3 Wertvolle Hinweise wurden von Professor Felix Kaufmann empfangen, der das Manuskript gelesen hat. Ich möchte ihm meine ernsthafte Dankbarkeit ausdrücken.

Anmerkungen des Editors

E1 In den *Collected Papers IV* [1996-I-1] findet sich an dieser Stelle noch der Hinweis auf die englische Übersetzung des Husserlschen Textfragments in: Edmund Husserl, »Shorter Works«, hg. v. Peter McCormick and Frederick Elliston, forword by Walter Biemel, Notre Dame: University of Notre Dame Press 1981, unter dem Titel »Foundational Investigations of the Phenomenological Origin of the Spatiality of Nature«, übersetzt von Fred Kersten, S. 222 ff.

E2 Deutsch im Original. Das erste Manuskript wurde am Schluß des erwähnten Bandes abgedruckt: Edmund Husserl, »Grundlegende Untersuchungen zum phänomenologischen Ursprung der Räumlichkeit der Natur«, in: *Philosophical Essays in Memory of Edmund Husserl*, hg. v. Marvin Farber, New York: Harvard University Press 1939, S. 307-325. In der Einleitung zu diesem Band findet ein kurzer Hinweis auf das Manuskript. Eine kurze editorische Fußnote lautet: »This manuscript was written between May 7th and 9th, 1934. It's very informality and incompleteness give a vivid impression of Husserl at work. The following descriptive comment was written on the envelope: ›*Umsturz der kopernikanischen Lehre* in der gewöhnlichen weltanschaulichen Interpretation. Die Ur-Arche Erde bewegt sich nicht. Grundlegende Untersuchungen zum phänomenologischen *Ursprung der Körperlichkeit der Räumlichkeit der Natur* im ersten naturwissenschaftlichen Sinne. Alles notwendige Anfangsuntersuchungen.‹ The publication of the manuscript has been duly authorized.«

E3 An dieser Stelle findet sich im Typoskript die handschriftlich ergänzte Fußnote, die im veröffentlichten Text fehlt: »Oder zumindest, sie waren in der Universitätsbibliothek von Leuven, Belgien, gelagert, deren Zerstörung durch Kriegshandlungen im Mai 1940 berichtet wurde.« In der Tat wurde die Universitätsbibliothek von Leuven am 17. Mai 1940 bei einem Artilleriegefecht zwischen englischen und deutschen Truppen zerstört. Dabei verbrannten 900.000 Bücher. Husserls Nachlass war zwar zeitweilig in der Leuvener Universitätsbibliothek gelagert, aber etwa einen Monat vor der Zerstörung der Universitätsbibliothek ist der Nachlass in das Gebäude des Präsidenten des Philosophischen Instituts in Leuven (HIW) gebracht worden (nach einer Information von Thomas Vongehr vom Husserl-Archiv Leuven). Vgl. zur Geschichte des Husserlarchivs Herman L. Van Breda, »Die Rettung von Husserls Nachlaß und die Gründung des Husserl-Archivs«, in: *Husserl und das Denken der Neuzeit. Akten des zweiten Internationalen Phänomenologischen Kolloquiums Krefeld, 1.–3.November 1956*, hg. v. H. L. Van Breda und J. Taminiaux, Den Haag: Nijhoff 1959, S. 42-77, jetzt in: Husserl-Archiv Leuven: *Geschichte des Husserl-Archivs*, Dordrecht: Springer 2007, S. 1-37, sowie Thomas Vongehr, »Kurze Geschichte des Husserl-Archivs in Leuven und der Husserl-Edition«, ebd., S. 71-98.

E4 Vgl. dazu und zu dem hier von Schütz gegebenen Einblick in die Husserlsche Lebenswelt Alfred Schütz, »Husserl und sein Einfluß auf mich«, in diesem Band, S. 295 ff. insbes. S. 298.

E5 An dieser Stelle findet sich in den *Collected Papers IV* [1996-I-1] ein Verweis auf Dorion Cairns, *Conversations with Husserl and Fink*, mit einem Vorwort v. Richard M. Zaner, Den Haag: Nijhoff 1976.

E6 Im Original deutsch, mit engl. Übersetzung in Klammern: »(Partially written under very great disturbances and difficulties)«.

E7 Im Typoskript wurde das Absatzende an dieser Stelle in einer Korrekturanmerkung eingefügt.

E8 Für die erste Ausgabe von *Philosophy and Phenomenological Research* wird Marvin Farber als Herausgeber angegeben, in Kooperation mit Dorion Cairns, Aron Gurwitsch, Gerhart Husserl, Felix Kaufmann, Fritz Kaufmann, Helmut Kuhn, V. J. McGill, Alfred Schütz, Herbert Spiegelberg und John Wild. Dazu sind als »Consulting Foreign Editors« Antonio Banfi, Gaston Berger, Eugen Fink, Jean Héring und Ludwig Landgrebe aufgelistet.

E9 Die beiden Manuskripte D 17 und D 18 gelangten wohl über Herman Van Breda, den Gründer und Verwalter des Husserlarchivs in Louvain an Marvin Farber, der seit 1938 im Briefwechsel mit ihm stand (vgl. dazu Helmut R. Wagner, »Marvin Farber's Contribution to the Phenomenological Movement: An international perspective«, in: Philosophy and Science in Phenomenological Perspective, hg. v. Kah Kyung Cho, Dordrecht: Nijhoff 1984, S. 209-236, S. 228 ff.). In einem Brief von Farber an Schütz vom 13. Juli 1940 erwähnt Farber einen auf den 10. Mai 1940 datierten Brief von Fr. Husserl, in dem eine (weitere) Kooperation des Husserlarchivs in Louvain und der International Phenomenological Society sowie deren Zeitschrift *Philosophy and Phenomenological Research* in Aussicht gestellt wird, in Form von je einem Husserlmanuskript für jede zweite Ausgabe der Zeitschrift. Zwei nicht näher spezifizierte Manuskripte befanden sich auch im Besitz von Alfred Schütz, die er in einem Brief an Felix Kaufmann vom 29. Juni 1938 aus Paris erwähnt: »Ich erhielt 5 oder 6 Exemplare zweier Husserlmanuskripte, je eines habe ich Gurwitsch gegeben.« (Alfred Schutz Papers. General Collection, Beinecke Rare Book and Manuscript Library, box 27, folder 631)

E10 Die Transkription des Textes wurde von Ludwig Landgrebe besorgt.

E11 Husserl verfasste seine Manuskripte in der Gabelsberger Kurzschrift. Franz Xaver Gabelsberger (1789 – 1849) entwickelte als Kanzlist eines der ersten Kurzschriftsysteme für die deutsche Sprache. Vgl. dazu Franz Xaver Gabelsberger, *Anleitung zur deutschen Redezeichenkunst oder Stenographie*, München: Franz ^{2}1850. Dieses System wurde spätestens 1924 mit der Einführung der Deutschen Einheitskurzschrift ungebräuchlich.

E12 Die hier geäusserten Bedenken spiegeln die Vorbehalte wider, die in jener Zeit in den Vereinigten Staaten gegenüber der phänomenologischen Philosophie vorherrschten. Diese galt in dem durch Pragmatismus und Naturphilosophie geprägten Denken als zu spekulativ und von Scheinproblemen belastet. Vgl. dazu auch die Bemerkungen zu Dewey und Parsons in der Anm. E 5 zu dem Aufsatz »Einige Grundbegriffe der Phänomenologie«, in diesem Band S. 139.

E13 Ludwig van Beethoven hat seine Klaviersonate Nr. 14 op. 27 Nr. 2, in cis-Moll selbst als »Sonata quasi una fantasia« (später wurde das Werk als »Mondscheinsonate« bekannt) bezeichnet.

E14 Vgl. dazu auch Schütz' musikalische Schriften, »Gemeinsam Musizieren« [1951-I-1] und »Mozart und die Philosophen« [1956-I-1], jetzt in ASW VII.

E15 Die Edition dieses Textes, wie sie von Schütz vorgenommen wurde, stieß offenbar auf die Kritik von Husserls Gerhart, wie Farber in einem Brief an van Breda v. 11. März 1947 erwähnt (Alfred Schutz Papers. General Collection, Beinecke Rare Book and Manuscript Library, box 24, folder 515-528). Schütz selbst schreibt am 8. November 1957 an van Breda (anlässlich einer Kritik Ingardens an der Editionspraxis des Husserlarchivs: enquoteSie wissen, dass ich selbst waehrend des Krieges mich bemueht habe, zwei Manuskripte, D 17 und D 18, zu edieren; das eine ist ja auch in einer Zeitschrift veröffentlicht worden, das zweite war zum Druck vorbereitet, aber Gerhart Husserl hat sich seiner Veroeffentlichung widersetzt, vermutlich weil ich im Interesse des Verstaendnisses fuer nicht-deutsche Leser die »Interpolationszeichen« gewaehlt habe, grammatikalisch kaum verstaendliche Stellen zu ganzen Saetzen zu machen. (Alfred Schutz Papers. General Collection, Beinecke Rare Book and Manuscript Library, box 20, folder 429) Schütz wird hier offensichtlich von seiner Erinnerung getrogen, denn beide Manuskripte sind veröffentlicht worden (vgl. den editorischen Bericht oben).

E16 Vgl. den Brief von Kaufmann vom 22. Juli 1940 an Farber und in Kopie an Schütz, in dem er nach der Vorbemerkung: »Ich habe jetzt D 18 in der Bearbeitung von Schütz genau durchgesehen. Es ist ein grossartiger Entwurf; ich bin froh, dass wir ihn bringen können. Schütz hat in der Redigierung gute Arbeit geleistet.« eine Liste von Anmerkungen zu Schütz' editorischer Arbeit vorlegt. Außerdem bringt Kaufmann vier Vorschläge für die Einleitung: das Verhältnis von vorprädikativer, prädikativer und wissenschaftlicher Erfahrung erläutern, Einordnung des Textes ins Gesamtwerk, Klärung von Begriffen wie »primordial« und schließlich den Zusammenhang mit dem Manuskript D 17 herstellen. Im Nachlass findet sich auch der Entwurf einer Antwort von Schütz, in dem auf die beigelegte Einleitung verwiesen wird. Es ist jedoch unklar, ob je eine Antwort abgeschickt wurde.

E17 Der hier angedeutete Artikel zu Husserls Raumtheorie ist von Schütz nie geschrieben worden. Vgl dazu auch den in der Einleitung zitierten Brief von Farber an Schütz v. 1. Juli 1940 und die darin eröffneten Möglichkeiten (oben, S. 104). Das Problem der Räumlichkeit wird nochmal angedeutet in einem Brief von Gurwitsch an Schütz v. 27. Juli 1950 in Referenz auf das face-to-face-diskutierte »*hic-illic*-Problem« (vgl. Alfred Schütz/Aron Gurwitsch: *Briefwechsel 1939 – 1959*, hg. v. Richard Grathoff, München: Fink 1985, S. 192 f.), sowie in der Diskussionsbemerkung von Fink in Royaumont, in diesem Band S. 372 u. 275, allerdings nur bezogen auf die Interaktionssituation.

E18 Gottfried Wilhelm Leibniz, »Generales Inquisitiones de Analysi Notionum et Veritatum« (1686), in: G. W. Leibniz, *Opuscules et fragments inédits*, hg. v. Louis Couturat, Paris: Presses Universitaires de France 1903, S. 356-399; jetzt in: Gottfried Wilhelm Leibniz, *Sämtliche Schriften und Briefe*, Reihe 6. Philosophische Schriften, hg. v. Leibniz-Forschungsstelle Münster, Bd. 4, 1677 – Juni 1690, Teil A, S. 739-788. Dt. Übersetzung in Gottfried Wilhelm Leibniz, *Generales Inquisitiones de Analysi Notionum et Veritatum – Allgemeine Untersuchungen über die Analyse der Begriffe und Wahrheiten*, hg. v. Franz Schupp, Hamburg: Meiner 1982. Die zitierte Anmerkung war von Leibniz neben dem Titel am Rand vermerkt (ebd., S. 739 bzw. S. 2).

E19 Das ist auch der Titel des vorletzten Textes von Schütz, datiert auf den 7. Dezember 1958: Alfred Schütz, »Hic egregrie progressus sum« [1958-II-8], in ASW VI.1, S. 331-339.

Einige Grundbegriffe der Phänomenologie

Editorischer Bericht

Der vorliegende Aufsatz wurde zuerst unter dem Titel »Some Leading Concepts of Phenomenology« [1945-I-1] in der Zeitschrift *Social Research* 12, Nr. 1: Februar 1945, S. 77-97 in englischer Sprache veröffentlicht. Im Jahre 1962 wurde der Artikel unter dem gleichen Titel in den *Collected Papers I. The Problem of Social Reality* [1962-I-1], ed. by Maurice Natanson, Den Haag: Nijhoff 1962, S. 99-117 wieder abgedruckt. 1971 erschien der Artikel erstmals in deutscher Sprache in einer von Benita Luckmann und Richard Grathoff angefertigten Übersetzung unter dem Titel »Einige Grundbegriffe der Phänomenologie«, in: *Gesammelte Aufsätze I. Das Problem der sozialen Wirklichkeit* [1971-I-1], Den Haag: Nijhoff 1971, S. 113-135.

Im Nachlass liegt der Aufsatz in zwei Fassungen vor. Es handelt sich dabei um ein am Beginn des Textes mit »Lake Placid, July 21, 1943« und am Ende des Textes mit »Lake Placid, July 25, 1943« datiertes mit vielfältigen Korrekturen versehenes Manuskript (lfd. Nr. 6434-6464) und ein ebenso datiertes und mit nur wenigen Verbesserungen versehenes Typoskript (lfd. Nr. 6465-6482). Beide Entwürfe setzen erst bei dem Satz »Der Versuch, das Werk eines großen Philosophen auf einige grundlegende Aussagen zu reduzieren ...« (siehe unten S. 120 oben) ein. Der Beginn der Einleitung wurde demnach erst kurz vor der Veröffentlichung hinzugefügt. Der anfängliche Verweis auf die Buchnotiz in der *American Sociological Review* verweist auf Sommer 1944 als Zeitraum der Ergänzung und Überarbeitung des Entwurfes.

Das Typoskript diente als Manuskript für einen Vortrag, »den vor einer Gruppe New Yorker Philosophen nächste Woche zu halten habe, die von Phänomenologie keine Ahnung haben, aber gerne wissen möchten, worum es sich hierbei eigentlich handelt. Es hat mich gereizt zu versuchen, einige Grundgedanken in populärer Form, natürlich sehr vage, darzustellen, um zu sehen, ob man gutwillige, uninformierte Leute, die selbstverständlich ganz in amerikanischer Tradition aufgewachsen sind, eine Vorstellung zumindest von den Methoden der Phänomenologie beibringen kann;« (Brief an Gurwitsch v. 1. Oktober 1943)[1] Der Vortrag

1 Alfred Schütz/Aron Gurwitsch: *Briefwechsel 1939 – 1959*, hg. v. Richard Grathoff, München: Fink 1985, S. 125 f.

scheint demnach in der ersten Oktoberwoche 1943 gehalten worden zu sein. Ein Brief an Eric Voegelin vom 25. Dezember 1943 enthält den Hinweis, dass der Vortrag »vor einer Studiengruppe junger Philosophen als erste Einführung in Phänomenologie« gehalten wurde.[2] Ein weiterer Brief, diesmal an Herbert Spiegelberg vom 1. Oktober 1943, erwähnt den Vortrag ebenfalls und gibt einen Hinweis auf den Ort: »ein Vortrag, den ich demnächst vor einer Studiengruppe junger amerikanischer Philosophen halten soll. Die Leute stehen der New York University nahe, sind selbstverständlich in Dewey-Richtung erzogen, aber intelligent und gutwillig.«[3] Der Vortrag und der veröffentlichte Text sind also in Schütz' Bemühungen einzuordnen, die Phänomenologie Edmund Husserls im philosophischen und sozialwissenschaftlichen Diskurs der Vereinigten Staaten zu verbreiten.

Zur Publikationsgeschichte ist zu erwähnen, dass Marvin Farber, der Herausgeber der Zeitschrift »Philosophy and Phenomenological Research«, das Papier haben wollte (Brief v. 16. Dezember 1943), »In my capacity here I have ample opportunity to learn about the need for such material for our Journal. *Most* of our readers would profit distinctly from reading it.«, Brief vom 19. August 1944: »Of course Strauss had ›first choice‹ on your phen. paper. I had planned to publish it in the same number in which a Husserl ms. will appear. But it will do as much good in *Social Research*, which is what counts.«[4] Im erhaltenen Briefwechsel mit Leo Strauss findet sich jedoch kein Hinweis auf eine Publikationsabsicht. Strauss schreibt am 9. November 1943 mit dem Briefkopf der Zeitschrift »Social Research« an Schütz: »Thank you very much for making your article accessible to me. I think it is the best introductory statement on phenomenology which I have ever read and I do hope it will be printed somewhere.«[5] Da Strauss jedoch von 1938 – 1948 Dozent an der New School war und Schütz dort seit dem *spring term* 1943 als Lecturer tätig war, ist die Grundlage für die Publikation in der Zeitschrift »Social Research« wohl in persönlichen Treffen zu suchen.

2 Vgl. dazu Alfred Schütz/Eric Voegelin, *Eine Freundschaft, die ein Leben ausgehalten hat. Briefwechsel 1938 – 1959*, hg. v. Gerhard Wagner und Gilbert Weiss, Konstanz: UVK 2004, S. 197 f., sowie Michael D. Barber, *The Participating Citizen. A biography of Alfred Schutz. Albany*, State University of New York Press 2004, S. 98 f. und 110.

3 Alfred Schutz Papers, Beinecke Rare Book and Manuscript Library, Gen. MSS 129, box 30, folder 796.

4 Alfred Schutz Papers. General Collection. Beinecke Rare Book and Manuscript Library, Gen. MSS 129, box 24, folder 515-528.

5 Alfred Schutz Papers. General Collection. Beinecke Rare Book and Manuscript Library, Gen. MSS 129, box 30, folder 813.

In eckigen Klammern sind im vorliegenden Text die Seitenzahlen des Originaldruckes eingefügt. Der hier abgedruckte Text stellt eine gegenüber der Erstübersetzung durch Benita Luckmann und Richard Grathoff teilweise abweichende, am Originaldruck orientierte Neuübersetzung durch Christian Thomas dar, die von Gerd Sebald überarbeitet wurde.

Einige Grundbegriffe der Phänomenologie

I

Eine nicht gezeichnete Buchnotiz in einer der letzten Ausgaben[E 1] der *American Sociological Review*,[E 2] die phänomenologische Literatur erörtert,[E 3] bedauert, daß diese Schriften selbst für viele Philosophen fast unzugänglich sind, von Sozialwissenschaftlern ganz zu schweigen. »Wir müssen anscheinend auf popularisierte Darstellungen warten, bevor etwas über das Verhältnis zwischen der Phänomenologie und den Sozialwissenschaften gesagt werden kann.«[1]

Die Beschreibung dieser Situation ist leider nicht übertrieben. Bis jetzt haben Sozialwissenschaftler keinen adäquaten Zugang zur phänomenologischen Bewegung gefunden, welche mit den grundlegenden Arbeiten von Edmund Husserl in den ersten drei Jahrzehnten dieses Jahrhunderts ins Leben gerufen wurde. In bestimmten Kreisen gilt der Phänomenologe als eine Art von Scharlatan[E 4], als Metaphysiker oder Ontologe im abwertenden Sinn dieser Worte,[E 5] in jedem Fall als jemand, der alle empirischen Tatsachen ebenso verächtlich verwirft, wie die mehr oder weniger etablierten wissenschaftlichen Methoden, die zur Sammlung und Interpretation der Tatsachen entworfen wurden. Andere, besser informierte meinen, daß die Phänomenologie zwar eine gewisse Bedeutung für die Sozialwissenschaften haben könne, aber sie betrachten die Phänomenologen als eine esoterische Gruppe, deren Sprache einem Außenstehenden nicht verständlich ist, und die der Beschäftigung mit ihr nicht wert ist.[E 6] Eine dritte Gruppe hat eine ungewisse und meist irrige Vorstellung davon, was Phänomenologie bedeutet auf der Grundlage einiger Schlagworte gewonnen, die entweder von Autoren benutzt werden, die sich nur als Phänomenologen ausgeben, ohne Husserl s Methode zu benutzen (wie Theodor Litt)[E 7], oder aber von Phänomenologen (wie Max Scheler)[E 8] in nicht-phänomenologischen Arbeiten verwandt werden, in denen Themen der Sozialwissenschaften behandelt werden.

Von einigen Bemerkungen am Ende dieses Aufsatzes abgesehen, ist die vorliegende Schrift nicht als Diskussion des Verhältnisses zwischen Phänomenologie [78] und Sozialwissenschaften oder gar als »popularisierte« Darstellung der Phänomenologie für Sozialwissenschaftler ge-

1 American Sociological Review, Bd. 9 (Juni 1944), S. 344.

dacht. Der Versuch[E 9], das Werk eines großen Philosophen auf einige grundlegende Aussagen zu reduzieren, die einem Publikum verständlich werden sollen, das mit seinem Denken nicht vertraut ist, ist in der Regel ein hoffnungsloses Unterfangen. Im Fall von Husserls Phänomenologie kommen einige besondere Schwierigkeiten hinzu. Der publizierte Teil seiner Philosophie, gekennzeichnet von einer gedrängten Darstellung und höchst technischen Sprache,[E 10] ist im Grunde eher fragmentarisch.[E 11] Er hielt es für unerläßlich, seine Untersuchungen der Grundlagen nicht nur der Philosophie selbst, sondern jedes wissenschaftlichen Denkens, immer wieder erneut zu beginnen. Er beabsichtigte, die impliziten Voraussetzungen aufzudecken, auf denen jede Wissenschaft von der Welt natürlicher und sozialer Gegenstände und selbst die gegenwärtige Philosophie gründet.[E 12] Es war sein Ideal, im wahrsten Sinne des Wortes ein »Anfänger«[E 13] in der Philosophie zu sein. Nur durch mühsame Analysen, nur durch furchtloses, folgerichtiges Nachforschen[E 14] und durch radikalen Wandel unserer Denkgewohnheiten können wir darauf hoffen, jene Sphäre einer »ersten Philosophie«[E 15] freizulegen, die den Ansprüchen einer »strengen Wissenschaft« genügt und die diesen Namen verdient.

[E 16]Es ist eine Tatsache, daß viele Wissenschaften zwar gemeinhin strenge Wissenschaften genannt werden, wobei der Begriff dann gewöhnlich auf die Möglichkeit verweist, den wissenschaftlichen Stoff in mathematischer Form zu präsentieren. In diesem Sinne gebrauchte Husserl diesen Begriff aber *nicht*[E 17]. Um alle Mißverständnisse auszuschließen, muss betont werden, daß Husserl, ein Schüler von Weierstraß[E 18], selbst ein ausgebildeter Mathematiker war und mit einer mathematischen Arbeit über die philosophischen Grundlagen der Arithmetik promovierte.[E 19] Aber sein tiefes Verständnis des mathematischen Denkens und seine Bewunderung für die Errungenschaften der Mathematik haben ihn nicht ihre Grenzen verkennen lassen. Er war der Überzeugung, daß keine der sogenannten strengen Wissenschaften, die sich so wirkungsvoll der mathematischen Sprache bedienen, zu einem Verstehen unserer Erfahrungen der Welt führen kann, – einer Welt, deren Existenz diese Wissenschaften unkritisch[E 20] voraussetzen und die sie vorgeblich mit Maßstäben und Zeigern[E 21] auf den Skalen ihrer Instrumente ausmessen. Alle empirischen Wissenschaften beziehen sich auf die Welt als im vorhinein gegebene; aber sie und [79] ihre Meßinstrumente sind selbst Teil dieser Welt. Nur der auf die impliziten Voraussetzungen jedes habituellen Denkens – sei es wissenschaftlich oder nicht – gerichtete philosophische

Zweifel kann »Exaktheit« gewährleisten,[E 22] und zwar nicht nur die eines solchen philosophischen Versuches selbst, sondern die aller Wissenschaften, welche sich direkt oder indirekt mit unseren Erfahrungen in der Welt befassen. Eine solche Untersuchung, so hofft Husserl, wird auch jene sogenannten grundlegenden Krisen solcher Wissenschaften wie der Logik, Mathematik, Physik und Psychologie lösen, die in unserer Zeit offenbar geworden sind und die die scheinbar gesichertsten Ergebnisse dieser Wissenschaften in Frage stellen.[E 23]

Dieser Umriß des Hauptziels der Husserlschen Philosophie mag die großen Schwierigkeiten erklären, denen ein Neuling in der Phänomenologie begegnet, der versucht, diese Philosophie in die üblichen Lehrbuchschemata wie etwa Idealismus, Realismus, Empirismus einzuordnen. Keines dieser Schemata mit seinen schulmäßigen Klassifikationen kann adäquat auf eine Philosophie angewandt werden, die diese selbst in Frage stellt. Die Phänomenologie sucht nach einem wirklichen Anfang alles philosophischen Denkens und hofft, wenn sie einmal voll entwickelt ist, dort zu enden, wo all die traditionellen Philosophien beginnen. Ihr Ort liegt jenseits – oder besser vor – allen Unterscheidungen zwischen Realismus und Idealismus.

Diese einführenden Bemerkungen mögen ferner dazu beitragen, ein weitverbreitetes Mißverständnis über den Charakter der Phänomenologie auszuräumen – die Vorstellung, Phänomenologie sei antiwissenschaftlich, nicht auf Beschreibung und Analyse gegründet, sondern ginge aus einer Art unüberprüfbarer Intuition oder metaphysischer Offenbarung hervor. Selbst viele ernsthafte Gelehrte der Philosophie wurden verleitet, die Phänomenologie als Metaphysik zu bestimmen, da sie sich ausdrücklich weigert, die Gegebenheit der sinnlichen Wahrnehmungen, der biologischen Daten, der Gesellschaft und Umwelt als nicht zu hinterfragenden Ausgangspunkt philosophischer Untersuchung unkritisch anzuerkennen. Darüber hinaus hat Husserls Gebrauch bestimmter unglücklicher Begriffe, zum Beispiel des Begriffs *Wesensschau*[E 24], viele davon abgehalten, die Phänomenologie als eine Methode philosophischen Denkens anzuerkennen.

Denn Phänomenologie ist eine Methode und so »wissenschaftlich« wie jede andere.[E 25] Die folgenden Seiten sollen einige Beispiele dafür geben, soweit wie möglich in nicht-technischer Sprache, um zu zeigen, welches die Grundprinzipien [80] dieser Methode sind und wie sie funktionieren. Das schließt notwendigerweise eine starke Vereinfachung und eine gewisse Unschärfe ein. Ein solches Unterfangen findet seine einzige Rechtfertigung in der Hoffnung, einige der geläufigen Vorurteile gegen die Phänomenologie auszuräumen und den ein oder anderen Leser vielleicht dazu anzuregen, sich selbst mit Husserls Stil philosophischen Denkens vertraut zu machen.[2]

II

Die Suche nach einem Bereich unzweifelbarer Wahrheit[E 26] als Ausgangspunkt philosophischen Denkens ist kein neuer Ansatz in der modernen Philosophie. Man kann im Gegenteil sagen, daß die moderne Philosophie mit dem berühmten Cartesianischen Versuch einsetzt, durch systematischen Zweifel an all unseren Erfahrungen, die in Frage gestellt werden können, zu absoluter Gewißheit zu gelangen. Es ist wohl kaum notwendig, die besondere Weise zu diskutieren, in der Descartes in seinen »Meditationen« die unbezweifelbare Gewißheit des »Cogito, ergo sum« zu begründen versucht, das die Grundlage all unseres Denkens bildet.[E 27] Es scheint jedoch angebracht, die Tragweite seines Grundgedankens zu betonen, sein Bestehen darauf, daß jeder Philosoph wenigstens einmal in seinem Leben[E 28] den radikalen Versuch einer kritischen Prüfung aller augenscheinlich gegebenen Daten seiner Erfahrungen und der Elemente seines Bewußtseinsstroms[E 29] unternehmen muß; daß er sich zu diesem Zweck von der unkritischen Einstellung[E 30] gegenüber der Welt abwenden muss, in der er naiv unter seinen Mitmenschen lebt, unbesorgt darum, ob diese Welt seines täglichen Lebens den Charakter der Existenz oder bloßer Erscheinung hat. Diese fundamentale Entdeckung Descartes' öffnete einen neuen Zugang für alles weitere philosophische Denken.

Descartes' Meditationen bildeten das herausragende Modell[E 31] für Husserls Phänomenologie. Husserl glaubte aber, daß Descartes' Analyse nicht radikal genug war.[E 32] Dieser hielt zwar den Schlüssel zu einer [81] großen Entdeckung in der Hand, zögerte jedoch, ihn anzuwenden, zögerte, den unerlässlichen Konsequenzen zu folgen. Mit Sicherheit eröffnete er das unzweifelbare »ego cogito« als Ursprung all unseres Wis-

2 Marvin Farbers Artikel »Phenomenology«, in[:] *Twentieth Century Philosophy*, hg. v. Dagobert D. Runes, Philosophical Library (New York 1943)[S. 345-370], und das ausgezeichnete Buch desselben Autors, *The Foundation of Phenomenology; Edmund Husserl and the Quest for a Rigorous Science of Philosophy* (Cambridge, Mass. 1943), sind als die besten Einführungen anzusehen und sollten sorgfältig studiert werden, bevor der Leser sich Husserls eigenen Schriften zuwendet.

sens und definierte so den Bewußtseinsstrom als das Feld jeder weiteren philosophischen Untersuchung. Er war sich aber der Implikationen nicht bewußt, die in beiden Begriffen dieses »ego cogito« verborgen sind.

Um mit letzterem zu beginnen, Descartes behandelte die Cogitationen, die in unserem Bewußtseinsstrom auftreten, als isolierte Ganzheiten. Er bemerkte weder die durchgängige innere Verbundenheit des Bewußtseinsstromes in der inneren Zeit, noch unterschied er scharf genug[E 33] zwischen dem Akt des Denkens und dem Gegenstand des Denkens. Das erste Problem, die innere Verbundenheit des Bewußtseinsstromes, wird später behandelt werden. Das zweite Problem fand erst seine Lösung durch die Entdeckung des »intentionalen« Charakters jedes Denkens durch Franz Brentano, Husserls Lehrer.[E 34] All unsere Erfahrungen, wie sie in unserem Bewußtseinsstrom auftauchen, so lehrte Brentano, sind notwendig auf die erfahrenen Gegenstände bezogen. Es gibt nicht so etwas wie Denken, Furcht, Phantasie, Erinnerung als solches; jedes Denken ist Denken *von*, jede Furcht ist Furcht *vor*, jede Erinnerung ist Erinnerung *von* einem Gegenstand, der gedacht, gefürchtet, erinnert wird.

Der technischen Begriff, den Husserl[E 35] prägte, um dieses Verhältnis zu bezeichnen, ist »Intentionalität«. Der intentionale Charakter all unserer Cogitationen erfordert notwendig eine scharfe Unterscheidung zwischen dem Akt[3] des Denkens, Fürchtens, Erinnerns und den Gegenständen, auf die diese Akte bezogen sind. Husserl vertiefte die Untersuchung des intentionalen Charakters der Cogitationen beträchtlich und bezeichnete wiederholt das Feld der Intentionalität als das hervorragende Thema phänomenologischer Forschung.[E 37] Es wird sich als notwendig erweisen, später auf die Implikationen des Begriffs der Intentionalität zurückzukommen; hier interessiert uns nur die Tatsache, daß der Cartesianische Begriff vom Strom der Cogitationen beträchtlich radikalisiert werden kann, indem ihr intentionaler Charakter gezeigt wird.

[82] Weitere Radikalisierung scheint auch in Hinblick auf Descartes' Begriff des Ego nötig, dessen unzweifelbare Existenz er in seinen Meditationen feststellt. Wie wir gesehen haben, beinhaltet die Cartesianische Methode einen künstlichen Wechsel jener Einstellung, die der Mensch in seinem täglichen Leben einnimmt. Im täglichen Leben nehmen wir die Existenz der Welt naiv so hin, wie sie ist, und nur vermittels philosophischen Zweifels kann die Zweifellosigkeit des »ego cogitans« wieder

3 Husserl definierte »Akte« nicht als psychische Aktivitäten, sondern als intentionale Erlebnisse; vgl. Farber, *The Foundation of Phenomenology* (a. a. O.), S. 343 ff.[E 36]

eingesetzt werden. Aber nachdem er die wichtige Entdeckung des Feldes der transzendentalen Subjektivität als Bereich der Gewißheit gemacht hatte, ließ Descartes sie sofort wieder fallen, indem er dieses Ego mit dem *mens sive animus sive intellectus* gleichsetzte[E 38], somit die menschliche Seele oder den Geist *innerhalb* der Welt für jenes Ego einsetzte, das nur in Lösung von und Reflexion auf die Welt entdeckt werden kann. Genau dies ist der Punkt, an dem die phänomenologische Kritik einsetzt, der Punkt, an dem Husserl noch einmal eine Cartesianische Meditation begann. Um das reine Bewußtseinsfeld freizulegen, entwickelte Husserl die berühmte und häufig mißverstandene Technik der »phänomenologischen Reduktion«[E 39], die nun in groben Umrissen dargestellt werden wird. Sie ist nichts anderes als eine radikalisierte Erneuerung der Cartesianischen Methode.

III

Der Phänomenologe leugnet nicht die Existenz der äußeren Welt, er entschließt sich aber in seiner analytischer Absicht, den Glauben an ihre Existenz auszusetzen – das heißt, sich bewußt und systematisch jedes Urteils zu enthalten, das sich direkt oder indirekt auf die Existenz der äußeren Welt bezieht. Husserl nennt dieses Verfahren in Anlehnung an mathematische Begriffe »die Welt einklammern« oder »die phänomenologische Reduktion ausführen«.[E 40] Diese Begriffe haben nichts Geheimnisvolles, sie sind lediglich Titel für die Verfahrensweise der Phänomenologie, die Cartesianische Methode des philosophischen Zweifels zu radikalisieren, um über die natürliche natürliche Einstellung des Menschen hinaus zu gelangen, der innerhalb der von ihm hingenommenen Welt lebt, sei sie nun Wirklichkeit oder bloße Erscheinung.

Es ist ein zugegebenermaßen künstlicher Wechsel von der alltäglichen Einstellung des Menschen gegenüber seiner Welt und seinem Glauben an diese Welt in seinem täglichen Leben zu der Einstellung [83] des Philosophen, der gerade durch sein Problem gehalten ist, jede Voraussetzung abzulehnen, die der Probe seines kritischen Zweifels nicht standhält. Eine solche Methode hat nur das eine Ziel, eine Stufe apodiktischer Gewißheit zu erreichen, die jenseits des Bereichs bloßer Meinungen liegt – anders gesagt, die Region des reinen Bewußtseins zu erschließen. Es wird im Folgenden gezeigt werden, daß diese Region des reinen Bewußtseins in ihrer Eigenart erforscht und beschrieben werden kann, bezüglich ihrer Genesis analysiert und befragt werden kann.[4][E 42] Falls diese Methode ihr Ziel erreicht – und der Phänomenologe ist davon überzeugt –, falls sie tatsächlich eine Untersuchung innerhalb der bereinigten Sphäre des Bewußtseinslebens ermöglicht, in welcher alle unsere Meinungen gründen, dann können wir uns später von dieser apriorisch reduzierten Sphäre her wieder der mundanen Sphäre zuwenden.[E 43] Da jeder empirischen Bestimmung innerhalb der letzteren notwendig ein Merkmal innerhalb der ersteren entspricht,[E 44] können wir darauf vertrauen, daß all unsere Entdeckungen in der reduzierten Sphäre einer Prüfung auch in der mundanen Sphäre unseres Lebens innerhalb der Welt standhalten werden.[E 45]

Obgleich die »phänomenologische Reduktion« keineswegs irgendeine magische oder geheimnisvolle Bewußtseinsleistung verlangt, so ist doch die von ihr verlangte Methode der Einklammerung keineswegs einfach, sofern sie mit der notwendigen Radikalität durchgeführt wird. Wir müssen nicht nur die Existenz der äußeren Welt einklammern, zusammen mit all ihren belebten und unbelebten Dingen, mit Mitmenschen und allen kulturellen Gegenständen, die Gesellschaft und ihre Institutionen mit eingeschlossen. Wir müssen uns auch des Glaubens an die Gültigkeit unserer Aussagen über diese Welt und über ihre Inhalte, wie sie in der mundanen Sphäre begriffen werden, enthalten. Folglich muss nicht nur unser praktisches Wissen von der Welt, sondern auch die Aussagen aller Wissenschaften, die sich mit der Existenz der Welt befassen, alle Natur- und Sozialwissenschaften, die Psychologie, die Logik und selbst die Geometrie – all das muß in diese Klammern gebracht werden. Das heißt, daß keine ihrer Wahrheiten, ob sie nun durch Erfahrungen und Beweise innerhalb der mundanen Sphäre überprüft sind oder nicht, ohne kritische Untersuchung in die reduzierte Sphäre [84] übernommen werden dürfen. Aber damit nicht genug – ich, das menschliche Wesen, bin auch, als eine psychisch-physiologische Einheit, ein Element dieser Welt, das eingeklammert werden muß, und ebenso mein Körper und mein Geist oder meine Seele oder wie auch immer man das Bezugsschema nennen will, auf das wir unsere Erfahrungen von der Welt beziehen. Im Vollzug der phänomenologischen Reduktion muß ich auch meinen Glauben an meine mundane Existenz als menschliches Wesen innerhalb der Welt

4 Husserls Begriff »Genesis« verweist auf den Prozeß, durch den Wissen in seiner »Ursprungsform« der Selbstgegebenheit hervortritt und hat nichts mit dem faktischen Prozess zu tun, in dem Bedeutungen aus einer bestimmten historischen Subjektivität erwachsen; siehe [Farber, *Foundation*] a. a. O., S. 167.[E 41]

aussetzen. Damit transzendiert das Verfahren der Reduktion die Welt in jeder Hinsicht, und die reduzierte Sphäre ist im echten Sinn dieses Wortes eine transzendentale oder, richtig verstanden, eine apriorische Sphäre.[E 46]

Wer aber gewillt ist, diese Ausschaltung[E 47] aller natürlichen[E 48] Gewohnheiten des Denkens durchzuführen, wird vielleicht fragen, ob diese phänomenologische Reduktion nicht zu einem absoluten Nihilismus führt. Wenn ich nicht nur die Welt und meinen Glauben an diese Welt sozusagen annulliert habe, nicht nur die Ergebnisse der diese Welt behandelnden Wissenschaften, sondern auch mich selbst als psychisch-physiologische Einheit, was bleibt dann übrig? Ist es nicht die einzig mögliche Schlußfolgerung, daß nichts außerhalb der Klammern übrig sein kann, wenn alle obigen Elemente eingeklammert werden?

Die Antwort ist ein entschiedenes Nein. Was nach der Durchführung der transzendentalen Reduktion verbleibt, ist nichts geringeres als die Gesamtheit unseres Bewußtseinslebens, der Bewußtseinsstrom in seiner Geschlossenheit, mit all seinen Aktivitäten und all seinen Cogitationen und Erfahrungen (beide Begriffe im weitesten – Cartesianischen – Sinn verstanden, der nicht nur Wahrnehmungen, Vorstellungen, Urteile umfasst, sondern auch die Akte des Willens, der Gefühle, Träume, Phantasien etc.).

Und nun ist es sinnvoll, sich dessen erinnern, was zuvor über den intentionalen Charakter all unserer Cogitationen gesagt wurde. Sie sind wesentlich und notwendig Cogitationen *von* etwas; sie beziehen sich auf intentionale Gegenstände. Dieser intentionale Charakter unserer Cogitationen ist nicht nur innerhalb der reduzierten Sphäre erhalten geblieben; er ist sogar gereinigt und sichtbar gemacht worden. Meine Wahrnehmung dieses Stuhls in der natürlichen natürliche Einstellung bekräftigt meinen Glauben an seine Existenz. Nun führe ich die transzendentale Reduktion durch. Ich enthalte mich [85] des Glaubens an die Existenz dieses Stuhls. Danach verbleibt der wahrgenommene Stuhl außerhalb der Klammern, aber die Wahrnehmung selbst ist ohne Zweifel ein Element meines Bewußtseinsstromes. Und sie ist nicht »Wahrnehmung als solche«, ohne irgendeinen weiteren Bezug; sie bleibt »Wahrnehmung *von*« – speziell Wahrnehmung *von* diesem *Stuhl*. Ich verbinde mit dieser Wahrnehmung jedoch nicht mehr irgendein Urteil, ob dieser Stuhl wirklich ein existierender Gegenstand in der äußeren Welt ist. Meine Wahrnehmung bezieht sich nicht intentional auf das körperliche Ding »Stuhl«[E 49], sondern der intentionale Gegenstand meiner weiterhin erhaltenen Wahrnehmung ist »der Stuhl, *wie ich ihn wahrgenommen habe*«, das *Phänomen* »Stuhl, *wie er mir erscheint*«, der in der eingeklammerten äußeren Welt ein Äquivalent haben mag oder nicht. Somit ist die gesamte Welt innerhalb der reduzierten Sphäre erhalten geblieben, insoweit, aber nur insoweit, als sie das intentionale Korrelat meines Bewußtseinslebens ist – jedoch mit der radikalen Veränderung, daß diese intentionalen Gegenstände nicht mehr Dinge der äußeren Welt sind, wie sie existieren und wie sie tatsächlich sind, sondern Phänomene, wie sie mir erscheinen. Diese schwierige Unterscheidung bedarf einer weiteren Ausführung.[E 50]

IV

Ich nehme den blühenden Baum im Garten wahr. Dies, mein Wahrnehmen des Baumes, wie er mir erscheint, ist ein unzweifelhaftes Element meines Bewußtseinsstroms. Und das gleiche gilt für das Phänomen »Blühender-Baum-wie-er-mir-erscheint«, das der intentionale Gegenstand meines Wahrnehmens ist. Dieses Phänomen ist unabhängig vom Schicksal des wirklichen Baumes in der äußeren Welt. Der Baum im Garten mag seine Farben im Zusammenspiel von Sonne und Wolken ändern, er mag seine Blüten verlieren, er mag durch ein Feuer vernichtet werden. Das einmal wahrgenommene Phänomen »Blühender-Baum-wie-er-mir-erscheint« bleibt unberührt von all diesen Ereignissen, und bleibt auch unberührt von der oben beschriebenen Durchführung der phänomenologischen Reduktion. Eine zweite Wahrnehmung mag sich nun auf diesen Baum beziehen, wie er mir zu der Zeit erscheint, und sie kann mit der ersten Wahrnehmung konsistent sein oder auch nicht. Wenn sie dies ist, so kann ich eine Synthese durchführen, eine Identifizierung der beiden Phänomene (oder genauer gesagt, des zweiten [86] Phänomens in seiner tatsächlichen Wahrnehmung mit dem wiedererinnerten Phänomen der ersten Wahrnehmung). Ist die zweite Wahrnehmung mit der ersten nicht konsistent, so kann ich eine der beiden bezweifeln oder nach einer Erklärung ihrer offenbaren Inkonsistenz suchen.

In jedem Fall sind jeder Akt des Wahrnehmens und sein intentionaler Gegenstand unbezweifelbare Elemente meines Bewußtseinsstromes; und ebenso sicher ist der Zweifel, den ich darüber haben mag, ob der »Baum-wie-er-mir-erscheint« ein Korrelat in der äußeren Welt hat. Das vorangegangene Beispiel hat anschaulich gemacht, daß meine Cogitationen und ihre intentionalen Gegenstände Elemente meines Bewußtseinsstromes sind, die nicht durch Veränderungen beeinflusst werden, die an ihren

Korrelaten in der äußeren Welt auftreten mögen. Das heißt aber nicht, daß die Cogitationen nicht Veränderungen unterworfen sind, die mit Ereignissen meines Bewußtseinsstromes zusammen hängen. Um dies klar zu machen, wollen wir zuerst zwischen dem Akt des Wahrnehmens und dem Wahrgenommenen unterscheiden, zwischen dem *cogitare* und dem *cogitatum*, oder, um Husserls Termini zu benutzen, zwischen der Noësis und dem Noëma.[5] [E 53]

Es gibt Modifizierungen des intentionalen Gegenstandes, die auf Grund von Bewußtseinsakten geschehen und daher noëtisch sind, und andere, die in dem intentionalen Gegenstand selbst begründet und daher noëmatisch sind. Es ist natürlich nicht möglich, hier in eine ausführliche Diskussion dieser noëtisch-noëmatischen Modifizierungen einzutreten, deren systematische Erforschung ein weites Gebiet phänomenologischer Forschung darstellt. Um aber nur eine gewisse Vorstellung von der Tragweite der hier berührten Probleme zu geben, werde ich einige Beispiele der Implikationen geben, die sich innerhalb des erscheinenden Phänomens selbst verbergen.

Die bisherigen Redewendungen, wie »Ich nehme diesen Stuhl wahr« oder »ich betrachte den blühenden [87] Kirschbaum im Garten«, sind lediglich Abkürzungen und beschreiben nicht adäquat, was in diesen Wahrnehmungen wahrgenommen wurde, sondern eher die Resultate eines sehr komplizierten Interpretationsprozesses, in welchem die gegenwärtige Wahrnehmung mit früher erfahrenen Wahrnehmungen (Cogitationen) der verschiedensten Ansichten dieses Kirschbaums als ich um ihn herum ging, dieses Kirschbaumes, wie er mir gestern erschienen, meiner Erfahrungen von Kirschbäumen und von Bäumen im allgemeinen, von körperlichen Gegenständen, und so fort. Der intentionale Gegenstand meines Wahrnehmens ist eine spezifische Mischung von Farben und Formen in einer besonderen Entfernungsperspektive, und er steht vor anderen Gegenstände heraus, im Folgenden »mein Garten«, »der Himmel«, »Wolken« genannt. Die Interpretation dieses Ganzen als »der blühende Kirschbaum in meinem Garten, wie er mir

5 Wer mit William James' Psychologie vertraut ist, wird nicht fehlgehen, wenn er diese Begriffe mit James' »dem Denken« und »dem gedachten Gegenstand« in Zusammenhang bringt[E 51], vorausgesetzt er beachtet, daß die psychologische Analyse von James sich ausschließlich auf die mundane Sphäre bezieht, während Husserl innerhalb des phänomenologisch reduzierten Sphäre operiert; vgl. Schütz, »William James' Concept of the Stream of Thought, Phenomenologically Interpreted«, in: *Philosophy and Phenomenological Research*, Band 1 (Juni 1941), S. 442-52,[[1941-I-1], jetzt in ASW III.2, S. 37-62].[E 52]

erscheint« ist das Resultat eines komplizierten Bezuges auf vorher erfahrene Cogitationen. Nichtsdestoweniger haben alle diese vorher erfahrenen Cogitationen, die sich auf körperliche Gegenstände beziehen, einen bestimmten »universellen Stil« geschaffen, in dem das noëmatische Korrelat meiner wahrnehmenden Aktivität interpretiert wird. Man kann sogar sagen, daß das Noëma selbst, der wahrgenommene intentionale Gegenstand, vielerlei Implikationen mit sich führt, die systematisch ausgelegt werden können.

Beschränken wir unsere Beispiele, der Vereinfachung wegen auf sogenannte Wahrnehmungen von körperlichen Gegenständen. Was ich wahrnehme, ist nur eine Ansicht des Gegenstandes. Andere Ansichten erscheinen aber nicht nur, wenn ich mich umher bewege. Zusätzlich deutet die in meinem wahrnehmenden Akt festgehaltene Ansicht des Gegenstandes weitere mögliche Ansichten an: Die Vorderseite eines Hauses deutet seine Rückseite an, die Fassade das Innere, das Dach die unsichtbaren Fundamente, und so fort. Diese Momente könnten zusammen der »innere Horizont« des wahrgenommenen Gegenstandes genannt werden, und dieser kann systematisch ausgelegt werden, indem man den intentionalen Hinweisen des Noëma selbst folgt. Aber es gibt ebenso einen äußeren Horizont.[E 54] Der Baum verweist auf meinen Garten, der Garten auf die Straße, auf die Stadt, auf das Land, in dem ich lebe, und endlich auf das ganze Universum. Jede Wahrnehmung eines »Details« verweist auf das »Ding«, zu dem es gehört, das Ding auf andere Dinge, vor denen es heraussteht und die ich seinen Hintergrund nenne. Es gibt keinen isolierten Gegenstand als solchen, sondern ein Feld von Wahrnehmungen und Cogitationen [88] mit einem Hof, mit einem Horizont oder, in der Redeweise von William James, mit offenen Rändern, die ihn mit anderen Gegenständen verbinden.[E 55] Diese Gruppen von Implikationen, die wir den inneren und den äußeren Horizont genannt haben, sind im Noëma selbst verborgen, und wenn ich seinen intentionalen Andeutungen folge, so scheint das Noëma selbst modifiziert zu werden; während die noëtische Seite, der wahrnehmende Akt, unverändert bleibt.

Diese noëmatischen Modifikationen müssen aus analytischen Gründen von den noëtischen Modifikationen, die in der wahrnehmenden Aktivität selbst gründen, unterschieden werden. Noëtische Modifikationen sind zum Beispiel die verschiedenen charakteristischen Einstellungen jener wahrnehmenden Aktivität, die in psychologischen Lehrbüchern unter dem Titel »Aufmerksamkeit« behandelt werden. Es gibt weiterhin die wichtige Unterscheidung zwischen der originären Erfahrung des erfahrenen Dings und jenen abgeleiteten Erfahrungen, die auf der Wiedererinnerung oder Retention früherer Erfahrungen gründen. (Ohne dieses sehr komplizierte Problem hier aufzunehmen, darf ich hinzufügen, daß die letztere Unterscheidung für die Lösung eines der zentralen Geheimnisse jeder Psychologie entscheidend ist, des Problems der Evidenz:[E 56] Für den Phänomenologen ist Evidenz keine verborgene Qualität, in einer besonderen Erfahrungsweise enthalten, sondern die Möglichkeit, abgeleitete Erfahrungen auf originäre Erfahrungen zurückzuführen.) Die Unterscheidung gründet sich auf die Verbundenheit des Bewußtseinsstromes in der inneren Zeit: Die gegenwärtige Cogitation ist mit offenen Rändern von Retentionen und Protentionen besetzt, die es mit dem verbinden, was eben gerade geschah und als unmittelbar folgend erwartet wird, und sie verweist ferner durch Erinnerung auf Cogitationen in weiter zurückliegender Vergangenheit und durch Erwartungen auf die Zukunft.[E 57]

All dies führt zu einer völlig neuen Theorie von Gedächtnis und Erfahrung in der inneren Zeit[E 58] und zur endgültigen Verwerfung der Assoziationspsychologie. Die Phänomenologie kommt, indem sie konsequenten Einsicht in die durchgängige innere Verknüpftheit unseres Erfahrungsstromes radikalisiert, den frühen Arbeiten von William James und den Lehren der Gestalttheorie[E 59] sehr nahe. Aber das Grundkonzept der Phänomenologie führt auch zu einer völlig neuen Interpretation der Logik. Bevor dieses weiter ausgeführt werden kann, müssen wir uns einen Moment lang einem anderen Thema zuwenden. [89]

V

Bisher wurde diese Darstellung absichtlich auf die phänomenologische Interpretation sogenannter wirklicher Gegenstände, auf Dinge in der äußeren Welt beschränkt. Es ist jetzt angebracht, Husserls Begriff der »idealen Gegenstände« einzuführen. Diese sind keineswegs metaphysischen Ursprungs und haben weder mit Platos oder Kants Ideen noch mit irgend einer Art von Berkeleyschem oder Hegelschem Idealismus zu tun. Ein idealer Gegenstand ist zum Beispiel der Zahlbegriff und das ganze Zahlensystem, mit dem sich Arithmetik und Algebra befassen; es ist der Inhalt des Pythagoreischen Lehrsatzes als einer bedeutungsvollen Einheit; es ist die Bedeutung eines Satzes oder eines Buches; es ist ein Begriff wie »die Hegelsche Philosophie« oder »Calvins Begriff der Ursünde«; oder es ist irgendeiner der sogenannten sozialen und kulturellen Gegenstände, die bedeutungsvoll sind und jederzeit zu intentionalen Gegenständen unserer Cogitationen gemacht werden können.

Die Eigenart intentionaler Gegenstände liegt darin, daß sie auf sogenannten »wirklichen« Gegenständen der äußeren Welt *gründen*[E 60] und daß sie nur durch Zeichen und Symbole vermittelt[E 61] werden können, die ihrerseits wahrnehmbare Dinge sind, so wie Schallwellen des gesprochenen Wortes oder gedruckte Buchstaben. Daher mußte die Phänomenologie eine sehr bedeutsame Theorie der Semantik entwickeln.[E 62] Für ein Zeichen ist es charakteristisch, daß es auf ein anderes Ding hinweist, welches einer ganz anderen Kategorie angehört. Das wohlbekannte mathematische »Wurzelzeichen« verweist auf einen speziellen mathematischen Begriff, der davon völlig unabhängig ist, ob er in verschiedenen Drucktypen dargestellt wird, ob er in einem Lehrbuch gedruckt ist, mit Tinte oder Stift auf Papier oder mit Kreide an die Tafel geschrieben erscheint, oder ob ich ihn sprachlich mit den Lautzeichen »Wurzel«, »root« oder »racine« bezeichne. Das gleiche gilt für das spezifische Zeichensystem und für alle Zeichensysteme oder Sprachen. Sie verweisen zwar auf die idealen Gegenstände, sie selbst sind aber nicht die idealen Gegenstände.

Das Ding der äußeren Welt, welches als ein Zeichen interpretiert wird, seine Bedeutung, seine Bedeutung innerhalb des kommunikativen Gesamtzusammenhangs, seine spezifische Bedeutung innerhalb des vorliegenden Kontextes: all diese müssen klar unterschieden werden. Ein Blick auf die Lehren gewisser Logiker unserer Zeit, denen es gefällt, die Logik [90], Wissenschaft und selbst Philosophie auf ein vorgegebenes System der Semantik zu reduzieren,[E 63] zeigt die ganze Tragweite von Husserls Unterscheidungen. Dies heißt jedoch nicht, daß Husserl kein volles Verständnis für das echte Problem der *mathesis universalis* hatte. Tatsächlich ist eine seiner *Logischen Untersuchungen*, »Der Unterschied der selbständigen und unselbständigen Bedeutungen und die Idee der reinen Grammatik«[E 64] genannt, ein hervorragender Beitrag der Phänomenologie zu diesem Problem.

VI

Die Theorie der idealen Gegenstände öffnet den Zugang zu einer weiteren phänomenologischen Erkenntnis, deren Tragweite jedoch nicht auf unsere Erfahrung idealer Gegenstände beschränkt ist. In der Schule haben wir alle gelernt, den Satz des Pythagoras, $a^2 + b^2 = c^2$, aus bestimmten anderen geometrischen Sätzen abzuleiten, indem wir Schritt für Schritt bestimmte Schlüsse aus bestimmten, gesicherten Prämissen entwickelten. Diese Ausführung vieler einzelner, obwohl miteinander verbundener intellektueller Operationen enthüllte uns die Bedeutung des fraglichen Theorems, und diese Bedeutung ist seither zu unserem festen Besitz geworden. Jetzt ist es nicht mehr nötig, daß wir den geistigen Prozess der Ableitung dieses Satzes wiederholen, um seinen Sinn zu verstehen. Im Gegenteil, obgleich mancher von uns einige Schwierigkeiten hätte, wenn er beweisen sollte, warum die Summe der Kathetenquadrate in einem rechtwinkligem Dreieck stets gleich dem Quadrat über der Hypothenuse ist, so verstehen wir doch den Sinn dieses Satzes, den wir in unserem Erfahrungsvorrat verfügbar vorfinden.

Allgemeiner gesagt, unsere Bewußtseinstätigkeit baut einen Gedanken in einzelnen operativen Schritten auf, rückblickend aber kann sie den ganzen Prozeß und sein Ergebnis in einem Blick erfassen.[E 65] Wir können sogar einen Schritt weiter gehen: unser Wissen von einem Gegenstand zu einem bestimmten gegebenen Zeitpunkt ist nichts anderes als die Sedimentierung früherer Bewußtseinsvorgänge, durch die dieses Wissen konstituiert worden ist.[E 66] Es hat seine eigene Geschichte, und diese Geschichte seiner Konstitution kann entdeckt werden, indem es in Frage gestellt wird. Das geschieht, indem wir uns von dem anscheinend fertigen [91] gedanklichen Gegenstand abwenden und die verschiedenen Bewußtseinsleistungen untersuchen, in denen und durch die es Schritt für Schritt konstituiert wurde.[E 67]

Dies ist der Kern der Husserlschen Konstitutionstheorie und gibt einen Einblick in einen seiner großen Beiträge zur Interpretation der Logik.

VII

Unsere heutige Schullogik ist nur eine Verfeinerung der Aristotelischen formalen Logik, die Begriffe als schon vorhanden betrachtet, und die operationale Regeln für die Technik des Urteilens, Schließens, Deduzierens, Subsumierens etc. entwickelt.[E 68] Diese Logik gründet sich auf die Annahme einer Welt, in der es Dinge mit Eigenschaften, Beziehungen zwischen Dingen, Arten und Klassen gibt, all dies in klar umrissenen Begriffen darstellbar. Die Grundannahme dieser Art von Logik ist das Prinzip der Prädizierbarkeit nach der bekannten Formel »S ist p«.

Die phänomenologische Analyse zeigt jedoch, daß es eine vorprädikative Schicht unserer Erfahrung gibt, innerhalb derer die intentionalen Gegenstände und ihre Eigenschaften durchaus nicht klar umrissen sind; daß wir keine ursprünglichen Erfahrungen von isolierten Gegenständen und Eigenschaften haben, sondern es vielmehr ein Feld unserer Erfahrung gibt, aus dem unsere Bewußtseinstätigkeit gewisse Elemente auswählt, die sich von ihrem raumzeitlichen Hintergrund abheben; daß innerhalb der durchgängigen Verknüpftheit unseres Bewußtseinsstroms all diese ausgewählten Elemente ihren Hof, ihre offenen Ränder[E 69], ihren charakteristischen Horizont behalten; daß eine Untersuchung des prädikativen Urteilsmechanismus nur im Rückgriff auf die mentalen Prozesse zu gewährleisten ist, in denen und durch die vorprädikative Erfahrung konstituiert wurde.[E 70] Die formale Logik muß daher auf einer Logik der zugrundeliegenden Konstitutionsvorgänge gegründet werden, die aber nur innerhalb des transzendentalen Feldes untersucht werden können, das durch die phänomenologische Reduktion freigelegt wird.

Das ist, in überaus vereinfachten Umrissen Husserls Unterscheidung zwischen »formaler und transzendentaler Logik«. In seinem Buch dieses Titels[E 71] zeigt er, [92] daß Untersuchungen dieser Art zu völlig neuen Interpretationen bestimmter Grundbegriffe unserer gängigen Logik führen, wie zum Beispiel Evidenz, Tautologie, das Prinzip des ausgeschlossenen Dritten, und so weiter. Er zeigt jene Voraussetzungen der formalen Logik, die aus gewissen ontologischen Annahmen abgeleitet sind; und er beginnt die Rolle der Intersubjektivität im Gebiet der Logik zu untersuchen, welche nicht auf meine private Welt, sondern auf die uns allen gemeinsame Welt verweist und welche allein das Problem der intersubjektiven Wahrheit klärt.[E 72]

Es ist hier natürlich nicht möglich, eine Diskussion dieser sehr verwickelten Probleme zu beginnen. Die kurze Übersicht kann nur anzeigen, daß für alle Wissenschaften überaus entscheidende Fragen auf dem Spiel stehen. Ich wage sogar zu behaupten, daß nur im Rückgriff auf das Feld vorprädikativer Erfahrung jene großen Leistungen im Gebiet der Logik ihre Rechtfertigung finden, die unsere Generation dem Operationalismus Deweys[E 73] und dem Pragmatismus James' verdankt.[E 74] Alle offenkundigen und versteckten ontologischen Voraussetzungen dieser beiden Schulen müssen sorgfältig analysiert werden, um die Sphäre zu bestimmen, in der diese Theorien legitim anwendbar sind, und so den Fehler zu vermeiden, sie als allgemeine Prinzipien unseres Denkens anzusehen, die sie nicht sind.[E 75]

VIII

Selbst ein so kurzer Artikel wie dieser bliebe als Darstellung der Hauptmethoden der Husserlschen Phänomenologie unvollständig ohne Erwähnung der wichtigen Unterscheidung zwischen dem empirischen und dem eidetischen Verfahren. Nach Husserl zielt die Phänomenologie darauf ab, eine eidetische Wissenschaft zu sein, die sich nicht mit Fragen der Existenz, sondern des *Wesens*[E 76] befasst.[E 77] Phänomenologische Methoden können natürlich ebenso mit dem größten Erfolg innerhalb des empirischen Bereichs verwandt werden. Der apriorische Charakter der Phänomenologie als einer *prima philosophia* und selbst als einer phänomenologischen Psychologie kann aber nur in Rückgriff auf die eidetischen Sphäre gesichert werden. Ich möchte ausdrücklich betonen, daß die Unterscheidung zwischen den empirischen und den eidetischen Verfahren nichts mit der Unterscheidung zwischen der mundanen und der reduzierten Sphäre zu tun hat, von welcher [93] bisher die Rede war. Innerhalb der mundanen Sphäre ist eine *Wesenswissenschaft*[E 78] ebenso möglich.[E 79]

Die nicht sehr glücklich gewählten Begriffe *Wesen*[E 80] und *Wesensschau*[E 81], die Husserl verwandte, um das eidetische Verfahren zu bezeichnen, haben viele Mißverständnisse geschaffen und die wohlwollenden Leser fast davon abgehalten, sich mit Husserls *Ideen* zu befassen,[E 82] welche mit einer Darstellung der eidetischen Methode beginnen. Der Begriff *Wesen*[E 83] hat eine metaphysische Nebenbedeutung in der philosophischen Literatur; der griechische Begriff »eidetisch« verleitet den Leser, »Wesen« mit der Platonischen Idee gleichzusetzen; und der Begriff *Wesensschau*[E 84] lässt eine Art irrationaler Intuition vermuten, ähnlich gewissen, nur dem Mystiker in der Ekstase zugänglichen Weisen der Offenbarung, die von phänomenologischen Esoteriker benutzt wird, um die ewigen Wahrheiten erschauen zu können.

Tatsächlich ist das eidetische Verfahren genau so wie die phänomenologische Reduktion nichts weiter als ein methodologisches Forschungsverfahren.[E 85] Das Prinzip dieser Methode besteht in Folgendem: Nehmen wir an, daß vor mir auf diesem Schreibtisch, von einer Lampe beleuchtet, ein roter hölzerner Würfel von einem Zoll Kantenlänge steht. In der natürlichen natürliche Einstellung nehme ich dieses Ding mit den erwähnten Eigenschaften und Merkmale wahr als fraglos wirklich. In der phänomenologisch reduzierten Sphäre behält das Phänomen Würfel – der Würfel wie er mir erscheint – die gleichen Eigenschaften als intentionaler Gegenstand meines wahrnehmenden Aktes. Aber nehmen wir an, ich wäre daran interessiert, die allen Würfeln gemeinsamen Eigenschaften zu finden. Ich will das nicht mit der Methode der Induktion tun, die nicht nur die Existenz ähnlicher Gegenstände voraussetzt, sondern auch gewisse ungedeckte logische Voraussetzungen impliziert. Ich habe nur diesen einzelnen konkreten Gegenstand vor mir, den ich wahrnehme. Es steht mir jedoch frei, diesen wahrgenommenen Gegenstand in meiner Phantasie zu verändern, indem ich nacheinander seine Merkmale variiere – seine Farbe, seine Größe, das Material, aus dem er gefertigt ist, seine Perspektive, seine Beleuchtung, seine Umgebung und seinen Hintergrund, und so fort. So kann ich mir eine unendliche Zahl verschiedener Würfel vorstellen. Diese Variationen lassen aber eine Gruppe von Merkmalen unberührt, die allen vorstellbaren Würfeln gemeinsam ist, zum Beispiel Rechtwinkligkeit, Begrenzung auf sechs Quadrate, Körperlichkeit. Diese in allen vorstellbaren Transformationen des wahrgenommenen konkreten Dinges unveränderte Gruppe von [94] Merkmalen – sozusagen der Kern aller möglicherweise vorstellbaren Würfel – werde ich die wesentlichen Merkmale des Würfels, oder, mit dem griechischen Begriff, sein *eidos* nennen. Es ist kein Würfel denkbar, der nicht diese wesentlichen Merkmale hätte. Alle anderen Eigenschaften und Merkmale des konkreten Gegenstandes unter genauer Betrachtung sind nicht wesentlich. (Überflüssig zu sagen, daß ich meinen roten hölzernen Würfel zum Ausgangspunkt anderer vorstellbarer Variationen nehmen könnte, um das Eidos Farbe, körperliches Ding, Wahrnehmungsgegenstand etc. zu finden.)

Eidetische Untersuchungen beschäftigen sich daher nicht mit konkreten wirklichen Dingen, sondern mit möglicherweise vorstellbaren Dingen. In diesem Sinn müssen wir Husserls häufig kritisierten Ausspruch verstehen, daß es die Phänomenologie nicht nur mit wahrgenommenen, sondern auch mit vorgestellten Gegenständen zu tun habe, und daß letztere gar die größere Bedeutung für den phänomenologischen Ansatz hätten[E 86].

Wir sehen hier erneut, daß der eidetische Ansatz lediglich ein methodologisches Verfahren zur Lösung einer speziellen Aufgabe ist. Der Phänomenologe, so könnten wir sagen, beschäftigt sich nicht mit den Gegenständen selbst; er interessiert sich für ihre *Bedeutung*, wie sie durch unsere Bewußtseinstätigkeiten konstituiert wird.[E 87]

Die Tragweite dieser ursprünglichen Methode sollte nicht unterschätzt werden. Sie führt zu einer völlig neuen Theorie der Induktion und Assoziation[E 88] und sie öffnet ebenfalls den Zugang zu einer wissenschaftlichen Ontologie. Zum Beispiel können wir nur durch die eidetische Methode die wirklichen Begründungen der sogenannten Bereiche der Unverträglichkeit[E 89] finden; die wichtigen Fundierungsverhältnisse, die zwischen bestimmten ontologischen Bereichen bestehen, können nur durch sie entdeckt und beschrieben werden.[E 90][E 91]

IX[E 92]

Die vielfältigen Anwendungen der wenigen als Beispiel ausgewählten methodologischen Prinzipien können hier nicht diskutiert werden. Ebensowenig kann versucht werden, einen Bericht über Husserls Fortschritte in der Aufdeckung dieses neuen Feldes wissenschaftlicher Forschung zu geben, oder über die Leistung der zahlreichen Wissenschaftler, die sich als seine Schülern betrachten, wenngleich viele von ihnen völlig mißverstanden haben, was Husserl meinte.[E 93] Das einzige [95] Ziel der vorliegenden Zusammenfassung war, deutlich zu machen, daß die Phänomenologie ein ernsthaftes und schwieriges Unternehmen ist. Ihre Arbeit hat erst begonnen, und die zu bewältigenden Aufgaben sind enorm. Aber eine Sache ist hoffentlich gezeigt worden: Die Ergebnisse der phänomenologischen Forschung können und dürfen nicht den überprüften Resultaten der mundanen Wissenschaften oder gar den bewährten Lehrsätzen der sogenannten Philosophie der Wissenschaften widersprechen. Wie eingangs betont wurde, hat die Phänomenologie ihr eigenes Forschungsgebiet und hofft, dort mit ihren Arbeiten zu enden, wo die Anderen beginnen.

Ich fürchte aber, den Leser jetzt enttäuschen zu müssen. Ein ausgebildeter Phänomenologe würde die bisherige Ausführung nicht als eine Darstellung der phänomenologischen *Philosophie* ansehen. Er würde vielleicht zugeben, daß ein oder zwei Fragen berührt worden sind, die Husserl der von ihm so genannten phänomenologischen *Psychologie!phänomenologische* zurechnete.[E 94] Die phänomenologische Philosophie behandelt die Leistungen des transzendentalen Ego, die Konstitution von Raum und Zeit, die Konstitution der Intersubjektivität, die Probleme von Leben und Tod, die Probleme der Monaden, sie ist in der Tat ein Zugang zu den Fragen, die normalerweise metaphysisch genannt werden. Husserls publizierte Schriften beschäftigen sich nur sehr fragmentarisch mit den Begründungen der phänomenologischen Philosophie, obgleich er die letzten zwanzig Jahren seines Lebens damit verbrachte, diese Probleme zu umreißen.[6][E 95] Ich nehme jedoch an, daß unter den gegenwärtigen Umständen amerikanische Wissenschaftler ein weit größeres Interesse an den Methoden und Ergebnissen der phänomenologischen Psychologie haben mögen, die – richtig verstanden – mit vielen Grundzügen von James' Psychologie konvergiert,[E 96] mit gewissen Grundbegriffen von G. H. Mead[E 97] und schließlich mit der sogenannten Gestalttheorie[E 98], die unter amerikanischen Psychologen viele Anhänger gefunden hat.

X[E 99]

Einige wenige abschließende Bemerkungen sollen kurz andeuten, worin die Bedeutung der Phänomenologie für die Sozialwissenschaften liegt. Es muß deutlich gesagt werden, daß das Verhältnis der Phänomenologie zu den Sozialwissenschaften nicht damit aufgezeigt werden kann, daß konkrete Probleme der Sozi-[96]ologie oder Ökonomie, zum Beispiel die Theorie sozialer Anpassung oder des internationalen Handels, mit phänomenologischen Methoden untersucht werden. Ich bin jedoch der Überzeugung, daß zukünftige Studien der sozialwissenschaftlichen Methoden und ihrer fundamentalen Begriffe notwendig zu Fragen führen werden, die in das Gebiet der phänomenologischen Forschung gehören.[7]

Um nur ein Beispiel zu geben: alle Sozialwissenschaften nehmen die Intersubjektivität des Denkens und Handelns für selbstverständlich hin. Daß Mitmenschen existieren, daß Menschen auf andere Menschen einwirken, daß Kommunikation in Zeichen und Symbolen möglich ist, daß soziale Gruppen und Institutionen, juristische, ökonomische und ähnliche Systeme untrennbare Elemente unserer Lebenswelt sind, daß diese Lebenswelt ihre eigene Geschichte und ihren besonderen Bezug auf Raum und Zeit hat – all dies sind Überlegungen, die explizit oder implizit für die Arbeit jedes Sozialwissenschaftlers grundlegend sind. Letztere haben bestimmte methodologische Verfahren entwickelt – Bezugsrahmen, Typologien, statistische Methoden –, um mit den Phänomenen umzugehen, die in diesen Begriffen angedeutet sind. Aber die Phänomene selbst werden einfach als selbstverständlich hingenommen.

---

6 Vgl. Husserls Beitrag »Phenomenology«, in[:] *Encyclopedia Britanica*, 14. Aufl. [1934; dieser Artikel ist auch abgedruckt in: *Husserliana*, Bd. IX, Den Haag: Martinus Nijhoff 1962, S. 372 ff.].

7 Vgl. A[lfred] Schütz, »Phänomenologie und die Sozialwissenschaften« , in: *Philosophical Essays in Memory of Edmund Husserl*, hg. v. Marvin Farber. Cambridge/Mass.: Harvard University Press 1940, S. 164-186 [[1940-I-1], jetzt in ASW IV.].[E 100]

Der Mensch wird einfach als soziales Wesen aufgefasst; Sprache und andere Kommunikationssysteme existieren; das Bewußtseinsleben des Anderen ist mir zugänglich – kurzum, ich kann den Anderen und seine Handlungen verstehen, und er kann mich und mein Tun verstehen. Und das gleiche gilt für die vom Menschen geschaffenen sozialen und kulturellen Gegenstände.[E 101] Sie werden als selbstverständlich hingenommen und haben ihre spezifische Bedeutung und Existenzweise.

Aber wie kommt es dazu, daß gegenseitiges Verstehen und Kommunikation überhaupt möglich sind? Wie ist es möglich, daß der Mensch sinnvolle Handlungen ausführt, zielstrebig oder gewohnheitsmäßig, daß er von zu erreichenden Zwecken geleitet und durch gewisse Erlebnisse motiviert wird? Verweisen nicht die Begriffe der Bedeutung, der Motive, der Zwecke, der Handlungen auf eine bestimmte Bewußtseinsstruktur, auf eine bestimmte Ordnung aller Erfahrungen in der inneren Zeit, auf eine bestimmte Art der Sedimentierung? Und setzt nicht die Interpretation der Bedeutung des Anderen, der Bedeutung seiner Akte und der Resultate dieser Akte eine Selbstinterpretation des Beobachters oder Partners voraus? Wie [97] kann ich in meiner Einstellung als Mensch unter anderen Menschen oder als Sozialwissenschaftler, zu all dem einen Zugang finden, wenn nicht im Rückgriff auf einen Erfahrungsschatz, der sich in Sedimentierungen meines eigenen Bewußtseinslebens gebildet hat? Und wie können Methoden zur Interpretation sozialer soziale Beziehungen gerechtfertigt werden, wenn sie nicht auf sorgfältiger Beschreibung der diesen Beziehungen zugrunde liegenden Annahmen und ihrer Implikationen aufbauen?

Diese Fragen können mit Methoden der Sozialwissenschaften nicht beantwortet werden.[E 102] Sie verlangen eine philosophische Untersuchung. Und die Phänomenologie – nicht nur die von Husserl so benannte phänomenologische Philosophie, sondern selbst die phänomenologische Psychologie – hat nicht nur den Zugang zu einer solchen Untersuchung freigelegt, sondern hat zudem diese Untersuchung selbst begonnen.

Anmerkungen des Editors

E1 Im Original [1945-I-1]: »in a recent issue«. »recent« fehlt in Alfred Schutz, *Collected Papers I. The Problem of Social Reality* [1962-I-1], ed. by Maurice Natanson, Den Haag: Nijhoff 1962, S. 99.

E2 Es handelt sich um eine kurze, nicht signierte Buchnotiz in der *American Sociological Review* 9, Nr. 3: Juni 1944, S. 343 f. Diese Notiz bezieht sich auf Marvin Farbers *The Foundation of Phenomenology*, Cambridge, Mass.: Harvard University Press 1943. Dieses Werk, und nicht die phänomenologischen Schriften insgesamt, wird in der Notiz als »almost inaccessible to many philosophers, to say nothing of social scientists« bezeichnet. Im Original lautet die Stelle: »Although there is probably much of significance in Farber's present work, it is almost inaccessible to many philosophers, to say nothing of social scientists. We must apparently wait for popularized interpretations before much can be said about the relations of phenomenology and the social sciences.« Vgl. dazu auch Alfred Schütz, »Rezension zu Marvin Farber: The Foundation of Phenomenology« [1944-I-1], *Philosophical Abstracts*, 3, 1943/44, S. 8-9, in ASW III.2, S. 111-114.

E3 Neben Farber, *Foundation*, a. a. O. (Anm. E 2) wird in der Notiz einleitend auch auf eine ebenfalls kurze Note zu E. Parl Welch, *The Philosophy of Edmund Husserl. The Origin and Development of his Phenomenology*, New York: Columbia University Press 1941 verwiesen. Dieses Buch wurde auch in *Philosophy and Phenomenological Research* von Herbert Spiegelberg (3, Nr. 2: Dez. 1942, S. 219-232) besprochen.

E4 Im Original: »crystal gazer«.

E5 Die hier von Schütz entwickelte Typologie der Phänomenologie-Rezeption verweist auf die rezeptiven Schwierigkeiten der Phänomenologie im Allgemeinen und den Schwierigkeiten der phänomenologisch orientierten Emigranten in den USA im Besonderen. Zu diesem ersten Typ der generellen Ablehnung der Phänomenologie passt Schelers Verweis auf Gespräche mit Weber, welcher Phänomenologen mit »Intuitivisten, Tintenfischromantiker, Metaphysiker, Mystiker usw.« in einem Atemzug nannte (vgl. Max Scheler, *Die Wissensformen und die Gesellschaft*, in: *Gesammelte Werke* Bd. 8, hg. v. Maria Scheler, Bern/München: Francke ^{2}1960, S. 432. Vgl. zu diesen Vorwürfen an die Phänomenologie auch Eugen Fink, »Die Phänomenologische Philosophie Edmund Husserls in der gegenwärtigen Kritik«, in: *Kant-Studien* 38 (1933), S. 318-383. Zum Vorwurf des Intuitionismus und Ontologismus von neukantianischer Seite bes. S. 323 f. Vgl. dazu auch die Schwierigkeiten, die Felix Kaufmann nach seiner Emigration in die USA hatte. Die von ihm gesuchte Verbindung zu Dewey scheitert. Deweys Fazit lautet: »Those [German refugees] who have phenomenology – whatever this is – to sell seem the worst«. (Brief an Bentley v. 19. Februar 1942, zitiert nach Ingeborg Katharina Helling, »Wirken in der Emigration: Felix Kaufmann. Fallstudie einer mißlungenen Annäherung am Beispiel des Briefwechsels zwischen John Dewey, Arthur F. Bentley und Felix Kaufmann«, in: *Exil, Wissenschaft, Identität. Die Emigration deutscher Sozialwissenschaftler 1933-1945*, hg. v. Ilja Srubar, Frankfurt/M.: Suhrkamp 1988, S. 181-205, S. 196. Schließlich ist Talcott Parsons zu nennen, der in dem kurzen Briefwechsel Schütz einen ontologischen Ansatz unterstellt, vgl. Alfred Schütz/Talcott Parsons, *Zur Theorie sozialen Handelns. Ein Briefwechsel*, hg. u. eingel. v. Walter Sprondel, Frankfurt/M.: Suhrkamp 1977, S. 81 u. 88, sowie Schütz' Rechtfertigung, dass er »niemals ein ontologischer Dogmatiker war« (116).

E6 Dieser zweite Typ der Phänomenologie-Rezeption entspricht etwa der einleitend von Schütz zitierten kurzen Buchnotiz vgl. Anm. E 2. Vgl. dazu auch den Vorwurf von Eric Voegelin im Brief v. 17. September 1943 an Schütz, Husserl betreibe die »Stiftung einer endzeitlichen Philosophensekte« (Alfred Schütz/Eric Voegelin, *Eine Freundschaft, die ein Leben ausgehalten hat. Briefwechsel 1938 – 1959*, hg. v. Gerhard Wagner und Gilbert Weiss, Konstanz: UVK 2004, S. 162.

E7 Vgl. Theodor Litt, *Individuum und Gemeinschaft. Grundlegung der Kulturphilosophie.* Leipzig/Berlin: Teubner [3]1926. Vgl. dazu auch die Anmerkungen von Schütz in Alfred Schütz, *Der sinnhafte Aufbau der sozialen Welt: Eine Einleitung in die verstehende Soziologie* [1932-I-1], in ASW II., S. 92, 101 f. und 104.

E8 Vgl. zum Verhältnis von Schütz zu Max Scheler Alfred Schütz, »Schelers Theorie der Intersubjektivität und die Generalthesis vom Alter Ego« [1942-I-1], in ASW III.2, S. 65-108, vor allem S. 93, wo Schelers (Erkenntnis-)Theorie als »halbphänomenologisch« bezeichnet und diese Bezeichnung auch ansatzweise begründet wird. Vgl. auch Alfred Schütz, »Max Schelers Philosophie« [1956-I-2], in ASW III.2, S. 159-178 und Alfred Schütz, »Max Schelers Erkenntnistheorie und Ethik« [1957-I-5 u. 1958-I-1], in ASW III.2, S. 179-228. Zu Schelers Theorie des Fremdverstehens, mit der sich Schütz im erstgenannten Aufsatz ausführlich auseinandersetzt vgl. Max Scheler, *Der Formalismus in der Ethik und die materiale Wertethik. Neuer Versuch der Grundlegung eines ethischen Personalismus* (1913/1916), in: Gesammelte Werke Bd. 2, hg. v. Maria Scheler u. Manfred S. Frings, Bern/München: Francke [6]1980, S. 386 ff. sowie ders., *Die Wissensformen und die Gesellschaft*, a. a. O. (Anm. E 5), sowie ders., *Schriften zur Soziologie und Weltanschauungslehre*, in: Gesammelte Werke Bd. 6, hg. v. Maria Scheler, Bern/München: Francke [2]1963. Die Annotationen in Schütz' Handexemplar von Schelers Werk sowie das Manuskript »Leben und Erkennen. Entwürfe einer Theorie der Geisteswissenschaft« [1925-II-2], zuerst veröffentlicht in Alfred Schütz, *Theorie der Lebensformen. Frühe Manuskripte aus der Bergson-Periode*, hg. v. Ilja Srubar, Frankfurt/M.: Suhrkamp 1981, in ASW I., S. 179-199 belegen dabei, dass Schütz' Auseinandersetzung mit Schelers Werk bereits ab Mitte der 20er Jahre begann. Zu Schütz' Schelerrezeption vgl. auch die Joachim Renn/Hansfried Kellner, »Einleitung der Herausgeber«, in: ASW III.2, insbes. S. 22 ff.

E9 An dieser Stelle beginnen die sich im Nachlass befindenden beiden Entwürfe des Textes, die jeweils am Beginn mit dem Datum »Lake Placid, July 21, 1943« versehen sind.

E10 Im handschriftlichen Entwurf lautet diese Stelle: »His published writings present only a small section of his thought. Husserl left at his death more than 40.000 pages of manuscript written in a special shorthand which only his close assistants are able to decipher. But even the published part of his philosophy in its condensed presentation and highly technical language is of rather a fragmentary character.« (lfd. Nr. 6435)

E11 Zum Zeitpunkt des Erscheinens des Aufsatzes liegen folgende wichtige Werke Edmund Husserls veröffentlicht vor: Edmund Husserl, *Logische Untersuchungen. Erster Band* (1900), Halle: Niemeyer [4]1928, in: *Husserliana* Bd. XVIII, hg. v. Elmar Holenstein, Den Haag: Nijhoff 1984; Edmund Husserl, *Logische Untersuchungen. Zweiter Band* (1900), Halle: Niemeyer [4]1928, in: *Husserliana* Bd. XIX/1 u. XIX/2, hg. v. Ursula Panzer, Den Haag: Nijhoff 1984; Edmund Husserl, *Ideen zu einer reinen Phänomenologie und phänomenologischen Philosophie* Erstes Buch *Allgemeine Einführung in die reine Phänomenologie* (1913), Halle: Niemeyer [3]1928, in: *Husserliana* Bd. III/1, hg. v. Karl Schuhmann, Den Haag: Nijhoff [3]1976; Edmund

Husserl, »Vorlesungen zur Phänomenologie des inneren Zeitbewußtseins«, hg. v. Martin Heidegger, in: *Jahrbuch für Philosophie und phänomenologische Forschung* 9, 1928. S. 367-490, in: *Husserliana* Bd. X, hg. v. Rudolf Boehm, Den Haag: Nijhoff 1966, S. 3-130; Edmund Husserl, *Formale und transzendentale Logik. Versuch einer Kritik der logischen Vernunft*(1929), in: *Jahrbuch für Philosophie und phänomenologische Forschung* 10, 1929, S. 192 ff., jetzt in: *Husserliana* Bd. XVII, hg. v. Paul Janssen, Den Haag: Nijhoff 1974 ; Edmund Husserl, *Méditations Cartésiennes.* Introduction à la Phénomenologie. Traduit de l'Allemand par *Gabrielle Pfeiffer* et *Emmanuel Levinas.* Paris: Collin 1931, jetzt in: *Husserliana* Bd. I, *Cartesianische Meditationen und Pariser Vorträge*, hg. v. Stephan Strasser, Den Haag: Nijhoff ^{2}1973, S. 41-183.

E12 Hier findet sich im handschriftlichen Entwurf eine Aufzählung: »[...] social things including mathematics, logic, psychology, and even the current philosophy are based.« [lfd. Nr. 6435]

E13 Vgl. dazu Edmund Husserl, »Nachwort zu meinen ›Ideen zu einer reinen Phänomenologie und phänomenologischen Philosophie‹«, in: *Jahrbuch für Philosophie und phänomenologische Forschung*, Bd. XI, (1930), S. 549-570; jetzt in: Edmund Husserl, *Ideen zu einer reinen Phänomenologie und phänomenologischen Philosophie.* Drittes Buch: *Die Phänomenologie und die Fundamente der Wissenschaften, Husserliana* Bd. V, hg. v. Marly Biemel, Den Haag: Nijhoff ^{2}1971, S. 138-162, S. 161.

E14 Im Original »by fearless consistency«.

E15 Vgl. dazu Edmund Husserl, *Erste Philosophie. Erster Teil: Kritische Ideengeschichte, Husserliana* Bd. VII, hg. v. Rudolf Boehm, Den Haag: Nijhoff 1956 und Edmund Husserl, *Erste Philosophie. Zweiter Teil: Theorie der phänomenologischen Reduktion, Husserliana* Bd. VIII, hg. v. Rudolf Boehm, Den Haag: Nijhoff 1959. Da Schütz ab 1932 einen recht engen Kontakt zu Edmund Husserl hatte, und es gängige Praxis war, Manuskripte unter den Schülern zirkulieren zu lassen, kann davon ausgegangen werden, dass Schütz zumindest das programmatische Schlagwort kannte, wenn nicht sogar Zugang zu den Vorlesungsmanuskripten hatte (vgl. zu dieser Praxis auch Anm. E 5, S. 57 zu Schütz' Text »[Notizen zu Problemen der Explikation und der Gegenständlichkeit]«). Zu Husserls Programm der Neufundierung der Wissenschaften, vgl. auch Edmund Husserl, *Die Krisis der europäischen Wissenschaften und die transzendentale Phänomenologie. Eine Einleitung in die phänomenologische Philosophie* (1936); Teil I und II dieses Textes erschienen 1936 im 1.Band der Zeitschrift *Philosophia* in Belgrad, jetzt insgesamt in: *Husserliana* Bd. VI, hg. v. Walter Biemel, Den Haag: Nijhoff 1956, § 5 ff, sowie ders., »Philosophie als strenge Wissenschaft«, in: *Logos* Bd. I, 1910/11, S. 289-341, in: *Husserliana* Bd. XXV, hg. v. Thomas Nenon u. Hans Rainer Sepp, Dordrecht: Kluwer 1987, S. 3-62.

E16 An dieser Stelle findet sich Manuskript kein Absatz; nachträglich eingefügt wurde der Satz »This statement needs further comment.« (lfd. Nr. 6436) Im Typoskript ist an dieser Stelle ein Absatz eingefügt, der mit dem zititerten Satz eingeleitet wird (lfd. Nr. 6466).

E17 Sowohl im Manuskript als auch im Typoskript ist »not« unterstrichen (lfd. Nr. 6436, 6466), im Erstdruck erfolgte jedoch keine Hervorhebung.

E18 Karl Theodor Wilhelm Weierstraß (1815 – 1897) war ein deutscher Mathematiker, der sich vor allem mit der logisch fundierten Aufarbeitung der Analysis beschäftigt hat. Zu seinen Schülern zählte unter anderem Georg Cantor, der Begründer der Mengenlehre.

E19 Schütz bezieht sich mit dem Begriff »doctorate« (in Manu- und Typoskript »Ph. D.«) wohl auf die Habilitationsschrift Edmund Husserls von 1887 »Über den Begriff der Zahl«, die 1891 unter dem Titel *Philosophie der Arithmetik*, Halle: Pfeffer 1891 (in: *Husserliana* Bd. XII, hg. v. Lothar Eley, Den Haag: Nijhoff 1970), veröffentlicht wurde. Die unveröffentlichte Dissertation Husserls trägt den Titel »Beiträge zur Variationsrechnung«, was Schütz auch bekannt gewesen sein dürfte, da diese Tatsache beispielsweise von Farber, *Foundations* a. a. O. (Anm. E 2), S. 21, explizit erwähnt wird.

E20 Im Typoskript wurde »uncritically« handschriftlich über dem ausgestrichenen »naively« ergänzt.

E21 Im Orig. »yardsticks and pointers«.

E22 Vgl. dazu Edmund Husserl, *Erfahrung und Urteil. Untersuchungen zur Genealogie der Logik*, hg. v. Ludwig Landgrebe, Prag: Academia 1939; ND: Hamburg: Claasen&Goverts 1948; jetzt Hamburg: Meiner [7]1999, sowie Husserl, *Formale und transzendentale Logik*, a. a. O. (Anm. E 11). Zu der hier skizzierten Position des logischen Positivismus im Wiener Kreis, die für Schütz in der Wiener Zeit als Gegenpol wichtig war, vgl. Rudolf Carnap, *Der logische Aufbau der Welt*, Berlin: Weltkreis 1928 und Moritz Schlick, *Allgemeine Erkenntnislehre* (1918), Berlin: Springer [2]1925.

E23 Vgl. dazu Husserl, *Logische Untersuchungen. Zweiter Band*, a. a. O. (Anm. E 11, §§ 1 ff.), sowie ders., *Formale und transzendentale Logik*, a. a. O. (Anm. E 11), ders., *Erfahrung und Urteil*, a. a. O. (Anm. E 22), sowie die bereits von Schütz erwähnte Habilitationsschrift Husserls, *Philosophie der Arithmetik*, a. a. O. (Anm. E 19).

E24 Vgl. dazu auch Schütz' ähnliche Charakterisierung in der Rezension von Husserls *Cartesianischen Meditationen*, jetzt in diesem Band, S. 72.

E25 An dieser Stelle findet sich im Manuskript die Fortsetzung, »however, a method requiring a radical revolution in our habits of thinking which can be mastered only after many years of hard work and laborious study.« (lfd. Nr. 6438, Z. 13 ff.). Im Typoskript wurde dieser Nebensatz gestrichen (lfd. Nr. 6468, Z. 16 ff.).

E26 Vgl. zum phänomenologischen Wahrheitsproblem Husserl, *Logische Untersuchungen. Zweiter Band* a. a. O. (Anm. E 11), besonders die VI. Untersuchung, »Elemente einer phänomenologischen Aufklärung der Erkenntnis« und Husserl, *Cartesianische Meditationen*, a. a. O. (Anm. E 11), §§ 23 ff. Zu den Wahrheitsbegriffen bei Husserl Ernst Tugendhat, *Der Wahrheitsbegriff bei Husserl und Heidegger*, Berlin: de Gruyter 1967.

E27 Vgl. René Descartes, *Meditationes de Prima Philosophia* (1641), dt.: *Mediationen über die Grundlagen der Philosophie* (mit den sämtlichen Einwänden und Erwiderungen), übersetzt u. hg v. Artur Buchenau, Hamburg: Meiner 1994. Gestrichen wurde im Typoskript an dieser Stelle ein Verweis auf Descartes' *Discourse de la methode*.

E28 Vgl. dazu Alfred Schütz »Rezension zu Edmund Husserl, *Méditations Cartésiennes*«, in diesem Band S. 65 ff., Anmerkung E 8, S. 78.

E29 Im Original: »stream of thought«. Vgl. dazu den Begriff des Erlebnisstromes bei Husserl, *Ideen I*, a. a. O. (Anm. E 11), §§ 36 ff.; ders., *Cartesianische Meditationen*, a. a. O. (Anm. E 11), §§ 46 ff.; ders., *Zeitbewußtsein*, a. a. O. (Anm. E 11), §§ 8 ff. Dieser Begriff verweist auch auf die Auseinandersetzung von Schütz mit William James vgl. dazu den Aufsatz »William James' Begriff des ›Stream of Thought‹ phänomenologisch interpretiert« [1941-I-1], in ASW III.2, S. 37-62, sowie Hansfried Kellner/Joachim Renn, »Einleitung der Herausgeber«, in: ASW III.2, S. 7-29 und den Briefwechsel von Alfred Schütz/Aron Gurwitsch, *Briefwechsel 1939 – 1959*, mit einer Einleitung von Ludwig Landgrebe hg. v. Richard Grathoff, München: Fink 1985., vor allem die Briefe vom 7. und 16. November 1940.

E30 »uncritical attitude« verweist auf den Begriff der »naiv-natürlichen Einstellung«, wie ihn Schütz im *Sinnhaften Aufbau entwickelt* [1932-I-1], in ASW II., S. 219 ff. Der wiederum geht zurück auf Max Scheler, vgl. ders., *Die Wissensformen und die Gesellschaft*, a. a. O. (Anm. E 5), S. 60 ff. Vgl. dazu aber auch Husserls Begriff der »natürlichen Einstellung«, in: ders., *Ideen I* (1913), a. a. O. (Anm. E 11), §§ 27, 30.

E31 Im Original: »the outstanding pattern«.

E32 Vgl. Husserls Kritik in den *Cartesianischen Meditationen*, a. a. O. (Anm. E 11), §§ 1 ff. und in der Krisisschrift, a. a. O. (Anm. E 15), §§ 11,16 und 18 ff.

E33 Im Typoskript wurde »sufficiently radical« an dieser Stelle handschriftlich eingefügt (lfd. Nr. 6470).

E34 Franz Brentano (1838 – 1917) hat den Begriff der »Intentionalität« geprägt und war einer der akademischen Lehrer Husserls in Wien. Vgl. dazu ausführlich Herbert Spiegelberg, *The Phenomenological Movement. A Historical Introduction*, Den Haag: Nijhoff [2]1976, Bd. I, S. 27 ff.

E35 Im Typoskript ist »Brentano« durchgestrichen, und »Husserl« handschriftlich ergänzt (lfd. Nr. 6470).

E36 Diese Fußnote wurde handschriftlich in das Typsokript eingefügt (lfd. Nr. 6470).

E37 Zur Intentionalität vgl. Husserl, *V. Logische Untersuchung: Über intentionale Erlebnisse und ihre »Inhalte«*, a. a. O. (Anm. E 11); ders., *Ideen I*, a. a. O. (Anm. E 11), § 35.

E38 Vgl. Descartes, *Meditationes*, a. a. O. (Anm. E 27), II, 9. Diese Kritik wurde so von Husserl formuliert, vgl. ders., *Cartesianische Meditationen*, a. a. O. (Anm. E 11), §§ 8 ff., insbes. § 10.

E39 Vgl. dazu etwa Husserl, *Ideen I*, a. a. O. (Anm. E 11), § 31, §§ 56 ff.; ders., *Cartesianische Meditationen*, a. a. O. (Anm. E 11), IV. Meditation, §§ 30 ff.

E40 Vgl. dazu etwa Husserl, *Ideen I*, a. a. O. (Anm. E 11), § 31 und Husserl, *Cartesianische Meditationen*, a. a. O. (Anm. E 11), § 34.

E41 Vgl. dazu Farber, *Foundation*, a. a. O. (Anm. E 2), S. 167, Fußnote 16, wo Farber mit Bezug auf *Erfahrung und Urteil*, a. a. O. (Anm. E 22), §§ 5, 11 und 12 den Begriff der genetischen Phänomenologie erläutert.

E42 Diese Fußnote wurde handschriftlich im Typoskript eingefügt.

E43 Vgl. dazu Schütz' analytische Bewegung zur Klärung der Konstitution des subjektiven Sinns im *Sinnhaften Aufbau*, a. a. O. (Anm. E 7), Zweiter Abschnitt, §§ 7-18, und die Erläuterung dazu in § 19, S. 219.

E44 Dieser Nebensatz fehlt im Manuskript und wurde erst im Typoskript handschriftlich eingefügt (lfd. Nr. 6472).

E45 Ähnlich argumentiert Schütz im *Sinnhaften Aufbau* a. a. O. (Anm. E 7), jetzt in ASW II., im Übergang zum Zweiten Abschnitt S. 129 f. An der Stelle stützt sich Schütz auf Husserl, »Nachwort«, a. a. O. (Anm. E 13), S. 142 ff. Diese Geltungsübertragung von der transzendentalen in die mundane wird mit Schütz' späterer Ablehnung von Husserls transzendentalphilosophischer Theorieanlage aufgegeben. Vgl. dazu die Einleitung in diesem Band sowie »Das Problem der transzendentalen Intersubjektivität bei Husserl« [1957-I-3], in diesem Band S. 227 ff.

E46 Vgl. zu Husserls transzendentalem Ansatz und Schütz' Kritik daran vgl. wiederum die Einleitung in diesem Band S. 31 ff.; Schütz, »Das Problem der transzendentalen

Intersubjektivität bei Husserl« [1957-I-3], in diesem Band S. 227 ff., sowie weiter Alfred Schütz, »Schelers Theorie der Intersubjektivität und die Generalthesis vom Alter Ego« [1942-I-1], in ASW III.2, S. 65-108, S. 86 f. und Schütz/Gurwitsch, *Briefwechsel*, a. a. O. (Anm. E 29).

E47 Im Manuskript: »this rather painful suppression«.

E48 Das Wort »natural« wurde an dieser Stelle handschriftlich im Typoskript eingefügt (lfd. Nr. 6473).

E49 Das Wort »corporeal« wurde handschriftlich ins Typoskript eingefügt (lfd. Nr. 6474).

E50 Hier findet sich in Manuskript und Typoskript der Nebensatz »which may lead us to a better understandig of the aims of phenomenology.« (lfd. Nr. 6449, 6474)

E51 Vgl. William James, *The Principles of Psychology* (1893), Cambridge/Mass.: Harvard University Press 1983. Zum Objektbegriff vor allem IX, 3 und 4.

E52 Der Verweis auf Schütz' eigenen James-Aufsatz wurde im Typoskript handschriftlich ergänzt.

E53 Zu den Begriffen Noësis und Noëma vgl. Husserl, *Ideen I*, a. a. O. (Anm. E 11), §§ 87 ff.

E54 Vgl. zum Horizontbegriff etwa Husserl, *Krisis*, a. a. O. (Anm. E 15), § 38 ff.; zum »Außenhorizont« ebd. § 47; Husserl, *Erfahrung und Urteil*, a. a. O. (Anm. E 22), §§ 8 und 26.

E55 Vgl. zu James' Begriff der »fringes« William James, *Principles*, a. a. O. (Anm. E 51), S. 258, 281 f. und 471 f.

E56 Vgl. zum Problem der Evidenz Anm. E 26.

E57 Vgl. dazu Husserl: *Zeitbewußtsein*, a. a. O. (Anm. E 11), sowie Schütz eigene zeitliche Grundlegung der Sinnbildung und der Handlungstheorie im *Sinnhaften Aufbau* [1932-I-1], jetzt in ASW II.

E58 In Manu- und Typoskript ist an dieser Stelle nur von »the greater problem of memory and inner time« die Rede.

E59 Im Original: »to the doctrine of the Gestaltists«. In Bezug auf die Gestalttheorie ist vor allem auf Schütz' engen Freund Aron Gurwitsch zu verweisen, der den Zusammenhang zwischen James und der Gestalttheorie in seinem brieflichen Kommentar zu Schütz' Jamesaufsatz herstellt, vgl. Schütz/Gurwitsch: *Briefwechsel*, a. a. O. (Anm. E 29), S. 61. Gurwitsch hat seine Dissertation zum Verhältnis von Phänomenologie und Gestalttheorie verfasst (ebd. S. 175). Schütz kannte auch die Aufsätze von Gurwitsch zu dem gestalttheoretisch orientierten Neurologen Kurt Goldstein (ebd. S. 124). In Alfred Schütz, *Collected Papers I*, [1962-I-1] und in den *Gesammelten Aufsätzen I* [1971-I-1] wird von Maurice Natanson an dieser Stelle auf Aron Gurwitsch; *Théorie du champ de la conscience*, Brouwer: Bruges 1957 (dt: Das Bewußtseinsfeld, Berlin: de Gruyter 1976) hingewiesen. Außerdem sind in diesem Zusammenhang vor allem Adhemar Gelb und Kurt Goldstein zu nennen, auf die sich sowohl Schütz als auch Gurwitsch des öfteren beziehen und die Schütz in seinem Aufsatz »Sprache, Sprachpathologie und Bewußtseinsstrukturierung« [1950-I-2], in ASW V.2, S. 59-115, häufig zitiert. An der New School of Social Sciences lehrte zudem die Gestaltpsychologin Mary Henle.

E60 Vgl. dazu vor allem Husserl, *V. Logische Untersuchung: Über intentionale Erlebnisse und ihre »Inhalte«*, a. a. O. (Anm. E 11), §§ 22 ff., wo die Konstitution durch die Schemata von Materie (hyle) und Auffassung beschrieben wird. Vgl. dazu auch *Ideen I*, a. a. O. (Anm. E 11, §§ 85, 97 ff.

E61 Vgl. dazu auch Schütz' Ausführungen zu Sprache, Symbol und Zeichen in den

Aufsätzen »Sprache, Sprachpathologie und Bewußtseinsstrukturierung« [1950-I-2], in ASW V.2, S. 79-116 und »Symbol, Wirklichkeit und Gesellschaft« [1955-I-2], in ASW V.2, S. 117-220.

E62 Vgl. dazu Husserls *I. Logische Untersuchung: Ausdruck und Bedeutung*, a. a. O. (Anm. E 11) und dazu auch Schütz' Aufsatz »Symbol, Wirklichkeit und Gesellschaft«, a. a. O. (Anm. E 61).

E63 Wahrscheinlich liegt hier wieder ein Bezug auf den logischen Positivismus des Wiener Kreises vor, vgl. oben Anm. E 22.

E64 Vgl. Husserl, *IV. Logische Untersuchung*, a. a. O. (Anm. E 11).

E65 Vgl. dazu Schütz' Ausführungen zum Prozess der Sinnkonstitution im *Sinnhaften Aufbau*, a. a. O. (Anm. E 7), in ASW II., §§ 7 ff.

E66 Dieses Sedimentierungskonzept liegt Schütz' Vorstellung des Wissensvorrats und der Relevanzstrukturen als eines Resultats der biografischen Situation zugrunde. Vgl. dazu Alfred Schütz, »Das Problem der Relevanz« [1947-II-1 und 1951-II-1], in ASW VI.1, S. 57-249, sowie den Aufsatz »Strukturen der Lebenswelt« [1957-II-3], in ASW V.1, S. 325-347.

E67 Vgl. dazu vor allem Husserl, *Erfahrung und Urteil*, a. a. O. (Anm. E 22).

E68 Vgl. zur Bedeutung der Aristotelischen Grundlegung der Logik für Husserl auch ders., *Formale und transzendentale Logik*, a. a. O. (Anm. E 11), §§ 12, 23, sowie Schütz' »Rezension zu Edmund Husserl, *Formale und transzendentale Logik*« [1933-I-1], in diesem Band S. 87 ff.

E69 Im Orig: »fringes«, womit wiederum der Bezug zu James hergestellt wird; vgl. oben Anm. E 51.

E70 Vgl. zur vorprädikativen Erfahrung Husserl, *Formale und transzendentale Logik*, a. a. O. (Anm. E 11), §§ 85 ff., sowie vor allem ders., *Erfahrung und Urteil*, a. a. O. (Anm. E 22), I. Abschnitt.

E71 Vgl. Husserl, *Formale und transzendentale Logik*, a. a. O. (Anm. E 11).

E72 Die vorsichtige Eingangsformulierung dieses Satzes (»er beginnt«) verweist auf die Probleme, die Schütz mit der transzendentalen Begründung der Intersubjektivitätstheorie hat. Vgl. dazu vor allem den Aufsatz »Das Problem der transzendentalen Intersubjektivität bei Husserl« [1957-I-3], in diesem Band S. 227 ff., sowie die Einleitung zu diesem Band S. 31 ff.

E73 Im Original »Dewey's operationalism«. Die wissenschaftstheoretische Position des »operationism« beruht vor allem auf Percy L. Bridgmans *The logic of modern physics*, New York: Macmillan 1927 (dt. Übersetzung: *Die Logik der modernen Physik* München: Huebner 1932). Auf pragmatischen und positivistischen Grundlagen wird hierbei davon ausgegangen, daß Handlungen und Operationen die Gegenstände erst konstituieren und wissenschaftliche Begriffe auf definierten und wiederholbaren Operationen beruhen. Diese Position war seit den 30er Jahren in der amerikanischen Psychologie sehr verbreitet, nicht zuletzt bei den Behavioristen. Der Bezug zu Dewey, den Schütz hier herstellt, ist abgesehen von den pragmatischen Grundlagen des Operationalismus unklar. Allenfalls in Bezug auf die generelle Abgrenzung gegen den Pragmatismus, der nach Schütz »die Probleme der Konstitution des bewußten Lebens« vernachlässigt (Alfred Schütz, »Über die mannigfaltigen Wirklichkeiten« [1945-I-3], jetzt in ASW V.1, S. 177-247, S. 188 Fn. 8. Vgl. dazu auch die Fußnote 10 zu George Herbert Mead (a. a. O. S. 192), die diesem Behaviorismus unterstellt.

E74 Vgl. oben E 51.

E75 Vgl. zu dieser These auch den Briefwechsel von Schütz mit Parsons, dessen Mißverständnisse sich nicht zuletzt um dieses Problem drehen: Alfred Schütz/Talcott Parsons, *Briefwechsel.*, a. a. O. (Anm. E 5) insbes. S. 116 ff.

E76 Als deutsche Übersetzung für »essence« im Original in Klammern.

E77 Vgl. zum Begriff des Eidos Husserl, *Ideen I*, a. a. O. (E 11), §§ 3 ff. und §§ 56 ff. sowie zu Schütz' späterer Kritik daran besonders Alfred Schütz, »Typus und Eidos in Husserls Spätphilosophie« [1959-I-6], in diesem Band S. 325 ff.

E78 Als deutsche Übersetzung für »eidetical science« im Original in Klammern.

E79 Diese Feststellung ist differenziert zu sehen. Einerseits behauptet Schütz die Verwendbarkeit eidetischer Befunde im Bereich des »Mundanen« (vgl. dazu auch die »Anmerkung« in Schütz, *Sinnhafter Aufbau*, a. a. O. (E 7), in ASW II., S. 129 f.), andererseits lehnt er vorschnelle Versuche ab, soziologische Probleme mittels der eidetischen Methode zu betreiben, vgl. Alfred Schütz, »Husserls Bedeutung für die Sozialwissenschaften« [1959-I-5], in diesem Band S. 306 f.

E80 Im Orig. deutsch.

E81 Im Orig. deutsch. Vgl. zur normativen Einschätzung auch oben E 24.

E82 Vgl. zu diesen Begriffen Husserl, *Ideen I*, a. a. O. (E 11), §§ 2 ff. Schütz verweist hier vielleicht auch auf seine eigene Lektüreerfahrung, vgl. Alfred Schütz, »[Husserl und sein Einfluß auf mich]« [1958-II-7], in diesem Band S. 295 ff.

E83 Im Orig. deutsch.

E84 Im Orig. deutsch.

E85 Im Original: »device of investigation«.

E86 Vgl. zur Frage der idealen Gegenstände etwa Husserl, *Ideen I*, a. a. O. (Anm. E 11), insbes. § 4 oder *Formale und transzendentale Logik*, a. a. O. (Anm. E 11), § 58.

E87 Darin sieht Schütz die Relevanz von Husserls Ansatz für die verstehende Soziologie im Allgemeinen und für die Wissenssoziologie im Besonderen. Vgl. Alfred Schütz, »Die Bedeutung Husserls für die Sozialwissenschaften«, in diesem Band S. 305 ff.

E88 Vgl. zur Bedeutung und zum Begriff der Assoziation Husserl, *Erfahrung und Urteil*, a. a. O. (Anm. E 22) §§ 16, 42 und 80 ff.

E89 Vgl. dazu Husserl, *VI. Logische Untersuchung: Untersuchungen zur Phänomenologie der Theorie und der Erkenntnis*, a. a. O. (Anm. E 11), §§ 30 ff.

E90 Vgl. Husserl, *III. Logische Untersuchung: Zur Lehre von den Ganzen und Teilen*, a. a. O. (Anm. E 11), §§ 14 ff.

E91 An dieser Stelle findet sich im Manuskript und im Typoskript noch der Satz: »The importance of this method for problems of ethic and the social sciences is obvious.« Im Typoskript ist hier zusätzlich ein Pfeil und handschriftlich (nicht von Schütz) die Bemerkung »By no means!«.

E92 Dieser Abschnitt ist imTyposkript irrtümlich mit »VIII.« überschrieben.

E93 Vgl. oben Anm. E 5; sowie zur Geschichte der phänomenologischen Bewegung Herbert Spiegelberg, *Phenological Movement*, a. a. O. (Anm. E 34).

E94 Schütz betrachtet die phänomenologische Psychologie als eine mögliche Schnittstelle zwischen transzendentaler und mundaner phänomenologischer Forschung. Da es ihm in diesem Aufsatz darum geht, den »mundanen« Nutzen transzendentaler Analysen zu zeigen, wählt er auch den Einstieg in die phänomenologische Problematik entlang der phänomenologischen Psychologie.

E95 Im Typoskript findet sich an dieser Stelle noch der Satz: »Moreover I feel strongly that this part of H.s thought can be approached only by those who have full knowledge of what H. called the phenomenological psychology.«.

E96 Vgl. oben E 51.

E97 George H. Mead, *The Philosophy of the Present*, ed. by Arthur E. Murphy, La Salle (Ill.): Open Court 1932. Vgl. zum Verhältnis von Schütz zu Mead oben Anm. E 73. Schütz selbst erwähnt in einem Brief an Marvin Farber vom 17. November 1940 Pläne, eine Arbeit über Mead anzufertigen. In den *Collected Papers I* [1962-I-1] hat der Herausgeber Maurice Natanson hier eine Fußnote mit dem Hinweis auf seine bei Schütz geschriebene Dissertation mit dem Titel *The Social Dynamics of George H. Mead*, Washington D. C.: Public Affairs Press 1956 eingefügt.

E98 Vgl. oben E 59.

E99 Dieser Abschnitt findet sich weder im Manu- noch im Typoskript.

E100 Vgl. dazu auch Alfred Schütz, »Husserls Bedeutung für die Sozialwissenschaften« [1959-I-5], in diesem Band S. 305 ff.

E101 Vgl. zur Frage der sozialen Objekte auch den Briefwechsel mit Parsons: Schütz/Parsons, *Briefwechsel*, a. a. O. (Anm. E 5) insbes. S. 113 f.

E102 Vgl. Schütz/Parsons, *Briefwechsel*, a. a. O. (Anm. E 5), S. 115 ff.

[Paradoxien-Fragment]

Editorischer Bericht

Das hier erstmals in deutscher Übersetzung vorgelegte Textfragment [1945-II-3] wurde zuerst unter dem Titel »The Paradox of the Transcendental Ego« in Alfred Schutz, *Collected Papers IV* [1996-I-1], ed. with a Preface and Notes by Helmut R. Wagner and George Psathas. In Collaboration with Fred Kersten, Dordrecht/Boston/London: Kluwer 1996, S. 190-192 veröffentlicht. Die Veröffentlichung beruht auf einem undatierten und nicht betitelten sechsseitigen Manuskript aus dem Nachlass (lfd. Nr. 7054-7059).

Der Titel dieses Fragmentes stammt von Helmut Wagner. Inhaltlich ist es stark verwandt mit Schütz' Artikel zu »Multiple Realities«[1]. Vor allem die Sequenz zum »Paradox der Kommunikation«[2] weist teilweise parallele Formulierungen auf, die unten in den Endnoten anhand der deutschen Übersetzungen ausgewiesen werden.

Der Text ist eine spätere Ergänzung der auf den 26. Juli 1943 datierten »Fassung A« von »On multiple realities« (lfd. Nr. 1876-1923), da die mit 30. September 1944 datierte Fassung C (lfd. Nr. 1970-2082) bis auf wenige Anmerkungen mit der Druckvorlage identisch ist, in der diese Ausführungen überarbeitet integriert sind.[3] In der Fassung A fehlt der im hier vorgelegten Manuskript behandelte Problembereich völlig. Es endet mit der Stelle »... which on its turn remains inaccessible to the direct approach of theorizing.« (lfd. Nr. 1922) Das entspricht in »Über die mannigfaltigen Wirklichkeiten« dem Absatz S. 235, Z. 10 f.: »... die dem unmittelbaren Zugriff des Theoretisierens unzugänglich bleibt.« Danach setzt Fassung A auf der gleichen Seite fort mit einem Entwurf zu dem dann im zweiten Absatz S. 238 aufgenommenen Schluß des Artikels, was bedeutet, dass das vorliegende Fragment kein Teil der Fassung A gewesen sein kann, sondern eine spätere Ergänzung sein muss. In der Fassung C erscheint ein dem vorliegenden Manuskript korrespondierender, aber z. T. stark überarbeiteter Teil in lfd. Nr. 2071-2075.

1 Alfred Schütz. »Über die mannigfaltigen Wirklichkeiten« [1945-I-3], in ASW V.1, S. 177-240.

2 Ebd. S. 235-238

3 Vgl. dazu die editorischen Anmerkungen zu Schütz, »Über die mannigfaltigen Wirklichkeiten«, a. a. O. (Fn. 1), S. 178.

Wagner datiert das Fragment auf ungefähr 1945. Das vorliegende Manuskript stellt jedoch eine ergänzende, fragmentarisch gebliebene Ausarbeitung zum Manuskript A dar, und muss entsprechend zwischen Juli 1943 und September 1944 erstellt worden sein, weil es in überarbeiteter Form in das Manuskript C aufgenommen wurde. Der Umstand, dass in dem Textstück auf Marvin Farbers Arbeit *The Foundation of Phenomenology*, die 1943 erschien,[4] Bezug genommen wird, ermöglicht eine ungefähre Datierung. Aus dem Briefwechsel von Schütz mit Gurwitsch wird deutlich, dass Schütz Farbers Buch im Herbst 1943 liest: »Farbers Buch lese ich gerade und komme so langsam damit vorwärts, als es meine reich angefüllte Zeit gestattet.«[5] Das heißt, dass dieses Bruchstück wahrscheinlich im Laufe der ersten neun Monate des Jahres 1944 als Ergänzung zur Fassung A der »mannigfaltigen Wirklichkeiten« entstanden ist. Der Titel »Paradoxienfragment« wurde vom Herausgeber hinzugefügt.

Die Zahlenangaben in eckigen Klammern weisen auf den Seitenumbruch im Manuskript. Die Übersetzung wurde von Christian Thomas angefertigt und von Gerd Sebald überarbeitet.

---

4 Marvin Farber, *The Foundation of Phenomenology. Edmund Husserl and the Quest for a Rigorous Science of Philosophy*, Cambridge, Mass.: Harvard University Press 1943. Vgl. dazu auch Alfred Schütz, »[Rezension]: Marvin Farber: The Foundation of Phenomenology«, in ASW III.2, S. 109-115.

5 Alfred Schütz / Aron Gurwitsch, *Briefwechsel 1939 – 1959*. Mit einer Einleitung von Ludwig Landgrebe herausgegeben von Richard Grathoff. München: Fink 1985, Brief an Gurwitsch vom 1. Oktober 1943, S. 137.

[Paradoxien-Fragment][E 1]

[7054]

Die oben erwähnten Paradoxien,[E 2] obwohl auf einer recht unterschiedlichen Ebene, sind vergleichbar mit dem phänomenologischen Paradoxon, welches Eugen Fink (bestärkt durch die Zustimmung Husserls)[E 3] in seinem Artikel von 1933[E 4] behandelt hat.[E 5] Dort weist er auf die Schwierigkeit hin, eine Darstellung der phänomenologisch reduzierten Sphäre zu geben, da Kommunikation nur möglich ist, nachdem man diese reduzierte Sphäre verlassen hat, das heißt, nachdem man die natürliche Einstellung wiedererlangt hat.[E 6] Fink schließt daraus, daß dieses phänomenologische Paradoxon unlösbar bleibt. Das transzendentale Ego, dessen Erfahrungen lediglich nach der vollzogenen phänomenologischen Reduktion sichtbar werden, kann die alltägliche Sprache nicht verwenden, ohne in die natürliche Einstellung zurückzufallen: in jedem Fall ist es dann nicht mehr jenes transzendentale Ego, das eine Darstellung der subjektiven Erfahrungen bietet. Es ist das mundane Ego, das spricht und es spricht in mundaner Sprache. Folglich, schließt Fink, sind transzendentale Erfahrungen in der reduzierten Sphäre wirklich nicht [7055] kommunizierbar. In anderen Worten, das transzendentale Ego ist stumm.

Marvin Farber hat Finks Argumente in sehr überzeugender Weise kritisiert.[E 7] Er zeigt, daß sich in der letzten Entwicklung der Phänomenologie, wie sie in Finks Arbeit dargestellt wird, das transzendentale Ego als Schöpfer der Welt herausstellt, und nicht nur als Urheber aller Aktivitäten des Bewußtseins, durch die diese Welt interpretiert wird.[E 8] Und das ist der Grund, warum Erfahrungen[E 9] [7055] in der reduzierten Sphäre nicht in gewöhnlicher Sprache kommunizierbar sind.

Das Problem, wie wir hinzufügen dürfen, wird sehr verkompliziert durch die Annahme, dass in der phänomenologischen Theorie nicht ein einzelnes transzendentales Ego existiert, sondern eine Gemeinschaft von Monaden.[E 10] In jedem Fall können die Monaden offensichtlich nicht direkt und unmittelbar kommunizieren, sondern nur durch die mundanen Mittel der körperlichen Gesten im weitesten Sinne; das schließt Sprache in jeglicher Art ein.[E 11] Andernorts stellte der jetzige Verfasser die ernstgemeinte Frage, ob der Terminus »transzendentales Ego« auch in der Pluralform verwendet werden kann, das heißt, ob nur ein einzelnes transzendentales Ego vorstellbar wäre – so dass Mitmensch und Sozialität generell zur mundanen Sphäre gehörige Phänomene bleiben müssten.[E 12] Er ist überzeugt, dass die Idee einer transzendentalen Gemeinschaft von Monaden zusätzliche metaphysische Annahmen erfordert, die nicht von einer Philosophie vertreten werden können, die der Idee nach eine strenge Wissenschaft sein will.

Wenn wir Leibniz' System einer Gemeinschaft von Monaden betrachten, sehen wir, dass diese Monaden ebenfalls unfähig sind, direkt zu kommunizieren. Aber Leibniz hat diejenige metaphysische Annahme vorgestellt, die dennoch eine Kommunikation der fensterlosen Monaden ermöglicht: 1) es ist keine Monade denkbar ohne Körper; 2) jede Monade spiegelt das gesamte Universum; 3) Körper und [7056] Geist sind in prästabilisierter Harmonie und genauso ist es die Gemeinschaft von Monaden, die kommunizieren kann.[E 13] Natürlich verschwindet das phänomenologische Paradoxon einfach, wenn wir das Konzept einer von Gott prästabilisierten Harmonie einführen.

Aber sowohl dieses Paradoxon als auch die dialektischen Schwierigkeiten, die wir vorher aufgezeigt haben[E 14] – lediglich bezogen auf die mundane Sphäre –, können überwunden werden, wenn wir die verschiedenen geschlossenen[E 15] Sinnprovinzen (oder die reduzierte Sphäre) nicht als ontologisch reale Wesenheiten annehmen, als objektiv existierend außerhalb des menschlichen Geistes, der sie denkt.[E 16] Sie sind nicht vergleichbar mit verschiedenen Ländern, die verschiedene Münzen[E 17] haben, die ohne Nutzen sind, sobald wir die Grenze überschreiten – es sei denn, wir haben sie in die Landeswährung umgetauscht.[E 18] Sie sind nicht voneinander getrennte Geistigkeiten, die einer Seelenwanderung bedürfen mit der vollständigen Auslöschung von Gedächtnis und Bewußtsein im Tode, wie es die Methempsychosis-Doktrin annimmt.[E 19] Sicherlich, sie wurzeln in verschiedenen Zuständen unseres Bewußtseins, in verschiedenen Einstellungen der Aufmerksamkeit gegenüber dem Leben. Aber es ist ein und dasselbe Bewußtsein, das verschiedene Spannungen aufweist und es ist ein und dasselbe Leben, das von der Geburt zum Tode ununterbrochene mundane Leben, dem in verschiedenen Modifikationen Aufmerksamkeit geschenkt wird. Wie wir bereits festgestellt haben, kann der Geist während eines Tages oder gar einer Stunde die gesamte Skala [7057] der Spannung des Bewußtseins durchlaufen; bald in arbeitender Tätigkeit in der natürlichen Einstellung lebend, bald einen Tagtraum durchwandernd, bald in die bildhafte Welt einer Fotographie in einem Magazin hinabtauchend, bald in einem Stück theoretischer Betrachtung schwelgend.[E 20] [E 21] All diese Erfahrungen sind Erfahrungen meiner inneren Zeit; sie gehören zu meinem Bewußtseinsstrom, sie können erinnert und reproduziert werden. Diese Reproduktion ist weniger und weniger unstimmig, je weiter entfernt[E 22] die geschlossene Bedeutungsebene von der Wirkwelt ist. Aber selbst innerhalb der Wirkwelt kann ich diese Erfahrungen erinnern oder reproduzieren; ich kann sie in gewöhnlicher Sprache durch Akte des Wirkens meinem Mitmenschen kommunizieren.[E 23] In jedem Fall kann das, was vorher Realität zu sein schien, solange wir ihm Beachtung schenkten, nun mit dem Zollstock[E 24] der ausgezeichneten Wirklichkeit bemessen werden und als nicht-reale Fiktion, als Phantasie oder Traum, etc. erscheinen. Aber wenn Kinder gemeinsam in ihrer ausgedachten Welt spielen, wenn wir mit einem Kollegen die Bedeutung eines Kunstwerkes vor uns diskutieren, wenn wir mit einem Freund philosophieren, wenn wir mit einem Begleiter eine Vorstellung im Theater besuchen, wenn wir mit anderen denselben Ritualen frönen, sind wir immer mit anderen innerhalb der Arbeitswelt und über kommunikative [7058] Akte der Arbeit mit ihnen verbunden. Und nichtsdestoweniger sind mein Mitmensch und Ich, wir, aus dieser geschlossenen Bedeutungsebene, genannt Welt des alltäglichen Lebens, gemeinsam in die geschlossene Ebene der Kunst, des Spiels, der religiösen Symbole, etc. gesprungen.[E 25]

Wir haben bereits gezeigt, dass wirkende Tätigkeit der »Inhalt« von Phantasmen, von Träumen, von theoretischer Betrachtung sein kann. Warum sollten Erfahrungen, die in der geschlossenen Ebene der Träume, etc. wurzeln, nicht Inhalte meiner kommunikativen Wirkhandlungen werden?[E 26]

Die paradoxe Situation entsteht nur, wenn wir annehmen, dass Mitmensch und Sozialität und Kommunikation innerhalb einer geschlossenen Sinnprovinz verschieden von der Welt des alltäglichen Lebens, in der Welt des Wirkens, realisiert werden können.[E 27]

Wenn das stimmen sollte, warum[E 28] die verschiedenen geschlossenen Sinnprovinz untersuchen, die offensichtlich lediglich in die Welt des alltäglichen Lebens eingebettet sind? Warum nicht einfach zum Pragmatismus oder Behaviorismus[E 29] übergehen? Wir hoffen, dass die vorhergehenden Seiten diese Frage beantwortet haben. All die Dimensionen unseres Lebens, die wir untersucht haben, erhalten Bedeutung nur dann, wenn wir die Epoché[E 30] beibehalten, in welcher sie wurzeln. Kinder [7059] beginnen zu spielen und hören auf zu spielen; wir wenden uns einem Kunstwerk zu und wenden uns ab von ihm, wir beginnen eine philosophische Betrachtung und beenden sie. Während wir eine bestimmte Bedeutungsebene beachten, nutzen wir die Epoché, die ihr eigen ist. Hier liegt unsere Ermessensfreiheit: Wir können jeder dieser Ebenen die Eigenheit einer Realität verleihen und wieder entziehen, je nach Belieben.

Anmerkungen des Editors

E1 Das Textfragment im Nachlass trägt keinen Titel. Es findet sich nur die nicht von Schütz geschriebene Bemerkung »By Alfred Schütz (undated)«. Helmut R. Wagner hat es mit dem Titel »The Paradox of the Transzendental Ego« versehen und in den *Collected Papers IV* [1996-I-1] veröffentlicht. Der Titel »[Paradoxienfragment]« wurde vom Herausgeber hinzugefügt.

E2 Alfred Schütz entwickelt in »Über die mannigfaltigen Wirklichkeiten« [1945-I-3] (jetzt in ASW V.1, S. 177-240, S. 232) zwei Probleme im Verhältnis von theoretischem Denken und Sozialität: »Nun ergibt sich im Hinblick auf das Verhältnis zwischen Sozialität und theoretischem Denken ein dialektisches Problem, das dem ähnelt, dem wir schon in unserer Analyse der Welt der Träume begegnet sind. [hier erfolgt ein Verweis auf S. 221 dieses Aufsatzes] An dieser Stelle hat es jedoch einen doppelten Aspekt: (1) Wie kann das einsame, theoretisierende Selbst einen Zugang zur Welt des Wirkens finden und sie zum Gegenstand seiner theoretischen Kontemplation machen? (2) Wie kann theoretisches Denken mitgeteilt und das Theoretisieren selbst in einer intersubjektiven Form erfolgen?« Die folgenden Ausführungen schließen mit dem Satz: »Dies scheint eine hochgradig paradoxe Situation zu sein, ähnlich jener, der wir in unserer Analyse des Traumlebens begegneten, wo wir feststellten, daß nur der, der nicht mehr träumt, seine Erfahrungen als Träumender mitteilen kann.« (ebd., S. 235) Danach erfolgt die etwas ausführlichere Überleitung zu den Finkschen Paradoxa.

E3 Alfred Schütz, »Über die mannifaltigen Wirklichkeiten«, a. a. O. (Anm. E 2), S. 235 schreibt: »dem Husserl als Ausdruck seiner eigenen Ansichten vorbehaltlos zustimmte.« Diese Zustimmung findet sich in Husserls Vorwort zu Finks Artikel.

E4 Im Manuskript steht die Jahreszahl 1937, wohl versehentlich, weil Schütz mit Erscheinen des Artikels ein Separatum von Fink erhielt. Wahrscheinlich wurde ihm auch ein Entwurf dieses Artikels für die »Rezension zu Edmund Husserl, *Formale und transzendentale Logik*«, in diesem Band S. 87 ff., zugesandt.

E5 Eugen Fink, »Die Phänomenologische Philosophie Edmund Husserls in der gegenwärtigen Kritik«, mit einem Vorwort von Edmund Husserl, in: *Kant-Studien* 38, 1933, S. 318-383. Fink entwickelt am Schluß dieses Aufsatzes eine dreifache Paradoxie der Phänomenologie: 1) Die Paradoxie der Situation der Äußerung, d. h. die Mitteilung der Erkenntnisse erfordert eine transzendentale Einstellung innerhalb der natürlichen Einstellung. 2) Die Paradoxie des phänomenologischen Satzes, d. h. der Phänomenologe muss sich in der Sprache der natürlichen Einstellung ausdrücken. 3) Die logische Paradoxie transzendentaler Bestimmungen, d. h. die auftretenden logischen Aporien in der Bestimmung transzendentaler Grundbezüge sind mit Mitteln der weltbezogenen formalen Logik nicht zu bewältigen (ebd. S. 381 f.) In den »mannigfaltigen Wirklichkeiten«, a. a. O. (Anm. E 2), S. 235 verweist Schütz auf den unten zitierten Farber (vgl. Anm. E 7), dessen Darstellung des Arguments er folge.

E6 Alfred Schütz, »Über die mannifaltigen Wirklichkeiten«, a. a. O. (Anm. E 2), S. 235 schreibt: »Nach Vollzug der phänomenologischen Reduktion steht der Phänomenologe vor der Schwierigkeit, sein Wissen dem ›Dogmatiker‹ mitzuteilen, der in der natürlichen Einstellung verharrte.« Diese Formulierung paraphrasiert die Finksche; vgl. »Phänomenologische Philosophie«, a. a. O. (Anm. E 5), S. 381.

E7 Marvin Farber, *Foundation of Phenomenologylogy. Edmund Husserl and the Quest for a Rigorous Science of Philosophy*, Cambridge: Harvard University Press 1943, Kapitel XVII B, insbes. S. 558 ff.

E8 Im Manuskript lautet die Stelle: »... the originator of *all* activities of mind *by which this world is interpreted.*« Die kursiv gesetzten Teile fehlen in den *Collected Papers IV*.

E9 Von der letzten Zeile dieser Seite im Manuskript sind auf der Mikrofilmvorlage (lfd. Nr. 7054) durch einen Ausriss nur die beiden letzten Worte lesbar:»why experiences within«.

E10 Vgl. dazu Edmund Husserl, *Méditations Cartésiennes. Introduction à la Phénomenologie*, traduit de l'Allemand par *Gabrielle Pfeiffer* et *Emmanuel Levinas*, Paris: Collin 1931, jetzt in: *Husserliana* Bd. I: *Cartesianische Meditationen und Pariser Vorträge*, hg. v. Stephan Strasser, Den Haag: Nijhoff ²1973, S. 41-183, §§ 56 ff. Zur Diskussion dieses Punktes vgl. Alfred Schütz, »Das Problem der transzendentalen Intersubjektivität bei Husserl« [1957-I-3], in diesem Band S. 246 ff., sowie Eugen Fink, »Diskussionsbemerkungen zu Schütz' Vortrag ›Das Problem der transzentendalen Intersubjektivität bei Husserl‹«, in diesem Band, S. 373[M 5].

E11 Vgl. dazu Alfred Schütz, *Der sinnhafte Aufbau der sozialen Welt. Eine Einleitung in die verstehende Soziologie* [1932-I-1], in ASW II., §§ 19 ff., speziell zu kommunikativen Handlungen §§ 23 ff.

E12 Alfred Schütz, »Schelers Theorie der Intersubjektivität und die Generalthesis vom Alter Ego« [1942-I-1], in ASW III.2, S. 65-108, S. 86 ff. insbes. S. 88. Schütz, »Über die mannifaltigen Wirklichkeiten«, a. a. O. (Anm. E 2), S. 236 schreibt: »Es ist in der Sphäre der transzendentalen Phänomenologie nur viel komplizierter aufgrund ihres Konzepts einer Pluralität transzendentaler Egos, einer Gemeinschaft von Monaden, die nichtsdestotrotz direkt und unmittelbar lediglich mit Hilfe der mundanen Mittel körperlicher Gesten im weitesten Sinne einschließlich jeder Art von Sprache kommunizieren können. Gleichwohl bleibt es eine ernsthafte Frage, ob Intersubjektivität überhaupt ein Problem der transzendentalen Sphäre ist oder ob Sozialität nicht vielmehr zur mundanen Sphäre unserer Lebenswelt gehört.« Am Schluß dieser Passage verweist eine Fußnote auf den Scheleraufsatz.

E13 Vgl. dazu Gottfried Wilhelm Leibniz, *Monadologie* (1714), hg. v. Herbert Herring, Hamburg: Meiner ²1982, §§ 51, 56, 62 f., 77 f.

E14 Schütz bezieht sich hier auf die beiden in Anm. E 2 zitierten »dialektischen Probleme«.

E15 Hier findet sich das Wort »finite« ergänzt vor »provinces of meaning« am Rand des Manuskriptes.

E16 Alfred Schütz, »Über die mannifaltigen Wirklichkeiten«, a. a. O. (Anm. E 2), S. 236 f. schreibt: »Dieses ›Paradox der Kommunikation‹ jedoch - das phänomenologische wie auch das mundane, mit dem sich die vorangegangenen Analysen ausschließlich befaßt haben - besteht nur solange, wie wir die von uns so bezeichneten geschlossenen Sinnprovinzprovinzen als ontologische, statische Wesenheiten betrachten, die objektiv außerhalb des individuellen Bewußtseinsstromes, dem sie entstammen, existieren.« Vgl. zu den »geschlossenen Sinnprovinz« auch Richard Grathoff, »Zum Begriff des ›Finiten‹ in den ›Finite Provinces of Meaning‹ von Alfred Schütz«, in: *Critique and Humanism Journal* 1/1990, S. 25-37.

E17 Hier findet sich die durchgestrichene Ergänzung »and post stamps« im Manuskript.

E18 Der Teil dieses Satzes nach dem Gedankenstrich wurde im Manuskript über die Zeile und an den Rand geschrieben. Alfred Schütz, »Über die mannifaltigen Wirklichkeiten«, a. a. O. (Anm. E 2), S. 237 formuliert diese Stelle so: »Dann bedürften die in einer Provinz gültigen Begriffe und Vorstellungen innerhalb der anderen natürlich nicht nur, wie es der Fall ist, einer durchgehenden Modifikation, sondern sie würden darin gänzlich sinnlos werden, den Münzen eines bestimmten Landes vergleichbar, die beim Grenzübertritt aufhören ein legales Zahlungsmittel zu sein. (Doch auch dann, um in dieser Metaphorik zu bleiben, können wir solche Münzen in die landeseigene Währung des neuen Landes wechseln.)«

E19 Der letzte Nebensatz zur Methempsychosis-Doktrin findet sich im Manuskript an dieser Stelle. In den *Collected Papers IV* findet er sich weiter vorne, nach den Worten »transmigration of the soul«. Alfred Schütz, »Über die mannifaltigen Wirklichkeiten«, a. a. O. (Anm. E 2), S. 237 schreibt weiter: »Die geschlossenen Sinnprovinzen sind keine voneinander getrennten Zustände des geistigen Lebens in dem Sinn, daß der Übergang von einer zur anderen eine Seelenwanderung und eine völlige Auslöschung der Erinnerung und des Bewußtseins durch den Tod erfordern würde, wie es die Lehre von der Seelenwanderung annimmt.«

E20 Alfred Schütz, »Über die mannifaltigen Wirklichkeiten«, a. a. O. (Anm. E 2), S. 237 schreibt weiter: »Sie sind lediglich Bezeichnungen für verschiedene Spannung ein und desselben Bewußtseins, und es ist ein und dasselbe Leben, das mundane Leben, ungeteilt von der Geburt bis zum Tod, dem man sich in verschiedenen Modifikationen zuwendet. Wir haben vorher schon gesagt, daß mein Geist innerhalb eines einzigen Tages oder sogar einer Stunde die ganze Skala der Bewußtseinsspannungen durchlaufen kann, mal in Wirkhandlungen lebend, mal einen Tagtraum durchlebend, mal in die Bilderwelt eines Gemäldes eintauchend, mal sich der theoretischen Kontemplation hingebend.«

E21 An dieser Stelle wurde in den *Collected Papers IV* ein Absatz eingefügt.

E22 Das deutsche Wort »entfernt« findet sich so im Manuskript und wurde in *Collected Papers IV* durch »remote« ersetzt.

E23 Alfred Schütz, »Über die mannifaltigen Wirklichkeiten«, a. a. O. (Anm. E 2), S. 237 schreibt: »All diese verschiedenen Erfahrungen sind Erfahrungen innerhalb meiner inneren Zeit, sie gehören meinem Bewußtseinsstrom an, sie können erinnert und reproduziert werden. Und deshalb können sie auch in der Umgangssprache durch Wirkhandlungen meinem Mitmenschen mitgeteilt werden.«

E24 Vgl. zu dieser Metapher (i. Orig. »yardstick«) auch Schütz' Aufsatz »Einige Grundbegriffe der Phänomenologie«, in diesem Band S. 120.

E25 Alfred Schütz, »Über die mannifaltigen Wirklichkeiten«, a. a. O. (Anm. E 2), S. 237 f. schreibt: »Wenn Kinder gemeinsam in ihrer Phantasiewelt spielen, wenn wir ein Kunstwerk gemeinsam mit einem anderen Betrachter diskutieren, wenn wir uns mit Anderen dem gleichen Ritual hingeben, sind wir noch immer in der Welt des Wirkens und mit dem Anderen durch kommunikative Akte des Wirkens verbunden. Und trotzdem sind beide Partner zusammen von der geschlossenen Sinnprovinz, die die ›Welt des Alltagslebens‹ genannt wird, in der Provinz des Spiels, der Kunst, der religiösen Symbole etc. gesprungen.« Vgl. dazu auch auch Alfred Schütz, »Symbol, Wirklichkeit und Gesellschaft« [1955-I-2], in ASW V.2, S. 117-220.

E26 Alfred Schütz, »Über die mannifaltigen Wirklichkeiten«, a. a. O. (Anm. E 2), S. 237 (also vor der in der vorigen Anm. E 25 zitierten Sequenz) schreibt: »Wir haben wiederholt erwähnt, daß Wirkhandlungen den ›Inhalt‹ von Phantasievorstellungen, von Träumen, von theoretischer Kontemplation bilden können. Warum sollten dann nicht Erfahrungen, die in den geschlossenen Provinzen der Phantasie, der Träume des wissenschaftlichen Theoretisierens gründen, zum Inhalt von kommunikativen Wirkhandlungen werden?«

E27 Alfred Schütz, »Über die mannifaltigen Wirklichkeiten«, a. a. O. (Anm. E 2), S. 238

schreibt: »Das Paradox der Kommunikation entsteht daher nur, wenn wir annehmen, daß Sozialität und Kommunikation auch in einer anderen geschlossenen Sinnprovinz als der Welt des Alltagslebens, welche die ausgezeichnete Wirklichkeit ist, verwirklicht werden können.«

E28 In den *Collected Papers IV* wurde an dieser Stelle »... why [should we]...« in eckigen Klammern eingefügt.

E29 Vgl. zu Pragmatismus und Behaviorismus Alfred Schütz, »Über die mannigfaltigen Wirklichkeiten«, a. a. O. (Anm. E 2), S. 188 ff., vor allem Fn. 8, in der von »Vulgärpragmatismus« die Rede ist und Fn. 10 zu George Herbert Mead (a. a. O. S. 192), die diesem Behaviorismus unterstellt. Zu Schütz' Pragmatismus vgl. auch die »Personalitätsmanuskripte« ([1937-II-1], in ASW V.1, S. 33-176) sowie »William James' Begriff des ›Stream of Thought‹ phänomenologisch interpretiert«, in ASW III.2, S. 37-62, sowie Hansfried Kellner/Joachim Renn, »Einleitung der Herausgeber«, in: ASW III.2, S. 7-29 und Ilja Srubar, *Kosmion. Die Genese der pragmatischen Lebensweltheorie von A. Schütz und ihr anthropologischer Hintergrund*, Frankfurt/M.: Suhrkamp 1988.

E30 Vgl. zur Epoché Alfred Schütz, »Über die mannigfaltigen Wirklichkeiten«, a. a. O. (Anm. E 2), S. 205 ff. sowie Edmund Husserl, *Ideen zu einer reinen Phänomenologie und phänomenologischen Philosophie*. Erstes Buch: *Allgemeine Einführung in die reine Phänomenologie* (1913), Halle: Niemeyer ^{3}1928, jetzt in: *Husserliana* Bd. III/1, hg. v. Karl Schuhmann, Den Haag: Nijhoff ^{3}1976, § 31 und Edmund Husserl, *Cartesianische Meditationen*, a. a. O. (Anm. E 10), § 34.

Rezension zu Edmund Husserl, *Cartesianische Meditationen und Pariser Vorträge*

Editorischer Bericht

Der vorliegende Text erschien zuerst in englischer Sprache als Rezension »Edmund Husserl: *Cartesianische Meditationen und Pariser Vorträge*« [1951-I-2] in *Philosophy and Phenomenological Research* 11, 1950/51, No. 3: März 1951, S. 421-423. Er wurde wiederveröffentlicht in Alfred Schütz, *Collected Papers IV*, ed. by Helmut Wagner and George Psathas. In Collaboration with Fred Kersten, Dordrecht/Boston/London: Kluwer 1996, S. 193-195. Eine erste deutsche Übersetzung erschien in Alfred Schütz, *Gesammelte Werke III, Studien zur phänomenologischen Philosophie* [1971-I-2], hg. v. Alexander v. Baeyer, Den Haag: Nijhoff 1971, S. 220-222.

Für diesen Text liegt auch eine englischsprachige, handschriftliche Vorlage im Nachlass von Alfred Schütz vor (lfd. Nr. 7420-7425), sowie eine Seite des Typoskripts (lfd. Nr. 7426), die in der vorliegenden Form etwa S. 162 unten bis zum Ende des Absatzes umfasst.

Im Briefwechsel taucht diese Rezension in dem Brief von Alfred Schütz an Aron Gurwitsch vom 4. Oktober 1950 auf: »Haben Sie sich schon die deutschen ›Meditationen‹ angesehen? Ich finde die Ausgabe musterhaft. Ich habe ein paar freundlich nichtssagende Worte als von Farber verlangte ›*1000 word*‹-Rezension für unsere (nein: seine) Zeitschrift geschrieben.[1] Ich möchte Ihre Meinung über die in den Lesarten pp. 238-241 mitgeteilten Ausführungen zum *alter-ego*-Problem[2] hören: Mir scheint die Stelle von größter Bedeutung zu sein und neue Aspekte zu eröffnen.«[3]

1 Im erhaltenen Briefwechsel von Schütz mit Marvin Farber findet sich dazu nichts. Zur hier aufscheinenden Differenz zu Farber vgl. Michael D. Barber, The Participating Citizen. A Biography of Alfred Schutz, Albany: State University of New York Press 2004, S. 197 f.

2 In der verbesserten 2. Aufl. des Bd. I der *Husserliana* finden sich diese Anmerkungen S. 241-245. Vgl. zu dem hier angesprochenen Problem der Intersubjektivität auch Alfred Schütz, »Das Problem der transzendentalen Intersubjektivität bei Husserl« [1957-I-3], in diesem Band S. 227 ff.

3 Alfred Schütz/Aron Gurwitsch, *Briefwechsel 1939 1959*, hg. v. Richard Grathoff, München: Fink 1985, S. 195.

Die neue Übersetzung des Textes aus dem Englischen wurde von Christian Thomas angefertigt und von Gerd Sebald überarbeitet. Die im Text erwähnten Buchtitel wurden zur Vereinheitlichung kursiv gesetzt statt in Anführungszeichen. Die Zahlen in eckigen Klammern verweisen auf den Seitenumbruch des Erstdrucks.

Rezension zu
Edmund Husserl, *Cartesianische Meditationen und Pariser Vorträge*[E 1]

Edmund Husserl. *Cartesianische Meditationen und Pariser Vorträge* Herausgegeben und eingeleitet von Prof. Dr. S. Strasser, [Den] Haag, Martinus Nijhoff, 1950. Pp. xviii, 244.[E 2]

Der vorliegende Band ist die erste Veröffentlichung des »Husserl-Archives« in Louvain, Hüter von 45.000 Manuskriptseiten, die der Philosoph zum Zeitpunkt seines Todes am 27. April 1938 unveröffentlicht und unediert hinterließ. Professor H. L. von Breda vom Institut Supérieur de Philosophie in Louvain und Direktor des Husserl-Archives, erklärt in einem Vorwort die Geschichte und den Zweck dieser Einrichtung, widmet seinen Helfern und Mitarbeitern die gebührende Anerkennung, erwähnt aber kaum die Tatsache, daß dieses hervorragende Zentrum der phänomenologischen Forschung in erster Linie seine persönliche Schöpfung ist und daß dessen Leistungen nur durch seine Energie und seinen selbstlosen Einsatz möglich wurden. Jeder Freund der Husserlschen Philosophie, der wie der Verfasser das Privileg hatte, die Gastfreundschaft des Husserl-Archives zu genießen,[E 3] muß tief beeindruckt gewesen sein von der gewaltigen Arbeit, die hier unter den schwierigsten Umständen mit der Hilfe von einigen kompetenten Wissenschaftlern geleistet wurde. Er muß die Überzeugung gewonnen haben, daß die beginnende Veröffentlichung der Werke Husserls nicht nur den höchsten Standard philologischer Genauigkeit erreichen, sondern auch neue Einsichten in die Entwicklung der Gedanken des Philosophen gestatten wird. In dieser Hinsicht erfüllt die jetzt dem Publikum vorliegende Ausgabe der *Cartesianischen Meditationen* die höchsten Erwartungen.

Professor Dr. S. Strasse[r], über viele Jahre mit dem Husserl-Archiv verbunden und jetzt Professor für Philosophie an der Universität Nimwegen, Holland, ist der vorzügliche Herausgeber[E 4] dieses Bandes. Er enthält den Text von vier Vorträgen, die Husserl in deutscher Sprache im Februar 1929 an der Sorbonne, Paris, hielt,[E 5] ebenso eine Zusammenfassung dieser Vorträge, sowohl im deutschen Original als auch in der französischen Übersetzung vom Philosophen selbst angefertigt. Diese Vorträge wurden dann im selben Jahr mit der Hilfe von Husserls Assistenten, Professor Eugen Fink,[E 6] zu den ersten vier *Cartesianischen Meditationen* ausgearbeitet, sie beschäftigen sich mit dem Zugang zum transzendentalen Ego, dem Gebiet des transzendentalen Erfahrung und seiner Struktur, dem Problem der Konstitution (Wahrheit und Wirklichkeit), und den konstitutiven Problemen des transzendentalen Ego, während die Fünfte Meditation, die das Problem der Intersubjektivität behandelt, später hinzugefügt wurde. Das Manuskript dieser fünf Meditationen, in deutscher Sprache geschrieben, wurde von Dr. E. Levinas und Mlle. G. Pfeiffer ins Französische übersetzt und 1931 von A. Collin, Paris veröffentlicht (neu aufgelegt 1949 von Vrin). Bis jetzt war diese wichtige Arbeit [422] nur Gelehrten zugänglich, die das Französische vollständig beherrschten, da die Übersetzung, so ausgezeichnet sie in ihrer Art ist, sich sogar für französische Philosophen eher schwer liest. Husserls Plan, das deutsche Original zu veröffentlichen, wurde nie realisiert, da er es als notwendig erachtete, den ursprünglichen Text zu verbessern und zu erweitern. Dr. Fink bereitete für 1932 eine neue (unveröffentlichte) Fassung vor,[E 7] doch die politische Entwicklung in Deutschland und andere Beschäftigungen hinderten Husserl daran, seinen Plan zu verfolgen. Der vorliegende Band veröffentlicht deshalb zum ersten Mal das originale deutsche Manuskript, das der französischen Übersetzung zugrunde liegt, und in einem umfangreichen Anhang alle Randbemerkungen, Einfügungen und Zusätze, die im Manuskript gefunden wurden. Somit wird eines der bedeutendsten Werke Husserls dem deutschsprachigen Gelehrten[E 8] zugänglich. Beigefügt sind eine sorgfältig angefertigte Einführung und eine Darstellung der damit verbundenen ungeheuren philosophischen Aufgabe, beides von Professor Strasser, und die sehr interessanten Kommentare zu den ersten vier Meditationen von Professor Roman Ingarden, Krakau, die dieser Husserl gegenüber abgab und die von letzterem sehr geschätzt wurden.

Die *Cartesianischen Meditationen* sind, wie Professor Strasser in seiner Einleitung richtig feststellt, der zweite Versuch Husserls, sein Denken systematisch zusammenzufassen. Der erste Versuch wurde in den *Ideen* unternommen, von denen aber nur der erste Band 1913 veröffentlicht[E 9] wurde (englische Übersetzung von Boyce Gibson, 1931)[E 10], während der zweite und der dritte Band lediglich in Manuskriptform vorliegen. Es ist höchst erfreulich zu erfahren, daß diese Bände sehr bald vom Husserl-Archiv veröffentlicht werden.[E 11] Der dritte Versuch wurde von Husserl am Ende seines Lebens unternommen und blieb wegen Husserls letzter Krankheit ebenfalls unvollendet. Die ersten beiden Teile erschienen in der Zeitschrift *Philosophia*, Belgrad 1936, unter dem Titel *Die Krisis der europäischen Wissenschaften und die Philosophie*.[E 12] Jeder dieser drei

Versuche folgt einem anderen Zugangsweg: Die *Ideen* beginnen mit einer Analyse des Problems der eidetischen und der transzendentalen Reduktion, um das transzendentale Feld zu bestimmen und zu erforschen. Dieser Zugang ist eher schwierig für den Einsteiger, und in der Tat hat es sich für viele eher als Stolperstein denn als Vehikel zum Verständnis des essentiellen Inhaltes der phänomenologischen Methode erwiesen, mit den eidetischen Problemen der »Wesensschau«[E 13] zu beginnen; es hat sogar einige der ernsthaftesten Mißverständnisse [H]usserlscher Philosophie hervorgerufen.[E 14] Die »Krisis« versucht auf dem Weg einer neuen Interpretation der Geschichte der westlichen Philosophie, Zugang zur phänomenologischen Methode zu erhalten.[E 15] Wegen des fragmentarischen Charakters der abgeschlossenen Teile, dieser Arbeit können nur diejenigen, die von vorn herein mit den Zielen und der Methode der Phänomenologie vertraut sind, die systematische Bedeutung dieser scheinbar kritischen Untersuchung des Ursprungs der modernen abendländischen Wissenschaft seit Galilei verstehen. Die *Cartesianischen Meditationen*, die das Feld der transzendentalen Phänomenologie dadurch zu enthüllen versuchen, daß sie von Descartes' Methode des radikalen Zweifels ausgehen, was dann zu [423] einem neuen Konzept der apodiktischen Evidenz und darüber zur transzendentalen Begründung der Epoché führt, sind nicht nur der vollständigste, sondern nach Meinung des Verfassers der leichteste Zugang zur späteren Phase der Philosophie Husserls.

Es ist unmöglich, innerhalb des uns zur Verfügung stehenden Raumes einen Überblick über die behandelten Probleme und die Methode, die in diesem Meisterwerk der Husserlschen Philosophie angewandt wird, zu geben. Zum Glück ist dies nicht notwendig, da der englische Leser in Professor Marvin Farbers Buch *The Foundation of Phenomenology* (Cambridge 1943, S. 528-536)[E 16], eine glänzende, wenngleich sehr verdichtete Zusammenfassung der *Cartesianischen Meditationen* finden wird. Nur eine vollständige Übersetzung dieses Werkes wird die Möglichkeit bieten, ein besseres Verständnis dieser herausragenden Leistung zeitgenössischer Philosophie[1] zu ermöglichen.

Trotz des Dankes, den die Kenner des Husserlschen Werkes Professor Breda und Professor Strasser für ihre großartige Herausgeberarbeit schulden, ist es doch bedauerlich, daß dieser Band keinen Index enthält.

1 Der Leser der deutschen Ausgabe könnte vielleicht die Rezension der französischen Ausgabe, die der Verfasser in Deutsche[n] Literatur[z]eitung (Berlin, 1932), S. 2404-2416, präsentiert, von einigem Interesse finden. [Alfred Schütz, »Rezension zu Edmund Husserl, *Méditations Cartésiennes*« [1932-I-2], in diesem Band S. 65 ff.

Sicherlich ist es äußerst schwierig, einen Index zu irgendeiner Schrift Husserls anzufertigen. Dennoch es ist sehr unerfreulich, daß zum Beispiel wichtige Stellungnahmen Husserls, wie die auf Seite 238 bis 241 abgedruckten, für den nicht so sorgfältigen Leser in der Menge der textkritischen Anmerkungen verschwinden.

Alfred Schütz

New School For Social Research

Anmerkungen des Editors

E1 Deutsch im Original.

E2 Deutsch im Original.

E3 Alfred Schütz war mehrmals in Louvain, zum ersten Mal während seiner ersten Europareise nach dem Krieg am 16. Oktober 1946, ebenso im Sommer 1947 und schließlich mindestens noch einmal im Sommer 1958.

E4 Im Orig. »the excellent editor«. »excellent« ist im Manuskript am Rand eingefügt.

E5 Husserl hielt die Vorträge unter dem Titel »Einleitung in die transzendentale Phänomenologie« am 23. und 25. Februar an der Sorbonne im *Amphithéâtre Descartes*.

E6 Der Satzteil »with the help of Husserl's assistent Prof. Eugen Fink« wurde im Manuskript über der Zeile eingefügt.

E7 Schütz bzw. seine Frau fertigten von dieser deutschen Version fünf Abschriften an, vgl. Brief von Husserl an Schütz v. 24. August1932, in: Edmund Husserl: *Briefwechsel. Band IV: Die Freiburger Schüler*, hg. v. Karl u. Elisabeth Schuhmann. Dordrecht: Kluwer 1993, S. 484 f.

E8 Im Orig. »German reading student«.

E9 Edmund Husserl, *Ideen zu einer reinen Phänomenologie und phänomenologischen Philosophie*. Erstes Buch: *Allgemeine Einführung in die phänomenologische Philosophie* (1913), Halle: Niemeyer ^{3}1928, jetzt in: Husserliana Bd. III/1, hg. v. Karl Schuhmann, Den Haag: Nijhoff ^{3}1976.

E10 Edmund Husserl, *Ideas: General Introduction to Pure Phenomenology*, translated by W. R. Boyce Gibson. London: George Allen & Unwin Ltd., 1931; ^{2}1952. Der Ausdruck in Klammern wurde im Manuskript am Rand ergänzt.

E11 Edmund Husserl,*Ideen zu einer Phänomenologie und phänomenologischen Philosophie*. Zweites Buch: *Phänomenologische Untersuchungen zur Konstitution*, *Husserliana* Bd. IV, hg. v. Marly Biemel, Den Haag: Nijhoff 1952, sowie Edmund Husserl, *Ideen zu einer reinen Phänomenologie und Phänomenologischen Philosophie*. Drittes Buch: *Die Phänomenologie und die Fundamente der Wissenschaften*, *Husserliana* Bd. V, hg. v. Marly Biemel, Den Haag: Nijhoff 1952. Beide Bände waren bereits angekündigt. van Breda schrieb am 15. März 1947 an Schütz: »Frau M. Biemel hat die Arbeiten zur Herausgabe der Ideen II und III im kommenden Monat abgeschlossen. Dieser Text, samt der von ihr verfassten Einleitung (die Frau Biemel in Zusammenarbeit mit mir machte, und für die Auskünfte von Landgrebe eingeholt worden sind) wird Ihnen , als auch Herrn Prof. Fritz Kaufmann, vor der Veröffentlichung zur kritischen Durchsicht übersandt werden.« (Alfred Schutz Papers. General Collection, Beinecke Rare Book and Manuscript Library, box 20, folder 427) Vgl. dazu auch Schütz' Texte »Edmund Husserls *Ideen II*« [1953-I-1], in diesem Band S. 171 ff., sowie »Die Phänomenologie und die Fundamente der Wissenschaften (Edmund Husserls *Ideen III*)« [1953-I-2], in diesem Band S. 209 ff.

E12 Edmund Husserl, *Die Krisis der europäischen Wissenschaften und die transzendentale Phänomenologie. Eine Einleitung in die phänomenologische Philosophie* (1936); Teil I und II dieses Textes erschienen 1936 im 1. Band der Zeitschrift *Philosophia* in Belgrad, jetzt insgesamt in: *Husserliana* Bd. VI, hg. v. Walter Biemel, Den Haag: Nijhoff ^{2}1962.

E13 Deutsch im Original.

E14 Vgl. dazu auch Schütz' eigene Rezeptionsgeschichte von Husserls Phänomenologie, wie sie in dem Text »[Husserl und sein Einfluß auf mich]« [1958-II-7], in diesem

Band S. 296, geschildert wird.

E15 Vgl. zu diesem Problem der phänomenologischen Interpretation der Geschichte den Briefwechsel von Eric Voegelin und Alfred Schütz vor allem die Briefe vom 17. September, 11. November und 28. Dezmeber 1943, in: Alfred Schütz/Eric Voegelin, *Eine Freundschaft, die ein Leben ausgehalten hat. Briefwechsel 1938 1959*, hg. v. Gerhard Wagner und Gilbert Weiss, Konstanz: UVK 2004, S. 153-170, S. 182-185, S. 199-215. Vgl. dazu auch die Erstveröffentlichung von Schütz' Brief vom 11. November 1943 »Antwort auf Erich Voegelins Brief über Husserls ›Krisis der europäischen Wissenschaften‹, New York, 11. November 1943« [1988-I-1], hg. u. eingel. v. Richard Grathoff, in: Elisabeth List/Ilja Srubar (Hg.), *Alfred Schütz. Neue Beiträge zur Rezeption seines Werkes*, Amsterdam: Rodopi 1988, S. 23-41.

E16 Marvin Farber, *The Foundation of Phenomenology; Edmund Husserl and the Quest for a Rigorous Science of Philosophy*, Cambridge: Harvard University Press 1943.

Edmund Husserls *Ideen II*

Editorischer Bericht

Der hier in neuer Übersetzung vorgelegte Text »Edmund Husserl's *Ideas*, Volume II« [1953-I-1] erschien erstmals in *Philosophy and Phenomenological Research* 13, 1953, No. 3: March 1953, S. 394-413. Er wurde neu abgedruckt in den *Collected Papers III. Studies in Phenomenological Philosophy* [1966-I-1], hg. v. Ilse Schütz, Den Haag: Nijhoff 1966, S. 15-39. Eine erste deutsche Übersetzung erschien in *Gesammelte Aufsätze III: Studien zur phänomenologischen Philosophie* [1971-I-2], hg. v. Alexander v. Baeyer, Den Haag: Nijhoff 1971, S. 47-73.

Im Nachlass findet sich dieser Text als handschriftliche Ausarbeitung (lfd. Nr. 4081-4139), datiert auf den 5. August 1952. Zusätzlich existiert eine Sammlung von handschriftl. Blättern, die Materialien und erste Formulierungen enthalten (lfd. Nr. 4140-4190). Zudem findet sich im Nachlass zwei Typoskripte der von Alfred Schütz mit der Unterstützung von Maurice Natanson parallel zu dieser Besprechung angefertigten auszugsweisen Übersetzung der *Ideen II* u. *III* (lfd. Nr. 4191-4466 u. 5222-5498).

Bereits am 15. März 1947 wurde Schütz von van Breda, dem Gründer und Leiter des Husserlarchivs auf das baldige Erscheinen der beiden unveröffentlichten Bände der *Ideen* aufmerksam gemacht: »Frau M. Biemel hat die Arbeiten zur Herausgabe der Ideen II und III im kommenden Monat abgeschlossen. Dieser Text, samt der von ihr verfassten Einleitung (die Frau Biemel in Zusammenarbeit mit mir machte, und für die Auskünfte von Landgrebe eingeholt worden sind) wird Ihnen , als auch Herrn Prof. Fritz Kaufmann, vor der Veröffentlichung zur kritischen Durchsicht übersandt werden.«[1]

Im Briefwechsel mit Marvin Farber erwähnt Schütz dann am 26. März 1951 (anläßlich des Erscheinens der *Husserliana* III)[2] seine Absicht, einen Artikel zum II. Band der *Ideen* zu schreiben: »I am looking

1 Alfred Schutz Papers. General Collection, Beinecke Rare Book and Manuscript Library, box 20, folder 427. Von einer kritischen Durchsicht vor der Veröffentlichung ist im weiteren Briefwechsel nichts zu finden.

2 Edmund Husserl, *Ideen zu einer reinen Phänomenologie und Phänomenologischen Philosophie.* Erstes Buch *Allgemeine Einführung in die reine Phänomenologie*, in: *Jahrbuch für Philosophie und phänomenologische Forschung*, in: *Husserliana* Bd. III, hg. v. Walter Biemel, Den Haag: Nijhoff 1950

forward to reading the second volume which, as far as I know, is not out so far. I have certain misgivings as to its contents, but it will be important enough to say a word as to the usefulness of phenomenology for the social sciences. Let us both read it first of all and then decide the length of the review to be written.«[3] Am 25. Juli 1952 kommt Schütz wieder auf den Artikel zu den *Ideen II* zurück und erwähnt dabei auch seine zusammen mit Maurice Natanson angefertigte englische Teilübersetzung von *Ideen II* und *III*[M 2]: »Continuing my work on the Husserl review, I find it rather hard to keep within the space limit set by you without either sacrificing the attempt to make the content of Husserl's book understandable, even in great lines, or without waiving all critical remarks. Would the following suggestion suit you? The 6000-word limit could be used for a thorough diskussion of Ideas II; another, shorter, review of about 2000 words could be dedicated to Ideas III. This division would also give the opportunity to discuss separately the problems dealt with in either of these books. The Revue Metaphysique et de Morale, December 1951 and March 1952, has published a lengthy study of Paul Ricoeur, merely concerned with Ideas II, 60 pages long. It is, incidentally, a very interesting paper. In preparation of this review I have made a lengthy excerpt containing full translations of paragraphs which seemed important to me of Husserl's two volumes, not for commercial purposes, but just for a few friends who might be interested therein. Dr. Maurice Natanson [. . .] was good enough to do some editing work on this translation.«[4] Am 5. September 1952 schließlich schreibt Schütz an Farber: »My review article on Ideas II is now finished and will be edited next week and thereafter typed. I shall sent it to you as soon as possible«.[5] Am 3. Oktober 1952 schreibt Gurwitsch an Schütz: »Obwohl ich [. . .] in einem Meer von Arbeit schwimme [. . .] habe ich mich sogleich an das Studium Deiner Besprechung – oder was Du so nennst – gemacht. Das ist nämlich keine Besprechung, sondern eine hervorragende Darstellung. In Ihrer Klarheit und Concision ist sie meisterhaft. Man erfährt nicht nur, worum es sich handelt, sondern auch, wohin die Diskussion treibt. Deine Darstellung hat in ihrer straffen Zielgerichtetheit große Vorzüge

3 Alfred Schutz Papers. General Collection, Beinecke Rare Book and Manuscript Library, box 515-528.

4 Vgl. dazu Alfred Schütz/Maurice Natanson: »[Vorwort zur Übersetzung:] EDMUND HUSSERL: IDEEN II UND III«, [1952-II-1], lfd. Nr. 5222, erstmals veröffentlicht in diesem Band S. 367 f.

5 Alfred Schutz Papers. General Collection, Beinecke Rare Book and Manuscript Library, box 515-528.

gegenüber der Ricœurs,[6] die ein wenig zerfasert ist.«[7] Daraufhin folgen ausführliche Anmerkungen zu fünf Punkten, die jeweils in den Endnoten angeführt werden. Schütz antwortete am 12. Oktober 1952: »Du hast jedesmal einen schwachen oder fehlerhaften oder unklaren Punkt gefunden, und ich habe, soweit ich dies tun konnte, *sämtlichen* Deinen Bemerkungen, mit einer einzigen Ausnahme, Rechnung getragen. Du bist und bleibst der einzige, der diese Dinge versteht und würdigt und auch der einzige, auf dessen Kritik ich unbedingten Wert lege.«[8] Schütz' Antworten zu den einzelnen Punkten sind wiederum in den Endnoten zitiert.

Die neue Übersetzung aus dem Englischen wurde von Christian Thomas angefertigt und von Gerd Sebald überarbeitet. Stellen, die sich eng an Husserls Text anlehnen, wurden möglichst in Husserls Terminologie belassen. Die Zahlen in eckigen Klammern verweisen auf den Seitenumbruch im Erstdruck. Die im Text erwähnten Buchtitel incl. der Bandnummern wurden zur Vereinheitlichung alle kursiviert.

6 Paul Ricœur, »Analyses et problémes dans *Ideen II* de Husserl«, *Revue Métaphysique et Morale*, Bd. LVI, 1951, S. 357-394, u. Bd. LVII 1952, pp. 1-16.

7 Alfred Schütz/Aron Gurwitsch, *Briefwechsel 1939 – 1959*, hg. v. Richard Grathoff, München: Fink 1985, S. 282 ff.

8 Schütz/Gurwitsch, *Briefwechsel*, a. a. O. (Fn. 7), S. 285 ff.

Edmund Husserls *Ideen II*[1]

I. Vorbemerkungen

Der erste Band von Edmund Husserls *Ideen zur reinen Phänomenologie und phänomenologischen Philosophie* mit dem Untertitel »Allgemeine Einführung in die reine Phänomenologie« wurde 1913 veröffentlicht.[2] [E1] Er wurde ein Standardwerk der Husserlschen Philosophie.[E2] Ein zweiter Band sollte den Analysen gewisser konkreter Probleme gewidmet sein und zur Klärung des Verhältnisses zwischen der Phänomenologie auf der einen Seite und den physikalischen Naturwissenschaften, der Psychologie und den Geisteswissenschaften auf der anderen Seite führen. Ein dritter abschließender Band[E3] sollte sich mit der Idee der Philosophie befassen. Husserl entwarf den zweiten Band 1912 – ein Entwurf des dritten Bandes wurde in den Manuskripten nicht gefunden –, ließ ihn aber, da er nicht zufrieden war, unveröffentlicht. Mit einigen Unterbrechungen arbeitete er bis 1928 an den relevanten Manuskripten. Das *Husserl-Archiv* in Louvain hat unter der ausgezeichneten Leitung von Professor H. L. van Breda wiederum allen Freunden der phänomenologischen Philosophie einen nicht hoch genug einzuschätzenden Dienst geleistet, indem es in zwei Bänden diese wichtigen Studien Husserls zum ersten Mal veröffentlichte: *Ideen II* »Phänomenologische Untersuchungen zur Konstitution«[E4] und *Ideen III* »Die Phänomenologie und die Fundamente der Wissenschaften«. Beide Bände wurden von Frau Marly Biemel vorzüglich ediert, sie hatte, was die *Ideen II* betrifft, die äußerst schwierige Aufgabe, einen lesbaren Text aus drei von Husserls Assistenten Edith Stein und Professor Ludwig Landgrebe vorbereiteten Versionen und vielen zusätzlichen Manuskripten zu gestalten, alle von Husserl überarbeitet, korrigiert und ergänzt, aber nie in Form für eine endgültige Veröffentlichung gebracht.

In den Schlußparagraphen (149-153) des veröffentlichten Band I waren bereits die Hauptprobleme klar angedeutet, die in der Fortsetzung behandelt werden sollten: 1. das Problem der »objektiven Regionen« und

1 Edmund Husserl, *Ideen zu einer Phänomenologie und phänomenologischen Philosophie.* Zweites Buch: *Phänomenologische Untersuchungen zur Konstitution.* Herausgegeben von Marly Biemel, *Husserliana* Band IV. Auf Grund des Nachlasses veröffentlicht vom Husserl-Archiv (Louvain) unter Leitung von H. L. van Breda, Den Haag[: Nijhoff] 1952.

2 Englische Übersetzung[: Edmund Husserl, *Ideas: General Introduction to Pure Phenomenology*] v. W. R. Boyce Gibson, London/New York[: Allen & Unwin] 1931, ND: 1952.

ihrer transzendentalen Konstitution 2. das Problem der Intersubjektivität 3. die Beziehung der Phänomenologie zu [395] den verschiedenen Wissenschaften, insbesondere zur Psychologie und Ontologie. Schon zu Beginn des ersten Bandes (in § 9) erfuhren wir, daß jede konkrete empirische Objektivität zusammen mit ihrem materialen Wesen ihren Platz in einer obersten materialen Gattung, einer »Region« von empirischen Gegenständen findet. Dem reinen regionalen Wesen entspricht dann eine regionale eidetische Wissenschaft, oder, wie wir auch sagen können, eine regionale Ontologie.[E 5] Ferner, wie am Ende des ersten Bandes gezeigt wurde, gibt es spezifische phänomenologische Probleme, die mit der Idee der »Region« verbunden sind. Jede Gegenstandsregion wird nämlich »konstituiert« im transzendentalen Bewußtsein. Zum Beispiel sind dem Gegenstand, der durch die regionale Gattung »reales Ding« bestimmt wird, *a priori* seine vorgezeichneten Weisen wahrnehmbar, vorstellbar etc. zu sein,[E 6] entspringend aus seiner noetisch-noematischen Struktur, seiner setzend-anschaulichen Bedeutung: Er ist ausgedehnt, er hat seine »Form« in der Zeit, er ist eine Einheit kausaler Verbindungen und so weiter.[E 7] Allgemeiner gesagt: jede Region schreibt Regeln für den Verlauf der möglichen Intuitionen vor und dient daher als ein Leitfaden[E 8] für die systematische Beschreibung der Korrelation zwischen dem bestimmten Erscheinenden als Einheit und der bestimmten unendlichen Mannigfaltigkeiten der Erscheinungen. Das Problem der Konstitution, so lesen wir am Ende des § 150 von Band I, besagt nichts anderes als die Analyse dieser Korrelation und ihrer zugrunde liegenden Regeln mit den Mitteln der eidetischen Deskription.[E 9]

Das Problem der Konstitution muß für alle materialen Regionen gelöst werden, für die des materiellen Dinges, der animalischen Natur und des Geistes. Diese intentionalen Analysen der Objektivitäten der verschiedenen Regionen sind aber untereinander verflochten: Das unbeseelte[E 10] Ding ist nichts Isoliertes gegenüber dem erfahrenden Subjekt, es ist ein intersubjektiv identisches Ding, eine konstitutive Einheit höherer Ordnung, bezogen auf eine offene Mehrheit im Verhältnis des »Einverständnisses« stehender Subjekte. Die intersubjektive Welt als das Korrelat intersubjektiver Erfahrungen, die durch Einfühlung vermittelt werden, spielt in der »objektiven« Erfahrung eine konstitutierende Rolle. Die Einfühlung gibt den getrennten Mannigfaltigkeiten Einheit, die zu den verschiedenen Ichsubjekten und Bewußtseinsströmen gehören.[E 11]

Bis hierher haben wir das Programm vorgestellt, wie es am Ende des ersten Bandes entwickelt und das in Husserls erstem Entwurf des zweiten Bandes streng befolgt wurde. Warum hielt er dessen Veröffentlichung zurück? Die Herausgeberin, Marly Biemel, weist in ihrer Einleitung richtig darauf hin, daß das Problem der Konstitution des Gegenstandes im Bewußtsein während der 15 Jahre, die Husserl an dem Manuskript arbeitete, ein Hauptproblem seiner Philosophie und die eigentliche Aufgabe der Phänomenologie wurde.[E 12] Husserl sagte 1934 dem Verfasser, daß er den zweiten Band der *Ideen* unveröffentlicht ließ, weil er zu der Zeit keine befriedigende Lösung für das Problem der Intersubjektivität[E 13] gefunden habe, die er dann in der Fünften *Cartesianischen* [396] *Meditation* erreicht zu haben glaubt.[3] Tatsächlich durchliefen alle grundlegenden Begriffe der transzendentalen Phänomenologie im fraglichen Zeitraum einen radikalen Wandel. Dies wird deutlich, wenn man Husserls Philosophie, die in den *Ideen* vertreten wird mit der in den *Cartesianischen Meditationen*, mit Husserls Artikel für die *Encyclopaedia Britannica*[4] oder mit Finks Aufsatz in den *Kantstudien* von 1934[5] vergleicht. Die Begriffe der ›phänomenologischen Reduktion‹, der ›transzendentalen Subjektivität‹, der ›Konstitution‹, der Beziehung zwischen phänomenologischer Psychologie und transzendentaler Phänomenologie, das Ersetzen des methodischen Idealismus durch den transzendentalen Idealismus, die verschiedenen Versuche, das Problem des Solipsismus zu überwinden, sind nur Beispiele. Husserls Manuskripte, die in den *Ideen II* veröffentlicht wurden, spiegeln teilweise diesen Kampf wieder. Manchmal werden drei oder vier verschiedene und unvereinbare Versuche unternommen, ein bestimmtes Problem zu lösen und große Teile des nun veröffentlichten Textes wurde vom Autor im letzten Stadium des Manuskripts verworfen, wie Husserls viele Randbemerkungen bezeugen, die von der Herausgeberin im Anhang sorgfältig wiedergegeben sind.

---

3 [Edmund Husserl,]*Méditations Cartésiennes, Introduction à la phénoménologie*, traduit par G. Pfeiffer et E. Levinas, Paris[: Armand Collin] 1931; das deutsche Original veröffentlicht als Band I der *Husserliana* ([Edmund Husserl,]*Cartesianische Meditationen und Pariser Vorträge*)[, hg.] von S. Strasser, [Den] Haag[: Nijhoff] 1950 [S. 41-183].[E 14]

4 [Edmund Husserl,] »Phenomenology«, übersetzt von C. V. Salomon, *Enc[yclopedia] Brit[annica]* 14. Ausgabe, (1929), Band XVII, S. 159-172. [Jetzt in: Edmund Husserl, *Phänomenologische Psychologie. Vorlesungen Sommersemester 1922*, *Husserliana* Bd. IX, hg. v. Walter Biemel, Den Haag: Nijhoff 1962, S. 237-301.]

5 [Eugen Fink, »]Die phänomenologische Philosophie Edmund Husserls in der gegenwärtigen Kritik[«], *Kantstudien*, Vol.[3]8, 1933, S. 31[8]-383, die Husserl als seine eigenen Ansichten ausdrücklich billigte. Als sorgfältige Darstellung und erhellende Diskussion dieses Artikels vgl. Marvin Farber, *The Foundation of Phenomenology[. Edmund Husserl and the Quest or a Rigorous Science of Philosophy]*, Cambridge (Mass.)[: Harvard University Press] 1943, S. 543-560.

Im Folgenden versuchen wir, einen dicht gedrängten Überblick über die in den *Ideen II* behandelten Hauptprobleme zu geben, dennoch sind wir uns der Mängel bewußt, die ein solches Unterfangen mit sich bringt. Wir werden weder den Versuch unternehmen, die verschiedenen Phasen des phänomenologischen Denkens miteinander zu versöhnen, oder die Ansichten des vorliegenden Textes mit anderen Schriften Husserls zu verbinden; noch ist es unser Ziel, die Widersprüche innerhalb des Textes in den Mittelpunkt zu stellen. Wir haben es hier mit einer bedeutenden Phase eines sich entwickelnden Werkes zu tun, um so bedeutender, weil die darin behandelten Themen von entscheidender Wichtigkeit für die Begründung der Sozialwissenschaften[E 15] sind. In der Entwicklung der Phänomenologie ist sie eine Übergangsphase, ein Lager, welche für die noch unerreichte Eroberung des Himalaja in der dünnen Luft einer ehrfurchtgebietenden Höhe errichtet wurde.[E 16]

II. Das Hauptargument der *Ideen II*

1. Die Region der unbeseelten Gegenstände

Die Konstitution des materiellen, unbeseelten Gegenstandes in der Außenwelt, des eigentlichen Dings, ist die erste Wirklichkeitsregion die von Husserl analysiert wird. Daß [397] das Ding im Raum ausgedehnt ist, in der Zeit dauert, daß es Eigenschaften besitzt, schwer oder elastisch oder farbig ist, daß es in Beziehungen zu anderen Gegenständen steht, daß es bewegt oder unbeweglich ist – all dies wird in unserer Wahrnehmung erlebt. Können wir aber auch seine Materialität, sein Real-sein wahrnehmen? Auch das Phantom hat Räumlichkeit, Dauer, Eigenschaften, Farben, ist bewegt oder ist in Ruhe. Wir nehmen auch den Regenbogen und den blauen Himmel wahr. Was das Ding – und auch das Phantom –[E 17] unserer Wahrnehmung enthüllen, ist nur ihr »*sinnliches Schema*«,[E 18] wie Husserl es nennt,[E 19] welches sich fortwährend mit den Aspekten, unter denen wir es wahrnehmen, ändert. Seine spezifische Materialität[E 20] jedoch, die das reale, materielle Ding vom Phantom unterscheidet, kann solange nicht gesichert werden, wie wir das einzelne Ding als ein isoliert Erlebtes nehmen, das heißt als etwas, das von seinen Beziehungen zu den »Umständen« abgelöst ist.[E 21] Die Realität des Dinges, seine Materialität, kann nicht auf das *sinnliche Schema* allein bezogen werden. Dieses Schema ändert sich, wenn sich die Umstände ändern, aber die sich ändernden Schemata werden als Bekundungen einer bestimmten Einheit und ihre

Wandlungen als von den relevanten realen Umständen abhängig begriffen. Die verschiedenen realen Zustände der Eigenschaften des Dinges, sagen wir dessen verschiedene Farben in unterschiedlicher Beleuchtung, werden als bloße Modifikationen derselben objektiven Farbe begriffen, der Farbe, die das Ding in der Dunkelheit und im Sonnenlicht hat, und sie werden besonders als Modifikationen begriffen, die von den wechselnden Umständen, so wie dem Licht, abhängen. Es ist diese »realisierende Auffassung«, durch die nicht nur jede »objektive«, »reale« Eigenschaft des phänomenalen Dinges konstituiert wird, sondern auch die Realität des Dinges selbst als Substrat seiner wechselnden Eigenschaften.[E 22] Durch diese Auffassung werden die sich wandelnden Eigenschaften nicht als bloße *sinnliche Schemata* wahrgenommen, sondern als Bekundungen der realen Eigenschaft des Zustandes einer »Substanz« zum Zeitpunkt einer solchen Auffassung.[E 23] Mit anderen Worten, die Eigenschaft ist nur im andauernden Ablauf[E 24] der funktionalen Abhängigkeiten von den zugehörigen Umständen originär[E 25] gegeben. Diese Abhängigkeiten sind kausale Abhängigkeiten, nicht nur vermutete, sondern »gesehene« oder »wahrgenommene« Kausalitäten.[E 26] Was das Ding in seiner Materialität ist, kann nur im Fortschreiten unserer Erfahrung enthüllt werden, mit dem Verständnis, daß die resultierenden Erlebnisse sich während dieses Prozesses gegenseitig bestätigen, berichtigen, für ungültig erklären oder vernichten können.[E 27] Zu wissen, was ein Ding ist, bedeutet zu wissen, wie es sich unter Druck, Hitzeeinwirkung, usw. verhält, kurzum, das bedeutet, alle seine kausalen Abhängigkeiten von anderen Dingen zu kennen, die auch als reale und materielle Gegenstände in der Außenwelt erfahren werden. Substantialität, Realität und Kausalität gehören somit untrennbar zusammen, und reale Eigenschaften sind *eo ipso* kausale Eigenschaften.[E 28]

Es muß betont werden, daß das so beschriebene materielle Ding und seine Kausalitäten[E 29] nicht das Ding und seine Kausalitäten im Sinn der Naturwissenschaften ist, sondern das Ding, wie es in der sinnlichen Wahrnehmung eines erfahrenden Subjektes konstituiert wird, sogar in der eines als isoliert, das heißt abgelöst von jeder Verbindung mit seinen Mitsubjekten seiend, angenommenen Subjektes. Als solches bezieht sich das ma[398]terielle Ding von Anbeginn auf den Leib[E 30] des erlebenden Subjekts und dessen normalen sensorischen Apparat. Der Leib nimmt an allen Wahrnehmungsakten teil. Er ist der Träger unserer Empfindungen, noch genauer von zwei Empfindungskomplexen, die beide zur Konstitution eines räumlichen Gegenstandes beitragen: Der erste Komplex trägt direkt zur Konstitution der Dingeigenschaften bei (wie Farbe, Weichheit, usw.); der andere Komplex, das System der kinästhetischen Empfindungen, Körperbewegungen, kurz das System der in Einklang mit einer inneren Ordnung frei ausgeführten Spontaneität der Wahrnehmungsfunktion *motiviert* den ersten Komplex.[E 31] Zum Beispiel verweist eine tatsächliche Wahrnehmung auf die Möglichkeit anderer Wahrnehmungen der Form: Wenn meine Augen in diese Richtung wandern, wird sich das wahrgenommene Bild auf diese Weise ändern; wenn in jene Richtung, wird es sich dementsprechend ändern. Folglich stellt sich dasselbe unveränderte Ding in verschiedenen Aspekten als von der Situation meines Leibes abhängig dar. Unter diesen verschiedenen Aspekten wird einer sich als der optimale erweisen (z. B. der Gegenstand, der im Sonnenlicht und bei klarem Himmel gesehen wird) und wird als der »normale« Aspekt angesehen werden. Die in der »normalen« Erfahrung apperzipierte Welt wird als die »reale« und »wahre« Welt genommen.[E 32] Alle Abweichungen von dieser Normalität werden als in psycho-physischen Konditionalitäten begründet interpretiert, zu denen auch alle somatologischen Anomalien des empfindenden Leibes gehören.[E 33] Folglich sind sogar auf dem Niveau, auf das die gegenwärtige Untersuchung aus didaktischen Gründen künstlich beschränkt ist, nämlich das Niveau des Solipsismus, gewisse Motive am Werk, die zur Unterscheidung zwischen dem bloß erscheinenden Ding und dem Ding, wie es »wirklich« ist, führen. Deshalb gibt es sozusagen eine »objektive Natur« sogar in der solipsistischen Sphäre.[E 34] Natürlich kann der Begriff »real« auch eine andere Bedeutung haben, nämlich die des identischen Bestandes an Eigenschaften, der dadurch festzustellen ist, daß man von allen Beziehungen zum psycho-physischen Subjekt absieht, und der in logisch-mathematische Begriffe eingebettet werden kann. Das »reale« Ding in diesem zweiten Sinn ist jedoch nicht das Objekt meiner subjektiven Erfahrung; es ist das physikalische Ding der Naturwissenschaften.[E 35]

2. Die Region der »Animalia«

Von der materiellen Natur der unbeseelten Dinge hebt sich eine Natur im zweiten und erweiterten Sinn ab, eine andere Region der Realität, nämlich die animalische Natur. Den *Animalia*, zu denen auch menschliche Wesen gehören, wird eine Seele oder Psyche zugeschrieben. Seele ist von Anbeginn immer inkarniert, und das bedeutet, daß sie als ein Element der Natur in Verbindung mit einem materiellen Ding, dem tierischen oder menschlichen Leib, erscheint.[E 36] Um die Konstitution des Bereiches der Natur als Psyche zu untersuchen, müssen wir unsere originäre Intuition der Seele analysieren, die allem theoretischen Denken vorausgeht und die keine Theorie entkräften kann. Eine solche Analyse muß deshalb auf jeglichen Bezug zu den Errungenschaften der psychologischen Wissenschaft verzichten; sie muß in mehreren Schritten ausgeführt werden; (a) unsere Erfahrung der Sphäre [399] der Seele durch »innere Wahrnehmung«; (b) das Problem der »Realität« der Seele;[E 37] (c) unsere Erfahrung von ihrer Inkarnation in unserem Körper; d) unsere Erfahrung von anderen Körpern als beseelt und deshalb als Bekundungen anderer Seelen.

(a) Unsere Erfahrung von der Seele durch innere Wahrnehmung.[E 38] Unserer inneren Wahrnehmung ist der Strom unserer Erlebnisse[E 39] gegeben, ohne Anfang und ohne Ende mit seinen Wahrnehmungen, Erinnerungen, Phantasien, Emotionen und so weiter. Wir erfahren diesen Strom nicht als bloßen Anhang zu unserem materiellen Leib. Seine Einheit ist eher eine Form der inneren Zeit. Dennoch können wir in diesem vereinheitlichten Erlebnisstrom dadurch, daß wir die ihm gemäße reflektive Einstellung einnehmen, intuitiv Einheiten einer besonderen in dem Strom enthaltenen Struktur erfassen. Besonders wichtig für das vorliegende Problem sind die egologischen Einheiten, die verschiedenen Formen des Ich. Husserl unterscheidet hier drei egologische Formen: (i) die Einheit des reinen oder transzendentalen Ego; (ii) das reale psychologische Ich, die empirische Erfahrung der Seele als wechselseitig mit der Realität des Leibes verbunden; (iii) Ich, das menschliche Wesen, der Ich-Mensch[E 40], der Begriff des Ich, wie er im Alltagsdenken gebraucht wird.[E 41]

Um mit dem letzten Begriff anzufangen, stellen wir fest, daß der Mensch, welcher das Pronomen ich im alltäglichen Leben benützt, sich auf den ganzen Menschen mit Leib und Seele bezieht, auf seine Bewußtseinszustände, seine körperlichen Gefühle, seine Handlungen, persönlichen Eigenschaften und Charakteristika, seine Dispositionen und Fähigkeiten, seine dauernden und vorübergehenden Einstellungen und so weiter. Er sagt nicht:Ich bin ein Leib, ich bin eine Seele, sondern: Ich habe einen Leib, ich habe eine Seele. Aber sogar hier hat der psychologische Aspekt eine ausgezeichnete Position vor allen anderen Aspekten.[E 42] Ich nenne meinen Leib *meinen*, weil seine Zustände und Eigenschaften meine sind und das heißt, daß sie eine gewisse psychologische Bedeutung haben. Sicher rede ich auch von bestimmten Gegenständen außerhalb des Leibes als den meinen: mein Besitz, meine Leistungen, meine Gebrauchs- und Unterhaltsgegenstände, meine Kleider und so weiter. Die Eigenschaften dieser Gegenstände aber, im Gegensatz zu denen des Leibes, werden nicht als meine Eigenschaften betrachtet, es sei denn als Anzeichen, Symptome oder Reflexe meiner psychologischen Eigenschaften.[E 43]

Der erste der anderen zwei egologischen Begriffe, das reine oder transzendentale Ego, ist den Kennern von Husserls Philosophie, besonders des ersten Bandes der *Ideen*, als einer der Grundbegriffe der Phänomenologie bekannt.[E 44] Es kann nur in der transzendentalen Reduktion[E 45] erfaßt werden, durch einen Akt der Reflexion auf die bereits durchgeführten intentionalen Erlebnisse. Im Zurückwenden in Erinnerungen an seine vorhergehenden Kogitationen wird das reine Ego sich selbst als das Subjekt[E 46] dieser erinnerten Kogitationen bewußt.[E 47] Es ist dann als das »sum cogitans« enthüllt, als das numerisch identische, ungeteilte und in sich selbst unveränderliche Subjekt, das als Einheit in der inneren Zeit konstituiert wird und in allen aktiven, (und auch passiven) dem gleichen Bewußtseinsstrom zugehörigen Erfahrungen fungiert.[E 48] Als solches ist das reine Ego das Zentrum, der *terminus a quo*, der Pol alles bewußten Lebens, aller Kogitationen im [400] weitesten Sinn, einschließlich der Handlungen, Affekte, der theoretischen, bewertenden und praktischen Haltungen; der andere Pol dieser mannigfaltigen Formen intentionaler Bezogenheit, ihr *terminus ad quem*, sind die *Cogitata* dieser Kogitationen. Die Gegenstände dieser Kogitationen, die Noëmata, sind jedoch immer Gegenstände in einem umweltlichen Feld, Themen innerhalb eines thematischen Feldes, umgeben von einer Grenze von potentiell intentionalen Einheiten, die sozusagen das geistige Blickfeld bilden.[E 49] Es ist ein Feld der bestimmbaren Unbestimmtheit. Dazu gehört die ganze reale Welt mit den empirischen, darin enthalten die realen (empirischen) Iche, meines ebenso wie das der anderen.

Während jegliche Kogitation entsteht und vergeht, kann das reine Ego dies niemals tun. Es fungiert fortwährend[E 50] als das vollziehende Ego in seinen eigentlichen Kogitationen, obwohl es sich von diesen in bestimmten Modifikationen ihrer Eigentlichkeit zurückziehen kann. Sozusagen, »es tritt auf und ab«[E 51], es tritt in Aktion oder tritt ab,[E 52] es mag hellwach sein oder schlafen oder in irgendeinem dazwischenliegenden Zustand sein. Aber es ist immer da. In diesem Sinn interpretiert Husserl Kants berühmten Satz, daß das reine Ego alle meine

Kogitationen begleiten können muß.[E 53] Mit anderen Worten alle Bewußtseinsdaten, Bewußtseinszustände und noëtische Formen, die von dem identischen Ego eines wirklichen und möglichen cogito begleitet sein können, gehören zu einer einzigen Monade. Dennoch treten innerhalb dieses absoluten Bewußtseinsstromes bestimmte einheitsbildende Formationen auf, die jedoch völlig verschieden von der Einheit des realen Ich und seiner Eigenschaften sind. Zu diesen Formationen gehören zum Beispiel die »bleibenden Meinungen« eines und desselben Subjekts, die habituelle Meinungen genannt werden könnten, würde dieser Begriff nicht zu der gefährlichen Verwechslung mit dem gewöhnlichen Gebrauch von »Habitus« führen, der zu den »Dispositionen« des Ichmenschen, des empirischen menschlichen Wesen gehört.[E 54] Die bleibenden Meinungen oder Überzeugungen werden Besitztümer des reinen Ego, natürlich immer durch hinzukommende Erfahrungen der Modifikation, Korrektur, Bestätigung oder Vernichtung unterworfen.[E 55]

Im Gegensatz zum reinen Ego bildet das psychologische Subjekt oder die Seele eine substantiell reale Einheit mit dem Leib von Mensch und Tier. Das psychologische Ich ist das Substrat der individuellen[E 56] Eigenschaften im weiteren Sinn, einschließlich des intellektuellen, praktischen, emotionalen Charakters, der geistigen Fähigkeiten, Begabungen und so weiter. Diese Eigenschaften sind Einheiten von Bekundungen auf verschiedenen Ebenen in mannigfaltigen Formen des Ineinanderübergehens und der Verknüpftheit.[E 57] Alles das steht unter einer bestimmten Ordnung, die durch eine Analyse der zugehörigen subjektiven Erlebnisse offenkundig wird.

(b) Die »Realität« der Seele.[E 58] Um zu verstehen, warum Husserl von der Realität der Seele und des psychologischen Lebens spricht, müssen wir uns bewußt sein, daß es nach ihm zwei Arten der realen Erlebnisse, oder besser der Erlebnisse der Realität gibt: (1) die äußere (physische) Erfahrung der materiellen Dinge; (2) Innenerlebnisse. Beide Arten sind für besondere Typen[E 59] der [401] empirischen Wissenschaften fundamental, die erstere für die Wissenschaften der materiellen[E 60] Natur, die letztere für die Wissenschaften der Seele.[6][E 62]

Warum spricht Husserl beidem, der Sache und der Seele Realität zu? Die Analogie basiert auf einer gemeinsamen ontologischen Form. Wie das materielle Ding die Einheit seiner Eigenschaften ist, so ist die

6 Das Problem der Begründung dieser Wissenschaften ist eines der Hauptprobleme der *Ideen III*.[E 61]

Seele die Einheit der individuellen Eigenschaften, so wie Charakter oder Begabungen, die auf den zugrunde liegenden sinnlichen Fähigkeiten gründen, mit ihnen aber nicht identisch sind. Diese Eigenschaften sind in einer besonderen Hierarchie organisiert; und diese Einheit[E 63] und nichts anderes ist die Seele.[E 64] Überdies beziehen sich das materielle Ding und das psychologische Ich kausal auf Umstände, und dies auf eine Art, die von ihnen reguliert wird. Diese Analogie bezieht sich aber nur auf eine *formale* Verallgemeinerung, auf die ontologische *Form* der Realität, zu der beide Bereiche gehören. In allen anderen Hinsichten zeigen sie wichtige Unterschiede: (a) Das materielle Ding ist als die Einheit von *sinnlichen Schemata* konstituiert, deren Einheit nichts anderes ist als die Einheit der kausalen Abhängigkeiten von anderen materiellen Dingen. Die Seele ist eine Einheit des Bewußtseinsstromes als des Lebens eines identischen Ich, einer in der Zeit ausgedehnten Einheit. Sie schematisiert sich nicht selbst.[E 65] (b) Materielle Dinge können, zumindest als Möglichkeit, unverändert bleiben, während das seelische Leben sich in einem permanenten Fluß befindet. (c) Eine *res extensa* kann in Stücke auseinander gebrochen, die Einheit kann in Teile zerlegt werden. Die Seele ist absolut unteilbar.[E 66] (d) Der Zusammenhang der materiellen Dingzustände gehört zur Sphäre der transzendenten Außenwelt, von der ich Bewußtsein habe, der Zusammenhang der psychischen Zustände gehört zu meinem Bewußtsein selbst, das heißt zum immanenten Fluß, der allein das psychologische Ich konstituiert.[E 67] Sicher kann jedes Ding in einem psycho-physischen Sinn verstanden als ein Ursprung von »Stimuli« fungieren, aber die Tatsache, daß es das erlebende Subjekt in gewisser Weise beeinflußt, ist nicht eine konstitutive Eigenschaft des materiellen Dinges. Umgekehrt bleibt die Natur was sie ist, ob die Seele eingreift oder nicht. Daß das Dingschema mir, abhängig von meinen kinästhetischen Bewegungen, in diesen oder jenen Abschattungen erscheint, wird manchmal auf die sogenannte psycho-physische Kausalität zurückgeführt. Aber die Kausalität erweist sich nur als eine Abhängigkeit der Seele von dem Funktionieren des Leibes, in den sie inkarniert ist.[E 68] (e) Die Abhängigkeit der Seele von den Umständen hat eine dreifache Bedeutung: (i) der psycho-physische (besser: physio-psychische) Aspekt solcher Abhängigkeiten (z. B. alle Empfindungen, einschließlich der emotionalen und die der Bedürfnisse, hängen vom Leib ab und damit von der physischen Natur und dem darin vorherrschenden System von Abhängigkeiten);[E 69] (ii) ideo-psychische Abhängigkeiten: Bewußtsein ist sozusagen von sich selbst abhängig, zum Beispiel der gegenwärtige Erlebnisbestand vom früheren, jedes auftauchende psychologische Datum vom vorhergehenden psychologischen Leben. Alle Dispositionen [402] sind Sedimentierungen dieser früheren Geschichte und somit »selbst-bedingt«. Es gibt zu dieser Art der Abhängigkeit keine Analogie im Bereich der unbeseelten Natur, deren Realitäten ohne Geschichte sind;[E 70] (iii) die intersubjektiven Abhängigkeiten des psychischen Lebens, die später besprochen werden sollen.

(c) Die Konstitution der psychologischen Realität durch den Leib.[E 71] Die Seele ist immer in einem Leib inkarniert, und das Problem der Konstitution dieses Leibes als eines beseelten (nicht als ein bloß räumlicher Gegenstand unter anderen räumlichen Gegenständen) in der Erfahrung des Subjekts muß jetzt untersucht werden. Wenn ich meine linke Hand mit der rechten berühre, habe ich eine doppelte Reihe von Empfindungen: Die rechte Hand hat taktile Empfindungen, durch die meine linke Hand als ein physischen Ding erlebt wird, als Ding, das Ausdehnung, eine gewisse Gestalt, Wärme, Weichheit und so weiter hat. Ich finde aber auch in meiner linken Hand eine Reihe von Empfindungen lokalisiert, die nicht Eigenschaften meines Leibes *als* physischer Gegenstand sind, sondern die erscheinen, wenn, wo und wann mein Leib berührt wird. Diese Lokalisierung der Empfindungen ist prinzipiell unterschieden von allen materialen Bestimmungen des ausgedehnten Dinges. Jegliche Empfindung gehört zur Seele, jede Ausdehnung zum materiellen Ding. Der Leib ist folglich eine physio-aesthesiologische Einheit, ein Träger der Sinnesorgane und der lokalisierbaren Bewegungs- und Schmerzempfindungen.[E 72] Er ist auch das Organ meines Willens, nämlich das einzige Objekt, das *unmittelbar* und spontan sich durch ihn bewegen läßt und durch genau diese Tatsache ist er das Mittel, *mittelbare* und spontane Bewegung anderer Dinge zu erzeugen. Aus diesem Grund hat das Subjekt, das[E 73] Gegenglied der materiellen Natur, die besondere Kraft des »Ich kann«, nämlich: »Ich kann diesen Leib frei bewegen« und »Ich kann die Außenwelt durch diese Bewegungen wahrnehmen«.[E 74]

(d) Die Konstitution der seelischen Realität durch Einfühlung.[E 75] Der Mitmensch ist mir (wie alle anderen *Animalia*) von Anbeginn an gleichzeitig als materieller Gegenstand mit seiner Position im Raum sowie als Subjekt mit seinem Seelenleben gegeben. Als materieller Gegenstand ist er mir, wie alle anderen materiellen Gegenstände,[E 76] in originärer Wahrnehmung gegeben (obwohl immer in wechselnden Orientierungen)[E 77] oder, wie Husserl es nennt, in Urpräsenz.[E 78] Bestimmte materielle Gegenstände meiner Umwelt, die vom gleichen Typus sind wie das früher von mir in der solipsistischen Einstellung als mein eigener Leib erfahrene materielle Ding, werden von mir als menschliche Leiber aufgefaßt,[E 79] das heißt, »ich fühle mich ihnen ein«[E 80], schreibe ihnen mittels Einfühlung ein »Ichsubjekt« zu mit all dem, was dazugehört. Hierbei »überträgt sich«[E 81] diejenige Lokalisierung, die ich bei verschiedenen Sinnesfeldern und Sinnesgebieten vollziehe, auf die fremden Leiber,[E 82] aber dieses ihr psychologisches Leben ist mir nicht in Urpräsenz gegeben, sondern bloß in Kompräsenz; es ist nicht *präsent* sondern *appräsentiert.*[E 83] Durch das bloße fortdauernde visuelle Wahrnehmen[E 84] des Leibes des Anderen und seiner Bewegungen wird ein System von Appräsentationen, von wohlgeordneten Anzeichen seines Seelenlebens und seiner Erlebnisse[E 85] konstituiert. Hier ist auch der Ursprung der verschiedenen Formen der Zeichen- und Ausdruckssysteme und schließlich der Sprache.[E 86]

Zum Bereich der Appräsentationen[E 87] des Seelenlebens des Anderen [403] gehört auch das System der Erscheinungen, in welchem ihm die Außenwelt gegeben ist. Wenn ich den Leib des »anderen Menschen« als Leib wahrnehme, das heißt in Einheit mit seinem seelischen Ichsubjekt in einer gewissen Raum- und Zeitstelle, setze ich auch durch Einfühlung, daß dieses zweite Ich als Analogon zu mir selbst[E 88] Empfindungsdaten, wechselnde Erscheinungen und darin erscheinende Dinge hat. Die von Anderen gesetzten Dinge sind auch die meinen: in der Einfühlung mache ich die Setzung des Anderen mit. Hierin eingeschlossen ist die Vorstellung, daß für den Anderen sein eigener Leib ein »Hier« ist, wohingegen alle anderen Gegenstände der Außenwelt ein »Dort« sind. »Ich identifiziere etwa das Ding, das ich mir gegenüber habe in der Erscheinungsweise α mit dem vom Anderen in der Erscheinungsweise β gesetzten Ding. Dazu gehört die Möglichkeit des Austausches durch Platzwechsel, jeder Mensch hat an derselben Raumstelle vom selben Dinge ›dieselben‹ Erscheinungen – wenn alle, was wir annehmen können, die gleiche Sinnlichkeit haben«.[E 89] Aber niemals kann der Andere, der dort ist, *zur selben Zeit* wie ich, der ich hier bin, dieselben Erscheinungen desselben Gegenstandes haben.[E 90] Nur mittels Appräsentationen kann ich seine Erscheinungen und sein Hier erfassen, auf das sie durch seinen mitgegebenen Leib bezogen sind. Umgekehrt gilt das Gleiche. Wenn ich nun von seinem appräsentierten Hier aus meinen eigenen Leib als Naturobjekt betrachte, der Dort ist, erfasse ich meinen eigenen Leib auf genau die gleiche Weise, wie er meinen Mitmenschen gegeben ist. Ich stelle mich auf den Standpunkt des Anderen und *jedes beliebigen* Anderen und erkenne, daß jeder jeden Anderen findet als Naturwesen Mensch, und daß ich mich also identifizieren muß mit dem Menschen vom Standpunkt der äußeren Anschauung.[E 91] So führt die Einfühlung zur Konstitution einer intersubjektiven Objektivität der Dinge und menschlichen Wesen als physio-psychische Einheiten. Nur durch die Intersubjektivität wird die objektive Welt voll konstituiert. Dies erstreckt sich sogar auf meinen eigenen Leib, der – streng genommen – nur als Leib aufgefaßt werden kann, weil ich ihn vom Gesichtspunkt des Anderen, im Modus des Dort betrachten kann. Auf dieselbe Weise wäre unser angenommenes *solus ipse* nicht mehr eine *ipse*. Jegliche Objektivität setzt Intersubjektivität voraus und auch Normalität und Anomalität müssen, die Intersubjektivität betreffend, neu interpretiert werden.[E 92]

3. Die Region des Geistes

(a) Die personalistische Einstellung und die kommunikative gemeinsame Umwelt.[E 93] Bisher hat sich Husserls Analyse der Konstitution der Welt mit der Konstitution der Natur befaßt, zuerst als der Realität der materiellen Dinge und dann als der Realität der Seele. Jetzt müssen wir die Subjektivität untersuchen, die nicht mehr Natur, sondern *Geist*[E 94] ist. *In der naturalistischen Einstellung* ist die Seele nur eine Schicht aesthesiologischer Erfahrungen von Ereignissen, die *am*[E 95] Leib geschehen.[E 96 E 97] Der beseelte Leib ist Gegenstand der Natur innerhalb der objektiven raum-zeitlichen Welt. Tiere, menschliche Wesen (unsere Mitmenschen als auch wir selbst) sind – stets im Sinne der naturalistischen Einstellung –[E 98] beseelte Leiber, deren jeder seine lokalisierte Sinnlichkeit hat; alles Bewußtsein ist [404] auf den Leib gegründet, wird in ihm lokalisiert und ist koordiniert mit ihm in der Zeit. Deswegen gehören die Animalien in den Zusammenhang der substantiell-kausalen Natur. Alles dieses bezieht sich auch auf das empirische (psychologische) Ich, welches in diesen Zuständen lebt. Von diesem Gesichtspunkt aus ist das Auftauchen eines »Cogito« eine Naturtatsache.[E 99]

Von dieser naturalistischen Einstellung müssen wir die *personalistische Einstellung* unterscheiden, in der wir im Alltagsleben unter unseren Mitmenschen leben, mit denen wir durch mannigfache soziale Beziehungen verbunden sind.[E 100] Eine Person ist, was sie ist, als Subjekt einer Umwelt. Die personale[E 101] Umwelt ist eine von der Person in ihren

Akten apperzipierte, erinnerte, geglaubte, usw. Welt, die für sie existiert und gegenüber der sie eine theoretische, praktische oder bewertende Einstellung annimmt. Deshalb ist die physische, objektive Realität als solche nicht die eigentliche Umwelt welcher Person auch immer. Die personale Umwelt ist keine Welt »an sich«, sondern eine Welt *für* die Person, die von der Welt *wissen* muß, entweder durch wirkliches Erfassen oder Setzen, oder zumindest dadurch, daß sie die Welt im Horizont mehr oder minder klar und bestimmt hat, die dann erfaßt werden kann. Sie ist eine Welt, die von der Person mit ihren intentionalen Erlebnissen als Welt mit einer besonderen Sinnstruktur erfahren wird, welche sich selbstverständlich immer wandelt und Subjekt der Modifizierung durch Aufhebung und Umgruppierung ihrer Sinngehalte ist. Da dies der Fall ist, befindet sich die personale Umwelt immer im Zustand des Werdens.[E 102] Ihre Grundlage ist die tatsächlich wahrgenommene Welt, wie sie unseren Sinnen gegeben ist, das Ich findet sich aber auf sie in neuen Akten der theoretischen und praktischen Stellungnahme bezogen.[E 103] Aus diesem Grund sind die Gegenstände der personalen Umwelt keine bloßen Naturdinge, sondern Gebrauchs- und Unterhaltungsgegenstände, Nahrungsmittel, Kleider, Waffen, Werkzeuge, Kunstwerke und Literatur, Mittel für rechtliche und religiöse Zwecke. Husserl nennt die umweltlichen Gegenstände, denen ein neuer intentionaler Sinn zugeschrieben wurde »fundierte Objekte«.[E 104] Von naturalistischen Gesichtspunkten aus kann ein »bloßes Ding« in der psychophysischen Realität als Reiz für das animalische Wesen dienen; dies ist ein kausales Verhältnis. Was aber die Beziehung zwischen personalen Subjekten und umweltlichen Gegenständen angeht, wird dieses kausale Verhältnis von Reiz und Reaktion durch ein System der Motivationen ersetzt. Phänomenologisch gesprochen sind die noëmatischen Einheiten, »vom personalen Ich aufgefaßte Dinge« genannt, Anfangspunkte von mehr oder minder starken Tendenzen, die das Subjekt motivieren,[E 105] sich ihnen in praktischen, kognitiven, bewertenden, usw. Akten zuzuwenden. Ob das Ich nun diesen Tendenzen folgt oder widersteht, es erlebt sich selbst als von ihnen entweder in seinen Handlungen oder im passiven Erleiden motiviert.[E 106]

Das Subjekt findet nicht bloß Dinge in seiner Umwelt, sondern auch andere Subjekte[E 107] und es sieht sie als Personen mit ihren Umwelten, sie sind aber trotzdem auf die gleichen Gegenstände bezogen wie es selbst. Beide Aussagen – auf eine gemeinsamen Umwelt bezogen zu sein und mit dem Anderen zu einer Personengemeinschaft verbunden zu sein – sind untrennbar. Für die Anderen könnten wir nicht Personen sein, nicht einmal für uns selbst, wenn wir nicht [405] mit Anderen eine gemeinsame Umwelt als Gegenstück zur intentionalen Verbundenheit, unserer bewußten Leben fänden. Diese gemeinsame Umwelt wird durch komprehensive Erfahrung[E 108] errichtet, die wiederum auf der Tatsache begründet ist, daß die Subjekte sich wechselseitig in ihren geistigen Tätigkeiten motivieren.[E 109] So entspringen Wechselverständnis[E 110] und Einverständnis[E 111] und damit eine *gemeinsame kommunikative Umwelt.* Sie wird durch die Tatsache charakterisiert, daß sie relativ zu den Personen, die sich innerhalb dieser Umwelt wiederfinden, und zu der Umwelt selbst als ihr Gegenüber[E 112] ist.[E 113] Die Personen, die an der kommunikativen Umwelt teilhaben, sind einander nicht als Objekte, sondern als Gegensubjekte, als Genossen in einer gesellschaftlichen Personengemeinschaft gegeben.[E 114] Sozialität konstituiert sich durch kommunikative Akte, in denen sich daIch an die Anderen wendet, diese als Personen auffaßt, die sich ihm zuwenden, und beide von dieser Tatsache wissen. Trotzdem geschieht die Komprehension der anderen Person nur durch Appräsentation, weil jedem nur seine eigene Erfahrung urpräsent ist.[E 115] Dies führt zu der Tatsache, daß innerhalb der gemeinsamen Umwelt jedes Subjekt seine eigene subjektive Umwelt hat, seine private Welt, die ihm und nur ihm originär gegeben ist. Es perzipiert dasselbe Objekt wie sein Gegenüber, aber mit Abschattungen, welche von seinem besonderen Hier und seinem phänomenalen Jetzt abhängen. Jedes Subjekt hat an verschiedenen Zeitdimensionen teil: zuerst seine besondere innere Zeit, der Fluß der immanenten Zeit, worin die konstitutiven Erlebnisse ihren Platz haben; zweitens die Zeitdimension der konstituierten Erlebnisse, die (noch subjektive) Raum-Zeit. Durch das Verhältnis der Gleichzeitigkeit, des »vorher« und »nachher«, das zwischen beiden Dimensionen herrscht, ist die ursprüngliche Einheit des erscheinenden Dinges in seiner Dauer gleichzeitig mit der Kontinuität der Wahrnehmung und ihrer noëtischen Dauer. Es gibt drittens die objektive intersubjektive Zeit, die *a priori* eine einzige Zeitordnung mit allen subjektiven Zeiten schafft: Die objektive Zeit und der objektive Raum »erscheinen« als »gültige« Phänomene in den subjektiven Ordnungen der Raum-Zeit.[E 116] Das ist der wahre Grund für die bereits erwähnte Austauschbarkeit der Stellungen.[E 117] Die kommunikative gemeinsame Umwelt setzt voraus, daß dasselbe mir *jetzt* (nämlich im intersubjektiven Jetzt) in einer besonderen Abschattung gegebene Ding dem Anderen im selben Modus *danach* im Fluß der intersubjektiven Zeit gegeben werden kann[E 118] und umgekehrt. Die Begriffe der Normalität und Anomalität der Erfahrung, denen wir in der solipsistischen Analyse begegneten, erhalten jetzt eine neue intersubjektive Bedeutung.[E 119]

Nach Husserl konstituieren kommunizierende Subjekte personale Einheiten höherer Ordnung, soziale Subjektivitäten (Kollektive), die als ihre Umwelt die Welt haben, wie sie *für* diese sozialen Subjektivitäten existiert, die Welt der sozialen und kulturellen Objekte, Wissenschaften, Künste und so weiter. Gehen wir in dieser Richtung weiter, können wir sogar zum Begriff einer Gesamtsumme aller sozialen Subjektivitäten, die in tatsächlicher oder potentieller Kommunikation stehen, [406] und ihrem Gegenüber gelangen: der geistigen Welt.[E 120]

(b) Die Motivation als das Grundgesetz des personalistischen Lebens.[E 121] Wie bereits erwähnt, wird die kausale Beziehung, die zwischen Gegenständen in der Natur herrscht, in der personalistischen Einstellung durch die Beziehung der Motivation zwischen dem Subjekt und den umweltlichen Objekten ersetzt. Das *personale* oder – wie Husserl es nennt, das *geistige Subjekt*[E 122] ist das Subjekt von Intentionalitäten, und das umweltliche Objekt ist für es Gegenstand, thematisches Objekt für dieses Ich innerhalb seines definierenden Cogito, da in ihm dieses Objekt wahrgenommen, erinnert, usw. wird. Der Punkt ist, daß dieses Verhältnis kein *reales* Verhältnis, sondern ein Verhältnis der *Intentionalität* ist. Ein reales Verhältnis herrscht zwischen der Realität des »Ich -Menschen« und dem realen Gegenstand, der in realer Kausalbeziehung der Natur mit dem Leib steht. Die reale Beziehung entfällt, wenn das Ding nicht existiert, das Verhältnis der Intentionalität jedoch bleibt erhalten, sogar wenn vom geistigen Ich nicht Realitäten sondern Phantome als noëmatischer Gegenstand seiner Umwelt gesetzt werden.[E 123] Dieser Gegenstand reizt und motiviert das Subjekt, auf ihn aufmerksam zu werden, aktiv oder passiv zu ihm Stellung zu nehmen, ihn theoretisch zu betrachten, mit ihm praktisch umzugehen, ihn zu bewerten, und so weiter. Die Motivation ist daher das Grundgesetz des geistigen Lebens und der alles durchdringende Bewußtseinsstrom ist eine Einheit von Motivationen.[E 124] In der personalistischen Auslegung lösen sich sogar alle Erlebnisse von Naturdingen mit ihrer Verbindung durch Raum, Zeit und Kausalität zu einem Gewebe immanenter Motivationen auf, denen entsprechend die noëtischen Erlebnisse von Setzung zu Setzung, von doxischer These zu doxischer These in der Weise des *infolge des-*

sen fortschreiten. Die Motivationen können von verschiedenem Typus sein:[E 125] (1) Vernunftmotivationen[E 126], das heißt Motivationen *von* Akten *durch* Akte, die unter dem Rechtsprechung der Vernunft stehen, wie das beim logischen Schließen der Fall ist, wo ich der Schlußfolgerung meine doxische These erteile »infolge« der Tatsache, daß ich sie schon den Prämissen erteilt habe;[E 127] (2) Motivationen durch Assoziation und Gewohnheiten, das heißt durch Beziehungen zwischen früheren und späteren Erfahrungen innerhalb des gleichen Bewußtseinsstromes, in welchem Fall die motivierenden Erfahrungen Sedimentierungen sein können von früher ausgeführten vernünftigen oder sogar von ganz und gar unvernünftigen Akten, die uns auferlegt wurden; sie können offenkundig oder verborgen, schließlich auch »unbewußt« in der Bedeutung der Psychoanalyse sein.[E 128]

Die Komprehension anderer menschlicher Wesen durch Einfühlung gründet auf der Tatsache, daß sie als Subjekte einer Umwelt von Dingen und Personen aufgefaßt werden, auf die sie reagieren und auf die hin sie als Personen, als geistige Iche handeln, das heißt als solche, die Gesetzen der Motivation unterworfen sind.[E 129] Natürlich ist die Person des Anderen meiner Komprehension in der Beziehung auf ihren Leib und in Einheit mit ihrem Leib gegeben. Wenn wir aber mit einem Anderen sprechen und er mit uns, wenn wir ihm Befehle erteilen oder den seinen gehorchen, dann ist die Beziehung zwischen dem geistigen Ich des Anderen und seinem [407] Leib für uns[E 130] bloß die Einheit eines Ausdrucks seines geistigen Lebens und dessen, was darin ausgedrückt wird. Keine Suche nach Kausalfaktoren kann uns dabei helfen, den Anderen und sein Verhalten zu verstehen. Wir müssen seine Motive, die »Gründe« für sein Handeln verstehen und wir müssen wissen, wie sie zusammenhängen. Auch ist mein von seinem Handeln Motiviertsein (und umgekehrt) keine wirkliche Kausalbeziehung. Als physische Gegenstände und Ereignisse sind sein Leib und seine Körperbewegungen im Einklang mit einer besonderen Sinnstruktur gegliedert; und ich bin auf einen beseelten Leib, der das geistige Ich des Anderen ausdrückt, auf dessen motivatorischen Sinnzusammenhang gerichtet. Die Einfühlung in andere Personen ist nichts anderes als jene Auffassungsform, die diesen Sinn erfaßt.[E 131] Die gleiche Situation liegt im Hinblick auf das vor, was Husserl begeistete Objekte nennt, allgemein die Kulturgegenstände genannt. Wenn wir ein Buch lesen, nehmen wir es als äußeren Gegenstand wahr, als ein materielles Ding. Ich sehe es, wie es hier rechts von mir auf meinem Schreibtisch erscheint, aber ich bin nicht auf es als einem äußeren Gegenstand gerichtet, sondern auf das, was dieses materielle Ding »beseelt«, nämlich auf den Sinn dessen, was darin geschrieben steht: Ich »lebe in seiner Bedeutung«, indem ich sie begreife. Dasselbe gilt für die »begeisteten Objekte« im alltäglichen Leben: ein Werkzeug, ein Haus, ein Theater, ein Tempel, eine Maschine und so weiter. Die geistige Bedeutung aller dieser Gegenstände wird als auf den real erscheinenden Gegenstand gegründet apperzipiert, der nicht als solcher, sondern seine Bedeutung ausdrückend aufgefaßt wird.[E 132]

(c) Das geistige Ich. Die Apperzeption des geistigen Ich des Anderen wird auch meinem Ich übertragen. Das Ich, das anderes Bewußtsein apperzipiert, ist sich selbst nicht unbedingt auf diese Art, also als komprehensive Einheit gegeben. Nur wenn ich meinen Mitmenschen als jemanden begreife, der mich als soziales Menschenwesen auffaßt, werde ich selbst ein Ich in meiner Beziehung zum Anderen und schaffe damit die konstitutive Möglichkeit für das »Wir«, die Gemeinschaft aller menschlichen Wesen, die mich einschließt.[E 133]

Das Eigentümliche des geistigen Subjekts besteht darin, daß in ihm die Apperzeption »Ich « auftaucht, in dessen Apperzeption dieses »Subjekt« »Objekt« wird (obwohl nicht immer das thematische Objekt). Wir müssen also unterscheiden: »Ich, der ich bin« auf der Subjektseite und »Ich, der ich bin« als Objekt für mich, das im seienden Ich-bin vorgestelltes, konstituiertes, schließlich gemeintes im spezifischen Sinne ist: das Mich. Gemeint ist hier »die Person« konstituiert für mich, dasIch, das als Selbst bewußt ist.[E 134]

Das Ich als Einheit ist ein System von Fähigkeiten der Form »Ich kann«. Hier müssen wir das physische »Ich kann«, das leibliche, vom geistigen unterscheiden. Ich kann – praktische Normalität ist vorausgesetzt – meinen Leib und seine Wahrnehmungsorgane auf natürlich freie[E 135] Weise bewegen. Ich kann meine geistigen Aktivitäten frei ausüben, z. B. in meine Erinnerungen eintauchen, vergleichen, unterscheiden und so weiter, all dies auf eine typisch normale Weise, entsprechend den Umständen, wie mein Alter, meine Gesundheit etc.[E 136] Wiederum müssen das »Ich kann« als eine praktische Möglichkeit und als eine logische Möglichkeit unterschieden werden. Ich kann mich nur zwischen [408] praktischen Möglichkeiten entscheiden, bloß sie können ein Thema meines Willens werden. Dieses praktische »Ich kann« mag auf Widerstand treffen oder nicht. Wenn ja, dann gibt es eine graduell wirkende Kraft, welche die Trägheit des Widerstandes überwindet. Der Widerstand kann sich aber als unüberwindbar erweisen: Ich kann nicht, ich habe nicht die Kraft.[E 137]

Eine andere Kategorie des »Ich kann« enthüllt sich in einer Analyse dessen, was als Möglichkeit fingiert werden kann. Ein Kentaur ist ein möglicher Gegenstand, der als identisches Objekt dieser oder jener Quasi-Wahrnehmungen aufgefaßt wird. Diese Möglichkeit ist eine doxisch-logische Möglichkeit.[E 138] Ich kann mir jedoch nicht anschaulich vorstellen, daß zwei mal zwei fünf ist. Ich kann mir bloß vorstellen, daß ich ein solches Urteil auf bildliche, unklare Weise vollziehe. Ich kann mir vorstellen, daß ich einen Mord begehe, und dennoch kann ich mir nicht vorstellen, daß ich es tun könnte.[E 139] Ist das kein Widerspruch? Husserls Antwort lautete, daß sich das erste »Ich könnte es tun« nur auf die vorgestellte praktische Möglichkeit als solche bezieht; das zweite »Dennoch, ich könnte es nicht tun« bedeutet, daß die Handlung der »Natur« meiner Person widerspricht, dem Stil, wie ich mich motivieren lasse. Dies führt zur Einsicht, daß das »Ich kann« in der Kenntnis der eigenen Person motiviert ist. Ich kenne mich aus Erfahrung, ich habe ein empirisches Selbstbewußtsein. Meine Kogitationen sind Akte eines Ichsubjekts, und das Ich wurde durch seine Aktivitäten und seine Gewohnheiten und Möglichkeiten zu einer apperzeptiven Einheit konstituiert, deren Kern das reine Ego ist. Daher kommt die Evidenz »Ich bin«. In Analogie zu früheren Erfahrungen, zu früheren Verhaltensweisen und ihren Motiven erwarte ich, mich in Zukunft auf eine bestimmte Art zu verhalten. Ich kann mich auch durch Imagination in mögliche Motivationslagen versetzen, in mögliche Situationen und entscheiden, wie ich mich unter den dann herrschenden Umständen verhalten würde.[E 140] Das persönliche Leben zeigt eine bestimmte Typik. Jedermann ist zuerst als Menschenwesen typisch (z. B. ist die allgemeine Typik des menschlichen Leibes die Voraussetzung jeder Einfühlung)[E 141], zweitens ist er als dieser besondere individuelle Charakter typisch. Assoziation und Apperzeption sind die Prinzipien der Typisierung aller psychischen Akte. Diese Typik ist der Ursprung meiner Erwartungen des zukünftigen Verhaltens, meines eigenen wie auch des meines Mitmenschen, aber wie jede Erwartung trägt sie in einem allgemeinen intentionalen Bezugsrahmen apperzeptive Horizonte einer unbestimmten Bestimmbarkeit. Im Sinn dieser Typizitäten komprehendiere ich das Verhalten meines Mitmenschen und seine Motive. Wenn ich seine Akte in der

Phantasie mit-vollziehe, werden seine Motive meine Quasi-Motive und dadurch komprehensibel. Das komprehensibel motivierte Geistesleben des Anderen und dessen individuell typische Ausrichtung wird somit von mir als eine Abwandlung[E 142] meines eigenen Geisteslebens aufgefaßt.[E 143] Bei beiden kann ich zwei Ebenen unterscheiden; die höhere ist die spezifisch geistige Schicht, die Ebene des *intellectus agens*, des Ich in seinen freien Akten, einschließlich aller Akte der eigentlichen Vernunft; diese Ebene hängt seinerseits vom dunklen Hintergrund charakterlicher Dispositionen ab, welche wiederum von der Natur abhängen. Hier ist der Ursprung der klassischen Unterscheidung zwischen Vernunft und Sinnlichkeit.[E 144] Der Geist ist nicht [409] das abstrakte Ich der positionalen Akte, sondern die volle Persönlichkeit, derIch-Mensch, der eine Einstellung einnimmt, der denkt, bewertet und so weiter. Aber dieses Ich ist auf seinen vergangenen Erfahrungen gegründet. Sie können hinsichtlich ihrer Geschichte und Genese befragt werden.[E 145]

4. Der ontologische Vorrang der geistigen Welt

Die personalistische und die naturalistische Einstellung sind folglich auf eine bestimmte Art miteinander verbunden. Der Erlebnisstrom hängt von der Seele in einem spezifischen Sinn ab, die Seele hängt durch den beseelten Leib von der Natur ab. Der Geist in seiner Freiheit bewegt den Leib und schaltet sich durch den Leib in die Außenwelt ein. Der Geist, der auf die Natur wirkt, übt trotzdem keinen kausalen Einfluß auf sie aus, vorausgesetzt, wir verstehen unter Kausalität das Verhältnis einer Realität zu ihren korrelativen Umstandsrealitäten.[E 146] Wir können sagen, daß der Leib eine zweiseitige Realität besitzt: Als aesthesiologischer Leib hängt er vom materiellen Leib im naturalistischen Sinn ab; als Willensleib[E 147], als frei bewegbarer Leib, konstituiert er eine spezifische[E 148] Realität im personalistischen Sinn. Auf die gleiche Weise hat die Seele zwei Seiten[E 149]: Als leiblich bedingte hängt sie vom physischen Leib ab und damit von der Natur. Als geistig bedingte steht sie in einem Realitätskonnex mit dem Geist. Also haben wir zwei Pole: physische Natur und Geist und dazwischen Leib und Seele. Und es ergibt sich, daß Leib und Seele »Natur im zweiten Sinne« eigentlich nur sind nach der der physischen Natur zugewendeten Seite. Andererseits gehören erscheinender Leib (und darin die empfindungsbestimmte Schicht, die der Sinnesqualitäten) und Seele zur geistigen Umwelt und erhalten als solche den Charakter einer geistigen Realität.[E 150] Wie Paul Ricœur[7] es ausdrückt,[E 151] könne im naturalistischen Sinn alles als Verdinglichung interpretiert werden, sogar der Geist, der sich selbst bloß in seinen Leistungen bekundet. Im personalistischen Sinn kann alles spiritualisiert werden, sogar die materiellen Dinge, die nur Szene und Wirkung von Tun und Leiden sind. Der Leib ist sozusagen der Umwandler von geistiger Motivation[E 152] in physische Kausalität.

Trotzdem hat die geistige Welt ontologischen Vorrang gegenüber der naturalistischen, und Husserl beweist dies durch seine sorgfältige Zurückweisung des psycho-physischen Parallelismus.[E 153] Wir müssen die Darstellung seiner subtilen, doch engagierten Argumentation hier auslassen. Ihr Ergebnis ist dies, daß der Geist nicht durch seine Abhängigkeiten von der Natur bestimmt werden kann, indem man ihn auf physische Natur im Sinn der Naturwissenschaften reduziert. Subjekte können nicht in Natur aufgelöst werden, weil dann das, was der Natur ihren Sinn verleiht, eliminiert würde. Die Natur ist prinzipiell relativ, der Geist prinzipiell irrelativ (absolut). Wenn wir alle Geister aus der Welt streichen, gäbe es überhaupt keine Natur mehr. Wenn wir jedoch die Natur, die »wahre« intersubjektiv-[410]objektive Realität, entfernen, dann bliebe immer noch der Geist als individueller Geist übrig; er würde lediglich die Möglichkeiten der Sozialität verlieren, die Möglichkeit der Komprehension, die die intersubjektive Konstitution des Leibes[E 154] voraussetzt. Dieses individuelle Bewußtsein wäre keine Person mehr, die auf eine materielle und damit auf eine personale Welt bezogen ist. Aber trotz dieser enormen Verarmung »personalen« Lebens bliebe ein Ego mit seinem Bewußtseinsstrom und würde seine Individualität erhalten, seine spezifische Weise zu urteilen, zu bewerten und in seinen Setzungen und Stellungnahmen motiviert zu sein.[E 155] Im Bereich der Natur hat nichts an sich Individualität. Was zwei gleiche Dinge unterscheidet, ist der realkausale Kontext, der ein Hier und ein Jetzt voraussetzt; diese beiden Begriffe beziehen sich auf eine individuelle Subjektivität, mit Rücksicht auf die die Bestimmung von Ort und Zeit konstituiert wurde.[E 156] Der Geist hat jedoch im Gegensatz zum Ding in sich selbst seine Motivation. Er ist nicht individualisiert, weil er auf einem bestimmten Platz in der Welt existiert, sondern weil er die Sedimentierung seiner Habitualitäten ist und somit eine individuelle Geschichte hat.[E 157] Derselbe Geist

---

7 In seiner bemerkenswerten Rezension der *Ideen II* [Paul Ricœur, »Analyses et probémes dans *Ideen II* de Husserl«]in der *Revue Métaphysique et Morale*, Bd. LVI, 1951, S. 357-394, und Bd. LVII 1952, pp. 1-16.

kann nicht zweimal existieren und kann auch nicht zu seinen früheren Zuständen zurückkehren. Dies ist deshalb so, weil die verschiedenen »Geister eben nicht Einheiten von Erscheinungen (sind), sondern Einheiten von absoluten Bewußtseinszusammenhängen, genauer gesprochen Icheinheiten. Und Erscheinungen sind Korrelate von Bewußtseinszusammenhängen, die ihr absolutes Sein haben. Und sind Erscheinungen intersubjektiv konstituiert, so werden wir eben auf eine Mehrheit von Personen zurückgeführt, die sich verständigen können«.[E 158] Die absolute Existenz von Personen und ihren Erlebnissen geht der relativen Existenz der Erscheinungen voraus. Alle Individuation der letzteren hängt an der absoluten Individuation der ersteren, alle Naturexistenz an der Existenz absoluter Geister. Die Natur ist das X und prinzipiell nichts anderes als X, das sich durch allgemeine Bestimmungen bestimmt. Der Geist aber ist kein X, sondern das in Geisteserfahrung Gegebene selbst.[E 159]

III. Einige kritische Bemerkungen

Wir hoffen, daß, trotz der offenbaren Mängel, die vorausgegangene Zusammenfassung des Hauptstranges von Husserls Argumentation die zentrale Bedeutung der behandelten Probleme zum Vorschein gebracht hat. Der amerikanische Leser wird überrascht sein, die Ähnlichkeit gewisser Themen mit den Gedanken von William James,[E 160] Santayana,[E 161] Dewey, George H. Mead,[E 162] Cooley[E 163] und anderen festzustellen. Andererseits ist klar zu sehen, wie tief gewisse europäische Philosophen, wie Scheler,[E 164] Heidegger,[E 165] Sartre,[E 166] Merleau-Ponty[E 167] Husserl verpflichtet sind.

Der Platz erlaubt hier keine volle kritische Bewertung von Husserls Argumentation, und einige seiner Probleme, wie die Behandlung der Intersubjektivität und der Sozialität, würden eine eigene Studie von beträchtlicher Länge verdienen. Die folgenden Bemerkungen sollen als ein verkürzter und unvollständiger Katalog einiger offener Fragen gelesen werden, die einer weiteren kritischen Analyse bedürfen. Sie [411] basieren ausschließlich auf dem behandelten Band, ohne Husserls bisher unveröffentlichte Schriften in Betracht zu ziehen.

(1) Husserl weist darauf hin, daß dasselbe unveränderte Ding sich in verschiedenen Aspekten je nach der Situation meines Leibes präsentiert. Einer von diesen wird sich als der optimale erweisen und wird als der »normale«, der »reale«, der »wahre« betrachtet werden, der zur

Konstitution einer objektiven[E 168] Natur innerhalb der solipsistischen Sphäre führt. Die Identifizierung des »optimalen« mit dem »normalen« Aspekt ist höchst fragwürdig. Sollte nicht eher der habituell wiederkehrende Aspekt als das Kriterium der Normalität betrachtet werden? Und wie kann in beiden Fällen[E 169] diese »solipsistische Normalität« zur Konstitution der »intersubjektiven Normalität« führen?[E 170]

(2) Die Unterscheidung der drei »Ich« (der Ich-Mensch, das psychologische Ich, das transzendentale Ego) ist voller Schwierigkeiten, zumindest schwankt die Terminologie beträchtlich. (a) Wo ist der Ort des vierten Ich-Begriffes, des geistigen Ich, der Person, besonders in ihrem Verhältnis zum reinen Ego? In eben dem Manuskript, das als der vorliegende Band veröffentlicht wurde, nimmt Husserl vier oder fünf Anläufe, diese Frage zu beantworten (Beilagen X bis XIV, § 57), ganz zu schweigen davon, daß späteren Phasen seiner Theorie der Begriff des reinen oder transzendentalen Ego eine vollständige Neuformulierung durchmacht. (b) Mit Hinblick auf die drei oder vier unterschiedenen Ich innerhalb desselben Bewußtseinsstromes, wie ist das Verhältnis zwischen den Ichsubjekten und den Ichobjekten beschaffen, das heißt, in der Sprache von William James und G. H. Mead, zwischen *I* und *Me*?[E 171] Gibt es auch drei (oder vier) Selbst, wie es drei (oder vier) Ich gibt? (c) Ist diese Trichotomie gleichermaßen auf den Anderen anzuwenden? Was ist dann der *terminus a quo* und der *terminus ad quem* der ziemlich ungeklärten Funktion der Einfühlung? Das Problem der Einfühlung[E 172] selbst bleibt völlig ungeklärt; der Verweis auf das zugrundeliegende Verhältnis von Präsentation und Appräsentation enthält das kritische phänomenologische Problem, wie die appräsentierte Objektivität[E 173] durch die präsentierte konstituiert wird, oder in der Sprache der Fünften *Cartesianischen Meditation*, wie die Beziehung der »Paarung« (*accouplement*)[E 174], entsteht.[E 175]

(3) Eng verbunden mit der vorherigen Gruppe von Problemen ist die fragwürdige Zuschreibung[E 176] der Habitualitäten (dauernden Meinungen) zum reinen Ego, der individuellen Eigenschaften, wie dem Charakter oder den Begabungen zur Seele, und der Einheiten des »Ich kann« zum geistigen Ich, zur Person. Die Schwierigkeiten werden verstärkt, wenn man den Begriff der ideo-psychischen Abhängigkeiten als das Charakteristikum der Seele und den Begriff der Motivation als das Grundgesetz des personalen Lebens einführt. Unterscheidet sich die Motivation von den ideo-psychischen Abhängigkeiten? Wenn die letzteren als kausale Abhängigkeiten von »Umständen« begriffen werden müssen, sind dann diese Umstände nicht notwendigerweise umweltliche und deshalb motivierende Umstände? Und enthält der Begriff der Motivati-

on nicht sehr heterogene Elemente, wenn er in gleicher Weise auf das Ich, das von einem Gegenstand angezogen wird, [412] auf das Ich als das System der Vermögen in der Form »Ich kann« und auf die sozialen Beziehungen angewandt wird?

(4) Nach Husserl wird die »Lokalisierung« der Empfindungen in meinem Leib mittels der Einfühlung auf jenes materielle Ding »übertragen« (was auch immer das heißen mag), das innerhalb meiner solipsistischen Umwelt erscheint und welches »vom selben Typus« ist wie mein eigener Leib, und dies geschieht auf solche Weise, daß das materielle Ding als der Leib eines anderen menschlichen Wesens mit seinem Seelenleben aufgefaßt wird. (a) Liegt hier nicht der Trugschluß des Hysteron-Proteron[E 177] vor? Gibt es denkbare Gegenstände in meiner solipsistischen Umwelt, die »vom Typus meines Leibes« sind, meines Leibes in seiner aesthesiologischen Struktur und seinen Bewegungen, die von »innen« erfahren werden, der erscheinende Gegenstand »vom selben Typus« aber von »außen«? (b) Müssen wir nicht mit Sartre »le corps pour moi« vom »corps pour autrui« unterscheiden? Oder mit Merleau-Ponty den Begriff des »Le corps propre« einführen? (c) Müssen wir nicht mit Max Scheler sagen, daß die »Lokalisierung der Empfindungen« zur Vitalsphäre[E 178] gehört und es daher wesentlich unmöglich ist, sie durch Einfühlung zu übertragen? (d) Und wenn eine solche Übertragung möglich wäre, würde sie sich bloß auf den Glauben an die allgemeine Fähigkeit des Anderen, »seine Empfindungen auf seinem Leib zu lokalisieren«, oder auch auf das spezifische System solcher Lokalisierungen beziehen? Wie kann ich aber im letzteren Fall, als männliches Wesen durch Einfühlung die Lokalisierung gewisser Empfindungen eines weiblichen Leibes erfassen?

(5) Der am wenigsten befriedigende Teil der Analyse ist der, welcher sich mit Sozialität und sozialen Gruppen befaßt. Von Anfang an wird die tatsächliche oder mögliche Kommunikation zwischen Personen als selbstverständlich angenommen und die Sozialität als durch kommunikative Akte konstituiert definiert. Die kommunikative Umwelt, grundlegend für jede Konstitution der intersubjektiven Welt, entspringt Husserl zufolge in den Beziehungen des Wechselverständnisses und des wechselseitigen Einverständnisses, die ihrerseits auf Kommunikation gegründet sind.[E 179] Die Kommunikation setzt aber bereits eine soziale Beziehung voraus, auf die sie gegründet ist, zum Beispiel die Beziehung, daß der Eine auf den Anderen »eingestimmt« ist, daß er motiviert ist, sich an den Anderen zu wenden, oder ihm zuzuhören. Die Vehikel einer solchen Kommunikation – signifikante Gesten, Zeichen, Symbole,

Sprache – müssen notwendig zur gemeinsamen Umwelt gehören, um Kommunikation zu ermöglichen, und können sie deswegen nicht konstituieren. Selbst wenn wir vorläufig annähmen, daß der Andere als Person mit seiner Umwelt aufgefaßt würde, und auch, daß diese Umwelt von Anbeginn, zumindest teilweise, eine gemeinsame sei, würde doch eine solche Auffassung des Anderen allein nicht die Möglichkeit enthalten, daß ich ihn komprehendiere und noch weniger, daß ich mit ihm kommunizieren kann und daß ich mit ihm ein wechselseitiges Einverständnis erreiche.

(6)[E 180] Die Annahme, kommunizierende Subjekte konstituierten personale Einheiten höherer Ordnung, soziale Subjektivitäten (Kollektive), die als ihre Umwelt die Welt der sozialen und kulturellen Objekte haben, ist gänzlich [413] ungeklärt. Hat diese Theorie ihre Wurzeln bei Hegel[E 181] oder Durkheim[E 182] oder der »organischen« Schule der Sozialwissenschaften (z. B. Wundt)[E 183], die in Deutschland am Beginn des Jahrhundert herrschte? Oder in Rudolf Gierkes[E 184] Rechtstheorie des »Sozialen Verbandes«[E 185] (ein hartnäckig von Husserl verwendeter Begriff)? Die Versuche von Simmel[E 186], Max Weber[E 187] und Scheler[E 188], die sozialen Kollektive auf die soziale Interaktion der Individuen zurückzuführen, liegen, so scheint es, dem Geist der Phänomenologie bei weitem näher als die relevanten Erklärungen ihres Gründers. Zweifellos ist das vorliegende Werk Husserls voll tiefster Einsichten bezogen auf die Grundlagen der Sozialwissenschaften.[E 189] Aber sie müssen woanders gesucht werden als in den Teilen, die der Analyse der Kommunikation und der sozialen Gruppen gewidmet sind.

Diese wenigen Bemerkungen mögen einer weiteren Betrachtung nützlich sein. Der Platz erlaubt nicht, auch die positiven Beiträge dieser hervorragenden philosophischen Leistung zusammenzufassen. Ich hoffe, daß die lange Darstellung ihres Inhaltes für sich selbst spricht.

Alfred Schütz

Graduate Faculty,
New School For Social Research.

Anmerkungen des Editors

E1 Edmund Husserl, *Ideen zu einer reinen Phänomenologie und phänomenologischen Philosophie.* Erstes Buch: *Allgemeine Einführung in die reine Phänomenologie*, in: *Jahrbuch für Philosophie und phänomenologische Forschung*, Bd. 1/1, Halle: Niemeyer 1913, S. 1-323; jetzt in: *Husserliana* Bd. III, hg. v. Walter Biemel, Den Haag: Nijhoff 1950. Da die dritte Neuauflage von 1976 als Band III/1, hg. v. Karl Karl Schuhmann, z. T. erhebliche Abweichungen aufweist, verweisen die Referenzen im Weiteren auf die auch Schütz zur Verfügung stehende erste Auflage.

E2 Vgl. dazu auch Schütz' eigene Lektüreerfahrung wie er sie in »Husserl und sein Einfluß auf mich« [1958-II-7] (in diesem Band S. 295 ff.) schildert.

E3 Edmund Husserl, *Ideen zu einer reinen Phänomenologie und phänomenologischen Philosophie.* Drittes Buch: *Die Phänomenologie und die Fundamente der Wissenschaften*, *Husserliana* Bd. V, hg. v. Marly Biemel, Den Haag: Nijhoff ^{2}1971. Vgl. dazu auch Alfred Schütz, »Die Phänomenologie und die Fundamente der Wissenschaften (Edmund Husserls *Ideen III*)« [1953-I-2], in diesem Band, S. 209 ff.

E4 Edmund Husserl, *Ideen zu einer reinen Phänomenologie und phänomenologischen Philosophie.* Zweites Buch: *Phänomenologische Untersuchungen zur Konstitution*, in: *Husserliana*, Bd. IV, hg. v. Marly Biemel, Den Haag: Nijhoff 1952.

E5 Husserl, *Ideen I*, a. a. O. (Anm. E 1), § 9, S. 19. Schütz folgt hier mit geringfügigen Abweichungen Husserls Text.

E6 Husserl, *Ideen I*, a. a. O. (Anm. E 1), § 149, S. 309.

E7 Husserl, *Ideen I*, a. a. O. (Anm. E 1), § 149, S. 312 f.

E8 Als Übersetzung für »guiding clue« im Original in Klammern.

E9 Im Manuskript wurde an dieser Stelle neben einer etwas anderen Formulierung dieses Absatzes auch der Einschub »– zumindest in der Periode seines Denkens, die von den *Ideen* repräsentiert wird –« gestrichen, was auf Schütz' Probleme mit dem Konstitutionsbegriff verweist. Vgl. zu dieser Stelle Husserl, *Ideen I*, a. a. O. (Anm. E 1), § 150, S. 315 f. Zum Problem des Konstitutionsbegriffs bei Husserl vgl. auch Schütz' »Diskussionsbeitrag von Alfred Schütz zum Vortrag von Roman Ingarden: ›Le probléme de la constitution et les sens de la reflexion constitutive chez Edmond Husserl‹« [1959-I-2] (in diesem Band S. 271 f.), sowie die Aufsätze von Roman Ingarden, »Le problème de la constitution et le sens de la réflexion constitutive chez Edmond Husserl«, in: Actes du Colloque internationale de phénoménologie à Royaumont (23-30 avril 1957), *Husserl*, Paris: Les Éditions de Minuit 1959, S. 242-264; Eugen Fink, »L'Analyse Intentionelle et le Problème de la Pensée Spéculative«, in: *Problèmes actuels de la Phénoménologie*, hg. v. H. L. van Breda, Brüssel: Desclée de Brouwer 1951, S. 53-87, S. 78; sowie die Einleitung zu diesem Band S. 25 ff. Aron Gurwitsch hatte in seinen brieflichen Anmerkungen v. 3. Oktober 1952 zu diesem Absatz angemerkt: »1. [Den Anfang] solltest Du mehr ausführen und mehr differenzieren. Du machst zwar den Unterschied zwischen (a) regionalen Ontologien und Wissenschaften [. . .], die eidetisch sind, aber der natürlichen natürliche Einstellung zugehören und (b) den konstitutiven Problemen in spezifisch phänomenologischem Sinne. Ich meine dieser Unterschied müßte schärfer herauskommen. Ich meine, dieser Unterschied müßte schärfer herauskommen. Ein Leser, der nicht diese intrikaten Verhältnisse kennt und in den diesbezüglichen Darstellungen von *Ideen I* zu Hause ist, wird leicht verwirrt und sieht die Zusammenhänge und Differenzen nicht. Mir selbst ist beim Studium der *Ideen I* dieser verwickelte Sachverhalt erst langsam und mit viel Mühe aufgegangen.« Schütz antwortet am 12. Oktober 1952 »zum Verhältnis der regionalen Ontologien, der daraus entspringenden Wissenschaften [. . .] und den parallelen Konstitutionsproblemen, daß diese Fragen den Hauptinhalt der *Ideen III* bilden und für deren Besprechung aufgespart wurden. Indessen hast Du mit Deiner Kritik ganz recht und ich habe die Stelle stilistisch geändert. Übrigens bezweifle ich mehr und mehr die Legitimität dieser Unterscheidungen, und Husserl hat auch hier seine liebe Mühe, kontroverse, aber mit gleichem Pathos einmal (nämlich in *Ideen I*) vorgetragene Theorien als vereinbarlich und die ihnen zu Grunde liegenden Unterscheidungen als notwendig (nicht nur nützlich, was sie kaum sind) aufrecht zu erhalten. Ein Charakterzug dieses Denkens, aus dem gleichermaßen viele Vorzüge und Mängel seiner Philosophie entspringen, ist sein unerbittlicher ›Eigensinn‹ (in der ursprünglichen des Wortes, sowohl als in dessen übertragenem Gebrauch).« Alfred Schütz/Aron Gurwitsch, *Briefwechsel 1939 – 1959*, hg. v. Richard Grathoff, München: Fink 1985, S. 283 u. 285 f.

E10 Im Manuskript wurde »inanimate« über der Zeile eingefügt.

E11 Husserl, *Ideen I*, a. a. O. (Anm. E 1), § 151, S. 352. Schütz lehnt sich wiederum sehr stark an den Husserlschen Text an. Gurwitsch hatte in dem Brief vom 3. Oktober 1952 an Schütz bemerkt: »2. Der Ausdruck ›gives unity‹ erscheint anstößig. Es ist doch so: Dadurch, daß die separaten *manifolds* im Einverständnis stehen, konstituieren sie eine intersubjektive Welt, eben die objektive. Die letztere resultiert also als identisch diesselbe für die *manifolds*, die dabei aber doch getrennte *manifolds* bleiben! So stimmt es mit dem, was später über *environment, personal and interpersonal* und *appresentation*, mit den Problemen der *empathy* und vielem anderen. Besonders damit, daß der Andere die Dinge sieht, wie ich sie sehen würde, wenn ich an seiner Stelle wäre.« Schütz antwortet am 12. Oktober: »Du beanstandest, soweit meine Darstellung in Betracht kam, mit Recht den Ausdruck *gives unity* zur Charakteristik der Funktion der Einfühlung gegenüber den separierten Mannigfaltigkeiten als ›anstößig‹. Anstößig mag er sein, aber er ist von Husserl. [Hier folgt der Nachweis der Stelle in den *Ideen I*] Ich habe die Stelle in meiner Darstellung deutlicher gefaßt.« Schütz/Gurwitsch, *Briefwechsel*, a. a. O. (Anm. E 9), S. 284 u. 286.

E12 Vgl. Marly Biemel, »Einleitung des Herausgebers«, in: *Husserliana* Bd. IV, S. XIII-XX, S. XV.

E13 Vgl. dazu insbesondere Alfred Schütz, »Das Problem der transzendentalen Intersubjektivität bei Husserl« [1957-I-3], in diesem Band S. 227 ff.

E14 Vgl. dazu auch Schütz' Rezensionen zu diesen Texten: »Rezension zu Edmund Husserl, Méditations Cartésiennes« [1932-I-2], in diesem Band S. 65 ff., sowie »Rezension zu Edmund Husserl, *Cartesianische Meditationen und Pariser Vorträge*« [1951-I-2] in diesem Band S. 161 ff.

E15 Vgl. dazu Alfred Schütz, »Phänomenologie und Kulturwissenschaften« [1939-II-2], jetzt in ASW IV., sowie ders., »Husserls Bedeutung für die Sozialwissenschaften« [1959-I-5], in diesem Band S. 305 ff.

E16 Am 29. Mai 1953, etwa zwei Monate nach Erscheinen des vorliegenden Artikels, gelang den Bergsteigern Tensing Norgay und Edmund Hillary die Besteigung des Mount Everest. Schütz bezieht sich mit dieser Metapher wahrscheinlich auf zur Zeit der Niederschrift kursierende Zeitungsartikel.

E17 Die Gedankenstriche finden sich so im Manuskript, nicht jedoch in der Druckfassung.

E18 Husserl, *Ideen II*, a. a. O. (Anm. E 4), § 15 b, S. 37.

E19 Der Nebensatz »as Husserl calls it« wurde im Manuskript über der Zeile eingefügt.
E20 Im Manuskript wurde das nachfolgende »its being real« gestrichen.
E21 Husserl, *Ideen II*, a. a. O. (Anm. E 4), § 15 c, S. 41.
E22 Husserl, *Ideen II*, a. a. O. (Anm. E 4), § 15 d, S. 43. Gurwitsch fragt in seinem Brief v. 3. Oktober 1952 nach dem Begriff der *realizing apprehension*: »Ist das dasselbe wie *wahrnehmungsmäßige Apprehension* einer erscheinenden Qualität als variierend gemäß Variationen in den *circumstances*? Wenn ja, dann kommt die folgende Frage: Ist die objektive reale Qualität dasselbe wie das Totalsystem der erscheinenden Qualitäten, wahrnehmend erfahren in Abhängigkeit (im Sinne von *Co-variation*) von wechselnden Umständen? Darauf würde ich auch positiv antworten, bin mir aber nicht sicher wie Husserl geantwortet hätte.« Schütz antwortet am 12. Oktober 1952: »Mit der *realizing apprehension*, womit ich ›realisierende Auffassung‹ wiedergebe, meint Husserl, wie ich glaube, jene Auffassungskategorie, die das Korrelat der Gegenstandskategorie ›reales Ding‹ (im Gegensatz zum bloßen Phantom) ist und zwar in genau dem gleichen Sinne, den er (in [*Ideen I*, a. a. O. (Anm. E 1), S. 329]) mit dem Terminus ›Auffassungskategorie‹ verbindet. Dies scheint mir richtig zu sein, denn nach dem Gedankengang der *Ideen II* genügt die wahrnehmungsmäßige Apperzeption einer erscheinenden Qualität in variationsmäßiger Abhängigkeit von den variierenden Umständen nicht zur Konstitution des realen Dinges. [. . .] Aber wie du richtig erkannt hast, Husserl hat dieses Problem nicht (zumindest in den *Ideen II*) durchformuliert und schwankt sichtlich im Gebrauch der verschiedenen Termini.« Schütz/Gurwitsch, *Briefwechsel*, a. a. O. (Anm. E 9), S. 284 u. 286.
E23 Husserl, *Ideen II*, a. a. O. (Anm. E 4), § 15 d, S. 44.
E24 Im Manuskript wurde »given just in the ongoing course of« am Rand ergänzt.
E25 Im Original »originarily«. Hier verweist in Alfred Schütz, *Collected Papers III. Studies in Phenomenological Philosophy* [1966-I-1], hg. v. Ilse Schütz, Den Haag: Nijhoff 1966, S. 19 eine Fußnote auf den deutschen Begriff »originär« und dessen strukturelle, nicht temporale Bedeutung.
E26 Husserl, *Ideen II*, a. a. O. (Anm. E 4), § 15 d, S. 43.
E27 Husserl, *Ideen II*, a. a. O. (Anm. E 4), § 15 e, S. 44 f.
E28 Husserl, *Ideen II*, a. a. O. (Anm. E 4), § 15 d, S. 45.
E29 Im Manuskript wurde »and its causalities« über der Zeile ergänzt.
E30 Im Manuskript wurde »body of the« über der Zeile ergänzt, anstatt eines gestrichenen Nebensatzes: »namely to his body«.
E31 Husserl, *Ideen II*, a. a. O. (Anm. E 4), § 18 a, S. 56 f.
E32 Husserl, *Ideen II*, a. a. O. (Anm. E 4), § 18 b, S. 59.
E33 Husserl, *Ideen II*, a. a. O. (Anm. E 4), § 18 b, S. 62 ff.
E34 Husserl, *Ideen II*, a. a. O. (Anm. E 4), § 18 e u. f., S. 77 ff.
E35 Husserl, *Ideen II*, a. a. O. (Anm. E 4), § 18 d u. g, S. 75 f. u. 84 ff.
E36 Husserl, *Ideen II*, a. a. O. (Anm. E 4), §§ 19 f. u. 30.
E37 Im Manuskript wurde Punkt b) am unteren Rand des Blattes notiert und an diese Stelle zur Einfügung verwiesen. Die anderen Aufzählungsmarkierungen wurden entsprechend verändert.
E37 Diese Überschrift wurde im Manuskript am oberen Rand der Seite in kleinerer Schrift ergänzt.
E39 Als deutsche Übersetzung für »experiences« im Original in Klammern.
E40 Als deutsche Übersetzung für »the I-man« im Original in Klammern.
E41 In seinem Brief an Schütz v. 3. Oktober 1952 schreibt Gurwitsch zu dieser Stelle: »Was ist der Unterschied zwischen ›the real psychological I‹ und dem *Ich-Mensch*.

Mir ist dieser Unterschied nicht klar geworden, auch durch spätere Ausführungen nicht.« Schütz antwortet am 12. Oktober auf diese Frage: »Ich weiß es nicht. Manchmal ist das reale psychologische Ich eingeschränkt auf die Leibesgeschichten der lokalisierten *Aistheta* oder ›Empfindsamkeiten‹, dann wieder umfaßt es alle Charakterdispositionen, Fähigkeiten, Begabungen, und schließlich stellt es sich heraus, daß das personalistische oder geistige Ich den Ich-Menschen umfaßt, zumindestens, wenn er in Kommunikation mit dem Anderen, also in einem ›sozialen Verband‹ mit ihnen steht und mit ihnen eine intersubjektive Welt gemeinsam hat.« Schütz/Gurwitsch, *Briefwechsel*, a. a. O. (Anm. E 9), S. 284 u. 286 f. Vgl. dazu auch die Anmerkungen zum egologischen Ansatz in der Einleitung zu diesem Band S. 28 f.

E42 Dieser Satz wurde im Manuskript zwischen den Zeilen eingefügt.

E43 Vgl. zu diesem Absatz Husserl, *Ideen II*, a. a. O. (Anm. E 4), § 21, S. 93 ff.

E44 Husserl, *Ideen I*, a. a. O. (Anm. E 1), §§ 33 ff.

E45 Im Manuskript »in transcendental reduction« über der Zeile ergänzt.

E46 Im Manuskript nach dem gestrichenen »the performer of« eingefügt.

E47 Husserl, *Ideen II*, a. a. O. (Anm. E 4), § 23, S. 101. Vgl. dazu auch den Begriff des subjektiven Sinns, wie ihn Schütz im *Sinnhaften Aufbau der Sozialen Welt. Eine Einleitung in die verstehende Soziologie* [1932-I-1], Wien: Springer 1932, ^{2}1960; ND Frankfurt/M.: Suhrkamp 1974; jetzt in ASW II.), §§ 7 ff. entwickelt.

E48 Husserl, *Ideen II*, a. a. O. (Anm. E 4), § 23, S. 102 f. Husserl hat an dieser Stelle »immanente Zeit«.

E49 Husserl, *Ideen II*, a. a. O. (Anm. E 4), § 22, S. 98 f. u. § 27 S. 108 f. Zum Feldbegriff § 25, S. 105 f. Zum Begriff des ›thematischen Feldes‹, der in den *Ideen II* nicht auftaucht, vgl. auch Aron Gurwitsch, *Théorie du Champ de la Conscience*, Bruges: Descl'ee de Brouwer 1957. (dt. Übersetzung: *Das Bewußtseinsfeld*, Berlin: de Gruyter 1976. Schütz hatte das Manuskript im Laufe des Jahres 1951 gelesen und ausführlich kommentiert. Vgl. dazu insbes. Schütz/Gurwitsch, *Briefwechsel*, a. a. O. (Anm. E 9), S. 240 ff. (Brief von Schütz an Gurwitsch v. 19. 1. 1952)

E50 Im Manuskript »continously« über der Zeile ergänzt.

E51 Als deutsche Übersetzung für »it makes [...] its entrances and exits« im Original in Klammern und im Manuskript über der Zeile ergänzt.

E52 Husserl, *Ideen II*, a. a. O. (Anm. E 4), § 23, S. 103.

E53 Husserl, *Ideen II*, a. a. O. (Anm. E 4), § 26, S. 108. Für das Kantzitat: Immanuel Kant, *Kritik der reinen Vernunft*, in: Werkausgabe Bd. III, hg. v. Wilhelm Weischedel, Frankfurt/M.; Suhrkamp 1974, S. B 131.

E54 Husserl, *Ideen II*, a. a. O. (Anm. E 4), § 29, S. 111. Vgl. zum empirischen menschlichen »Habitus« vor allem Maurice Merleau-Ponty, *Phénoménologie de la Pereception*, Paris: Gallimard 1945 (dt. Übersetzung: *Phänomenologie der Wahrnehmung*, Berlin: de Gruyter 1966), §§ 21 u. 24.

E55 Vgl. dazu Husserl, *Ideen II*, a. a. O. (Anm. E 4), § 29, S. 114 ff.

E56 Im Manuskript sind vor diesem Adjektiv »intellectual, emotional« gestrichen.

E57 Husserl, *Ideen II*, a. a. O. (Anm. E 4), § 30, S. 120 ff.

E57 Auch diese Zwischenüberschrift wurde nachträglich über der Zeile eingefügt.

E59 Im Manuskript: »a particular type«, wobei das Adjektiv über der Zeile eingefügt wurde.

E60 Im Manuskript »material« über der Zeile eingefügt.

E61 Vgl. dazu Alfred Schütz, »Die Phänomenologie und die Fundamente der Wissenschaften (Edmund Husserls *Ideen III*)« [1953-I-2], in diesem Band S. 209 ff.

E62 Vgl. für diese Unterscheidung Husserl, *Ideen II*, a. a. O. (Anm. E 4), § 30, S. 125.
E63 Im Manuskript »this unity« über der Zeile eingefügt.
E64 Husserl, *Ideen II*, a. a. O. (Anm. E 4), § 30, S. 123.
E65 Husserl, *Ideen II*, a. a. O. (Anm. E 4), § 32, S. 127.
E66 Für die Punkte (b) und (c) vgl. Husserl, *Ideen II*, a. a. O. (Anm. E 4), § 32, S. 132 f.
E67 Husserl, *Ideen II*, a. a. O. (Anm. E 4), § 32, S. 131.
E68 Husserl, *Ideen II*, a. a. O. (Anm. E 4), § 32, S. 132. Der Satz ab »Daß das Dingschema ..« wurde im Manuskript als Umformulierung eines gestrichenen Teils auf einem separaten Blatt beigelegt (lfd. Nr. 4102). Ein Doppelpfeil am Rand verweist auf den gestrichenen Teil.
E69 Husserl, *Ideen II*, a. a. O. (Anm. E 4), § 32, S. 135.
E70 Husserl, *Ideen II*, a. a. O. (Anm. E 4), § 32, S. 135 f.
E70 Diese Überschrift wurde wiederum am oberen Rand des Manuskripts eingefügt.
E72 Husserl, *Ideen II*, a. a. O. (Anm. E 4), § 37, S. 147 ff. Der Begriff der »physisch[!]-aesthesiologischen Einheit« findet sich in § 40, S. 115.
E73 Im Manuskript gestrichen: »which constitutes itself as«.
E74 Husserl, *Ideen II*, a. a. O. (Anm. E 4), § 38, S. 151 f. Insgesamt kommentiert Schütz die §§ 35-42 (»Die Konstitution der seelischen Realität durch den Leib«) und die sinngenerative Funktion des Leibes sehr wenig, obwohl sich gerade angesichts der von ihm favorisierten handlungstheoretischen Perspektive hier einige Anschlüsse böten. Der zentrale Punkt hier ist für ihn die Kontrolle des Leibs durch das Ich.
E74 Die Überschrift wurde wiederum nachträglich in kleinerer Schrift am oberen Rand eingefügt.
E76 Der Nebensatz wurde im Manuskript über der Zeile eingefügt.
E77 Im Manuskript ohne Klammern und ohne »although«.
E78 Husserl, *Ideen II*, a. a. O. (Anm. E 4), § 43 f., S. 162.
E79 Dieser Satz wurde im Manuskript mehrfach umgestellt und über der Zeile ergänzt.
E80 Als deutsche Übersetzung für »I bestow upon them by way of empathy« im Original in Klammern.
E81 Als deutsche Übersetzung für »is transferred« im Original in Klammern. Diese »Übertragung« ist einer der wichtigen Kritikpunkte von Schütz an Husserls Intersubjektivitätstheorie, vgl. Schütz, »Das Problem der transzendentalen Intersubjektivität bei Husserl«, a. a. O. (Anm. E 13), insbes. S. 243 ff.
E82 Husserl, *Ideen II*, a. a. O. (Anm. E 4), § 45, S. 164; Schütz folgt hier Husserls Text mit geringfügigen Abweichungen.
E83 Beide Hervorhebungen finden sich nicht im Manuskript. Zum Begriff der Appräsentation vgl. Alfred Schütz, »Das Problem der transzendentalen Intersubjektivität bei Husserl«, a. a. O. (Anm. E 13), insbes. 235 f., sowie die »Diskussionsbemerkungen Finks zu Schütz' Vortrag«, in diesem Band S. 371 u. 274, und Alfred Schütz, »Symbol, Wirklichkeit und Gesellschaft«, a. a. O. (Anm. E 86) insbesondere S. 128 ff. Für den Begriff der Appräsentation bei Husserl einschlägig: Edmund Husserl, *Cartesianische Meditationen*, in: *Husserliana* Bd. I: *Cartesianische Meditationen und Pariser Vorträge*, hg. v. Stephan Strasser, Den Haag: Nijhoff [2]1973, S. 41-183, §§ 50 f.
E84 Im Manuskript »visual perception« über dem durchgestrichenen »presence« ergänzt.
E85 Im Manuskript »and his experiences« über der Zeile ergänzt.
E86 Vgl. Husserl, *Ideen II*, a. a. O. (Anm. E 4), § 45, S. 166, der jedoch nur von »Analogie« der leiblichen Anzeichen und dem »Zeichensystem der Sprache« ausgeht.

Schütz eigene Zeichentheorie baut dagegen auf dem »Ursprung« der Appräsentation auf: »Symbol, Wirklichkeit und Gesellschaft« [1955-1-2], jetzt in: ASW V.2, S. 117-220, insbesondere S. 128 ff. sowie für den Husserlverweis S. 150.

E87 Im Manuskript »appresentations of the« über der Zeile ergänzt.

E88 Im Manuskript »in an analogous way as my own« über der Zeile ergänzt.

E89 Husserl, *Ideen II*, a. a. O. (Anm. E 4), § 46, S. 168.

E90 Vgl. zu diesem Problem der Gleichzeitigkeit die Ausführungen zur Wahrnehmung und zum Verstehen des Anderen im *Sinnhaften Aufbau*, a. a. O. (Anm. E 47), §§ 19 ff., S. 219 ff.

E91 Husserl, *Ideen II*, a. a. O. (Anm. E 4), § 46, S. 169. Vgl. zu dieser »Reziprozität der Perspektiven« auch die »Generalthesis des alter ego« in Schütz, *Sinnhafter Aufbau*, a. a. O. (Anm. E 47), § 20, sowie ders., »Symbol, Wirklichkeit und Gesellschaft«, a. a. O. (Anm. E 86), S. 152 f.

E92 Husserl, *Ideen II*, a. a. O. (Anm. E 4), § 47, S. 169 ff. Für Husserl war das Problem der Intersubjektivität insofern nachrangig, als es ihm um die Begründung einer transzendenten, objektiven Außenwelt ging, vgl. dazu auch Husserl, *Cartesianische Meditationen*, a. a. O. (Anm. E 83), § 41.

E92 Die Unterüberschrift wurde wiederum am oberen Rand in kleinerer Schrift notiert und mit einem Pfeil unter »3.« verwiesen. Am Rand findet sich die Bemerkung »(3) Haupttitel (a) neue Zeile als subtitle«.

E94 Als Übersetzung für »spirit« im Original in Klammern.

E95 Die Hervorhebung findet sich im Manuskript, nicht jedoch in der Druckfassung: »*on* bodies«.

E96 Vgl. Husserl, *Ideen II*, a. a. O. (Anm. E 4), § 49 a, S. 175. Vgl. dazu auch Alfred Schütz, »Symbol, Wirklichkeit und Gesellschaft«, a. a. O. (Anm. E 86), S. 150 f. Husserl schreibt an der hier von Schütz paraphrasierten Stelle explizit von »Leibding«.

E97 An dieser Stelle findet sich in den *Gesammelten Aufsätzen III* [1971-I-2] folgende, wohl von der Herausgeberin Ilse Schütz eingefügte Fußnote: »Ereignisse, die am Leib geschehen, sollten nicht mit Ereignissen, die im Leib geschehen, verwechselt werden. Vgl dazu im Band I [der *Gesammelten Aufsätze*]: ›Das physische Ding, ›der Leib des Anderen‹, Vorgänge an seinem Körper und seine Leibesbewegungen werden als Ausdrucksweisen des ›geistigen Ichs‹ des Anderen aufgefaßt, auf dessen Motivations- und Sinnzusammenhang ich gerichtet bin.‹ ([Alfred Schütz, ›Symbol, Wirklichkeit und Gesellschaft‹, a. a. O. (Anm. E 86), S. 150 f.]) sowie den Brief von Schütz an Maurice Natanson vom 25. Juli 1954: ›Ich dachte an Ereignisse, die auf der ›Oberfläche‹ des Leibes des Anderen stattfinden, z. B. erröten, lächeln; es wäre aber falsch, in diesem Fall von ›Oberfläche‹ zu sprechen, weil man damit den Leib in ein bloßes Ding verwandelt.‹«

E98 Im Manuskript »– always« und der abschließende Gedankenstrich über der Zeile ergänzt.

E99 Husserl, *Ideen II*, a. a. O. (Anm. E 4), § 49 e, S. 180 f.

E100 Danach im Manuskript gestrichen: »but also if we are looking at the objects in our surrounding not as mere things, as«.

E101 Im Manuskript »personal« über der Zeile eingefügt.

E102 Husserl, *Ideen II*, a. a. O. (Anm. E 4), § 50, S. 185 f. Schütz lehnt sich hier wiederum eng an die Husserlsche Vorlage an.

E103 Im Manuskript: »the I finds itself referred to it in new acts of another order, for example in acts of theoretical or practical evaluation«.

E104 Husserl, *Ideen II*, a. a. O. (Anm. E 4), § 50, S. 188. Im Manuskript findet sich im Gegensatz zur Druckfassung keine Hervorhebung.
E105 Im Orig. »attracting the subject to turn to them«.
E106 Husserl, *Ideen II*, a. a. O. (Anm. E 4), § 50 S. 189 f.
E107 Im Manuskript »subjects« über dem gestrichenen »persons« eingefügt.
E108 Vgl. zu diesem Begriff Husserl, *Ideen II*, a. a. O. (Anm. E 4), § 51, S. 191. S. 198 hat »Einfühlung (comprehensio)«.
E109 Husserl, *Ideen II*, a. a. O. (Anm. E 4), § 51, S. 190 f.
E110 Als Übersetzung für »mutual understanding« im Original in Klammern.
E111 Als Übersetzung für »consent« im Original in Klammern.
E112 Als Übersetzung für »as their counterpart« im Original in Klammern.
E113 Husserl, *Ideen II*, a. a. O. (Anm. E 4), § 51, S. 193.
E114 Husserl, *Ideen II*, a. a. O. (Anm. E 4), § 51, S. 194.
E115 Husserl, *Ideen II*, a. a. O. (Anm. E 4), § 51, S. 198.
E116 Husserl, *Ideen II*, a. a. O. (Anm. E 4), § 52 S. 204 f.
E117 Husserl, *Ideen II*, a. a. O. (Anm. E 4), § 52, S. 206; vgl. auch oben Anm. E 91.
E118 Im Manuskript findet sich zwischen den paginierten Seiten lfd. Nr. 4112 und 4113 ein eingefügtes nicht paginiertes Blatt, das etwa auf Höhe von zwei gestrichenen Zeilen auf 4113 folgenden Text enthält: »can be given to the other thereafter in the flux of intersubjective time« enthält, wobei »to the other« über dem gestrichenen »in the same modus *thereafter*« eingefügt wurde. Der untere Teil von lfd. Nr. 4113 wurde nach dem »phenomenonal Now« gestrichen. Die darauf folgende Aufzählung ist im Manuskript nicht zu finden. Lfd. Nr. 4114 enthält die Formulierung ab »Durch das Verhältnis der Gleichzeitigkeit ...«, allerdings mit Lücken. Diese Stelle verweist aufgrund der auffälligen Differenzen auf ein (im Nachlass nicht vorhandenes) Typoskript bzw. eine umfangreichere Korrektur der Druckfahnen.
E119 Husserl, *Ideen II*, a. a. O. (Anm. E 4), § 52 S. 207. Erstaunlicherweise lässt Schütz diesen Passus, der sozusagen ein erstes Konzept der Lebenswelt formuliert (wenn dieser Begriff auch nicht verwendet wird vgl. aber auch *Ideen II*, Beilage XIII, S. 375), unkommentiert und geht auch im weiteren nicht darauf ein. Vgl. dazu die Einleitung in diesem Band S. 36 f., sowie insbes. Manfred Sommer, »Husserls Göttinger Lebenswelt«, in: Edmund Husserl, *Die Konstitution der geistigen Welt* (Text nach *Husserliana* IV), hg. v. Manfred Sommer, Hamburg: Meiner 1984, S. IX-XLII.
E120 Husserl, *Ideen II*, a. a. O. (Anm. E 4), § 51 S. 195 f. Vgl. dazu auch Schütz' komplette Ablehnung dieser Konzeption von Sozialität in »Das Problem der transzendentalen Intersubjektivität bei Husserl« [1957-I-3], in diesem Band, S. 227 ff., insbes. S. 246.
E120 Die Überschrift wurde nachträglich in kleinerer Schrift am oberen Rand eingefügt.
E122 Die Hervorhebungen finden sich nicht im Manuskript.
E123 Husserl, *Ideen II*, a. a. O. (Anm. E 4), § 55, S. 215 f.
E124 Husserl, *Ideen II*, a. a. O. (Anm. E 4), § 56, S. 220.
E125 Der Satz wurde im Manuskript gestrichen, jedoch mit einer gestrichelten Linie unterstrichen und am Rand mit dem Vermerk »bleibt!« versehen.
E126 Als Übersetzung für »[m]otivations of reason« im Original in Klammern.
E127 Husserl, *Ideen II*, a. a. O. (Anm. E 4), § 56 a), S. 220 ff. Zum Ausdruck »Rechtsprechung der Vernunft« vgl. Husserl, *Ideen I*, a. a. O. (Anm. E 1), S. 281.
E128 Husserl, *Ideen II*, a. a. O. (Anm. E 4), § 56 b), S. 222 ff.
E129 Husserl, *Ideen II*, a. a. O. (Anm. E 4), § 56 e), S. 228 f.

E130 Im Manuskript »to us« über der Zeile eingefügt.
E131 Husserl, *Ideen II*, a. a. O. (Anm. E 4), § 56 g), S. 231 ff. Im Manuskript wurde »grasps« unter dem durchgestrichenen »understands« ergänzt.
E132 Husserl, *Ideen II*, a. a. O. (Anm. E 4), § 56 h), S. 236 ff.
E133 Husserl, *Ideen II*, a. a. O. (Anm. E 4), § 56 h), S. 242.
E134 Husserl, *Ideen II*, a. a. O. (Anm. E 4), § 58, S. 253. Schütz lehnt sich in diesem Absatz wieder eng an Husserl an.
E135 Im Manuskript »naturally free« über der Zeile ergänzt.
E136 Husserl, *Ideen II*, a. a. O. (Anm. E 4), § 59, S. 253 f.
E137 Husserl, *Ideen II*, a. a. O. (Anm. E 4), § 60 a), S. 257 ff.
E138 Husserl, *Ideen II*, a. a. O. (Anm. E 4), § 60 a), S. 261 f.
E139 Husserl, *Ideen II*, a. a. O. (Anm. E 4), § 60 a), S. 264 f.
E140 Husserl, *Ideen II*, a. a. O. (Anm. E 4), § 60 b), S. 265 f.
E141 Der Ausdruck in Klammern wurde im Manuskript am Rand eingefügt.
E142 Als deutsche Übersetzung für »variation« im Original in Klammern.
E143 Husserl, *Ideen II*, a. a. O. (Anm. E 4), § 60 d), S. 270 ff. Vgl. zu diesem Verstehen des Anderen mittels der in Typisierung der eigenen Erfahrung gewonnenen Schemata den *Sinnhaften Aufbau*, a. a. O. (Anm. E 47), §§ 21 ff.
E144 Husserl, *Ideen II*, a. a. O. (Anm. E 4), § 61, S. 275 f.
E145 Husserl, *Ideen II*, a. a. O. (Anm. E 4), § 61, S. 280.
E146 Husserl, *Ideen II*, a. a. O. (Anm. E 4), § 62, S. 281 f.
E147 Als Übersetzung für »organ of the will« im Original in Klammern.
E148 Im Manuskript »specific« über der Zeile eingefügt.
E149 Im Orig.: »a double aspect«.
E150 Husserl, *Ideen II*, a. a. O. (Anm. E 4), § 62, S. 283 ff. Schütz folgt Husserl wiederum mit geringfügigen Abweichungen.
E151 Im Manuskript »As Paul Ricœur puts it«über der Zeile eingefügt.
E152 Im Manuskript »motivation« über der Zeile eingefügt.
E153 Das von Husserl kritisierte Konzept des »psychophysischen Parallelismus« (vgl. Husserl, *Ideen II*, a. a. O. (Anm. E 4), § 63, S. 288 ff.) geht auf Wilhelm Wundt zurück, bei dem Husserl in Leipzig auch studierte.
E154 Im Manuskript »intersubjectivity of the body« zu »the intersubjective constitution of the body« ergänzt.
E155 Husserl, *Ideen II*, a. a. O. (Anm. E 4), § 64, S. 297. Wiederum lehnt sich Schütz eng an Husserls Text an.
E156 Husserl, *Ideen II*, a. a. O. (Anm. E 4), § 64, S. 298 f.
E157 Husserl, *Ideen II*, a. a. O. (Anm. E 4), § 64, S. 299 f.
E158 Husserl, *Ideen II*, a. a. O. (Anm. E 4), § 64, S. 301 f.; Schütz folgt hier mit geringfügigen Abweichungen Husserl.
E159 Husserl, *Ideen II*, a. a. O. (Anm. E 4), § 64, S. 302. Schütz gibt hier die beiden Schlußsätze der *Ideen II* wieder.
E160 Vgl. dazu die Auseinandersetzung von Schütz mit William James in dem Aufsatz »William James' Begriff des ›Stream of Thought‹ phänomenologisch interpretiert« [1941-I-1], in ASW III.2, S. 37-62, sowie Hansfried Kellner/Joachim Renn, »Einleitung der Herausgeber«, in: ASW III.2, S. 7-29 und unten Anm. E 171.
E161 George Santayana (1863 – 1952), amerikanischer Philosoph. In Schütz' Bibliothek finden sich George Santayana, *Dominations and Powers*, New York: Scribner's 1951; sowie ders., *Realms of Being* (1927), New York: Scribner's 1942. Vgl. dazu auch

Schütz' Text »Santanyana on Society and Government« [1952-I-1], jetzt in ASW VI.2.

E162 Zur Auseinandersetzung von Schütz mit Dewey und Mead vgl. Alfred Schütz, »Über die mannigfaltigen Wirklichkeiten« [1945-I-3], in ASW V.1, S. 177-247, S. 188 Fn. 8. Vgl. dazu auch die Fn. 10 zu George Herbert Mead (a. a. O. S. 192), die diesem Behaviorismus unterstellt. In Schütz' Bibliothek findet sich ein intensiv kommentiertes Exemplar von John Dewey, *Logic: The Theory of Inquiry*, New York: Henry Holt & Co 1939. Ebenso intensiv durchgearbeitet scheinen George H. Mead, *The Philosophy of the Present*, edited by Arther E. Murphy. With prefatory remarks by John Dewey, Chicago: Open Court Publishing 1932 und ders., *Mind, Self and Society: From the Standpoint of a Social Behaviorist*, edited, with introduction, by Charles W. Morris, Chicago: The University of Chicago Press [2]1937.

E163 Charles Horton Cooley (1864 – 1929), amerik. Soziologe, der seine Sozialtheorie vor allem auf James' Erkenntnissen aufbaute. Wichtige Werke sind *Social process*, New York: Scribner's 1918 und *Human Nature and the Social Order*, New York: Scribner's 1922.

E164 Vgl. dazu Schütz' Scheleraufsätze »Schelers Theorie der Intersubjektivität und die Generalthesis vom Alter Ego« [1942-I-1], in ASW III.2, S. 65-108, sowie »Max Schelers Erkenntnistheorie und Ethik« [1957-I-5], in ASW III.2, S. 179-228; sowie Hansfried Kellner/Joachim Renn, »Einleitung der Herausgeber«, in: ASW III.2, S. 7-29.

E165 Martin Heidegger hat in *Sein und Zeit* (Tübingen: Niemeyer [18]2001, § 10, S. 47, Fn. 1) den expliziten Hinweis auf den damals unveröffentlichten Band II der *Ideen*.

E166 Vgl. Jean-Paul Sartre, *L'être et le néant. Essai d'ontologie phénoménologique*, Paris: Gallimard 1943, S. 405; dt.: *Das Sein und das Nichts. Versuch einer phänomenologischen Ontologie*, in: *Gesammelte Werke in Einzelausgaben*, *Philosophische Schriften* Bd. 3, hg. v. Traugott König, Reinbek: Rowohlt 1993; sowie Alfred Schütz, »Sartres Theorie des Alter Ego« [1948-I-1], in ASW III.2, S. 117-157.

E167 Vgl. Maurice Merleau-Ponty, Phénoménologie de la Perception, Paris: Gallimard 1945; dt. Übersetzung: *Phänomenologie der Wahrnehmung*, übersetzt u. eingeleitet v. Rudolf Boehm, Berlin: de Gruyter 1966, inbes. S. 117, wo Merleau-Ponty auf sein Studium des damals unveröffentlichten Bandes der *Ideen II* verweist. Gerade die in diesem Band ausgearbeitete Phänomenologie der Leiblichkeit wurde zu einem zentralen Thema für Merleau-Ponty.

E168 Im Manuskript »objective« über der Zeile ergänzt.

E169 Im Manuskript »in both cases« über der Zeile ergänzt.

E170 Vgl. dazu Alfred Schütz, »Das Problem der transzendentalen Intersubjektivität bei Husserl«, a. a. O. (Anm. E 13), S. 239 f.

E171 Vgl. dazu William James, *The Principles of Psychology* (1893), Cambridge/Mass.: Harvard University Press 1983. Zum Begriff des Me und I vor allem Kap. X, S. 291 ff. u. 329 ff. sowie George Herbert Mead, *Mind, Self, and Society*, Chicago: University of Chicago Press 1934; dt. Übersetzung: George Herbert Mead, *Geist, Identität und Gesellschaft aus der Sicht des Sozialbehaviorismus*, Frankfurt/M.: Suhrkamp [4]1980, S. 216 ff., 240 ff.; ders., »Die Genesis der Identität und die soziale Kontrolle«, in: ders., *Gesammelte Aufsätze* Bd. 1, hg. v. Hans Joas, Frankfurt/M.: Suhrkamp 1987, S. 299-328; ders., »Welche sozialen Objekte muß die Psychologie voraussetzen?«, in: ebd., S. 222-231; sowie ders., »Die soziale Identität«, in: ebd., S. 241-249.

E172 Vgl. wiederum Alfred Schütz, »Das Problem der transzendentalen Intersubjektivität bei Husserl«, a. a. O. (Anm. E 13), S. 227 ff. u. 235 ff.

E173 Im Manuskript »objectivity« über der Zeile ergänzt.

E174 Vgl. Husserl, *Cartesianische Meditationen*, a. a. O. (Anm. E 83), § 51.

E175 Zu diesem Punkt merkt Gurwitsch in seinem Brief an Schütz vom 3. Oktober 1952 an: »[Der Schluß] gießt große Mengen Wasser auf meine non-egologische Mühle. Wie S. [193] zeigt, wird noch aus der Trinität eine Quaternität. Und Fink wartet mit einer noch anderen Trinität auf: Dem Ich als phänomenologischer Beobachter. Verzeih bitte, wenn ich alle diese Trinitäten und Quaternitäten für sehr unheilig finde. In meiner Theorie gibt es nur ein Ich, das empirische, oder, wenn Du willst, die Person. Schichten an ihm zu unterscheiden bin ich gern bereit. Das Wesentliche ist: es ist ein *constitutum* und seine Konstitution ist zu untersuchen, eine nicht einfache Aufgabe.« Schütz antwortet: »Daß Du die egologischen Trinitäten und Quaternitäten für sehr unheilig hältst (und genau besehen handelt es ich nicht um 4, sondern 6) begreife ich umsomehr, als ich Husserls ganze Subjektivitätstheorie für den verzweifelten Versuch halte, die transzendentale Phänomenologie (besser: den ›überschwänglichen Gebrauch‹, den Husserl von der transzendentalen konstitutiven Methode macht) zu retten. *Aber:* Ich vermag nicht einzusehen, wieso dieser Mißstand Wasser auf *Deine* non-egologische Mühle gießt. Das Ich ist von Husserl mißverstanden worden, aber daraus, daß er das Problem falsch ansetzt, folgt noch lange nicht, daß das Ich ein *constitutum* ist. Nur *ein* Aspekt, das Ich *modo praeteritis*, ist ein *constitutum*, und deshalb haben sowohl Scheler als der ihm in diesem Punkt merkwürdig verwandte G. H. Mead die verschiedenen Ich-Aspekte auf deren Zeitstruktur zurückgeführt (was ich schließlich auch tat).« Schütz/Gurwitsch, *Briefwechsel*, a. a. O. (Anm. E 9), S. 284 u. 287. Vgl. zu Husserls Ichbegriffen Finks Kantstudienaufsatz, a. a. O. (Fn. 5, S. 173), S. 355 f., sowie Schütz' Ausführungen dazu in »Das Problem der transzendentalen Intersubjektivität bei Husserl«, in diesem Band S. 234 f. u. Schütz' »Beantwortung der Diskussionsbemerkungen zu meinem Vortrag ›Das Problem der transzendentalen Intersubjektivität bei Husserl‹«, in diesem Band S. 277 f. Zum Problem des egologischen Ansatzes vgl. Bernhard Waldenfels, »Das umstrittene Ich. Ichloses und Ichhaftes Bewußtsein bei A. Gurwitsch und A. Schütz«, in: *Sozialität und Intersubjektivität. Phänomenologische Perspektiven der Sozialwissenschaften im Umkreis von Aron Gurwitsch und Alfred Schütz*, hg. v. Richard Grathoff u. Bernhard Waldenfels, München: Fink 1983, S. 15-30.

E176 Im Manuskript »questionable allocation« über dem gestrichenen »distribution« ergänzt.

E177 hýsteron: »das Spätere, das Nachfolgende«, próteron: »das Frühere, das Vorausgehende«; im Sinne von »falsche Folge, Zirkelschluß«.)

E178 Als Übersetzung für »sphere of vitality« im Original in Klammern.

E179 Dieser Satz wurde im Manuskript am Rand ergänzt.

E180 Im Manuskript am Beginn dieses Absatzes gestrichen: »Entirely unclarified is«.

E181 Vgl. etwa Georg Wilhelm Friedrich Hegel, *Phänomenologie des Geistes* (1807), Frankfurt/M.: Suhrkamp 1973 unter dem Stichwort »Volksgeist«.

E182 Vgl. Emile Durkheim, *De la division du travial social* (1893), Paris: Presses Universitaires de France 1930, dt. Übers.: *Über soziale Arbeitsteilung*, Frankfurt/M.: Suhrkamp 1977 unter dem Stichwort »Kollektivbewußtsein«.

E183 Es ist nicht ganz klar, auf wen sich Schütz hier bezieht. Es könnte einerseits Wilhelm Wundt (1832-1920) gemeint sein, der als der Begründer der Psychologie als eigenständiger Wissenschaft gilt. Ansätze einer Sozialpsychologie und einer Theorie sozialer Kollektive entwickelte er unter dem Begriff der »Volksseele« in seinem Werk *Völkerpsychologie Eine Untersuchung der Entwicklungsgesetze von Sprache, Mythus und Sitte.* Leipzig: Kröner [3]1904. Andererseits könnte aber auch dessen Sohn Max Wundt (1879 – 1963) gemeint sein, ein Philosoph, der neben Werken zur Metaphysik und Ethik, auch völkische und antisemitische Schriften veröffentlichte.

E184 Schütz bezieht sich hier wohl auf den Rechtshistoriker Otto v. Gierke (1841-1921), dessen auf das germanische Recht gestützte Lehre vom Verband in einem dreibändigen Werk *Das deutsche Genossenschaftsrecht I: Rechtsgeschichte der deutschen Genossenschaft,*(1868) *II: Geschichte des deutschen Körperschaftsbegriffes* (1878), *III: Die Staats- und Korporationslehre des Altertums und des Mittelalters und ihre Aufnahme in Deutschland* (1881) ihren Niederschlag fand, zusammengefasst in der Rektoratsrede *Das Wesen der menschlichen Verbände* (1902), ND: Darmstadt: Wissenschaftliche Buchgesellschaft 1954. Vgl. zum Begriff des »sozialen Verbandes« auch Alfred Schütz' Rezension, »Tomoo Otakas Grundlegung der Lehre vom sozialen Verband« [1937-I-1], in: *Zeitschrift für öffentliches Recht*, 17, 1937, Nr. 1, S. 64-84, jetzt in ASW IV.

E185 Dt. im Original.

E186 Vgl. Georg Simmel, *Soziologie. Untersuchungen über die Formen der Vergesellschaftung*, als Georg Simmel, *Gesamtausgabe*, Bd. II, hg. v. Otthein Rammstedt, Frankfurt/M.: Suhrkamp 1992 unter den Stichworten »Wechselwirkung« bzw. »Gruppe«.

E187 Vgl. etwa Max Weber, *Wirtschaft und Gesellschaft. Grundriss der verstehenden Soziologie*, hg. v. Johannes Winckelmann, Tübingen: Mohr [5]1972, §§ 1 ff.

E188 Vgl. dazu Max Scheler, *Wesen und Formen der Symphathie* (1913), Bonn: Cohen 1923; jetzt in: *Gesammelte Werke* Bd. 7, hg. v. Manfred S. Frings, Bern/München: Francke [7]1979, S. 7-258, insbes. Abschnitt »C. *Vom fremden Ich*«, S. 209 ff., sowie Max Scheler, *Die Wissensformen und die Gesellschaft*, in: *Gesammelte Werke*, Bd. 8, hg. v. Maria Scheler, Bern/München: Francke [3]1980, etwa S. 52 ff.; vgl. dazu auch Schütz' Scheleraufsätze »Schelers Theorie der Intersubjektivität und die Generalthesis vom Alter Ego« [1942-I-1], in ASW III.2, S. 65-108, insbes. S. 75 ff., sowie »Max Schelers Erkenntnistheorie und Ethik« [1957-I-5], in ASW III.2, S. 179-228.

E189 Vgl. dazu Alfred Schütz, »Husserls Bedeutung für die Sozialwissenschaften« [1959-I-5], in diesem Band S. 305 ff.

Die Phänomenologie und die Fundamente der Wissenschaften (Edmund Husserls *Ideen III*)

Editorischer Bericht

Der hier in neuer Übersetzung vorgelegte Text »Die Phänomenologie und die Fundamente der Wissenschaften (Edmund Husserls *Ideen III*)« [1953-I-2] erschien unter dem Titel »Discussion: Die Phänomenologie und die Fundamente der Wissenschaften (*Ideas III* by Edmund Husserl)« erstmals in *Philosophy and Phenomenological Research* 13, 1953, No. 4: June 1953, S. 506-514. Er wurde wieder abgedruckt in den *Collected Papers III. Studies in Phenomenological Philosophy* [1966-I-1], hg. v. Ilse Schütz, Den Haag: Nijhoff 1966, S. 40-50. Eine erste deutsche Übersetzung erschien in *Gesammelte Aufsätze III: Studien zur phänomenologischen Philosophie* [1971-I-2], hg. v. Alexander v. Baeyer, Den Haag: Nijhoff 1971, S. 74-85.

Im Nachlass findet sich dieser Text als auf »22/23. Nov. 1952« datierter handschriftlicher Entwurf (lfd. Nr. 6489-6509, incl. zweier eingeschobener Blätter mit zwei möglicherweise von Maurice Natanson stammenden Korrekturbemerkungen), sowie als undatiertes Typoskript (lfd. Nr. 6510-6524), das kaum Korrekturen aufweist und mit der Druckfassung nahezu identisch ist. Der Text war ursprünglich mit der Besprechung von Husserls *Ideen II* als Einheit konzipiert, musste aber aufgrund des rigiden Raumregiments der Zeitschrift *Philosophy and Phenomenological Research* aufgeteilt werden.[1]

Die neue Übersetzung aus dem Englischen wurde von Christian Thomas angefertigt und von Gerd Sebald überarbeitet. Stellen, die sich eng an Husserls Text anlehnen, wurden möglichst in der Husserlschen Terminologie belassen. Die Zahlen in eckigen Klammern verweisen auf den Seitenumbruch im Erstdruck. Die im Text erwähnten Buchtitel incl. der Bandnummern wurden zur Vereinheitlichung alle kursiviert.

1 Zur Entstehungsgeschichte des (Gesamt-)Textes vgl. den editorischen Bericht zu »Edmund Husserls *Ideen II*«, oben S. 167 f.

Die Phänomenologie und die Fundamente der Wissenschaften (Edmund Husserls *Ideen III*)[1]

Husserls *Ideen II*,[E 1] zur gleichen Zeit wie der vorliegende Band veröffentlicht, wurden ausführlich an anderer Stelle[2] in dieser Zeitschrift besprochen. Dort wurden die Gründe erklärt, warum Husserl 1913 nur den ersten Band seines Werkes veröffentlichte, und ein kurzer Abriß der Geschichte seiner Manuskripte gegeben, die den Inhalt der *Ideen II* bilden. Der vorliegende Band, kurz *Ideen III*[E 2] benannt, basiert auf einem Manuskript von 1912, das zur gleichen Zeit wie die *Ideen I*[E 3] entworfen wurde und das, anders als die Manuskripte, die den zweiten Bandes bilden, nie vom Autor oder seinen Assistenten umgeschrieben wurde.[E 4] Deshalb ist er einheitlicher als sein Zwillingsband, an dem Husserl mit Unterbrechungen bis 1928 arbeitete, stellt aber eine frühere Phase in der Entwicklung des Denkens des Gründers der modernen Phänomenologie dar, welche nicht immer mit den Aussagen im zweiten Band zu vereinbaren ist, ganz abgesehen von den späteren Phasen der phänomenologischen Philosophie. Einige Leser, die mit dem ersten Band vertraut sind, werden es vielleicht hilfreich finden, zuerst die *Ideen III* zu studieren, bevor sie sich den komplizierteren und weit ausgearbeiteteren Problemen zuwenden, die in den *Ideen II* vorgestellt werden.

Husserl beginnt im ersten Kapitel mit einer Untersuchung der verschiedenen Wirklichkeitsbereiche – das materielle Ding, der beseelte Leib, die Seele –, um die Grundarten der Apperzeption festzustellen, die jeweils diesen Bereichen und dem Charakter der verschiedenen aus ihnen entspringenden Wissenschaften entsprechen. Materielle Dinge sind originär in den Akten der materiellen Wahrnehmungen, d. h. von Dingen der Außenwelt, gegeben. Materielle Wahrnehmungen in diesem Sinn sind lediglich ein Spezialfall der Wahrnehmungen von ausgedehnten Gegenständen; die letzteren würden auch die Wahrnehmung von Phantomen einschließen. Das, was reale materielle Dinge jedoch von den Phantomen unterscheidet, ist jedenfalls nicht ihr »Substanz«-Sein

1 [Edmund Husserl, *Ideen zu einer reinen Phänomenologie und phänomenologischen Philosophie*. Drittes Buch: *Die Phänomenologie und die Fundamente der Wissenschaften*,] herausgegeben von Marly Biemel und veröffentlicht als Band V der *Husserliana* vom Husserl-Archiv, Louvain, unter Leitung von Professor H. L. van Breda. Hague[:] Martinus Nijhoff, 1952.

2 [Alfred Schütz, »Edmund Husserl's *Ideas* Volume II« [1953-I-1], in: *Philosophy and Phenomenological Research*], Ausgabe XIII, Nr. 3 [S. 394-413. Unter dem Titel »Edmund Husserls *Ideen II*« in diesem Band S. 171 ff.]

im Sinne von Descartes oder Spinoza. Nach Husserl ist ihre Realität prinzipiell relativ, nämlich relativ zu den Umständen, durch die sie kausal bestimmt sind. In der Wahrnehmung ist ein reales Ding nur einseitig gegeben, seine Kausalbeziehungen bleiben unbestimmt. Die Objektivität der Natur wird nur im vereinheitlichten raum-zeitlichen Kausalzusammenhang der Erlebnisse einer Mehrheit von Ich konstituiert, welche durch die Vermittlung ihrer Leiber in Wechselverständigung miteinander treten. [507] Wenn man zur theoretischen Einstellung übergeht, wird eine Wissenschaft der materiellen Natur erst möglich. Daraus folgt, daß alle Wissenschaften von Realem (im gerade erklärten Sinn) kausal erklärend sein müssen, wenn sie darauf abzielen, zu bestimmen, was die Realität ist.[E5]

Eine zweite Grundform des Erfassens bezieht sich auf den beseelten Leib, nicht als materielles Ding, sondern als den Träger der in ihm lokalisierten Sinnesfelder, als ein Universum von Empfindungen oder sinnlichen Eindrücken, kurz als einen Gegenstand, der durch die Tatsache bestimmt ist, daß alle leiblichen Erlebnisse mit ihren Lokalisierungen erfahren werden. Die Wissenschaft der Somatologie (die, selbstverständlich, die materiellen Erlebnisse der materiellen Existenz voraussetzt) muß die somatischen Wahrnehmungen untersuchen, die jeder Wissenschaftler nicht nur durch das Erlebnis des eigenen Leibes macht, sondern auch durch die erfahrenden Apperzeptionen der Leiber der Anderen, die ihm durch Appräsentation in der Form der Einfühlung gegeben sind.[E6] Dieser Begriff der Somatologie als einer Theorie der Empfindungen (die gewöhnlich durch Physiologie und Psychologie behandelt werden) setzt voraus, daß die Empfindungen aus dem Auffassungsgeflecht, in die sie verwoben sind, entfernt werden. Genau dieselben Empfindungen, die in der realisierenden Erfassung der materiellen Wahrnehmungen als »darstellende Inhalte«[E7] für materielle Merkmale fungieren, erhalten in der neuen realisierenden Erfassung, die wir »unsere leiblichen Erlebnisse« nennen, nämlich als Empfindungszustände, ihre Lokalisierung; dennoch sind sie unter dem Titel »Wahrnehmungszustände des Ich« Komponenten von Seelischem und gehören deshalb in den dritten Wirklichkeitsbereich, den der Seele bzw. der egologischen Sphäre. Das ist der wahre Grund, warum sich die Psychologie, als Wissenschaft von der Seele verstanden, auch mit Empfindungen befassen muß.[E8] Während jedoch vom Standpunkt der Somatologie die Empfindungen sich als »*aistheta*« des Leibes, seiner Empfindsamkeit, bekunden und von einem theoretischen Somatologen auf ihre Kausalbeziehungen hin untersucht werden, sind die Empfindungen vom Standpunkt der Psychologie aus die hyletische Grundlage der Wahrnehmungserfassungen; ihre Funktion ist demnach eine doppelte: Als kinästhetische Empfindung motivieren sie, als darstellende Empfindungen sind sie motiviert.[E 9] Alle diese Erfassungen sind Geschehnisse innerhalb des egologischen Bewußtseins und erleben als solche eine besondere Erfassung, nämlich als Zustände der Seele. Ein menschliches oder tierisches Wesen ist nicht nur ein Leib mit sensorischen Bewußtseinszuständen, es hat eine seelische Eigenart, aufgrund derer es sich der durch seine leibliche Existenz vermittelten Empfindungen bewußt wird, ihnen gegenüber eine theoretische, bewertende, handelnde usw. Einstellung einnehmend. Die Seele als die Einheit dieser Erlebnisse, welche unter den Titel des Bewußtseins fallen, ist eine Realität für sich, obwohl sie immer auf die Realität des Leibes gegründet ist, welche wiederum auf der Realität des materiellen Dings basiert.[E 10]

Die Psychologie, als die Wissenschaft, die sich mit der Realität der Seele beschäftigt, muß sich mit der Genese und den Transformationen des Ich und seinen Dispositionen befassen [508], mit den ideopsychischen Regelmäßigkeiten, die zum Ich gehören, seinen Akten usw. Diese Merkmale genügen aber nicht für die Deskription des besonderen Bereichs einer wissenschaftlichen Psychologie und ihrer Methoden.[E 11] Um die Grundlegung der Psychologie zu bestimmen, müssen wir ihr Verhältnis zur Phänomenologie untersuchen. Dies ist der Zweck des zweiten Kapitels von Husserls Studie.

Dieses Verhältnis kann nur als ein Spezialfall des herrschenden Verhältnisses zwischen der Phänomenologie und all den empirischen Wissenschaften verstanden werden. Alle Entdeckungen der letzteren finden innerhalb des Rahmens eines *a priori* statt, der nicht von den dogmatischen empirischen Wissenschaften erfaßt werden kann, sondern den eidetischen Methoden der Phänomenologie zugänglich ist. Die Methode aller empirischen Wissenschaften wird bestimmt oder zumindest mitbestimmt durch die allgemeine wesentliche Struktur des Realitätsbereiches, auf die diese Wissenschaften sich beziehen. Die Untersuchung dieser Struktur hinsichtlich ihrer Konstitution in der reinen Intuition würde zu einer Ontologie dieses besondern Bereiches führen. Damit bezieht sich die Ontologie auf die verschiedenen Regionen von Objektivitäten und auf die Methoden, die jede empirische Wissenschaft, die sich mit den zu diesen Regionen gehörigen Tatsachen befaßt, beachten muß.[E 12] Es muß *a priori* so viele Ontologien geben, wie es regionale Begriffe gibt, und folglich hängt alle radikale Einteilung der Wissenschaften vom Begriff der »Region« (wie Ding, Tier, Seele, usw.) und seinem Wesen ab,[E 13] das durch noëmatische Intuition enthüllt werden kann. Ausgehend, zum Beispiel, von der konkreten Wahrnehmung eines materiellen Dinges, kann ich den Übergang zur eidetischen Einstellung ausführen, die Existenzsetzung des tatsächlichen Erlebnisses abstrahierend und mich in freier Willkür im Bereich der »leeren Möglichkeiten« bewegend. Wie auch immer ich die »Gestalt«[E 14] des Dings in freier Phantasie transformiere, seine qualitativen Bestimmungen variiere, seine qualitative Bestimmtheit verändere – alle diese Produkte meiner Phantasie zeigen immer noch besondere Regelmäßigkeiten: Sie beziehen sich auf geschaffene, zerstörte, transformierte usw. Dinge, aber immer noch auf *Dinge*.[E 15] Das wahrgenommene Ding erscheint mir nur unter einem gewissen Aspekt, seine Bedeutung transzendiert seine Erscheinung, aber sie tut dies auf noch unbestimmte Weise, die sich auf zukünftige Wahrnehmungen bezieht. Wir können uns fragen, wie dieser Gegenstand in anderen Perspektiven aussieht, welcher Art die Erscheinung seiner ungesehene Seite sein könnte; wir können uns durch unsere Phantasie einen Erlebnisverlauf vorstellen, der uns den wahrgenommenen Gegenstand von allen Seiten, vollständig und zusammenhängend enthüllen würde. Wir könnten sogar ganz andere Welten für dasselbe Ding, von dem wir ausgingen, konstruieren, mit verschiedenen Gesetzen verschiedener Naturwissenschaften. Die Phantasie kann so frei, wie es ihr beliebt, handeln; aber sie kann die Welt nicht vernichten; sie kann lediglich eine Unendlichkeit von neuen und wieder neuen Welten aufbauen.[E 16] Wenn in diesem Bereich überhaupt etwas erfahren wird, dann wird es als *res extensa* erfahren; und dieser Begriff bezeichnet nicht nur einen Inhalt sondern eine Form für alle möglichen Gegenstände möglicher Erlebnisse dieser Art im allgemeinen. Ding ist deshalb nicht nur ein Allgemeinbegriff,[E 17] wie [509] zum Beispiel Mineral.[E 18] Alle materiellen Inhalte eines Dinges sind kontingent; sie können sich alle ändern, aber nicht ihre allgemeine Form als ein Ding. In der eidetischen Einstellung kann ich somit die Wesensstruktur eines Dinges, das Eidos »Ding« bestimmen. Auf diese Weise wird in der Welt der Wesen eine Unterscheidung zwischen *apriorischen* und *aposteriorischen* Begriffen errichtet. Und was die Region der Dinge betreffend ausgesagt wurde, ist bloß ein Beispiel für die Bestimmung der Regionen im Allgemeinen. Das *a priori* innerhalb des Sinnes der Region ist die Quellpunkt aller Ontologien, die allen empirischen Wissenschaften ihr Gebiet und ihre Methoden vorschreiben.[E 19]

Was die Natur betrifft, umgreift ihre Ontologie die Geometrie, die Kinematik[E 20] und die apriorische Lehre von den Strukturen der reinen Zeit.[E 21] Eine Ontologie der psychischen oder beseelten Realitäten muß sich mit dem Belebten im Allgemeinen befassen, einschließlich der Seele. Nehmen wir zum Beispiel die Wahrnehmung als einen »Zustand« real existierender Individuen. Wie Erlebnisse dieser Art bei menschlichen und tierischen Wesen geschehen, unter welchen realen Bedingungen und mit welchen Konsequenzen, entsprechend welchen generellen und speziellen Naturgesetzen, all das kann und muß mit den Methoden der empirischen Wissenschaften bestimmt werden, durch Beobachtung und Experiment. Dennoch können wir die »eidetische Reduktion« ausführen, alle Fragen nach der tatsächlichen Existenz dieser »Zustände«, genannt Wahrnehmungen innerhalb tatsächlicher Bewußtseinseinheiten, beiseite schieben und uns dem Eidos der Wahrnehmung zuwenden, dem ewig gleichen Sinn aller möglichen Wahrnehmungen im Allgemeinen. Wir können dasselbe mit den Erinnerungen, Phantasien, Erwartungen, kognitiven, emotionalen, volitiven Erlebnissen jeder Art tun. Dem Wesen in der eidetisch-intuitiven Apperzeption zugewandt, bleiben die vollen Inhalte dieser Erlebnisse und ihre intentionalen Korrelate so, wie sie der psychologischen Erfahrung gegeben sind, gänzlich im Eidos erhalten. Was verloren geht, ist lediglich ihre Beziehung zu den Tatsachen einer erlebten Wirklichkeit innerhalb der Natur.[E 22] Dem empirischen Psychologen jedoch ist das »Seelenreale« gegeben, nämlich die tatsächlichen Erlebnisse als tatsächliche Zustände mit ihren Beziehungen zu Raum und Zeit.[E 23] Die gleiche Situation liegt sogar vor, wenn eine Wirklichkeitsregion auf solche Weise originär bestimmt werden kann, daß sie als Grundlegung von zwei Wissenschaftsarten fungiert: Empirische Wissenschaften, die sich auf Dasein beziehen und eidetische Wissenschaften, die sich auf Wesen beziehen und damit den »Inhalt« alles möglichen Daseienden im Allgemeinen bestimmen und damit auch den »Inhalt« des tatsächlich Daseienden. Überall geht die eidetische Wissenschaft (im Sinn der Grundlage, nicht genetisch) der empirischen vorher.[E 24]

Die eidetische Wissenschaft vom Bereich der Seele ist ein Teil der Phänomenologie. Husserl nennt sie rationale Psychologie.[E 25] Man muß jedoch richtig verstehen, daß die phänomenologische Methode mit der experimentellen Psychologie genauso wenig in Konkurrenz tritt wie die mathematische Methode in der Physik mit der Experimentalphysik. Husserl betont, daß er nie [510] ein Wort geschrieben hat, das dem der experimentellen Psychologie zustehenden tiefen Respekt entgegenlaufen würde. Sein Ziel besteht lediglich darin, die experimentelle Psychologie fruchtbarer zu machen, indem er sie auf ihre phänomenologischen Grundlagen zurückführt und sie dadurch zu einer im wahrsten Sinne rational erklärenden Wissenschaft macht.[E 26]

Ist die Phänomenologie aber dann nicht nur reine Beschreibung, und haben wir nicht eine hoch entwickelte »deskriptive Psychologie«? In jedem Wirklichkeitsbereich gibt es deskriptive Wissenschaften, aber alle Deskription bezieht sich auf reale Existenz und legt fest, was wirklich erfahren wurde, und was vermutlich wieder und wieder in der Zukunft erfahren werden kann. Die phänomenologische Beschreibung bezieht sich nicht auf Existenz und das reale Erlebnis der Existenz. Ihr Ziel ist die Untersuchung des apodiktisch gesetzten Rahmens von Möglichkeiten, innerhalb dessen die empirischen Realitäten geschehen.[E 27] Zusätzlich muß noch beachtet werden, daß Deskription in den sogenannten deskriptiven Naturwissenschaften etwas Anderes bedeutet als in der deskriptiven Psychologie. Die deskriptiven Begriffe der ersteren entstehen auf einer Ebene, auf der die Realitäten schon voll für die Intuition konstituiert sind, aber vom Gesichtspunkt einer endgültigen Idee der Naturobjektivität bloß »Erscheinungen« der Dinge selbst, der physikalischen Dinge sind. Erscheinungen beziehen sich auf interkommunizierende Subjekte von normaler Sinnlichkeit und die Physik verwirft solche Normalität und auch den Bezug auf normale Umstände als Maßstab für Objektivität. Die Physik hat, als objektive Naturwissenschaft, kein Interesse an der systematischen Deskription dieser subjektiven und intersubjektiven Erscheinungen. Sie interessieren den Physiker nur insoweit, als sie Manifestierungen objektiver Qualitäten sind. Die Beschreibung der real erlebten Farben in ihren mannigfaltigen Abschattungen interessiert ihn als solche nicht; für ihn ist die erlebte Farbe bloß eine Manifestierung jener kognitiv bestimmbaren objektiven optischen Vorkommnisse, für welche die mathematische Optik die Theorie liefert.[E 28]

Von ganz anderem Charakter ist die psychologische Deskription. Die Seele ist keine Substanz von »Erscheinungen«. Die seelische Einheit konstituiert sich direkt in ihren Zuständen, die dem Bewußtsein adäquat innerhalb der immanenten Zeit und ohne die Vermittlung von Erscheinungen gegeben sind. Die »Relativität« zum anschauenden Subjekt fällt heraus und diese Erlebnisse, welche sich auf die wahre Existenz der Seele selbst beziehen, sind das eigentliche *Thema* der Psychologie, nicht bloß Medien, aus denen dieses Thema gewonnen werden könnte. In der Psychologie gibt es keine »Erscheinungen« der Seele; es gibt nur unsere Erfahrung der Seele selbst. Wenn wir unter »Beschreibung« den begrifflichen Ausdruck dessen, was wahrgenommen wurde, verstehen, dann bestimmt die psychologische Beschreibung die seelischen Ereignisse als solche, während die Beschreibung der Naturwissenschaften nur Erscheinungen bestimmt, aber nicht das, was bestimmt werden muß. Damit wird das Feld der seelischen Erlebnisse[E 29] für die Psychologie ein unendliches Feld der be-[511]stimmenden Beschreibung im Sinn strenger begrifflicher Schemen. Um diese Aufgabe jedoch auszuführen, braucht es die phänomenologische Analyse, um den eidetischen Zusammenhang, welcher dem Begriffsschema zugrunde liegt, zu ermitteln.[E 30] Diese Aufgabe kann von der empirischen Psychologie nicht erfüllt werden, sondern nur durch die rationale Psychologie, die (in Husserls Sicht von 1912)[E 31] einen Teil der Phänomenologie ausmacht. Wir müssen jedoch beachten, daß jede Art der Psychologie sich mit psychischen Ereignissen als Zuständen einer Seele, das heißt des menschlichen oder tierischen Ich, beschäftigt, welches eine auf der Natur gegründete Wirklichkeit ist. Die Phänomenologie zielt darauf, sich mit dem Eidetischen des transzendental gereinigten Bewußtseins zu befassen, mit dem reinen Ego. Als solche ist die Phänomenologie weder rationale Psychologie noch eine rationale Naturlehre. Die eidetische Lehre der psychischen Bewußtseins*zustände* Phänomenologie zu nennen, wie das oben und auch in früheren Schriften Husserls getan wurde,[E 32] ist nur durch die Tatsache gerechtfertigt, daß das reine Erlebnis mit seinem vollen Wesen in den psychischen Zustand eingeht und dort eine besondere Apperzeption durchgeht, die jedoch seinen wesentlichen Charakter nicht verändert.[E 33] Die Aufgabe der eigentlichen transzendentalen Phänomenologie kann am besten durch eine Untersuchung des Verhältnisses von Phänomenologie und Ontologie festgestellt werden, und diese Studie bildet das dritte Kapitel von Husserls vorliegendem Buch.

Dieses Kapitel ist für die Methoden der Phänomenologie sehr wichtig, aber sehr terminologisch gehalten.[E 34] Es würde eine Darstellung verdienen, die bei weitem den verfügbaren Platz überschreitet. Es handelt von einem bestimmten Paradox, dem die transzendentale Phänomenologie begegnet. Nachdem wir die phänomenologische Reduktion vollzogen haben, haben wir, so erfuhren wir in Band I, alles »transzendente Sein« und auch alle sich darauf beziehenden empirischen Wissenschaften eingeklammert. Das reine Bewußtsein mit seinen Akten und den Korrelaten dieser Akte, den Noëmata, ist übrig geblieben. Deswegen bezieht sich die Epoché der transzendentalen Reduktion auch auf alle Ontologien.

Andererseits sind, wie oben festgestellt wurde, alle Ontologien in ihren Grundbegriffen und Axiomen verwurzelt, und diese können als wesentliche Inhalte von reinen Erlebnissen interpretiert werden, die als solche zum Bereich der transzendentalen Phänomenologie gehören. Aber wenn das richtig ist, muß die Folgerung anerkannt werden, daß alle auf diesen Grundbegriffen und Axiomen begründeten Disziplinen ebenfalls in der transzendentalen Reduktion erhalten bleiben. Das ist in der Tat ein sehr ernstes Dilemma, das an die Wurzeln des Grundprinzips der Phänomenologie, an die transzendentale Reduktion, reicht.[3] [512]

Husserl überwindet diese Schwierigkeit dadurch, daß er zwischen einer Wissenschaft des transzendentalen Bewußtseins einerseits und der intuitiven Wesenslehre dieses Bewußtseins andererseits unterscheidet. Die erstere würde die Gesamtbestand von Wesenserkenntnissen bezüglich der Erfahrung im Allgemeinen und damit auch die transzendentale Interpretation aller Ontologien enthalten.[E 35] Die »gleichen« Begriffe und Sätze können deshalb in den Ontologien und in der eigentlichen reinen Phänomenologie erscheinen. Es gibt aber einen wichtigen Unterschied. Wenn wir uns als Ontologen mit dem Eidos des Raumes, der materiellen Natur, des Geistes befassen, sind wir immer noch mit dogmatischer Wissenschaft beschäftigt, wir urteilen über Raumgestalten als solche, den Menschen als solchen und so weiter. Wir legen fest, was zu diesen Gegenständlichkeiten[E 36] in Wahrheit gehört, das heißt in unbedingter Notwendigkeit und Allgemeinheit.[E 37] Diese Sätze von eidetischer Allgemeinheit finden innnerhalb der Sphäre des empirischen Wissens ihre Anwendung, da wir a priori wissen, daß einerseits nichts in der Existentialsphäre geschehen kann, das durch die Struktur der darin vereinzelten Wesen ausgeschlossen wäre, und andererseits daß alles, was in der empirischen Sphäre geschieht, so geschehen muß, wie es als ihre notwendige Konsequenz durch die Strukturen dieser Wesen postuliert wird. Die eigentliche Phänomenologie dagegen ist nicht mit den Dingen, Seelen etc. »als solchen« in eidetischer Allgemeinheit befaßt, sondern mit dem transzendentalen Bewußtsein, seinen Akten und deren Korrelaten, kurz: mit Noësen und Noëmata (Korrelaten).[E 38] Noëma und Wesen sollten nicht verwechselt werden, obwohl es durch einen Einstellungswechsel

---

3 Ein so hervorragender Kenner der Phänomenologie wie Eugen Fink hat kürzlich, obwohl er von einem anderen Punkt ausging, darauf aufmerksam gemacht, daß das ontologische Problem in Husserls Phänomenologie in allen seinen Entwicklungsphasen umgangen wurde. Vgl. seinen Aufsatz »L'analyse intentionelle et le problème de la pensée spéculative« in: H. L. van Breda (Hrsg.), *Problèmes actuels de la phénoménologie*, Bruxelles.[Desclée de Brouwer] 1952, S. 53-87, besonders S. 66 ff.

grundsätzlich möglich ist, die Erfassung eines Noëma in die Erfassung des entsprechenden ontischen Wesens zu verwandeln. Ein Noëma zu setzen, beinhaltet trotzdem nicht das Setzen der Gegenständlichkeit, die diesem Noëma »entspricht«, obwohl diese Gegenständlichkeit vom Noëma »bedeutete Gegenständlichkeit« ist. Das »phänomenologische Urteil über die Noëmata« ist Eines, das »ontologische Urteil über Wesen und Wesenseinzelheiten« ein Anderes.[E 39] Sicher führen wir als Phänomenologen auch setzende Akte in einer theoretischen Einstellung aus, aber diese Akte richten sich ausschließlich auf Erlebnisse[E 40] und ihre Korrelate. Als Ontologen vollführen wir jedoch Akte aktueller Setzungen, die nicht auf Korrelate und »Gegenstände« in Anführungszeichen gerichtet sind, sondern auf Gegenstände als solche. Wir müssen zwischen dem Bedeutungs-Setzen und dem Setzen eines Gegenstandes unterscheiden. Das Noëma ist nichts anderes als die Verallgemeinerung der Idee der Bedeutung, angewandt auf das Gesamtgebiet des Aktes.[E 41]

Die Analysen des vorigen Abschnittes sind nur ein Beispiel für eines der wichtigsten Mittel der Phänomenologie, die Methode der Klärung, die Husserl im vierten und letzten Kapitel des vorliegenden Bandes beschreibt. Als strenge Wissenschaft[E 42] setzt die Phänomenologie voraus, daß alle ihre Begriffe und Lehrsätze auf den höchsten Grad an Klarheit gekürzt werden.[E 43] Aber auch alle dogmatischen Wissenschaften bedürfen der Klärung. Sie alle sind weit von [513] einem zufriedenstellenden Verständnis ihrer Grundlagen entfernt, welche aus dem unfertigen und naiven empirischen Wissen des Alltags entspringen. Häufig resymbolisieren sie einfach, was auf einer tieferen Ebene relativ einsichtig war, sich aber jetzt, gerade durch diesen Prozeß der Resymbolisierung auf der wissenschaftlichen Ebene als gänzlich obskur erweist. Auf diese Weise wurden die Wissenschaften das, was sie sind, nämlich Fabriken von sehr wertvollem und praktisch nützlichem Wissen für die Beherrschung der Welt; aber der Fortschritt der Wissenschaften hat uns nicht mit einem Schatz von Einsichten bereichert. Die dringendste Aufgabe ist, die Wissenschaften auf ihren Ursprung zurückzuführen und sie durch die intuitive Methode der Klärung in Systeme verständlichen Wissens zu verwandeln.[E 44]

Der Prozeß der Klärung muß beim begrifflichen Material beginnen, mit dem die Wissenschaften operieren. Dieses ist von dreierlei Art: a) Logisch-formale Begriffe wie Gegenstand, Beschaffenheit, Relation, Anzahl, aber auch Begriffe, die Bedeutungsformen ausdrücken wie »Lehrsatz« und so weiter. Sie sind Gemeingut aller Wissenschaften; b) Regionale

Begriffe, die die »Region« als solche ausdrücken, zum Beispiel »Ding«, »Eigenschaft eines Dings«, »dingliche Relation« und so weiter. Sie sind allen Wissenschaften, die sich auf die gleiche Region beziehen gemeinsam; c) Materiale Besonderungen dieser regionalen Begriffe wie Farbe, Töne, die verschiedenen Arten der Sinneswahrnehmung und so weiter. Eine systematische Klärung müßte sich mit diesen verschiedenen Begriffen in der gerade aufgezählten Reihenfolge beschäftigen, das heißt die Klärung der Ontologien muß der Klärung der zugehörigen empirischen Wissenschaften vorausgehen. Das Ideal der Phänomenologie besteht darin, ein vollständig geklärtes Ideenreich zu errichten, das heißt ein komplettes System aller intuitiv faßbaren Wesen. Durch die Technik der eidetischen Reduktion kann die Phänomenologie, so meint Husserl, diese Aufgabe erfüllen.[E 45]

Wir müssen jedoch zwischen der Verdeutlichung und der Klärung[E 46] eines Begriffes unterscheiden. Die Verdeutlichung eines Begriffes, dessen, was von einem Wort als solchem gemeint ist, findet lediglich innerhalb der kognitiven Sphäre statt. Die Bedeutung des Begriffes »Dekaeder« kann zum Beispiel in kognitiven Ausdrücken erfolgreich erweitert werden zu »ein geometrischer Körper, welcher von zehn kongruenten Flächen begrenzt ist«. Es gibt viele »äquivalente« Ausdrücke für denselben Sachverhalt und wir müssen die unverdeutlichten, unanalysierten Begriffe von den analytisch verdeutlichten und beide von »analytischen Urteilen« im Sinne Kants unterscheiden, nämlich Urteile, die den noëmatischen Gegenstand des einen und des anderen Begriffes als denselben bestimmen. Genauer, wir müssen den unanalysierten Begriff und einen anderen Begriff, der im Verhältnis zum ersten später als dessen Verdeutlichung dienen wird, unterscheiden.[E 47] Im Prozeß der Klärung überschreiten wir jedoch die Sphäre der bloßen Bedeutung eines Begriffes und des Denkens von Bedeutungen: Wir bringen den noëmatischen Gegenstand der Bedeutung in Übereinstimmung mit dem noëmatischen Gegenstand unserer Anschauung. Die Analyse aber der verbalen Bedeutung, die Errichtung einer so perfekt wie möglichen Übereinstimmung zwischen dem kognitiven [514] und dem Anschauuungsnoëma hat nur eine propädeutische Funktion für den eigentlichen Prozeß der Klärung, der auf der Seite der Anschauung durchgeführt wird. Eine solche Klärung muß mit eidetischen Methoden genau den Stufen der Konstitution des einzelnen intuierten Gegenstandes folgen, der tatsächlich als ein Beispiel oder Exemplar des eidetischen Noëma genommen wird: Der Gegenstand muß in seiner Bedeutung durch den Prozeß der Klärung zur vollständigen Selbstgegebenheit, zur vollständigen Durchsichtigkeit und Lebendigkeit gebracht werden.[E 48] Wiederum erkennen wir hier die allgemeine Aufgabe und das natürlich unendlich entfernte Ideal von Husserls Phänomenologie: in der Anschauung und in völliger Klarheit ebenso wie in systematischer Vollständigkeit das Universum der Ideen, aller möglichen wesentlichen Arten von möglichen Objektivitäten im Allgemeinen zu erfassen; auf Grund der in diesen Intuitionen enthaltenden Noëmata alle möglichen begrifflichen Wesenheiten zu bestimmen; diesen Wesen Worte und Wortbedeutungen zuzuordnen, die sie rein und unzweideutig ausdrücken; somit zu einem kompletten Bestand voll geklärter Begriffe zu gelangen. Die Phänomenologie kann diese Aufgabe bewältigen, weil in ihrem Zusammenhang alle eidetischen Axiome ihren Platz finden; somit ist die Phänomenologie der Mutterboden, aus dem alle ontologischen Einsichten erwachsen.[E 49]

ALFRED SCHÜTZ.

NEW SCHOOL FOR SOCIAL RESEARCH.

Anmerkungen des Editors

E1 Edmund Husserl, *Ideen zu einer Phänomenologie und phänomenologischen Philosophie.* Zweites Buch: *Phänomenologische Untersuchungen zur Konstitution. Husserliana* Bd. IV, hg. v. Marly Biemel, Den Haag: Nijhoff 1952.

E2 Edmund Husserl, *Ideen zu einer reinen Phänomenologie und phänomenologischen Philosophie.* Drittes Buch: *Die Phänomenologie und die Fundamente der Wissenschaften, Husserliana* Bd. V, hg. v. Marly Biemel, Den Haag: Nijhoff 1952.

E3 Edmund Husserl, *Ideen zu einer reinen Phänomenologie und phänomenologischen Philosophie.* Erstes Buch: *Allgemeine Einführung in die reine Phänomenologie,* in: *Jahrbuch für Philosophie und phänomenologische Forschung,* Bd. 1/1, Halle: Niemeyer 1913, S. 1-323; jetzt in: *Husserliana* Bd. III/1, hg. v. Karl Schuhmann, Den Haag: Nijhoff [3]1976.

E4 Vgl. dazu Marly Biemel, »Einleitung des Herausgebers«, in: *Husserliana* Bd. IV, a. a. O. (Anm. 1), S. XIII-XX, S. XIV ff.

E5 Vgl. Husserl, *Ideen III,* a. a. O. (Anm. E 2), § 1, S. 1 ff.

E6 Vgl. Husserl, *Ideen III,* a. a. O. (Anm. E 2), § 2, S. 5 ff.

E7 Als deutsche Übersetzung für »presenting contents« im Original in Klammern.

E8 Vgl. Husserl, *Ideen III,* a. a. O. (Anm. E 2), § 3, S. 10 ff. insbes. dem Text S. 12 oben folgt Schütz sehr genau.

E9 Vgl. Husserl, *Ideen III,* a. a. O. (Anm. E 2), § 3, S. 14. Zum Begriff der »Motivation« bei Husserl vgl. auch Alfred Schütz, »Edmund Husserls *Ideen II*« [1953-I-1], in diesem Band S. 171 ff., insbes. S. 186 ff.

E10 Vgl. Husserl, *Ideen III,* a. a. O. (Anm. E 2), § 3, S. 15 ff. Husserl führt an dieser Stelle nochmals (in Anbetracht der Manuskriptreihenfolge vielleicht erstmals) die Auseinandersetzung mit dem von Wilhelm Wundt behaupteten »psychophysischen Parallelismus«, vgl. wiederum Alfred Schütz, »Edmund Husserls *Ideen II*«, a. a. O. (Anm. E 9), S. 191 f., sowie Anm. E 153, S. 203.

E11 Husserl, *Ideen III,* a. a. O. (Anm. E 2), § 3, S. 18 f.

E12 Husserl, *Ideen III,* a. a. O. (Anm. E 2), § 6, S. 23. Zum Begriff der »Regionen« bei Husserl vgl. Husserl, *Ideen I,* a. a. O. (Anm. E 3) § 9. Vgl. dazu auch Schütz' spätere Kritik am Regionenkonzept in »Typus und Eidos in Husserls Spätphilosophie« [1959-I-6], in diesem Band S. 347 f.

E13 Husserl, *Ideen III,* a. a. O. (Anm. E 2), § 7, S. 25.

E14 Deutsch im Original.

E15 Husserl, *Ideen III,* a. a. O. (Anm. E 2), § 7, S. 29.

E16 Husserl, *Ideen III,* a. a. O. (Anm. E 2), § 7, S. 32.

E17 Im Orig.: »general concept (universal)«.

E18 Husserl, *Ideen III,* a. a. O. (Anm. E 2), § 7, S. 33.

E19 Husserl, *Ideen III,* a. a. O. (Anm. E 2), § 7, S. 34 ff.

E20 Im Orig.: »phoronomy«. Für den Begriff »Phoronomie«, den auch Husserl verwendet, wurde das heute verständlichere »Kinematik« gesetzt.

E21 Husserl, *Ideen III,* a. a. O. (Anm. E 2), § 7, S. 37.

E22 Husserl, *Ideen III,* a. a. O. (Anm. E 2), § 8, S. 39.

E23 Husserl, *Ideen III,* a. a. O. (Anm. E 2), § 8, S. 41 f.

E24 Husserl, *Ideen III,* a. a. O. (Anm. E 2), § 8, S. 42. Schütz lehnt sich hier eng an Husserls Vorlage an.

E25 Husserl, *Ideen III,* a. a. O. (Anm. E 2), § 8, S. 43 f.

E26 Husserl, *Ideen III,* a. a. O. (Anm. E 2), § 8, S. 49.

E27 Husserl, *Ideen III*, a. a. O. (Anm. E 2), § 11, S. 59 f.

E28 Husserl, *Ideen III*, a. a. O. (Anm. E 2), § 11, S. 66 f. Schütz bleibt in dieser Passage wiederum eng an Husserls Text.

E29 Als deutsche Übersetzung für »experiences« im Original in Klammern.

E30 Husserl, *Ideen III*, a. a. O. (Anm. E 2), § 11, S. 67 ff. Schütz bleibt in den einzelnen Sequenzen eng an Husserls Vorlage.

E31 Vgl. Husserls Abgrenzungen von der Psychologie in den Vorlesungen aus dem Sommersemester 1925 Edmund Husserl, »Phänomenologische Psychologie«, in: *Husserliana* Bd. IX, hg. v. Walter Biemel, Den Haag: Nijhoff 1952; sowie Edmund Husserl, »Nachwort zu meinen ›Ideen zu einer reinen Phänomenologie und phänomenologischen Philosophie‹«, in: *Jahrbuch für Philosophie und phänomenologische Forschung*, Bd. XI, (1930), S. 549-570; jetzt in: *Husserliana* Bd. V, a. a. O. (Anm. E 2) S. 138-162, S. 144 f. Vgl. dazu kritisch Jacques Derrida, *La voix et le ph'enom'ene. Introduction au probl'eme du signe dans la ph'enom'enologie de Husserl*, Paris: Presses Universitaires de France 1967, dt. Übers.: *Die Stimme und das Phänomen. Einführung in das Problem des zeichens in der Phänomenologie Husserls*, Frankfurt: Surhkamp 2003, S. 21 f.

E32 Vgl. Edmund Husserl, *Philosophie der Arithmetik. Logische und psychologische Untersuchungen* (1891), in: *Husserliana* Bd. XII, hg. v. Lothar Eley, Den Haag: Nijhoff 1970, S. 67. Dort allerdings werden Bewusstseinszustände als Phänomene definiert. Eine Definition von Phänomenologie (bezogen auf Erlebnisse) findet sich in der Beilage zur *VI. Logischen Untersuchung*, in: *Husserliana*, Bd. XIX/2, hg. v. Ursula Panzer, Den Haag: Nijhoff 1984, S. 765.

E33 Husserl, *Ideen III*, a. a. O. (Anm. E 2), § 12, S. 75.

E34 Dieses Kapitel ist wohl auch für die Entwicklung von Schütz' »Ontologie der Lebenswelt« wichtig. Vgl. dazu »Das Problem der transzendentalen Intersubjektivität bei Husserl« [1957-I-3], in diesem Band S. 254 f.; sowie insbes. »Typus und Eidos in Husserls Spätphilosophie« [1959-I-6], in diesem Band S. 340 ff.

E35 Husserl, *Ideen III*, a. a. O. (Anm. E 2), § 14, S. 79.

E36 Als deutsche Übersetzung für »objectivities« im Original in Klammern.

E37 Husserl, *Ideen III*, a. a. O. (Anm. E 2), § 15, S. 79 f.

E38 Husserl, *Ideen III*, a. a. O. (Anm. E 2), § 15, S. 83 f.

E39 Husserl, *Ideen III*, a. a. O. (Anm. E 2), § 16, S. 85 f.

E40 Als deutsche Übersetzung für »experiences« im Original in Klammern.

E41 Husserl, *Ideen III*, a. a. O. (Anm. E 2), § 16, S. 88 f.

E42 Im Orig.: »rigorous science«. Vgl. dazu auch Edmund Husserl, »Philosophie als strenge Wissenschaft« in: *Logos* Bd. I, 1910/11, S. 289-341, in: *Husserliana* Bd. XXV, hg. v. Thomas Nenon und Hans Rainer Sepp, Dordrecht: Kluwer 1987, S. 3-62.

E43 Husserl, *Ideen III*, a. a. O. (Anm. E 2), S. 93.

E44 Husserl, *Ideen III*, a. a. O. (Anm. E 2), § 18, S. 94 ff. Vgl. dazu auch Edmund Husserl, *Die Krisis der europäischen Wissenschaften und die transzendentale Phänomenologie. Eine Einleitung in die phänomenologische Philosophie* (1936); Teil I und II dieses Textes erschienen 1936 im 1. Band der Zeitschrift *Philosophia* in Belgrad, jetzt insgesamt in: *Husserliana* Bd. VI, hg. v. Walter Biemel, Den Haag: Nijhoff ^{2}1962, insbes. § 9. Aus einer mundanen Sichtweise, liegt hier auch das Programm von Schütz' Wissenssoziologie, wie sie sich in der Fundierung im Alltag vor allem in den Entwürfen für sein »zweites Buch«, die »Strukturen der Lebenswelt« zeigt.

E45 Vgl. zu dem Abschnitt Husserl, *Ideen III*, a. a. O. (Anm. E 2), § 19, S. 97 ff. Zur Kritik am Wesensbegriff und an der eidetischen Methode vgl. Alfred Schütz, »Typus und Eidos in Husserls Spätphilosophie« [1959-I-6] in diesem Band S. 325 ff.

E46 Als deutsche Übersetzungen für »explication« und »clarification« im Original in Klammern.

E47 Husserl, *Ideen III*, a. a. O. (Anm. E 2), § 20, S. 101. Schütz lehnt sich hier eng an Husserls Text an. Zum Begriff der »Verdeutlichung« bzw. »Explikation« vgl. auch Edmund Husserl, *Erfahrung und Urteil. Untersuchungen zur Genealogie der Logik*, hg. v. Ludwig Landgrebe, Prag: Academia 1939, §§ 24 ff., sowie wiederum »Typus und Eidos in Husserls Spätphilosophie« [1959-I-6] in diesem Band S. 325 ff., insbes. S. 328 f.

E48 Husserl, *Ideen III*, a. a. O. (Anm. E 2), § 20, S. 102 f.

E49 Husserl, *Ideen III*, a. a. O. (Anm. E 2), § 20, S. 104 f.

Das Problem der transzendentalen Intersubjektivität bei Husserl

Editorischer Bericht

Der vorliegende Aufsatz [1957-I-3] wurde zuerst am 29. April 1957 auf dem *Colloque international de phénoménologie à Royaumont* (einer Abtei in der Nähe von Paris) in französischer Sprache vorgetragen und später unter obigem Titel in der Zeitschrift *Philosophische Rundschau*, 5, 1957, Heft 2: Juni, S. 81-107 in deutscher Sprache veröffentlicht. Eine französische Übersetzung erschien unter dem Titel »Le Problème de l'intersubjectivite transcendentale chez Husserl« in: Actes du Colloque internationale de phénoménologie à Royaumont (23-30 avril 1957), *Husserl, Cahiers der Royaumont. Philosophie* No. 3, Paris: Les Éditions de Minuit 1959, S. 334-365. Eine englische Übersetzung erschien in den *Collected Papers III: Studies in Phenomenological Philosophy* [1966-I-1], ed. by Ilse Schütz, S. 51-91. Das deutsche Original wurde wieder abgedruckt in den *Gesammelten Aufsätzen III: Studien zur phänomenologischen Philosophy* [1971-I-2], S. 86-118.

Im Nachlass liegen neben einem maschinenschriftlichen Exemplar (lfd. Nr. 2359-2402), das nahezu identisch mit der ersten Druckfassung ist, zwei Entwürfe (2325-2348 u. 2309-2324) und eine handschriftliche letzte Fassung (2234-2308), die auf den 16. März 1957 datiert ist, vor. Dazwischen befinden sich auch zehn handschriftliche Seiten Notizen und Exzerpte zu diesem Vortrag und zwölf Seiten Diskussionsnotizen zur Tagung in Royaumont.[1]

Aus dem Briefwechsel wird die Entstehung und die Stellung im Werk deutlich: Schütz wurde am 3. Januar 1957 zur Tagung vom 23.–30. April in Royaumont eingeladen und akzeptierte die Einladung am 5. Februar mit dem Vortrag zum »Problem der transzendentalen Intersubjektivität bei Husserl«. Schütz hatte Voegelin gegenüber wohl erwähnt, dass er sich genauer mit dem Problem der Intersubjektivität befassen wolle[2]. Schütz erläutert am 17. Februar: »Dazu [zu dem Zeitmangel] kommt,

1 Vgl. auch »[Diskussionsbemerkungen in Royaumont]« (S. 271 ff.) sowie Eugen Finks Diskussionsbemerkungen zu Schütz' Vortrag im Materialienanhang M 5, S. 370 ff.

2 Brief von Voegelin an Schütz vom 12. Februar 1957 in: Alfred Schütz/Eric Voegelin, *Eine Freundschaft, die ein Leben ausgehalten hat. Briefwechsel 1938 – 1959*, hg. v. Gerhard Wagner und Gilbert Weiss, Konstanz: UVK 2004, S. 526.

dass mich das Colloque Husserl, von dem ich Ihnen erzählt habe, aufgefordert hat eine ›communication‹ bis Ende März vorzulegen. Ich hoffe sehr, einiges Kritische zu Husserls Behandlung des Problems der transzendentalen Intersubjektivität zeitgerecht fertigzustellen, eine Frage, die mir ja schon lange am Herzen liegt.«[3] Am 15. März schreibt Schütz an Gurwitsch: »Stecke über die Ohren in meinem Aufsatz ›Transzendentale Intersubjektivität‹ für Royaumont, der Ende nächster Woche zur Post muß. Analysiere darin die Unmöglichkeit jedes einzelnen Beweisschrittes der V. Meditation: Mein Abschied von der transzendentalen Konstitutionsanalyse. [. . .] So bekommst Du eine Kopie des – deutschen – Manuskripts, sobald ich mit dem Schreiben und Ilse mit dem Tippen fertig sind. Ich *mußte* mir zwanzig Jahre Nachdenken von der Seele schreiben, auch wenn das Zeug für Royaumont kaum brauchbar sein dürfte (es ist auch zu lang).«[4] (a. a. O. S. 357 f.), sowie Schütz' Briefe an Gurwitsch vom 13. Oktober 1954 (a. a. O. S. 363 ff.), vom 1. Januar 1956 (a. a. O. S. 379 f.) und schließlich vom 1. Mai 1956: »Wir haben jetzt vielleicht schon zwanzig ›Zugänge‹ zur transzendentalen Sphäre, aber ich sehe keinen ›Exit‹ aus ihr. Da ist die Lebenswelt und da bleibt sie – etsi furca expellas – und da kommt sie in die Monaden ohne Fenster ϑύραϑὲν. Welch transzendentale Architektur! Wie die Schildbürger müssen wir in die solipsistische ›*Santé*‹ das *lumen naturale* mit Säcken hineintragen.« (a. a. O. S. 391 f.) Am 22. März schickt Schütz eine Kopie an Gurwitsch mit der Bemerkung: »Es ist das Resultat fünfundzwanzigjährigen Nachdenkens und angestrengter Arbeit an fünf *weekends*. [. . .] Für mich persönlich bedeutet der Aufsatz jedenfalls den Abschluß einer Epoche. Jetzt ist die Bahn frei, um sich beruhigt ins fruchtbare Bathos der Lebenswelt zu begeben.«[5] Am 4. April schließlich erhält Schütz einen Brief von Dorion Cairns, dem ein 23 Seiten umfassender Kommentar zu diesem Text beigelegt ist:[6] »Your reference to a ›vorkonstituierte Unterstufe des Fremden‹ trouble me. In your paper the phrase seems to express a concept I have not found expressed or implied in Husserl's

3 Alfred Schütz/Eric Voegelin, *Briefwechsel*, a. a. O. (Fn. 2) S. 528.

4 Alfred Schütz/Aron Gurwitsch, *Briefwechsel 1939 – 1959*, hg. v. Richard Grathoff, München: Fink 1985, S. 400. Vgl. zur Entwicklung von Schütz' Auseinandersetzung mit der Transzendentalität auch den Brief von Schütz an Gurwitsch vom 23. August 1954: »Andererseits ist es mehr denn je meine Überzeugung [nach der ersten Lektüre der *Krisis* (*Husserliana* Bd. VI]«, daß Husserls Phänomenologie das Problem der Intersubjektivität und besonders der transzendentalen, nicht lösen kann.

5 Alfred Schütz/Aron Gurwitsch, *Briefwechsel*, a. a. O. (Fn. 4) S. 401.

6 Der Brief findet sich im Nachlass (lfd. Nr. 2459), das dazugehörige Typoskript jedoch nicht.

writings. Apart from this our respective interpretations apparently agree, except in minor detail. On some passages, particularly in the first half of your paper, I have made comments, which I enclose.[7] Some were written only to clarify my own thinking. Others indicate objections that are not identical with yours. Still others defend Husserl against some of your objections. Finally, there are a few that concern apparent differences in interpretation, particularly as regards a ›vorkonstituierte Unterstufe‹. My comments are far from representing my attitude toward the paper as a whole. Where one agrees, there is little more to say.«[8]

Im April 1957 hatte Schütz wegen der Konferenz in Royaumont auch einen regen Briefwechsel mit Marvin Farber, allerdings nicht bezogen auf den vorliegenden Aufsatz, sondern auf die dort stattfindenden Verhandlungen bezüglich der Gründung einer europäischen Linie der Internationalen Phänomenologischen Gesellschaft[M 2], deren Präsident Farber seit 1939 war und dem Start der Schriftenreihe »Phaenomenologica«. Schütz schickte Farber (mit Kopien an Cairns und Gurwitsch) auch einen diesbezüglichen Bericht am 9. Mai 1957.[9]

Welche Erwartungen Schütz an Vortrag und Aufsatz geknüpft hatte, wird aus dem Brief an Voegelin vom 11. Juni 1957, also mehr als einem Monat nach seiner Rückkehr aus Europa, deutlich: »Der Aufsatz über Husserls Transzendentale Intersubjektivität wird nur wenige Leser finden, auf deren Urteil ich etwas gebe und dass Sie zu diesen wenigen gehören, brauche ich wohl nicht zu sagen. Ich freue mich, dass der Aufsatz – zu meiner Überraschung – auch Gurwitsch, Cairns, Fink und Ingarden gefallen hat. Sie alle haben meine Kritik als zutreffend befunden. In Royaumont ergab sich eine merkwürdige Situation. Fink

---

7 Diese Kommentare von Cairns sind zum Teil in den editorischen Anmerkungen zitiert.

8 »Ihr Verweis auf die ›vorkonstituierte Unterstufe des Fremden‹ beunruhigt mich. In Ihrem Referat scheint diese Formulierung eine Idee auszudrücken, die ich in Husserls Schriften weder ausgedrückt noch impliziert gefunden habe. Abgesehen davon stimmen unsere jeweiligen Interpretationen offensichtlich überein, außer in geringfügigen Details. Zu einigen Passagen, insbesondere in der ersten Hälfte Ihres Referats, habe ich Kommentare verfaßt, die ich beifüge. Einige wurden nur zur Klärung meiner eigenen Gedanken geschrieben. Andere weisen auf Einwände hin, die nicht mit Ihren identisch sind. Wiederum andere verteidigen Husserl gegen einige Ihrer Einwände. Schließlich einige, die offensichtliche Unterschiede in der Interpretation betreffen, insbesondere was die ›vorkonstituierte Unterstufe‹ betrifft. Meine Kommentare sind weit davon entfernt, meine Einschätzung des Referats insgesamt zu repräsentieren. Wo man zustimmt, gibt es nicht mehr viel zu sagen.« Brief von Cairns an Schütz v. 4. April 1957, lfd. Nr. 2459.

9 Vgl. Alfred Schütz/Aron Gurwitsch, *Briefwechsel*, a. a. O. (Fn. 4), S. 406 ff.

las ein sehr interessantes Paper über die ›operativen‹ Begriffe in Husserls Philosophie.[10] [. . .] Darauf las Ingarden einen Aufsatz über den Begriff der Konstitution, der drei, vielleicht vier miteinander unverträgliche Bedeutungen hat.[11] Und dann kam ich, dessen Häresien also gar nicht allein standen. Wir befinden uns also anscheinend in einer Krise der Phänomenologie, welche Phase ja in der Ideengeschichte zu den regulären Erscheinungen der Entwicklung jedes philosophischen Systems gehört.«[12]

Zur Frage der Veröffentlichung findet sich folgende Bemerkung in einem Brief von Schütz an van Breda vo, 10. Oktober 1957: » Inwischen hat mich Herr Gadamer verständigt, dass er den deutschen Text meines Aufsatzes ›Über das Problem der transzendentalen Intersubjektivität bei Husserl‹ für die PHILOSOPHISCHE RUNDSCHAU akzeptiert hat und in einer der nächsten Nummern zu publizieren gedenkt. Ich bin natürlich sehr erfreut, den Aufsatz in dieser ersten deutschen Zeitschrift gedruckt zu wissen, und da mir M. Béra fuer den deutschen Text voellig freie Hand gelassen hat, hatte ich keine Bedenken, das Angebot der PHILOSOPHISCHEN RUNDSCHAU zu akzeptieren.«[13]

Die Zahlen in eckigen Klammern verweisen auf den Seitenumbruch im Erstdruck. Im Text wurden die von Schütz verwendeten »Par.« durch »§« (wie sie sich auch Manuskript finden) ersetzt, sowie die Seitenangabe »p.« durch »S.«. Ebenso wurden idiokratische Eigenheiten stillschweigend korrigiert: hiezu ⇒ hierzu und hiebei ⇒ hierbei. Die im Text erwähnten Buchtitel wurden zur Vereinheitlichung alle kursiviert. Im Erstdruck sind insgesamt 17 Absätze, die vor allem Husserlsche Texte referieren, mit einer kleineren Schriftgröße gesetzt. Da sich darin keine Systematik erkennen ließ und das Typoskript keinerlei Hinweise in diese Richtung aufweist, wurde auf diese Textauszeichnung verzichtet.

10 Vgl. dazu Schütz' letzten Text »Typus und Eidos in Husserls Spätphilosophie« [1959-I-6], in diesem Band S. 325 ff.

11 Vgl. dazu Schütz' Bemerkung zu diesem Vortrag, in diesem Band S. 271 ff.

12 Alfred Schütz/Eric Voegelin, *Briefwechsel*, a. a. O. (Fn. 2) S. 532.

13 Alfred Schutz Papers. General Collection, Beinecke Rare Book and Manuscript Library, box 20, folder 429.

Das Problem der transzendentalen Intersubjektivität bei Husserl [E1]

I

Die zentrale Bedeutung der Intersubjektivität wurde von Husserl bereits im ersten Band der *Ideen*[1] anläßlich der Analyse der natürlichen Einstellung klargestellt. Die objektive raum-zeitliche Wirklichkeit einer Umwelt, die nicht nur für mich, sondern auch für andere Ich-Subjekte als ein und dieselbe Welt gilt, ist in ihrer Unbezweifeltheit ein Element der Generalthesis der natürlichen Einstellung.[E5] Zu dieser gehört es auch, daß ich die anderen Ich-Subjekte als Nebenmenschen auffasse, denen die nämliche objektive Welt, wenn auch in verschiedenen Auffassungsweisen und Klarheitsgraden, so zum Bewußtsein kommt wie mir selbst, weiters auch, daß ich mich mit ihnen verständigen kann (§ 29). Wie ist nun im Rahmen der natürlichen Einstellung intersubjektives Einverständnis prinzipiell möglich? Die Antwort, die Husserl in *Ideen I* (§ 53) anläßlich der vorbereitenden Analysen des reinen Bewußtseins gibt, verweist auf die Erfahrung einer Verknüpfung von Bewußtheit und Leib zu einer naturalen empirisch-anschaulichen Einheit, durch welche Bewußtsein eine Stellung im Raum der Natur und in der Zeit der Natur gewinnt, und die in Akten der »Einfühlung«[E6] Wechselverständnis zwischen den zu einer Welt gehörigen animalischen Subjekten möglich macht. »Wir sehen den Anderen ihre Erlebnisse an« und zwar auf Grund der Wahrnehmung ihrer leiblichen Äußerungen. Dieses »Ansehen« durch Einfühlung ist zwar ein anschauender, gebender, jedoch nicht ein *originär* gebender Akt.[E7] Der Andere und sein Seelenleben sind zwar bewußt als »selbst da« und ineins mit seinem Leibe da, aber nicht wie dieser bewußt als originär gegeben (§ 1).[E8] Darum liegt in der Möglichkeit, daß alles fremde Bewußtsein, das ich in einfühlender Erfahrung setze, *nicht* sei, kein aus möglicher Erfahrung zu schöpfender Widersinn, wogegen mein [82] Einfühlen selbst als strömende Gegenwart meiner immanenten Wahrnehmung originär und absolut gegeben ist (§ 46). Die Evidenzart der Einfühlung schließt also eine originäre Bewährung prinzipiell aus (§ 140).

1 Edmund Husserl, 1.*Ideen zu einer reinen Phänomenologie und phänomenologischen Philosophie.* Buch: *Allgemeine Einführung in die reine Phänomenologie.*[E2] 2. Buch: *Phänomenologische Untersuchungen zur Konstitution.*[E3] 3. Buch: *Die Phänomenologie und die Fundamente der Wissenschaften.*[E4] *Husserliana* Band III bis V. Den Haag 1950 bis 1952. Martinus Nijhoff.

Wenn auch nicht faktisch zwischen allen Ich-Subjekten im Wege der Einfühlung Einverständnis herstellbar ist, so besteht doch die Wesensmöglichkeit hierzu und damit auch die Möglichkeit, daß die faktisch gesonderten Erfahrungswelten durch Zusammenhänge aktueller Erfahrung zu einer einzigen intersubjektiven Welt zusammengeschlossen werden, die dann das Korrelat der einheitlichen Geisterwelt wäre, »die universelle Erweiterung der auf das reine Bewußtseinsleben und das reine Ich reduzierten Menschengemeinschaft« (§ 4[8]).[E 9]

Der Sinn der intersubjektiven Bestimmtheit der Welt bleibt auch nach Vollzug der phänomenologischen Reduktion in den subjektiven Erscheinungsweisen der noëmatischen Konstitution erhalten (§ 135).

So lassen sich z. B. in der transzendentalen Konstitution des Dinges im Rahmen des originär erfahrenden Bewußtseins verschiedene Stufen unterscheiden: eine erste, das substantiell-kausale Ding, das auf einen einzigen Bewußtseinsstrom, nämlich auf die möglichen Wahrnehmungen eines einzigen Ich-Subjekts bezogen ist; und eine zweite Stufe, in der das intersubjektiv identische Ding als konstituierte Einheit höherer Ordnung auf eine offene Mehrheit im Einverständnis stehender Subjekte bezogen ist (§ 151). Was hier am Beispiel der Konstitution des materiellen Dings gezeigt wurde, gilt aber für alle Gegenstandsregionen, wie z. B. für alle konkreten Kulturgebilde (Staat, Recht, Sitte, Kirche) und für alle Gemeinschaften: diese Gegenständlichkeiten höherer Ordnung sind wesentlich in psychischen Realitäten fundiert, die ihrerseits wieder in physischen Realitäten, den animalischen oder menschlichen Gemeinschaften, fundiert sind (§ 152).

Das Thema der Intersubjektivität ist in dem bei Lebzeiten Husserls allein publizierten ersten Band der *Ideen* nur angedeutet, aber nicht weiter fortentwickelt. Es war die Absicht Husserls gewesen, die diesbezüglichen Untersuchungen dem zweiten Band vorzubehalten, dessen Erscheinen in Kürze geplant war. In der Tat enthält der aus dem Nachlaß publizierte zweite Band wichtige Ausführungen zur Konstitution der seelischen Realität und der geistigen Welt in der Einfühlung, auf die später zurückgekommen werden soll. In seinem *Nachwort zu meinen Ideen* fühlte sich Husserl aber zur Feststellung berechtigt, daß die Darstellung des ersten Bandes der *Ideen* gerade im Hinblick auf das Problem des transzendentalen Solipsismus bzw. der transzendentalen Intersubjektivität, nämlich der Wesensbezogenheit der mir geltenden objektiven Welt auf die mir geltenden Anderen, an Unvollkommenheit leidet.[E 10] Die Hauptthese des transzendental-phänomenologischen Idealismus, heißt es dort, daß nur die transzendentale Subjektivität den Seinssinn des absoluten [83] Seins hat, während die reale Welt auf sie wesensmäßig relativ ist, gewinnt ihren vollen Sinn erst, wenn die phänomenologische Enthüllung des transzentalen Ego »die in meinem transzendentalen Leben sich als transzendental ausweisenden Mitsubjekte in der sich mit-ausweisenden transzendentalen Wirgemeinschaft aufzuzeigen vermag«. (S. 153) »Die transzendentale Intersubjektivität ist also diejenige, in der sich reale Welt, als objektive, als für ›jedermann‹ seiende konstituiert«. (S. 153)[E 11]

Auch in der *Formalen und [t]ranszendentalen Logik*[2] bildet das Problem der Intersubjektivität ein zentrales Motiv. Einerseits ist die transzendentale Bewußtseinssubjektivität, durch deren Leistungen die mir geltende Welt mit allen ihren Inhalten – Dingen, Ich-selbst, Andere – konstituiert wird, zunächst ich selbst. Andererseits aber ist die Welt unser aller objektive Welt und hat als solche die kategoriale Form einer nicht nur für mich, sondern für jedermann ein für alle Male wahrhaft seienden. Welterfahrung ist nicht meine private, sondern Gemeinschaftserfahrung. Aber auch die »Welt für uns Alle« ist als in ihrem Sinn mir geltende zunächst »meine« Welt.[E 13]

Dieser Urtatsache, sagt Husserl, muß der Philosoph standhalten und darf von ihr keinen Augenblick wegsehen. »Für philosophische Kinder mag das der dunkle Winkel sein, in dem die Gespenster des Solipsismus, oder auch Psychologismus, des Relativismus spuken. Der rechte Philosoph wird, statt vor ihnen davonzulaufen, es vorziehen, den dunkeln Winkel zu durchleuchten« (§ 9[5])[E 14]. Es gilt daher, »die geradezu peinliche Rätselfrage« zu lösen, wie sich im Ego ein anderes psycho-physisches Ich konstituieren soll, da es doch wesensmäßig unmöglich ist, fremde seelische Gehalte in wirklicher Originalität zu erfahren. Es muß deshalb die Konstitution des Anderen prinzipiell von jener verschieden sein, in der sich mein eigenes psycho-physisches Ich konstituiert. Obwohl der Andere zunächst Sinn für mich, das transzendentale Ego, hat, das allem Weltlichen vorausgeht, weil sich in seinem Bewußtseinsleben die Welt als intentionale Einheit allererst konstituiert, ist der Andere offenbar mit einem Sinn konstituiert, der auf mich selbst zurückweist, aber nicht auf mich als transzendentales, sondern als Menschen-Ich und zwar sein Leib auf meinen eigenen als »fremder Leib«, sein Seelenleben auf mein eigenes als »fremdes« Seelenleben. Dazu kommt, daß die fremde Seele auf ein *fremdes Ego* zurückweist, das der Andere, von der ihm in seiner Erfahrung vorgegebenen Welt von sich aus rückfragend, erfassen muß.

---

2 [Edmund Husserl,] *Formale und transzendentale Logik. Versuch einer Kritik der logischen Vernunft*. Halle 1929. Max Niemeyer.[E 12]

Es ist daher verständlich zu machen, wie mein Ego in sich ein anderes Ego und danach auch eine offene Vielheit solcher Egos konstituieren kann – Egos, die, als fremde, in ihrem originalen Sein meinem Ego absolut unzugänglich, aber doch als für mich seiend und so seiend erkennbar sind.[E 15]

In der *Formalen und [t]ranszendentalen Logik* stellt Husserl aber nicht [84] nur die zentrale Bedeutung des Problems der Intersubjektivität für die Überwindung des »transzendentalen Scheins«[E 16] des Solipsismus und die Konstitution der objektiven Welt des alltäglichen Sinnes als einer Welt des Nicht-Ich, des Ich-fremden dar; er skizziert auch den einzuschlagenden Weg zur Überwindung der Schwierigkeiten, den die *Cartesianischen Meditationen*[3] dann tatsächlich beschritten haben. Wir wenden uns nunmehr dieser Schrift zu, da sie die ausführlichste Darstellung der Konstitution[E 18] der transzendentalen Intersubjektivität und der damit zusammenhängenden Probleme enthält. Hierbei bleiben wir der Warnung Finks[4] eingedenk, daß[E 20] Husserl in den *Cartesianischen Meditationen* nur den Ansatz einer Auslegung des transzendentalen Monadenalls vorgelegt hat. Nach Fink war das Anliegen der in der V. Meditation dargebotenen Analyse der Fremderfahrung nicht eine thematische Interpretation der ›Einfühlung‹, sondern einzig und allein eine Entfaltung der transzendentalen Reduktion. In voller Würdigung dieser Beschränkung soll im Folgenden der Versuch gemacht werden, die in den *Cartesianischen Meditationen* dargebotene Lösung des Problems Schritt für Schritt zu überprüfen. Es soll gezeigt werden, welche außerordentlichen Schwierigkeiten mit jedem dieser Schritte verbunden sind, Schwierigkeiten, die bezweifeln lassen, daß der Versuch Husserls, eine transzendentale Theorie der Fremderfahrung (Einfühlung) als Fundierung einer transzendentalen Theorie der objektiven Welt zu entwickeln, gelungen ist, ja noch mehr, daß ein solcher Versuch innerhalb der transzendentalen Sphäre überhaupt gelingen kann. Diese Analyse ist nicht nur für die Entscheidung der Frage wichtig, ob die für die ganze Systematik der konstitutiven Transzendental-Phänomenologie fundamentale Problematik der Intersubjektivität erfolgreich gelöst werden kann. Sie ist auch von Bedeutung für die Anwendbarkeit der Ergebnisse der phänomenologischen Konstitutionsanalyse auf alle Sozialwissenschaften.[E 21]

3 [Edmund Husserl,] *Cartesianische Meditationen und Pariser Vorträge*[, in:] *Husserliana* Band I[, hg. v. St. Strasser] Den Haag 1950. Martinus Nijhoff.[E 17]

4 *Eugen Fink: Die Phänomenologische Philosophie Edmund Husserls in der gegenwärtigen Kritik.* [In:] Kant[-S]tudien Bd. [3]8, 1933 S. 368.[E 19]

II

Nachdem die drei ersten Meditationen gezeigt haben, daß jeder Sinn, den Seiendes für mich hat, Sinn nur ist kraft der leistenden Intentionalitäten meines Bewußtseinslebens und deren konstitutiver Synthesen, befaßt sich die vierte Meditation mit der Konstitution dieses (allerdings von seinen Erlebnissen unabtrennbaren) Egos selbst, das als für sich selbst [85] Seiendes[,] »Gegenstand« ist und seine strömenden Cogitationes als »derselbe« erlebt.

Husserl unterscheidet (§§ 31-33) (1) das identische Ich, das als kontinuierlich konstituierendes Ich in allen seinen Bewußtseinserlebnissen lebt; (2) mein personales Ich, das sich in eigener, aktiver Genesis aus dem zentrierenden Ich dadurch konstituiert, daß dieses keineswegs ein leerer Identitätspol ist, sondern ein Substrat von Habitualitäten, d. h. von »Erwerben« vorgängiger Bewußtseinserlebnisse;[E 22] und (3) das in voller Konkretion genommene Ego in der strömenden Vielseitigkeit seines intentionalen Lebens und der in diesem als für es seiend konstituierten Gegenstände, das Ego also, welches das gesamte wirkliche und potentielle Bewußtseinsleben mitumfaßt. Dieses Ego in seiner vollen Konkretisation nennt Husserl in bewußter Anlehnung an Leibniz »Monade«.[E 23] Das Problem der Selbstkonstitution dieses monadischen Ego muß also alle konstitutiven Probleme mitumfassen;[E 24] um ihm nahezukommen, muß ich aber mein faktisches Ego in freier Möglichkeitsabwandlung zum universalen Eidos »Ego überhaupt«, also zum Universum aller möglichen, für mein faktisches Ego irgend erdenklichen Erlebnisformen erweitern (§ 34). Es zeigt sich dann, daß zu dem so gewonnenen Eidos »Ego überhaupt« ein universales Apriori gehört, das eine unendliche Mannigfaltigkeit von Typen erdenklicher Aktualitäten und Potentialitäten des Lebens umfaßt, geregelt in Koexistenz und Sukzession, in den eigentümlichen Gesetzen der Motivation, in der universalen Einheitsform des Zeitbewußtseins, kurz in der formalen Gesetzmäßigkeit der »egologischen Genesis« (§[§] 36-37).

Nun erhebt sich die Frage, die den Gegenstand der V. Meditation bildet: Wie kann innerhalb dieses egologischen Kosmos die Objektivität der Welt, als Welt für jedermann, und die Existenz Anderer begründet werden? Wie ist es möglich, die Intersubjektivität der Welt aus den Intentionalitäten meines Bewußtseinslebens abzuleiten? Vergegenwärtigen wir uns die einzelnen Phasen des Husserl'schen Lösungsversuches.

III

Als erster Schritt muß innerhalb der bereits phänomenologisch reduzierten egologischen Sphäre eine weitere Reduktion – Husserl nennt sie eine zweite Epoché[E 25] – vorgenommen werden, durch welche alle konstitutiven Leistungen der auf fremde Subjektivität unmittelbar oder mittelbar bezogenen Intentionalitäten ausgeschaltet, oder wie Husserl auch sagt: abgeblendet werden.

Es wird also von allem »Fremden« zunächst abstrahiert, und zwar nicht nur von den Anderen als Lebewesen, sondern auch von allem Fremdgeistigen, wie Kulturobjekten, das meine phänomenale Welt bestimmt oder mitbestimmt, und schließlich von dem Charakter meiner nun »verbleibenden« Welt als Welt für Jedermann. Nach Vollzug dieser »zweiten Epoché« verbleiben im thematischen Feld ausschließlich jene aktuellen und potentiellen Intentionalitäten, in denen sich das Ego in seiner »Eigenheit« konstituiert, also noch immer eine einheitlich zusammenhängende Schicht des Phänomens »Welt«, die freilich nicht mehr Welt für jeder[86]mann ist, sondern »eigenheitlich reduzierte Natur«. Innerhalb dieses Universums des Selbst-eigenen weist sich also auch eine »transzendente Welt«, sozusagen als eine immanente Transzendenz[E 26], aus, welche immer noch ein Bestimmungsstück meines eigenen konkreten Seins ist, weshalb sie auch von Husserl primordinale Welt oder primordinale Transzendenz genannt wird. Gegenüber dieser primordinalen Transzendenz erweist sich die Transzendenz der objektiven Welt dadurch als eine höherstufige, daß sie die Konstitution des Anderen bereits voraussetzt (§ 44).

Betrachten wir die Art und Weise näher, in der diese »zweite Epoché« vollzogen wird. Ihr Ziel ist, innerhalb des transzendentalen Erfahrungshorizontes der phänomenologisch reduzierten egologischen Sphäre das Mir-Eigene als das Nicht-Fremde zu umgrenzen. Vor Vollzug der zweiten Epoché war ja die Welt als transzendentales Phänomen in einstimmiger Erfahrung geradehin gegeben und dazu gehörte, daß das Fremde, obschon dessen naive Seinsgeltung bereits der phänomenologischen Epoché anheimgefallen war, Sinn-mitbestimmend auftrat. Auch innerhalb des transzendental reduzierten Bewußtseinslebens war das Phänomen ›Welt‹ mitsamt den Anderen nicht als mein privates synthetisches Gebilde erfahren, sondern als intersubjektive, in ihren Objekten Jedermann zugängliche Welt.[E 27]

Die Ausschaltung des Fremden geschieht (§ 44) durch Abstraktion

»zunächst von dem was Menschen und Tieren ihren spezifischen Sinn als sozusagen ich-artigen lebenden Wesen gibt«[E 28], weiters von allen Bestimmungen, wie Kulturprädikaten, die auf Andere in ihrem Sinn als Ich-Subjekte verweisen, und schließlich wird die Umwelt in ihrer Seins- und Sinngestaltung als Welt für jedermann von der Epoché erfaßt, wobei, soweit Kulturobjekte in Betracht kommen, ihr Sein für jedermann »Jedermann der entsprechenden Kulturgemeinschaft, wie z. B. der europäischen oder französischen«[E 29] bedeutet (§ 43).

Es wird also durch die zweite Epoché das gesamte transzendentale Erfahrungsfeld des Ego in zwei Schichten geschieden: erstens in die Sphäre seiner Eigenheit mit der zusammenhängenden Schicht seiner Welterfahrung, in der alles Fremde abgeblendet ist; zweitens in die Sphäre des Fremden. Hierbei ist jedoch zu beachten, daß nach Husserls wiederholter Feststellung (§ 44 u. 55), meine wirklichen und möglichen Erfahrungen *von* Fremdem, jedes Bewußtsein *vom* Fremden, jede Erscheinungsweise *von* ihm in die ersterwähnte Sphäre, die der Eigenheit gehören. Nur insofern das Fremde fremde Subjektivität ist, ist deren Leistung in der Eigenheitssphäre »abgeblendet« (§ 45).[E 30]

Die geschilderte negative Bestimmung der Eigenheitssphäre als die des Nicht-Fremden involviert zum mindesten fünf größere Schwierigkeiten. (1) Um von dem Fremden abstrahieren zu können, muß das Fremde in der transzendentalen reduzierten Sphäre als intentionaler Bestand der phänomenalen Erfahrungswelt und zwar *als Fremdes* ausgewiesen sein.[E 31] Dies entspricht auch, soviel ich sehen kann, dem klaren Wort-[87]laut des Textes der *Cartesianischen Meditationen*. Manche Texte, auch in der *Formalen und [t]ranszendentalen Logik*, deuten auf eine »vorkonstituierte Unterstufe«[E 32] des Fremden. Welcher Art ist diese Vorkonstitution der Unterstufe und wie kommt sie zustande?[E 33] Was ist diese Unterstufe und müßte eine radikale Aufklärung der Konstitution des Fremden nicht mit einer Analyse dieser Unterstufe einsetzen? Wie weist sich ferner das Fremde – das Nicht-Ich, von dem ich zu abstrahieren habe[,] um die primordinale Transzendenz freizulegen – als solches aus?

(2) Der Begriff des »Fremden«, von dem zu abstrahieren ist, schwankt erheblich.[E 34] Schon die Gleichsetzung von Tieren und Menschen als »ich-artige« Lebewesen ist überaus bedenklich.[E 35] Wer sind ferner die »Anderen« in ihrem Sinn als »Ich-Subjekte« und was ist ihre noëmatisch-ontische Gegebenheitsweise, die als transzendentaler Leitfaden für die konstitutive Theorie der Fremderfahrung dienen soll?[E 36] Sind es die anderen personalen Ichs? [O]der die »zentrierenden« anderen Ichs als

Substrate von Habitualitäten? Oder die anderen Ichs in ihrer vollen Konkretion?[E 37] – Die gleiche Ambivalenz zeigt sich im korrelaten Begriff des »Jedermann«. Jedermann ist offenbar einmal jedes Lebewesen, das ich-artig ist, ein anderes Mal »jeder Mensch«, und ein drittes Mal, zumindest soweit Kulturprädikate in Frage kommen, »jedermann der entsprechenden Kulturgemeinschaften«[E 38].

(3) Husserl stellt ausdrücklich fest (§ 44), daß durch die zweite Epoché jeder Sinnbezug auf ein mögliches Uns und Wir ausgeschieden ist.[E 39] Wie ist dies aber damit vereinbar, daß in der eigenheitlichen Sphäre alle meine wirklichen und möglichen Erfahrungen *von* Fremden (die Erscheinungsweise *von* Fremdem) erhalten bleiben sollen?[E 40] Stiften diese Erfahrungen *von* Fremden nicht bereits ein Wir oder Uns?[E 41]

(4) Eine besondere Schwierigkeit scheint mir aber gerade in der Unterscheidung zwischen unserem Bewußtsein *von* Fremdem und unserem Bewußtsein von sinnbestimmender oder -mitbestimmender fremder Subjektivität zu liegen, wobei anläßlich der Vollziehung der zweiten Epoché die möglichen und wirklichen Erlebnisse von Fremdem der Eigenheitssphäre, Leistungen der sinnbestimmenden, fremden Subjektivität aber der Fremdsphäre zugewiesen werden. Sind nicht viele, sind nicht vielleicht alle unsere Erlebnisse von Fremdem in der natürlichen Welt, die ja als intentionales Korrelat in der egologischen Sphäre erhalten bleibt, durch Leistungen fremder Subjektivität gestiftet (oder zum mindesten als so gestiftet von uns interpretiert) und erst dadurch als »Erlebnisse *von* Fremdem« sinnbestimmt? Ich sehe nicht, wie diese Scheidung durchgeführt werden kann.[E 42]

(5) Fink hat in dem von Husserl voll gebilligten Kantstudien-Aufsatz [88] (l. c. S. 355 f.) auf die Wichtigkeit verwiesen, zwischen den drei zur Vollzugsstruktur der phänomenologischen Reduktion gehörigen Ichen zu unterscheiden, nämlich (1) dem weltbefangenen Ich (Ich, der Mensch, als Geltungseinheit samt meinem innerweltlichen Leben); (2) dem transzendentale Welt in Universalapperzeption vorgegeben und in Geltung habenden Ich; (3) dem die Epoché-vollziehenden Zuschauer. Fink bemerkt hierzu, daß das transzendentale Ich, für das die Welt gilt, keineswegs mit seinem Weltglauben aussetzt, und dadurch das weltbefangene Ich, die Selbstapperzeption »Mensch«, in Geltung läßt, indessen der transzendental theoretische Zuschauer von keiner einzigen weltlichen Setzung, weder von einer theoretischen noch atheoretischen, Gebrauch macht. Sein thematisches Feld ist das transzendentale Weltmeinen in der Lebendigkeit seines positiven Fungierens. – Wer vollzieht nun die

zweite Epoché, in der die primordinale Eigenheitssphäre gewonnen wird? Nach dem Wortlaut der *Cartesianischen Meditationen* ist es »Ich, der meditierend Auslegende« (§ 62). Dies ist wohl im Sinne von Finks Dreiteilung der die Epoché-vollziehende Zuschauer. Aber andererseits heißt es dort, daß ich *in* »mir« den Anderen erfahre, erkenne, daß er sich *in* »mir« konstituiert, wiewohl appräsentativ gespiegelt und nicht als Original.[E 43] Wer ist nun dieses »*mir*«? Offenbar das transzendentale, Welt in Universalapperzeption vorgegeben habende Ich.[E 44] Aber ist das Fremde, das da ausgeschaltet oder abgeblendet werden soll, nicht die Fremdapperzeption »anderer Mensch« und als solche weltbefangener Anderer, Fremd-Ich mit seinem innerweltlichen Leben, freilich in der Modifikation als »Fremd-Ich als mir geltendes«? Wir werden sehen, daß diese Frage im weiteren Fortgang immer größere Bedeutung gewinnt.[E 45]

Bisher war die eigenheitliche Sphäre nur negativ bestimmt worden, nämlich als das »Nicht-Fremde«. Husserl fügt nunmehr (§ 46) eine positive Bestimmung hinzu. Die Eigenheitlichkeit ist die Sphäre der Aktualitäten und Potentialitäten des Erlebnisstroms, soweit dieser als eigenwesentlicher Seinshorizont in seiner immanenten Zeitlichkeit mit allen darin beschlossenen Eigenheiten meiner Explikation zugänglich und dieser vorgegeben ist. »Alle Möglichkeiten der Art des ›Ich kann‹, oder ›könnte‹, diese oder jene Erlebnisreihen in Gang bringen ... gehören offenbar eigenwesentlich zu mir selbst.«[E 46] Aber die Eigenheitlichkeit erstreckt sich nicht nur auf die im Erlebnisstrom beschlossenen konstitutiven Systeme[E 47], sondern auch auf die darin konstituierten Einheiten – letztere freilich nur, soweit sie von der originalen Konstitution selbst unabtrennbar sind. In anderen Worten: Zur vollen monadischen Konkre[89]tion der Eigenheitlichkeit ist der intentionale Gegenstand mitgehörig, so daß wir innerhalb der Originalsphäre der originalen Selbstauslegung auch eine transzendentale Welt vorfinden, zu der auch alle als transzendent vorschwebende Phantasien, reine Möglichkeiten, eidetische Gegenständlichkeiten gehören, sofern sie der Eigenheitsreduktion unterworfen sind.

IV

Wir wenden uns nunmehr dem zweiten Schritt zu, der zur Konstitution des anderen Ich innerhalb der primordinalen Sphäre führen soll. Unter allen Körpern der nunmehr gewonnenen eigenheitlich reduzierten Natur zeichnet sich jener aus, den ich »mein Leib« benenne, und zwar dadurch, daß ich ihm »Empfindungsfelder« zurechne und über ihn handelnd verfüge.[E 48] In der eigenheitlich reduzierten Sphäre ist der in ihr auftretende »andere Mensch« zunächst Körper. Diesem Körper verleihe ich nun – und das ist von fundamentaler Wichtigkeit für Husserls Theorie der Fremderfahrung – durch eine »apperzeptive Übertragung«[E 49] von meinem Leibe her, durch eine analogisierende Auffassung, die aber darum noch kein Analogie*schluß* ist,[E 50] den Sinn »Leib« und zwar »fremder Leib«.

Diese analogisierende Auffassung oder »Appräsentation«[E 51] ist eine besondere Form der mittelbaren Intentionalität, deren Wesen darin besteht, daß in Verflechtung mit einer Gegenwärtigung (einer eigentlichen Selbstgebung) eines A eine »Mitgegenwärtigung« eines B, des »Appräsentierten«, bewirkt wird, eines B, das selbst niemals zur wirklichen Präsenz kommt, aber stets mit einem in Selbstgebung Wahrgenommenen, dem A, verflochten ist. Das Phänomen der Appräsentation ist nur ein Sonderfall des universalen Problems der »Paarung«, die selbst nichts anderes ist als eine Urform der passiven Synthesis, welche auch als Assoziation in einem besonderen Sinn bezeichnet werden kann.[E 52] Das Charakteristische der paarenden Assoziation besteht darin, daß zwei Daten in der Einheit eines Bewußtseins in Abgehobenheit anschaulich gegeben sind und, gleichgültig ob beachtet oder nicht, als unterschieden erscheinende phänomenologisch eine Einheit der Ähnlichkeit begründen. Zwischen beiden Elementen des Paares findet ein intentionales Übergreifen statt, ein wechselseitiges Sich-wecken und Sich-überdecken. Als Leistung dieser Deckung (deren Totalität den Grenzfall »Gleichheit« darstellt) vollzieht sich am Gepaarten Sinnesübertragung, d. i. die Apperzeption des einen gemäß dem Sinn des Anderen, soweit nicht an dem Erfahrenen verwirklichte Sinnesmomente diese Übertragung im Bewußtsein des Anders aufheben (§ 50-51).

Bei der Appräsentation des Anderen ist mein eigener primordinal reduzierter Leib das immer lebendig gegenwärtige urstiftende Original. Wenn ein »Körper« in mein Wahrnehmungsfeld eintritt, der meinem Leibkörper »ähnlich«, d. h. so beschaffen ist, daß er mit dem meinen eine phänomenale Paarung eingehen muß, wird ihm in Sinnesüberschiebung der Sinn »Leib«, und zwar »fremder Leib«, von dem meinen her übertragen (§ 51).

[90] Halten wir einen Augenblick inne, um dieses Argument zu überprüfen. Husserl führt die Apperzeption des in meiner Primordinalsphäre in Abhebung auftretenden fremden Körpers als »fremder Leib«

auf das Grundphänomen der Appräsentation zurück und somit auf eine Sinnesüberschiebung, die in der passiven Synthesis auf Grund von Ähnlichkeit entspringt. An der grundwichtigen Bedeutung der Lehre von der Appräsentation ist nicht zu zweifeln, insbesondere nicht an ihrer Wichtigkeit für eine Begründung des Zusammenhanges zwischen Zeichen und Bezeichnetem, Symbol und Symbolisiertem[5]. Hier verwendet Husserl aber die Theorie der Appräsentation für die Begründung der analogisierenden Auffassung eines in meiner primordinal reduzierten Sphäre auftretenden Körpers als »fremder Leib«. Als primordinaler ist der auftretende Körper zunächst nur Bestimmungsstück meiner selbst in immanenter Transzendenz, denn in der eigenheitlich reduzierten Natur und Welt ist mein Leib der einzige Körper, der als Leib, als fungierendes Organ, ursprünglich konstituiert ist.[E 54] Wenn ich den abgehobenen auftretenden Körper als fremden Leib analogisierend auffasse, so beruht dies auf der Ähnlichkeit dieses Körpers mit meinem Leib, der als urstiftendes Organ immer präsent und mir als solcher gegeben ist. Es ist gerade die Ähnlichkeit des auftretenden Körpers mit meinem Leibkörper, die die apperzeptive Übertragung von diesem auf jenen ermöglicht. Inwiefern ist aber eine solche Ähnlichkeit gegeben? Der andere Körper ist ein visuell wahrgenommener, mein Leib ist von mir aber nur ausnahmsweise, und dann nur partiell, visuell wahrgenommen. Er ist als urstiftendes Organ zwar immer präsent und gegeben, präsent aber als innere Wahrnehmung seiner Grenzen und durch das Erlebnis der Kinästhesen seines Fungierens, also gerade in einer Weise, die der äußeren Wahrnehmung des fremden Leibkörpers so unähnlich als möglich ist und daher nie zu einer analogisierenden Auffassung führen kann. Dies ist schon von Scheler[E 55] und später von Sartre in seiner Unterscheidung zwischen den ontologischen Dimensionen des Leibes (»mon corps pour moi« – »mon corps pour autrui«)[E 56] und von Merleau-Ponty in seiner Analyse der Problematik des »corps propre«[E 57] deutlich klargestellt worden. Husserls Annahme einer analogisierenden Auffassung des fremden Leibes auf Grund einer Ähnlichkeit mit meinem eigenen Leib widerspricht dem phänomenologischen Befund, daß mein Leib in meinem primordinalen Wahrnehmungsfeld in grundsätzlich anderer Weise »abgehoben« ist als der darin auftretende, vorgeblich ähnliche, Körper des Anderen.[E 58]

[91]Es scheint, daß Husserl in diesem Zusammenhang den Begriff des »Anderen« auf den des »anderen Menschen« beschränkt. Wie oben

5 Siehe meinen Aufsatz: [»]Symbol, Reality and Society[«,] in[:] *Symbols and Society*, ed. by Lyman Bryson et al., New York 1955.[E 53]

ausgeführt würde aber, zum mindesten in einer seiner Bedeutungen, der Begriff des Fremden auch andere »ich-artige Lebewesen« wie z. B. Tiere umfassen. Wollten wir Husserls Theorie der appräsentativen Überschiebung von meinem Leibe her auch auf diese anwenden, dann wäre es unmöglich zu erklären, wie es dazu kommen kann, daß dieser und jener in meiner Primordinalsphäre auftretende Körper als ein Fischleib oder ein Vogelleib aufgefaßt wird, nämlich als einem darin waltenden »ich-artigen Lebewesen« zugehörig.[E 59]

Aber kehren wir zu Husserls Gedankengang zurück. Die bloße Appräsentation des auftauchenden Körpers als fremder Leib genügt nicht. Damit die Appräsentation Bestand habe und sich nicht sofort als Schein erweise, muß sie sich in weiteren synthetisch einstimmig verlaufenden Appräsentationen bewähren. So muß sich der fremde Leib durch sein immerfort zusammenstimmendes »Gebaren« fortgesetzt als solcher bekunden, als beseelter Leib nämlich, kurz als »Anderer«. Hierbei liefert die Appräsentation im beständigen Fortgang immer neue appräsentative Gehalte (§ 52).

Den ersten bestimmten Gehalt muß offenbar das Verstehen der Leiblichkeit des Anderen und seines leiblichen Gehabens bilden: das Verstehen seiner Glieder als tastender Hände, als gehender Füße, als sehend fungierender Augen. In weiterer Folge kommt es zur Einfühlung bestimmter Gehalte der höheren psychischen Sphäre; auch diese indizieren sich leiblich als äußeres Gehaben des Zornigen, des Fröhlichen, wohl verständlich von meinem Gehaben her unter ähnlichen Umständen.[E 60] Von Wichtigkeit ist es, daß der so konstituierte Andere in meiner primordinalen Welt als intentionale Modifikation meiner selbst auftritt, aber doch vorweg mit dem Sinn »anderes Selbst« (§ 54).[E 61] Daß ich den fremden Leib als fremden ansehe und nicht etwa als Reduplikation meines eigenen Leibes, zeigt sich unter anderem daran, daß ich selbst leiblich Zentrum einer um mich orientierten primordinalen Welt bin, wobei mein Leib den Index des »Hier« hat, indessen der auftauchende Körper des Anderen in meiner primordinalen Welt den Index des »Dort« hat, wiewohl er für ihn, den nachmals Anderen, im Modus des absoluten »Hier« steht. Indem der »fremde Körper« im »Dort« eine passende Assoziation mit meinem Leib im »Hier« eingeht, wird in einer höherstufigen Apperzeption der Andere appräsentiert als jetzt *mit*daseiendes Ego im Modus des »Dort« (§ 53).

Hier ergibt sich eine Reihe neuer Schwierigkeiten. (1) Woher weiß ich, reduziert auf meine primordinale Eigenheitssphäre, ob und in welchem Ausmaß das Gebaren des als fremder Leib erfahrenen Körpers zusammenstimmt? Eine solche Feststellung würde keine prinzipiellen – wohl aber eine Reihe faktischer – Schwierigkeiten bieten, wenn es sich um eine Theorie des Fremdverstehens in der als bereits vollkonstituiert angenommenen Welt der Intersubjektivität handeln würde, etwa innerhalb der Lebenswelt, wie sie in natürlicher Einstellung erlebt wird.[E 62] Dann wäre freilich noch zu untersuchen, wie der Begriff des »Gebarens« zu verstehen sei, nämlich ob als bloßes »behavior«, als pures leibliches [92] Fungieren,[E 63] oder aber als Indizierung von immerfort zusammenstimmenden fremdpsychischen Vorgängen. Wie Husserls Ausführungen zeigen, ist zweifellos das letztere seine Auffassung. Was für einen Sinn kann aber die Bezugnahme auf zusammenstimmendes Fremdpsychisches innerhalb der eigenheitlich reduzierten Sphäre haben, die ja dadurch gewonnen wurde, daß von allen sinnbestimmenden oder sinnmitbestimmenden Leistungen fremder Subjektivität abstrahiert wurde? Was soll hier zusammenstimmen und was nicht? – Oder ist die Lösung vielleicht darin zu sehen, daß auch in der primordinalen eigenheitlich reduzierten Sphäre meine Vorerfahrungen *von* dem Fremden erhalten bleiben?[E 64] Wenn dies so ist, was wären diese Erfahrungen *von* dem Fremden, die ein Kriterium dafür abgeben sollen, ob das Gebaren des fremden Leibs zusammenstimmt oder nicht, anderes als die Vorerfahrungen von zusammenstimmendem Fremdseelischem in dem »vorkonstituierten« Bereich der Unterstufe[E 65], in welchem es einen Sinn von jedermann, nämlich »jeder Mensch« – oder mehr restriktiv: »jeder Mensch meiner Kultursphäre«[E 66] – bereits gibt? Muß ich aber zur Aufklärung des zusammenstimmenden Gebarens auf die vorkonstituierte Unterstufe zurückgreifen, dann gibt es nur zwei Möglichkeiten: *Entweder* die »zweite Epoché« ist nicht radikal genug durchgeführt worden – vielleicht kann sie überhaupt nicht radikal durchgeführt werden – und die Gewinnung der reinen Eigenheitssphäre ist mißglückt; *oder* ich kann zwar innerhalb der reinen Eigenheitssphäre den auftretenden fremden Leib-Körper als Leib eines Lebewesens, vielleicht sogar eines Mitmenschen, analogisierend auffassen, ich kann aber die Bewährung dieser Appräsentation, nämlich das zusammenstimmende Gebaren eines anderen Menschen in der primordinalen Sphäre nicht als solches erfassen.

(2) Dazu kommt, daß der Gedanke der Einstimmigkeit bereits Typen der Normalität des Fremdgebarens voraussetzt, einer Normalität, die aber nur in den Leistungen und Funktionszusammenhängen der fremden Subjektivität ihren Grund haben kann und deshalb der zweiten Epoché anheimgefallen sein muß.[E 67]

Die Beziehung der Normalität und Anomalität zur Idee der Einstimmigkeit ist auch Husserl nicht entgangen (§ 55). Er spricht hier aber einerseits von den Abnormalitäten der Blindheit, Taubheit, etc., die nur auf dem Grund einer an sich vorangehenden Normalität erklärt werden können, andererseits entwickelt er die kuriose Theorie, daß Tierheit und die Stufenfolge der höheren und niederen Tiere nur als anomale Abwandlungen meiner Menschlichkeit für mich wesensmäßig konstituiert sein können.[E 68]

(3) Aber Normalität ist in einem noch viel tieferen Sinn eine Voraussetzung der Einstimmigkeit fremden Gebarens. Es gibt Normalitäten verschiedenster Art für das Gebaren von Mann und Frau, Kind und [93] Greis, Gesunden und Kranken, und dies in Variationen aller Art, abhängig von dem Kulturkreis, zu dem der »Andere« und ich gehör[en][E 69]. Alle diese Normalitäten müssen der vorkonstituierten Unterstufe angehören, um in der primordinal eigenheitlichen Sphäre die Feststellung des einstimmigen Gebarens des Anderen zu ermöglichen. Was unter der Regel einer bestimmten »Normalität« einstimmig ist, ist es nicht unter der einer anderen.[E 70]

(4) Es genügt nicht, den »Anderen« als Modifikation meines Selbst im »Dort« anzusehen, ohne die Natur dieser Modifikation aufzuklären, was wieder auf das Problem der Normalität und damit der vorkonstituierten Unterstufe hinausläuft. Setze ich aber die vorkonstituierte Unterstufe innerhalb der eigenheitlichen Reduktion bereits stillschweigend voraus, warum dann überhaupt die »[z]weite Epoché«? Diese könnte niemals die Konstitution des Anderen als Vollmonade innerhalb meiner Monade zeigen, sondern bestenfalls die Appräsentation eines anderen psychophysischen Ich von dem psychophysischen Ich meiner Unterstufe aus.[E 71]

V

Dies freilich ist keinesfalls Husserls Meinung, wie der dritte von ihm vollzogene Schritt im Aufbau der Theorie der Fremderfahrung deutlich zeigt. Nach ihm ist mit der Appräsentation des fremden beseelten Leibes als »Anderer« in der analogisierenden Modifikation all das appräsentiert, was zur Konkretisation dieses fremden Ichs als dessen primordinale Welt und dann als das voll konkrete Ego gehört. In höherstufiger Apperzeption appräsentiere ich den Anderen als jetzt *mit*-daseiendes Ego im Modus des »Dort«. »So konstituiert sich appräsentativ in meiner Monade eine andere«.[E 72] Beide stehen aber in der Funktionsgemeinschaft einer einzigen präsentierenden-appräsentierten Wahrnehmung.

Darum, so sagt Husserl, ist von vornherein die in der Primordinalsphäre des Anderen erscheinende Natur, sein mir im Modus des »Dort« erscheinender Leibkörper *derselbe*, wie der ihm im Modus des »Hier« erscheinende Zentralkörper: nur die *wirklichen* Wahrnehmungen sind nicht dieselben, weil meine wandelnden Perspektiven um meinen Leib hier als Nullpunkt (also »von dort aus«, »wie wenn ich dort wäre«) zentriert sind.[E73] Damit ist aber auch die objektive Natur als Erfahrungsphänomen konstituiert, und zwar dadurch, daß meiner primordinal konstituierten Natur eine zweite, appräsentierte und in synthetischer Identitätseinheit mit dieser erfahrbare und erfahrene Schicht aus der Fremderfahrung zuwächst: dieselbe Natur in den möglichen Gegebenheitsweisen des Anderen.[E74] Durch diese identifizierende Synthesis derselben zugleich primordinal und appräsentativ gegebenen und bewährten Natur ist aber auch die Koexistenz meines und des fremden Ich und damit eine gemeinsame Zeitform gestiftet (§ 55).[E75]

[94] Hier wirft sich eine Reihe von Fragen auf:

(1) Zunächst ist nicht recht einzusehen, wie mit der Appräsentation des fremden beseelten Leibes als »Anderer« auch dessen primordinale Welt, die fremde eigenheitliche Sphäre, appräsentiert sein könnte. Wenn die Sinnesüberschiebung von meinem Leibe auf den mitdaseienden Leib des Anderen auch gelänge, dann würde mir der Andere zwar als psychophysisches anderes Ich gegeben sein, aber dies würde noch nicht zur Konstitution der fremden eigenheitlichen Sphäre hinreichen. Die fremde Eigenheitlichkeit ist ja die Sphäre der Aktualitäten und Potentialitäten des fremden Erlebnisstroms und umgreift daher auch alle Möglichkeiten des »Du kannst« und »Du könntest«. Wie komme ich aber zur Erfahrung des »Du kannst« oder »Du könntest«? Durch eine Überschiebung des Sinnes des »Ich kann« oder »Ich könnte«? Dies ist wohl undenkbar, denn gerade mein Hiersein und dein Dortsein involviert ein »Ich kann von Hier, aber du kannst nicht von Dort«. Diese Schwierigkeit wäre keineswegs durch die appräsentierende Auffassung »Wäre ich Dort, so könnte ich was du von deinem Hier kannst« überwunden, denn diese Auffassung ließe keineswegs die Umkehrung »Wärest du Hier, so könntest du was ich von Hier aus kann« zu. – Oder sollte die Erschließung des »Du kannst« oder »Du könntest« auf eine Sinnesüberschiebung von einem vorgefaßten »Jedermann kann« oder »Jedermann könnte« zurückzuführen sein? Das wäre erst recht unmöglich, denn die Normalität des »Jedermann kann« soll ja erst durch die Stiftung der Intersubjektivität zwischen mir und dem Anderen begründet werden.

(2) Noch weniger einsichtig ist es, wie es von der Appräsentation des fremden psychophysischen Ich zu der Konkretisation der fremden Vollmonade[E 76] kommen soll. Zu deiner Vollmonade gehört doch die dir immanente Zeitlichkeit, denn es ist ja gerade meine und deine immanente Zeitlichkeit, die mich und dich zur Monade macht und aus der die erste Form der Gemeinschaft, nämlich die Gemeinsamkeit der Natur mit derjenigen des fremden Leibes, somit gemeinsame Realität und gemeinsame Zeitform erwächst. Auch wenn Husserl damit recht hätte, daß durch das Mit-sein des anderen Ich »eine Koexistenz meines Ich – und meines konkreten Ego überhaupt – und des fremden Ich, meines und seines intentionalen Lebens, meiner und seiner Realitäten urgestiftet wäre, kurzum eine gemeinsame Zeitform« (§ 55 in fine), auch wenn – »von selbst«, wie Husserl sagt – hierbei jede primordinale Zeitlichkeit die bloße Bedeutung einer einzelsubjektiven, originalen Erscheinungsweise der objektiven gewönne, so wäre damit noch nichts darüber gesagt, wie die fremde Zeitlichkeit, die ja für die Konstitution der fremden Vollmonade wesentlich ist, erschlossen werden soll.

[95] (3) Es bleibt weiter fraglich, ob der Zuwachs einer appräsentierten Schicht zu dem meiner Primordinalsphäre zugehörigen Naturkörper – »dasselbe Naturobjekt in der Gegebenheitsweise des Anderen«[E 77] – zur Konstitution der objektiven Natur und im weiteren Verlauf der intersubjektiven Welt hinreicht. Husserl spricht von der synthetischen Identitätseinheit des mir in primordinaler Originalität gegebenen Naturobjektes und der ihm aus der Fremderfahrung zuwachsenden appräsentativen Schicht. Erfordert aber die Konstitution einer objektiven Natur nicht auch, daß die synthetische Identitätseinheit des *dem Anderen* in primordinaler Originalität gegebenen Naturobjekts mit dem von *ihm* appräsentierten nämlichen Naturobjekt in *meiner* möglichen Gegebenheitsweise gewährleistet ist? Ist daher zur Stiftung der Gemeinschaftlichkeit einer objektiven Natur nicht eine Wir-Beziehung erforderlich und ist sie nicht auf der Möglichkeit einer Kommunikation fundiert?[E 78]

Das Problem der Fundierung der intersubjektiven Welt auf der Möglichkeit einer Kommunikation hat Husserl im zweiten Band seiner *Ideen* beschäftigt; wir wollen in aller Kürze den dort entwickelten Gedankengang nachzuzeichnen versuchen.

Husserl unterscheidet hier (*Ideen II*) zwischen der »naturalistischen« und der »personalistischen« Einstellung.[E 79] In der naturalistischen Einstellung – die nicht mit der »natürlichen« Einstellung verwechselt werden sollte (§ 49e) – ist Natur zunächst als Realität der materiellen Dinge, dann als Realität des Seelenlebens gegeben. In dieser Einstellung erscheinen mir fremde Animalien als urpräsente Leibkörper mit appräsentierter Innerlichkeit. Finde ich in meiner Eigenheitssphäre, – Husserl sagt hier »in meiner solipsistischen Erfahrung«[E 80] – materielle Dinge vor, die meinem Leib ähneln, so fasse ich sie als »Leiber« auf, d. h. ich fühle ihnen je ein Ich-Subjekt ein »mit all dem was dazu gehört und mit dem besonderen Inhalt, der von Fall zu Fall gefordert ist« (§ 45). Hierbei »überträgt sich« vor allem diejenige Lokalisierung, die ich an meinem Leib bei verschiedenen Sinnesfeldern (Tastfeld, Geruch, Schmerz etc.) vollziehe, auf die fremden Leiber und ebenso meine indirekte Lokalisierung geistiger Tätigkeiten.[E 81] Wie sich diese »Übertragung« von Lokalisierungen abspielen soll, wie weiterhin dann fortgehend die Zuordnung von Physischem und Psychischem – »und zwar mit Recht« – stattfinden soll, ist weiter nicht erklärt und auch nicht einzusehen.

Nach Husserl »*gehört*« zu dem gesehenen Leib kraft übertragener Kompräsenz ein Seelenleben wie zu dem meinen,[E 82] ein Seelenleben, das von mir durch Einfühlung verstanden werden kann und zu dem das System der Erscheinungen gehört, in dem [96] ihm, dem Anderen, die Außenwelt, darunter auch mein Leib, vom Standpunkt des Dort gegeben ist.[E 83] Dieser Prozeß der Einfühlung führt daher zur Konstitution der intersubjektiven Objektivität der Welt, der unbelebten Dinge sowie der Menschen als physio-psychologische Einheiten. Denn auch mein Leib kann, genau genommen, als Naturobjekt nur dadurch aufgefaßt werden, daß ich auf ihn vom Standpunkt des Anderen im Modus des Dort hinsehe. Das Naturobjekt »Mensch« ist also ein transzendentes äußeres Objekt, gegeben in einer zweischichtigen Erfahrung, in der äußere urpräsentierende Wahrnehmung mit appräsentierender (bzw. in das Äußere introjizierender) Einfühlung zu einer Erscheinungseinheit verflochten ist (§ 46-47).

All dies ist aber nur eine Beschreibung der »naturalistischen« Einstellung. Als *Person* bin ich und ist jeder Andere Subjekt einer Umwelt, wobei die Begriffe »Ich« und »Umwelt« streng aufeinander bezogen sind (§ [50]).[E 84] Die Umwelt ist die von der Person in ihren Akten wahrgenommene, erinnerte, denkmäßig erfaßte Welt, deren dieses personale Ich bewußt ist und zu der es sich in bestimmter Weise verhält. Also nicht die physische Wirklichkeit schlechthin, sondern nur jener Sektor derselben, von der die Person »weiß«, ist ihre Umwelt (§ 50).[E 85] Diese Umwelt wird daher in steten Sinnesumwandlungen durch die dazu gehörigen Setzungen und Durchstreichungen immer wieder erzeugt und ist daher in gewisser Weise ständig im Werden.[E 86] In dieser Umwelt findet das Subjekt nicht nur Dinge, sondern auch andere Subjekte vor, die auf die gleichen Objekte bezogen sind. Husserl lehnt es ausdrücklich ab, daß in der personalistischen Umstellung der Geist dem Leib als etwas zu dessen Realität gehöriges »eingelegt« werden könnte. Er setzt es aber, ohne dies zu begründen, als gegeben an, daß wir in der »komprehensiven Erfahrung« vom Dasein des Anderen ihn »ohne weiteres« als personales Subjekt verstehen, das auf dieselben Objektitäten wie wir bezogen ist (§ 51).

Daß wir in einer gemeinsamen Umwelt leben und daß wir in einem personalen Verband sind, »gehört ohne weiteres zusammen: [...][E 87] eins konstituiert sich wesensmäßig mit dem anderen[«] und zwar dadurch, daß sich [»]Beziehungen des Einverständnisses bilden, die eine bewußtseinsmäßige Wechselbeziehung der Personen und zugleich eine einheitliche Beziehung derselben zur gemeinsamen Umwelt herstellen«, die Husserl die kommunikative Umwelt nennt.[E 88] Sie ist ihrem Wesen nach relativ zu den Personen, die sich in ihr und ihr [g]egenüber[E 89] befinden. Die an der kommunikativen Umwelt teilhabenden Personen sind einander nicht als Objekte, sondern als Gegensubjekte, nicht als Gegenstände, sondern als Genossen gegeben; als solche stehen sie untereinander in sozialer Wechselbeziehung.[E 90] Die Sozialität konstituiert sich durch die spezifisch kommunikativen Akte, in denen sich das Ich an Andere wendet, bewußt, daß diese Anderen diese Wendung verstehen und sich an das Ich zurückwenden werden. Die miteinander kommunizierenden Subjekte konstituieren nun, wie Husserl sagt, personale Einheiten höherer Stufe, Subjektverbände, die gleichfalls ihre Umwelt haben und miteinander in Kommunikation stehen. Im weiteren Fortschreiten ergibt sich die Idee des Inbegriffes aller dieser in aktueller oder potentieller Kommunikation stehenden sozialen Subjektivitäten und als deren Korrelat die Geisteswelt.[E 91]

[97] Diese Darstellung Husserls leidet nicht nur durch ihren fragmentarischen Charakter, sondern aus prinzipiellen Gründen unter schweren Mängeln.

(1) Es ist nicht einsichtig, wie durch die einfühlende Übertragung der Lokalisierungen an meinem eigenen Leib auf den gesehenen Leib des Anderen – falls eine solche »Übertragung« überhaupt möglich wäre – das Seelenleben des Anderen in Kompräsenz konstituiert werden kann; und es ist unmöglich, daß in komprehensiver Erfahrung der Andere »ohne weiteres« als personales Subjekt, bezogen auf Objektivitäten einer gemeinsamen Umwelt, erfaßt wird. Das letztere ist deshalb unmöglich, weil, wie Husserl richtig feststellt, zur Umwelt eines Subjektes die physische Welt nur soweit gehört, als es von ihr »weiß«. Gewiß, auch Husserl ist sich bewußt, daß jede Person, idealiter gesehen, innerhalb der kommunikativen ihre »egoistische« Umwelt hat, vorausgesetzt, daß sie abstraktiv vereinzelt gedacht wird. Aber er macht keinerlei Versuch zu erklären, wie es zu der Überdeckung jener Sektoren der physischen Welt kommen kann, von der jede der nachmals in Kommunikation stehenden Personen »weiß«. Nur eine solche Aufklärung könnte zeigen, wie es zu einer gemeinsamen Umwelt überhaupt kommen kann und wie sich diese Gemeinsamkeit des »Wissens« vor Etablierung des Wechselverständnisses, das ja seinerseits auf einer solchen Gemeinsamkeit des Wissens fundiert wäre, überhaupt ausweisen könnte.[E 92]

(2) Daß aber Wechselverständnis und Kommunikation eine Gemeinsamkeit des Wissens, ja sogar eine gemeinsame Umwelt (und das Bestehen einer sozialen Beziehung) bereits voraussetzen, und nicht umgekehrt, daß daher die gemeinsame Umwelt und die soziale Beziehung nicht aus der Idee der Kommunikation abgeleitet werden kann, ist unschwer zu zeigen. Alle Kommunikation, ob es sich um eine sogenannte Ausdrucksbewegung, eine Zeigegeste, oder den Gebrauch visueller oder akustischer Zeichen handelt, setzt bereits einen äußeren Vorgang in eben jener gemeinsamen Umwelt voraus, die nach Husserl erst durch die Kommunikation konstituiert werden soll.[E 93] Hierbei handelt es sich um Vorgänge, die sich keineswegs in der »naturalistischen«, sondern in der »personalistischen« Sphäre abspielen, die also nicht der gemeinsamen auf der Unterstufe vorkonstituierten Natur, sondern der Umwelt angehören. Es ist ja vorausgesetzt, daß ich, das zeichensetzende Ich, als personales Subjekt, auf den Anderen, der das Zeichen als meine Kommunikation zu deuten hat, eingestellt bin, und daß ich hie[r]bei annehme, auch er, der das Zeichen deutet, sei – und zwar als personales Subjekt – auf mich und meine kommunikativen Akte eingestellt. Diese wechselseitige Einstellung aber, innerhalb deren Kommunikation überhaupt erst mög-[98]lich wird, ist selbst bereits die Grundform jeder sozialen Beziehung, die daher

nicht erst durch die Kommunikation konstituiert werden kann.[E 94]

(3) Ein weiterer gänzlich unaufgeklärter Schritt ist die Konstitution der miteinander kommunizierenden Subjekte zu personalen Einheiten höherer Stufe, den Subjektverbänden, die ihre eigene Umwelt haben, und dieser Subjektverbände selbst zu einem Gesamtverband, dessen Umwelt zwar keine Subjekte mehr enthält, einer Geistergemeinschaft, der eine geistig bedeutsame Welt der Objekte als Welt für den Geist gegenübersteht. Es ist klar zu sehen, daß die Begriffe der Person, der Kommunikation, der Umwelt und der Subjektivität bei dem Übergang in die höheren Stufen so radikale Sinnverschiebungen erfahren, daß man von einem überschwänglichen metaphorischen Gebrauch[E 95] inad[ä]quater Termini sprechen muß. Gewiß, in der sozialen Lebenswelt ergibt sich das für alle Sozialwissenschaften ernste Problem, was unter der sogenannten sozialen Person zu verstehen sei. Aber dies ist kein Problem der phänomenologischen Konstitutionsanalyse, und nur Husserls bedauerliche Unkenntnis der konkreten Wissenschaften von der Gesellschaft hat den sonst vorbildlich gewissenhaften Forscher dazu verführt, Konstruktionen des lebensweltlichen Denkens und der Sozialwissenschaften in die phänomenologische Konstitutionsanalyse ungeprüft einzubeziehen.[E 96] Wie gefährlich diese Vorgangsweise ist, wird sich sogleich erweisen, wenn wir uns wieder dem Gedankengang der *Cartesianischen Meditationen* zuwenden, denen ja die den zweiten Band der *Ideen* bildenden Manuskripte zeitlich erheblich vorhergehen.

VII

Auch hier (*V. Cartesianische Meditation*) wird ausgeführt (§ 56 u. 58)[E 97], daß die Koexistenz meines und des fremden Ich und damit die Stiftung einer gemeinsamen Zeitform und einer gemeinsamen Natur nur die erste Stufe der Gemeinschaftlichkeit zwischen Ego und Alter[E]go darstellt.

Husserl betont, daß alle anderen intersubjektiven Gemeinschaften aus dieser ersten »unschwer« abgeleitet werden können. So die Menschengemeinschaft – ich und du und Andere und Jedermann als Mensch unter anderen Menschen, welche gegenseitig von einander Erfahrung haben und als solche von mir erfahren sind; deren transzendentales Korrelat, die Monadengemeinschaft der transzendentalen Intersubjektivität, die sich gleichfalls in mir, dem meditierenden Ego, rein aus Quellen meiner Intentionalität konstituiert; weiters die eigentlichen sozialen Vergemeinschaftungen, die aus »Ich-Du«[-]Akten entspringen und denen in der objektiven Welt die geistigen Objektivitäten sozialer Gemeinschaften, darunter die »Personalitäten höherer Ordnung«[E 98] [,] entsprechen; schließlich die »Kulturwelt«, die konstitutionsmäßig bereits in verschiedenen Stufen primordinal und sekundär Konsti[99]tuiertes voraussetzt und deren Konstitution selbst nach einem »Nullglied«, bzw. einer Personalität (»ich und meine Kultur«[E 99]) orientiert ist.

Prüfen wir diese Ableitungsmöglichkeit höherer Gemeinschaften. Zunächst die Menschengemeinschaft. Es liegt, sagt Husserl, im Sinne des Menschen, schon als einzelner den Sinn eines Gemeinschaftsglieds mit sich zu führen: ich und jedermann als Mensch unter anderen Menschen, ich die anderen erfahrend und von ihnen als anderer erfahren, weiters den [A]nderen erfahrend als selbst auf andere bezogen und diese wieder in iterierbarer Mittelbarkeit auf mich.

In der *Krisis der europäischen Wissenschaften und die transzendentale Phänomenologie*[6] führt Husserl aus (§ 54 a), daß dies einen Bedeutungswandel des »Ich« – so wie ich soeben Ich sage – in »andere Ich«, in »Wir alle«, »Wir mit den vielen Ichen, worin ich ein Ich bin« involviert. Aber, heißt es dort, sind diese Iche, ist dieses Wir, nach Vollzug der transzendentalen Reduktion nicht ein bloßes Phänomen?[E 100] Ist es nicht richtig, daß der Philosoph in der Epoché weder sich noch die Anderen geradehin als Menschen hat, sondern nur als Pole transzendentaler Rückfragen? Husserl führt des weiteren aus (Krisis, § 54 b), daß daran festzuhalten ist, daß ich, der Philosophierende, die Epoché vollziehe »und selbst wenn da mehrere sind und sogar in aktueller Gemeinschaft mit mir die Epoché üben, so sind für mich in meine Epoché alle anderen Menschen mit ihrem ganzen Aktleben in das Weltphänomen einbezogen, das in meiner Epoché ausschließlich das meine ist. Die Epoché schafft eine einzigartige philosophische Einsamkeit ...«[E 101] Das Ur-Ich, das Ego meiner Epoché, kann seine Einzigkeit und persönliche Undeklinierbarkeit nie verlieren. Dem widerspricht nur scheinbar, daß es sich durch eine besondere ihm eigene konstitutive Leistung für sich selbst transzendental deklinierbar macht, daß es also von sich aus und in sich die transzendentale Intersubjektivität konstituiert, der es sich dann als bloß bevorzugtes Glied zurechnet, nämlich als Ich der transzendentalen Anderen.[E 102] Husserl weist weiters darauf hin, daß nur durch eine methodische Auslegung der Funktionen und Leistungen der transzendentalen Intersubjektivi-

6 *Edmund Husserl[,] Die Krisis der europäischen Wissenschaften und die transzendentale Phänomenologie. Eine Einleitung in die phänomenologische Philosophie*[, in:] *Husserliana* Band VI [hg. v. Walter Biemel]. Den Haag 1954. Martinus Nijhoff.

tät ein letztes Verständnis dafür gewonnen werden kann, daß »jedes transzendentale Ich der Intersubjektivität notwendig als Mensch in der Welt konstituiert sein muß, daß also jeder Mensch [›]ein transzendentales Ich in sich trägt[‹]; aber nicht als realer Teil oder Schichte seiner Seele (was ein Widersinn wäre), sondern insofern er die durch phänomenologische Selbstbestimmung aufweisbare Selbstobjektivation des betreffenden transzendentalen Ich ist. Wohl aber könnte jeder Mensch, der die Epoché vollziehen würde, sein letztes, in all seinem menschlichen Tun fungierendes Ich erkennen.«[E 103]

Hier, so scheint es, haben wir den Kern der Problematik der transzendentalen Intersubjektivität erreicht, und wenn Husserl in dieser seiner letzten Schrift (Krisis, § 54 b) darauf verweist, daß es eine methodische Naivität war, der Menschheit, in der sich das philosophierende, als Ichpol transzendentaler Akte fungierende Ego befindet, dieselbe Verwandlung [100] in die transzendentale Subjektivität zuzumessen, daß aber nichtsdestoweniger »aus tiefsten philosophischen Gründen, auf die nicht weiter eingegangen werden kann«[E 104] der absoluten Einzigkeit des Ego und seiner zentralen Stellung für alle Konstitution genuggetan werden muß, so hat er die schier unüberwindlichen Schwierigkeiten nur noch vermehrt.

Versuchen wir einen fragmentarischen Katalog der mit der transzendentalen Intersubjektivität zusammenhängenden Hauptschwierigkeiten aufzustellen.

(1) Wie die *V. Cartesianische Meditation* (§ 56) beschreibt, entspricht der offenen Mannigfaltigkeit der Menschen, ja allgemeiner: Animalien, als Subjekte möglicher Wechselgemeinschaft in transzendentaler Konkretion eine entsprechende offene Monadengemeinschaft, die wir als transzendentale Intersubjektivität bezeichnen.[E 105] Welches ist, nach dem Vorgesagten, diese mögliche Entsprechung? Die offene Menschengemeinschaft steht, zum mindesten der Möglichkeit nach, in Kommunikation. Hier gibt es in der Tat ein Ich und ein anderes Ich als Du, ein Wir und ein Uns; Ich und Du, wir sehen den fliegenden Vogel;[E 106] Ich und Du und Jedermann, wir alle erleben den Wechsel der Jahreszeiten; Ich und Du, wir bauen ein Haus, schreiben einander Briefe, gehen spazieren. Wie aber kann es zum transzendentalen Wir, dem Urgrund aller Gemeinschaft kommen? Ich, der Epoché-übende, Ich, Ego, habe in der vorhin beschriebenen Weise den Anderen konstituiert und gleichermaßen hast Du, ein anderes Ego, mich konstituiert. Wie kann aber meine Vollmonade in ihrer Konkretisation mit der deinen in eine transzen-

dentale Wir-Beziehung treten? Selbst wenn man Husserls Theorie der Konstitution des Anderen akzeptiert, wonach infolge appräsentativer Übertragung dein sich in meiner primordinalen Sphäre ausweisender Leib zur Konstitution deines vollen Seelenlebens und in weiterer Folge deines transzendentalen Egos für mich führt; selbst wenn man die von Husserl nicht gemachte Annahme zuläßt, daß in analoger Weise mein in deiner Primordinalsphäre erscheinender Leib zur Konstitution meines vollen Seelenlebens und meines transzendentalen Egos für dich führt; – selbst wenn man all dies annimmt, ist noch immer keine transzendentale Vergemeinschaftung, kein transzendentales Wir begründet. Im Gegenteil: Jedes transzendentale Ego hat nun seine Welt, darin alle anderen Subjekte und auch mich, ihrem Sein und Sinn nach für sich konstituiert, *aber eben für sich und nicht auch für alle anderen transzendentalen Egos.*[E 107]

Daß in dieser Konstitution – und wir nehmen hier an, sie erfolge so, wie Husserl sie beschreibt – der appräsentative Andere die Welt von seinem Hier, das für mich ein Dort ist, konstituiert, daß ich dies weiß, [101] und daß ich sogar meinen eigenen Leib erst dann als ein Ding der objektiven Natur ansehen kann, wenn ich auf ihn vom Standpunkt des Anderen – seinem Hier, meinem Dort – hinsehe: – alles das schafft noch nicht die transzendentale Vergemeinschaftung (es sei denn, wir definieren in sinnwidriger Umdeutung Vergemeinschaftung so, als gäbe es mir geltende und dir geltende Vergemeinschaftungen, die nicht notwendigerweise koinzidieren müssen). Weiters ist auch in der transzendentalen Sphäre selbst, das ist ohne Rückfall in die natürliche Einstellung, Kommunikation zwischen den mehreren transzendentalen Subjekten und somit die Stiftung einer kommunikativen Intersubjektivität nicht möglich, denn alle Kommunikation erfordert Hergänge in der natürlichen Welt und setzt, wie oben gezeigt, Intersubjektivität, nämlich Wir-Beziehung, bereits voraus.

Oder haben wir es in Husserls Theorie mit zwei völlig verschiedenen Begriffen der Intersubjektivität zu tun – einem, der Intersubjektivität einfach als Konstitution einer objektiven Welt einschließlich der darin befindlichen Anderen definiert; und einem zweiten, der Intersubjektivität als Kommunikation, und zwar aktuelle und potentielle Kommunikation, definiert? Wäre dies richtig, dann würde im Sinne der ersten Definition Vergemeinschaftung nichts anderes sein als die Konstitution mehrerer transzendentaler Ichs im Ur-Ich, nämlich dem Ego des die Epoché vollziehenden meditierenden Philosophen. Vergemeinschaftung im Sinne der zweiten Definition würde hingegen voraussetzen, daß die in Vergemeinschaftung stehenden Ichs um das Bestehen einer solchen Vergemeinschaftung wissen.

Aber lassen wir die irreführende Rede von der Mehrheit transzendentaler Ichs beiseite: Die Hauptfrage bleibt, ob mein transzendentales Ich um ein transzendentales Du weiß oder dieses gar konstituiert und – was ein zusätzliches Problem ist – wie durch dieses transzendentale Ich und dieses transzendentale Du ein transzendentales Wir gestiftet werden könnte. Nur in einem solchen transzendentalen Wir könnte eine Vergemeinschaftung begründet werden. – Husserl stellt in der Sprache des oben wiedergegebenen Zitats aus der »Krisis« die Frage: Wie kann das Ur-Ich, das seine Einzigkeit und persönliche Undeklinierbarkeit nicht verlieren kann, sich durch eine besondere, ihm eigene Leistung für sich selbst transzendental deklinierbar machen?[E 108] Wir stellen die gleiche Frage, aber fordern darüber hinaus eine Erklärung, wie das Ich sich nicht nur für sich selbst, sondern auch für den Anderen transzendental deklinierbar machen kann.

(2) Aber ist es denkbar und sinnvoll, von mehreren transzendentalen Egos zu sprechen? Ist der Begriff des transzendentalen Egos nicht nur in [102] der Einzahl denkbar? Kann er auch im Plural »dekliniert« werden oder ist er, wie die lateinischen Grammatiker es nennen, ein *»singulare tantum«*?

Fink in dem vorerwähnten Kantstudienaufsatz (367 f[.])schreibt, ohne den Gedanken weiter auszuführen, wie folgt: »Die Befragung der Intentionalität, in welcher der zunächst im [›]Weltphänomen[‹] stehende Andere als ein anderer Mensch gilt, führt zur transzendentalen Ausweisung eines Seinszusammenhanges einer eigenartig strukturierten Vielfalt transzendentaler Iche, die mit dem ›metaphysischen‹ Titel Monaden nur angezeigt, nicht gekennzeichnet werden sollen. Keineswegs ist damit eine massive Pluralität in die transzendentale Sphäre verlegt, ebensowenig wie das transzendentale Ego unter der Idee der welthaften Einsheit gedacht werden kann. Die Implikation der ›Monaden‹ ist der große Problemtitel, der das nicht extensive Sein der Monadenvielfalt, die nur im Transzendentalen mögliche Weise eines nicht individuierten Ineinander, bezeichnet«.[E 109]

Gegen Ende der nachgelassenen Fortsetzung des Krisenaufsatzes (§ 71) spielt Husserl auf das nämliche Problem an.

Er bezeichnet als ein Hauptergebnis der durchgeführten Analysen den Nachweis, daß die Epoché verfehlt wäre, wenn sie sich auf Einzelreduktion innerhalb der einzelnen Seelen oder auf eine fortlaufende Einzelreduktion von Seele zu Seele beschränken würde. »Alle Seelen bilden eine einzige durch die Phänomenologie systematisch zu entfaltende Einheit der Intentionalität in wechselseitiger Implikation der Lebensströme der einzelnen Subjekte; was in der naiven Positivität oder Objektivität ein Außereinander ist, ist von Innen gesehen intentionales Ineinander.«[E 110]

Beide Hinweise – und es sind bloße Hinweise – sind überaus rätselhaft. Es ist vorderhand ganz uneinsichtig, wie ein intentionales Ineinander die wechselseitige Implikation der Lebensströme einzelner Subjekte, und zwar aller Seelen, begründen soll. Vielleicht werden die unpublizierten Manuskripte zur intersubjektiven Konstitution hierüber Aufschluß geben.[E 111] Die vorliegende Studie hält sich an das publizierte Material.

Eine andere Frage bietet indessen große Schwierigkeiten. Die vierte *Cartesianische Meditation* betrachtet als das Universum möglicher Erlebnisformen des Eidos Ego, das »transzendentale Ego überhaupt«, das aus freier Möglichkeitsabwandlung meines faktischen transzendentalen Egos gewonnen wird. Es heißt dort unter anderem (§ 36), daß im Rahmen der geforderten eidetischen Phänomenologie »das Faktum des transzendentalen Ego und der Sondergegebenheiten seiner transzendentalen Empirie nur die Bedeutung von Exempeln für reine Möglichkeiten«[E 112] hat. Freilich sind zu einem einheitlichen möglichen Ego nicht alle einzelnen möglichen Typen kompossibel. Immerhin ergibt sich die Frage, wie die Vielfalt der wechselseitig implizierten transzendentalen Egos mit dem Eidos »Ego überhaupt« verträglich ist. Es heißt in den Texten wiederholt, daß der Andere eine Modifikation meines Selbst im [103] [M]odus des »Dort« ist. Ist das transzendentale Alter Ego nicht nur eine der Möglichkeiten des Eidos »Ego überhaupt«[E 113]?

Müßte nicht die prinzipiell von jedem Menschen durchführbare Epoché sein »faktisch-transzendentales« Ego[E 114] erschließen, das aber, sobald die eidetische Reduktion durchgeführt würde, sich als bloßes Exempel ein und des nämlichen von wem immer gewonnenen »transzendentalen Ego überhaupt« erweisen würde? Ist dann die Konstitution des Anderen nur eine Frage der jeweiligen Kompossibilitäten?[E 115] Und was für einen Sinn hätte es, im Bereich des einen und einheitlichen Eidos »Ego überhaupt« von Intersubjektivität, nämlich von transzendentaler, nicht lebensweltlicher Intersubjektivität, zu sprechen? Hier scheint eine mehrfältige Paradoxie vorzuliegen: Wie wäre das Prinzip der die faktisch-transzendentalen Egos beherrschenden Kompossibilitäten mit denen der wechselseitigen intentionalen Implikation aller Monaden vereinbar?

Wenn schon keine Paradoxie, so ergibt sich hier ein offenes Problem.

(3) Stellen wir nochmals die Frage, wer eigentlich die verschiedenen Epochés und Reduktionen vollzieht, die letzten Endes zur Konstitution der transzendentalen Intersubjektivität führen. Die Meditationen sprechen wiederholt von »Ich, der meditierend Philosophierende«.[E 116] Fink spricht von dem die Epoché vollziehenden Zuschauer[E 117] und gewisse Stellen in der »Krisis« (bes. § 54 b und § 69) bestätigen dies. Hier ist vom Ich als Ur-Ich des die Epoché vollziehenden Philosophen die Rede und es ist weiter beschrieben, wie die Epoché eine einzigartige philosophische Einsamkeit schafft, die das methodische Grunderfordernis für eine wirklich radikale Philosophie ist.[E 118]

Auch späterhin (Krisis, § 71, S. 260), anläßlich der Erörterung der phänomenologisch-psychologischen Epoché wird festgestellt, daß die radikale und vollkommene Reduktion auf das absolut einzige Ego[E 119] des sich damit zunächst absolut vereinsamenden reinen Psychologen führt. Demgegenüber heißt es (Krisis, § 54 [b], S. 187), daß mehrere mit mir »und sogar in aktueller Gemeinschaft mit mir die Epoché üben« können, wobei freilich »für mich und meine Epoché alle anderen Menschen mit ihrem ganzen Aktleben in das Weltphänomen einbezogen sind, das in meiner Epoché ausschließlich das meine ist.« Und wir lesen am Ende der vierten Meditation nach der Feststellung, daß sich mittels der in meinem Selbst konstituierten fremden Konstitutionen sich für mich die für uns alle gemeinsame Welt konstituiert, den folgenden Satz (S. 120):[E 120] »dazu gehört natürlich auch die Konstitution einer Philosophie einer uns allen als miteinander Meditierenden gemeinsamen – der Idee nach einer einzigen ›*philosophia perennis*‹.«[E 121] –

Die beunruhigende Frage, die sich aufdrängt, ist: Wie kann der vereinsamte Philosoph, der unbeteiligte transzendentale, die Epoché ausübende Zuschauer, mit einem anderen meditieren, wie kann er in aktueller Gemeinschaft mit andren die Epoché üben, kurz, wie ist »*symphi-*[104]*los[o]phein*« möglich? – Es scheint, daß Husserl sowohl wie Fink diese Schwierigkeiten gesehen haben, denn Husserl führt in dem letzten Teil der Krisis die Theorie der Einstellungsänderungen ein, die er unter dem merkwürdigen Titel der Berufszeiten und Berufspausen abhandelt (z. B. Krisis, §[§] 69, 72, Beilage III, S. 373),[E 122] und Fink schließt seinen Aufsatz mit der Aufweisung der dreifachen Paradoxie, die ständig die phänomenologische Problematik verdunkelt: der der Situation der Äußerung, der des phänomenologischen Satzes und der der transzendentalen Bestimmung.[E 123]

Überblicken wir den Gang der einzelnen Phasen, so finden wir: Intersubjektivität in der Lebenswelt, Einsamkeit in der primordinalen Sphäre, transzendentale Intersubjektivität, Einsamkeit des transzendentalen Zuschauers.

(4) Es ist wohl kaum nötig, die völlig haltlose Theorie, daß soziale Gemeinschaften Personalitäten höherer Ordnung entsprechen, im Detail zu widerlegen. Es ist klar, daß kein einziger Zug, der sich bei Analyse der individuellen Personen ergibt, in den sogenannten Personalitäten höherer Ordnung angetroffen werden kann.

Ein anderes auf die Struktur der sozialen Welt bezügliches Problem verdient aber ernstliche Betrachtung. Husserl nimmt als Vorbild der sozialen Situation den Fall der leiblichen Anwesenheit der daran Beteiligten in einer Gemeinsamkeit von Zeit und Raum, wobei sich einer im Wahrnehmungsfeld und in der Reichweite des anderen befindet. Husserl hat für die Verwendung dieses Modells in der Analyse der Fremderfahrung eine ähnliche Vorliebe wie für das Sehen des Nahdinges in der Analyse der Wahrnehmung. Aber die soziale Welt hat Nah- und Fernzonen: die Umwelt (dieser Terminus ist hier im soziologischen Sinn verstanden), in der Ich und Du einander in räumlicher und zeitlicher Unmittelbarkeit erfahren, mag in die Mitwelt übergehen – Andere, die meine Zeitgenossen, mir aber nicht in räumlicher Unmittelbarkeit gegeben sind – und es gibt in mannigfachen Übergängen die Vorwelt und die Folgewelt.[E 124] – Nun weist Husserl wiederholt darauf hin, daß jedes Ich-Subjekt nicht nur ein Wahrnehmungsfeld in offenen unbestimmt-bestimmbaren Horizonten hat, sondern auch den »Einfühlungshorizont seiner Mitsubjektivität«[E 125], der durch direkten Verkehr mit der Verkettung der Anderen, die wieder für Andere Andere sind, eröffnet werden kann. Jeder habe eine orientierte Welt derart, daß diese ein Kern originaler Gegebenheit innerhalb eines Horizontes mitgeltender und antizipierter Intentionalität ist. Es sei daher in der lebendig strömenden Intentionalität, in der das Leben eines Ich-Subjektes besteht, in der Weise der Einfühlung und des Einfühlungshorizontes jedes andere Ich im voraus schon intentional impli-[105]ziert (Krisis[,] § 71, S. 258 f.). Dies mag für die Lebenswelt als eine höchst brauchbare erste Beschreibung gelten; wie aber ist diese Analyse im Hinblick auf die gegenseitige Konstitution der Mitsubjektivität in der transzendentalen Sphäre zu verstehen? – Auch fragt es sich, ob in der Tat das leibliche Auftreten des Anderen in meiner Primordinalsphäre die ausschlaggebende Bedeutung hat, die Husserl ihr beimißt. Ich fühle mich viel eher in einen räumlich und zeitlich entfernten Philosophen ein, als in den mir fremden aber leibhaftig gegebenen Nachbarn in der Straßenbahn. Und wie ist es mit den sozialen Fernhorizonten von räumlich und zeitlich abnehmender Bekanntheit? Hieß es nicht, daß zur Umwelt (nun in Husserls Sprachgebrauch) nur jener Teil der physischen Realität gehört, von dem das Subjekt »weiß«? Konstituieren sich wirklich in meinem meditierenden Ego die Sumerer und die mir unbekannten Zwergvölker im afrikanischen Urwald? Konstituiere ich Sokrates oder er mich? Ist nicht »im Horizont haben« etwas anderes als Konstitution?

VIII

Die Ergebnisse der vorstehenden Analysen nötigen die Einsicht auf, daß Husserls Versuch, die Konstitution der transzendentalen Intersubjektivität aus den Bewußtseinsleistungen des transzendentalen Ego zu begründen, nicht gelungen ist. Es steht zu vermuten, daß Intersubjektivität nicht ein innerhalb der transzendentalen Sphäre lösbares Problem der Konstitution, sondern eine Gegebenheit der Lebenswelt ist. Sie ist die ontologische Grundkategorie des menschlichen Seins in der Welt und somit aller philosophischen Anthropologie. Solange Menschen von Müttern geboren werden, fundiert Intersubjektivität und Wir-Beziehung alle anderen Kategorien des Menschseins. Die Möglichkeit der Reflexion auf das Selbst, die Entdeckung des Ich, die Fähigkeit zum Vollzug jeglicher Epoché, aber auch die Möglichkeit aller Kommunikation und der Etablierung einer kommunikativen Umwelt ist auf der Urerfahrung der Wir-Beziehung fundiert. Gewiß, all dies muß innerhalb der freigelegten transzendentalen Sphäre erhalten bleiben und so aufweisbar sein, wie Husserl es in seinem Lebenswerk beschrieben hat: Die transzendentale Phänomenologie hat die Aufgabe, den Sinn auszulegen, den diese Welt für uns alle vor jedem Philosophieren hat, einen Sinn, der philosophisch enthüllt, aber nicht geändert werden kann (*Meditationen* § 62, in fine). Ob freilich das Problem der Intersubjektivität nicht zunächst zum Thema einer »Ontologie der Lebenswelt rein als Erfahrungswelt (d. i. als der in wirklicher und möglicher erfahrenden Anschauung einheitlich und konsequent einstimmig anschaubaren Welt)« gemacht werden muß (*Krisis* [106] § 51), ist hier nicht des näheren zu untersuchen. Es kann aber mit Bestimmtheit gesagt werden, daß nur eine solche Ontologie der Lebenswelt, nicht aber eine transzendentale Konstitutionsanalyse jenen Wesensbezug der Intersubjektivität aufzuklären vermögen wird, der die Grundlage sämtlicher Sozialwissenschaften bildet, obschon er von diesen meistens nur als schlichte Gegebenheit ungeprüft, d. h. als »selbstverständlich«, angesetzt wird.

Andrerseits haben unsere einleitenden Ausführungen gezeigt, daß Husserl seit den *Ideen I* das Problem der *transzendentalen* Intersubjektivität zum Mittelpunkt seines Denkens gemacht hat. Nur die im Leben des transzendentalen Egos sich als transzendental ausweisende Wir-Gemeinschaft kann den transzendentalen Idealismus der Phänomenologie vor dem Schein des Solipsismus retten. Nur die phänomenologische Enthüllung der transzendentalen Intersubjektivität konstituiert die reale Welt als eine für jedermann seiende. – Wie kann es aber zum Schein des Solipsismus kommen? Offenbar nur dann, wenn die verborgene Intentionalität der fundierenden weltlichen Intersubjektivität künstlich ausgeschaltet und der wesensmäßige Gehalt der mir geltenden Welt als einer für jedermann durch Vollzug der Reduktion eliminiert wird. Nicht daß die Welt – auch in ihrer Reduktion als transzendentales Phänomen – Welt für uns alle ist, nicht daß meine Erfahrungen von der Welt a priori auf Andere verweisen, ist aufklärungsbedürftig. Wohl aber ist der verzweifelte Versuch aufklärungsbedürftig, dem Schein des Solipsismus dadurch entgehen zu wollen, daß man ihn durch die zweite Epoché, den Rückgriff auf die primordinale Sphäre, erst in Gang setzt.

Die Schwierigkeiten sind aber wesentlicherer Natur. Sie ergeben sich durch die Sinnverschiebung, die der Begriff der Konstitution im Fortgang der Ausbildung der Phänomenologie erfahren hat. Konstitution bedeutete im Anfang der Phänomenologie Aufklärung der Sinnstruktur des Bewußtseinslebens, Befragung der Sedimente nach ihrer Geschichte, Rückführung aller Cogitata auf die intentionalen Leistungen des strömenden Bewußtseinslebens. Diese Aufweisungen der Phänomenologie sind von dauerndem Wert; ihre Gültigkeit ist bisher von keiner Kritik betroffen worden und sie sind von allergrößter Wichtigkeit für die Fundierung der positiven Wissenschaften, insbesondere derer von der Sozialwelt. Denn es bleibt dabei, daß alles in der Reduktion Aufgewiesene seine Gültigkeit nach Rückkehr in die natürliche Einstellung der Lebenswelt behält.[E 126]

Aber unter der Hand und geradezu unversehens wandelte sich, wie es mir scheint, die Idee der Konstitution von einer Aufklärung der Sinnstruktur, von der Auslegung des Sinns des Seins, in eine Begründung der [107] Seinsstruktur und von einer Auslegung in eine Kreation. Aus einer Enthüllung des Bewußtseinslebens wird ein Ersatz für die der

Phänomenologie prinzipiell unerreichbare Begründung einer Ontologie aus den Lebensprozessen der Subjektivität. Ich stimme hier den Ausführungen des schönen Aufsatzes, den Fink in den »*Problemes actuels de la Phénoménologie*«[7][E 127] veröffentlicht hat, in jeder Hinsicht zu.[E 128] Die *Kreation* des Monadenalls und der objektiven Welt für jedermann erweist sich allerdings innerhalb der transzendentalen Subjektivität des meditierenden Philosophen, die ihm und ihm allein gelten soll, als unmöglich. Wohl aber ist und bleibt die *Aufklärung der Sinnstruktur* der Intersubjektivität und des Mir-Geltens-der-Welt-als-einer-objektiven eine legitime Aufgabe der phänomenologischen Konstitutionsanalyse. Und diese Aufgabe hat Husserl nicht nur als Arbeitsgebiet aufgezeigt, sondern zum großen Teil gelöst.

Alfred Schütz (New York USA)

7 *Eugen Fink, L'Analyse Intentionelle et le Problème de la pensée spéculative, in: Problèmes actuels de la Phénoménologie*. Edités par H. L. van Breda, O. F. M., Bruxelles 1951: Desclée de Brouwer. [S. 53-87.]

Anmerkungen des Editors

E1 Dem Erstdruck wurde von der Redaktion folgender Text mit einem Stern dem Titel als Fußnote beigeordnet: »Die vorliegende kritische Auseinandersetzung, die im April dieses Jahres im Husserl-Kolloquium in Royaumont diskutiert wurde, greift ein zentrales Problem der Husserlschen Philosophie auf und ergänzt damit die kritische Gesamtwürdigung, die *Hans Wagner* in dieser Zeitschrift ([Hans Wagner, ›Kritische Betrachtungen zu Husserls Nachlaß‹, in: *Philosophische Rundschau*] Jg. I, [1953/54, *Teil I*: Heft] 1, S. 1[- 22], [*Teil II*: Heft 2/3, S. 93-123] u. [Hans Wagner, ›Buchnotiz zu *Edmund Husserl: Die Krisis der europäischen Wissenschaften und die transzendentale Phänomenologie. Eine Einleitung in die phänomenologische Philosophie (Bd. VI der Husserliana)*‹, [in: *Philosophische Rundschau*,] Jg. II, [Heft] 3/4 S. 222[-224]) gegeben hat. (*Anm. der Redaktion*)«

E2 Edmund Husserl, *Ideen zu einer reinen Phänomenologie und Phänomenologischen Philosophie.* Erstes Buch: *Allgemeine Einführung in die reine Phänomenologie*, in: *Jahrbuch für Philosophie und phänomenologische Forschung*, Bd. 1/1, Halle: Max Niemeyer 1913, S. 1-323; jetzt in: *Husserliana* Bd. III, hg. v. Walter Biemel, Den Haag: Nijhoff 1950. Die Neuausgabe als Bd. III/1 der *Husserliana* 1976 durch Karl Schuhmann weist teilweise erhebliche Änderungen auf und wird deshalb im Folgenden *nicht* verwendet.

E3 Edmund Husserl, *Ideen zu einer reinen Phänomenologie und phänomenologischen Philosophie.* Zweites Buch: *Phänomenologische Untersuchungen zur Konstitution*, in: *Husserliana* Bd. IV, hg. v. Marly Biemel, Den Haag: Nijhoff 1952. Vgl. dazu auch Alfred Schütz, »Edmund Husserls *Ideen II*« [1953-I-1], in diesem Band S. 171 ff.

E4 Edmund Husserl, *Ideen zu einer reinen Phänomenologie und phänomenologischen Philosophie.* Drittes Buch: *Die Phänomenologie und die Fundamente der Wissenschaften*, in: *Husserliana* Bd. V, hg. v. Marly Biemel, Den Haag: Nijhoff ^{2}1971. Vgl. dazu auch Alfred Schütz, »Die Phänomenologie und die Fundamente der Wissenschaften (Edmund Husserls *Ideen III*)« [1953-I-2], in diesem Band, S. 209 ff.

E5 Vgl. Husserl, *Ideen I*, a. a. O. (Anm. E 2), §§ 29 f. Vgl. zur »Generalthesis der natürlichen Einstellung« auch Alfred Schütz, *Der sinnhafte Aufbau der sozialen Welt. Eine Einführung in die verstehende Soziologie* [1932-I-1], Wien: Springer 1932, ^{2}1960; ND Frankfurt/M.: Suhrkamp 1974; in ASW II., § 19.

E6 Der Begriff der »Einfühlung« spielt bei Husserl vor allem im Spätwerk nur eine untergeordnete Rolle, wird häufig in Anführungszeichen verwendet und in den *Cartesianischen Meditationen* (Edmund Husserl, *Cartesianische Meditationen*, in: *Husserliana* Bd. I: *Cartesianische Meditationen und Pariser Vorträge*, hg. v. Stephan Strasser, Den Haag: Nijhoff ^{2}1973, S. 41-183, §§ 43 u. 47) auch mit der Fremderfahrung insgesamt gleichgesetzt. In diesem Text setzt er sich auch explizit von der Einfühlungstheorie Max Schelers ab (§ 61). Einzig im zweiten Band der *Ideen* (a. a. O. Anm. E 3), der von Edith Stein bearbeitet, aber zu Husserls Lebzeiten nicht veröffentlicht wurde findet sich ein längerer Abschnitt zur Einfühlung (§§ 43 ff.). Edith Steins Dissertation bei Husserl (Edith Stein, *Zum Problem der Einfühlung*, Halle: Buchdruck. d. Waisenhauses 1917; ND München: Kaffke 1980) befasst sich ausführlich mit der Theorie der Einfühlung bei Dilthey, Scheler und Lipps aus phänomenologischer Perspektive. Vgl. dazu auch António Fidalgo, »Edith Stein, Theodor Lipps und die Einfühlungsproblematik«, in: *Phänomenologische Forschungen* 26/27 (1993), hg. v. Reto Luzius Fetz et al., S. 90-106.

E7 Vgl. zu den hier angesprochenen Evidenzen Husserl, *Ideen I*, a. a. O. (Anm. E 2),

§§ 136 ff. sowie ders., *Cartesianische Meditationen*, a. a. O. (Anm. E 6), § 24, sowie Ernst Tugendhat, *Der Wahrheitsbegriff bei Husserl und Heidegger*, Berlin: de Gruyter 1967.

E8 Der Text ab dem »Wir« ist ein beinahe wörtliches Zitat aus dem § 1 der *Ideen I.*

E9 Paraphrase und Zitat von Husserl, *Ideen I*, a. a. O. (Anm. E 2), § 48, S. 114 f. Schütz hatte irrtümlich § 46 angegeben.

E10 Vgl. Edmund Husserl, »Nachwort zu meinen ›Ideen zu einer reinen Phänomenologie und phänomenologischen Philosophie‹«, in: *Jahrbuch für Philosophie und phänomenologische Forschung*, Bd. XI, (1930), S. 549-570 (zusätzlich gibt es eine zweite Paginierung S. 1-20); in: Husserl, *Ideen III*, a. a. O. (Anm. E 4), S. 138-162, S. 150.

E11 Beide Zitate aus Husserl, *Nachwort*, a. a. O. (Anm. E 10), S. 153. Schütz hatte hier im Manuskript »p. 14« und »p. 15« als loco citatio angegeben, verweist also auf die zweite Paginierung (S. 1-20) im Erstdruck. Im Typoskript und im Erstdruck wurde daraus »Par.«.

E12 Edmund Husserl, *Formale und Transzendentale Logik*, in: *Husserliana* Bd. XVII, hg. v. Paul Janssen, Den Haag: Nijhoff 1974. Vgl. dazu auch die Rezension von Schütz in diesem Band S. 87 ff.

E13 Vgl. zu diesem Absatz Husserl, *Formale und transzendentale Logik*, a. a. O. (Anm. E 12), § 95.

E14 Schütz hatte hier irrtümlich § 96 als Referenz angegeben. Der Rest dieses Absatzes bezieht sich allerdings auf den § 96.

E15 Die hier von Schütz vorgelegte Variante, die von einer Pluralität transzendentaler Egos in Husserls Werk ausgeht, ist keineswegs eindeutig. Ob das transzendentale Ego als die allgemeinste Ebene sinnkonstitutierender Bewußtseinsakte an einzelne, personale Subjekte oder vielmehr eine Struktur darstellt, auf die mögliche Gemeinsamkeiten grundlegender Bewußtseinsakte zurückgehen, ist bei Husserl nicht eindeutig entschieden; vgl. dazu James R. Mensch, *Intersubjektivity and Transcendental Idealism*, Albany: State University of New York 1988. Vgl. dazu auch den gestrichenen Zusatz unten Anm. E 20.

E16 Husserl, *Formale und transzendentale Logik*, a. a. O. (Anm. E 12), § 96 b.

E17 Vgl. dazu auch die beiden Rezensionen dieses Textes von Schütz in diesem Band S. 65 ff. und S. 161 ff.

E18 Zum Begriff und Problem der Konstitution vgl. Husserl, *Ideen I*, a. a. O. (Anm. E 2), §§ 86 u. 150 ff. Vgl. dazu auch Roman Ingarden, »Le problème de la constitution et le sens de la réflexion constitutive chez Edmond Husserl«, in: Actes du Colloque internationale de Phénoménologie à Royaumont (23-30 avril 1957), *Husserl*, Paris: Editions de Minuit 1959, S. 242-264; sowie Schütz' »Diskussionsbeitrag von Alfred Schütz zum Vortrag von Roman Ingarden: ›Le probléme de la constitution et les sens de la reflexion constitutive chez Edmond Husserl‹« dazu in diesem Band S. 271 ff. sowie die Einleitung zu diesem Band S. 25 ff.

E19 Eugen Fink, »Die Phänomenologische Philosophie Edmund Husserls in der gegenwärtigen Kritik«, in: *Kant-Studien* 38, 1933, S. 319-383. ND in: Eugen Fink, *Studien zur Phänomenologie 1930-1939*, Den Haag: Nijhoff 1966, S. 79 ff.. Vgl. dazu auch den Hinweis von Fink an Schütz in seinem Brief vom 25. Oktober 1932 (zitiert oben S. 78 in Anm. E 5), sowie Schütz' Aufnahme dieses Hinweises in »Rezension zu Edmund Husserl, Méditations Cartésiennes « [1932-I-2], in diesem Band S. 65.

E20 An dieser Stelle findet sich im Manuskript der gestrichene Zusatz: »die Analyse

›Implikation der Monaden‹ der große Problemtitel ist, der das nichtextensive Sein der Monadenvielfalt, die [eine] nur im Transzendentalen mögliche Weise eines nicht individuierten Ineinander bezeichnet und dass«. Vgl. Eugen Fink, »Phänomenologische Philosophie« a. a. O. (Anm. E 19), S. 368. Vgl. dazu auch die von Fink kurz vor diesem Aufsatz fertiggestellte VI. Meditation: Eugen Fink, *VI. Cartesianische Meditation. Texte aus dem Nachlass Eugen Finks (1932) mit Anmerkungen und Beilagen aus dem Nachlass Edmund Husserls (1933/34)*, hg. v. Hans Ebeling, Jann Holl und Guy van Kerckhoven, Dordrecht: Kluwer 1988, § 11 b, S. 137 f.

E21 Vgl. zu diesem Problem auch Alfred Schütz, *Sinnhafter Aufbau*, a. a. O. (Anm. E 5), S. 129 f. sowie Alfred Schütz, »Husserls Bedeutung für die Sozialwissenschaften« [1959-I-5], in diesem Band S. 305 ff.

E22 Husserl, *Cartesianische Meditationen*, a. a. O. (Anm. E 6), § 32.

E23 Vgl. Gottfried Wilhelm Leibniz, *Monadologie* (1714), hg. v. Herbert Herring, Hamburg: Meiner [2]1982.

E24 Husserl, *Cartesianische Meditationen*, a. a. O. (Anm. E 6), § 33. Vgl. zum Problem der Vielzahl der Iche auch Schütz, »Edmund Husserls *Ideen II*«, a. a. O. (Anm. E 3), in diesem Band S. 177 f. sowie die Einleitung zu diesem Band S.28 ff.

E25 In den *Cartesianischen Meditationen* findet sich der Ausdruck »zweite Epoché« nicht. Husserl schreibt von einer »eigentümliche[n] Art thematischer ἐποχή«, »abstraktive ἐποχή« und »neuartige ἐποχή«, a. a. O. (Anm. E 6), § 44, S. 124 ff.

E26 Husserl, *Cartesianische Meditationen*, a. a. O. (Anm. E 6), § 49 f., S. 138 u. 140.

E27 Husserl, *Cartesianische Meditationen*, a. a. O. (Anm. E 6), § 43, S. 123. Hier zeigt sich das Grundproblem von Husserls Intersubjektivitätstheorie: einerseits ist die Objektivität der Welt erst mit fremder Sinnkonstitution gesichert, andererseits sind Fremde nur in den sinnkonstitutiven Prozessen des Ego zu fassen. Das Fremde muss also in seiner Fremdheit im Ego konstituiert werden.

E28 Husserl, *Cartesianische Meditationen*, a. a. O. (Anm. E 6), § 44, S. 126.

E29 Husserl, *Cartesianische Meditationen*, a. a. O. (Anm. E 6), § 43, S. 124. Husserl hat: »... wie der europäischen, eventuell enger: der französischen etc.«.

E30 Hierzu bemerkt Dorion Cairns in seinen Anmerkungen vom 4. April 1957: »Das Abgeblendete, das, wovon der Phänomenologe absieht, ist das Fremde, und zwar das Fremde überhaupt. Nichts *in* der Eigenheitssphäre ist abgeblendet. Indem der Phänomenologe das Fremde abblendet, isoliert er die Eigenheitssphäre. In diese gehört nun das Bewusstsein von Fremden, aber nicht das bewusste Fremde«.

E31 Cairns schreibt dazu in seinen Anmerkungen v. 4. April 1957: »Der transzendental-phänomenologische Begriff des Fremden ist der Begriff des meinem konkreten transzendentalen *Ego* Fremden. In phänomenologisierender *Reflexion* muss es also sich ausweisen, dass es in diesem Sinne Fremdes *gibt*. Sonst hätte der Phänomenologe nichts abzublenden, nichts wovon er absehen könnte, um das dem transzendentalen Ego Eigenwesentliche rein für sich zu betrachten. [. . .] Grundvoraussetzung der Husserlschen Untersuchung ist, dass eine mir streng originär gegebene andere Subjektivität prinzipiell unmöglich ist. Wenn das aber nicht der Fall ist, so gibt es überhaupt nichts Fremdes, wovon der Phänomenologe abstrahieren kann.«

E32 Husserl, *Formale und transzendentale Logik*, a. a. O. (Anm. E 12), § 96, S. 247 hat »konstitutive Unterstufe«. Vgl. dazu die Anmerkungen von Dorion Cairns an Schütz v. 4. April 1957, in dem er gerade in der Interpretation der »Unterstufe« eine Differenz zu Schütz aufmacht. Nachdem er die Stelle aus der *Logik* zitiert hat, schreibt er: »The context shows that the phrase ›der ›Andere‹ der konstitutive[n]

Unterstufe‹ signifies: der ›Andere‹, der noch nicht den Sinn ›Anderer in der objektiven Welt‹ hat. And this ›Anderer‹, if I understand correctly, is the ›Anderer‹, the constituting of whom is analyzed in *CM*, §§ 49-54. Again, if I understand correctly, ›mein psychophysisches Ich‹, das ›noch nicht Ich, der Mensch in der objektiven Welt‹ sein kann und auf das der Andere der konstitutiven Unterstufe zurückweist, is: mein psychophysisches Ich in der eigenheitlich reduzierten, der primordialen Welt. One might perhaps say that this ›Anderer‹ is ›ein vorkonstituierte Unterstufe des Fremden‹ – meaning thereby that the constituting of *this* Other is fundamental to the constituting of the objective world. I am at a loss to think of anything else that Husserl might mean by such a phrase.«

E33 Cairns schreibt dazu in seinen Anmerkungen v. 4. April 1957: »If the so-called ›vorkonstitutierte Unterstufe des Fremden‹ is indeed der *nicht weltlich-objektive* Andere, than Husserl has offered a detailed answer to these questions in *CM* §§ 49-54«.

E34 Cairns schreibt dazu in seinen Anmerkungen v. 4. April 1957: »Husserl erwähnt Versch[ie]denes, wovon als von ›Fremden‹ zu abstrahieren ist. Daraus folgt aber nicht, dass sein Begriff des ›Fremden‹ schwankt.«

E35 Husserl, *Cartesianische Meditationen*, a. a. O. (Anm. E 6), § 44, S. 126; sowie ders., *Ideen II*, a. a. O. (Anm. E 3), §§ 20 ff. Vgl. gegen diese Bedenklichkeiten Moro, den Hund Hansfried Kellners, der evidentermaßen ein transzendentales Ego hat.

E36 Cairns bemerkt dazu: »Die Frage enthält d[ie] Antwort: Es sind die *erfahrung*mässig gegebenen ›Anderen‹, die als Leitfaden für die Theorie der Fremd*erfahrung* dienen sollen.«

E37 Cairns schreibt in seinen Anmerkungen v. 4. April 1957: »Es sind offenbar alle drei (also ›die anderen Ichs in ihrer vollen Konkretion‹, wovon, als von noematischen Sinnen seines transzendentalen Bewusstseins, der Phänomenologe abstrahieren soll.«

E38 Husserl, *Cartesianische Meditationen*, a. a. O. (Anm. E 6), § 43. S. 124.

E39 Husserl, *Cartesianische Meditationen*, a. a. O. (Anm. E 6), § 44, S. 129.

E40 Hier findet auch Cairns in seinen Anmerkungen vom 4. April 1957 eine große Schwierigkeit: »[. . .] Ist es möglich von einem noematischen Sinn abzusehen, ohne dabei von der betreffenden Intentionalität abzusehen. Kann ich ein intentionales Erlebnis als solches in meinem reflektiven Gesichtsfelde behalten, wenn ich von dem Sinne dieses Erlebnisses ›abstrahiere‹?«

E41 Vgl. dazu und auch zum folgenden Punkt (4) die »Generalthesis des alter ego« in Alfred Schütz, *Sinnhafter Aufbau*, a. a. O. (Anm. E 5), § 19 f., sowie die Ausführungen zur mundanen Wirbeziehung §§ 33 ff. Cairns antwortet auf die von Schütz hier formulierte Frage: »Allerdings. Und von diesem so gestifteten Sinn ›Wir‹ oder ›Uns‹ soll der Phänomenologe abstrahieren, um die dem Ego eigenwesentlichen Motivationen der Stiftung zu finden.«

E42 Cairns sieht in seinen Anmerkungen in dieser Unterscheidung keine Schwierigkeit.

E43 Vgl. dazu Husserl, *Cartesianische Meditationen*, a. a. O. (Anm. E 6), § 62, S. 175; auch § 44.

E44 Cairns beantwortet diese Frage in seinen Anmerkungen v. 4. April 1957 so: »Dieses Ich aber in seiner vollen Konkretion als Ego. Das Erfahren und Erkennen von ›dem Anderen‹ vollzieht sich. ›der Andere‹ konstituiert sich, im *Bewusstseinsleben* dieses Ichs; und sein Bewusstseinsleben ist Bestandteil des konkreten Ego.«

E45 Der folgende Absatz wird im Erstdruck mit zwei Leerzeilen abgetrennt. Im Manuskript findet sich darauf kein Hinweis.

E46 Husserl, *Cartesianische Meditationen*, a. a. O. (Anm. E 6), § 46, S. 133.

E47 Vgl. zu diesem Begriff Husserl, *Cartesianische Meditationen*, a. a. O. (Anm. E 6), § 47, S. 134; vgl. dazu aber auch § 37, S. 109, wo auch ein Zusammenhang mit »Motivationssystemen« hergestellt wird; sowie § 44, S. 97.

E48 Husserl, *Cartesianische Meditationen*, a. a. O. (Anm. E 6), § 44, S. 128 ff.; sowie die Diskussionsbemerkungen Finks auf der Tagung in Royaumont in diesem Band S. 371.

E49 Zum Begriff der »apperzeptiven Übertragung« Husserl, *Cartesianische Meditationen*, a. a. O. (Anm. E 6), § 50, S. 140; vgl. auch ders., *Die Krisis der europäischen Wissenschaften und die transzendentale Phänomenologie. Eine Einleitung in die phänomenologische Philosophie* (1936); Teil I und II dieses Textes erschienen 1936 im 1.Band der Zeitschrift *Philosophia* in Belgrad, jetzt insgesamt in: *Husserliana* Bd. VI, hg. v. Walter Biemel, Den Haag: Nijhoff [2]1962, S. 213.

E50 Husserl, *Cartesianische Meditationen*, a. a. O. (Anm. E 6), § 50, S. 140 f.

E51 Vgl. zum Begriff der Appräsentation Husserl, *Cartesianische Meditationen*, a. a. O. (Anm. E 6), §§ 50 f., sowie Alfred Schütz, »Symbol, Wirklichkeit und Gesellschaft« [1955-1-2], jetzt in: ASW V.2, S. 117-220, insbesondere S. 128 ff.

E52 Cairns erläutert sein Verständnis von Husserls Lehre der Assoziation so: »Zwischen *irgendeinem* bewußten A und irgendeinem bewußten B vollzieht sich wechselseitige Sinnesübertragung. Infolgedessen sind A und B entweder als identisch oder als nicht-identisch konstituiert. Wenn als nicht-identisch, so sind sie entweder als vollkommen *un*ähnlich, oder als ähnlich, oder als gleich konstituiert. Und wenn sie als ähnlich oder gleich konstituiert sind, dann heißt die Assoziation eine ›Paarung‹; [. . .] In jedem Falle bleibt der *übertragene* Sinn in Geltung, sofern er mit dem *eigenen* Sinn (des A oder des B) verträglich ist. [. . .]« Vgl. zum Begriff der Assoziation auch Alfred Schütz, »Typus und Eidos in Husserls Spätphilosophie« [1959-I-6], in diesem Band S. 345 ff.

E53 Dieser Hinweis wurde im Erstdruck nicht entsprechend der fortlaufenden Fußnotennummerierung eingefügt, sondern ist nur mit einem »*)«markiert.

E54 Husserl, *Cartesianische Meditationen*, a. a. O. (Anm. E 6), § 50, S. 140. Schütz selbst hatte bereits in seinem frühen Text »Lebensformen und Sinnstruktur« [1927-I-1], in ASW I., S. 45-173, insbes. S. 60 ff. u. 112 ff. die Differenz von Leib und Körper ausgearbeitet.

E55 Vgl. Max Scheler, *Wesen und Formen der Symphatie* (1913), Bonn: Cohen 1923; jetzt in: *Gesammelte Werke* Bd. 7, hg. v. Manfred S. Frings, Bern/München: Francke [7]1979, S. 7-258, S. 232 ff. sowie ders., *Der Formalismus in der Ethik und die materiale Wertethik. Neuer Versuch der Grundlegung eines ethischen Personalismus* (1913/1916), S. 388 ff., jetzt in: *Gesammelte Werke* Bd. 2, hg. v. Maria Scheler, Bern/München: Francke [6]1980, S. 548 ff. Vgl. dazu auch Alfred Schütz, »Schelers Theorie der Intersubjektivität und die Generalthesis vom Alter Ego« [1942-I-1], in ASW III.2, S. 65-108, insbesondere S. 79 ff., sowie ders., »Max Schelers Philosophie« [1956-I-2], in ASW III.2, S. 159-178, insbesondere S. 167 f.

E56 Vgl. Jean-Paul Sartre, *L'être et le néant. Essai d'ontologie phénoménologique*, Paris: Gallimard 1943, S. 405; dt.: *Das Sein und das Nichts. Versuch einer phänomenologischen Ontologie*, in: *Gesammelte Werke in Einzelausgaben, Philosophische Schriften* Bd. 3, hg. v. Traugott König, Reinbek bei Hamburg: Rowohlt 1993, S. 598 f.; sowie Alfred Schütz, »Sartres Theorie des Alter Ego« [1948-I-1], jetzt in ASW III.2, S. 117-157, S. 119 f.

E57 Vgl. Maurice Merleau-Ponty, *Phénoménologie de la Perception*, Paris: Gallimard

1945; dt. Übersetzung: *Phänomenologie der Wahrnehmung*, Berlin: de Gruyter 1966, insbes. den ersten Teil.

E58 Cairns identifiziert in diesem Befund ein Problem (mit Verweis auf Husserl, *Cartesianische Meditationen*, a. a. O. (Anm. E 6), § 53, S. 146 f.): »Also lehrt Husserl, das[s] zum konstitutiven System meines Leibes als *Naturkörper im primordialen Raum*, nicht nur die tatsächlich möglichen Erscheinungsweisen[,] sondern auch andere, tatsächlich unmögliche aber wesensmögliche, gehören. Faktisch kann ich meinen Körper nur partiell und nur visuell wahrnehmen. Aber die ganze Oberfläche meines Körpers kann ich doch faktisch mit der Hand tastend wahrnehmen. [. . .] Und, obwohl faktisch mein Körper nur durch Naherscheinungen wahrnehmbar ist, wird das System seiner faktisch möglichen Erscheinungen innerhalb der Nahsphäre doch mit Fernerscheinungen ergänzt, als ob er sich, wie andere Körper, von meinem jeweiligen Gesichtspunkt entfernen könnte. [. . .] [Husserl] kannte schon das Problem der Gleichstellung des Leibes mit den blossen Körpern in der Primordialsphäre. Er hat gesehen, dass die von ihm ausgelegte Weise der Fremdleiberfahrung die Konstitution meines Leibes als Körper voraussetzt, und zwar als prinzipiell in allen Gegebenheitsweisen, die faktisch dem Normalkörper zugehören, Wahrnehmbares. Das System dieser Konstitution hat er mindestens zum Teil ausgelegt. Ob er dabei alle Schwierigkeiten überwunden hat, weiss ich nicht. [. . .] Offenbar ist aber die Grundform der Fremderfahrung (und der Erfahrung überhaupt) nicht die von Husserl analysierte[,] sondern Erfahrung in der Nahsphäre«.

E59 Cairns stellt diese Feststellung in Frage: »Wieso? In der Phantasie kann ich *meinen* Leibkörper umgestalten, ich kann ihn als z. B. fisch- oder vogelförmig fingieren. Dabei behält er doch Leibsinn; Augen, Haut sind immer noch Wahrnehmungsorgane, Flosse, Flügel Fortbewegungsorgane, usw. [. . .]«

E60 Paraphrase von Husserl, *Cartesianische Meditationen*, a. a. O. (Anm. E 6), § 54, S. 148 f.

E61 Der letzte Satz bezieht sich im Gegensatz zum Vorstehenden nicht auf Husserl, *Cartesianische Meditationen*, a. a. O. (Anm. E 6), § 54, sondern auf § 52, S. 144 f. Dort findet sich »anderes Ich«.

E62 Vgl. wiederum Alfred Schütz, *Sinnhafter Aufbau*, a. a. O. (Anm. E 5), §§ 19 f., vor allem unter dem Stichwort »signitives Erfassen des Fremdseelischen«.

E63 Zum Begriff des Verhaltens und der Differenz zum Handeln vgl. Alfred Schütz, *Sinnhafter Aufbau*, a. a. O. (Anm. E 5), S. 126 f. u. 151 ff. Zur hier angedeuteten Abgrenzung gegen den Behaviorismus vgl. Alfred Schütz, »Über die mannigfaltigen Wirklichkeiten«, a. a. O. (Anm. E 2), S. 188 ff., vor allem Fn. 8, und Fn. 10 zu George Herbert Mead (a. a. O. S. 192), die diesem Behaviorismus unterstellt, sowie Alfred Schütz, »A Note on Behaviorism« [1996-I-14], in: *Collected Papers IV* [1996-I-1], S. 131-133, jetzt in ASW IX.

E64 An dieser Stelle merkt Cairns an: »Warum ›*Vor*erfahrungen‹? *Alle* Erfahrungen von dem Fremden sind, im Verhältnis zu meiner Erfahrung von dem Eigenheitlichen ›*Nach*erfahrungen‹, höherstufige Erfahrungen. Zwar gehören meine Erfahrungen von dem Fremden in die eigenheitliche Sphäre, aber das erfahrene Fremde selbst gehört aber nicht darein, also ist Fremdpsychisches nicht in der primordialen Welt zu finden.«

E65 Vgl. oben Anm. E 32.

E66 Zur Frage der kulturellen Differenzen vgl. Husserl, *Cartesianische Meditationen*, a. a. O. (Anm. E 6), §§ 55 u. 58. Cairns bemerkt zu dieser Stelle: »Was wir aber *jetzt* auslegen, ist schon die *allertiefste* Stufe der Fremdkonstitution überhaupt: die Konstitution des ›Anderen‹, der noch nicht den Sinn von objektiv-weltlichem ›Anderem‹ hat. [. . .] Nur im Bereich der *letzten Oberstufe* gibt es endlich den Sinn ›jeder Mensch‹.«

E67 Cairns bemerkt zu diesem Satz: »Der in § 52 zum Ausdruck kommende Gedanke der Einstimmigkeit (wenn ich ihn verstehe) setzt keine Typen der Normalität des Fremdgebarens voraus. Vielmehr ist die Einstimmigkeit, wovon dort die Rede ist, selbst die Bedingung der Möglichkeit der Erfahrung von Fremdgebaren überhaupt und als solchem. [. . .]«

E68 Husserl, *Cartesianische Meditationen*, a. a. O. (Anm. E 6), § 55, S. 154. Vgl. dazu auch die Marxsche Sentenz »Die Anatomie des Menschen ist ein Schlüssel zur Anatomie des Affen.« (Karl Marx, »Einleitung zur Kritik der politischen Ökonomie«, in: Karl Marx/Friedrich Engels, *Werke*, Bd. 13, S. 615-642, S. 636.

E69 Im Original: »gehört«.

E70 Vgl. dazu auch Schütz' materiale Studien »Der Fremde« [1944-I-2], jetzt in ASW VI.2 sowie »Der Heimkehrer« [1945-I-2], jetzt in ASW VI.2.

E71 Cairns interpretiert die vorkonstituierte Unterstufe wiederum anders: »Das psychophysische Ich meiner Unterstufe ist ja das psychophysische Ich in meiner primordialen Welt. Von ihm aus ist zuerst gezeigt die appräsentative Konstitution eines anderen psychophysischen Ichs, das noch nicht den Sinn eines objektiv-weltlich seienden Ich hat. *Dieses* andere Ich ist der Andere der ›konstitutiven Unterstufe‹, wovon bei Husserl (Logik) die Rede ist. Von da aus wird die Konstitution des ersten Sinnes von Jedermann gezeigt, und erst dann die höherstufige Konstitution der objektiven Welt, als Welt für Jedermann – wobei das erste Jedermann apperzipiert wird als jeder Mensch (oder allgemeiner als jedes psychophysische Wesen) in der objektiven Welt. [. . .]«

E72 Husserl, *Cartesianische Meditationen*, a. a. O. (Anm. E 6), § 52, S. 144.

E73 Husserl, *Cartesianische Meditationen*, a. a. O. (Anm. E 6), §§ 53 ff.

E74 Husserl, *Cartesianische Meditationen*, a. a. O. (Anm. E 6), § 55, S. 153.

E75 Husserl, *Cartesianische Meditationen*, a. a. O. (Anm. E 6), § 45, S. 155 f. Vgl. zu diesem Problem der Gleichzeitigkeit auch Schütz' »Diskussionsbemerkungen zu meinem Vortrag ›Das Problem der transzendentalen Intersubjektivität bei Husserl‹«, in diesem Band S. 275 f. sowie die Lösungsversuche im *Sinnhaften Aufbau*, a. a. O. (Anm. E 5), §§ 20 u. 33.

E76 Diese Begriffsbildung findet sich nicht bei Husserl.

E77 Husserl, *Cartesianische Meditationen*, a. a. O. (Anm. E 6), § 54, S. 153.

E78 Vgl. dazu das Kommunikationsmodell der Wir-Beziehung in Alfred Schütz, *Sinnhafter Aufbau*, a. a. O. (Anm. E 5), §§ 33 f.

E79 Vgl. Husserl, *Ideen II*, a. a. O. (Anm. E 3), § 49. Vgl. dazu auch Schütz' Rezension »Edmund Husserls *Ideen II*«, in diesem Band insbes. S. 183 ff.

E80 Husserl, *Ideen II*, a. a. O. (Anm. E 3), § 45, S. 164 hat »in solipsistischer Erfahrung«.

E81 Zitat von Husserl, *Ideen II*, a. a. O. (Anm. E 3), § 45, S. 164.

E82 Husserl, *Ideen II*, a. a. O. (Anm. E 3), § 45, S. 166.

E83 Husserl, *Ideen II*, a. a. O. (Anm. E 3), § 46.

E84 Husserl, *Ideen II*, a. a. O. (Anm. E 3), § 50, S. 185. Schütz hatte an dieser Stelle irrtümlich »§ 49«.

E85 Husserl, *Ideen II*, a. a. O. (Anm. E 3), § 50, S. 185 f.

E86 Husserl, *Ideen II*, a. a. O. (Anm. E 3), § 50, S. 186.

E87 Husserl, *Ideen II*, a. a. O. (Anm. E 3), § 51 lautet an dieser Stelle: »Wir sind in Beziehung auf eine gemeinsame Umwelt – wir sind in einem personalen Verband: das gehört zusammen. Wir könnten für Andere nicht Personen sein, wenn uns nicht in einer Gemeinsamkeit, einer intentionalen Verbundenheit unseres Lebens eine gemeinsame Umwelt gegenüberstünde; korrelativ gesprochen: eins konstituiert sich wesensmäßig mit dem anderen.« (S. 191)

E88 Husserl, *Ideen II*, a. a. O. (Anm. E 3), § 51, S. 193: »Die sich im Erfahren von den Anderen, im Wechselverständnis und *im Einverständnis sich konstituierende Umwelt* bezeichnen wir als *kommunikative*.« (Hvhg. i. Orig.)

E89 Husserl, *Ideen II*, a. a. O. (Anm. E 3), § 51, S. 193.

E90 Husserl, *Ideen II*, a. a. O. (Anm. E 3), § 51, S. 194. Husserl setzt die »Genossen« in Anführungszeichen.

E91 Husserl, *Ideen II*, a. a. O. (Anm. E 3), § 51, S. 195 f.

E92 Vgl. dazu Schütz' Lösungsvorschlag durch Kommunikation und Verschränkung der Wirkhandlungen in den »Beantwortung der Diskussionsbemerkungen zu meinem Vortrag ›Das Problem der transzendentalen Intersubjek- tivität bei Husserl‹« [1957-II-1], in diesem Band S. 275 f., sowie im *Sinnhaften Aufbau*, a. a. O. (Anm. E 5), Dritter und Vierter Abschnitt; in »Symbol, Wirklichkeit und Gesellschaft«, a. a. O. (Anm. E 51) und weiterführend Alfred Schütz/Thomas Luckmann, *Strukturen der Lebenswelt II* [1984-I-1], Frankfurt: Suhrkamp 1984, S. 178 ff.

E93 Ebenso wie der erste Einwand ist auch dieser zweite unter anderem vom verwendeten Begriff der Konstitution abhängig. Schütz scheint hier einen kreativen Begriff von Konstitution nahezulegen. Vgl. dazu auch Roman Ingarden, »Le problème de la constitution et le sens de la réflexion constitutive chez Edmond Husserl«, in: Actes du Colloque internationale de phénoménologie à Royaumont (23-30 avril 1957), *Husserl*, Paris: Éditions de Minuit 1959, S. 242-264; sowie den »Diskussionsbeitrag von Alfred Schütz zum Vortrag von Roman Ingarden: ›Le probléme de la constitution et les sens de la reflexion constitutive chez Edmond Husserl‹« von Schütz dazu in diesem Band S. 271 ff.

E94 Vgl. dazu Schütz, *Sinnhafter Aufbau*, a. a. O. (Anm. E 5), §§ 22 ff.

E95 Der Ausdruck »überschwenglicher Gebrauch« geht zurück auf Immanuel Kant, *Prolegomena zu einer jeden künftigen Metaphysik, die als Wissenschaft wird auftreten können, Gesammelte Schriften* Bd. IV, hg. v. der Preußischen Akademie der Wissenschaften, Berlin: Reimer 1911, S. 253-383, § 40, S. 328: »Da aller Schein darin besteht, daß der subjektive Grund des Urteils vor objektiv gehalten wird, so wird ein Selbsterkenntnis der reinen Vernunft in ihrem transzendenten (überschwenglichen) Gebrauch das einzige Verwahrungsmittel gegen die Verirrungen sein, in welche die Vernunft gerät, wenn sie ihre Bestimmung mißdeutet, und dasjenige transszendenter Weise aufs Objekt an sich selbst bezieht, was nur ihr eigenes Subjekt und die Leitung desselben in allem immanenten Gebrauche angeht.«

E96 Vgl. zum Begriff der Person Schütz, *Sinnhafter Aufbau*, a. a. O. (Anm. E 5), § 50, sowie die »Personalitätsmanuskripte« (Alfred Schütz, »Das Problem der Personalität in der Sozialwelt« [196-II-1] und »Das Problem der Personalität in der Sozialwelt. Bruchstücke« [1937-II-1], jetzt in ASW V.1, S. 33-176). Vgl. dazu auch Schütz' Bermerkungen über Edith Stein, Gerda Walther und Max Scheler in dem Aufsatz »Husserls Bedeutung für die Sozialwissenschaften«, in diesem Band, S. 306 ff.

E97 Die im Folgenden geschilderte unterste Stufe wird erläutert in Husserl, *Cartesianische Meditationen*, a. a. O. (Anm. E 6), § 55, S. 155 f. Die hier angeführten §§ 56 u. 58 behandeln die im nächsten Absatz ausgeführten höheren Stufen der intermonadologischen bzw. intersubjektiven Gemeinschaften.

E98 Husserl, *Cartesianische Meditationen*, a. a. O. (Anm. E 6), § 58, S. 160

E99 Husserl, *Cartesianische Meditationen*, a. a. O. (Anm. E 6), § 58, S. 162.

E100 Zum Teil wörtliches Zitat Husserl, *Krisis*, a. a. O. (Anm. E 49), § 54 a, S. 186.

E101 Husserl, *Krisis*, a. a. O. (Anm. E 49), § 54 b, S. 187 f.

E102 Wiederum beinahe wörtliches Zitat von Husserl, *Krisis*, a. a. O. (Anm. E 49), § 54 b, S. 188 f.

E103 Husserl, *Krisis*, a. a. O. (Anm. E 49), § 54 b, S. 190.

E104 Husserl, *Krisis*, a. a. O. (Anm. E 49), § 54 b, S. 190.

E105 Husserl, *Cartesianische Meditationen*, a. a. O. (Anm. E 6), § 56, S. 158.

E106 Vgl. dazu Alfred Schütz, *Sinnhafter Aufbau*, a. a. O. (Anm. E 5), § 21, S. 239 u. vor allem § 33, S. 315 f., wo dieses Beispiel zur Erläuterung der Konstitution der Wir-Beziehung und der Gleichzeitigkeit in dieser dient.

E107 Wiederum geht Schütz bei diesem Einwand von pluralen transzendentalen Egos aus, vgl. oben Anm. E 15 u.20.

E108 Husserl, *Krisis*, a. a. O. (Anm. E 49), § 54 b, S. 188.

E109 Fink, *Phänomenologische Philosophie*, a. a. O. (Anm. E 19), S. 367 f. sowie oben Anm. E 20.

E110 Husserl, *Krisis*, a. a. O. (Anm. E 49), § 71, S. 260.

E111 Vgl. dazu Edmund Husserl, *Zur Phänomenologie der Intersubjektivität. Erster Teil: 1905-1920*, *Husserliana* Bd. XIII, hg. v. Iso Kern, Dordrecht: Kluwer 1973; ders., *Zur Phänomenologie der Intersubjektivität. Zweiter Teil: 1921-1928*, *Husserliana* Bd. XIV, hg. v. Iso Kern, Dordrecht: Kluwer 1973; und ders., *Zur Phänomenologie der Intersubjektivität Dritter Teil: 1929 - 1935*, *Husserliana* Bd. XV, hg. v. Iso Kern, Dordrecht: Kluwer 1973. Schütz selbst war während seiner Europareisen mindestens dreimal im Husserl-Archiv. Vgl. zu seiner Kenntnis des Husserl-Nachlasses die Einleitung in diesem Band S. ff.

E112 Husserl, *Cartesianische Meditationen*, a. a. O. (Anm. E 6), § 36, S. 107.

E113 Husserl, *Cartesianische Meditationen*, a. a. O. (Anm. E 6), § 34, S. 106.

E114 Husserl, *Cartesianische Meditationen*, a. a. O. (Anm. E 6), § 34, S. 104.

E115 Vgl. zum Begriff der »Kompossibilität« Husserl, *Cartesianische Meditationen*, a. a. O. (Anm. E 6), § 37: »Die Wesensgesetze der Kompossibilität (im Faktum Regeln des Miteinander-zugleich-oder folgend zu sein und sein-zu-können) sind in einem weitesten Sinne Gesetze der Kausalität«. Vgl. zu diesem Begriff bei Kant, Husserl und Gurwitsch auch Joseph Claude Evans, Jr., »Das Problem der prädikativen Kompossibilität«, in: *Sozialität und Intersubjektivität. Phänomenologische Perspektiven der Sozialwissenschaften im Umkreis von Aron Gurwitsch und Alfred Schütz*, hg. v. Richard Grathoff u. Bernhard Waldenfels, München: Fink 1983, S. 51-67.

E116 Husserl, *Cartesianische Meditationen*, a. a. O. (Anm. E 6), § 8.

E117 Fink, »Phänomenologische Philosophie«, a. a. O. (Anm. E 19), S. 356.

E118 Vgl. Husserl, *Krisis*, a. a. O. (Anm. E 49), § 54 b, S. 187 f. für dieses Zitat, sowie § 69, S. 242 f. für den »uninteressierten Betrachter«.

E119 Im Original Komma nach »Ego«.

E120 Im Erstdruck: »den folgenden Satz: (p. 120):«.

E121 Vgl. Husserl, *Cartesianische Meditationen*, a. a. O. (Anm. E 6), § 41.

E122 In der hier von Schütz aufgerufenen Stelle aus der Beilage III (Husserl, *Krisis*, a. a. O. (Anm. E49), S. 363-386, aufgrund der Erstveröffentlichung durch Fink auch unter dem Titel »Die Frage nach dem Ursprung der Geometrie als intentionalhistorisches Problem«, in: *Revue Internationale de Philosophic*, I (1939), 203-225 veröffentlicht unter diesem Titel bekannt) geht es um die Möglichkeit der Kontinuität einer gemeinsam erarbeiteten Wissenschaft: »Wenn jeder Forscher an seiner Stelle des Baues arbeitet, wie steht es mit den hier nicht zu übersehenden Berufs- und Schlafpausen? Muß er, wenn er sich an die aktuelle Fortarbeit macht, erst die ganze ungeheure Kette der Fundierungen bis zu den Urprämissen durchlaufen und das ganze wirklich reaktivieren?«

E123 Vgl. dazu Fink, »Phänomenologische Philosophie«, a. a. O. (Anm. E 19), S. 381 ff. Vgl. dazu auch Alfred Schütz,q »[Paradoxien-Fragment]«, in diesem Band, S. 149 ff., sowie ders., »Über die mannigfaltigen Wirklichkeiten« [1945-I-3], in ASW V.1, S. 177-247, insbes. S. 235 ff.

E124 Vgl. zu diesen Begriffen Schütz, *Sinnhafter Aufbau*, a. a. O. (Anm. E 5), §§ 33-41.

E125 Husserl, *Krisis*, a. a. O. (Anm. E 49), § 71, S. 258.

E126 Vgl. Husserl, *Nachwort*, a. a. O. (Anm. E 10), S. 146 f., sowie Schütz, *Sinnhafter Aufbau*, a. a. O. (Anm. E 5), Anmerkung zu § 6, S. 130.

E127 Der Text dieser Fußnote wurde im Erstdruck nicht abgedruckt. Es findet sich nur die Fußnotenziffer an dieser Stelle im Text.

E128 Fink kritisiert in dem Aufsatz (»L'Analyse Intentionelle et le Problème de la pensée spéculative«, in: *Problèmes actuels de la Phénoménologie*, hg. v. H. L. van Breda, Brüssel: Desclée de Brouwer 1951, S. 53-87) verborgene »spekulative Elemente« in Husserls Philosophie, etwa die These der »Nachträglichkeit des Begrifflichen«, der »Vagheit des phänomenologischen Lebensbegriffes« und die »Unbestimmtheit« des Konstitutionsbegriffes. Vor diesem Hintergrund plädiert er für eine Begrenzung der intentionalen Analyse auf die Subjekt-Objekt-*Beziehung* und ein spekulatives Denken im Bereich der Ontologie.

[Diskussionsbemerkungen in Royaumont]

Editorischer Bericht

Die Konferenz von Royaumont unter dem Titel »L'Œuvre et la pensée de Husserl« war das dritte große phänomenologische Colloquium nach dem ersten in Brüssel (1950)[1] und dem zweiten in Krefeld (1956)[2]. Auf Initiative des Husserl-Archivs und vor allem Herman Leo van Bredas trafen sich bei diesen internationalen Colloquia die bekanntesten mit phänomenologischer Theorie befassten Wissenschaftler, und diskutierten ausgehend von Husserls Werk darin inhärente oder daran anschließende Probleme. An der Tagung 1957 in Royaumont nahmen neben unter anderem teil Gaston Berger (als Veranstalter), Walter und Marly Biemel, Rudolf Boehm, Eugen Fink, Hans-Georg Gadamer, Carl Friedrich Graumann, Roman Ingarden, Arion L. Kelkel, Emmanuel Levinas, Pierre Merlan, Paul Ricœur, Ernst Tugendhat, Karl-Heinz Volkmann-Schluck, Jean Wahl und Alphonse de Waelhens.

Alfred Schütz las auf dieser Tagung, die vom 23. bis 30. April in Royaumont, einer Abtei in Asnières-sur-Oise im Département Val-d'Oise, etwa 30 Kilometer nördlich von Paris., den Vortrag zum »Problem der transzendentalen Intersubjektivität bei Husserl«[3].

Im folgenden Text sind die Diskussionsbemerkungen von Schütz' auf der Tagung in Royaumont zusammengefasst. Im einzelnen sind das

1. Schütz' »Diskussionsbeitrag zum Vortrag von Roman Ingarden, ›Le probléme de la constitution et les sens de la reflexion constitutive chez Edmond Husserl‹« [1959-I-2], am 27. April 1957. Dieser Text wurde in französischer Sprache veröffentlicht in: Actes du Colloque internationale de phénoménologie à Royaumont (23-30 avril 1957), *Husserl, Cahiers der Royaumont. Philosophie* No. 3, Paris: Éditions de

1 Vgl. dazu den Tagungsband Herman L. van Breda (Hg.), *Problèmes actuels de la Phénoménologie*, Bruxelles: Desclée de Brouwer 1951.

2 Vgl. Herman L. van Breda/Jean Taminiaux (Hg.), *Husserl et la pensée moderne. Husserl und das Denken der Neuzeit. Actes du deuxième Colloque International de Phénoménologie. Akten des zweiten Internationalen Phänomenologischen Kolloquiums. Krefeld 1.-3. Nov. 1956*, Den Haag: Nijhoff 1959. Van Breda hatte Schütz zu dieser Tagung brieflich am 5. Juli 1956 eingeladen (Alfred Schutz Papers. General Collection, Beinecke Rare Book and Manuscript Library, box 20, Folder 428).

3 Alfred Schütz, »Das Problem der transzendentalen Intersubjektivität bei Husserl« [1957-I-3], in diesem Band S. 227 ff. Vgl. zu dieser Tagung auch den editorischen Bericht zu diesem Aufsatzes, oben S. 223 ff.

Minuit 1959, S. 267 f. und liegt hier erstmals in deutscher Übersetzung vor, die von Christian Thomas angefertigt wurde. Die Zahlen in eckigen Klammern verweisen auf den Seitenumbruch im Erstdruck.

2. Schütz' »Antworten auf die Diskussionsbemerkungen zu meinem Vortrag ›Das Problem der transzentendalen Intersubjektivität bei Husserl‹« vom 29. April 1957. Dieser Text [1957-II-1] beruht auf den Manuskripten lfd. Nr. 108-118 sowie 5912-5926. Er wurde ebenfalls erstmals in französischer Sprache veröffentlicht in Actes du Colloque internationale de phénoménologie à Royaumont (23-30 avril 1957), *Husserl, Cahiers der Royaumont. Philosophie* No. 3, Paris: Éditions de Minuit 1959, S. 374-381. Eine Veröffentlichung des deutschsprachigen Tonbandtranskriptes, das die Grundlage für die französische Übersetzung bildet, erfolgte in Alfred Schütz, *Gesammelte Aufsätze III* [1971-I-1], hg. v. Alexander v. Baeyer, Den Haag: Nijhoff 1971, S. 121-126. Zu diesem Text liegen im Nachlass von Alfred Schütz sowohl ein undatierter, deutschsprachiger handschriftlicher Entwurf (lfd. Nr. 108-118, die als ausführlichste Variante der folgenden Edition zugrunde liegt) als auch ein ebenfalls undatiertes, deutschsprachiges korrigiertes Typoskript vor (Alfred Schutz Papers. General Collection, Beinecke Rare Book and Manuscript Library, box 33, folder 920). Außerdem liegen noch die während des Kolloquiums notierten Diskussionsnotizen von Alfred Schütz im Nachlass vor (lfd. Nr. 2403-2414), die auszugsweise als Textvarianten nach dem Haupttext abgedruckt werden. Die Existenz dieser Entwürfe scheint darauf hinzudeuten, dass Schütz' vor der Veröffentlichung Gelegenheit bekam, seine Antwort zu überarbeiten. Einen Hinweis auf die Entstehungszeit dieser Überarbeitung könnte die im handschriftlichen Entwurf zu findende Marginalie »Ortega?« sein (vgl. unten S. 287, Anm. E 59), die auf ein Überarbeitungsdatum nach dem Anfang des Jahres 1958, als Schütz intensive Auseinandersetzung mit Ortegas Werk begann, hinweisen könnte.[4] Die Zahlen in eckigen Klammern verweisen auf den Seitenumbruch im Manuskript.

4 Vgl. zu Schütz' Ortegarezeption Pablo Hermida-Lazcano, »›The Taken-for-Granted World‹ A Study of the Relationship between A. Schutz and J. Ortega y Gasset«, in: *Human Studies* 19, 1996, Nr. 1, S. 43-69 und Hisashi Nasu, »Alfred Schutz's Dialogue with Ortega y Gasset: In Special Reference to Schutz's Annotations on *Man and People*«, in: *Alfred Schutz and his intellectual partners*, hg. v. Hisashi Nasu, Lester Embree, George Psathas and Ilja Srubar, Konstanz: UVK 2008, S. 251-269.

3. Schütz' Diskussionsbeitrag zum Vortrag von John Wild: »L'anthropologie philosophique et la crise de sciences europeennes« [1959-I-3] vom 30. April 1957 wurde ebenfalls in französischer Sprache erstveröffentlicht in Actes du Colloque internationale de phénoménologie à Royaumont (23-30 avril 1957), *Husserl, Cahiers der Royaumont. Philosophie* No. 3, Paris: Éditions de Minuit 1959, S. 293 und liegt hier erstmals in deutscher Übersetzung vor, die von Christian Thomas angefertigt wurde.

Die im Text erwähnten Buchtitel wurden im Sinne der Vereinheitlichung kursiviert. Folgende idiokratische Eigenheit wurde stillschweigend korrigiert: hiebei ⇒ hierbei. Alle anderen Änderungen sind durch eckige Klammern ausgewiesen.

[Diskussionsbemerkungen in Royaumont]

Diskussionsbeitrag von Alfred Schütz zum Vortrag von Roman Ingarden: »Le probléme de la constitution et les sens de la reflexion constitutive chez Edmond Husserl«

Ich möchte zuerst meine große Genugtuung darüber zum Ausdruck bringen, daß ich mich in vollem Einverständnis mit dem befinde, was Herr Ingarden heute nachmittag zum Ausdruck gebracht hat,[E 1] und natürlich auch mit dem, was Herr Fink[E 2] uns heute morgen gesagt hat. Aber einzig zu dem Zweck, meinen Gedankengang klarzustellen, möchte ich drei Fragen an Herrn Ingarden stellen.

Die erste ist folgende. Bei dem Versuch, den Punkt in dem Gedanken von Husserl herauszufinden, in dem die Änderung des Konzepts der Konstitution dargestellt wird, glaubte ich, die folgende Lösung zu finden, und ich würde gern wissen, ob Sie mit mir übereinstimmen. Das Problem ist eine polythetische These. Im Band I der *Ideen* sagt Husserl, daß es ursprüngliche Synthesen der [268] polythetischen Fakten gibt, die zur Konstitution einer Objektivität führen, die somit in monothetischer Art und Weise betrachtet werden kann. Bei dieser Gelegenheit spricht er auch von der »Produktion« des Gegenstandes der polythetischen Synthese.[E 3] Es scheint mir, daß Husserl dieses Konzept der Konstitution nach der Konstitution des idealen Gegenstands modelliert hat; wenn der ideale Gegenstand in polythetischen Teilen geschaffen wurde, kann man es demzufolge monothetisch betrachten. Er hat das Konzept der Konstitution erweitert. Er hat daraus einen überschwenglichen[E 4] Gebrauch in spekulativer Absicht gemacht,[E 5] und das hat zur Konstitution von Nr. 2 und Nr. 3[E 6] geführt, wie Sie das heute nachmittag gezeigt haben.[E 7]

Die zweite Frage bezieht sich nur teilweise auf eine Passage Ihres Vortrages, in dem Sie die Vorläufer der Idee der Konstitution des Zeitflusses in Betracht ziehen. Es scheint mir, daß Husserl nicht durch Bergson beeinflußt wurde, den Sie dagegen gehalten haben.[E 8] Aber es gibt ein Werk, das Husserl immer bewundert hat, und das ist »Principles of Psychology« von W[illiam] James[E 9], in dem Sie schon die Idee der Intentionalität, vom Fließen des Bewußtseins finden, in perfekter Art und Weise vereinigt. Und wir finden auch die Konstitution der Zeit, natürlich nicht auf dem transzendentalen Gebiet, sondern auf psychologischem

Niveau. Wir finden dort auch ein Konzept, das nichts anderes ist als die Verbindung zwischen den Protentionen und den Retentionen bei Husserl.[E 10] [E 11]

Die dritte Frage bezieht sich auf den Meinungsaustausch zwischen Herrn Fink und Professor Gadamer von heute morgen, dem Dialog, den Sie heute nachmittag nach Ihrer Ansicht wieder aufgenommen haben, nach dem gemäß der Theorie von Husserl in die Konstitution des Seins nicht eingegriffen wird, weil der Gegenstand nichts weiter ist als der intentionale Gegenstand, daher nur Konstitution des Sinnes stattfindet. Ich stimme vollkommen mit dieser Erklärung von Herrn Fink überein und mit dem, was sie gesagt haben. Ich glaube nur, daß es eine Ausnahme gibt. Und ich war sehr glücklich, daß Herr Fink mir in einem privaten Gespräch zwischendurch sagte, daß er in diesem Punkt übereinstimmt. Es gibt eine einzige Ausnahme, bei der man die Konstitution des Sinnes durch Konstitution des Seins austauschen kann, d. h. daß die Objekte verschwinden, daß es nichts hinter dem Sinn gibt. Diese Ausnahme das ist der Andere, das ist das Problem der Intersubjektivität.[E 12] Im Problem des Bewußtseins des Anderen kann ich in dieser Art und Weise nicht fortfahren und die Konstitution des Seins in eine Konstitution des Sinnes umformen. Und das ist, glaube ich, einer der Gründe, weshalb die Theorie der intersubjektiven Konstitution von Husserl nicht zum Ergebnis führt, wie ich hoffe, gezeigt zu haben. Ich hätte gerne Ihre Meinung dazu.[E 13]

Beantwortung der Diskussionsbemerkungen zu meinem Vortrag »Das Problem der transzendentalen Intersubjektivität bei Husserl«

Zunächst möchte ich allen Teilnehmern an der Diskussion[E 14] für ihre überaus interessanten und für mich lehrreichen Bemerkungen danken. Sie alle im Rahmen der mir zur Verfügung stehenden Zeit in gebührender Ausführlichkeit zu beantworten, ist eine geradezu unmögliche Aufgabe, dies deshalb, weil die meisten der von den Rednern aufgeworfenen Fragen an Grundprobleme der Phänomenologie rühren. Ich bitte daher um Entschuldigung, wenn ich einen Teil der an mich gerichteten Fragen nur summarisch beantworte, einige wenige[E 15] vielleicht gar übergehe, mich aber nur einigen scheinbar mit den vorgelegten Gedankengängen nicht unmittelbar zusammenhängende[n] Punkte[n] des näheren befasse.[E 16]

[109] Vorerst eine kurze persönliche Bemerkung: Zur Abfassung[E 17] meines Versuches einer kritischen Darstellung der Husserlschen transzendentalen Begründung der Intersubjektivität hat mich ausschließlich der Wunsch bewogen, die Schwierigkeiten, die ich während[E 18] eines fünfundzwanzigjährigen Studiums der Fünften *Cartesianischen Meditation* und der späteren Schriften Husserls[E 19] nicht überwinden konnte,[E 20] zur Diskussion zu stellen. Handelt es sich doch um ein zentrales Problem der transzendentalen Phänomenologie, das erstaunlicherweise[E 21] bisher[E 22] von der Literatur recht stiefmütterlich behandelt wurde[E 23]. Es war weder[E 24] meine Absicht, eine eigene Lösung des Problems[E 25] der Konstitution[E 26] der transzendentalen Intersubjektivität[E 27] aus den Bewusstseinsleistungen des transzendentalen Egos anzubieten, noch meine Analyse[E 28] des Misslingens der Husserlschen Begründung zu einer Verwerfung der Methoden der transzendentalen Phänomenologie überhaupt zu verallgemeinern. Ich bemühte mich vielmehr zu zeigen[E 29], dass Husserls Fehlschlag, eine Lösung zu finden, darauf zurückzuführen ist, dass er die lebensweltliche *Seins*-Gegebenheit der sozialen Welt als eine Konstitutionsleistung des transzendentalen Subjekts umzudeuten sucht, statt ihre transzendentale *Sinn*erhellung durch Bewusstseinsleistungen des transzendentalen Subjektes zu enthüllen.[E 30] Hier liegt zweifellos ein Problem von großer Tragweite vor, das zur Diskussion zu stellen war. Es gereicht mir zur großen Befriedigung, dass diese Ansicht von allen Rednern, insbesondere von so hervorragenden Kennern der Phänomenologie wie den Herren Fink und Ingarden geteilt wird.

Besonders Dr[.] Finks Diskussionsbemerkungen[M 5 E 31] scheinen mir so tiefschürfend[E 32] zu sein, dass ich im einzelnen auf dieselben eingehen[E 33] möchte. [110]

Was zunächst[E 34] Dr[.] Finks Bemerkungen bezüglich des Begriffes der Appräsentation anbetrifft, so[E 35] stimme ich[E 36] mit ihm völlig[E 37] darin überein, dass Husserl zu dem Begriff der Appräsentation von der Analyse des Wahrnehmungsdinges kam, dessen Vorderseite präsent ist, während[E 38] dessen Hinterseite nur appräsentiert wird. Ich stimme ihm auch darin völlig zu, dass die appräsentierten Gehalte des Wahrnehmungsdinges durch entsprechende Manipulation oder Lokomotion – zum mindesten dem Prinzip nach – in präsente Wahrnehmungen überführt, oder wie er sagt, »eingelöst« werden können, obwohl dies für Fälle wie z[.]B[.] die appräsentierte Beschaffenheit des Erdinnern auch nicht zutrifft. Fink stellt jedoch mit voller Berechtigung fest, dass das appräsentierte Innenleben des Anderen prinzipiell uneinlösbar ist. Dies scheint mir aber keineswegs mit Schelers Auffassung im Widerspruch zu stehen, dass wir im Lächeln des Anderen seine Freude, in seinen gefalteten Händen sein Beten usw[.] direkt wahrnehmen.[E 39] In[E 40] meinem Referat habe ich den Begriff der Appräsentation als grundwichtig für die Theorie[E 41] der Beziehung zwischen Zeichen und Bezeichnetem, zwischen Symbol und Symbolisiertem anerkannt,[E 42] und dies auch in einer meiner Arbeiten in englischer Sprache[E 43] näher zu[E 44] begründen versucht.[E 45 E 46] Ich bin dort von einer ähnlichen Unterscheidung wie der von Fink gemachten aus[ge]gangen: das durch das blosse Zeichen oder Anzeichen Appräsentierte ist prinzipiell einlösbar, nicht aber das durch das Symbol Symbolisierte. Nun ist die[E 47] unmittelbare Wahrnehmung des leiblichen Betragens des Anderen im Nahfeld für mich sowohl Zeichen als Symbol:[E 48] die Geste seiner Hand ist für mich ein Zeichen seines Langens nach einem Gegenstand und als solches einlösbar; sie ist[E 49] aber auch für mich Symbol seiner Absicht, nach diesem Gegenstand zu greifen, der Motive, die ihn bewegen, dies zu tun,[E 50] etc. und in diesem Sinn[E 51] uneinlösbar. Dies hat freilich nichts mit dem Problem[E 52] der Konstitution der Intersubjektivität zu tun, denn all dies setzt den Anderen als bereits voll konstituiert voraus. Sobald dies aber der Fall ist, erhält der Begriff der analogisierenden Appräsentation seine Berechtigung und zwar gerade deshalb, weil das Symbolisierte niemals[E 53] zur unmittelbaren Präsenz kommen kann[,] sondern nur durch das Symbol analogisierend erfassbar ist. Dies gilt, wie ich glaube, ganz allgemein für jede Symbolbeziehung, nicht nur für die Erfassung des Fremdseelischen. [111]

Professor Fink erwähnt des weiteren den der Fremderfahrung inhärenten Wechselbezug des Ich auf den Anderen, in dem[E 54] der Andere von mir als auf mich bezogen erfahren wird; er verweist darauf, dass dieser Wechselbezug eine unendliche Iteration potenziell in sich schliesst und vergleicht die involvierte wechselseitige Reflexion mit der zweier gegeneinander gestellter Spiegel. Es mag in diesem Zusammenhang der Hinweis darauf interessieren, dass dieses Spiegelgleichnis – der sogenannte[E 55] »*looking-glass effect*« – für die[E 56] Interpretation des Verhältnisses zwischen Ich und dem[E 57] Anderen in der amerikanischen Philosophie (William James, G. H. Mead, Cooley u. a.)[E 58] eine große Rolle[E 59] spielt. Diese Autoren fundieren[E 60] sogar meine Erfahrung von meinem Selbst auf meine Erfahrung von dem Bild, das der Andere von mir hat. Aber vielleicht ist der innere Wechselbezug nicht unendlich iterierbar, dies deshalb nicht[E 61], weil – im Sinne des von Fink herangezogenen Gleichnisses – die Spiegel notwendigerweise nicht parallel stehen können. Daß andererseits der Wechselbezug des Vorstellens nicht genügt[,] um die Unmittelbarkeit des Mit-Daseins mit einem Anderen aufzuklären, scheint mir ganz zweifellos zu sein.

Dankenswerterweise wirft Fink in unmittelbarem Anschluß an das obige Problem die Frage der Gleichzeitigkeit des Ich mit dem Anderen auf, des gemeinsamen Jetzt, das die Voraussetzung für die Differenzierung eines Hier und Dort bildet. Das Problem der Simultaneität, nicht nur aufgefaßt als gemeinsames Jetzt in der objektiven Zeit, sondern als eine Gemeinsamkeit zweier innerer Zeitabläufe – »durée« im Bergsonschen Sinne[E 62] – scheint mir in der Tat für das Problem der Intersubjektivität von entscheidender Bedeutung zu sein.[E 63] Ich habe in verschiedenen Schriften, die sich allerdings prinzipiell mit dem Problem der Intersubjektivität auf dem Boden der natürlichen Einstellung beschäftigen, darauf aufmerksam gemacht, dass das Ich in reflexiver Zuwendung nur seine abgelaufenen Erlebnisse oder zum mindest die abgelaufenen Anfangsphasen seiner noch andauernden Erlebnisse in den Blick zu bringen vermag, indessen es die fremden Erlebnisse in der Gleichzeitigkeit des Jetzt zu erfassen fähig [112] ist.[E 64] Das Beispiel der einfachen Kommunikation scheint dafür eine gute Illustration zu sein. Der Redende baut seine Rede in polythetischen Akten seines Bewusstseins auf, denen die sukzessiven Abläufe der akustischen Ereignisse in der äußeren Welt streng koordiniert sind; eben diese Abläufe in der äußeren Welt werden von dem der sich entwickelnden Rede Lauschenden wahrgenommen und in strenger Gleichzeitigkeit verlaufenden polythetischen

Bewusstseinsakten als Symbole für die Vorgänge im Bewusstsein des Redenden interpretiert.[E 65] Auf diese Weise ergibt sich eine Simultaneität der beiden inneren Zeitströme[,] die die Konstitution eines gemeinsamen Jetzt und damit eines Wir ermöglicht. Da ich also Deine im Jetzt ablaufenden Bewusstseinerlebnisse erfassen kann, indessen ich meine eigenen Bewusstseinserlebnisse[E 66] bestenfalls als »Soeben-gewesene« in den reflexiven Blick zu bringen vermag[E 67], habe ich das fremde Bewusstsein geradezu als ein Bewusstsein definiert, auf dessen Abläufe ich in Gleichzeitigkeit hinsehen kann. Wenn ich Dr Finks Bemerkungen über das gemeinsame Jetzt richtig verstehe, dann glaube ich durch den vorstehenden Hinweis seine Frage[E 68] beantwortet[E 69] und dargetan zu haben, dass ich mit ihm völlig übereinstimme.[E 70] [113]

Was nun die Gleichursprünglichkeit der objektiven Welt und der Intersubjektivität anbelangt, die Fink als mögliche Meinung Husserls interpretiert, so will ich gerne zugeben, dass gewisse – übrigens in meinem Referat zitierte – Texte diese Auffassung stützen. Sie finden sich in den als *Ideen II* publizierten Manuskripten.[E 71] Zweifellos gibt es dort aber auch Texte, welche die Objektivität der Welt auf der Intersubjektivität, diese aber auf der schlicht als gegeben vorausgesetzten[E 72] »kommunikativen Umwelt« fundieren.[E 73] Nicht ganz verständlich ist mir Dr Finks in diesem Zusammenhang gemachte Hinweis auf die – selbst sehr rätselhafte – Kantische Ableitung der Objektivität der Welt.[E 74] Es würde aber zu weit führen, auf diese Frage[E 75] einzugehen, der notwendigerweise eine Verständigung über den Sinn der Kantschen »transzendentalen Apperzeption« und seiner Unterscheidung von Wahrnehmungs- und Erfahrungsurteilen[E 76] zur Voraussetzung hätte. – Wie dem immer sei, macht es mir Schwierigkeiten, die mögliche Gleichursprünglichkeit von Intersubjektivität und Objektivität der Welt als transzendentales Konstitutionsproblem im Rahmen der Husserlschen Gedankengänge einzusehen. Dass beide Kategorien im Sinne des *natürlichen* Vorverständnisses der Lebenswelt gleich ursprünglich sind, ist allerdings[E 77] auch für mich[E 78] ausser Zweifel.

[114] Von ganz besonderer Wichtigkeit scheint mir Dr Finks Hinweis, dass das transzendentale Subjekt sich selbst und die Anderen als innerweltliche Subjekte sinnhaft konstituieren muss und dass zu dieser Innerweltlichkeit die Endlichkeit des Menschen, seine Todesbestimmtheit, in Betracht gezogen werden muss. Hier zeigt sich deutlich, dass die Todesbestimmtheit meiner selbst von mir in ganz anderer Weise erlebt wird als die des Anderen. Ich überlebe den Tod des Anderen in

seiner weltlichen Objektivität und dies ist für mich das objektive Ende der mundanen Intersubjektivität, die mich mit ihm verbindet.[E 79] Mein eigener Tod ist mir als meine mundane Endlichkeit gewiss, selbst wenn ich annehme, wie dies Husserl in seinem letzten Gespräch mit mir tat, dass das transzendentale Subjekt nicht sterben kann.[E 80] Wie steht es[E 81] aber mit der transzendentalen Subjektivität des Anderen, und in weiterer Folge mit der transzendentalen Intersubjektivität, die mein transzendentales Subjekt mit dem seinen verbindet, wenn er, der Andere, stirbt? Ist nicht dieser Gedankengang allein eine Widerlegung der Möglichkeit einer Vielfalt transzendentaler Subjekte?

Ich bin Dr Fink besonders dankbar für den Hinweis, dass Husserl in sehr späten[E 82] Manuskripten die von mir herausgestellten Aporien in Betracht gezogen hat.[E 83] Ich kenne diese Manuskripte nicht und habe mich, wie in meinem Referat ausdrücklich bemerkt, an die publizierten Texte[E 84] gehalten. Dr Finks Ausführungen sind aber ein wertvoller Kommentar zu Husserls Ausführungen über das »Ur-Ich« in der *Krisis* (§[E 85] 54 b)[,][E 86] auf die ich am Ende meiner Darlegungen Bezug genommen habe.

[115] Prof[essor] Ingarden beschäftigt sich in seinen Bemerkungen[E 87] mit der komplizierten Struktur der gemeinhin unter dem Titel »Einfühlung« zusammengefassten Tatbestände und entwickelt fünf Themenkreise oder Prozesse in der Erfahrung des Fremdpsychischen.[a] [E 88] Scheler hat in seiner Theorie der Sympathiegefühle einen ähnlichen Katalog vorgelegt, hierbei aber gewisse Fundierungszusammenhänge zwischen den einzelnen Prozessen aufzuweisen gesucht, welche, so interessant sie sind, weiterer kritischer Analyse bedürfen.[E 89] Die Ausführungen Professor Ingardens sind leider viel zu knapp, um ein volles Verständnis seiner Gedankengänge[E 90] zu ermöglichen. Es ist mir vor allem unklar, warum er das unmittelbare Erfassen des autonomen fremden Handlungsablaufs an die Spitze stellt und mit dem »Einfühlen« im prägnanten Sinn, nämlich dem appräsentierenden Dem-Anderen-Bewusstseinserlebnisse-zumuten endet. Setzt nicht die Ausdeutung des fremden Betragens als autonomen fremden Handlungsablaufs bereits voraus, dass ich dem Anderen die Bewusstseinserlebnisse der Setzung der Handlungsziele, der Mittelwahl und der Motivstruktur zumute?

[116] Zu Professor Becks[E 91] Kommentar betreffend die von Husserl in den *Méd[itations] Cart[ésiennes]* und von[E 92] Fink in seinem Kantstudienaufsatz[E 93] dargestellten drei zur Vollzugsstruktur der phänomenologischen Reduktion gehörigen Ichen möchte ich[E 94] bemerken, dass ich

lediglich bestrebt war, Husserls Auffassung darzustellen und immanent, d. h. vom Standpunkt der Theorie Husserls, zu kritisieren. Ich habe zu der Lehre von den drei Ichen in meinem Beitrag geflissentlich keine Stellung genommen, zögere aber nicht zu erklären, dass ich sie nicht nur wegen der von mir aufgezeigten Aporien, sondern auch aus anderen Gründen, deren Darlegung hier zu weit führen würde, für unhaltbar erachte. Ich bin auch der Ansicht, dass Fink in seinem Kantstudienaufsatz lediglich bestrebt war, Husserls Lehre korrekt darzustellen, sich aber geflissentlich jeder eigenen Stellungnahme zu derselben enthalten hat. – Ich teile völlig Professor Becks Ansicht, dass eine Ontologie der Lebenswelt, die ja nicht nur physische Welt, sondern auch – oder vielleicht vor allem – soziale Welt ist, das Ich von vornherein im Wechselbezug mit Anderen zeigen muss.[E 95] Nicht einig bin ich aber mit dem Redner in der Auffassung, dass[E 96] die soziale Beziehung in einem metaphysischen Bedürfnis des endlichen Ich nach dem Anderen gegründet ist. Ich kann auch seiner Auffassung nicht zustimmen, dass der Vollzug der Epoché als solcher – sei es der ersten oder zweiten – notwendigerweise die Situation verfälschen müßte: Insistiert doch Husserl immer wieder auf der allerdings schwer verständlichen These, dass auch nach Vollzug der zweiten Epoché meine Erlebnisse *vom* Fremden als intentionale Korrelate in meiner Eigenheitssphäre erhalten bleiben.

[117] D^r^. Graumann[E 97] frägt[,] warum die konstitutive Begründung einer Ontologie der Lebenswelt aus den Lebensprozessen der transzendentalen Subjektivität *prinzipiell* unerreichbar bleiben sollte.[E 98] Ich kann hier nur, wie ich dies in meinem Beitrag tat, auf die Darlegungen Finks in seinem in *Problèmes actuels de la phénoménologie.* erschienen[en] Aufsatz verweisen.[E 99] Ich halte Finks Argumente für zwingend. Dies involviert jedoch[E 100] weder einen grundsätzlichen Verzicht der Transzendental[-]Phänomenologie[,] die *Sinn*struktur der Intersubjektivität aufzuklären, noch auch eine Beschränkung der Phänomenologie als solcher auf diese Aufgabe. Ich bin vielmehr der Meinung, dass Husserl den Weg gezeigt, wenn auch nicht beschritten hat, den[E 101] eine phänomenologische Analyse der ontologisch als gegeben angesetzten Sozialwelt einzuschlagen hätte. Es ist dies nicht die transzendentale Konstitutionsanalysesanalyse, sondern die im »Nachwort zu meinen Ideen« postulierte »Phänomenologie der natürlichen Einstellung«[E 102], deren Ziel es unter anderem zu sein hätte, die bis nun[E 103] ungeklärten Grundlagen aller Sozialwissenschaften zu erhellen.

Damit glaube ich, auch die wichtigste der von M. Kelkel[E 104] gestellten Fragen beantwortet zu haben. Ich kann nicht sehen, warum das Versagen der transzendentalen Phänomenologie in dem Versuch der Konstitution der Intersubjektivität im Sinne der Kreation des Monaden-Alls und damit der Kreation einer objektiven Welt für Jedermann ein Versagen der transzendentalen Phänomenologie überhaupt, ja sogar der ganzen Philosophie Husserls involvieren sollte.[E 105] Es kann nur[E 106] gesagt werden, dass Husserl, um einen Kantischen Terminus zu verwenden, bei seinem Anspruch, die Existenz des Anderen aus den konstitutiven Bewusstseinsleistungen des transzendentalen Ego zu begründen, von der letzteren einen »überschwenglichen Gebrauch«[E 107] gemacht hat. Wie ich gegen Ende meines Referates ausführte, kommt es zum Schein des Solipsismus nur dadurch, dass die verborgene Intentionalität der fundierenden weltlichen Intersubjektivität künstlich ausgeschaltet und der wesensmäßige Gehalt der mir geltenden Welt als einer Welt für Jedermann durch Vollzug der Reduktion eliminiert wird. – Jedenfalls lag es mir völlig ferne, die Husserlsche Konstitution der Intersubjektivität als eine *Deduktion* im[E 108] technischen Sinne anzusehen; gegen welche irrige Interpretation M. Kelkel mit Recht wichtige Texte Husserls heranzieht. Es handelt sich hier lediglich um ein durch eine übrigens völlig korrekte Übersetzung verursachtes Missverständnis[E 109], indem an beiden von meinem geehrten Kritiker herangezogenen Stellen meines Berichtes der technisch neutrale und in diesem Zusammenhang auch von Husserl gebrauchte[E 110] deutsche Terminus »Ableitung« mit »déduction« wiedergegeben wurde.

[118] Bei[E 111] der verschiedentlichen Abtönung der Termini in den beiden Sprachen (welche aufzuklären selbst eine lohnende Aufgabe einer phänomenologischen Analyse wäre) sind derlei Schwierigkeiten in der Kommunikation, auf die M. Kelkel am Schlusse seiner Bemerkungen anspielt, geradezu unvermeidlich. Es ist mir ein aufrichtiges Bedürfnis, auch Herrn Professor Maurice de Gandillac für alle Mühe und Geduld zu danken, mit der er sich der Übersetzung meiner Arbeit mit einem Geschick gewidmet hat, das ich nicht genug zu bewundern weiss.[E 112]

Diskussionsbemerkung zum Vortrag von John Wild »L'anthropologie philosophique et la crise de sciences europeennes«

Ich möchte Herrn Wild[E 113] fragen, wie er genau die philosophische Anthropologie im Hinblick auf die natürliche Einstellung einordnet. Welche Art der Reduktion erachtet er für diese Einstellung als notwendig? Und ob er einschätzt, daß diese eidetische Reduktion[,] wie von Scheler propagiert und angewendet[,][E 114] ausreichend ist oder ob er glaubt, daß die phänomenologische Reduktion in Husserls strikten Sinne notwendig ist.

Textvarianten

Folgende handschriftliche Notizen zu den Diskussionen auf der Tagung in Royaumont finden sich im Nachlass von Alfred Schütz (lfd. Nr. 2403-2414). Die Zahlen in eckigen Klammern verweisen auf diese Paginierung.

a Wild:[E 115] [2408]

question: ontology of Lebenswelt; Do you think that such an enterprise to clarify the structure of the Lebenswelt can be in some way distinguished from Metaphysics and be given

Fink[M 5] [Zeile in Kurzschrift]

[Kurzschrift] Grundposition [Kurzschrift] Aporien [Kurzschrift] Lösungsv[ersuch]

Beschränkt auf leibliche Anwesenheit; »Leibhaber«, wenn Leibhaben hinreichen würde, Leibhaber und Liebhaber.

Appräsentation bei Husserl hat Charakter der Einlösbarkeit, oder ist sie wesentlich uneinlösbar; ein versagendes Modell für Intersubjektivität

Fremderfahrung Wechselbezug, hat eine unendliche Iteration, Potentialität braucht nicht aktualisiert werden.

In der Husserl Analyse ist aber der andere erfahren als »Dort«. Hier. Wie ist es beim Jetzt?

Methodischer Fehler dass H[usserl] Objektivität der Welt aus Intersubj[ektivität] vorausgesetzt wird Träger. Kant: Objektivität der Gegenstände und (auf) Intersubj[ektivität]

[2409]

Vielleicht Objektivität und Intersubj[ektivität] Gleichursprünglich

Innerweltlichkeit meines Lebens Bezogenheit auf Tod oder Tod [inner?]subjektiver Sinn. Kann transzendentals Subjekt sterben?

E 116

Späte Ms. Strukturen Innerweltlichkeit
der mundanen ins transzendentale übersetzt
Ur-Ich - das primordinales transzendentalem
vorausgeht. Urfaktizität des tr[anszendentalen] Lebens- Urleb
weder Fakten noch Wesen, das sich selbst
individualisiert.

Dr. Graumann

(1) Explikation Intersubjektivität der Ontologie der
Lebenswelt; Konstitutive Begründung für Phän[omen
pielle unerreichbar ist
(a) liegt in phän Grundleg[un]g transzendentaler
Analytik überhaupt oder der Husserl unerreichbar
ist; Vermeidg ontolg

Ingarden

|| (1) Kennen lernen gegenseitiges Verständnis
(a) Es gibt so was wie Einfühl[un]g aber kraftlos
u[nd] spätes Resultat:
(a) unmittelbare Erfahrung, der Ha[n]dl[un]g
und sich so oder anders verhält
(b) unmittelbarer psychisches Erfassen fremder
Zuständigkeit im Gebiet des Fühlens
und Erfassen der
und (auf) Intersubj[ektivität]

[2410]

(c) gegenseitiges Anstecken der Gefühle und
Begehren im Zusammenleben
(d) sprachliches sich Verstehen: Problem
Wesen der Sprache, identische Sinne,
nicht ähnliche Sinne
(b) auf all dem baut sich auf Appräsentation
des anderen Bewusstsein (das nicht
direkt zugänglich ist[)].

Leibliche Begegnung: Gespräch mit Husserl & Heid
H auch wenn ich Plato lese habe ich
seinen Leib.

Anmerkungen des Editors

E1 Roman Ingarden (1893 – 1970) hielt seinen Vortrag unter dem Titel »Le problème de la constitution et le sens de la réflexion constitutive chez Edmond Husserl« (veröffentlicht in: Actes du Colloque internationale de phénoménologie à Royaumont (23-30 avril 1957), *Husserl, Cahiers der Royaumont. Philosophie* No. 3, Paris: Les Éditions de Minuit 1959, S. 242-264) auf dem »Colloque« am Samstag, 27. April um 15:30. Er unterscheidet darin vier Begriffsvarianten der »Konstitution« bei Husserl: 1) die »strukturelle« oder »anatomische« Konstruktion einer gegenständlichen Realität in ihrer eigentlichen Setzung, 2) die intentionale Bestimmung der gegenständlichen Bedeutung durch eine statisch erfaßte und geordnete Mannigfaltigkeit von gegenständlichen Bedeutungen, Erscheinungen und anschaulichen intentionalen Akten (la determination intentionelle du sens d'objet par une diversité, statiquement conçue et ordonée au sens d'objet, d'apparences et de visées intentionelles d'acte, diversité qui est la condition même qui rend possible la construction de ce sens d'objet) 3) ein Prozeß, durch den ein gegenständlicher Sinn sich formiert und transformiert (la constitution d'une rèalitè objective consiste dans un processus par lequel un sens d'objet se forme et se transforme au cours d'une experience) und 4) das ursprüngliche Werden der Einheit einer gelebten Erfahrung (»devenir originaire d'une unitè d'experience vècue«).

E2 Der Vortrag von Eugen Fink unter dem Titel »Les concepts opératoires de Husserl« (veröffentlicht in: Actes du Colloque internationale de phénoménologie à Royaumont (23-30 avril 1957), *Husserl.* Paris: Les Éditions de Minuit 1959, S. 214-230; dt. Fassung: Eugen Fink, »Operative Begriffe in Husserls Phänomenologie«. In: *Zeitschrift für philosophische Forschung* 11 (1957), S. 321-337) fand am 27. April um 10:00 statt.

E3 Vgl. dazu Edmund Husserl, *Ideen zu einer reinen Phänomenologie und Phänomenologischen Philosophie.* Erstes Buch: *Allgemeine Einführung in die reine Phänomenologie*, in: *Jahrbuch für Philosophie und phänomenologische Forschung*, Bd. 1/1, Halle: Max Niemeyer 1913, S. 1-323; (jetzt in: *Husserliana* Bd. III/1, hg. v. Walter Biemel, Den Haag: Martinus Nijhoff 1950) §§ 118 ff. Der Begriff der »Produktion« findet sich im § 122.

E4 Im Original »exagéré«.

E5 Vgl. dazu auch Eugen Fink, »L'Analyse Intentionelle et le Problème de la pensée spéculative«, in: *Problèmes actuels de la Phénoménologie*, hg. v. H. L. van Breda, Brüssel: Desclée de Brouwer 1951, S. 53-87, S. 78, wo ebenfalls das Problem der Konstitution erörtert und Husserl ein Schwanken zwischen rezeptivem und produktivem, sinnbildendem und kreativen Konstitutionsbegriff vorgeworfen wird.

E6 Vgl. dazu Roman Ingarden, »Le problème de la constitution«, a. a. O. (Anm. E 1), S. 260 f.

E7 Auf diese erste Frage antwortet Ingarden: »Husserl a admis en effet la constitution créative dans le cas des synthèses polythétiques. Mais est-ce qu'il n'a pas passé ensuite des synthèses polythétiques à la constitution créative pour des synthèses monothétiques? Je ne puis répondre directement à cette question. Il faudrait des demander d'abord où commencent les synthèses polythétiques. On a discuté ici sur le point des savoir si une thèse fondée sur une autre thèse est déjà une synthèse polythétique. Je ne saurais pour ma part répondre définitivement á cette question.« [Husserl hat in der Tat die kreative Konstitution im Fall der polythetischen Synthesen anerkannt. Aber hat er nicht anschließend die polythetischen Synthesen der kreativen Konstitution als monothetische Synthesen angesehen? (*Ideen I*, § 119) Ich kann diese Frage nicht direkt beantworten. Man muß zunächst fragen, wo die polythetischen Synthesen beginnen. Wir haben hier den Aspekt des Wissens diskutiert, ob ein thetischer Akt, die durch einen anderen thetischen Akt fundiert wird, schon eine polythetische Synthese ist. Ich für meinen Teil könnte auf diese Frage nicht definitiv antworten.]

E8 Vgl. dazu auch Roman Ingardens Dissertation *Intuition und Intellekt bei Henri Bergson. Darstellung und Versuch einer Kritik*, Halle: Buchdruckerei des Waisenhauses 1921.

E9 William James, *Principles of Psychology* (1893), Cambridge/Mass.: Harvard University Press 1983; vgl. zum Verhältnis von Edmund Husserl und William James Herbert Spiegelberg, *The Phenomenological Movement. A Historical Introduction*. Volume One. Den Haag: Nijhoff [2]1976, S. 111 ff.

E10 Vgl. dazu Edmund Husserl, »Vorlesungen zur Phänomenologie des inneren Zeitbewußtseins«, in: *Jahrbuch für Philosophie und phänomenologische Forschung*, hg. v. Martin Heidegger, 9, 1928. S. 367-490, jetzt in: *Husserliana* Bd. X, hg. v. Rudolf Boehm, Den Haag: Nijhoff 1966, S. 3-130, §§ 11 ff. u. 24; sowie William James, *Principles*, a. a. O. (Anm. E 9), Kap. XVI. »Memory«, S. 653 ff.

E11 Auf diese zweite Frage antwortet Ingarden: »En second lieu d'où vient la théorie de la temporalité de Husserl? Il n'y a pas eu d'influence directe de Bergson sur Husserl, au moins dans les premières rédactions, je puis en temoigner. En effet, quand j'ai moi-même exposé certaines thèses de Bergson à Husserl, il m'a demandé: ›Où avez-vous pris cette théorie?‹ J'ai repondu: ›Chez Bergson.‹ Quelles jours plus tard, aprés lecture, visiblement aprés premiére lecture de textes de Bergson en traduction en allemande, Husserl convenait qu'en effet la plupart des choses concordent avec les points principaux de sa propre doctrine. M. Schütz a soulevé la question de savoir s'il y avait eu également une influence de W. James. Certes, Husserl l'a lu, mais il faudrait étudier cette question plus en détails.« [Eine zweite Quelle für die Theorie der Zeitlichkeit von Husserl? Es hat keinen direkten Einfluß von Bergson auf Husserl gegeben, zumindest in den ersten Ausarbeitungen, das kann ich bezeugen. Als ich nämlich selbst Husserl bestimmte Thesen Bergsons vorgetragen haben, hat er mich gefragt: »Wo haben Sie diese Theorie her?« Ich habe geantwortet: »Von Bergson.« Tage später, nach der Lektüre, offensichtlich nach der ersten Lektüre von Texten Bergsons in deutscher Übersetzung, hat Husserl eingeräumt, daß tatsächlich ein Großteil mit den grundlegenden Punkten seiner eigenen Lehre im Einklang stehe. M. Schütz hat die Frage aufgeworfen, ob es gleichfalls einen Einfluß von W. James gegeben habe. Sicher hat Husserl ihn gelesen, aber man muß diese Frage detaillierter untersuchen.]

E12 Vgl. dazu Schütz' Vortrag auf dem Colloquium »Das Problem der transzendentalen Intersubjektivität bei Husserl«, der am Sonntag, den 29. April gehalten wurde und in diesem Band S. 227 ff. zu finden ist.

E13 Die Antwort Ingardens auf Schütz' dritte Frage fiel kurz aus: »Quant à la troisieme question de M. Schütz sur l'intersubjecitvité, c'est en effet une grosse difficulté. Husserl l'a résolue en se référant toujours à *l'Einfühlung*. Mais malgré cela, il y a dans les ›Méditations Cartésiennes‹ des textes où Husserl dit, que le Moi, mon Moi personnel, est celui qui est philosophiquement le dernier, et à vrai dire, au sens propre du mot, le seul. Les autres étant toujours des moi constitués.« [Bezüglich der dritten Frage von M. Schütz zur Intersubjektivität, das ist in der Tat eine große Schwierigkeit. Husserl hat sich immer bestimmt auf die *Einfühlung* berufen. Aber trotzdem gibt es in den *Cartesianischen Meditationen* Stellen, wo Husserl sagt, daß das Ich, mein personales Ich, das philosophisch gesehen urspüngliche ist, und streng genommen, im eigentlichen Sinn des Wortes, das einzige. Die Anderen würden immer im Ich konstituiert.]

E14 An der Diskussion zu Schütz' Beitrag hatten sich neben Eugen Fink mit seinem unten abgedruckten Beitrag[M 5] auch Roman Ingarden, Leslie J. Beck, Carl Friedrich Graumann und Arion L. Kelkel beteiligt.

E15 Im Orig. an dieser Stelle gestrichen: »die mir unverständlich zu sein«.

E16 Im Orig. findet sich hier folgende gestrichene Stelle: lfd. Nr. 108: »Bevor ich dies tue, möchte ich mir eine kurze persönliche Bemerkung über Sinn und Absicht der von mir vorgelegten Analyse des Husserlschen Versuches einer transzendentalen Begründung des Intersubjektivitätsproblems erlauben. Als ich mich im Jahre 1932 anschickte, über Husserls Anregung eine Darstellung der ›Meditations cartesiennes‹ für die *Deutsche Literaturzeitung* zu schreiben und mich zu diesem Zweck intensiv mit diesem fundamental wichtigen Werk beschäftigte, hatte ich mit erheblichen Schwierigkeiten im Durchdenken der Fünften Meditation zu kämpfen[.] Schwierigkeiten, die sich im Lauf der Jahre umso mehr vergrössert haben, als ich mich [der Satz bricht an dieser Stelle ab]. [S]eit ich vor nunmehr 25 Jahren über Husserls Anregung eine Besprechung der Cartesianischen Meditationen in der Deutschen Literaturzeitung veröffentlichte[,] habe ich mich unablässig um ein Verständnis der Fünften Meditation bemüht und bin bei diesem Bestreben in immer grössere Schwierigkeiten geraten. Es fiel mir weiter auf [Hier bricht der gestrichene Teil ab].«

E17 Im Orig. über dem gestrichenen »Bei Abfassung«.

E18 Die Worte »ich während« sind über der Zeile an dieser Stelle eingefügt.

E19 Die Worte »und der späteren Schriften Husserls« sind über der Zeile an dieser Stelle eingefügt.

E20 Im Orig. »zur vor einem« gestrichen.

E21 Im Orig. an dieser Stelle gestrichen: »,soviel mir bekannt ist,«.

E22 Im Orig. an dieser Stelle gestrichen: »nirgends«.

E23 Im Orig. an dieser Stelle über der Zeile eingefügt, nachdem »wurde« auf der Zeile und »worden war« über der Zeile gestrichen wurden.

E24 Im Orig. an dieser Stelle über der Zeile eingefügt, nachdem »keineswegs« auf der Zeile und »nicht« über der Zeile gestrichen wurden.

E25 Im Orig. im Anschluß gestrichen »auf transzendentaler Ebene anzubieten«.

E26 Im Orig. »ierung« gestrichen und durch »tion« über der Zeile ergänzt.

E27 Im Original »Sub-« am Zeilenende gestrichen und »Intersub« vor der nächsten Zeile ergänzt.

E28 Im Orig. über der Zeile ergänzt; auf der Zeile wurde »Versuche Beweis« gestrichen.

E29 Im Orig. über der Zeile ergänzt, auf der Zeile gestrichen »nachzuweisen«.

E30 Damit verweist Schütz wieder auf die Problematik des Konstitutionsbegriffes bei Husserl, vgl. dazu Schütz, »Das Problem der transzendentalen Intersubjektivität bei Husserl«, a. a. O., S. 255 f.

E31 Im Orig. »sind« danach gestrichen

E32 Im Orig. »von solcher Wichtigkeit« gestrichen und »so tiefschürfend« am Zeilenrand ergänzt.

E33 Im Orig. »auf dieselben eingehen« über dem gestrichenen »sie ein[Rest des Wortes unleserlich]«.

E34 Im Orig. »Was zunächst« über der Zeile am Rand ergänzt.

E35 Im Orig. »anbetrifft, so« über dem durchgestrichenen »sind von größter Wichtigkeit. Ich« ergänzt.

E36 Im Orig. über dem durchgestrichenen »völlig« eingefügt.

E37 Im Orig. über der Zeile ergänzt.

E38 Im Orig. »ist, während« über der Zeile ergänzt.

E39 Vgl. Max Scheler, *Wesen und Formen der Symphatie* (1913), Bonn: Cohen 1923; jetzt in: Gesammelte Werke Bd. 7, hg. v. Manfred S. Frings, Bern/München: Francke [7]1979, S. 7-258, S. 254. Vgl. dazu auch Alfred Schütz, »Schelers Theorie der Intersubjektivität und die Generalthesis vom Alter Ego« [1942-I-1], in: ASW III.2, S. 69-108, insbes. S. 82 ff.

E40 Im Orig. vorher »Wenn ich« gestrichen.

E41 Im Orig. »von« danach gestrichen.

E42 Im Orig. »ihn aber für« danach gestrichen.

E43 Im Orig. »nach« danach gestrichen.

E44 Im Orig. »zu« über der Zeile eingefügt.

E45 Im Orig. von dem gestrichenen »begründet habe, so ist mir gerade« geändert auf »begründen versucht.« geändert.

E46 Alfred Schütz, »Symbol, Wirklichkeit und Gesellschaft« [1955-1-2], in: ASW V.2, S. 117-220, insbes. S. 128 ff.

E47 Im Orig. »leibliche« danach gestrichen.

E48 Im Orig. danach »seiner Hand, die einen Gegen« gestrichen.

E49 Im Orig. »auch« danach gestrichen.

E50 Im Orig. danach »seiner« gestrichen.

E51 Im Orig. »in diesem Sinn« über dem gestrichenen »als solche« ergänzt.

E52 Im Orig. »Konstitutions« davor gestrichen.

E53 Im Orig. danach »direkt appräsentiert« gestrichen.

E54 Im Orig. zusammengeschrieben und durch eine senkrechte Linie getrennt.

E55 Im Orig. über der Zeile eingefügt.

E56 Im Orig. über dem gestrichenen »in der« eingefügt.

E57 Im Orig. über der Zeile eingefügt.

E58 Charles H. Cooley spricht von »looking glass self« in *Human Nature and the Social Order*, New York: Scribner 1902, S. 152. Er stützt bei dieser Konzeption der Ich-Identität (nicht der Intersubjektivität!) auf das »social self« von William James (*The Principles of Psychology. Vol I* (1890), S. 293 ff.). Nicht Cooleys Metapher sondern sein Konzept der Ich-Identität (»I and Me«) wurde in der Folge von George Herbert Mead in seine eigene Identitätstheorie übernommen, vgl. George Herbert Mead, »Cooleys Beitrag zum soziologischen Denken in Amerika«, in: ders., *Gesammelte Aufsätze I*, hg. v. Hans Joas, Frankfurt/M.: Suhrkamp 1987, S. 329 ff. sowie George Herber Mead, *Geist, Identität und Gesellschaft aus der Sicht des Sozialbehaviorismus* (1934), Frankfurt/M.: Suhrkamp 1973, S. 207 ff. Zu Strahl- und Spiegelmetaphern bei Schütz vgl. Herman Coenen, »Utensilien und Umstände. Bespiegelungen zur Strahlenmetapher bei Schütz«, in: *Alfred Schütz. Neue Beiträge zur Rezeption seines Werkes*, hg. v. Elisabeth List u. Ilja Srubar, Amsterdam: Rodopi 1988, S. 157-189. Vgl. dazu auch oben Anm. E 41.

E59 Im Orig. ist hier noch am Rand »Ortega?« notiert. Vgl. dazu José Ortega y Gasset, *El hombre y la gente* Madrid: Revista de Occidente 1957, dt. Ausgabe *Der Mensch und die Leute* München: DVA 1957, S. 103 ff. Die Spiegelmetapher wird an dieser Stelle von Ortega mit dem Husserlzitat (Anm. E 41) eingeführt und dann anthropologisch erweitert. Schütz hatte die englische Übersetzung dieses posthumen Werkes *Man and People* (New York: Norton 1957) ab Anfang 1958 zur Verfügung und die Kapitel IV-VII intensiv durchgearbeitet, wie die Randbemerkungen in seinem Exemplar zeigen. Dort findet sich der Verweis auf Husserl und die »looking glass«-Metapher auf S. 121 ff. Vgl. dazu Helmut R. Wagner, *Alfred Schutz: An Intellectual Biography*, Chicago/London: University of Chicago Press 1983, S. 141 sowie Hisashi Nasu, »Alfred Schutz's Dialogue with Ortega y Gasset: In Special Reference to Schutz's Annotations on *Man and People*«, in: Hisashi Nasu, Lester Embree, George Psathas, Ilja Srubar (Hg.), *Alfred Schutz and his Intellectual Partners*, Konstanz: UVK 2008, S. 251-269. Diese Randbemerkung könnte ein Hinweis darauf sein, dass Schütz diesen Text erst im Laufe des Jahres 1958 verfasste bzw. für die Veröffentlichung vorbereitete.

E60 Im Orig. über der Zeile eingefügt. Gestrichen wurde der urspünglich als Nebensatz zum vorhergehenden Satz formulierte erste Teil », indem dort sogar die Erfahrung des Selbst an«.

E61 Im Orig. »nicht« über der Zeile eingefügt.

E62 Vgl. dazu Henri Bergson, *Materie und Gedächtnis. Eine Abhandlung über die Beziehung zwischen Körper und Geist* (^{2}1919), Hamburg: Meiner 1991, ders., *Durée et simultanéité. A propos de la théorie d'Einstein*, Paris: Alcan 1922. Schütz hält an Bergsons Theorie der »durée« auch nach der Hinwendung zu Husserls Phänomenologie, sowohl im *Sinnhaften Aufbau* [1932-I-1] als auch an diesem Punkt der expliziten Distanzierung von der transzendentalen Begründung der Intersubjektivität fest.

E63 Danach im Orig. gestrichen: »Diese Frage hängt auch innig mit der der Gleichursprünglichkeit von Objektivität der Welt und Intersubjektivität zusammen.«

E64 Vgl. dazu und zum folgenden Beispiel der Kommunikation Alfred Schütz, *Der sinnhafte Aufbau der sozialen Welt. Eine Einleitung in die verstehende Soziologie* [1932-I-1], in: ASW II., §§ 22 ff. u. § 31 f. (vgl. zum Problem der Gleichzeitigkeit auch den »Vogelflug« § 33, S. 315 f.); ders., »Über die mannigfaltigen Wirklichkeiten« [1945-I-3], in ASW V.1, S. 177-247, S. 193 ff.; ders., »Symbol, Wirklichkeit und Gesellschaft«, a. a. O. (Anm. E 46), S. 148 ff. Vgl. auch Joachim Renn, »Appresentation and Simultaneity: Alfred Schutz on Communication between Phenomenology and Pragmatics«, in: *Human Studies* 29, 2006, S. 1-19.

E65 Im Orig. danach gestrichen: »Es ergibt sich somit eine strenge Gleichzeitigkeit der Vorgänge im inneren Zeitbewusstsein des Redenden sowohl als in dem des Angeredeten, vermittelt durch den Ablauf der physikalischen Vorgänge in der objektiven Zeit, die kraft ihres polythetischen Aufbaus, den Ereignissen im Ablauf der inneren Zeit beider simultan ist.«

E66 Im Orig. danach gestrichen: »nicht im Jetzt sondern«.

E67 Im Orig. »zu« über der Zeile eingefügt und »vermag« über dem gestrichenen »kann«.

E68 Im Orig. »Anfrage« davor gestrichen.

E69 Im Orig. »zu haben« danach gestrichen.

E70 Im Orig. danach gestrichen: »Dr Fink weist mit Recht darauf hin, dass die Objektivität der Welt und Intersubjektivität gleichursprünglich sind. Wenn ein so genauer Kenner der Husserlschen Gedankengänge wie er dies für eine mögliche Interpretation der Ansicht unseres Philosophen hält, so wage ich nicht zu widersprechen, und begnüge mich auf den Hinweis, dass die publizierten Schriften Husserls, auf die allein ich meine Argumentation gestützt habe, in der Tat«.

E71 Edmund Husserl, *Ideen zu einer Phänomenologie und phänomenologischen Philoso-*

phie. Zweites Buch: *Phänomenologische Untersuchungen zur Konstitution, Husserliana* Band IV, hg. v. Marly Biemel, Den Haag: Nijhoff 1952; vgl. dazu auch Schütz' Text »Edmund Husserls *Ideen II*« [1953-I-1], in diesem Band S. 171 ff.

E72 Im Orig. wurde der Satz ab »Welt« über dem bis auf Wort »Intersubjektivität« gestrichenen »durch Intersubjektivität geschaffenen« über der Zeile ergänzt.

E73 Vgl. Husserl, *Ideen II*, a. a. O. (Anm. E 71), § 51.

E74 Vgl. zu Kants Herleitung der Objektivität im Sinne der »objektiven Gültigkeit« Immanuel Kant, *Kritik der reinen Vernunft*, in: *Gesammelte Schriften* Bd. III, hg. v. der Preußischen Akademie der Wissenschaften, Berlin: Reimer 1911, S. 531 ff.; B 848 ff

E75 Im Orig. über dem gestrichenen »Gedankengang« eingefügt.

E76 Im Orig. wurde der gesamte Satzteil »und seiner Unterscheidung von Wahrnehmungs- und Erfahrungsurteilen« über der Zeile eingefügt. Zu dieser Unterscheidung bei Kant vgl. Immanuel Kant, *Prolegomena zu einer jeden künftigen Metaphysik die als Wissenschaft wird auftreten können*, Riga: Hartknoch 1783; in: *Gesammelte Schriften* Bd. IV, hg. v. der Preußischen Akademie der Wissenschaften, Berlin: Reimer 1911, S. 253-383, § 18, S. 298: »Empirische Urteile, sofern sie objektive Gültigkeit haben, sind *Erfahrungsurteile*; die aber, so nur subjektiv gültig sind, nenne ich bloße *Wahrnehmungsurteile*. Die letztern bedürfen keines reinen Verstandesbegriffs, sondern nur der logischen Verknüpfung der Wahrnehmungen in einem denkenden Subjekt. Die ersteren aber erfordern jederzeit, über die Vorstellungen der sinnlichen Anschauung, noch besondere im Verstande ursprünglich erzeugte Begriffe, welche es eben machen, daß das Erfahrungsurteil objektiv gültig ist.«

E77 Im Orig. nach dem gestrichenen »natürlich« auf der Zeile eingefügt.

E78 Im Orig. »auch für mich« vor der Zeile am Rand eingefügt.

E79 Zu Schütz' Behandlung des Themas Tod vgl. »Personalitätsmanuskripte« [1937-II-1], in ASW V.1, S. 33-176, S. unter dem Stichwort »Fundamentalangst«, sowie ders., »Über die mannigfaltigen Wirklichkeiten« [1945-I-3], jetzt in ASW V.1, S. 177-247, S. 203 ff.

E80 Vgl. Alfred Schütz, »[Husserl und sein Einfluß auf mich]« [1958-II-7], in diesem Band, S. 297 f.

E81 Im Orig. »steht es« vor dem gestrichenen »ist« am Rand eingefügt.

E82 Im Orig. »sehr späten« über der Zeile eingefügt.

E83 Im Orig. danach gestrichen: »Wie ich in meinem Referat bemerkte, hatte«.

E84 Im Orig. davor »Material« gestrichen. Der zugehörige Artikel »das« wurde mit »die« überschrieben. Zu Schütz' Kenntnis des Husserlnachlasses vgl. die Einleitung zu diesem Band S. 19 ff.

E85 Im Original: »Par.«.

E86 Vgl. dazu oben E 45.

E87 Vgl. dazu Schütz' Notizen zu Ingardens Frage S. 282.

E88 Vgl. dazu auch die Notizen von Schütz

E89 Vgl. dazu Max Scheler, *Sympathie*, a. a. O. (Anm. E 39), Teil A II., S. 19 ff. und VI., S. 105 ff. Vgl. dazu wiederum Alfred Schütz, »Schelers Theorie der Intersubjektivität«, a. a. O. (Anm. E 39), sowie ders. »Max Schelers Erkenntnistheorie und Ethik« [1957-I-5], in ASW III.2, S. 183-228.

E90 Im Orig. »Idee« davor gestrichen.

E91 Leslie J. Becks hervorzuhebende Werke sind u. a. Leslie J. Beck, *The method of Descartes. A study of the Regulae* Oxford: Clarendon Press 1952; ders., *The metaphysics of Descartes. A study of the Meditations* Oxford: Clarendon Press 1965. Vgl. dazu auch Schütz' Notizen S. 281

E92 Im Orig. »Husserl in den Med. Cart. und von« über der Zeile eingefügt.

E93 Eugen Fink, »Die Phänomenologische Philosophie Edmund Husserls in der gegenwärtigen Kritik«, in: *Kant-Studien* 38, 1933, S. 319-383. Neudruck in: Eugen Fink, *Studien zur Phänomenologie 1930-1939*, Den Haag: Nijhoff 1966, S. 79 ff. Fink unterscheidet in diesem Text das weltbefangene Ich, das transzendentale Ich und das Ich als Beobachter der Epoché vgl. Schütz, »Das Problem der transzendentalen Intersubjektivität«, a. a. O. (Anm. 35), in diesem Band S. 234 f. Beck entwickelt von dieser Unterscheidung Finks ausgehend die These, dass die Epoché die verfahrene Situtation der Unbegründbarkeit der Intersubjektivität schaffe, weil sie die Situation verfälsche. Eine Ontologie der Lebenswelt erfordere kein mit dem Anderen verbundenes Ich, weil ich mich als begrenztes Sein erkenne und weil ich ein metaphysisches Bedürfnis nach dem Anderen habe. Deshalb sei die zweite Epoché zu verwerfen, es genüge, bei dem gewöhnlichen Ich nach Descartes zu bleiben (Actes du Colloque internationale de phénoménologie à Royaumont (23-30 avril 1957), *Husserl, Cahiers der Royaumont. Philosophie* No. 3, Paris: Éditions de Minuit 1959, S. 366 f.).

E94 Im Orig. danach »lediglich« gestrichen.

E95 Im Orig. danach gestrichen: »Allerdings glaube ich, dass diese Intersubjektivität und Interobjektivität wie die Kategorien der Lebenswelt nicht«.

E96 Im Orig. danach »diese Intersubjektivität in der Endlichkeit« gestrichen.

E97 Carl Friedrich Graumann (1923 – 2007) phänomenologisch orientierter Psychologe; ein hervorzuhebendes Werk sind die *Grundlagen einer Phänomenologie und Psychologie der Perspektivität*, Berlin: de Gruyter 1960, außerdem viele Arbeiten zu Sprache und Kommunikation aus phänomenologischer Perspektive.

E98 Graumann hatte diese Frage noch in dreifacher Hinsicht präzisiert: 1) ob diese Unerreichbarkeit einen fundamentalen Verzicht auf alle transzendentalen Analysen der Intersubjektivität bedeute, oder ob Schütz nur die Husserlsche Herangehensweise für inadäquat halte; 2) ob die Erhellung und strukturelle Explizierung der Beziehungen zur Welt die Möglichkeiten einer Phänomenologie (des Sozialen) erschöpfen; 3) oder ob dieses Scheitern des hier thematisierten phänomenologischen Versuchs wenigstens auf der Abwesenheit oder der Unzulänglichkeit einer spezifisch ontologischen Problematik beruht (Actes du Colloque internationale de phénoménologie à Royaumont (23-30 avril 1957), *Husserl, Cahiers der Royaumont. Philosophie* No. 3, Paris: Éditions de Minuit 1959, S. 374). Vgl. dazu auch Schütz' Notizen zur Fragestellung S. 282.

E99 Eugen Fink, »L'Analyse Intentionelle et le Problème de la pensée spéculative«, in: *Problèmes actuels de la Phénoménologie*, hg. v. H. L. van Breda, Brüssel: Desclée de Brouwer 1951, S. 53-87.

E100 Im Orig. danach gestrichen: »nicht, dass die wohlumschriebenen Aufgaben der transzendentalen Phänomenologie«.

E101 Im Orig. über dem gestrichenen »auf dem« eingefügt.

E102 Vgl. Edmund Husserl, »Nachwort zu meinen ›Ideen zu einer reinen Phänomenologie und phänomenologischen Philosophie‹«, in: *Jahrbuch für Philosophie und phänomenologische Forschung*, Bd. XI, (1930), S. 549-570; jetzt in: Edmund Husserl, *Ideen zu einer reinen Phänomenologie und phänomenologischen Philosophie.* Drittes Buch: *Die Phänomenologie und die Fundamente der Wissenschaften*, in: *Husserliana* Bd. V., hg. v. Marly Biemel, Den Haag: Nijhoff [2]1971, S. 138-162, S. 158. Vgl.

dazu auch Schütz, *Sinnhafter Aufbau*, a. a. O. (Anm. E 64), S. 129 f.

E103 Im Orig. »bis nun« nachträglich am Rand eingefügt.

E104 Arion L. Kelkel (geb. 1927), Übersetzer von Husserls *Logischen Untersuchungen* und der *Ersten Philosophie*. Wichtige Werke sind *Husserl, sa vie, son oeuvre*, en collaboration avec René Schérer, Paris: Presse Universitaires de France 1964 und *La legende de l'Etre. Langage et Poesie chez Heidegger*, Paris: Vrin 1980.

E105 Arion Kelkel hatte mit ausführlicher Begründung vier Fragen gestellt: 1) Ob für Schütz das Scheitern der transzendentalen Phänomenologie in der Begründung der Intersubjektivität und der Objektivität der Welt ein Scheitern der transzendentalen Phänomenologie überhaupt bedeute; 2) ob die Wichtigkeit der Probleme der Intersubjektivität nicht zeigen, dass die V. Meditation nicht doch mehr sei als eine Entfaltung der transzendentalen Reduktion [wie Fink behauptet]; 3) ob Schütz das Scheitern von Husserl darin sähe, dass dieser eine Deduktion der mundanen Intersubjektivität von der transzendentalen Subjektivität suche, obwohl Husserl sich doch gegen jegliche Bezeichnung seiner Methode als deduktive gewandt habe und 4) wie Schütz die von Husserl in der *Krisis* (a. a. O. (Anm. E 44), § 54 b, S. 189) aufgemachte Analogie der Selbstkonstitution des Ich in der Wiedererinnerung als eines vergangenen Ichs (»Ent-Gegenwärtigung«) mit der Konstitution eines Anderen im Ich einschätze (vgl. Actes du Colloque internationale de phénoménologie à Royaumont (23-30 avril 1957), *Husserl, Cahiers der Royaumont. Philosophie* No. 3, Paris: Éditions de Minuit 1959, S. 367-369).

E106 Im Orig. »kann nur« über dem gestrichenen »könnte höchstens« eingefügt.

E107 Vgl. zum Ausdruck »überschwenglicher Gebrauch« Immanuel Kant, *Prolegomena zu einer jeden künftigen Metaphysik, die als Wissenschaft wird auftreten können*, *Gesammelte Schriften* Bd. IV, hg. v. der Preußischen Akademie der Wissenschaften, Berlin: Reimer 1911, S. 253-383, § 40, S. 328. Vgl. für das konkrete Zitat oben S. 264, Anm. E 95.

E108 Im Orig. danach gestrichen: »Sinne der Ausführungen«.

E109 Im Orig. das Wort »Missverständnis« über dem gestrichenen »Ungenauigkeit [Satz danach über eineinhalb Zeilen nicht leserlich]«.

E110 Im Orig. »und in diesem Zusammenhang auch von Husserl gebrauchte« am Rand eingefügt.

E111 Im Orig. danach »schwierigen Texten, wie dem vorliegenden« gestrichen und den Satzteil bis zur schließenden Klammer zweizeilig am oberen Rand ergänzt.

E112 In der deutschen Erstveröffentlichung findet sich an dieser Stelle noch folgende Fußnote: »›Das Problem der transzendentalen Intersubjektivität bei Husserl‹ wurde auf dem Colloquium von Royaumont französisch verlesen, in einer Übersetzung von Maurice de Gandillac. Der hier wiedergegebene Text des Vortrags und der Diskussion ist in der originalen deutschen Fassung. Die Diskussion wurde nach einem Tonbandmitschnitt von Rudolf Böhm transkribiert. (A. v. B.).«

E113 John Wild (1902 – 1972), hervorzuhebende Werke sind *George Berkeley: A Study of His Life and Philosophy*, Cambridge, Mass: Harvard University Press 1936; *Introduction to Realistic Philosophy*, New York: Harper 1948 u. *The Radical Empiricism of William James*, New York: Greenwood 1969.

E114 Vgl. dazu Max Scheler, *Der Formalismus in der Ethik und die materiale Wertethik. Neuer Versuch der Grundlegung eines ethischen Personalismus* (1913/1916), in: Gesammelte Werke Bd. 2, hg. v. Maria Scheler, Bern/München: Francke [6]1980, S. 69 ff. u. 85 ff.; vgl. zur eidetischen Reduktion bei Scheler auch Alfred Schütz, »Max Schelers Erkenntnistheorie und Ethik« [1957-I-5], in ASW III.2, S. 183-228.

insbes. S. 186 ff.

E115 Im Konferenzband (Actes du Colloque internationale de phénoménologie à Royaumont (23-30 avril 1957), *Husserl, Cahiers der Royaumont. Philosophie* No. 3, Paris: Éditions de Minuit 1959, S. 366 f.) wird die hier von Schütz John Wild zugeschriebene Frage Leslie Beck zugeordnet.

E116 An dieser Stelle findet sich in den Notizen das durchgestrichene »Wird davon«.

[Husserl und sein Einfluß auf mich]

Editorischer Bericht

Der vorliegende Text »[Husserl und sein Einfluß auf mich]« [1958-II-7] basiert auf einer Tonbandaufzeichnung. Das englischsprachige Original wurde vollständig zuerst von Lester Embree, der auch den Titel hinzufügte, in der Zeitschrift *The Annals of Phenomenological Sociology* 2, 1977, S. 41-44 veröffentlicht [1977-I-1]. Eine gekürzte Version dieses Textes diente als erster Abschnitt von Schütz' Artikel »Husserl's Importance for the Social Sciences«, in: H. L. van Breda/Jean Taminiaux (Hg.), *Edmund Husserl 1859 – 1959*, The Hague: Nijhoff 1959, S. 86-98, S. 86-88; eine neue deutsche Übersetzung des zweiten und dritten Abschnitts unter dem Titel »Husserls Bedeutung für die Sozialwissenschaften« in diesem Band S. 305 ff. Eine erste, jedoch ebenfalls nur gekürzte Veröffentlichung in deutscher Sprache erfolgte in der Einleitung zu Alfred Schütz, *Gesammelte Werke III, Studien zur phänomenologischen Philosophie* [1971-I-2], hg. v. Alexander v. Baeyer, Den Haag: Nijhoff 1971, S. 9-12.[1]

Im Nachlaß liegt der Text in zwei Versionen vor: zum einen als Transkript einer undatierten fünfseitigen Tonbandmitschrift[2] (lfd. Nr. 6827-6832), die mit »[Verbatim Transkription]« (nicht in Schütz' Handschrift) überschrieben ist (dazu gibt es eine zweite Variante, die mit »[slightly edited]« überschrieben ist (ldf. Nr. 6832-6836)). Zu dieser ersten Version finden sich außerdem zwei handschriftliche Entwürfe (lfd. Nr. 2415-2420 u. 2443-2445). Die zweite, gekürzte[3] Version findet sich als erster Teil des Textes »Husserls Bedeutung für die Sozialwissenschaften«, als handschriftlicher Entwurf (lfd. Nr. 7429-7432) und als Typoskript (7463-7465). Die Tonbandaufnahme und die Parallelen in

1 In einer Fußnote verweist v. Baeyer auf redaktionelle Kürzungen in der ersten Teilveröffentlichung.

2 Schütz hatte sich im April 1952 ein Diktiergerät angeschafft und damit zumindest teilweise seine Textproduktion umgestellt, wie der Brief vom 20. April 1952 an Gurwitsch zeigt: »Ich habe mir einen *Tape-Recorder* schenken lassen und Ilse schreibt diesen Brief nach einem Diktat über diesen. [...] Jedenfalls hoffe ich, daß dieses Instrument und Ilse's freundliche Mithilfe mir es gestatten wird, rascher und mehr zu arbeiten als bisher.« (Alfred Schütz/Aron Gurwitsch, *Briefwechsel 1939 – 1959*, hg. v. Richard Grathoff, München: Fink 1985, S. 282).

3 Gekürzt wurde vor allem die persönliche Problemstellung und der »ungewöhnliche Weg« von Schütz zur Husserlschen Phänomenologie, im wesentlichen die beiden ersten Seiten des folgenden Textes.

den Texten legen die Vermutung nahe, dass es sich bei dem vorliegenden Text um eine diktierte, längere und frühere Version des ersten Abschnitts von Schütz' Beitrag zu dem Husserl-Gedächtnisband handelt.[4] Die späteren Kürzungen betreffen vor allem Schütz' Entwicklung vor seiner Hinwendung zu Husserls Phänomenologie.

Die neue Übersetzung dieses Textes aus dem Englischen wurde von Christian Thomas angefertigt und von Gerd Sebald überarbeitet. Die Zahlen in eckigen Klammern verweisen auf den Seitenumbruch des Erstdrucks von 1977.

---

4 Vgl. dazu auch den unten in Anmerkung E 2 zitierten Hinweis Lester Embrees.

[Husserl und sein Einfluß auf mich]

Die Herausgeber[E 1] dieses Bandes[E 2] haben frühere Schüler Husserls eingeladen, nicht nur, um einen Abriß des Einflusses, den das Denken dieses großen Philosophen auf ihre eigene Entwicklung und Arbeit hatte, sondern auch, um ihre Erinnerungen seiner Art zu lehren und der philosophischen Kontakte, die sie mit ihm hatten, wiederzugeben. Ich werde gerne den Anregungen der Editoren folgen und die herzlichen Erinnerungen meiner Treffen mit Husserl während der letzten Jahre seines Lebens wiederbeleben, gleichwohl ich nicht sicher bin, ob ich berechtigt bin, mich einen persönlichen Schüler Husserls zu nennen.[E 3] Ich traf den großen Denker zum ersten Mal 1932[M 1], als er schon lange keine Vorlesungen mehr an der Universität hielt, und zwölf Jahre nachdem ich mein Studium an der Universität Wien beendet hatte.[E 4]

Mein Weg zu Husserls Philosophie war – wie er selbst einmal feststellte – höchst ungewöhnlich. Seit meinen frühesten Studientagen galt mein hauptsächliches Interesse der philosophischen Begründung der Sozialwissenschaften, insbesondere der Soziologie. Zu dieser Zeit war ich im Banne von Max Webers Arbeiten, besonders seiner methodologischen Schriften. Allerdings bemerkte ich sehr bald, daß Max Weber zwar alle Werkzeuge erarbeitet hatte, die er für seine konkrete Forschung benötigte, daß sein Hauptproblem jedoch – das Verstehen der Bedeutung, die eine soziale Handlung für den Akteur hat –, weiterer philosophischer Begründung bedurfte.

Mein Lehrer in Rechtsphilosophie, Hans Kelsen[E 5], hatte versucht, eine solche philosophische Begründung in den Lehren der Neukantianischen Schule zu finden, aber weder die Arbeiten von Cohen,[E 6] Natorp[E 7] noch die früheren Schriften Ernst Cassirers[E 8] eröffneten mir einen Zugangsweg zu dem Problem, mit dem ich mich befaßte. Bergsons Philosophie [42] beeindruckte mich jedoch tief. Ich war überzeugt, daß seine Analyse der Bewußtseinsstruktur und besonders der inneren Zeit als ein Ausgangspunkt für eine Interpretation der ungeklärten Grundbegriffe der Sozialwissenschaften wie Bedeutung, Handlung, Erwartung und allem voran Intersubjektivität sein könnte.[E 9]

Zu dieser Zeit war ich eng verbunden mit dem verstorbenen Felix Kaufmann, der an seinem ersten Buch, *Logik und Rechtswissenschaften*[E 10] arbeitete, in welchem er erfolgreich versuchte, Kelsens reine Theorie des Rechts auf Husserls logischen und epistemologischen Erkenntnissen zu fundieren. Er ermunterte mich, die *Logischen Untersuchungen*[E 11] und den ersten Band der *Ideen*[E 12], dem damals einzigen veröffentlichten, zu studieren. Dies tat ich mit größter Sorgfalt, aber trotz meiner großen Bewunderung konnte ich in diesen Büchern die Brücke zu dem Problem, das mich beschäftigte nicht finden.[E 13] Dann wurden 1928 die *Vorlesungen zur Philosophie des inneren Zeitbewußtseins*[E 14] veröffentlicht, herausgegeben von Heidegger. Vorbereitet durch mein Studium der Philosophie Bergsons, fand ich Husserls Gedanken und Sprache sofort verständlich, und als 1929 die *Formale und transzendentale Logik*[E 15] erschien und das Problem der Intersubjektivität in den Mittelpunkt stellte, erkannte ich die Bedeutung von Husserls Gedanken für all die Fragen, die mich beschäftigten. Ich begann sofort, die *Ideen*[E 16] und die *Logischen Untersuchungen*[E 17] noch einmal zu studieren und dadurch, indem ich mich zu Husserls früheren Schriften zurückarbeitete, erkannte ich, daß viele der wichtigen Themen seiner Spätphilosophie bereits in den früheren Arbeiten berührt wurden und von größter Wichtigkeit für die Sozialwissenschaften waren. Auf diesem Wege brachte mich meine ungewöhnliche Annäherung an Husserl in unmittelbaren Kontakt mit seiner Spätphilosophie, von wo aus ich seine frühere entdeckte.

Es sei mir verzeihen, wenn ich länger bei diesem eher autobiographischen Bericht verweile. Dies hat jedoch eine bestimmte Bedeutung für die folgende Analyse der Beziehung zwischen der Phänomenologie und den Sozialwissenschaften.[E 18] Meine Begegnung mit Husserls Philosophie war einerseits stark beeinflußt von der Tatsache, daß ich meine wissenschaftliche Ausbildung in den Sozialwissenschaften hatte, und andererseits durch meinen unorthodoxen Zugang zur Phänomenologie. Von Beginn an interessierte ich mich eher als für die Probleme der »transzendentalen Phänomenologie« für das, was Husserl später in seinem »Nachwort zu meinen ›Ideen‹« die »Phänomenologie der natürlichen Einstellung« nannte.[E 19] Obwohl ich deutlich die Wichtigkeit der Phänomenologie und der eidetischen Reduktionen für die Begründung einer voraussetzungslosen Philosophie begriff, ahnte ich, daß die hauptsächliche Bedeutung für einen Versuch der Erforschung sozialer Realität in dem Faktum bestand, das ebenso von Husserl aufgestellt wurde, daß alles Wissen, das durch Analyse der reduzierten transzendentalen Sphäre erlangt wurde, auch in der natürlichen Einstellung gültig blieb. [43]

In einem 1932 veröffentlichten Buch versuchte ich, Husserls Phänomenologie, wie ich sie verstand, und Webers Methodologie als Ausgangspunkt für die Analyse der Bedeutungsstruktur der sozialen Welt zu nutzen.[E 20] Von einigen Freunden ermutigt, schickte ich dem Philosophen ein Exemplar[E 21] und erhielt einen Brief von ihm mit hocherfreulichen Kommentaren und der Einladung, ihn in Freiburg zu besuchen.[E 22] Zu dieser Zeit war Husserls herzliche Anerkennung eine schöne Überraschung für mich. Erst viele Jahre später, als das Husserl-Archiv den zweiten Band der *Ideen* veröffentlichte,[E 23] fand ich heraus, daß viele meiner Entdeckungen sich mit Husserls systematischen Aussagen deckten, die, meiner eigenen Arbeit um viele Jahre vorausgehend, mir völlig unbekannt waren.

Ich beeilte mich, den Philosophen in Freiburg zu besuchen[M 1] und wurde auf das freundlichste empfangen. Von dieser Zeit an bis Weihnachten 1937 schaffte ich es, Husserl jedes Jahr drei oder vier Mal im Jahr in Freiburg, Wien oder Prag für kürzere oder längere Zeit zu besuchen. Während meiner Aufenthalte in Freiburg hatte ich unvergessliche Erlebnisse, wenn ich ihn auf seinen »philosophischen Spaziergängen« begleitete, die er, wenn es das Wetter erlaubte, jeden Tag nach seiner Arbeit am Schreibtisch für anderthalb Stunden vor dem Mittagessen unternahm, begleitet von Fink[E 24], manchmal auch von Dorion Cairns[E 25] und Landgrebe[E 26]. Mir wurde auch erlaubt, mich an Diskussionen in seinem Haus teilzunehmen, abends mit ein paar seiner engen Freunde, wie z. B. Jean Héring.[E 27] Zu diesen Gelegenheiten lud Husserl regelmäßig seine Gesprächspartner ein, ihm Fragen zu stellen und ich machte regen Gebrauch von diesem großzügigen Angebot. Husserl begann auf das freundlichste, die Frage zu beantworten. Aber nach ein paar Sätzen wandte er sich den Ideen zu, mit denen sein Geist während seiner Arbeit beschäftigt war und erklärte in einem langen Monolog seine jüngsten Erkenntnisse. Fragestellungen der konstitutiven und konstruktiven Phänomenologie, wie z. B. die der Zeitigung der Zeit[E 28], der strömendstehenden Gegenwart[E 29], des Einströmens[E 30], des phänomenologischen Beobachter, der Lebenswelt[E 31], der Geburt und des Todes beschäftigten ihn in den ersten Jahren. Später standen dann die Themen der Wiener und Prager Vorlesungen im Mittelpunkt seines Interesses, die zu *Die Krisis der europäischen Wissenschaften und die Phänomenologie* geführt hatten. Er hatte gehofft, sein Lebenswerk in sechs oder sieben Fortsetzungen der in der *Philosophia* publizierten Artikel zusammenfassen zu können.[E 32]

Während meines letzten unvergesslichen Besuchs bei ihm, kurz nach Weihnachten 1937, äußerte er die Zuversicht, daß sein Buch, sollte es je beendet werden, die Krönung seines Lebenswerkes sein würde. Husserl war bettlägerig und litt bereits an der Krankheit, die wenige Monate später zu seinem Tod führte. Mir wurde nur erlaubt, ihn für eine kurze Zeit zu sehen. Er muß aber eine Vorahnung seines kommenden Endes gehabt haben, da er mir erklärte, die voll entwickelte transzendentale Phänomenologie ließe außer Zweifel, daß er, der mundane Mensch [44] Edmund Husserl, wird sterben müssen, aber das transzendentale Ego nicht vergehen kann. Der Patient wurde so tief von dieser Idee ergriffen, daß Frau Husserl unser letztes Treffen beenden musste.

Ein einziges Mal hatte ich Gelegenheit, Husserl vor Studenten sprechen zu hören. Das war im November 1935 in Prag. Husserl hielt an der Deutschen und der Tschechischen Universität die Vorlesungen, aus denen das in der *Philosophia* veröffentlichte Essay hervorging. Emil Uti[t]z[E 33], zu dieser Zeit Professor an der Deutschen Universität, bat Husserl, an einem Morgen vor den Studenten seines Seminars zu sprechen und Husserl lud mich ein, ihn zu begleiten. Es war im voraus kein Thema vereinbart worden. Nach einigen einführenden Worten bat Professor Utitz Husserl, kurz über die Bedeutung eines philosophischen Studiums zu sprechen und seinen Studenten dann zu erklären, welchen Beitrag die Phänomenologie zu den beiden Hauptgegenständen seines Seminars, d. h. zur Ästhetik und Charakterologie, leisten könne. Husserl ignorierte letztere Bitte vollständig. Er improvisierte aber mehr als eine Stunde, ohne irgendwelche Notizen, über das große Ereignis in der abendländischen Kultur, als einige griechische Denker begannen, sich zu fragen, wieso die Dinge so sind, wie sie sind, über die Würde der Philosophie und über ihre Berufung in Krisenzeiten wie der, in der wir damals lebten.

Ich hatte Husserl nie mit solcher Überzeugung und tiefem Gefühl reden hören. Seine Emotionen gingen auf die faszinierten jungen Zuhörer über, die sicherlich für ihr ganzes Leben gelernt hatten, was Philosophie bedeutet und was ein Philosoph ist. Husserl spricht irgendwo in seinen Schriften von seinem Bemühen, ein philosophisches Leben in vollster Ernsthaftigkeit zu führen.[E 34] Mit dieser Aussage hat er den innersten Kern seiner Persönlichkeit offenbart. Jeder, der diesen erstaunlichen Mann getroffen hat, erwarb unmittelbar den Eindruck: »*Ecce philosophus*«.

Anmerkungen des Editors

E1 Als Herausgeber des Gedenkbandes zu Husserls 100. Geburtstag, *Edmund Husserl 1859 – 1959*, Den Haag: Nijhoff 1959, firmierten Herman Leo van Breda und Jacques Taminiaux. Van Breda hatte Schütz bereits auf der Tagung in Royaumont zu einem Beitrag für den Gedächtnisband eingeladen (Brief von Schütz an van Breda v. 10. Oktober 1957.

E2 An dieser Stelle findet sich im Erstdruck folgende Anmerkung: »Dieses Fragment ist von einem Tonband transkribiert, das Alfred Schütz hinterließ. Es ist eine längere und wahrscheinlich frühere Version der Bemerkungen, die er seinem Beitrag zu *Edmund Husserl 1859-1959* [Den Haag: Nijhoff 1959, S. 86-98, in diesem Band S. 305 ff.] voranstellte, die aber nicht in den *Collected Papers* abgedruckt sind. Ich habe den Titel und die Fußnoten hinzugefügt und die Interpunktion und den Wortlaut leicht verändert. Frau Schütz hat diese Arbeit autorisiert. Lester Embree.«

E3 »›Schüler‹ kann ich nicht brauchen.« schrieb Husserl am 11. April 1935 an Ludwig Landgrebe. Edmund Husserl, *Briefwechsel* Band IV: *Die Freiburger Schüler*, hg. v. Karl Schuhmann. Dordrecht: Kluwer 1993, S. 327.

E4 Schütz hatte 1919 - 1921 in Wien Nationalökonomie und Rechtswissenschaft studiert, u. a. bei Ludwig von Mises, Friedrich von Wieser und Hans Kelsen.

E5 Hans Kelsen (1881 – 1973), einer der bedeutendsten Rechtswissenschaftler im 20. Jahrhundert, gehörte zur Gruppe der österreichischen Rechtspositivisten; war ab 1919 Ordinarius in Wien, Köln, Genf, Prag und Berkeley. Er war ein Lehrer von Alfred Schütz und Felix Kaufmann in Wien. Zur Biographie vgl. Reinhard Mehring, »Kelsen, Hans«, in: Metzlers Philosophen Lexikon, hg. v. Bernd Lutz, Stuttgart/Weimar: Metzler 1995, S. 447-450 sowie: Rudolf A. Métall, *Hans Kelsen. Leben und Werk*, Wien: Deutike 1969 und: Hans R. Klecatsky (Hg.), *Die Wiener rechtstheoretische Schule. Schriften von Hans Kelsen, Adolf Merkl, Alfred Verdroß*, Wien u. a.: Europaverlag 1968. Wichtige Werke sind *Allgemeine Staatslehre*, Berlin: Springer 1925, sowie *Reine Rechtslehre. Einleitung in die rechtswissenschaftliche Problematik*, Leipzig: Deuticke 1934; erw. ND Wien: Deuticke 1983.

E6 Herman Cohen (1842 – 1918) aus der Marburger Schule des Neukantianismus. Wichtige Werke sind *Kants Theorie der Erfahrung*, Berlin: Dümmler ^{2}1885; ders.„ *Logik der reinen Erkenntnis*, Berlin: Cassirer 1902.

E7 Paul Natorp (1854 – 1924), ebenfalls aus der Marburger Schule des Neukantianismus. Als wichtiges Werk ist zu nennen *Die logischen Grundlagen der exakten Wissenschaften*, Leipzig: Teubner 1910. Zum Verhältnis Natorps zu Husserl vgl. Mario Egger, *Bewußtseinstheorie ohne Ich-Prinzip? Die Auseinandersetzung zwischen Husserl und Natorp über Bewußtsein und Ich*, Hamburg: Kovac 2006.

E8 Ernst Cassirer (1874-1945) promovierte bei Paul Natorp. Ein wichtiges Werk aus der frühen Zeit war *Substanzbegriff und Funktionsbegriff: Untersuchungen über die Grundfragen der Erkenntniskritik*, Berlin: Cassirer 1910. Das dreibändige kulturphilosophische Hauptwerk *Philosophie der symbolischen Formen* (Berlin: Bruno Cassirer (1923/1925/1929), in: *Gesammelte Werke* Bd. 11-13, Hamburg: Meiner 2002) befand sich in Alfred Schütz' Bibliothek, es würde aber wohl nicht mehr dem Frühwerk zugerechnet.

E9 Vgl. zur Bergson'schen Phase von Alfred Schütz vor allem das Manuskript »Lebensformen und Sinnstruktur« [1927-II-1], in ASW I., S. 49-173, sowie Matthias Michailow/Gerd Sebald/Ilja Srubar, »Einleitung«, in: ASW I., S. 7-42, S. 13 ff. und Ilja Srubar, *Kosmion. Die Genese der pragmatischen Lebenswelttheorie von Al-*

fred Schütz und ihr anthropologischer Hintergrund, Frankfurt/M.: Suhrkamp 1988, S. 44 ff.

E10 Deutsch im Original.

E11 Deutsch im Original. Edmund Husserl, *Logische Untersuchungen*. Erster Band: *Prolegomena zur reinen Logik* (1900), Halle: Niemeyer [4]1928, jetzt in: *Husserliana* Bd. XVIII, hg. v. Elmar Holenstein, Den Haag: Nijhoff 1984; Edmund Husserl, *Logische Untersuchungen*. Zweiter Band: *Untersuchungen zur Phänomenologie und Theorie der Erkenntnis* (1901), Halle: Niemeyer [4]1928, jetzt in: *Husserliana* Bd. XIX/1 u. XIX/2, hg. v. Ursula Panzer, Den Haag: Nijhoff 1984.

E12 Deutsch im Original. 1987; Edmund Husserl, *Ideen zu einer reinen Phänomenologie und phänomenologischen Philosophie*. Erstes Buch: *Allgemeine Einführung in die reine Phänomenologie* (1913), Halle: Niemeyer [3]1928, jetzt in: *Husserliana* Bd. III/1, hg. v. Karl Schuhmann, Den Haag: Nijhoff [3]1976

E13 Vgl. zu dem hier nicht festgelegten Beginn der Husserllektüre die Aussage, die Schütz in einem befürwortenden, auf den 21. September 1949 datierten Gutachten bezüglich des Husserlarchivs in Louvain an die UNESCO niedergelegt hat: enquoteSince I had the privilege of belonging to Husserls closer students during the last six years of his life having been studying his philosophy for more than 30 years, I might be permitted to express my deepest conviction that the core of Husserls work is not contained in his published books but in the manuscripts he left behind. (Alfred Schutz Papers. General Collection, Beinecke Rare Book and Manuscript Library, box 20, Folder 427) Danach hätte die Husserllektüre von Schütz mit Beginn des Studiums an der Wiener Universität eingesetzt.

E14 Deutsch im Original. Edmund Husserl, »Vorlesungen zur Phänomenologie des inneren Zeitbewußtseins« (1905), hg. v. Martin Heidegger, in: *Jahrbuch für Philosophie und phänomenologische Forschung*, 9, 1928. S. 367-490, jetzt in: *Husserliana* Bd. X, hg. v. Rudolf Boehm, Den Haag: Nijhoff 1966, S. 3-130.

E15 Deutsch im Original. Edmund Husserl, *Formale und transzendentale Logik. Versuch einer Kritik der logischen Vernunft* (1929), in: *Jahrbuch für Philosophie und phänomenologische Forschung* 10, 1929, S. 192 ff., jetzt in: *Husserliana* Band XVII, hg. v. Paul Janssen, Den Haag: Nijhoff 1974.

E16 Deutsch im Original.

E17 Deutsch im Original.

E18 Vgl. den Text, als dessen erster Abschnitt der vorliegende Text fungierte: »Husserls Bedeutung für die Sozialwissenschaften« [1959-I-5], in diesem Band S. 305 ff., sowie ebenfalls die frühere Ausarbeitung zu diesem Thema Alfred Schütz, »Phänomenologie und Kulturwissenschaften« [1939-II-2], jetzt in ASW IV.

E19 Vgl. dazu Edmund Husserl, »Nachwort zu meinen ›Ideen zu einer reinen Phänomenologie und phänomenologischen Philosophie‹«, in: *Jahrbuch für Philosophie und phänomenologische Forschung*, Bd. XI, (1930), S. 549-570; jetzt in: Edmund Husserl, *Ideen zu einer reinen Phänomenologie und phänomenologischen Philosophie*. Drittes Buch: *Die Phänomenologie und die Fundamente der Wissenschaf- ten, Husserliana* Bd. V, hg. v. Marly Biemel, Den Haag: Nijhoff [2]1971, S. 138-162, S. 158.

E20 *Der sinnhafte Aufbau der sozialen Welt. Eine Einleitung in die verstehende Soziologie* [1932-I-1], in: ASW II.

E21 Schütz schrieb am 26. April 1932 an Husserl: »[. . .] Beim Fortgang meiner Studien kam es mir immer deutlicher zum Bewusstsein, dass die gestellte Aufgabe, die Sozialität in der naturalen Sphäre zu analysieren, nur lösbar sein kann auf dem

Boden einer phänomenologisch geklärten Einsicht in die Wesenstatsachen des Bewusstseinslebens, wie sie einzig und allein die transzendentale Konstitutionsanalyse vermittelt. [...] So aber fand ich in der von Ihnen entwickelten Problematik der transzendentalen Intersubjektivität den Schlüssel zu fast allen soziologischen Problemen, die mich durch so viele Jahre bedrängt hatten.« Edmund Husserl, *Briefwechsel. Band IV: Die Freiburger Schüler*, hg. v. Karl Schuhmann, Dordrecht: Kluwer 1993, S. 481 f.

E22 »Ich wollte Ihnen gerade schreiben, daß mich Ihr Werk über den sinnhaften Aufbau der soz[ialen] Welt, so wie Ihr herzlicher Begleitbreif hocherfreut hat – da höre ich von Professor Otaka[...] daß Sie demnächst nach Basel kommen u. daß Sie geneigt wären, einen Abstecher nach Freiburg zu machen. [...] Ich bin begierig, einen so ernsten u. gründlichen Phänomenologen kennen zu lernen, einen der ganz Wenigen, die bis zum tiefsten u. leider schwer zugänglichen Sinn meiner Lebensarbeit vorgedrungen sind, u. die ich als hoffungsvolle Fortsetzer derselben, als Repräsentanten der echten phil[osophia] perennis [...] ansehen darf.« Husserls Antwort vom 3. Mai 1932 an Schütz (Husserl, *Briefe IV*, a. a. O. (E 21), S. 483).

E23 Edmund Husserl, *Ideen zu einer Phänomenologie und phänomenologischen Philosophie.* Zweites Buch: *Phänomenologische Untersuchungen zur Konstitution, Husserliana* Bd. IV, hg. v. Marly Biemel, Den Haag: Nijhoff 1952. Vgl. dazu auch Schütz' Text »Edmund Husserls *Ideen II*« [1953-I-1], in diesem Band S. 171 ff., vgl. insbes. S. 183 ff. u. die editorische Anmerkung E 119, S. 202.

E24 Eugen Fink (1905 – 1975) war ab 1929 Privatassistent bei Husserl, nach 1945 Ordinarius in Freiburg.

E25 Dorion Cairns (1901 – 1973), Freiburger Schüler Husserls, später mit Schütz gemeinsam an der *New School for Social Research* in New York, übersetzte Husserls *Cartesianische Meditationen* und *Formale und transzendentale Logik.* Wichtige Werke sind *Guide for translating Husserl*, The Hague: Nijhoff 1973 u. *Conversations with Husserl and Fink*, The Hague: Nijhoff 1976.

E26 Ludwig Landgrebe (1902 - 1991), ab 1923 Sekretär Edmund Husserls, ab 1935 in Prag, Herausgeber von Husserls *Erfahrung und Urteil*, 1939 Mitarbeiter am Husserlarchiv in Louvain, ab 1954 Leiter des Husserlarchivs in Köln. Wichtige Werke sind *Der Weg der Phänomenologie*, Gütersloh: Mohn [5]1982, *Phänomenologie und Geschichte*, Gütersloh: Mohn 1967, *Faktizität und Individuation. Studien zu den Grundfragen der Phänomenologie*, Hamburg: Meiner 1982.

E27 Jean Héring (1890 – 1966), frz. Phänomenologe und prot. Theologe, Göttinger Schüler Husserls. Phänomenologisch wichtige Werke sind *Bemerkungen über das Wesen, die Wesenheit und die Idee*, in: *Jahrbuch für Philosophie und phänomenologische Forschung* 4, 1921, S. 495-543 (ND: Darmstadt: Wiss. Buchgesellschaft 1968); *Phénoménologie et philosophie religieuse. Études d'histoire et de philosophie religieuse*, Paris: Presse Universitaires de France 1926.

E28 Im Original: »constitution of time (Zeitigung der Zeit)«, dt. Übersetzung in Klammern.

E29 Im Original: »the streaming-standing present (die strömendstehende Gegenwart)«, dt. Übersetzung in Klammern.

E30 Im Original: »the flowing-in (das Einströmen)«, dt. Übersetzung in Klammern.

E31 Deutsch im Original.

E32 Edmund Husserl, *Die Krisis der europäischen Wissenschaften und die transzendentale Phänomenologie. Eine Einleitung in die phänomenologische Philosophie* (1936); Teil I und II dieses Textes erschienen 1936 im 1. Band der Zeitschrift *Philosophia* in

Belgrad, jetzt insgesamt in: *Husserliana* Bd. VI, hg. v. Walter Biemel, Den Haag: Nijhoff ^{2}1962.

E33 Emil Utitz (1883 – 1956), lehrte Philosophie und Psychologie in Rostock und Halle, ab 1933 in Prag. Mit Jan Patočka war er nach seiner Vertreibung aus Deutschland Mitglied im tschechisch-deutschen *Cercle philosophique de Prague*, der die Einladung Husserls zu den Krisis-Vorträgen nach Prag organisierte und späterhin auch den Abdruck der ersten Krisismanuskripte in der Zeitschrift *Philosophia* (vgl. Jan Patočka. Texte – Dokumente – Bibliographie, hg. v. Ludger Hagedorn u. Hans Rainer Sepp, Prag/Freiburg: Alber 1999, S. 201 ff.). Er überlebte während der deutschen Besatzung das Konzentrationslager Theresienstadt. Unter seinen Werken sind hervorzuheben *Charakterologie*, Berlin: Heise 1925 und *Mensch und Kultur*, Stuttgart: Enke 1933.

E34 Vgl.. etwa Husserl, *Krisis*, a. a. O. (Anm. E 32), § 7: »Ich erhebe keinen anderen Anspruch als den, in erster Linie mir selbst gegenüber und demgemäß auch vor Anderen nach bestem Wissen und Gewissen sprechen zu dürfen als jemand, der das Schicksal eines philosophischen Daseins in seinem ganzen Ernste durchlebte.«

Husserls Bedeutung für die Sozialwissenschaften

Editorischer Bericht

Der vorliegende Aufsatz erschien erstmals unter dem Titel »Husserl's Importance for the Social Sciences« [1959-I-5] in: Herman Leo van Breda/Jacques Taminiaux (Hg.), *Edmund Husserl 1859 – 1959*, Den Haag: Nijhoff 1959, S. 86-98. Er wurde wieder veröffentlicht in Alfred Schütz, *Collected Papers I* [1962-I-1], Den Haag: Nijhoff 1962, S. 140-149, gekürzt um den den einleitenden Absatz und Abschnitt I, die als eigenständiger Text »[Husserl und sein Einfluß auf mich]« [1958-II-7] in diesem Band S. 295 aufgenommen wurden. Ein deutsche Übersetzung, angefertigt von Richard Grathoff, erschien in Alfred Schütz, *Gesammelte Aufsätzen I* [1971-I-1], Den Haag: Nijhoff 1962, S. 162-173, auch in der gekürzten Variante. Der vorliegende Text ist ebenfalls gekürzt und enthält, wie die Versionen aus den Sammelbänden, nur die Abschnitte II und III des Erstdruckes.

Der Husserl-Gedächtnisband war bereits auf der Tagung in Royaumont in Planung, wie der Brief von Schütz an van Breda v. 10. Oktober 1957 zeigt: »Das Programm des Gedächtnisbandes ›EDMUND HUSSERL 1859 – 1959‹ hatten Sie mir ja in Royaumont bereits freundlicherweise mitgeteilt.« Am 2. Dezember1957 kündigt van Breda Schütz die Übersendung des Programms für den Gedächtnisband an. Am 24. Dezember 1957 schreibt Schütz an Jacques Taminiaux, dem damaligen Sekretär des Husserlarchivs in Louvain: »Je viens de recevoir votre circulaire concernant le volume d'hommage à Husserl pour commémorer le centenaire de sa naissance et vous remercie de votre invitation de collaborer à ce volume.«[1] Schütz fragt noch der verlangten Sprache, in der die Beiträge verfasst werden sollen. Am 29. Mai 1958 schreibt Schütz dann an van Breda: »Trotz grosser Schwierigkeit ist es mir gelungen, noch vor meiner Abreise [nach Europa] den Artikel fuer die von Ihnen geplante Husserl Festschrift in der PHAENOMENOLOGICA Reihe im Manuscript fertigzustellen. [. . .] Es war nicht leicht, persoenliche

1 »Ich habe soeben Ihren Rundbrief erhalten, der die Festschrift für Husserl zum Gedenken seines hundersten Geburtstags betrifft und danke Ihnen für Ihre Einladung zur Mitarbeit an diesem Band.«

Erinnerungen[2] mit einer sachlich sehr wichtigen – oder mindestens mir wichtigen Darstellung des Einflusses Husserls auf die Sozialwissenschaften zu verbinden.« Am 1. November 1958 schließlich schickt Schütz »eine nicht korrigierte Kopie des Aufsatzes für van Bredas Memorial Band« an Gurwitsch, der am 25. November einen »kurzen Dank« dafür zuückschickt.[3]

Die neue Übersetzung dieses Textes aus dem Englischen wurde von Christian Thomas angefertigt und von Gerd Sebald überarbeitet. Die Fußnotenzählung wurde von seitenweiser auf durchlaufende Nummerierung umgestellt. Die Zahlen in eckigen Klammern verweisen auf den Seitenumbruch des Erstdrucks.

2 Vgl. Alfred Schütz, *Husserl und sein Einfluß auf mich* [1958-II-7], in diesem Band S. 295 ff.

3 Alfred Schütz/Aron Gurwitsch, *Briefwechsel 1939 – 1959*, hg. v. Richard Grathoff, München: Fink 1985, S. 444, 447.

Husserls Bedeutung für die Sozialwissenschaften[E 1]

Husserl war mit den konkreten Problemen der Sozialwissenschaften nicht vertraut. Aber seit der ersten Ausarbeitung seiner *Ideen II*[E 2] beschäftigte er sich mit Problemen der Intersubjektivität und Einfühlung,[E 3] mit dem Status von Gesellschaft und Gemeinschaft als Subjektivitäten höherer Ordnung.[E 4] Ich habe Husserl vor Jahren gefragt, was ihn von der Veröffentlichung des zweiten Bandes der *Ideen* zurückgehalten hat, worauf er sagte, daß er zu jener Zeit noch keine Lösung des Problems der Konstitution der Intersubjektivität gefunden hatte. Er meinte, diese in der fünften *Cartesianischen Meditation*[E 5] vorgelegt zu haben. Das Thema der *Lebenswelt*[E 6] wurde dann zum Mittelpunkt in den nachgelassenen Abschnitten seiner *Krisis*-Studien.[E 7]

Die hierzu entwickelten Theorien Husserls wird man dem mit seinen Schriften vertrauten Leser nicht darstellen müssen; eine kritische Diskussion ihrer Mängel ist bereits an anderer Stelle gegeben worden.[1] [E 8] Es mag jedoch nützlich sein, die Behandlung dieser Probleme durch einige andere Denker kurz zusammenzufassen, die vermeintlich oder tatsächlich in ihrem Ansatz von der Husserlschen Philosophie ausgegangen sind.

Der erste Kreis von Husserl persönlich sehr nahestehenden Schülern[E 9] hat leider geglaubt, daß konkrete sozialwissenschaftliche Probleme durch unmittelbare Anwendung der Methode eidetischer Reduktion auf ungeklärte Vorstellungen des *common sense*-Denkens oder auf [89] ebenso ungeklärte Begriffe der empirischen Sozialwissenschaften zu lösen seien. Meine hohe Achtung vor Edith Stein[E 10] als Person und als Denkerin wird nicht im geringsten von der Feststellung berührt, daß die von ihr[2] und von Gerda Walther[3] [E 11] naiv angewandte eidetische Methode in der Analyse von Problemen der Sozialbeziehungen, der Ge-

1 In Bezug auf *Ideen II*: *Philosophy and Phenomenological Research*, Vol. XIII, March 1953, S. 394-413; in Bezug auf die fünfte *Cartesianische Meditation*: *Philosophische Rundschau*, Bd. V, 1957, S. 81-107.

2 Edith Stein, »Beiträge zur philosophischen Begründung der Psychologie und der Geisteswissenschaften«, [in:] *Jahrbuch für Philosophie und phänomenologische Forschung*, Bd. V, [Halle: Niemeyer 1922], S. 1-28[3], [ND: Tübingen: Niemeyer, 1970]; [dies.], »Untersuchung über den Staat«, Bd. VII, [Halle: Niemeyer 1925], S. 1-12[3] [jetzt in: Edith Stein, *Eine Untersuchung über den Staat*, Edith-Stein-Gesamtausgabe Bd. 7, hg. v. Ilona Riedel-Spangenberger, Freiburg: Herder 2006].

3 Gerda Walther, »Zur Ontologie der sozialen Gemeinschaften«, [in: *Jahrbuch für Philosophie und phänomenologische Forschung*], Bd. VI, [Halle: Niemeyer 1923], S. 1-15[8].

meinschaft und des Staates sie dazu verleitete, gewisse apodiktische und angeblich apriorische Sätze zu formulieren, die dazu beigetragen haben, die Phänomenologie unter Sozialwissenschaftlern zu diskreditieren.

Selbst Max Scheler benutzte den gleichen unglücklichen Ansatz in den Abschlußkapiteln seines Buches über den *Formalismus in der Ethik*,[4] wo er die Natur von Gesellschaft und Gemeinschaft in ihren vielfältigen Formen zu analysieren versucht. Als dieser bedeutsame Denker aber später mehr und mehr in konkrete sozialwissenschaftliche Probleme eindrang und selbst eine beachtliche Soziologie eigener Prägung schuf, ließ er, wie mir scheint, viele der Theorien wieder fallen, die er in jenem frühen Werk entwickelt hatte. Seine phänomenologische Analyse der eidetischen Struktur der Werthierarchie hatte ihn dort zu einer Vorstellung der Person als Mittelpunkt geistiger Akte geführt. Er verdichtete jedoch diese Idee der individuellen Person zur Annahme einer *Gesamtperson*[E 13], deren konkrete geistige Akte auf übernatürliche Werte wie die Rechtsordnung, den Staat, die Kirche gerichtet sind. Die Natur dieser gemeinschaftlich bestimmten Akte, die angeblich von der *Gesamtperson* ausgeführt werden, bleibt aber völlig ungeklärt. Aus eben diesem Grunde wird auch die Natur der vier Formen der Sozialität nicht aufgehellt, die er unterscheiden will: (1) die Herde oder Masse, (2) die Lebensgemeinschaft[E 14], (3) Gesellschaft im engeren Sinn und (4) die Liebesgemeinschaft, die sich auf die Idee der Erlösung in Gott gründet.

Scheler hat jedoch schon in der zweiten Auflage seines Buches *Wesen und Formen der Sympathie*[5] mit phänomenologischen Methoden die Frage untersucht, worauf sich unsere Annahme der Wirklichkeit des anderen Selbst [90] und die Möglichkeit und Begrenztheit unseres Verstehens des Anderen gründen. Er bemerkt dort, daß dieses Problem eigentlich *das* Problem jeder Theorie des Wissens in den Sozialwissenschaften ist.[E 16] In einer späteren Phase seines Denkens erkannte er, daß die Soziologie auf einer sorgfältig erarbeiteten philosophischen Anthropologie gegründet werden muß. Dort setzte er die Methoden der Ideation auf die Natur des Menschen innerhalb der natürlichen und der soziokulturellen Welt an. Die biologische Natur des Menschen ist die Grundlage des Systems seiner Bedürfnisse und bestimmt deren Rangordnung, seine geistige Natur bestimmt die Formen seines Wissens, und beide bilden die Basis seiner

---

4 Max Scheler, »Der Formalismus in der Ethik und die materiale Wertethik [.Neuer Versuch der Grundlegung eines ethischen Personalismus]« [(1913/1916)], in: ders., *Gesammelte Werke*, Bd. 2, [hg. v. Maria Scheler], Bern[: Francke] ^{4}1954, S. 506-572.[E 12]

5 Max Scheler, *Wesen und Formen der Sympathie*, Bonn[: Cohen] ^{2}1922, S. 244-307.[E 15]

sozialen und kulturellen Wirklichkeit. Scheler versprach in seinem nicht abgeschlossenen Werk über die Metaphysik[6] den Nachweis zu führen, daß Husserls phänomenologische Reduktion eine für die philosophische Einstellung eigentümliche, epistemologische Technik ist, obgleich sie von ihrem Autor im Rahmen einer Methodenlehre der Logik dargestellt erscheint.[7] Scheler postulierte als Voraussetzung jeder phänomenologischen Reduktion eine Theorie der Wirklichkeit und unseres Erfahrens dieser Wirklichkeit. Er kritisierte Husserl für seine Gleichsetzung von »wirklich sein« und »Position in der Zeit haben«. Nach Scheler können die Generalthesis der Wirklichkeit in natürlicher Einstellung und ihr anthropomorpher Charakter ebenso wie die *Struktur* der »relativ-natürlichen Weltanschauung«[E 18], die als fraglos gegeben hingenommen wird, durch phänomenologische Methoden analysiert werden. Der *Inhalt* dieser relativ-natürlichen Einstellung wechselt jedoch von einer Gruppe zur anderen und innerhalb einer Gruppe im Verlauf der historischen Entwicklung. Dessen charakteristische Merkmale zu beschreiben, ist die Aufgabe der empirischen Sozialwissenschaften.

Falls ich die denselben Zusammenhang betreffenden Bemerkungen von Merleau-Ponty[8] richtig verstehe, so kommt seine Auffassung von der Anwendbarkeit phänomenologischer Methoden auf Probleme der Sozialwissenschaften dieser von Scheler zuletzt eingenommenen Position sehr nahe. Merleau-Ponty zitiert Husserls Brief an Lucien Lévy-Bruhl von 1935, in dem er schreibt, daß der historische Relativismus als unbestreitbare anthropologische Tatsache seinen legitimen Ort auf dem Wege zur intentionalen Analyse der sozialweltlichen Strukturen hat.[E 19] Und Merleau-Ponty faßt seine eigene Position in der Bemerkung zusammen, daß vom [91] phänomenologischen Standpunkt das Soziale nicht bloß ein Gegenstand, sondern vor allem meine Situation ist, die ich in lebendiger Gegenwärtigkeit erlebe und durch die mir auch die gesamte geschichtliche Vergangenheit zugänglich wird; das Soziale erscheint mir stets als Abwandlung eines Einzellebens, an dem ich teilhabe und in dessen Rahmen mein Mitmensch mir immer ein anderes Ich, ein *alter ego* ist.[E 20]

---

6 Max Scheler, *Die Wissensformen und die Gesellschaft*, Leipzig[: Neue Geist Verlag] 1926, S. 352, 460. [jetzt in: Max Scheler, *Die Wissensformen und die Gesellschaft*, *Gesammelte Werke*, Bd. 8, hg. v. Maria Scheler, Bern/München: Francke [3]1980].

7 [Scheler, *Wissensformen*, a. a. O. (Fn. 6)], S. 160 ff.[E 17]

8 Maurice Merleau-Ponty, »Le philosophe et la sociologie«, in: *Cahiers Internationaux de Sociologie*, 10, 1951, S. 50-69 [insbes. S. 62 ff.].

Dies ist wiederum genau der Punkt, an dem Ortega y Gasset[9] von Husserls Auffassung abweicht.[E 21] Nach Ortega findet das Ich seine Wirklichkeit in seiner Immanenz, das heißt in der radikalen Einsamkeit seines persönlichen Lebens, das ihm eigen ist. Das menschliche Leben des Anderen ist für mich jedoch nur latent und hypothetisch, es ist eine Wirklichkeit zweiten Grades; sein Ich ist ein *quasi*-Ich, das mein eigenes Ich transzendiert, das nur mit-gegenwärtig, aber für mich nie gegenwärtig ist. Sicherlich nehme ich im allgemeinen diese Wirklichkeiten zweiten Grades so selbstverständlich hin, als wären sie ursprünglich. Dann bin ich mir meines echten Lebens in seiner Einsamkeit und Wahrheit nicht bewußt, sondern lebe in einer sozial bedingten Wirklichkeit, in der sich der Andere als der ausweist, mit dem ich in Beziehungen treten kann und muß. Die Fähigkeit des Anderen, auf mein Handeln einzugehen, führt zur Reziprozität unserer Handlungen: dies ist die erste soziale Tatsache und ist grundlegend für die Konstitution einer gemeinsamen Umwelt. Ortega verweist auf Husserls Feststellung, daß der Sinn der Vorstellung »Mensch« vom Ansatz her die wechselseitige Existenz mit Anderen, mit einer menschlichen Gemeinschaft, mit Menschen in der Gesellschaft impliziert. Für Ortega wie für Husserl ist die Gegenwärtigkeit des Körpers des Anderen ein Anzeichen für die Mit-Gegenwärtigkeit der Innerlichkeit des Anderen. Obwohl aber der Körper des Anderen zu meiner Welt gehört, so bleibt mir die Welt des Anderen fremd. Ortega kritisiert ausführlich[10] Husserls Theorie, die in der fünften *Cartesianischen Meditation* entwickelt ist: die Konstitution des *alter ego* in meiner eigenen Intentionalität geschieht aus dem für Ortega zweifelhaften Grund, daß Husserl den Anderen als *alter ego* durch eine analogische Projektion oder Übertragung von meinem Leib auf den Körper des Anderen zu fassen versucht. Husserl beachtet dabei nicht, daß ich nur das Außen des Körpers des Anderen beobachte, während ich meinen eigenen Leib von innen erfahre. Dieser Unterschied kann nie zur Differenz der Perspektiven des Hier und Dort reduziert werden. Wie sollte überdies Sinnübertragung durch Einfühlung möglich sein, wie Husserl sie annimmt, wenn ich ein Mann [92] und der andere eine Frau ist?[E 22] Für Ortega ist das *ego* etwas, das ich allein bin; vom *alter ego* zu reden, heißt lediglich, daß es etwas im abstrakten Anderen gibt,

9 [José] Ortega y Gasset, *El Hombre y la Gente*, Madrid[: Revista de Occidente] 1957; Englische Übersetzung (auf welche die Seitenangaben referieren): *Man and People*, New York[: Norton] 1957, Kap. IV-VII. [Dt. Übersetzung.: José Ortega y Gasset, *Der Mensch und die Leute*, Stuttgart: DVA 1957.]

10 [Ortega, *Man and People*,] a. a. O. (Fn. 9), insbes. S. 121-128.

das dem *ego* in mir entspricht. Aber trotz der gemeinsamen Umwelt, die in der Fähigkeit des Anderen, auf mich einzugehen, in seiner Fähigkeit, mir zu entsprechen, begründet wird, bleibt die radikale Wirklichkeit des Anderen mir ebenso unzugänglich wie ihm die meine verschlossen ist; die gemeinsame Welt, in der wir leben, ist weder meine noch seine Welt; diese objektive Welt, Ortega nennt sie die humanisierte Welt, ist einfach das Korrelat zu der Gesellschaft, in die wir hineingeboren sind. In dieser Welt ist der Andere zuerst ein abstraktes Er; später kann er individualisiert und zum Du werden. Das Ich dagegen erscheint in seiner Konkretheit zuletzt. Erst der Andere zwingt mich, meine Grenzen zu entdecken, die mich von ihm und meine Welt von der Seinigen trennen. Mein so hervortretendes konkretes Ich wird von mir als ein Anderer und insbesondere als ein Du erfahren, als ein *»alter tu«*. Gesellschaft und Gemeinschaft, Staat und Kollektiv werden von mir in der Anonymität des »jemand«, der »Leute« erfahren, indem ich eben das tue, was »man tut«. Indem ich ihre Welt teile, gebe ich mich als individuelle Person mit individuellen Überzeugungen auf. Ich werde zum sozialen Automaten, ich lebe im Zustand der Uneigentlichkeit[E 23] (um einen Begriff Heideggers zu gebrauchen, den Ortega nicht verwendet), indem ich einfach wiederhole, »was man denkt, sagt oder tut.«[E 24] Kürzer gesagt, ich bin sozialisiert und unterwerfe mich der sozialisierenden Kraft von Brauch und Sitte, die mir Einschränkungen aufzwingen. Es gibt aber nichts dergleichen wie eine kollektive Seele oder ein kollektives Bewußtsein im Durkheimschen Sinn; soziale Beziehungen sind stets inter-individuell.

Ortegas Theorie knüpft ausdrücklich an Husserls Vorstellung von einer allumfassenden Umwelt als Grundlage jeder Konstitution von Sozialität an. Er übersieht aber ebenso wie Husserl, daß die Erfassung einer vorgeblich gemeinsamen Umwelt nur durch die Erfahrung der Existenz des Anderen möglich wird, und damit wird der ganze Gedankengang zirkulär. Nicht ohne Grund verwirft Ortega Husserls Lehre von der Konstitution des *alter ego* in der transzendentalen Sphäre und damit auch von der Konstitution einer gemeinsamen intersubjektiven Welt, und er verwirft aus noch besseren Gründen Husserls Vorstellung der Kollektivität als einer Subjektivität höherer Ordnung. In der Uneigentlichkeit der vermenschlichten Welt[E 25] wird der Andere nicht als *alter ego*, sondern als sozialisiertes Ich in der Weise des *alter tu* erfahren. Es trifft zu, daß Ortega seine Untersuchungen innerhalb der natürlichen Einstellung durchführt und nicht in [93] Betracht zieht, daß Husserls Bemühungen in den *Cartesianischen Meditationen* der Konstitution der transzendentalen Intersubjektivität innerhalb der phänomenologisch reduzierten Sphäre gegolten haben. In beiden Sphären bleibt jedoch das Problem offen: wie ist eine gemeinsame Welt, und zwar im Sinne gemeinsamer Intentionalitäten, möglich?

[E 26]Obwohl diese Frage nach wie vor im Mittelpunkt jeder phänomenologischen Forschung steht, beeinträchtigt die Tatsache, daß sie bisher keine hinreichende Lösung gefunden hat, nicht im geringsten die hervorragende Bedeutung des Husserlschen Lebenswerks für die Grundlegung der Sozialwissenschaften. Denn diese Wissenschaften müssen sich nicht mit den philosophischen Aspekten der Intersubjektivität befassen, sie behandeln die Struktur der *Lebenswelt* wie sie von Menschen in ihrer natürlichen Einstellung erfahren wird, von Menschen also, die in diese sozio-kulturelle Welt hineingeboren werden, sich in ihr zurecht finden und mit ihr zurecht kommen müssen.[E 27] Diese Welt ist ihnen vorgegeben und wird von ihnen als fraglos selbstverständlich hingenommen – »fraglos« in dem Sinn, daß sie bis auf weiteres fraglos ist, aber jederzeit in Frage gestellt werden kann. In der natürlichen Einstellung nehme ich es als selbstverständlich hin, daß Mitmenschen existieren, daß sie auf mich wirken und ich auf sie hinwirke, daß – zumindest in gewissem Maß – Kommunikation und gegenseitiges Verstehen zwischen uns entstehen kann, und zwar mit Hilfe irgendeines Zeichen- und Symbolsystems im Rahmen einer sozialen Organisation oder von sozialen Institutionen, – und daß all dies nicht von mir selbst geschaffen wurde.[E 28]

Max Weber hat gezeigt, daß alle Phänomene der soziokulturellen Welt in sozialem Handeln gründen und auf soziales Handeln zurückverwiesen werden können. Die Hauptaufgabe der Soziologie beruht nach ihm in der Aufdeckung des Sinnes, den der Handelnde seinem Handeln gibt, im Verstehen des »subjektiven Sinns«,[E 29] wie er es formuliert hat.[E 30] Aber was ist Handeln und was ist Sinn; wie ist ein Verstehen jenes Sinnes durch einen Mitmenschen möglich, ob er nun Partner in sozialer Wirkensbeziehung, bloßer Beobachter im alltäglichen Leben oder ein Sozialwissenschaftler ist? Ich meine, daß jeder Versuch der Aufklärung dieser Fragen unmittelbar zu den Problemen führt, mit denen sich Husserl beschäftigte und die er in gewissem Maße gelöst hat. Ich möchte hier eine kurze und natürlich völlig unzureichende [94] Skizze einiger ganz beliebig ausgewählter Hauptfragen der Sozialwissenschaften geben, auf die gewisse Ergebnisse der Husserlschen Untersuchungen angewandt werden können und teilweise auch erfolgreich angewandt worden sind.

1) Wir wollen im vorliegenden Beispiel sinnvolles Handeln als ein Verhalten definieren, das durch einen vorher entworfenen Plan motiviert ist. Entworfen wird der erwartete Zustand, der durch das Handeln hervorgebracht werden soll. Entwerfen ist dann ein Durchproben des Ablaufs zukünftigen Handelns in der Phantasie. Was läßt sich über die Eigenart dieser Phantasievorstellung sagen? Es ist, in der Sprache der *Ideen I*, eine *Neutralitätsmodifikation der setzenden Vergegenwärtigung*[E 31].[11] Das Verhältnis zwischen dem vorentworfenen Plan und seinen Motiven auf der einen Seite und dem sich daraus ergebenden Handeln andererseits wird erst auf Grund einer Analyse des inneren Zeitbewußtseins, wie sie von Husserl vorgelegt wurde, verständlich.[E 32]

2) Jedes Handeln verweist in seinem Entworfen-Sein auf Vorerfahrungen, die im jeweils verfügbaren Wissensvorrat organisiert sind. Dieser besteht somit aus den Sedimentierungen früher erfahrener Handlungen mitsamt ihren Generalisierungen, Formalisierungen und Idealisierungen. Er ist verfügbar, und zwar in tatsächlichem oder potentiellem Wiedererinnern oder Nacherfassen, und ist damit die Grundlage all unserer Protentionen und Erwartungen. Diese unterliegen wiederum den grundsätzlichen Idealisierungen des »*und so weiter*«[E 33] und »*ich kann immer wieder*«[E 34], die von Husserl beschrieben worden sind.[12]

Zudem enthält dieser tatsächlich verfügbare Wissensvorrat Bereiche mit mannigfaltige Abstufungen der Klarheit und Deutlichkeit. Er ist durch unendliche, offene Horizonte des Unbekannten, aber potentiell Bekannten ausgezeichnet. Er weist Relevanzstruktur[E 35] verschiedener Typen auf, die alle auf den attentionale Modifikationen aufbauen,[13] die in unserem praktischen, theoretischen oder axiologischen Interesse gründen. Diese mannigfaltigen Dimensionen des verfügbaren Wissensvorrats

11 [Edmund Husserl,] *Ideen [zu einer reinen Phänomenologie und Phänomenologischen Philosophie.*] 1[. Buch: *Allgemeine Einführung in die reine Phänomenologie*, in: *Jahrbuch für Philosophie und phänomenologische Forschung*, Bd. 1/1, Halle: Max Niemeyer 1913, S. 1-323; jetzt in: *Husserliana* Bd. III, hg. v. Walter Biemel, Den Haag: Nijhoff 1950], §§ 111, 114; [Edmund Husserl,] »[Vorlesungen zur Phänomenologie des inneren] Zeitbewußtsein[s]«, [in: *Jahrbuch für Philosophie und phänomenologische Forschung*, Bd. IX, hg. v. Martin Heidegger, Halle: Niemeyer 1928, S. 367-490,] § 17 und Beilage II [jetzt in: *Husserliana* Bd. X, hg. v. Rudolf Boehm, Den Haag: Nijhoff 1966, S. 3-130].

12 [Edmund Husserl,] *Formale und transzendentale Logik[. Versuch einer Kritik der logischen Vernunft*, Halle: Niemeyer 1929; auch in *Husserliana* Bd. XVII, hg. v, Paul Janssen, Den Haag: Nijhoff 1974] § 74; [Edmund Husserl,] *Erfahrung und Urteil[. Untersuchungen zur Genealogie der Logik*, hg. v. Ludwig Landgrebe, Prag: Academia 1939). ND: Hamburg: Meiner 1994], §§ 51 b, 58, 61.

13 [Husserl,] *Ideen I*, [a. a. O. (Fn. 11),], § 92, 113, 116.

sind das Ergebnis synthetischer Bewußtseinsleistungen, durch die polythetisch konstituierte Handlungen monothetisch erfaßt werden,[14] kurz gesagt, sie sind das Ergebnis vielfältiger Leistungen höherer Stufe, die Husserl in den *Ideen I,* insbesondere [95] im letzten Teil des Buches,[15] beschrieben hat. Jede erfolgversprechende Analyse dieses Problems des verfügbaren Wissensvorrats wird auf diesen Vorstellungen und ihren Implikationen aufbauen müssen; eine solche Analyse hat grundlegende Bedeutung für viele konkrete Probleme der Sozialwissenschaften, da Kultur als gemeinsam geteiltes Wissen definiert werden kann, das sozial abgeleitet und sozial gebilligt ist.[E 36]

3) Jedes Handeln setzt ein Auswählen voraus, und dies nicht nur in solchen Fällen, wo mehrere Handlungsabläufe zur Wahl stehen. Selbst im Falle eines einzigen Entwurfs bleibt noch immer die Wahl, ob er ausgeführt werden soll oder nicht. Husserls Theorien der offenen und problematischen Möglichkeiten,[16] der verschiedenen Bedeutungen der Form »Ich kann«[17] und der Probleme der »formalen Praktik«[18] öffnen den Zugang zu weiteren Analysen der Wahl gerade innerhalb der natürlichen Einstellung, die für alle Sozialwissenschaften grundlegend ist.

4) Erfahre ich meinen Mitmenschen in einer sogenannten *face-to-face*-Beziehung so teile ich mit ihm eine gemeinsame Umwelt, in der sein Körper für mich und mein Körper für ihn als Elemente gegeben sind. Die von Husserl in der transzendental reduzierten Sphäre ausgeführten Analysen[19] der vom »Hier« (*hic*) und vom »Dort« (*illic*) wahrgenommenen Umwelt gewinnen besondere Bedeutung, wenn sie auf die in natürlicher Einstellung erfahrene *Lebenswelt* übertragen werden. Das »*hic*« ist der Nullpunkt eines Koordinatensystems, auf das bezogen der einzelne die *Lebenswelt* in Zonen tatsächlicher und potentieller Reichweite um sich gruppiert, jede mit einem offenen Horizont unbestimmter Bestimmbar-

---

14 [Husserl,] *Ideen I,* [a. a. O. (Fn. 11),] § 119; [Husserl,] *Erfahrung und Urteil,* [a. a. O. (Fn. 12),] §§ 24, 50.

15 [Husserl,] *Ideen I,* [a. a. O. (Fn. 11)], §§ 147 ff.

16 [Husserl,] *Erfahrung und Urteil,* [a. a. O. (Fn. 12),] § 21c. Vgl. auch *meinen* Aufsatz »Wählen zwischen Handlungsentwürfen« [1951-I-3], *Philosophy and Phenomenological Research,* Vol. XII, 1951, S. 161-185 [in ASW VI.1, S. 251-329, insbes. S. 267 ff.].

17 [Edmund] Husserl, *Ideen [zu einer reinen Phänomenologie und phänomenologischen Philosophie.]* 2[. Buch: *Phänomenologische Untersuchungen zur Konstitution,* in: *Husserliana,* Bd. IV, hg. v. Marly Biemel, Den Haag: Martinus Nijhoff 1952], § 60.

18 [Edmund] Husserl, *Ideen I,* [a. a. O. (Fn. 11)], §§ 116, 147.

19 [Edmund Husserl,] *Cartesianische Meditationen*[, in: *Husserliana* Bd. I: *Cartesianische Meditationen und Pariser Vorträge,* hg. v. Stephan Strasser, Den Haag: Nijhoff [2]1973, S. 41-183], § 54.

keit versehen. Das Koordinatensystem des Anderen hat einen Nullpunkt, der von meinem »Hier« ein »Dort«, aber für ihn ein »Hier« ist. Das den Soziologen vertraute Problem der »Reziprozität der Perspektiven«[E 37] gründet auf der offenen Möglichkeit des Austauschs der Standpunkte, das heißt – metaphorisch[E 38] ausgedrückt – auf der Festlegung einer Transformationsregel, durch welche die Einheiten des einen Koordinatensystems in Einheiten des anderen übersetzt werden können. Hiermit sind nicht nur Perspektiven räumlicher Ordnung gemeint, sondern all dies verweist auch auf Perspektiven, die [96] durch die besondere sozio-kulturelle Situation in ihrer besonderen Geschichtlichkeit bestimmt sind.

5) Husserl hat das innere Zeitbewußtsein in der Verflechtung von Protentionen und Retentionen beschrieben[E 39] und macht dies einsichtig: das Ich kann am Bewußtseinsstrom des Anderen in lebendiger Gegenwärtigkeit teilhaben, während das Ich nur vergangene Phasen seines eigenen Bewußtseinsstroms – und auch dann nur in reflektiver Einstellung – erfassen kann.[E 40]

6) Husserl hat klar erkannt, daß das Bewußtseinsleben des Anderen mir nicht unmittelbar, sondern nur in der Appräsentation zugänglich ist.[20] Die von mir wahrgenommenen Gegenstände oder Ereignisse in der äußeren Welt – der Körper des Anderen als Ausdrucksfeld, die körperlichen Bewegungen des Andern und ihre Produkte, wie etwa kulturelle Gegenstände – werden von mir als Zeichen und Symbole von Ereignissen im Bewußtsein des Anderen gedeutet. Husserl hat die Natur und Konstitution dieser Gegenstände höherer Ordnung, dieser *»fundierten Gegenstände«*[E 41] untersucht. Schon in seinen *Logischen Untersuchungen*[21] hatte er, obgleich noch in fragmentarischer Form, die Theorie der Zeichen und Symbole entwickelt, und zwar als eine Theorie von Sinn und Ausdruck, von sinnstiftenden und sinnerfüllenden Akten, von Anzeichen, deutenden Zeichen etc. Die in Husserls späteren Arbeiten entwickelte Theorie der Appräsentation[E 42] läßt sich aber nach meiner Meinung[22] gut auf das Verhältnis zwischen Zeichen und Bezeichnetem,

20 Z. B. [Husserl,] *Ideen I*, [a. a. O. (Fn. 11)], § 1; [Husserl,] *Cartesianische Meditationen*, [a. a. O. (Fn. 19)], §§ 49 ff.

21 [Edmund Husserl,]*Logische Untersuchungen* [Zweiter Band, Teil I, in: *Husserliana*, Bd. XIX/1, hg. v. Ursula Panzer, Den Haag: Nijhoff 1984,] Bd. II, Erste [Untersuchung: »Ausdruck und Bedeutung« S. 30-110] und Zweite Untersuchung [»Die ideale Einheit der Spezies und die neueren Abstaktionstheorien« S. 111-226].

22 Vgl. meinen Aufsatz »Symbol, Wirklichkeit und Gesellschaft«, in *Symbol and Society*, L. Bryson et al., New York 1955, S. 135-204 [jetzt in: ASW V.2, S. 117-220].

zwischen Symbol und Symbolisiertem, anwenden. Sie ist ebenso in der Analyse der Konstitution ganzer symbolischer Systeme wie Sprache, Mythos, Religion, Kunst etc. anwendbar, die alle als wesentliche Elemente der *Lebenswelt* von größtem Interesse für die Sozialwissenschaften sind. Eine solche Theorie müßte sowohl das Problem mannigfaltiger Schichten der Wirklichkeit und ihrer inneren Verbindung behandeln, als auch ihre Begründung in der ausgezeichneten Wirklichkeit[E 43] der *Lebenswelt* untersuchen.[E 44] Des weiteren muß gezeigt werden, wie diese Systeme einerseits für eine besondere Kultur und Gesellschaft konstitutiv sind, und andererseits sozial abgeleitet werden.

7) Die soziale Welt hat spezielle Dimensionen der Nähe und Ferne in Raum und Zeit und besondere Dimensionen der Intimität und Anonymität. Jede dieser Dimensionen hat ihre spezifischen Horizontstrukturen und [97] zu jeder gehört ein je eigener Erfahrungsstil. Diese Erfahrungen sind vorprädikativ, und ihr Stil liegt in Typologien vor, die jeweils verschieden in den Erfahrungen geformt werden, die sich auf Zeitgenossen, Vorfahren und Nachfahren beziehen.[E 45] Husserls Untersuchungen der vorprädikativen Erfahrung und der Eigenart dieser Typen sind hier (obwohl von ihm nicht auf die Sozialwelt angewendet) doch von großer Bedeutung.[23] Nehmen wir diese Arbeiten zum Ausgangspunkt, so können wir erklären, warum wir das Handeln unserer Mitmenschen im Rahmen von Typen des Handlungsablaufs und von personalen Typen interpretieren, und warum wir uns einer Selbsttypisierung unterziehen müssen, um einen gemeinsamen Ausdruck im Aufbau einer Welt des kommunikativen Verstehens zu finden. Die Sozialwissenschaften untersuchen dieses Problem unter dem Titel der »sozialen Rolle«[E 46] und im Rahmen der sogenannten subjektiven und objektiven Deutung des Handlungssinns (Max Weber)[E 47]. Andererseits sind alle Typisierungen des *common sense*-Denkens selbst wesentliche Bestandteile der konkreten historischen, sozio-kulturellen *Lebenswelt*, in der sie als selbstverständlich hingenommen und sozial gebilligt vorherrschen. Ihre Struktur bestimmt unter anderem die soziale Wissensverteilung und die Relativität und Relevanz des Wissens in einer konkreten sozialen Umwelt für eine konkrete Gruppe in einer konkreten historischen Situation. Hier sind die legitimen Probleme des Relativismus, des Historismus und der sogenannten Wissensoziologie.[E 48]

23 [Husserl,] *Erfahrung und Urteil*, [a. a. O. (Fn. 12)], §§ 8, 22, 24, 25, 26, 80 und insbesondere § 83 a und b.

Zusammenfassend können wir sagen, daß die empirischen Sozialwissenschaften ihre eigentliche Grundlage nicht in einer transzendentalen Phänomenologie, sondern in einer konstitutiven Phänomenologie der natürlichen Einstellung finden werden. Husserls einzigartiger Beitrag für die Sozialwissenschaften erschöpft sich weder in seinem erfolglosen Versuch, das Problem der Konstitution transzendentaler Intersubjektivität in der reduzierten egologischen Sphäre zu lösen, noch in seiner ungeklärten Konzeption der Einfühlung als Grundlage jedes Verstehens, und auch nicht in seiner Auffassung von Gemeinschaften und Gesellschaften als Subjektivitäten höherer Ordnung, deren Natur in eidetischen Verfahren beschrieben werden kann;[E 49] Husserls Leistung besteht vielmehr in jenen reichhaltigen Analysen, die auf Probleme der *Lebenswelt* verweisen und auf eine zu entwickelnde philosophische Anthropologie hinweisen. Die Tatsache, daß viele dieser Untersuchungen innerhalb der phänomenologisch reduzierten Sphäre durchgeführt wurden, erst recht [98], daß diese untersuchten Probleme erst nach Ausführung der Reduktion sichtbar geworden sind, beeinträchtigt nicht die Gültigkeit der Ergebnisse innerhalb des Bereichs der natürlichen Einstellung. Denn Husserl selbst hat dieses Prinzip ein für allemal begründet.[E 50]

New York

Anmerkungen des Editors

E1 In der Edition dieses Textes in den *Collected Papers I* [1962-I-1] hatte der Herausgeber Maurice Natanson dem Titel folgende mit Stern markierte Fußnote beigefügt: »Einige einführende Bemerkungen in der ursprünglich veröffentlichten Fassung dieses Artikels sind hier fortgelassen worden: sie betreffen persönliche Erinnerungen des Autors an Edmund Husserl. (M.N.)« Die erwähnten »einführenden Bemerkungen« sind als der eigenständige Text »[Husserl und sein Einfluß auf mich]« [1958-II-7], in diesen Band (S. 295 ff.) aufgenommen.

E2 Das Problem der Intersubjektivität taucht bei Husserl erstmals im ersten Band der *Ideen* auf (Edmund Husserl, *Ideen zu einer reinen Phänomenologie und Phänomenologischen Philosophie*. Erstes Buch: *Allgemeine Einführung in die reine Phänomenologie*, in: *Jahrbuch für Philosophie und phänomenologische Forschung*, Bd. 1/1, Halle: Max Niemeyer 1913, S. 1-323; jetzt in: *Husserliana* Bd. III, hg. v. Walter Biemel, Den Haag: Nijhoff 1950 (3. veränderte Auflage als *Husserliana* Bd III/1, hg. v. Karl Schuhmann 1976), §§ 1 u. 29 f.), und dann ausführlicher im Band II der *Ideen* (Edmund Husserl, *Ideen zu einer reinen Phänomenologie und Phänomenologischen Philosophie*. Zweites Buch: *Phänomenologische Untersuchungen zur Konstitution*, in: Husserliana, Bd. IV, hg. v. Marly Biemel, Den Haag: Nijhoff 1952, §§ 43 ff. Vgl. dazu auch Alfred Schütz, »Edmund Husserls *Ideen*, Band II« [1953-I-1], jetzt in diesem Band S. 171 ff. und zum Problem der Intersubjektivität: ders., »Das Problem der transzendentalen Intersubjektivität bei Husserl« [1957-I-3], in diesem Band S. 227 ff., zur Intersubjektivitätsdarstellung in den *Ideen II* insbesondere S. 243 ff.

E3 Vgl. dazu Schütz, »Das Problem der transzendentalen Intersubjektivität bei Husserl«, a. a. O. (Anm. E 2) in diesem Band S. 227 f.

E4 Vgl. dazu Schütz, »Das Problem der transzendentalen Intersubjektivität bei Husserl«, a. a. O. (Anm. E 2) in diesem Band S. 246 ff.

E5 Vgl. Edmund Husserl, *Cartesianische Meditationen*, in: *Husserliana* Bd. I: *Cartesianische Meditationen und Pariser Vorträge*, hg. v. Stephan Strasser, Den Haag: Nijhoff ²1973, S. 41-183, §§ 42 ff.

E6 Im Original hier und im Folgenden kursiv und deutsch.

E7 Vgl. dazu Edmund Husserl, *Die Krisis der europäischen Wissenschaften und die transzendentale Phänomenologie. Eine Einleitung in die phänomenologische Philosophie* (1936); Teil I und II dieses Textes erschienen 1936 im 1.Band der Zeitschrift *Philosophia* in Belgrad, jetzt insgesamt in: *Husserliana* Bd. VI, hg. v. Walter Biemel, Den Haag: Nijhoff ²1962, zu den von Schütz erwähnten nachgelassenen Abschnitten vgl. vor allem die Beilagen XVII ff., S. 459 ff.

E8 Vgl. Schütz' Texte, »Edmund Husserls *Ideen II*« [1953-I-1], in diesem Band S. 171 ff.; die V. *Cartesianische Meditation* betreffend vor allem »Das Problem der transzendentalen Intersubjektivität bei Husserl«, a. a. O. (Anm. E 2), in diesem Band S. 227 ff.

E9 Zwei solcher Kreise begannen sich ab 1905 um Husserls Person und Werk in Göttingen und München zu bilden. Vgl. dazu Herbert Spiegelberg, *The Phenomenological Movement. A Historical Introduction*. Volume One. Den Haag: Nijhoff ²1976, S. 169 ff.

E10 Edith Stein (1891–1942) war Husserls Schülerin in Göttingen und seine erste Assistentin in Freiburg. Nach ihrer Konversion zum Katholizismus und ihren

Eintritt in den Karmeliten-Orden wandte sie sich der thomistischen Philosophie zu. Sie wurde in Auschwitz ermordet.

E11 Gerda Walther (1897 – 1977) war eine Schülerin von Edmund Husserl und von Alexander Pfänder in München. Die Habilitation wurde ihr aufgrund ihres Geschlechts verweigert.

E12 Vgl. dazu und zu den im Folgenden entwickelten Formen der Sozialität die veränderte und im weiteren zitierte 6. Aufl.: Max Scheler, *Der Formalismus in der Ethik und die materiale Wertethik. Neuer Versuch der Grundlegung eines ethischen Personalismus* (1913/1916), in: *Gesammelte Werke* Bd. 2, hg. v. Maria Scheler, Bern/München: Francke [6]1980, S. 492-580.

E13 Im Orig. deutsch. Vgl. zum Begriff der »Gesamtperson« Max Scheler, *Formalismus*, a. a. O. (Anm. E 12), S. 522 ff. Vgl. dazu auch Schütz' Scheleraufsätze »Schelers Theorie der Intersubjektivität und die Generalthesis vom Alter Ego« [1942-I-1], in ASW III.2, S. 65-108, insbes. S. 81 f., sowie »Max Schelers Erkenntnistheorie und Ethik« [1957-I-5], in ASW III.2, S. 179-228, insbes. S. 220.

E14 Im Orig. deutsch in Klammern nach »the community based on life shared«

E15 Die erste Ausgabe erschien 1913 unter dem Titel *Zur Phänomenologie und Theorie der Sympathiegefühle und von Liebe und Haß*, Halle: Niemeyer 1913 und ist für die zweite Auflage wesentlich erweitert worden; jetzt als *Wesen und Formen der Sympathie* in: *Gesammelte Werke* Bd. 7, hg. v. Manfred S. Frings, Bern/München: Francke [6]1973.

E16 Vgl. Scheler, *Sympathie*, a. a. O. (Anm. E 15), S. 212 ff.

E17 Vgl. zur phänomenologischen Reduktion bei Scheler, Max Scheler, »Lehre von den drei Tatsachen«, in: *Gesammelte Werke* Bd. 10, hg. v. Maria Scheler, Bern/München: Francke 1957, S. 431-502, S. 445 ff.

E18 Vgl. Max Scheler, *Die Wissensformen und die Gesellschaft*, *Gesammelte Werke*, Bd. 8, hg. v. Maria Scheler, Bern/München: Francke [3]1980, S. 61 ff.

E19 Vgl. dazu Edmund Husserl, *Briefwechsel, Bd. VII: Wissenschaftlerkorrespondenz*, hg. v. Karl u. Elisabeth Schuhmann, Dordrecht: Kluwer 1993, S. 161 ff. »Denn [im] Bewusstseinshorizont [des absoluten Ego] haben alle Sozialitäten und ihre relativen Umwelten Sinn und Geltung aufgebaut und bauen diese im Wandel immer neu weiter. Ich glaube gewiss sein zu dürfen, dass auf diesem Wege einer schon weit durchgearbeiteten Intentionalanalytik der historische Relativismus sein zweifelloses Recht behält – als anthropologische Tatsache –, dass aber die Anthropologie [. . .] nicht das letzte Wort der Erkenntnis [. . .] ist.« (S. 163) Im Anschluß verweist Husserl auf die grundlegende Bedeutung der transzendentalen Phänomenologie.

E20 »Le fait social nous apparâit toujours variante d'une seule vie dont la nôtre aussi fait partie, et que tout *autre* est pour nous un *autre nous-même*. [. . .] je m'aperçois que le social n'est pas seulement un objet, mais d'abord ma situation«. [Der soziale Sachverhalt erscheint uns immer wie eine Variante eines Einzellebens, dem unseres auch zugehört, und jeder Andere ist für uns ein anderes Wir-Selbst. [. . .] Ich erkenne, dass das Soziale nicht nur ein Gegenstand ist, sondern zuallererst meine Situation]. Maurice Merleau-Ponty, »Le philosophe et la sociologie«, in: *Cahiers Internationaux de Sociologie*, 10, 1951, S. 50-69, S. 69.

E21 Schütz plante 1958 selbst einen eigenständigen Artikel zu Ortega y Gassets posthum erschienenem Buch *Der Mensch und die Leute*. Farbers relativ harsche briefliche Reaktion vom 16. April 1958 aufgrund der geplanten Länge des Artikels führte zu einer ernsten Verstimmung zwischen Farber und Schütz. In Schütz persönlichen Papieren findet sich ein dreiseitiger Entwurf einer verärgerten Antwort. Abgeschickt wurde am 18. April 1958 wohl nur eine gekürzte Version dieses Briefes: »So far I have not written a single word of my planned Ortega paper. Hence, I cannot cut it in half. I shall certainly not add to your space problems [. . .] I cut my Ortega paper out.« (Alfred Schutz Papers. General Collection, Beinecke Rare Book and Manuscript Library, box 24, Folder 515-528) Den wohl als Versöhnung gedachten Vorschlag Farbers, den Artikel im Rahmen eines geplanten Bandes zum 100. Geburtstag Husserls zu veröffentlichen, schlug Schütz aus. Die hier vorliegenden Überlegungen zu Ortega y Gasset sind wohl die Überreste des ursprünglichen Plans. Vgl. auch Michael D. Barber, *The Participating Citizen. A Biography of Alfred Schutz*, Albany: State University of New York Press 2004, S. 197 f. , sowie Pablo Hermida-Lazcano, »›The Taken-for-Granted World‹ A Study of the Relationship between A. Schutz and J. Ortega y Gasset«, in: *Human Studies* 19, 1996, Nr. 1, S. 43-69 und Hisashi Nasu, »Alfred Schutz's Dialogue with Ortega y Gasset: In Special Reference to Schutz's Annotations on *Man and People*«, in: *Alfred Schutz and his intellectual partners*, hg. v. Hisashi Nasu, Lester Embree, George Psathas and Ilja Srubar, Konstanz: UVK 2008, S. 251-269.

E22 Vgl. dazu Schütz' Kritik an Husserls *Ideen II*, in diesem Band S. 194, sowie am Begriff der Normalität in »Das Problem der transzendentalen Intersubjektivität bei Husserl«, a. a. O. (Anm. E 2), in diesem Band S. 240.

E23 Im Orig. »state of inauthenticity«.

E24 Vgl. Martin Heidegger, *Sein und Zeit*, Tübingen: Niemeyer [18]2001, insbes. § 27.

E25 Im Orig. »in the inauthenticity of the humanized world«.

E26 An dieser Stelle beginnt im Erstdruck der abschließende Abschnitt III.

E27 Vgl. dazu Alfred Schütz, *Der sinnhafte Aufbau der sozialen Welt. Eine Einleitung in die verstehende Soziologie* [1932-I-1], Wien: Springer 1932, [2]1960; ND Frankfurt/M.: Suhrkamp 1974; jetzt in ASW II., § 19 ff.

E28 Vgl. dazu Alfred Schütz, »Symbol, Wirklichkeit und Gesellschaft« [1955-I-2], in ASW V.2, S. 117-220; sowie wiederum Alfred Schütz, *Sinnhafter Aufbau*, a. a. O. (Anm. E 27), § 19.

E29 Vgl. dazu Max Weber, *Wirtschaft und Gesellschaft. Grundriss der verstehenden Soziologie*, hg. v. Johannes Winckelmann, Tübingen: Mohr [5]1972, § 1, sowie Schütz' grundlegende Problemstellung, wie er sie bereits in dem Text »Lebensformen und Sinnstruktur« [1927-II-1], in ASW I., S. 65 ff. formuliert hat und als Ausgangspunkt der Analysen im *Sinnhaften Aufbau*, a. a. O. (Anm. E 27, § 1, S. 85 ff.

E30 Maurice Natanson hat an dieser Stelle mit zwei Sternen markiert folgende Fußnote beigefügt: »Vgl. [Alfred Schütz,] ›Wissenschaftliche Interpretation und Alltagsverständnis menschlichen Handelns‹ [[1953-I-3], in: *Philosophy and Phenomenological Research*, 13 1952/53, No. 3, S. 394-413, dt. in: Alfred] Schütz, *Gesammelte Aufsätze I*, [Den Haag: Nijhoff 1971, S. 3-54, S. 28 (jetzt in ASW IV.); und [Alfred Schütz,] ›Begriffs- und Theoriebildung in den Sozialwissenschaften‹ [[1954-I-1], in: *The Journal of Philosophy* 51, 1954, No. 9, S. 257-273, dt. in: Alfred Schütz, *Gesammelte Aufsätze I*, Den Haag: Nijhoff 1971, S. 55-75 (jetzt in ASW IV.)], S. 64 f. und 72 f. (M.N.).«

E31 Im Orig. deutsch. Vgl. dazu Edmund Husserl, *Ideen I*, a. a. O. (Anm. E 2), §§ 110 ff., S. 250 ff., sowie Schütz, *Sinnhafter Aufbau*, a. a. O. (Anm. E 27), S. 155,

E32 Vgl. dazu Schütz, *Sinnhafter Aufbau*, a. a. O. (Anm. E 27), Zweiter Abschnitt, §§ 7-18.

E33 Im Orig. deutsch.

E34 Im Orig. deutsch.

E35 Vgl. Alfred Schütz, »Das Problem der Relevanz« [1950-II-4], ASW VI.1, S. 57-249.

E36 Vgl. zum Problem des Wissensvorrates Alfred Schütz, »Strukturen der Lebenswelt« [1957-II-3], in ASW V.1, S. 325-348, sowie Alfred Schütz/Thomas Luckmann, *Strukturen der Lebenswelt I* [1975-I-1] u. *Strukturen der Lebenswelt II* [1984-I-1], Frankfurt: Suhrkamp 1975/1984, sowie ASW IX.

E37 Vgl. dazu Alfred Schütz, »Wissenschaftliche Interpretation und Alltagsverständnis menschlichen Handelns«, a. a. O. (Anm. E 30), S. 12 ff.

E38 Im Manuskript findet sich hier »metaphorically«, im Typoskript und in den gedruckten Fassungen »metaphysically«.

E39 Vgl. Edmund Husserl, »Vorlesungen zur Phänomenologie des inneren Zeitbewußtseins«, in: *Jahrbuch für Philosophie und phänomenologische Forschung*, Bd. IX, hg. v. Martin Heidegger, S. 367-490, jetzt in: *Husserliana* Bd. X, hg. v. Rudolf Boehm, Den Haag: Nijhoff 1966, S. 3-130, §§ 8 ff u. 24 ff.

E40 Vgl. dazu auch Alfred Schütz, *Sinnhafter Aufbau*, a. a. O. (Anm. E 27), §§ 7 ff. u. §§ 19 ff.

E41 Im Orig. deutsch. Vgl. zu diesem Begriff Edmund Husserl, *Logische Untersuchungen. VI. Elemente einer phänomenologischen Aufklärung der Erkenntnis.* Zweiter Band, II. Teil, in: *Husserliana*, Bd. XIX/2, hg. v. Ursula Panzer, Den Haag: Nijhoff 1984, §§ 47 u. 54.

E42 Vgl. dazu insbes. Husserl, *Cartesianische Meditationen*, a. a. O. (Anm. E 5), §§ 54 f. Vgl. kritisch zu Husserls Zeichentheorie Jacques Derrida, *La voix et le ph'enom'ene. Introduction au probl'eme du signe dans la ph'enom'enologie de Husserl*, Paris: Presses Universitaires de France 1967, dt. Übers.: *Die Stimme und das Phänomen. Einführung in das Problem des zeichens in der Phänomenologie Husserls*, Frankfurt: Surhkamp 2003.

E43 Im Orig. *paramount reality*.

E44 Vgl. dazu Alfred Schütz, enquoteSymbol, Wirklichkeit und Gesellschaft [1955-I-2], in ASW V.2, S. 117-220 und ders., »Über die mannigfaltigen Wirklichkeiten« [1945-I-3], in ASW V.1, S. 177-247.

E45 Vgl. dazu Alfred Schütz, *Sinnhafter Aufbau*, a. a. O. (Anm. E 27), §§ 33 ff., sowie zur Typik »Typus und Eidos in Husserls Spätphilosophie« [1959-I-6], in diesem Band S. 325 ff.

E46 Vgl. zum Begriff der »sozialen Rolle« George Herbert Mead, *Geist, Identität und Gesellschaft aus der Sicht des Sozialbehaviorismus*, Frankfurt/M.: Suhrkamp ^{4}1980, S. 192 ff. u. 420 ff., sowie Meads Aufsatz »Die Genesis der Identität und die soziale Kontrolle«, in: ders., *Gesammelte Aufsätze* Bd. 1, hg. v. Hans Joas, Frankfurt/M.: Suhrkamp 1987, S. 299-328, S. 318 ff.; zur Verwendung des Rollenbegriffes bei Schütz vgl. Alfred Schütz, »Das Problem der Personalität in der Sozialwelt. Bruchstücke« [1937-II-1], jetzt in ASW V.1, S. 91-176, S. 101 (hier in Bezug zum Begriff der »Teilperson«); sowie Alfred Schütz, »Über die mannigfaltigen Wirklichkeiten« [1945-I-3], jetzt in ASW V.1, S. 177-247, S. 191 ff.

E47 Vgl. dazu Max Weber, *Wirtschaft und Gesellschaft*, a. a. O. (Anm. E 29), §§ 1 ff.

E48 Vgl. dazu Karl Mannheim, *Ideologie und Utopie*, Bonn: Cohen 1930; ND: Frankfurt: Klostermann 1985, Kap. V, sowie Max Scheler, *Wissensformen*, a. a. O. (Anm. E 15), sowie Schütz' eigene wissenssoziologische Arbeiten zu den *Strukturen der Lebenswelt*, a. a. O. (Anm. E 36).

E49 Vgl. zu diesen Kritikpunkten wiederum »Das Problem der transzendentalen Intersubjektivität bei Husserl«, in diesem Band S. 227 ff.

E50 Vgl. dazu Edmund Husserl, »Nachwort zu meinen ›Ideen zu einer reinen Phänomenologie und phänomenologischen Philosophie‹«, in: *Jahrbuch für Philosophie und phänomenologische Forschung*, Bd. XI, (1930), S. 549-570; jetzt in: Edmund Husserl, *Ideen III*, a. a. O. (Anm. E 4), S. 138-162, S. 146 f., sowie Schütz, *Sinnhafter Aufbau*, a. a. O. (Anm. E 27), S. 129 f.

Typus und Eidos in Husserls Spätphilosophie

Editorischer Bericht

Der vorliegende Aufsatz wurde zuerst unter dem Titel »Type and Eidos in Husserl's Late Philosophy« in der Zeitschrift *Philosophy and Phenomenological Research* 20, Nr. 2, December 1959, S. 147-165 [1959-I-6] in englischer Sprache veröffentlicht. Im Jahre 1966 wurde der Artikel unter dem gleichen Titel in den *Collected Papers III. Studies in Phenomenological Philosophy* [1966-I-1], ed. by Ilse Schütz, Den Haag: Nijhoff 1966, S. 92-115 wieder abgedruckt. 1971 erschien der Artikel erstmals in deutscher Sprache in einer von Alexander v. Baeyer angefertigten Übersetzung unter dem Titel »Typus und Eidos in Husserls Spätphilosophie« in *Gesammelte Aufsätze III. Studien zur phänomenologischen Philosophie* [1971-I-2], Den Haag: Nijhoff 1971, S. 127-152.

Im Nachlass liegt der Text in vier Fassungen vor. Zum einen als undatiertes Typoskript (lfd. Nr. 7527-7555), das nahezu identisch ist mit der Druckfassung, zum anderen in drei unterschiedlichen, ebenfalls undatierten handschriftlichen Entwürfen. Der erste (lfd. Nr. 10419-10433) beginnt mit einem Entwurf für den zweiten Absatz des Textes, also ohne den Bezug auf Eugen Fink. Er endet mit den Ausführungen zum Typus Hund am Ende von Abschnitt II. (vgl. unten S. 333), diskutiert jedoch auch die »Krisisschrift« im späteren Abschnitt IV. Der zweite Entwurf (lfd. Nr. 10374-10418) beginnt ebenfalls mit dem zweiten Absatz des Textes, weist eine Vielzahl von Umstellungen, Überklebungen und Seitenverschiebungen auf und endet mit dem Schluß von Abschnitt V. Der letzte Entwurf (lfd. Nr. 10287-10341) schließlich enthält den gesamten Text und bildet die Grundlage für das Typoskript. Zusätzlich liegen im Nachlass noch 92 Seiten an Exzerpten und Kommentaren zum Typusbegriff vor, die auf 1953 datiert sind (lfd. Nr. 10434-10526). Die laufende und intensive Beschäftigung mit dem Thema Typus und Typisierung zeigt sich nicht zuletzt in dem langen Brief von Schütz an Gurwitsch vom 7. Dezember 1957, in dem mit Bezug auf einen Aufsatzentwurf von Gurwitsch[1] der Begriff des Typus und der Prozeß der Typisierung problematisiert wird.

1 Alfred Schütz/Aron Gurwitsch, *Briefwechsel 1939 – 1959*, hg. v. Richard Grathoff, München: Fink 1985, S. 415-421. Der Aufsatz wurde veröffentlicht unter dem Titel »Sur la conscience conceptuelle«, in: *Edmund Husserl 1859 – 1959*, hg. v. H. L. Van Breda und J. Taminiaux. Den Haag: Nijhoff, S. 275-282.

Aus dem Briefwechsel geht hervor, dass der Aufsatz für eine Husserlgedenknummer von Farbers Zeitschrift *Philosophy and Phenomenological Research* im Jahre 1959 konzipiert wurde. Am 26. Juli 1958 schreibt Farber an Schütz: »*By all means* plan on writing a paper on Husserl's notion of types (Erf[ahrung] u. Urt[eil] particularly) March '59 will be all right.« Am 21. Oktober 1958 antwortet Schütz (der im Sommer 1958 in Europa war): »I will do my best to see wether I can write a paper on Husserl's notion of types for PPR. I happened to discover some unpublished manuscripts in Louvain which shed light on this highly enigmatic topic.«[2] Am 1. November 1958 schreibt Schütz an Gurwitsch: »Ich versuche, für Farber den versprochenen Aufsatz über den Typenbegriff bei Husserl zu schreiben, gerate aber in immer größere Schwierigkeiten. Vor allem frage ich mich, ob die freie Variation in der Phantasie, welche zur eidetischen Reduktion führt, wirklich so frei ist. Wie verhält sie sich zu den formalen und regionalen ontologischen Bereichen, wie hängt sie mit den Unverträglichkeitssphären zusammen, wie mit dem Rahmen offener (im Gegensatz zu den problematischen) Möglichkeiten? Und endlich: Wie hängt der Typus mit dem Leibnizschen ›principium identitatis indiscernibilium‹ zusammen?«[3] Am 20. November schreibt Schütz an Farber: »I started to prepare the paper on Husserl's notion of types, a topic I have to deal with under all circumstances in view of my forthcoming book. The more I enter into the implications of the problem, the more complicated it becomes. - Nevertheless I hope that I will be able to write a paper for Ph.Ph.R. before March 30th.« Nach einer Antwort von Farber, die für die Artikellänge ein Maximum von 6000 Worten in Aussicht stellt, antwortet Schütz am 27. November: »As regards my contribution to your Husserl number, I am working very hard on this matter and hope to finish it, at least the first draft, before leaving for Europe by the end of February. As planned now, the length will not exceed the limit of approximately 6000 words, as suggested by you. Unfortunately my state of health is so unstable that I am at times out of commission for weeks.«[4] Am 20. Dezember 1958 schreibt Schütz an Gurwitsch: »So habe ich vom ›Typus‹-Artikel für Farber noch keine Zeile zu Papier gebracht [. . .] Es ist wirklich eine Fügung, daß auch Du gegen die ›freie Variation‹wichtige Einwände hast. [. . .] Ich fürchte, daß

2 Alfred Schutz Papers. General Collection, Beinecke Rare Book and Manuscript Library, box 24, folder 528.

3 Schütz/Gurwitsch, *Briefwechsel*, a. a. O. (Fn. 1), S. 444.

4 Alfred Schutz Papers. General Collection, Beinecke Rare Book and Manuscript Library, box 24, folder 528.

sich die eidetische Reduktion als ebenso unhaltbar erweisen wird, wie die Lösung des transzendentalen Intersubjektivitätsproblems. Wenn es mir gelingt, wird mein Typusaufsatz zeigen, warum dies so ist.«[5] Schließlich am 3. Februar 1958, wiederum an Gurwitsch: »Mit wirklich großen Schwierigkeiten arbeite ich an meinem Aufsatz für Farber, der den Titel ›Type and Eidos in Husserl's Late Philosophy‹ haben soll. Vielleicht bin ich in besonders kritischer Stimmung, aber jeder Versuch einer Klärung der Grundbegriffe der Husserl'schen Philosophie zeigt die Unhaltbarkeit der Konstruktion. Sollte es mir gelingen, diese Arbeit fertigzustellen, werde ich eine Kopie für Dich anfertigen und Dir senden.«[6] In einem Brief von Schütz an Farber vom 4. April 1959 informiert Schütz von den beiden überstandenen Operationen, seinem langen Krankenhausaufenthalt und über den Stand des Aufsatzes: »I promised you by end of march my paper on ›Type and Eidos in Husserl's Late Philosophy‹. Fortunately I could nearly finish this paper before my illness. I have just to write two more pages and to revise the text linguistically. I think that it's length will be approximately 7500 words, which exceeds a little bit the limit set by you.« Dann stellt er eine Zusendung des Artikels in zwei oder drei Wochen in Aussicht. Am 6. Mai schließlich schreibt Schütz an Farber: »My Paper for PHILOSOPHY & PHENOMENOLOGICAL RESEARCH on ›Type and Eidos in Husserl's late Philosophy‹ is completed. I gave it to Dorion Cairns with the request to check my translation of certain terms and hope to mail it to you early next week.«[7] Am 20. Mai 1959 starb Alfred Schütz.

Die neue Übersetzung dieses letzten Textes von Alfred Schütz aus dem Englischen wurde von Christian Thomas angefertigt und von Gerd Sebald überarbeitet. Stellen, die sich eng an Husserls Text anlehnen, wurden möglichst in der Husserlschen Terminologie belassen. Die Zahlen in eckigen Klammern verweisen auf den Seitenumbruch im Erstdruck. Im Text erwähnte Buchtitel wurden aus Gründen der Einheitlichkeit kursiviert.

5 Schütz/Gurwitsch, *Briefwechsel*, a. a. O. (Fn. 1), S. 451.
6 Schütz/Gurwitsch, *Briefwechsel*, a. a. O. (Fn. 1), S. 461.
7 Alfred Schutz Papers. General Collection, Beinecke Rare Book and Manuscript Library, box 24, folder 528.

Typus und Eidos in Husserls Spätphilosophie

In einem brillianten Vortrag auf dem »Colloque international de phénoménologie a Royaumont 1957«[1] behandelt Eugen Fink die von ihm so genannten operativen Begriffe in Husserls Phänomenologie. Er unterscheidet im Werk eines jeden größeren Philosophen thematische und operative Begriffe. Während die ersteren auf die Festlegung und Erhaltung der Grundbegriffezielen, werden die letzteren in einer unbestimmten Art und Weise als Werkzeuge gebraucht, um die thematischen Begriffe zu bilden; sie sind Denkmodelle oder intellektuelle Schemata, welche nicht zur objektivierenden Festlegung gebracht werden, sondern opak und thematisch ungeklärt bleiben. Fink zufolge werden die Begriffe des »Phänomens«, der »Konstitution« und der »Leistungen«[E 2], und sogar jene der »Epoché«[E 3] und der »transzendentalen Logik« von Husserl als operative Begriffe benutzt. Sie sind thematisch nicht geklärt oder bleiben zumindest operativ angedeutet; sie sind bloß Titel für Problemgruppen, die einer weiteren Analyse offenstehen und diese verlangen.

Die vorliegende Abhandlung versucht zu zeigen, daß auch der Begriff der Typik von Husserl weithin als ein bloß operatives Schema von höchst mehrdeutigem Charakter gebraucht wird und daß er einer weiteren Klärung bedarf. Entsprechend Husserls Spätphilosophie[E 4] charakterisiert Typik unsere Erfahrung in der Lebenswelt in der natürlichen Einstellung sowohl auf der prädikativen wie auch auf der vorprädikativen Ebene.[E 5] Das gilt ebenfalls für den Begriff der Ideation (zumindest im Sinn der eidetischen Generalisierung,[E 6] d. h. der Erfassung idealer Arten und Spezies von empirischen Allgemeinheiten.[E 7]

Wenn wir mit der für Husserls Spätphilosophie so zentralen Typik unserer Erfahrungen der Lebenswelt[E 8] zu beginnen, finden wir, daß drei Problemgruppen ihn zu einer genaueren Untersuchung dieses Merkmals geführt haben: (1) der Horizont-Charakter unserer Erfahrungen in der natürlichen Einstellung[E 9] und der Grenzbegriff der »Welt« als die Grundlage für die Eigenschaften der Vorbekanntheit und Vertrautheit[E 10], die mit ihnen verbunden sind;[E 11] (2) das Problem der Genealogie der logischen Formen, einschließlich der Konstitution der Allgemeingegenständlichkeiten, welche aus der vorprädikativen Erfahrung entspringen;[E 12] (3) die Struktur unserer Erfahrungen von der Lebenswelt, ihre notwen-

1 [Actes du Colloque internationale de phénoménologie à Royaumont (23-30 avril 1957), in press.] E[ugen] Fink, »Les concepts opératoires dans la phénomenologie de Husserl«, in[:] *Husserl.* Paris: [Les Éditions de Minuit] 1959, S. 214-230.[E 1]

dige Unbestimmtheit und ihre Bestimmung durch unsere Interessen.[E 13] Obwohl es kaum möglich sein wird, jedes der vorerwähnten Probleme in seinem Verhältnis zur Typik gesondert zu behandeln, hoffen wir doch, daß unsere Analysen der verschiedenen Herangehensweisen (die wir durchführen ohne eine Diskussion [148] der historischen Entwicklung von Husserls Denken und ohne Bezug auf seine bis jetzt unveröffentlichten Schriften[E 14]) die Gründe für die Mehrdeutigkeiten zeigen werden, die in Husserls diesbezüglichen Ansichten vorliegen. Diese sind kaum miteinander vereinbar und haben operativen Charakter. Wir werden mit ein paar Fragen schließen, welche die Beziehung zwischen der Typik unserer Alltagserfahrung und der Möglichkeit der sogenannten »freien Variation« [E 15] betreffen, die in der Phantasie ausgeführt wird und die durch den Prozeß der Ideation zur Anschauung des Eidos führen soll.

I. Die Vorbekanntheit der Welt und ihrer Gegenstände; innerer und äußerer Horizont

Wir beginnen mit einer kurzen Analyse unserer Erfahrung[E 16] des Alltagslebens, wie sie Husserl in *Erfahrung und Urteil*[E 17] beschreibt.[2] Wie gewöhnlich – und manchmal zum großen Nachteil seiner allgemeinen Theorie – nimmt Husserl als Paradigma unseres Erlebens das Wahrnehmen[E 18] konkreter Gegenstände der äußeren Welt, die unserer tatsächlichen oder potentiellen sinnlichen Apperzeption gegeben sind. Für die naive Einstellung unseres Alltagslebens sind die Gegenstände einfach vorgegeben als vermutlich daseiend und in dieser oder jener Weise daseiend. Sie sind uns in der fraglosen (obwohl jederzeit befragbaren) Sicherheit einer Glaubensgewißheit vorgegeben, und nicht aufgrund eines besonderen Setzungsaktes[E 19], und noch weniger aufgrund eines Existenzialurteils.[E 20] Unsere Erfahrung dieser gegebenen Gegenstände zeigt aber zwei Grundzüge: Erstens haben alle Gegenstände unserer Erfahrung von Anfang an den Charakter der typischen Vertrautheit; zweitens ist der Prozess unserer Wahrnehmung dieser Gegenstände in originärer Anschauung immer durchdrungen von Antizipationen der nicht tatsächlich wahrgenommenen aber mitintendierten Teile. Beide Grundzüge sind eng miteinander und mit der Typik unserer Erfahrungen verbunden, wie wir zeigen werden.

2 [Edmund Husserl,] *Erfahrung und Urteil. Untersuchungen zur Genealogie der Logik* [1939], redigiert und herausgegeben von Ludwig Landgrebe, 2. unveränderte Auflage, Hamburg [:Meiner] 1954 [[7] 1999]; vgl. für den jetzigen Abschnitt des Artikels insbesondere die Einleitung und Teil I, aber auch die wichtigen [§§] 82 und 83.

Husserl zufolge werden die Welt und die individuellen Gegenstände in ihr immer als durch frühere Akte der Erfahrung der verschiedensten Art im voraus organisiert von uns erfahren. In jeglicher Erfahrung, sogar bei einer zum ersten Mal apperzipierten Gegenständlichkeit, ist ein Vorwissen von bis dahin nicht wahrgenommenen Eigenschaften des Gegenstandes im Spiel, ein Vorwissen, das in seinem Inhalt unbestimmt oder unvollständig bestimmt sein kann, das aber nie völlig leer sein wird.[E 21] Mit anderen Worten führt jegliche Erfahrung einen Erfahrungshorizont mit sich, der sich auf die Möglichkeit (subjektiv ausgedrückt: auf die Fähigkeit) bezieht, nicht nur Schritt für Schritt die Gegenständlichkeit so, wie sie in der tatsächlichen Apperzeption gegeben ist, zu explizieren, sondern auch durch zusätzliche Erlebnisse immer neue zusätzliche Bestimmungen derselben Gegenständlichkeit zu erlangen. Dieser unendliche offene Horizont der tatsächlichen Erfahrung fungiert in seiner Unbestimmtheit von Beginn an als der Spielraum der antizipierten Möglichkeiten für die weitere Bestimmung; dennoch sind diese Antizipationen trotz ihrer unbestimmten [149] Allgemeinheit nach Husserl *typisch* bestimmt durch ihre *typische* Vorvertrautheit als zum Gesamthorizont derselben und identifizierbaren Gegenständlichkeit *typisch* gehörend, deren tatsächlich apperzipierte Eigenschaften denselben allgemeinen *Typus* zeigen.[E 22]

Deshalb sind es die Horizont-Antizipationen, welche die typische Vorbekanntheit und Vertrautheit der unserer Apperzeption gegebenen Gegenständlichkeit vorzeichnen. Zuallererst befindet sich der Gegenstand im universalen Horizont aller Horizonte, auf den wir uns in der natürlichen Einstellung mit dem Wort »Welt« beziehen. Die Welt ist der Gesamthorizont aller möglichen Erlebnisse. Jeglicher Gegenstand ist ein Gegenstand *innerhalb* der Welt, welche in der natürlichen Einstellung selbst nicht thematisch wird, sondern einfach als gegeben angenommen wird.[E 23] Zum Beispiel wird jedes einzelne reale Objekt der Außenwelt als ein gültig innerhalb des allgemeinen Horizontes der Welt existierendes apperzipiert, und das heißt unter anderem, daß es als ein identisches und als »immer gleiches« identifizierbares Element der Welt apperzipiert wird, mit seiner Position im universalen Raum und in der universalen Zeit.[E 24] Die Welt aber hat als der unbefragte Horizonthintergrund aller möglichen Erfahrungen von innerhalb ihrer existierenden Gegenstände nur *im allgemeinen* den subjektiven Charakter der Vertrautheit, ohne daß ihre *individuellen Besonderheiten* bekannt wären. Jedes besondere Seiende[E 25], das als solches apperzipiert wird, hat zusätzlich seine besondere Horizontstruktur, aus der alle weiteren Unterscheidungen von Bekanntheit und Unbekanntheit entspringen. Der Gegenstand ist dem apperzipierenden Bewußtsein nicht bloß als eine Gegenständlichkeit als solche gegeben, sondern als Existierendes eines besonderen Typus: als ein Ding der Außenwelt, als eine Pflanze, ein Tier, ein menschliches Wesen, ein menschliches Produkt und so weiter. Mehr noch: er wird apperzipiert als zu weiter und immer weiter differenzierten »Genera« mit ihren untergeordneten »Spezies« gehörend[E 26] – vorausgesetzt, daß wir diese besondere Terminologie analog für die vorprädikativen und vorbegrifflichen Formen der einfachen apperzeptiven Erlebnisse, die wir jetzt untersuchen, gebrauchen dürfen. Entsprechend ist für Husserl die Strukturierung durch Vorbekanntheit und Unbekanntheit ein fundamentales Merkmal unseres Bewußtseins von der Welt. Diese Strukturierung wird von der relativen Unterscheidung zwischen unbestimmter Allgemeinheit und bestimmter Besonderheit durchdrungen. Wenn wir den offenen Rahmen der weiteren Bestimmbarkeit des apperzipierten Gegenstandes den *inneren Horizont*[E 27] dieses Gegenstandes nennen, dann können wir sagen, daß die weitere Bestimmung durch Explikation[E 28] der schon im vorhinein angezeigten Horizontbestände geschieht, und korrelativ dazu der damit verbundenen offenen Möglichkeiten der antizipierten Tätigkeiten im Modus »Ich kann« (Ich kann den Gegenstand genauer untersuchen; ich kann die nicht gesehene Rückseite sichtbar machen, wenn ich den Gegenstand umdrehe oder wenn ich meinen Leib bewege etc.).[E 29] Der innere Horizont kann deshalb als ein leerer Rahmen der unbestimmten Bestimmbarkeit charakterisiert werden, der sowohl den besonderen Stil der weiteren Explikation als auch eine besondere Typik der antizipierten und so zu erreichenden Explikate anzeigt und vorschreibt. Deshalb [150] kommt Husserl zum Schluß, daß alle einzelnen Apperzeptionen Erfüllungen dessen sind, was im voraus gemeint war.[E 30]

Nun muss betont werden, daß sich der Horizont unentwegt im Fluß befindet. Mit jeglicher neuen anschaulichen Apperzeption modifizieren neue Bestimmungen oder Berichtigungen früherer Bestimmungen die möglichen Antizipationen und damit den Horizont. Keine Apperzeption ist bloß momentan und vergehend; jede Apperzeption wird als dauerndes Ergebnis zu einem Teil des habituellen Wissens.[E 31] Manchmal spricht Husserl von den »Sedimentierungen« vorausgehender Erlebnisse.[E 32] Sicher ist dieser habituelle Besitz latent, aber dies beinhaltet, daß sie »geweckt« oder »hervorgerufen« werden können. Dies geschieht durch die passive Deckungssynthesis[E 33], die auf Ähnlichkeit oder Unähnlichkeit basiert, eine Synthesis, für die Husserl den traditionellen Begriff der »Assoziation« verwendet, wobei er sich beeilt zu versichern, daß der Assoziationsbegriff sich in seiner Bedeutung bei ihm vom traditionellen unterscheidet. Für Husserl bedeutet »Assoziation« eine generelle Form der dem Bewußtsein immanenten Genese.[E 34] Sie meint ausschließlich die rein immanente Beziehung des »etwas erinnert an etwas anderes«, »etwas bezieht sich auf etwas anderes«.[E 35] So wird ein *Paar* konstituiert, wo ein Teil das andere »weckt«. Ähnliche Erlebnisse werden von ähnlichen hervorgerufen und kontrastieren mit den unähnlichen. Es scheint, daß Husserl später die Terminologie geändert hat[3] und das Problem der Assoziation als Spezialfall der »Paarung«oder »Appräsentation«[E 36] behandelt hat.

So ruft die Apperzeption einer Gegenständlichkeit in ihrem Horizont die Erinnerung an andere ähnliche oder sogar gleiche Gegenständlichkeiten auf und konstituiert damit eine Typik, auf deren Grundlage durch apperzeptive Übertragung[E 37] auch andere Gegenständlichkeiten einer ähnlichen Art von Anfang an als Gegenständlichkeiten desselben Typs, das heißt mit einer vorgegebenen und mehr oder minder spezifischen Vertrautheit, apperzipiert werden. Man kann leicht sehen, daß mit jedem Schritt des ursprünglichen Apperzipierens und Explizierens nicht nur die untersuchte Gegenständlichkeit weiter bestimmt wird, sondern zugleich damit eine Modifikation des Horizontes aller möglichen Erlebnisse im ganzen geschieht. Neue typische Bestimmungen und Vertrautheiten werden konstituiert und zeichnen die Richtungen der apperzeptiven Erwartungen vor, die sich der Gegebenheit neu vorgefundener Gegenständlichkeiten anheften. Die Breite der so konstituierten Typik kann je nach der Art, wie die Gegenständlichkeit antizipatorisch appräsentiert wird, sehr variieren. Diese Breite – wir folgen immer noch Husserl – enthüllt sich lediglich in den Erfüllungen der Antizipationen und kann durch besondere intentionale Akte nur nachträglich begrifflich gefasst werden. [E 38]

Wir werden sehr bald zum Problem der begrifflichen Fassung zurückkehren, besonders zu dessen Verhältnis zur Typik. An diesem Verbindungspunkt mag ein Beispiel für die Typik der natürlichen Erfahrungs-

3 [Edmund Husserl,] *Cartesianische Meditationen und Pariser Vorträge*, herausgegeben und eingeleitet von St[ephan] Strasser, (*Husserliana* I.), Den Haag[: Nijhoff] 1950; bes. IV. Meditation, §§ 38 f.; V. Meditation, §§ 50-52.

apperzeption, das Husserl in einem anderen Zusammenhang gibt[4], eine willkommene Illustration der vorausgegangenen Darstellung sein. Er erklärt, daß in der natürlichen Einstellung die Dinge der faktischen Welt von [151] Beginn an als Typen erfahren werden, nämlich als Bäume, Tiere, Schlangen, Vögel und im besonderen als Tanne, Ahorn, Hund, Natter, Schwalbe, Sperling und so weiter. Was als Typ apperzipiert wird, erinnert an ähnliche Dinge in der Vergangenheit und ist in diesem Ausmaß vertraut. Darüber hinaus trägt das, was typisch apperzipiert wird, den Horizont möglicher weiterer Erfahrungen in der Form einer vorgezeichneten Typik von noch unerlebten, aber erwarteten Gegenstandscharakteristiken mit sich. Wenn wir einen Hund sehen, antizipieren wir sofort sein zukünftiges Verhalten, seine typische Art zu fressen, zu spielen, zu laufen zu springen etc. Zwar sehen wir seine Zähne nicht wirklich, aber selbst wenn wir diesen besonderen Hund noch nie gesehen haben, wissen wir im voraus, wie seine Zähne aussehen werden – nicht in ihrer individuellen Bestimmtheit, sondern in ihrem typischen Aussehen, weil wir schon längst und oft erfahren haben, daß »dergleichen« Tiere (»Hunde«) so etwas wie Zähne dieser oder jener typischen Art haben.[E 39]

Warum aber werden gewisse Merkmale des Gegenstandes mit Merkmalen anderer Gegenstände als typisch ähnlich gepaart, während andere – zumindest vorerst – nicht beachtet werden? William James[E 40] und Bergson[E 41] haben ihre Theorie der Selektivität des Bewußtseins entwickelt, um diese Frage zu beantworten, welche direkt mit der Konstitution der Typik verbunden ist. Auch Husserl erkennt an, daß die explizierende Tätigkeit, durch die der Gegenstand als Einheit von Merkmalen apperzipiert wird, nicht gleichmäßig über alle sich von einander abhebenden Eigenheiten verteilt ist, sondern daß

> »unser Blick auf besonders einprägsame Beschaffenheiten gelenkt [wird], durch die sich der Gegenstand gerade dieser bestimmten Typik oder dieser individuelle Gegenstand von anderen Gegenständen gleichen oder ähnlichen Typus unterscheidet.«[5 E 42]

Was ist jedoch der Faktor, der gewisse Merkmale des Gegenstandes »besonders einprägsam« werden lässt? Husserl zufolge ist es unser *Interesse*. Er unterscheidet zwei Arten des Interesses: Erstens beeinflusst der Gegenstand, der uns passiv vorgegeben ist, unsere Rezeptivität und

4 [Husserl, *Erfahrung und Urteil*, a. a. O. (Fn. 2)], § 83.
5 [Husserl, *Erfahrung und Urteil*, a. a. O. (Fn. 2)], S. 139 [§ 25].

erweckt in uns eine mehr oder weniger intensive Tendenz, dem vom Gegenstand ausgehenden und uns auferlegten Reiz zu folgen und uns ihm zuzuwenden.[E 43] Deshalb interpretiert Husserl die Rezeptivität als die niederste Form der Ich-Aktivität. Die Zuwendung ruft ein Interesse am Objekt hervor, welches die Merkmale übertrifft, die bloß im Modus der Tatsächlichkeit vorgegeben sind, und nach immer neuem Erkennen strebt. (Dieser erste Begriff des Interesses erinnert an Leibniz' Definition des Bewußtseins als der Tendenz, zu immer neuen Erfahrungen fortzuschreiten.)[E 44] Der zweite und weitere Begriff des Interesses entspringt nicht aus der einfachen Zuwendung zum Gegenstand, sondern daraus, ihn *thematisch* zu machen. Thema (im genauen Sinn) und Gegenstand fallen nicht immer zusammen, zum Beispiel in einer Situation, wo ich mit einer wissenschaftlichen Arbeit als meinem Thema beschäftigt bin, aber vom Straßenlärm »unterbrochen« werde. Selbst dann habe ich mein Thema nicht fallen gelassen, zu dem ich, nachdem die Unterbrechung vorbei ist, zurückkehre.[E 45] Die Akte des Interesses im weiteren Sinn übersteigen also das bloße einem Gegenstand Zugewandt-sein, sagen wir, [152] ihn wahrzunehmen oder sogar ihn eingehend zu untersuchen: Diese Akte verlangen ein »Dabeisein«[E 46] bei einer Tätigkeit, ein »*inter-esse*« im wörtlichen Sinn.[6] [E 47]

In den bisher veröffentlichen Texten verfolgt Husserl diese Analyse nicht über jene flüchtigen Bemerkungen hinaus. Es ist aber ganz klar, daß Interesse, oder vielleicht besser das System der Interessen die Typizität mitbestimmt.[E 48]

Bisher haben wir lediglich vom inneren Horizont des Gegenstandes und seiner Explikation gesprochen. Jeglicher Gegenstand aber, dem man sich zuwendet, hebt sich von einem Hintergrund ab, einem Feld, dem man sich nicht zuwendet, sondern das einfach »da« ist. Wir könnten sagen, daß der Gegenstand einen offenen, endlosen Horizont koexistierender Gegenstände hat, daher einen Horizont auf einer zweiten Ebene, der mit dem Horizont der ersten Ebene verbunden ist. Wir nennen diesen Horizont den *äußeren Horizont*[E 49] der koexistierenden Gegenstände, denen ich mich jederzeit zukehren kann als zu Gegenständen, die entweder anders sind oder typisch ähnlich dem Gegenstand, dem ich eigentlich zugewandt bin. Im gewissen Sinne ist die Bedeutung des letzteren durch seinen äußeren Horizont als der Totalität meiner möglichen Erlebnisse von koexistierenden Gegenständen und ihrer Beziehungen zum tatsächlich Apperzipierten mitbestimmt. Dies ist aber nicht alles:

6 [Husserl, *Erfahrung und Urteil*, a. a. O. (Fn. 2)], § 20 [S. 93].

Die Bedeutung des Gegenstandes, der unmittelbar unserer tatsächlichen Anschauung gegeben ist, bezieht sich auch auf seine – hauptsächlich verborgenen – Verbindungen mit Gegenständen, die uns einst in der Vergangenheit gegeben waren und die jetzt als die verschiedenartigsten Erinnerungen vorgestellt sein könnten, und sie bezieht sich sogar auf Gegenständlichkeiten unseres freien Phantasierens, vorausgesetzt, daß eine Beziehung der Ähnlichkeit zwischen diesen und dem aktuell gegebenen Gegenstand überhaupt besteht. Die Einheit zwischen den verbundenen Elementen kann auch bloß passiv[E 50] erlebt werden als in der Einheit unseres Bewußtseins vorgegeben. Aber – im Gegensatz zum Prozeß, in dem die im inneren Horizont verborgenen Implikate expliziert werden – können alle diese Beziehungen thematisch gemacht werden. Die Tätigkeit, mit der das geschieht, nennt Husserl »beziehendes Betrachten«[E 51]. Es muß jedoch betont werden, daß das bloße Hinzufügen weiterer Gegenstände zum tatsächlich gegebenen Gegenstand als solches noch kein beziehendes Betrachten ist. Letzteres verlangt ein besonderes Interesse im weiteren Sinn, welches den Gegenstand, der Ausgangspunkt war, zum Hauptthema macht. Wenn zum Beispiel mein Füllfederhalter mein Hauptthema ist, dann ist der Tisch, auf dem er liegt, nicht das Hauptthema, sondern bloß ein Thema in Beziehung auf den Füllfederhalter.[E 52] Welcher Gegenstand in einem solchen Fall das Hauptthema wird, hängt wiederum von der Richtung des dann vorherrschenden Interesses ab, und das beziehende Betrachten kann verschiedene Bestimmungen eines der aufeinander bezogenen Gegenstände enthüllen, zum Beispiel: A > B, B < A; A liegt auf B, B unter A.

Es ist selbstverständlich, daß alles, was wir oben in Hinblick auf den inneren Horizont sagten, nämlich hinsichtlich der habituellen Sedimentierung von einmal erlangtem Wissen und deren Funktion in der erneuerten oder ganz neuen Bestimmung von Gegenständlichkeiten – und damit in der Festsetzung von deren Typik – auch für die Habitualitäten gilt, die aus den beziehenden Betrachtungen entspringen. [153]

II. Empirische Typen und Allgemeinheiten

Bisher beschränkte sich unsere Analyse auf die vorprädikative Ebene. Wir haben gesehen, wie Husserl zufolge empirische Typen in Passivität vorkonstituiert werden, was von ihm als die unterste Form der Konstitution der Allgemeinheiten betrachtet wird.[E 53] Von besonderem Interesse ist für ihn nun der Übergang von den empirischen Typen zu den prädikativen Urteilen, die sich mit Gattungsbegriffen befassen, und weiter zur Konstitution von universalen Gegenständlichkeiten auf der höchsten Stufe und die Formen der Überhaupt-Urteile.[E 54] Wir wollen zuerst dieser Entwicklung im Sinn der Typik der apperzipierten Gegenstände folgen.[7] Alles, was typisch apperzipiert wird, *kann* zu dem Allgemeinbegriff des Typus führen, unter dem wir den Gegenstand auffassen. Wir brauchen aber nicht in solcher Art auf den Gattungsbegriff gerichtet sein; wir müssen diesen konkreten individuellen Hund nicht thematisch als eine Singularisierung des Allgemeinbegriffes »Hund« erfassen. »Im allgemeinen« ist ein Hund wie jeder andere Hund. Wenn wir jedoch auf den Hund als ein Individuum gerichtet bleiben, dann bleibt auch die passiv vorkonstituierte Beziehung dieses individuellen Hundes zum Typus, unter dem er von Anfang an apperzipiert war, unthematisiert. Diese Typik wird nicht alle Ähnlichkeiten des konkreten Gegenstandes erschöpfen, die im Verlauf unserer Erfahrung enthüllt werden. Zum Typus »Hund« zum Beispiel gehört ein Komplex typischer Eigenschaften mit einem offenen Horizont von Antizipationen weiterer typischer Merkmale. Wenn wir in unserer Erfahrung von diesem oder jenem individuellen Hund fortschritten, würden wir immer neue Merkmale finden, die nicht nur diesem individuellen Hund angehören, sondern Hunden im allgemeinen, Charakteristiken, die von bestimmten Eigenschaften vorgezeichnet werden, die wir entsprechend der unvollständigen und flüchtigen Erfahrungen, die wir bis jetzt von ihnen hatten, als typisch für Hunde angenommen haben. Dies ist der Ursprung der präsumptiven Idee einer Allgemeinheit, die den Begriff des realen Hundes, wie er aus den realen Erfahrungen entspringt, überschreitet.[E 55] Husserl nennt diese Idee eine präsumptive, weil wir kontinuierlich in der empirischen Gewißheit leben – eine Gewißheit, die nur bis auf weiteres gilt –, daß alles, was sich auf dem Boden bekannter Eigenschaften als ein Gegenstand eines besonderen Types erweist, auch die anderen Charakteristiken haben wird, die durch reguläre Induktion in anderen Gegenständen dieses Types entdeckt werden, und so weiter. Auf diese Weise unterliegen die empirischen Begriffe einem dauernden Wandel, der durch die Aufnahme neuer Merkmale unter Leitung der empirischen Idee eines offenen und immer korrigierbaren Begriffes verursacht wird – eine Idee, die unserem empirischen Glauben an die Kontinuität unserer realen Erfahrungen zugrunde liegt.[E 56]

7 Vgl. zum Folgenden [Husserl, *Erfahrung und Urteil*, a. a. O. (Fn. 2)] §§ 82 ff., bes. 83 und 84.

Sicher kann die vorherrschende Annahme, daß stets neue typische Momente im Prozeß des Erfahrens erfasst werden können, enttäuscht werden. Die unmittelbare Erfahrung unterscheidet häufig Dinge im Einklang mit bestimmten auffälligen Beziehungen, die tatsächliche innere Beziehungen verwirren können. Daß der Walfisch[E 57] zur Klasse der [154] Säugetiere gehört, ist zum Beispiel verborgen durch die äußere Analogie die dieses Tier in seiner Lebensweise mit den Fischen hat. Wir sprechen in solchem Fällen von außerwesentlichen Typen[E 58]. In der umfassenden Erfahrung der konkreten Natur ordnen sich die Individuen mehr und mehr unter wesentliche Typen[E 59] in verschiedenen Stufen der Allgemeinheit. Darauf bezieht sich die wissenschaftliche, empirisch-naturhistorische Forschung. Notwendig liegt hier zugrunde die vorwissenschaftliche und vielfach außerwesentliche Typik der natürlichen Erfahrungsapperzeption. Die wissenschaftlichen Speziesbegriffe suchen durch systematische und methodische Erfahrung die wesentlichen Typen zu bestimmen, aber auch sie führen einen unendlich offenen Horizont von – anfänglich noch unbekannten – Typenmerkmalen mit sich, der in weiterer Forschung bestimmt werden muss. Das Typische betrifft dabei auch die Kausalität: die Kausalität des »Lebens« der Tiere oder Pflanzen der betreffenden Typen (Spezies) unter besonderen Bedingungen, ihre Entwicklung, Fortpflanzung etc.[E 60]

III. Die Konstitution der allgemeinen Gegenständlichkeiten in der prädikativen Sphäre[8]

Unsere Darstellung des Überganges vom vorprädikativen Typus zur empirischen präsumptiven Idee hat sich noch nicht mit einem wichtigen Vermittlungsschritt befasst, nämlich mit der Konstitution der typischen gattungsmäßigen und schließlich der Allgemeingegenständlichkeiten in der prädikativen Sphäre. Die vorprädikative rezeptive Erfahrung wird vom Interesse am Wahrnehmen geleitet, das heißt von der Tendenz, die gegebene Gegenständlichkeit in allen ihren Aspekten und Perspektiven vor unsere Intuition zu bringen. Das ist aber lediglich eine Vorstufe des Erkenntnisinteresses[E 61] an der Gegenständlichkeit und daran, das einmal erworbene Wissen zu erhalten. Dies wird von der kognitiven

8 [Husserl, *Erfahrung und Urteil*, a. a. O. (Fn. 2)], Abschnitt II [Das prädikative Denken und die Verstandesgegenständlichkeiten, S. 231-380] und III [Die Konstitution der Allgemeingegenständlichkeiten und die Formen des Überhaupt-Urteilens, S. 381-460].

Tätigkeit des Ich geleistet, deren Ergebnis die Prädikation ist.[E 62] Husserl spricht auch von der prädikativen Spontaneität im Gegensatz zur rezeptiven Erfahrung.[E 63] Für das Verständnis des Prädikationsprozesses ist es wichtig zu sehen, daß jedes prädikative Urteil eine Allgemeinheitsform[E 64] enthält, eine Bestimmung des Gegenstandes »*als*« dieses und jenes seiend.[E 65] Dies ist das Gegenstück zum Erfassen des Gegenstandes als von Anbeginn in reiner Rezeptivität irgendwie vertrauten Typus. Wenn wir zum Beispiel diesen besonderen Wahrnehmungsgegenstand als rot seiend wahrnehmen und das Wahrnehmungsurteil »S ist p« bilden, dann ist wegen der Universalität der Bestimmung »rot« die Beziehung zur allgemeinen »Röte« schon in dieser »Bestimmung-als-rot« implizit enthalten. Sicher wurde dieses Verhältnis soweit noch nicht thematisch, wie dies in der Formulierung geschehen würde: »Dies ist *ein* roter Gegenstand.« Aber nur im letzteren Fall würden wir vom begreifenden Denken im eigentlichen Sinn sprechen.[E 66]

Die einfache Prädikation »S ist p« entspricht der Explikation eines wahrgenommenen Gegenstandes. Aber während die Explikation des Substrates S [155] in der passiven Deckungssynthesis zwischen S und seiner Determinante p besteht, verlangt (im logischen Sinne) die Setzung von S als das Subjekt des prädikativen Urteils »S ist p« eine neue Form der Tätigkeit, die durch das hinzukommende Interesse (im weiteren Sinn) motiviert ist, das S aktiv als den thematischen *terminus a quo* und das p als den *terminus ad quem* zu bestimmen. Mit anderen Worten, zielt eine aktive Intention jetzt darauf ab, das zu erfassen, was früher in *passiver* Deckung gegeben war. Diese Aktivität ist nicht nur synthetische Aktivität im allgemeinen, sondern gleichzeitig die Aktivität des Synthetisierens. Wir werden gewahr, daß S in der Form »S ist p« durch p bestimmt ist. Dieses Geschehen ereignet sich in polythetischen Schritten.[E 67]

Aber »S ist p« ist lediglich der Urtypus der Prädikation.[E 68] Der determinierende Prozeß kann von p zu q und r weitergehen, was zu Urteilen der Form »S ist p und q und r« führen kann, wenn das kognitive Interesse gleichmäßig auf alle Glieder verteilt ist, oder auf die (im sprachlichen Ausdruck)[E 69] untergeordneten Sätze, das heißt auf Urteile der Form »S, welches p ist, ist q« und so weiter.[E 70] Husserl analysierte in seinen der Genese des prädikativen Urteils gewidmeten Studien eine große Zahl solcher Formen, deren Beschreibung bei weitem die Grenzen dieser Abhandlung überschreiten würde. Statt dessen wenden wir uns sofort der Theorie der Konstitution von Allgemeinheiten in der produktiven Spontaneität zu. Genau hier erhält der Begriff der Typik eine veränderte Bedeutung. Husserl erinnert uns daran, daß das Verhältnis eines einzelnen Gegenstandes zum typischen Allgemeingegenstand bereits in jeder Apperzeption des Individualgegenstandes auf dem Boden des Vertrautheitshorizontes vorherrscht. Der entscheidende Punkt ist jedoch, ob dieses Verhältnis im Urteilsprozess thematisch wird oder nicht. Wenn dies der Fall ist, können die Vertrautheitsmerkmale zur aktiven, spontanen Konstitution einer neuen Art der Gegenständlichkeit führen, nämlich zum *typisch Allgemeinen* selbst, als dessen »Vertreter« der Individualgegenstand apperzipiert wird, das heißt als *eine Gegenständlichkeit dieser Art, dieses Typs*. Die Allgemeinheiten, die durch diese hinzukommenden Akte der freien Spontaneität konstituiert werden – die Typen, Spezies, Gattungen usw. –, können auf verschiedenen Allgemeinheitsstufen stehen. Die Allgemeinheit des empirischen präsumptiven Types ist nur eine von ihnen und eine relativ niedere; auf der höchsten Stufe stehen die reinen oder eidetischen Allgemeinheiten und die auf ihnen basierenden Urteile, die nicht mehr aus der Thematisierung der Beziehungen zwischen Gegenständlichkeiten und ihren empirischen Vertrautheitstypen, sondern aus der Thematisierung ihrer Beziehungen zu den reinen Wesen entspringen.[E 71]

Wir wollen die Konstitution der Allgemeinheiten in der produktiven Spontaneität kurz durch ein Beispiel verdeutlichen. Nehmen wir an, daß wir beim angestrengten Nachdenken über S das Moment *p* als in der Form »S ist p« herausragend fanden. Unser Interesse verlagert sich nun auf S', S", S"', welche uns mitaffizieren, weil auch sie das Moment p als ihr herausragendes individuelles Moment zeigen. In diesem Fall müssen wir zwei Reihen von Urteilen unterscheiden: die erste Reihe, in der das individuelle Moment jedem Substrat prädiziert wird: »S' ist *p*'«, »S" ist *p*"«, »S"' ist *p*"'«; und die zweite Reihe, in der überall dasselbe *p* (ohne Strich) [156] jedem Substrat prädiziert wird als die allgemein identische Einheit der Spezies, die passiv in der Ähnlichkeitsübereinstimmung[E 72] von p', p", p"' konstituiert wurde. Wir kommen dann zu Urteilen wie: »S' ist p«, »S" ist p« und so weiter, wobei p kein prädikativer individueller Kern mehr, sondern ein genereller ist. Im Urteil »S' ist p'«, bezeichnet p' das individuelle Moment im individuellen Gegenstand S', womit das Substrat S' und sein individuelles Moment identifiziert sind. Wir nennen ein solches Urteil ein individuelles Urteil. Im Urteil »S' ist p« erscheinen die Allgemeinheiten zumindest auf einer Seite, weil p das Allgemeine[E 73] bezeichnet. Wir nennen ein solches Urteil ein generelles Urteil [E 74]. Dies ist eine neue Urteilsform, weil die Verschiedenheit der Kerne zu einer modifizierten Form von Identitätssynthesis im Vergleich zur einfachen explikativen Synthesis führt, von welcher wir annahmen, daß sie die Grundform unseres kategorischen Urteils »S ist p« sei, obwohl die erstere auf der letzteren gründet.[E 75]

IV. Die Erweiterung des Begriffs der Typik in Husserls »Krisis«[9]

Wir müssen jetzt die Natur der reinen Allgemeinheiten untersuchen, wie sie uns durch die eidetische Methode enthüllt werden. Bevor wir das aber tun werden, wollen wir Husserls Analyse der Typik betrachten, die er in seinem letzten Werk, der *Krisis*, wiederaufgenommen hat, wobei er seine Theorie ergänzt und, wie mir scheint, beträchtlich verändert hat. Wie gewöhnlich nimmt Husserl als sein Paradigma die Apperzeption konkreter Gegenstände der Außenwelt, die unserem tatsächlichen oder potentiellen sinnlichen Erfahren gegeben sind. Zur Natur der erfahrungsmäßigen Gegebenheit solcher Gegenstände gehört auch die typische Regelmäßigkeit in ihrer Veränderbarkeit, und zwar einerseits hinsichtlich ihrer Position in Raum und Zeit und andererseits ihrer Eigenschaften in Form oder Inhalt. Keine dieser Veränderungen ist kontingent oder willkürlich, sondern sie alle sind in ihrer sinnlich typischen Weise empirisch von einander abhängig. Diese gegenseitigen Bezogenheiten sind selbst Momente der erfahrungsmäßigen Anschauung des Alltagslebens; sie werden als das erlebt, was die Gegenstände, die in Simultaneität oder Sukzession koexistieren, zusammen gehören läßt. Die Gegenstände der anschaulichen Umwelt (immer so verstanden wie sie uns anschaulich im Alltagserlebnis gegeben werden, und akzeptiert als real in der natürlichen Einstellung) haben gleichsam ihre »Gewohnheiten«, sich unter typisch ähnlichen Umständen auch ähnlich zu verhalten. Selbst wenn wir die Welt als Ganzes in ihrer »strömenden Jeweiligkeit«[E 76] nehmen, in der sie für uns einfach da ist, hat auch diese Welt als Ganzes ihre »Gewohnheit«, kontinuierlich so zu sein, wie sie bisher war. Deshalb hat unsere empirisch anschauliche Umwelt ihren empirisch allumfassenden Stil; und dieser bleibt invariant, in welcher Weise auch immer wir uns diese Welt modifiziert denken oder in welcher Form wir sie in dem Stil darstellen, in dem wir die Welt jetzt haben und in dem wir sie bisher gehabt haben. In der Reflexion können wir uns dieser Tatsache bewußt werden, [157]

9 [Edmund Husserl, *Die Krisis der europäischen Wissenschaften und die transzendentale Phänomenologie, Eine Einleitung in die phänomenologische Philosophie*, herausgegeben von Walter Biemel (*Husserliana* VI.), Den Haag[: Nijhoff] 1954.

und indem wir die freien Variationen dieser Möglichkeiten durchführen, können wir den invarianten allgemeinen Stil thematisch machen, in dem diese anschauliche Welt sich im Fluß aller Erfahrungen durchhält. Dann verstehen wir, daß die Dinge und Geschehnisse im allgemeinen nicht zufällig auftreten und nicht zufällig ihren Verlauf nehmen, sondern daß sie *a priori* an diesen Stil als der invarianten Form der anschaulichen Welt gebunden sind; mit anderen Worten, daß alles, was in der Welt koexistiert, durch eine universale kausale Regelmäßigkeit den Charakter der Zusammengehörigkeit hat, auf dessen Boden die Welt nicht bloß eine Allheit[E 77], sondern eine Alleinheit[E 78], ein (ganz sicher unendliches) Ganzes ist. Dieser universale kausale Stil der anschaulichen Umwelt ermöglicht Hypothesen, Induktionen und Voraussagen über unbekannte Tatsachen der Gegenwart, Vergangenheit und Zukunft. Wir bleiben aber mit alledem im vorwissenschaftlich (und, wenn wir Husserl hier recht verstehen, müssen wir hinzufügen: *a fortiori* im vorprädikativen) kognitiven Leben approximativ auf Typizität bezogen.[10 E 79]

In der *Krisis* und den verwandten Manuskripten betont Husserl immer wieder, daß die Dinge der anschaulichen Umwelt und alle ihre Eigenschaften in ihrer bloßen Typik schwanken; ihre Identität mit sich selbst und ihr Gleichsein mit anderen Dingen ist nur ein ungefähres. In allen diesen Beziehungen herrscht eine Abstufung der Vollkommenheit, deren Grad von dem speziellen praktischen Interesse, das zu befriedigen ist, abhängt. Mit einem Interessenwandel kann ein früher genügender Vollkommenheitsgrad nicht mehr das neue Interesse befriedigen.[11 E 80] In einem anderen Abschnitt der *Krisis*[12] erklärt Husserl, daß, obwohl diese Typik die wissenschaftliche Beschreibung und die phänomenologisch-transzendentale Wahrheit ermöglicht, durchdringe sie trotz und jenseits aller ihrer Relativitäten die Einheit der Lebenswelt und das Universum der Gegenstände. Die Typik könnte (ohne alles transzendentale Interesse, das heißt in der naiven Einstellung, vor Ausführung der *Epoché*) zum Thema einer eigenen Wissenschaft, nämlich einer Ontologie der Lebenswelt als der Welt unserer tatsächlichen und potentiellen erfahrungsmäßigen Anschauungen werden. Natürlich ist die Lebenswelt mit allen ihren praktischen Gebilden, sogar mit den Gegenständen der Wissenschaften als Kulturtatsachen, im steten Wandel ihrer Relativitäten auf Subjektivität bezogen. Aber trotz aller dieser Wandlungen und trotz

10 [Husserl, *Krisis*, a. a. O. (Fn. 9),] § 9b.
11 [Husserl, *Krisis*, a. a. O. (Fn. 9),] § 9a, S. 22 f.
12 [Husserl, *Krisis*, a. a. O. (Fn. 9),] § 51, S. 176.

aller Berichtigungen folgt sie ihrer Wesenstypik, der alles Leben und damit alle Wissenschaften, deren Grundlage sie ist, unterworfen sind. Diese Ontologie der Lebenswelt kann in reiner Evidenz enthüllt werden. In einem zusätzlichen Text, der von den Herausgebern als bloße Wiederholung ausgelassen wurde,[13] fragt sich Husserl, warum die »Geisteswissenschaften«[E 81] es bisher verpasst haben, in ihrer Suche nach dem ihrem Gebiet eigentümlichen *a priori* eine Ontologie der Lebenswelt zu entwickeln. Sie würde zum Beispiel die Typen der Sozialität (Familie, Stamm, Staat etc.) enthüllen, oder die der Kulturgegenstände sowie die Typen der jeweiligen historischen oder kulturellen Umwelt (der Ägypter, der alten Griechen, der sogenannten Primitiven usw.). Und bei dieser Gelegenheit betont Husserl, [158] daß die Typik der Lebenswelt keineswegs meine Privatangelegenheit ist, sondern die einer »vergemeinschafteten« Subjektivität[E 82]: Die konkrete Typik der Lebenswelt ist die der für uns alle gültigen Welt. Nicht nur mein eigenes Leben, sondern auch das eines jeden von uns in der Einheit ihres tatsächlichen Flusses ist kontinuierlich von den tatsächlichen Horizonten unserer »Vermöglichkeit« [E 83], zu führen, zu dirigieren und tatsächliche Ereignisse mittels des Eingreifens unseres Selbst zu beeinflussen, umgeben. Obwohl ich mir aber dieser Vermöglichkeit immer gewiß bin, bin ich wie jedermann an die wesensmäßige Typik, welche alle Aktualitäten und Potentialitäten durchdringt, gebunden. Dies ist deshalb so, weil alle Horizonte in ihren Modifikationen einen Universalhorizont bilden, zuerst meinen eigenen und dann in der Allverbundenheit der sämtlichen Subjekte den übersubjektiven Universalhorizont.[E 84] Dieses Problem führt wieder auf die Vorbekanntheit der Lebenswelt im ganzen und der konkreten Gegenstände in ihr.

Am Ende der *Krisis*[14] erweitert Husserl den Begriff der Typik der Lebenswelt beträchtlich. Die Dinge, sagt er, haben ihre besondere konkrete Typik, die in den »Hauptworten« der jeweiligen Umgangssprache ausgedrückt wird. Aber alle Sondertypik wird von der allgemeinsten Typik, der »regionalen«, umfasst, wie zum Beispiel die Region der unbeseelten und beseelten Dinge, unter der letzteren, des Menschen, und so weiter. Diese Typik in ihrer kontinuierlichen faktischen Allgemeinheit bestimmt die Praxis des Alltagslebens; als wesentlich notwendig kann sie nur durch eine eidetische Methode erkannt werden.[E 85]

13 [Husserl, *Krisis*, a. a. O. (Fn. 9),] S. 529 ff., bezieht sich auf § 51, S. 176.

14 [Husserl, *Krisis*, a. a. O. (Fn. 9)], § 6[6], S. 229 f.

V. Typus und Eidos

Der letzte Teil von *Erfahrung und Urteil*[15] beschäftigt sich mit der Natur der reinen Allgemeinheiten, wie sie durch die eidetische Methode gewonnen werden. Husserl beschreibt hier diese Methode auf eine ähnliche Weise wie in den *Ideen I* und *III*.[E 86] Eine erlebte oder phantasierte Gegenständlichkeit wird als ein Beispiel des Allgemeinen und zur gleichen Zeit als ein Vorbild[E 87] für Modifikationen durch eine Reihe von freien Variationen in der Phantasie genommen. Alle diese Variationen haben konkrete Ähnlichkeiten mit demselben Vorbild, und die Mannigfaltigkeit der neu in der Phantasie produzierten Bilder wird von einem unveränderlichen, identischen Inhalt[E 88] durchdrungen, in Bezug auf den alle willkürlich ausgeführten Variationen zur Deckung gelangen, während ihre Unterschiede irrelevant bleiben. Dieses invariante Element schreibt allen möglichen Variationen desselben Vorbilds ihre Grenzen vor; ohne dieses Element kann eine Gegenständlichkeit dieser Art weder gedacht, noch anschaulich phantasiert werden. Die eigentliche Anschauung der Allgemeinheit als Eidos ist auf die Variantenmannigfaltigkeit von willkürlich produzierten Variationen gegründet, sie kann nunmehr rein als solches erfasst werden. Diese Anschauung des Eidos besteht in der aktiven Erfassung dessen, was passiv vorkonstituiert wurde: Das als Ausgangspunkt gewählte Exemplar führt uns wie ein Vorbild zu immer neuen Bildern, die durch Assoziation und passive Phantasie, oder durch eine fiktive Transformation in aktivem Phantasieren geschaffen werden.[E 89] [159]

Dennoch gibt es wichtige Unterschiede zwischen empirischen und eidetischen Allgemeinheiten. Die ersteren sind nicht nur in dem Sinn kontingent, daß ihre Bildung von einem kontingent in der faktischen Erfahrung gegebenen Einzelnen ausgeht, sondern auch in dem Sinn, daß dessen begriffliche Fassung auf Grundlage eines Vergleiches mit gleichartig kontingent gegebenen Ähnlichkeiten geschieht. In der natürlichen Einstellung ist uns die erfahrene Welt als der universal fortdauernde Seinsgrund und als das universale Feld aller unserer Tätigkeiten gegeben, welchen Interessen wir auch immer folgen.[E 90] Die Bildung reiner Begriffe darf jedoch nicht von diesen Kontingenzen des faktisch Gegebenen abhängen, sondern muss in der Lage sein, Erfahrungsregeln für alle em-

15 [Husserl, *Erfahrung und Urteil*, a. a. O. (Fn. 2)], III. Abschnitt, besonders Kapitel II [»Die Gewinnung der reinen Allgemeinheiten durch die Methode der Wesenserschauung«, S. 409-443].

pirischen Einzelheiten vorzuschreiben. Durch den Prozeß der Ideation setzen wir die Beziehung unserer Erfahrung zur Welt außer Spiel und befreien den umweltlichen Horizont der Varianten von jener Verknüpfung mit aller erlebnismäßigen Tätigkeit. Indem wir das tun, versetzen wir uns in eine Welt der reinen Phantasie, der reinen Möglichkeiten. Jede von diesen kann jetzt das Zentralglied einer Reihe von möglichen reinen Variationen im Modus der Beliebigkeit werden; von jedem können wir zu einem absolut reinen Eidos gelangen – vorausgesetzt, daß die Folgen der Variationen zu einer einzelnen verbunden werden können. So erhalten wir ein verschiedenes Eidos für Farben und Töne; sie unterscheiden sich hinsichtlich dessen, was in ihnen rein anschaulich erfasst wird.[E 91]

Jegliche eidetische, konkrete Möglichkeit erlaubt Spezifikationen der höchsten frei gebildeten Allgemeinheiten. Wir können also begrenzende Bedingungen für die Tätigkeiten des reinen Phantasierens setzen, wenn wir zum Beispiel fordern, daß die Allgemeinheit »geometrische Figur« von drei Seiten begrenzt sein soll; und wir sind dennoch auf reine Möglichkeiten gerichtet. Dann untersuchen wir die wesentlichen Eigenschaften eines solchen Gebildes, das Eidos des Dreiecks. Natürlich soll solch eine Spezifizierung eidetischer Allgemeinheiten nicht mit konkreten Begriffen wie Hund, Baum und so weiter verwechselt werden. Empirische Begriffe sind keine echten Spezifikationen reiner Allgemeinheiten; sie bedeuten typische Verallgemeinerungen, Ziele von Erfahrungsantizipationen, die durch tatsächliche Erfahrungen vorgezeichnet sind. Andererseits kann die eidetische Allgemeinheit als solche jederzeit auf erscheinende Realitäten bezogen werden. Jegliche tatsächlich auftauchende Farbe ist zur selben Zeit im reinen Sinn möglich; jegliche kann als ein Beispiel oder Vorbild genommen und in eine Variante umgebildet werden. Deshalb können wir alle Wirklichkeiten auf die Ebene der reinen Möglichkeiten, dem Reich der Beliebigkeit, transponieren.[E 92]

Aber wenn wir das tun, zeigt es sich, daß sogar diese freie Beliebigkeit ihr eigenen Grenzen hat. Was in beliebiger Phantasie variiert werden kann, hat notwendigerweise eine innere Struktur, ein Eidos und damit Gesetze der Notwendigkeit, die den Charakter bestimmen, den eine Gegenständlichkeit haben muss, um von dieser oder jener besonderen Art zu sein. Es gibt jedoch noch einen anderen Text, der das Verhältnis zwischen Typus und Eidos klärt und der von besonderer Wichtigkeit ist, weil er eine spätere Version als die von *Erfahrung und Urteil* darstellt.[E 93] Wir finden ihn in der zweiten und vierten *Cartesia-*

nischen Meditation[16] im [160] Zusammenhang mit der Beschreibung der Merkmale der intentionalen Analyse nach Ausführung der *Epoché*. Husserl erklärt, daß der Fluß der intentionalen Synthesis, der noëtisch und noëmatisch die Bedeutungseinheit einer Gegenständlichkeit konstituiert, notwendigerweise im Einklang mit einer wesentlichen Typik reguliert wird. (Natürlich wird hier dieser Begriff in einem neuen Sinn gebraucht.) Die allgemeinste Typik, die alles Besondere einschließt, ist das allgemeine Schema *ego-cogito-cogitatum*. Die intentionale Gegenständlichkeit des cogitatum spielt in den Spezifikationen dieser Typik die Rolle eines transzendentalen Leitfadens für die Erschließung der typischen Mannigfaltigkeit der Cogitationen, die sich in möglichen Synthesen auf diese Gegenständlichkeit mit identischer Bedeutung beziehen. Mögliche Wahrnehmung, Retention, Erinnerung, Vorerwartung, Signifikation, analogische Veranschaulichung sind Beispiele für solche spezifizierten Typen der Intentionalität, welche sich auf jede denkbare Gegenständlichkeit bezieht. Diese Spezifikationen können von formallogischer (formal-ontologischer) Art sein, so wie in den Modi des »Etwas überhaupt«[E 94], einzelner und konkreter Individualgegenstand, Allgemeines, Mehrheit, Ganzes, Relation usw. Genau hier wird die radikale Unterscheidung zwischen realem Gegenstand im weitesten Sinn und kategorialer Gegenständlichkeit deutlich, weil sich die letztere auf ihren Ursprung in *Operationen* einer polythetischen Tätigkeit des Ich bezieht und der erstere das Ergebnis einer bloß passiven Synthesis ist. Andererseits gibt es material-ontologische Spezifikationen, die dem Begriff des realen Einzelgegenstandes zugeordnet sind, der in seine realen Regionen, zum Beispiel das (bloße) räumliche, körperliche Ding, Tier usw., unterteilt ist, eine Unterteilung, die zu den entsprechenden Spezifikationen der jeweiligen formal-logischen Arten führt (reale Eigenschaft, reale Mehrheit, reale Beziehung usw.). Wenn wir an jeglicher Gegenständlichkeit in ihrer Form oder Kategorie festhalten, und wenn wir uns kontinuierlich ihre Identität in Evidenz halten, die in allen Wechseln ihrer Bewußtseinsweisen sich durchhält, dann entdecken wir, daß diese sich wandelnden Bewußtseinsweisen keineswegs beliebig sind, wie sehr sie auch fluktuieren mögen. Sie bleiben stets an eine strukturale Typik gebunden, die immer unzerstörbar dieselbe ist, solange das Bewußtsein fortfährt, die Gegenständlichkeit als von der und der Art seiend zu erfassen, und solange die Evidenz ihrer Identität durch alle Wechsel der Bewußtseinsweisen erhalten bleibt.[E 95] Husserl fügt dieser wichtigen

16 [Husserl, *Cartesianische Mediationen*, a. a. O. (Fn. 3),] §§ 20-22, 34.

Passage hinzu, daß es die Aufgabe der transzendentalen Theorien ist, diese strukturale Typik und ihre Konstitution systematisch zu erklären, indem sie das System der möglichen Gegenständlichkeiten und deren inneren und äußeren Horizonten analysieren. Eine der Grundformen der spezifisch transzendentalen Methoden ist die eidetische Anschauung. Indem wir eine empirische Tatsache als unseren Ausgangspunkt nehmen, transponieren wir die wirklichen Erfahrungen in den Bereich der »Unwirklichkeiten«, des »als ob«, der uns mit den *reinen* Möglichkeiten konfrontiert, das heißt gereinigt von allem, was an die einzelne Tatsache und an jegliche Tatsache überhaupt gebunden ist. So erhalten wir das Eidos als die erschaute oder erschaubare reine Allgemeinheit, die, von keinem Faktum bedingt, aller begrifflichen Fassung im Sinn der »Wortbedeutungen« vorhergeht; im Gegenteil, alle reinen Begriffe [161] müssen dem Eidos angepasst gebildet werden.[E 96] In den *Cartesianischen Meditationen* benutzt Husserl die eidetische Methode nicht nur für die Beschreibung der verschiedenen Cogitationstypen, wie zum Beispiel Wahrnehmung, Retention, Behauptung, etwas zugeneigt sein und so weiter, sondern auch dafür, aus dem faktischen Ego ein Eidos »transzendentales Ego« zu bilden, von dem das erstere bloß eine mögliche Modifikation ist.[E 97]

VI. Einige kritische Bemerkungen

Zu Beginn dieser Abhandlung behaupteten wir, daß der Begriff der Typik, der für Husserls Spätphilosophie so zentral ist, bloß ein operativer, aber kein thematischer Begriff ist. Wir hoffen, daß die vorangegangene Darstellung diese Behauptung bestätigt und gezeigt hat, daß dieser Begriff mit mannigfaltigen Äquivokationen beladen ist und daß Husserl ihn mit unterschiedlichen Bedeutungen in unterschiedlichen Zusammenhängen benutzt. In *Erfahrung und Urteil* ist die Typik in früheren Erfahrungen, die einen latenten habituellen Besitz bilden, genetisch vorkonstituiert, und diese früheren Erfahrungen werden dann von einer passiven Deckungssynthesis hervorgerufen oder geweckt, wenn wir ein ähnliches Objekt tatsächlich erfassen. Gleichzeitig wird durch apperzeptive Übertragung ein Komplex von Antizipationen geschaffen, die sich selbst der Gegebenheit einer neu begegneten Gegenständlichkeit vom gleichen Typus anheften. Deshalb ist Typik der Ursprung der Vorbekanntheit und Vertrautheit der Gegenständlichkeiten in der Welt. Eher bildlich beschreibt Husserl in einem von ihm selbst als Anhang 2 veröffentlichten Text zur *Formalen und transzendentalen Logik*[17] diesen Prozess: Jede Weise der Gegebenheit, lesen wir hier, hat eine doppelte Nachwirkung: Erstens, die Erkenntnis des ähnlichen Gegenstandes in der Kongruenz der passiven Synthesis mit den wiedererinnerten Gegenständen wird möglich; zweitens ereignet sich das, was Husserl die »apperzeptive Nachwirkung« nennt auf dem Boden, worauf die vorkonstituierte Gegenständlichkeit in einer ähnlichen Situation auf ähnliche Weise erfaßt wird. Dies sind nach Husserl wesentliche intentionale Strukturen der empirischen Erfahrung (wenn auch keine empirischen Tatsachen).[E 98]

Der Begriff der Typik, wie er in der *Krisis* verwendet wird, bezeichnet die Form, in welcher die Gegenstände innerhalb unserer anschaulichen Umwelt – der *Lebenswelt*[E 99] – zusammen mit ihren Beschaffenheiten und ihren Wandlungen unserer natürlichen Einstellung gegeben sind. Diese Form ist die der schwankenden Annäherung. Alle Regelmäßigkeiten, sogar die kausalen, gehören zur typischen »Gewohnheit«, der gemäß sich die Dinge gleichsam unter typischen ähnlichen Umständen verhalten. Eine Abstufung der Vollkommenheit, die umgekehrt von der Erfüllung unserer wirklichen praktischen Interessen abhängt, herrscht in allen diesen Verhältnissen vor. Andererseits ist jedoch diese Typik in ihrer kontinuierlichen faktischen Allgemeinheit praxisbestimmend. Ihre wesentliche Notwendigkeit kann nur von der eidetischen Methode enthüllt werden. Diese wesentliche Typik wird in den entsprechenden Passagen der *Cartesianischen Meditationen* charakterisiert, die sich mit der eidetischen Reduktion befassen. Hier erfahren wir, daß der Fluß der intentionalen Synthesis nach Durchführung [162] der *Epoché* eine wesentliche Typik aufweist; erstens die mehr generelle Typik des *ego-cogito-cogitatum*, dann die für die Erschließung spezifischen Typen der Cogitationen, für die das *cogitatum* als der transzendentale Leitfaden dient. Diese Spezifikationen können formalontologischer Art sein und dann entweder zu realen Gegenständen hinführen als dem Ergebnis der passiven Synthesis, oder sie können zu kategorialen Gegenständlichkeiten als Ergebnisse von Operationen des Ich hinführen; oder sie können materialontologische Spezifikationen sein im Zusammenhang mit den realen Regionen. Das Verhältnis von Typik und Eidos wird hier offensichtlich auf eine andere Weise begriffen, als in den Schlußkapiteln von

17 [Edmund Husserl,] *Formale und transzendentale Logik. Versuch einer Kritik der logischen Vernunft*, Halle [a.d.S.: Niemeyer] 1929 [*Husserliana* Bd. XVII, hg. von Paul Janssen, Den Haag: Nijhoff 1974], Beilage II, § 2 a und b, S. 276-279 [315-318].

Erfahrung und Urteil, die wir vorhin erwähnten. Der operative Gebrauch des Begriffes der Typik gibt Anlass, eine Reihe von Fragen zu stellen, die in Husserls veröffentlichten Schriften ungeklärt geblieben sind.

(1) *Erfahrung und Urteil* verbindet den Begriff der Typik mit einer Menge anderer operativer Begriffe, die niemals für eine philosophische Analyse thematisch werden und hinsichtlich ihres Verhältnisses untereinander sowie zum Begriff der Typik äquivok sind. Dies sind die Begriffe der »Ähnlichkeit«,[E 100] der »Deckungssynthesis«, der »Assoziation«,[E 101] »Abgehobenheiten«,[E 102] »Interesse«. Ist es Husserls Ansicht, daß die Typik auf der Vorkonstitution der Ähnlichkeit durch Assoziation gegründet ist? Oder müssen wir annehmen, daß die Ähnlichkeit selbst eine Erfahrung der Typik voraussetzt, nämlich die des typisch Ähnlichen? Und was ist typisch ähnlich?[E 103] Der »abgehobene«[E 104] Aspekt eines tatsächlich wahrgenommenen Gegenstandes. Was macht diesen Gegenstand eindrücklich? Unser vorherrschendes Interesse im engeren oder weiteren Sinn. Was setzt aber darüber hinaus die passive Deckungssynthesis in Bewegung, durch die der tatsächlich apperzipierte Gegenstand mit einem erinnerten Element gepaart wird, welches nur ein latent habitueller Besitz, »hervorgerufen« als etwas Ähnliches oder Unähnliches, ist? Ist es in der Tat dieselbe passive Deckungssynthesis, die durch apperzeptive Übertragung einen Komplex von Antizipationen schafft, der sich selbst der Gegebenheit der neu begegnenden Gegenständlichkeit vom selben Typus anheftet und damit den Charakter der Vorbekanntheit und Vertrautheit unserer Erfahrung der Lebenswelt in der natürlichen Einstellung zustande bringt?

(2) Entspringt nicht die äquivoke Beschreibung, die Husserl von der Bewußtheit der Ähnlichkeit, von den Abgehobenheiten[E 105] des dank unseres Interesses Typischen und von der Deckungssynthesis gibt, aus der Tatsache, daß er die Wahrnehmung als sein Modell für alle zugehörigen Untersuchungen nimmt,[E 106] noch genauer die visuelle Wahrnehmung eines Gegenstandes in der Außenwelt? Wenn wir ein musikalisches Thema als Beispiel wählen, mit seiner Transposition in andere Tonarten, seiner Umkehrung, Ausweitung, Diminution und den Variationen aller Art, setzt dann nicht die »Ähnlichkeit« aller dieser Modifikationen bereits eine Ähnlichkeit der spezifisch typischen Merkmale voraus?[E 107] Und wenn wir uns Gegenständlichkeiten, die keine Wahrnehmungsgegenstände der Außenwelt sind, zuwenden, sagen wir mathematischen Funktionen, die als »ähnlich« erkannt werden, bezieht sich dann diese »Ähnlichkeit« nicht auf besondere typische Merkmale dieser Funktionen?[E 108] [163]

(3) In *Erfahrung und Urteil* entwickelt Husserl den wichtigen Unterschied zwischen wesentlichen und außerwesentlichen Typen.[E 109] Es erhebt sich aber die Frage, auf welcher Ebene diese Unterscheidung sichtbar wird. Sind nicht alle Typen, mit denen wir die Lebenswelt erfahren, in der naiven Einstellung gleichwesentliche? Sind nicht alle das Ergebnis ähnlicher Elemente, die durch die passive Deckungssynthesis gepaart wurden? Oder herrscht ein Unterschied zwischen dem bloß scheinbar Ähnlichen und der auf inneren Beziehungen basierenden Ähnlichkeit sogar auf dieser vorprädikativen Ebene vor?

(4) Die Natur der Typik der Lebenswelt und die Bedeutung der Vorbekanntheit werden besonders kompliziert, wenn wir Husserls Behauptung akzeptieren, daß diese Typik keineswegs meine private Angelegenheit ist, sondern die einer »vergemeinschafteten« Subjektivität.[E 110] Es ist die konkrete Typik der für uns alle gültigen Welt. Das ist ohne Zweifel der Fall. Aber wo liegt der Ursprung oder die Begründung dieser intersubjektiven oder übersubjektiven Gültigkeit? Gibt es so etwas wie eine übersubjektive passive Deckungssynthesis, dadurch daß ein vorkonstituiertes und latentes Element eines Paares (als ein habitueller Besitz) geweckt wird? Wir gestehen, daß alle operativen Begriffe der Phänomenologie, wenn sie auf die Probleme der Transsubjektivität angewandt werden, zu unlösbaren Schwierigkeiten führen.

(5) Die Unterscheidung zwischen Aktivität und Passivität des bewußten Lebens ist höchst ungeklärt und schuf für so hervorragende Phänomenologen wie R[oman] Ingarden,[18][E 111] Jean Wahl[19][E 112] und L[udwig] Landgrebe[20][E 113] viele Schwierigkeiten. Im Zusammenhang unseres Problems fanden wir Texte, in denen eine scharfe Trennung zwischen passiver Rezeptivität und prädikativer Spontaneität gemacht wird. Wir fanden andere Texte, wo Rezeptivität und »Zuwendung« zum Gegenstand als die niedrigsten Formen der Spontaneität interpretiert werden. Wir stießen auf den Begriff einer aktiven Bewußtseinsleistung in unserer Analyse von *Erfahrung und Urteil* zuerst beim Unterschied zwischen der Explikation des inneren Horizontes und der Möglichkeit, den äußeren Horizont durch eine besondere Ich-Tätigkeit thematisch zu machen, die Husserl »beziehendes Betrachten« nennt. Wir fanden dann, daß besondere Tätigkeiten einen Übergang ermöglichen, der von

---

18 [Husserl, *Cartesianische Mediationen*, a. a. O. (Fn. 3)], S. 214.

19 J. Wahl, »Notes sur la première partie de Erfahrung und Urteil de Husserl«, [in:] *Phénomenologie. Existence*, [hg. v. Henri Birault,] Paris[: Colin] 1953, [S. 77-106], S. 100.

20 »Brief von L. Landgrebe zum Artikel von Jean Wahl«, ebd. [S. 205-206], S. 206.

den empirischen Typen zu den prädikativen Urteilen führt, die sich mit Allgemeinbegriffen befassen, und der schließlich zur Konstitution der universalen Allgemeinheiten auf der höchsten Ebene und zur Form der Alles-oder-Nichts-Urteile führt. Sicher führt nach Husserl der Typus zur präsumtiven Idee der Allgemeinheit. Eine Beziehung des Einzelgegenstandes zum typischen Allgemeingegenstand beherrscht bereits jegliche Apperzeption des Individuellen in seinem Vertrautheitshorizont. Aber jede Prädikation setzt eine kognitive Aktivität des Bewußtseins voraus, eine aktive Funktion, die darauf abzielt, das vorher in passiver Deckung gegebene thematisch zu erfassen. Die Frage erhebt sich jedoch, ob nicht die Bildung des zugrunde liegenden empirischen Types eine Ich-Aktivität schon voraussetzt. Auf meisterhafte Art hat Husserl für den Bereich des Urteils die Weise beschrieben, in der die ungeteilten Urteile »S' ist p'«, »S" ist p" ...« in generelle Urteile [164] der Form »S' ist p,« »S" ist p...« verwandelt werden, was wegen der passiven Deckung der Ähnlichkeit von *p*', *p*"... möglich ist, die als Einzelfälle von *p* betrachtet werden. Aber, wie wir schon einmal vorgeschlagen haben,[21] besteht nicht die Typisierung, auch in der vorprädikativen Sphäre, darin, die »Indizes zu unterdrücken«, welche dem erfaßten individuellen Gegenstand anhaften? Mit anderen Worten, ist die Unterscheidung zwischen Passivität und Aktivität des Bewußtseinslebens in der Tat gültig? Und wenn sie gültig ist, stellt sie dann ein passendes Kriterium dar für die Bestimmung des »Allgemeinheitsgrades«?

(6) Dennoch zeigt Husserls ganzes Werk klar, trotz der im vorangegangenen Abschnitt referierten Texte, daß es einen entscheidenden Unterschied zwischen der Bildung der Gattungsurteile auf der Ebene der generellen Allgemeinheit und den Anschauungen des Eidos gibt. Während empirische Allgemeinheiten kontingent sind, setzt die Ideation die Beziehung der Erfahrung zur Welt außer Spiel, indem sie den konkreten Einzelgegenstand nur als ein Exemplar nimmt, als ein Vorbild, einen Ausgangspunkt für eine Reihe von freien Variationen, die willkürlich in der Phantasie ausgeführt werden: Die empirische Faktizität wird daher durch reine Möglichkeiten ersetzt. (Wir wollen hier nur von materialen Allgemeinheiten sprechen, die durch die eidetische Generalisierung erreicht werden, wir übergehen in diesem Zusammenhang die formalen Allgemeinheiten, die man durch eidetische Formalisierung erhält.) Die

21 [Alfred Schütz,] »Common Sense and Scientific Interpretation of Human Action« [1953-I-1], [in:] Philosophy and Phenomenological Research, Bd. XIV, 1953[/54, September 1953, S. 1-38], S. 16[, jetzt in ASW IV.].

wichtigste Frage, die sich hier sogleich von selbst vordrängt, ist die, ob die in der Phantasie ausgeführten »freien Variationen«, welche ja vom individuellen Gegenstand als Beispiel oder Vorbild ausgehen, in der Tat so frei sind, wie sie scheinen. Das heißt, ob nicht die Willkür bei der Umformung des empirisch Gegebenen in einen Spezialfall der generellen Möglichkeiten wohl definierte Grenzen hat. Sicher erkennt Husserl selbst solche Grenzen an, wenn er von regionalen Ontologien spricht – in der in seinen früheren Werken verwendeten Terminologie nannte er dies »Unverträglichkeitssphären«[E 114]. Die Freiheit bei den Variationen in der Phantasie wird uns nicht gestatten, wenn wir vom Vorbild eines farbigen Gegenstandes ausgehen, beim Eidos Ton anzulangen.[E 115] Es ist zweifellos möglich, eidetisch-materiale Bereiche oder Regionen des Seienden zu erfassen; aber diese Regionen werden nicht durch Leistungen unseres Bewußtseins konstituiert: Sie sind in der Tat ontologische Regionen der Welt und als solche unserer Erfahrung vorgegeben, oder – wie man sagen kann – uns auferlegt.[E 116] Wir müssen aber das Fragen noch weiter treiben. Ist es möglich, mittels der freien Variationen in der Phantasie, das Eidos einer konkreten Spezies oder eines Genus zu erfassen, wenn nicht diese Variationen durch den Rahmen des Types begrenzt sind, mithilfe dessen wir in der natürlichen Einstellung den Gegenstand erlebt haben, welcher den Prozess der Ideation beginnen läßt, nämlich von einem vertrauten Gegenstand ausgehend, als dieser oder jener Gegenstand innerhalb der Lebenswelt? Können diese freien Variationen in der Phantasie irgend etwas anderes enthüllen als die durch eine solche Typisierung bereits errichteten Grenzen? Wenn diese Fragen negativ beantwortet werden müssen, dann gibt es wirklich bloß einen graduellen Unterschied zwischen Typus und Eidos. Die Ideation kann dann nichts anderes enthüllen, was nicht schon im Typus vorkonstituiert war.[E 117]

[165] Diese Frage im Rahmen dieser Abhandlung zu untersuchen, ist leider unmöglich. Aber unsere flüchtigen Bemerkungen haben schon gezeigt, daß der Begriff der eidetischen Reduktion zumindest teilweise ein operativer Begriff ist.

Anmerkungen des Editors

E1 Dt. Fassung: Eugen Fink, »Operative Begriffe in Husserls Phänomenologie«. In: *Zeitschrift für philosophische Forschung* 11 (1957), S. 321-337. Wieder abgedruckt in Eugen Fink, *Nähe und Distanz*. Freiburg: Alber 1976, S. 180-204. Siehe zu der Tagung in Royaumont auch Alfred Schütz, »Beantwortung der Diskussionsbemerkungen zu meinem Vortrag ›Das Problem der transzendentalen Intersubjektivität bei Husserl‹« in diesem Band S. 271 ff.

E2 Im Original dt. Übersetzung nach »performances« kursiv in Klammern.

E3 Vgl. zum Begriff der »Epoché« Edmund Husserl, *Ideen zu einer reinen Phänomenologie und phänomenologischen Philosophie* Erstes Buch: *Allgemeine Einführung in die reine Phänomenologie* (1913), Halle: Niemeyer [3]1928, in: *Husserliana* Bd. III/1, hg. v. Karl Schuhmann, Den Haag: Nijhoff [3]1976, § 31, sowie Edmund Husserl, »Husserls Inhaltsübersicht im Urtext«, in: *Husserliana* Bd. I: *Cartesianische Meditationen und Pariser Vorträge*, hg. v. Stephan Strasser, Den Haag: Nijhoff [2]1973, S. 189 ff. Eine Darstellung dieser Methode durch Schütz findet sich in dem Text »Einige Grundbegriffe der Phänomenologie« [1945-I-1], in diesem Band S. 124 ff.

E4 Den Zitationen von Schütz in diesem Aufsatz zufolge umfasst Husserls Spätphilosophie folgende Werke: Edmund Husserl, *Formale und transzendentale Logik. Versuch einer Kritik der logischen Vernunft*(1929), in: *Jahrbuch für Philosophie und phänomenologische Forschung* 10, 1929, S. 192 ff., jetzt in: *Husserliana* Bd. XVII, hg. v. Paul Janssen, Den Haag: Nijhoff 1974 ; Husserl, *Méditations Cartésiennes*, a. a. O. (Anm. E 3); Edmund Husserl, *Die Krisis der europäischen Wissenschaften und die transzendentale Phänomenologie. Eine Einleitung in die phänomenologische Philoso- phie* (1936); Teil I und II dieses Textes erschienen 1936 im 1. Band der Zeitschrift *Philosophia* in Belgrad, jetzt insgesamt in: *Husserliana* Bd. VI, hg. v. Walter Biemel, Den Haag: Nijhoff [2]1962), sowie Edmund Husserl, *Erfahrung und Urteil. Untersuchungen zur Genealogie der Logik*, hg. v. Ludwig Landgrebe, Prag: Academia 1939: ND: Hamburg: Meiner [7]1999.

E5 Zur prädikativen und vorprädikativen Erfahrung vgl. Husserl, *Erfahrung und Urteil*, a. a. O. (Anm. E 4), §§ 2, 5 ff., 15, 47 sowie Husserl, *Formale und transzendentale Logik*, a. a. O. (Anm. E 4), § 84 ff.

E6 Vgl. zur eidetischen Methode, der intuitiven Wesensschau auf der Grundlage der eidetischen freien Variation Husserl, *Ideen I*, a. a. O. (Anm. E 3), I. Abschnitt; Husserl, *Erfahrung und Urteil*, a. a. O. (Anm. E 4), §§ 86 ff.; Husserl, *Cartesianische Meditationen*, a. a. O. (Anm. E 3), § 34. Schütz hat diese Methode in »Einige Grundbegriffe der Phänomenologie«, a. a. O. (Anm. E 3), in diesem Band S. 134 ff. erläutert.

E7 Im Original ist dieser Absatz ein einziger Satz. Die Struktur wurde zur Verbesserung der Lesbarkeit geändert.

E8 Zum Begriff der Lebenswelt bei Husserl vgl. Husserl, *Cartesianische Meditationen*, a. a. O. (E 3), S. 136 ff.; Edmund Husserl, *Krisis*, a. a. O. (Anm. E 4), S. 46, 124 ff., 218 ff. Vgl. zur Genese und Kritik des Lebensweltbegriffes auch Rüdiger Welter, *Der Begriff der Lebenswelt. Theorien vortheoretischer Erfahrungswelt*, München: Fink 1986, sowie Hans Blumenberg, *Lebenszeit und Weltzeit*, Frankfurt/M.: Suhrkamp 1986, S. 7-69.

E9 Vgl. zum Begriff der natürlichen Einstellung Husserl, *Ideen I*, a. a. O. (Anm. E 3), §§ 27 ff., insbes. § 30.

E10 Zum Begriff der »Welt« bei Husserl *Erfahrung und Urteil*, a. a. O. (Anm. E 4), § 7 ff. Zu Husserls Begriffen der »(Vor-)Bekanntheit« und der »Vertrautheit« vgl. Husserl, *Erfahrung und Urteil*, a. a. O. (Anm. E 4), etwa §§ 8 u. 33. Zum Begriff der »Vertrautheit« und der »natürlichen Einstellung« bei Schütz vgl. insbes. die gerade im Zusammenhang der hier verhandelten Problematik hochrelevanten Relevanzmanuskripte: Alfred Schütz, »The World as Taken for Granted. Towards a Phenomenology of the Natural Attitude. Part I: Preliminary Notes on the Problem of Relevance« ([1947-II-1], [1950-II-4] und [1951-II-1], jetzt in ASW VI.1, S. 65-222, S. 116 ff.

E11 Vgl. Husserl, *Krisis*, a. a. O. (Anm. E 4), S. 149 ff.

E12 Vgl. Husserl, *Erfahrung und Urteil*, a. a. O. (Anm. E 4), § 11.

E13 Vgl. Husserl, *Erfahrung und Urteil*, a. a. O. (Anm. E 4), § 10. Der im folgenden recht häufige Verweis auf den Interessensbegriff legt die Vermutung nahe, dass Schütz hier nicht nur Husserls Sicht verfolgt, sondern darüber hinaus über diesen Begriff eine Verbindung zu seinem Begriff der Relevanz herzustellen versuchte. Vgl. dazu die »Relevanzmanuskripte« a. a. O. (Anm. E 10), sowie »Hic egregie progressus sum« [1958-II-8], ebenfalls in ASW VI.1, S. 331-339 , sowie zum Zusammenhang von Typik und Relevanz auch Alfred Schütz/Thomas Luckmann, *Strukturen der Lebenswelt*, Bd. 1 [1975-I-1], Frankfurt/M.: Suhrkamp 1979, S. 224-290.

E14 Es ist nicht ganz klar, welche Manuskripte Schütz hier konkret meint. Auf die im Brief an Farber v. 21. Oktober 1958 erwähnten Manuskripte (vgl. den editorischen Bericht oben S. 322 f.) wird kein Bezug genommen. Zu diesem Themenkreis gehören die erst 1956 und 1959 veröffentlichten Vorlesungen zur *Ersten Philosophie* von 1923/24 (Edmund Husserl, *Erste Philosophie. Erster Teil: Kritische Ideengeschichte*, *Husserliana* Bd. VII, hg. v. Rudolf Boehm, The Hague: Nijhoff 1956 und Edmund Husserl, *Erste Philosophie. Zweiter Teil: Theorie der phänomenologischen Reduktion*, *Husserliana* Bd. VIII, hg. v. Rudolf Boehm, The Hague: Nijhoff 1959). Zur Entstehungsgeschichte von »Erfahrung und Urteil« und den dabei verwendeten Manuskripten vgl. Dieter Lohmar, »Zur Entstehung und zu den Ausgangsmaterialien von Edmund Husserls Werk Erfahrung und Urteil«, in: *Husserl Studies* 13, 1996, S. 31-71.

E15 Vgl. oben Anm. E 6.

E16 Zum Begriff der »Erfahrung« bei Husserl vgl. Husserl, *Erfahrung und Urteil*, a. a. O. (Anm. E 4), § 6. Schütz übernimmt diesen Erfahrungsbegriff. Eine Kritik daran findet sich bei Hans-Georg Gadamer, *Wahrheit und Methode. Grundzüge einer philosophischen Hermeneutik*, Tübingen: Mohr ^{6}1990, S. 352 ff.

E17 Deutsch im Original.

E18 Schütz' Kritik an der »Wahrnehmungsphänomenologie« zielt vor allem auf die fehlende Integration der handlungsbezogenen Sinnkonstitution bei Husserl. Vgl. dazu etwa die »Personalitätsmanuskripte« ([1937-II-1], jetzt in ASW V.1, S. 33-176.

E19 Zum Begriff der »Setzung« und den damit zusammenhängenden der »Positionalität« und der »thetischen Akte« vgl. Edmund Husserl, *Logische Untersuchungen. Zweiter Band* (1900), Halle: Niemeyer ^{4}1928, jetzt in: *Husserliana* Bd. XIX/1 u. XIX/2, hg. v. Ursula Panzer, Den Haag: Nijhoff 1984, V. »Über intentionale Erlebnisse und ihre ›Inhalte‹«, §§ 34 ff., sowie Husserl, *Ideen I*, a. a. O. (Anm. E 3), §§ 103 ff.

E20 Schütz bezieht sich hier auf die »Generalthesis der natürlichen Einstellung«, vgl. oben Anm. E 9 und vor allem auf Husserl, *Erfahrung und Urteil*, a. a. O. (Anm. E 4), § 7, S. 25.

E21 Vgl. Husserl, *Erfahrung und Urteil*, a. a. O. (Anm. E 4), § 8. Insbesondere der Nebensatz zum Vorwissen stellt eine fast wörtliche Übersetzung von Husserl dar (ebd. S. 27). Vgl. dazu auch die Ausführungen zur Typik in Alfred Schütz/Thomas Luckmann, *Strukturen der Lebenswelt I*, a. a. O. (Anm. E 13), S. 280.

E22 Vgl. zu diesem Absatz Husserl, *Erfahrung und Urteil*, a. a. O. (Anm. E 4), § 8.

E23 Im Original: »is taken for granted«. Vgl. dazu die »Relevanzmanuskripte«, a. a. O. (Anm. E 13), unter dem ursprünglichen Titel »The World as Taken for Granted. Towards a Phenomenology of the Natural Attitude. Part I: Preliminary Notes on the Problem of Relevance«, die die einzige systematische Bearbeitung des Problems der Relevanz darstellen. Zum Problem der fraglos hingenommenen Welt vgl. auch Schütz' Aufsatz »Wählen zwischen Handlungsentwürfen« [1951-I-3], jetzt in ASW VI.1, S. 251-300, insb. S. 262 ff. Wie wichtig das Thema »Relevanz« für Schütz geradezu dieser Zeit war, zeigt auch der nachgelassene Text »Hic egregie progressus sum« (a. a. O. (Anm. E 13), S. 333 ff.) datiert auf den 7. Dezember 1958, der den Begriff der Relevanz bereits aufgegriffen hatte, und zwar ebenfalls vor dem Hintergrund von Husserls Horizontbegriffes.

E24 Vgl. dazu auch die Ausführungen zu Raum- und Zeitstruktur in den »Relevanzmanuskripten«, a. a. O. (Anm. E 10), S. 215 ff. Husserl geht demgegenüber vom inneren Zeitbewußtsein aus, vgl. Husserl, *Erfahrung und Urteil*, a. a. O. (Anm. E 4), § 14, S. 72; § 23, S. 116. Zur Frage der objektiven Zeit der Wahrnehmung vgl. §§ 36 ff. und insbes. § 64.

E25 Im Original: »each individual existent«

E26 Vgl. zu den »regionalen Kategorien«, Gattungen und Arten Husserl, *Erfahrung und Urteil*, a. a. O. (Anm. E 4), § 8, insbes. S. 35.

E27 Vgl. zu dem Begriff des inneren Horizontes wiederum Husserl, *Erfahrung und Urteil*, a. a. O. (Anm. E 4) § 8, S. 27 f., sowie Husserl, *Erste Philosophie*, a. a. O. (Anm. E 14), S. 163.

E28 Zum Begriff der Explikation vgl. Husserl, *Erfahrung und Urteil*, a. a. O. (Anm. E 4), §§ 22 ff. Explikation bei Husserl ist die zweite Stufe der Wahrnehmung, das »Hineingehen der Richtung des Wahrnehmungsinteresses in den Innenhorizont des Gegenstandes.« (ebd. S. 115)

E29 Vgl. zu diesem kann-Motiv Husserl, *Erfahrung und Urteil*, a. a. O. (Anm. E 4), § 8, S. 34.

E30 Vgl. Husserl, *Erfahrung und Urteil*, a. a. O. (Anm. E 4), S. 30 u. 142.

E31 Vgl. dazu Husserl, *Erfahrung und Urteil*, a. a. O. (Anm. E 4), § 25.

E32 Vgl. dazu Edmund Husserl, *Formale und transzendentale Logik*, a. a. O. (Anm. E 4), S. 295; sowie Husserl, *Krisis*, a. a. O. (Anm. E 4), S. 52, 249. Gerade der Begriff der »Sedimentierung« wird für Schütz' Typenbegriff zentral, weil er die eidetischen bzw. transzendentalen Stabilisierungen und Einhegungen der Typik ablehnt, jedoch eine mundane Begründung für die Stabilität und Gleichsinnigkeit der Typiken benötigt, vgl. Schütz/Luckmann, *Strukturen der Lebenswelt I*, a. a. O. (Anm. E 13), S. 172 ff.

E33 Im Original dt. Übersetzung kursiv in Klammern. Zum Begriff der Deckungssynthesis vgl. Husserl, *Erfahrung und Urteil*, a. a. O. (Anm. E 4), §§ 16, 24, 27.

E34 Vgl. dazu Husserl, *Erfahrung und Urteil*, a. a. O. (Anm. E 4), §§ 16; 42 ff.; 81 ff. Die Unterscheidung vom traditionellen Assoziationsbegriff erfolgt in Husserl, *Cartesianische Meditationen*, a. a. O. (Anm. E 3), § 39. Zum Assoziationsbegriff insgesamt vgl. W. Spanier, »Assoziation«, in: *Historisches Wörterbuch der Philosophie*, Bd. 1, hg. v. Joachim Ritter, Darmstadt: Wissenschaftliche Buchgesellschaft 1971, Sp. 548-551.

E35 Vgl. dazu Husserl, *Erfahrung und Urteil*, a. a. O. (Anm. E 4), § 16, S. 78.

E36 Zu den Begriffen der »Paarung« und der »Appräsentation« vgl. Husserl, *Cartesianische Meditationen*, a. a. O. (Anm. E 3), §§ 39 u. 50 f.. Vgl. dazu die Ausführungen von Schütz im Aufsatz »Symbol, Reality and Society« ([1955-I-2], S. 144; jetzt in ASW V.2, S. 128 ff.) und die »Beantwortung der Diskussionsbemerkungen zu meinem Vortrag ›Das Problem der transzendentalen Intersubjektivität bei Husserl‹« [1957-II-1], in diesem Band S. 274 f., sowie Joachim Renn, »Appresentation and Simultaneity: Alfred Schutz on Communication between Phenomenology and Pragmatics«, in: *Human Studies*, 29, 2006, S. 1-19.

E37 Im Original dt. Übersetzung nach ›apperceptive transference‹ kursiv in Klammern. Zum Begriff der »apperzeptiven Übertragung« vgl. auch Husserl, *Krisis*, a. a. O. (Anm. E 4), S. 213.

E38 Schütz lehnt sich in diesem Absatz eng an Husserl an: Husserl, *Erfahrung und Urteil*, a. a. O. (Anm. E 4), § 26, insbes. S. 140 f.

E39 Dieses Beispiel ist großenteils eine wörtliche Übersetzung aus Edmund Husserl, *Erfahrung und Urteil*, a. a. O. (Anm. E 4), S. 399. Vgl. dazu auch das Beispiel der Typenkonstitution in Schütz/Luckmann, *Strukturen der Lebenswelt I*, a. a. O. (Anm. E 13), S. 279.

E40 Vgl. William James, *The Principles of Psychology* (1893), Cambridge/Mass.: Harvard University Press 1983. Zur Selektivität insbes. Bd. 1, S. 284 ff. sowie Kapitel XIV. »Association«, S. 550 ff. Zur Auseinandersetzung von Schütz mit James vgl. den Aufsatz »William James' Begriff des ›Stream of Thought‹ phänomenologisch interpretiert« [1941-I-1], in ASW III.2, S. 37-62, sowie Hansfried Kellner/Joachim Renn, »Einleitung der Herausgeber«, in: ASW III.2, S. 7-29 und den Briefwechsel von Schütz/Gurwitsch, *Briefwechsel*, a. a. O. (Anm. E 29), vor allem die Briefe vom 7. und 16. November 1940.

E41 Vgl. hierzu vor allem: Henri Bergson, *Essai sur les données immédiates de la conscience*, Paris: Alcan 1889, dt.: *Zeit und Freiheit* (1911), Frankfurt a. M.: Athenäum 1989; ders., *Matière et Mémoire*, Paris: Alcan 1896, dt.: *Materie und Gedächtnis. Eine Abhandlung über die Beziehung von Körper und Geist* (^{2}1919), Meiner: Hamburg 1991. Bergsons Begriff »attention à la vie«, dessen enge Verbindung mit dem pragmatischen Motiv Schütz bereits im Manuskript »Lebensformen und Sinnstruktur« ([1927-II-1], jetzt in ASW I., S. 45-173) in der These des »somatischen Lebensgefühls« des handelnden Ich verarbeitet (ebd. S. 117 ff.), dient in den »Personalitätsmanuskripten« (a. a. O. (Anm. E 18)) zur Verankerung des selektiven Prinzips der pragmatischen Relevanz im Erlebnisstrom (ebd. S. 122 f.).

E42 Im Orig. steht nicht »unser Blick« (our glance), sondern »der Blick« (Husserl, *Erfahrung und Urteil*, a. a. O. (Anm. E 4), S. 139).

E43 Vgl. Husserl, *Erfahrung und Urteil*, a. a. O. (Anm. E 4), § 20.

E44 Vgl. Gottfried Wilhelm Leibniz, »Die Monadologie« (1714), in: *Hauptschriften zur Grundlegung der Philosophie* Bd. II, Hamburg: Meiner 1966 (NA 1996), S. 435-456, §§ 14 f. sowie »Die Vernunftprinzipien der Natur und der Gnade« (1714), in: ebd., S. 423-434, § 2. Schütz' systematische Leibniz-Lektüre ist wohl auf den Einfluss Husserls zurückzuführen, für den Leibniz' Werk einen wichtigen Bezugspunkt in der Geschichte der Philosophie darstellte (vgl. dazu Husserl, *Erste Philosophie*, in: *Husserliana* Bd. VII, a. a. O. (E 14), S. 191 ff.). Zu Schütz' Leibnizrezeption vgl. insbes. die Arbeit »Choosing Among Projects of Action« ([1951-I-3]; jetzt in: ASW VI.1, S. 303-323), sowie die »Personalitätsmanuskripte« a. a. O. (Anm. E 18).

E45 Das angeführte Beispiel und der dazu einleitende Satz stehen so wörtlich in

Edmund Husserl, *Erfahrung und Urteil*, a. a. O. (Anm. E 4), S. 92. Vgl. dazu auch die Relevanzmanuskripte, jetzt in ASW VI.1, a. a. O. (Anm. E 10), S. 90 ff. zum Begriff der thematischen Relevanz und S. 158 zum Beispiel mit dem Straßenlärm.

E46 Im Original dt. Übersetzung nach »taking part« kursiv in Klammern.

E47 Schütz lehnt sich in diesem Absatz wiederum eng an Husserl, *Erfahrung und Urteil*, a. a. O. (Anm. E 4), § 20.

E48 Vgl. dazu wiederum die Relevanzmanuskripte, jetzt in ASW VI.1, a. a. O. (Anm. E 10), zum Begriff des Relevanzsystems, vor allem S. 113 ff.

E49 Vgl. dazu Husserl, *Erfahrung und Urteil*, a. a. O. (Anm. E 4), § 8, S. 28, sowie § 22, S. 115, sowie wiederum Husserl, *Krisis*, a. a. O. (Anm. E 4), S. 165.

E50 Zum Begriff der Passivität vgl. Edmund Husserl, *Erfahrung und Urteil*, a. a. O. (Anm. E 4), § 7, S. 24: »Die Umgebung ist mit da als ein Bereich der Vorgegebenheit, einer passiven Vorgegebenheit, das heißt einer solchen, die ohne jedes Zutun, ohne Hinwendung des erfassenden Blickes, ohne alles Erwachen des Interesses immer bereits da ist.« Vgl. dazu auch Husserl, *Cartesianische Meditationen*, a. a. O. (Anm. E 3), §§ 38 f.

E51 Im Original dt. Übersetzung kursiv nach »relating contemplation« in Klammern. Vgl. zum »beziehenden Betrachten« Husserl, *Erfahrung und Urteil*, a. a. O. (Anm. E 4), §§ 33 ff.

E52 Dieses Beispiel ist wiederum Husserl entlehnt, vgl. Husserl, *Erfahrung und Urteil*, a. a. O. (Anm. E 4), S. 115 u. insbes. 175.

E53 Vgl. zu den Stufen der Konstitution von Allgemeingegenständlichkeiten Edmund Husserl, *Erfahrung und Urteil*, a. a. O. (Anm. E 4), §§ 80 ff.

E54 Im Orig.: »all-or-none judgements«, vgl. Husserl, *Erfahrung und Urteil*, a. a. O. (Anm. E 4), §§ 94 f.

E55 Vgl. zum Hundebeispiel oben Anm. E 39.

E56 Dieser Absatz gibt verkürzt den Inhalt von Husserl, *Erfahrung und Urteil*, a. a. O. (Anm. E 4), § 83 wieder.

E57 Im Original dt. Übersetzung nach »whale« kursiv in Klammern.

E58 Im Original dt. Übersetzung nach »nonessential types« kursiv in Klammern.

E59 Im Original dt. Übersetzung nach »essential types« kursiv in Klammern.

E60 Der gesamte Absatz lehnt sich eng an Husserl, *Erfahrung und Urteil*, a. a. O. (Anm. E 4), S. 402 f.

E61 Im Original dt. Übersetzung nach »interest in knowing« kursiv in Klammern.

E62 Vgl. dazu Husserl, *Erfahrung und Urteil*, a. a. O. (Anm. E 4), § 47, insbes. S. 232 f.

E63 Vgl. Husserl, *Erfahrung und Urteil*, a. a. O. (Anm. E 4), § 47, S. 233; § 50 b); sowie insbes. § 81, S. 388 ff.

E64 Im Original dt. Übersetzung nach »form of universitality« kursiv in Klammern.

E65 Vgl. Husserl, *Erfahrung und Urteil*, a. a. O. (Anm. E 4), § 49, S. 240, sowie III. Abschn., 1. Kap. Husserl verwendet an der von Schütz wiedergegebenen Stelle (S. 240) den Begriff »Allgemeinheitsformung«.

E66 Der zweite Teil dieses Absatzes, ab »Allgemeinheitsform«, ist eng angelehnt an Husserl, *Erfahrung und Urteil*, a. a. O. (Anm. E 4), S. 240 f. Auch das Farbbeispiel findet sich dort.

E67 Vgl. Husserl, *Erfahrung und Urteil*, a. a. O. (Anm. E 4), S. 242 ff.

E68 Vgl. Husserl, *Erfahrung und Urteil*, a. a. O. (Anm. E 4), S. 256

E69 Im Original »linguistically«.

E70 Vgl. dazu Husserl, *Erfahrung und Urteil*, a. a. O. (Anm. E 4), § 55, insbes. S. 271: »In der prädikativen Sphäre wird dann [im Fall verschiedener Erkenntnisinteressen] [...] der aktive Vollzug der Synthesis *S* ist *q* den Charakter des *Hauptsatzes* annehmen und der der Synthesis *S* ist *p* des *Nebensatzes* – Ausdrücke, die auch hier wieder, wie klar ersichtlich, *primär* nichts Sprachliches bezeichnen, sondern die dem sprachlichen Ausdruck Bedeutung gebende Weise kategorialer Synthesis, die in der sprachlichen Hypotaxe ihren Ausdruck finden *kann*, aber nicht *muß*«. Vgl. zum Verhältnis von Sprache und prädikativem Urteil auch Husserl, *Erfahrung und Urteil*, a. a. O. (Anm. E 4), S. 6, 249, 254 (Fn.)und insbes. § 65 (wo Husserl »Sprachgegenständlichkeiten« abhandelt).

E71 Dieser Absatz stellt ein Referat, teilweise eine Übersetzung von Husserl, *Erfahrung und Urteil*, a. a. O. (Anm. E 4), § 80, S. 382-384 o. dar. Zum Begriff der Spontaneität vgl. oben Anm. E 63.

E72 Im Original: »congruence of likeness«. Husserl spricht an der hier referierten Stelle von »passiver Gleichheitsdeckung« (Husserl, *Erfahrung und Urteil*, a. a. O. (Anm. E 4), S. 389.

E73 Im Original dt. Übersetzung kursiv in Klammern.

E74 Im Original als dt. Übersetzung nach »generic judgment« kursiv in Klammern.

E75 Dieser Absatz ist wiederum eng angelehnt an Husserl, *Erfahrung und Urteil*, a. a. O. (Anm. E 4), § 81 b, insbes. S. 389-391.

E76 Im Original als dt. Übersetzung nach »fluctuant actuality« kursiv in Klammern.

E77 Im Original als dt. Übersetzung nach »totality« kursiv in Klammern.

E78 Im Original als dt. Übersetzung nach »total unity« kursiv in Klammern.

E79 Der gesamte Absatz stellt ein Referat und teilweise eine wörtliche Übersetzung von Husserl, *Krisis*, a. a. O. (Anm. E 4), § 9 b, S. 27-29 dar.

E80 Der Absatz bis zu dieser Stelle ist wiederum eng angelehnt an Husserl, *Krisis*, a. a. O. (Anm. E 4), § 9 a, S. 22.

E81 Deutsch im Original.

E82 Im Original als dt. Übersetzung nach »socialized« kursiv in Klammern.

E83 Im Original als dt. Übersetzung nach »practical power« kursiv in Klammern.

E84 Im Original: »trans-subjective universal horizon«. Vgl. zu diesem Gedankengang auch Husserl, *Krisis*, a. a. O. (Anm. E 4), S. 530 sowie S. 29 u. 145 ff.

E85 Wiederum bleibt Schütz eng an Husserls Text, vgl. Husserl, *Krisis*, a. a. O. (Anm. E 4), S. 230 oben.

E86 Vgl. Husserl, *Ideen I*, a. a. O. (Anm. E 3), §§ 1-17 sowie Edmund Husserl, *Ideen zu einer reinen Phänomenologie und phänomenologischen Philosophie* Drittes Buch: *Die Phänomenologie und die Fundamente der Wissenschaften*, in: *Husserliana* Bd. V, hg. v. Marly Biemel, Den Haag: Nijhoff 1952, §§ 13 ff. Vgl. auch oben Anm. E 6, sowie Alfred Schütz, »Die Phänomenologie und die Fundamente der Wissenschaften (Edmund Husserls *Ideen III*)« [1953-I-2], in diesem Band S. 209 ff.

E87 Im Original dt. Übersetzung nach »prototype« kursiv in Klammern. Husserl, *Erfahrung und Urteil*, a. a. O. (Anm. E 4), S. 410.

E88 Husserl spricht an der referierten Stelle von »Form« und »Gehalt«, vgl. Husserl, *Erfahrung und Urteil*, a. a. O. (Anm. E 4), S. 411.

E89 Vgl. dazu Husserl, *Erfahrung und Urteil*, a. a. O. (Anm. E 4), S. 411.

E90 Vgl. dazu Husserl, *Erfahrung und Urteil*, a. a. O. (Anm. E 4), S. 424.

E91 Vgl. zu diesem Absatz Husserl, *Erfahrung und Urteil*, a. a. O. (Anm. E 4), S. 424 f.

E92 Vgl. dazu und zu den beiden folgenden Sätzen Husserl, *Erfahrung und Urteil*, a. a. O. (Anm. E 4), S. 426.

E93 Zur Erläuterung der hier von Schütz vorgenommenen temporalen Reihung der Husserlschen Werke: Die dem Text von *Erfahrung und Urteil* zugrundeliegenden

Manuskripte, sind vor dem Jahr 1929 entstanden (vgl. Ludwig Landgrebe, »Vorwort des Herausgebers«, in: Husserl, *Erfahrung und Urteil*, a. a. O. (Anm. E 4), S. V-XII, sowie Dieter Lohmar, »Zu der Entstehung von *Erfahrung und Urteil*«, a. a. O. (Anm. E 14)) und wurden von Ludwig Landgrebe in mehreren Arbeitsschritten kompiliert. Die letzte Fassung des Haupttextes (von 1935) jedoch wurde wohl von Husserl redigiert und mit einer Einleitung versehen. Der Text *Formale und transzendentale Logik* war wohl ursprünglich als Einleitung für diese Texte konzipiert. Die *Cartesianischen Meditationen* beruhen auf den *Pariser Vorträgen*, die Husserl 1929 an der Sorbonne gehalten hat. Die *Krisis*-Schrift erschien in einer ersten Fassung 1936 in Belgrad, basierend auf Vorträgen in Wien und Prag im Jahr 1935.

E94 Im Original als dt. Übersetzung nach »something in general« kursiv in Klammern. Vgl. Husserl, *Cartesianische Meditationen*, a. a. O. (E 3), S. 86.

E95 Dieser Absatz ist bisher eng angelehnt an Husserl, *Cartesianische Meditationen*, a. a. O. (E 3), § 21, S. 86 ff.

E96 Dieser Teil des Absatzes bleibt eng an Husserl, *Cartesianische Meditationen*, a. a. O. (Anm. E 3). § 34, S. 105 f.

E97 Zu Schütz' Kritik an der Transzendentalität vgl. auch »Das Problem der transzendentalen Intersubjektivität bei Husserl« [1957-I-3], in diesem Band S. 227 ff. und die Einleitung zu diesem Band S. 31 ff.

E98 Hier referiert Schütz Husserl, *Formale und transzendentale Logik*, a. a. O. (Anm. E 4), S. 317.

E99 Deutsch im Original.

E100 Vgl. dazu Husserl, *Erfahrung und Urteil*, a. a. O. (Anm. E 4), § 44.

E101 Vgl. dazu Husserl, *Erfahrung und Urteil*, a. a. O. (Anm. E 4), §§ 16 ff. und insbes. § 42.

E102 Im Original: »impressive aspects«.

E103 Vgl. dagegen Husserl, *Erfahrung und Urteil*, a. a. O. (Anm. E 4), § 44.

E104 Im Original: »impressive«.

E105 Im Orig.: impressive aspects

E106 Vgl. dazu oben Anm. E 18.

E107 Vgl. dazu auch Schütz' musikalische Schriften, »Gemeinsam Musizieren« [1951-I-1] und »Mozart und die Philosophen« [1956-I-1], jetzt in ASW VII.

E108 Zu den hier von Schütz angesprochenen »Verstandesgegenständlichkeiten« vgl. Husserl, *Erfahrung und Urteil*, a. a. O. (Anm. E 4), II. Abschnitt, II. Kapitel »Die Verstandesgegenständlichkeiten und ihr Ursprung aus den prädikativen Leistungen«, §§ 58 ff., insbes. §§ 62 u. 65.

E109 Vgl. Husserl, *Erfahrung und Urteil*, a. a. O. (Anm. E 4), § 83 b.

E110 Vgl. zum Begriff der Vergemeinschaftung bei Husserl Husserl, *Cartesianische Meditationen*, a. a. O. (E 3), V. Meditation, §§ 55 ff.; Husserl, *Krisis*, a. a. O. (Anm. E 4), der oben von Schütz zitierte § 9 a, S. 23; § 52; § 54 a.

E111 Roman Ingarden hatte eine Reihe kritischer Anmerkungen zu den *Cartesianischen Meditationen* gemacht, die auch von Husserl durchgearbeitet wurden. Vgl. Husserl, *Cartesianische Meditationen*, a. a. O. (E 3), S. XXVI und Beilage »Kritische Bemerkungen von Professor Dr. Roman Ingarden, Krakau«, S. 204-218.

E112 Jean Wahl kommentiert Husserls Bemerkung »Damit erweist sich schon das bloße wahrnehmende Betrachten eines vorgegebenen Substrates als unsere Leistung, als ein Tun und nicht als ein bloßes Erleiden von Eindrücken. [. . .] eine Erkenntnisleistung niederster Stufe [. . .] Wo immer von Aufmerksamkeit die Rede ist, liegt schon eine solche Aktivität unterster Stufe vor.« (Husserl, *Erfahrung und Urteil*, a. a. O. (E 4), S. 60 ff.) mit den Worten: »Ceci nous amenerait à nous demander si entre l'activité et la passivité il y a une différence de nature ou simplement une différence de degré.« [»Dies veranlasst uns zu der Frage, ob es zwischen der Aktivität und der Passivität einen Unterschied im Wesen oder nur einen graduellen Unterschied gibt.«] Er zitiert weiter Husserl: »Dieser phänomenologisch notwendige Begriff der Rezeptivität steht keineswegs in ausschließendem Gegensatz zur *Aktivität des Ich* [. . .] vielmehr ist die Rezeptivität als unterste Stufe der Aktivität anzusehen« (Husserl, *Erfahrung und Urteil*, a. a. O. (E 4), S. 83) und kommentiert: »On pourrait se demander s'il n'aurait pas été plus conforme du moins à une des tendances de la phénoménologie de voir l'activité comme une étape supérieure de la passivité, ou encore si on n'aurait pas dû plutôt les laisser séparées.« [»Man könnte sich fragen, ob es nicht wenigstens einer der Tendenzen der Phänomenologie angemessener gewesen wäre, die Aktivität wie eine höhere Stufe der Passivität zu sehen oder ob man sie nicht besser getrennt gelassen hätte.«] (Jean Wahl, »Notes sur la première partie de Erfahrung und Urteil de Husserl«, in: *Phénomenologie. Existence*, hg. v. Henri Birault, Paris: Colin 1953, S. 77-106, S. 100.)

E113 Landgrebe antwortet auf Wahls Problem: »En ce qui concerne la distinction entre activité et passivité, je ne vous presenterai qu'une remarque terminologique. Husserl comprend la réceptivité, c'est-à-dire la perception elle-même comme une mode de l'activité et en distingue la pure passivité de la simple affection. Ainsi pour lui la différence entre l'activité (réceptivité à son étage inferieur et spontanéité à son étage supérieur) et la passivité n'est pas relative, mais absolue. Certes, cette distinction amène à de grandes difficultés; mais il faudrait, pour les développer, un véritable article.« »Was die Unterscheidung zwischen Aktivität und Passivität betrifft kann ich keinen terminologischen Einwand geltend machen. Husserl hat die Rezeptivität, das heißt die Wahrnehmung selbst als einen Modus der Aktivität verstanden und die reine Passivität von der bloßen Affektion unterschieden. Folglich war für ihn der Unterschied zwischen Aktivität (Rezeptivität auf einer niederen Stufen, Spontaneität auf einer höheren) und Passivität kein relativer, sondern ein absoluter. Sicherlich bringt diese Unterscheidung große Schwierigkeiten; aber um diese zu entwickeln, ist ein veritabler Artikel vonnöten.« (Ludwig Landgrebe, »Lettre de Ludwig Landgrebe sur un article de Jean Wahl concernant *Erfahrung und Urteil* de Husserl«, in: *Phénomenologie. Existence*, hg. v. Henri Birault, Paris: Colin 1953, S. 205-206, S. 206.)

E114 Im Original dt. Übersetzung kursiv in Klammern.

E115 Zum Begriff der Regionen vgl. Husserl, *Erfahrung und Urteil*, a. a. O. (Anm. E 4), § 92 f.; Husserl, *Formale und transzendentale Logik*, a. a. O. (Anm. E 4), § 26 (hier wird der Bezug Husserls zu dem Mathematiker und Philosophen Bernhard Bolzano (1781-1848) deutlich), § 98; sowie Ideen I, §§ 9 f., 149 f.

E116 Diese Wortwahl erinnert nicht zufällig an Schütz Begriff der »auferlegten Relevanz«, vgl. Schütz, »Das Problem der Relevanz«, a. a. O. (Anm. E 13), S. 90 ff. Schütz hebt damit die Husserlsche Trennung von Genesis und Geltung auf und verlagert Husserls eidetische Konstitution der Grenzen der Seinsregionen in die Praxis der intersubjektiven Konstitution der Lebenswelt als Kulturwelt hinein. Vgl. dazu Anm. E 115.

E117 Damit verweist Schütz das Problem der Typisierung in die Sphäre der relativ natürlichen – mundanen – Einstellung. In dieser Perspektive erscheinen sowohl die synthetisierenden als auch selektivierenden Mechanismen, auf die der Typisierungsprozess zurückzuführen ist, in einem neuen Licht. Nicht nur die intentionalen Akte des Zeitbewusstseins und die Appräsentation von Bedeutung erscheinen in einem neuen Licht, sondern auch der pragmatische Hintergrund der Typisierung. Schütz bietet seine eigene Lösung des Typisierungsproblems in seiner Theorie der Relevanzen, wo er Typen als in der Zeit sedimentierte Resultate des Zusammenwirkens der thematischen, interpretativen und motivationalen Relevanzen des handelnden Ego begreift (»Das Problem der Relevanz«, a. a. O. (Anm. E 13), S. 120 ff.). Auch hier wird deutlich, daß sich der sinngenerative Zusammenhang, auf den Schütz' mundane Phänomenologie zielt, von jenem Husserls unterscheidet: zu Bewußtsein und Leiblichkeit treten Handlung, Sozialität, Intersubjektivität und die biographische Situation hinzu. Vgl. auch die Zusammenfassung des Problems »letzter Hand« in »Hic egregie progressus sum«, a. a. O. (Anm. E 13), S. 331 ff.

Anhang

Materialien

Der Materialienanhang enthält zum einen den Brief von Schütz an Kaufmann v. 20. Juni 1932 mit der Beschreibung seines ersten Besuches bei Husserl, zum zweiten die Notizen »Die nächsten Schritte«, ein Dokument aus der Gründungsphase der International Phenomenological Society [1939-II-3], zum dritten das Vorwort zu Husserls Text »Die Welt der lebendigen Gegenwart und die Konzeption der außerleiblichen Umwelt« [1946-I-1], zum vierten das mit Maurice Natanson verfaßte Vorwort zur gemeinsamen, auszugsweisen Übersetzung von Edmund Husserls *Ideen II* und *Ideen III* [1952-II-1] und schließlich den Diskussionsbeitrag Eugen Finks zu Schütz' Vortrag »Das Problem der transzendentalen Intersubjektivität bei Husserl« am Kolloquium in Royaumont.

M 1 Der hier erstmals abgedruckte Brief von Alfred Schütz an Felix Kaufmann vom 20. Juni 1932 beschreibt Schütz' ersten Besuch bei Edmund Husserl. Er ist erhalten im Nachlass von Alfred Schütz (Alfred Schutz Papers. General Collection, Beinecke Rare Book and Manuscript Library, Gen. MSS 129, box 27, folder 631).

Freiburg, 20. Juni 1932

Lieber Freund!

Mit ziemlicher Verspätung, nämlich erst Samstag vormittag bin ich hier eingetroffen, wo ich bis Mittwoch früh bleibe. Ich möchte Ihnen, bevor ich näheres erzähle, zunächst nochmals für so vielerlei danken: für Ihre Anregung, hierher zu fahren, für den rührend fürsorglichen Brief nach Wien und schließlich für die lieben Zeilen, die mir Frau Husserl eingehändigt hat. – Nun ein kurzer Bericht. Ich habe Kelsen in Genf aufgesucht, um mit ihm Mittag zu essen. Für längeren Aufenthalt reichte es nicht, da ich auf keinen Tag Freiburg verzichten wollte. Er war nett, amüsant, charmant – und oberflächlich wie immer. Zu einer Diskussion kam es natürlich nicht, doch erzählte er, wie sehr er sich mit Ihnen gefreut habe. Er sehe gar keine so grossen Unterschiede zwischen Ihnen und seiner Auffassung von Normativität. »Ich«, sagte er, »behaupte, dass wenn einer stiehlt, es rechtens ist, dass er bestraft werde, K[aufmann] hingegen sagt: Wenn einer stiehlt und er wird bestraft, so ist das rechtens.

Das ist eigentlich der ganze Unterschied.« Meine Erklärungsversuche schnitt er ab und war an diesem Tag überhaupt wegen der politischen Verhältnisse und offenbar auch wegen eines Streites mit Spann recht deprimiert, so dass ich nicht weiter insistieren wollte. Näheres mündlich.

Hingegen Husserl! An der so überaus freundlichen Art, mit der ich aufgenommen wurde, sehe ich, dass Sie, lieber Freund, auch hier zu meinem Besten gewirkt haben müssen. Ich war bisher dreimal mit ihm beisammen und hoffe, ihm noch weitere dreimal zu sprechen. Überdies habe ich sein M[anu]sc[ript] (Studien) bereits zu 2/3 gelesen. Mein Gesamteindruck: Hier wird eine philosophische Leistung vollzogen, deren Bedeutung in der europäischen Geistesgeschichte noch gar nicht gewürdigt werden kann. Weiters: Wir (Sie und ich) haben das, worauf es ankommt, richtig erfasst und wir können es getrost sagen, richtig selbständig weiterentwickelt. Mir persönlich geht es so, wie Wilhelm Meister an Ende der Lehrjahre: Er kommt zur Gesellschaft vom Turm und man überrecht ihm eine Schrift, in der alles aufgezeichnet und gelöst ist, was ihn bedrückt. (Vgl. z[.]B[.] in Log[ische] Studien: Typenlehre, prädikatives u. attributives Adjektiv, oder (im Gespräch) Schlaf und Einheit des Bewusstseins, Relevanz als phänomenale Grundkategorie usw.) Trotz alledem: Die ganze Richtung tendiert zur Metaphysik, wogegen ich ja gar nichts einzuwenden habe, es sei denn die Behauptung, dass diese – richtige – Metaphysik in ihrem Ansatzpunkt – nicht in ihrer Durchführung – einen Vorrang vor allen anderen metaphysischen Systemen habe. Aber vielleicht ist es gerade das, was die philosophia zu einer perennis macht und ich bin zufrieden ganz abgesehen von der Fülle »positiver« Leistungen, die hier mit unerhörter Intensität vollzogen werden. Wie Sie wissen, ist es nicht gut möglich, mit Husserl selbst eine geregelte Diskussion zu führen, weil er immer wieder auf die ihn gerade aktuell beschäftigenden Probleme kommt. Ich werde heute nachmittag zum erstenmal mit Fink[E 1] sprechen. Cairns[E 2] ist zwar sympathisch, aber bestimmt kein grosser Philosoph es sei denn in tacuisse - sondern ein orthodoxes Selbst. Trotzdem habe ich unglaublich viel gelernt. Ich freue mich, dass wir im Herbst das M[anuskript] nach Wien bekommen, es wird uns sicher manchen Abend beschäftigen. H[usserl] hat mich gebeten, F[ormale] u[nd] t[ranszendentale] Logik und Meditation zu besorgen, letztere im Archiv f[ür] Soz[ialwissenschaften] Erstere womöglich in der Deutschen Literatur Z[ei]t[un]g. Ich habe mich gerne dazu bereit erklärt.

Durch Jean Héring[E 3], der gestern hier war, hat H[usserl] erfahren, dass die *Meditations* durch den Verlag an keine wissenschaftliche Zeitschrift versendet wurden, was angeblich französische Usance ist? Er hat mich gefragt, welche internationalen Zeitschriften in Betracht kommen. Leider habe ich meine Liste nicht bei mir und ich schlug H[usserl] vor, mich bei Ihnen zu informieren. So lässt H[usserl] Sie mit schönsten Grüssen bitten »ihm den Gefallen zu erweisen«, und ihm eine Liste zu jener internationalen philosophischen (und ausgewählten sozialwissenschaftlichen) Zeitschriften zu senden, die Sie für Ihre Bücher zusammengestellt haben. Da es ihm sehr dringend ist und er nicht warten will, bis ich in Wien bin, was etwa in 10 Tagen der Fall sein wird, nehme ich an, dass Sie gerne Ihm diesen Dienst tun werden. Vielleicht wenden Sie sich, falls Ihnen die Zusammenstellung zuviel Mühe macht, an den Verlag Springer, der ja meine Liste hat. Meines und Husserls Dank sind Sie gewiss.

Ich werde Mittwoch hier abreisen und den Rest der Woche in Paris verbringen, dann muss ich noch nach Amsterdam und werde wohl erst gegen Ende nächster Woche in Wien sein. Sollten Sie mir etwas zu sagen haben, so geschieht dies am besten durch meine Mutter (B 28- 7- 75) die immer meinen jeweiligen Aufenthalt weiss. (Meine Frau ist bei ihrem Bruder in der Cechoslovakei).

Ich hoffe Sie mitten in fruchtbarer Arbeit und freue mich schon sehr Sie bald wieder zu sehen. Nehmen Sie nochmals Dank für alles und empfehlen Sie mich bitte besonders schön Ihrer lieben Frau.

Stets Ihr

Entschuldigen Sie
bitte die Bleistiftschrift!

Schütz

M 2 Der folgende Text ist überschrieben mit »Steps to be taken next by the Council of the International Phenomenological Society« [1939-II-3]. Er liegt als sechs-seitiges, undatiertes, englischsprachiges Manuskript im Nachlaß von Alfred Schütz vor (Alfred Schutz Papers. General Collection, Beinecke Rare Book and Manuscript Library, Box 27, Folder 620). Er wird hier erstmals in deutscher Sprache veröffentlicht, nach einer von Gerd Sebald überarbeiteten Übersetzung von Christian Thomas.

Schritte, die als nächstes vom Rat der Internationalen Phänomenologischen Gesellschaft unternommen werden sollen[E 4]

I. *Rechtliche Fragen*

a) Rechtliche Formalitäten, die entsprechend der Bundes- und Bundestaatsgesetze erfüllt sein müssen, um die Gründung der Gesellschaft rechtsgültig zu machen.

b) Wo soll der offizielle Sitz der Gesellschaft sein?

c) Wer vertritt die Gesellschaft rechtlich in ihren Beziehungen zu dritten Personen? (Universität, Verleger usw.) Wer übernimmt folglich die finanzielle Verantwortung für die von der Gesellschaft geführten Geschäfte?

> (Um zu betonen, dass der Entwurf, der in unserem Treffen diskutiert wurde, ganz und gar nicht klar in diesem Punkt ist. Endgültig[E 5] sollte ausdrücklich festgelegt werden, dass der Präsident, ein Vorstandsmitglied [E 6] oder Vorstandsmitglieder, die vom Rat autorisiert wurden, die rechtlichen Vertreter der Gesellschaft in allen Geschäftsfragen sind. Geboten scheint es, rechtlichen Beistand zu erbitten bezüglich des Wortlautes dieses Abschnittes unserer Satzung als auch der Berechtigung, die vom Rat beschlossen[E 7] werden soll. Das ist notwendig im Interesse des Präsidenten. Auf der anderen Seite sollte in der Satzung festgelegt werden, dass die Mitglieder der Gesellschaft keinerlei finanzielle [2] Verantwortung für die Gesellschaft über die Bezahlung von Beiträgen hinaus, wie sie in Artikel II der Satzung festgelegt sind, übernehmen.)

d) Steuerfrage (falls überhaupt)[E 8]: Herausfinden, ob Bundes- oder bundesstaatlichen Steuerbehörden eine Nachricht irgendeiner Art gegeben werden sollte, um einen Ausschluss vom Recht auf Steuerbefreiung zu vermeiden.[E 9]

e) Entwürfe von Vereinbarungen abfassen, die abgeschlossen sollten werden

   a) zwischen der Gesellschaft und der Buffalo University
   b) " " " und den Verlegern

f) Was muss getan werden, um das Privileg zu erhalten, die Veröffentlichungen der Gesellschaft, wenn überhaupt, als Postsache Klasse zwei[E 10] zu versenden? Die Frage der Briefmarken ist entscheidendes Element der Kalkulation; deshalb muss dieser Punkt genau jetzt geklärt werden. Das ist vielleicht ein Punkt ohne rechtliche Bedeutung und nur eine Routinesache für die Verlagsgesellschaft)

II. ***Fragen zur Organisation der Gesellschaft als juristische Person***

a) Das Protokoll der Sitzung vom 26. Dezember 1939 sollte sehr sorgfältig formuliert werden und sollte (zusammen mit dem endgültigen Text der Satzung) all denen zugesandt werden, die an der Sitzung teilgenommen haben und von ihnen gebilligt und unterzeichnet werden.

b) Das Protokoll sollte vom Schriftführer oder dem Präsidenten als ›Protokoll der ersten Sitzung [3] des Rates vom 27. Dezember 1939‹ erlassen werden und von sechs Mitgliedern, die in der konstituierenden Sitzung am Vortag gewählt wurden, unterzeichnet werden.

c) Der endgültige Text der Satzung kann nicht verabschiedet werden, bevor der Wortlaut der Sitzung vom 26. Dezember 1939 verfügbar ist. Um der guten Ordnung willen sollten die folgenden Punkte sorgfältig geprüft werden:

   1) Fragen, die oben unter I b) und e) angeführt sind
   2) Ausmaß der Befugnisse, die dem Rat zugestanden werden soll; Festlegung der Befugnisse jedes Vorstandsmitglieds
   3) Juristische Personen sollten als Mitglieder zugelassen werden
   4) Die Verfahrensregeln innerhalb des Rates sollten in der einen oder anderen Form festgelegt werden. Die beste Lösung scheint zu sein:
      a) Stimmabgabe per Post als auch per Vollmacht sollte möglich sein
      b) alle Beschlüsse benötigen einfache Mehrheit, außer Absetzen von Vorstandsmitgliedern, welches 3/4-Mehrheit verlangt
      c) der Rat kann all seine Befugnisse oder lediglich seine Befugnisse über das laufende Geschäftsmanagement an ein gewähltes Komitee abgeben, deren Mitgliedschaft vom Rat festgelegt wird

d) Der Rat hat das Recht, spezielle Komitees für spezielle Fragen zu ernennen. (Editoren[4]stamm für die Vierteljahresschrift, Finanzkomitee)

5) Für die Gründung nationaler Organisationen im Ausland sollte in der Satzung vorgesorgt werden. Empfehlenswert ist festzulegen, daß diese Organisationen automatisch als juristische Personen Mitglied[E 11] der Internationalen Gesellschaft werden, deren Hauptsitz immer in den Vereinigten Staaten sein muß.[E 12] Der Präsident und die Vizepräsidenten der nationalen Organisationen im Ausland werden automatisch Mitglieder des Rates der Internationalen Gesellschaft. Jedes einzelne Mitglied einer nationalen Organisation hat dieselben Privilegien und Pflichten wie die Mitglieder der Organisation.

d) Erstellen eines einfachen Buchhaltungssystems durch den Schriftführer beginnend mit dem 1. Januar 1940. Diese Buchhaltung sollte mit der Hilfe eines Experten organisiert werden, z. B. einem Professor einer Wirtschaftsschule oder einem fortgeschrittenen Studenten. Die zu überwachenden Grundsätze sind:

a) Die Buchhaltung muß eine tatsächliche Aufzeichnung[E 13] aller Rechnungen und Zahlungen der Gesellschaft sein.

b) um einen Überblick über die geschätzten Kosten der Veröffentlichungen, Postverkehr usw. auf der einen, Einnahmen der Gesellschaft auf der anderen Seite zu gewähren

Die Unterstützung eines C. P. A.[E 14] der Buffalo University, wenn kostenlos verfügbar, wäre sehr willkommen und wäre der beste Weg, den Präsidenten und [unleserlich] von der Verantwortung in dieser Angelegenheit zu befreien. [5]

Skizze der nächsten Schritte, die vom Rat der Internationalen Phänomenologischen Gesellschaft unternommen werden sollen

I) Rechtliche Fragen

a) Professor Farber wird die rechtliche Beratung eines seiner Kollegen von der juristischen Fakultät oder eines Anwaltes suchen, ob weitere rechtliche Formalitäten erfüllt werden müssen, um die Gründung der Gesellschaft rechtskräftig zu machen. Des weiteren wird er die Frage klären, ob die Gesellschaft rechtlich durch den Rat als Körperschaft oder durch die Vorstandsmitglieder vertreten wird, im letzteren Fall, ob durch den Präsidenten oder den Schatzmeister[E 15]. Diese Frage ist wichtig.

i) einen präziseren Wortlaut für die Satzung unserer Gesellschaft finden, die bezüglich dieser wichtigen Angelegenheit nichts festlegt.

ii) die Verhandlungen mit den Treuhändlern[E 16] der Buffalo University durch den kompetenten Vorstandsmitglied beginnen. [6]

I.	Finanzielle Verantwortung	
II.	Entscheidungen innerhalb des Rates (Verfahrensregeln)	
III.	Ausmaß der Befugnisse des Rates	
IV.	Rechtliche Formalitäten	a) Werbung
V.	Steuern und Beiträge	b) Buchhalter
VI.	Buchreihe	c) Post Klasse zwei
VII.	Prospekt	d) ausländische philosophische Gesellschaften
VIII.	Vertrieb ins Ausland	e) Bibliotheken
IX.	Juristische Personen als Mitglieder	f) Internationale Organisation
X.	Reziprozität	g) Louvain[E 17]
XI.	Vorteile von Mitgliederrabatten	h) Katalog[E 18]
XII.	Diskussionskolumne in Zeitschrift	i) Bibliographie[E 19]
XIII.	Rezensionen	k) Statuten
		l) Aufruf[E 20]
		m) Kontrakt mit Universität

M 3 Der folgende Text erschien zuerst als »Editor's Preface« [zu Edmund Husserl, »Die Welt der lebendigen Gegenwart und die Konzeption der außerleiblichen Umwelt«] [1946-I-1] in der Zeitschrift *Philosophy and Phenomenological Research* 6, 1945/46, No. 3, S. 323. Im Nachlass liegt dazu ein zweiseitigerhandschriftlicher Entwurf vor (lfd. Nr. 12303-12304). Er wird hier erstmals in deutscher Sprache abgedruckt, nach einer Übersetzung von Christian Thomas.

Edmund Husserl, »Die Welt der lebendigen Gegenwart und die Konzeption der außerleiblichen Umwelt«

Vorwort des Herausgebers

Die nachfolgenden Seiten basieren auf einer autorisierten, mit Schreibmaschine geschriebenen Transkription eines Originalmanuskriptes von Edmund Husserl, welchem folgende einleitende Bemerkungen vorangestellt sind:

D 12 V[E 21]; Datierung: keine; (offenbar auch 1931.) – Das Originalmanuskript besteht aus 19 Stenogrammblättern; es ist eigentlich ein Doppelmanuskript, aber von Husserl als zusammengehörig in einen Umschlag gelegt, der die Aufschrift trägt:

»1) Die konkrete Gegenwart als Einheit der Konfiguration der Wahrnehmungsgegebenheiten, die ›erste‹ Welt;

2) Konstitution der Anderen, des Leibes als erstes Objekt der außerleiblichen Umwelt.«

[E 22]Basierend auf diesen Hinweisen, hat der Unterzeichnende den Titel hinzugefügt[E 23], unter dem dieses Manuskript hiermit veröffentlicht wird. Was die Entstehung von Husserls Manuskript betrifft und die daraus erwachsenden Probleme für die Herausgabe,[E 24] möchte er auf sein Vorwort zu Husserls »Notizen zur Raumkonstruktion« verweisen, das in Band I dieser Zeitschrift, September 1940, S. 21 ff., erschienen ist.[E 25]

Weiter sind im nachfolgenden Ergänzungen, welche vom Herausgeber aus logischen oder linguistischen Gründen vorgenommen wurden, durch [eckige Klammern] gekennzeichnet und haben häufig den Charakter von philologischen Mutmaßungen, die zugegebenerweise offen sind für Kritik. Indem der Leser diese jedoch außer Acht läßt, wird er den Originaltext von Husserls Manuskript finden.

Alfred Schütz.

New School For Social Research.

M 4 Der folgende, hier erstmals veröffentlichte Text liegt als Typoskript im Nachlass von Alfred Schütz vor (lfd. Nr. 5222). Er stellt das Vorwort für die auszugsweise Übersetzung von Edmund Husserls Werke *Ideen II* und *Ideen III*, die Alfred Schütz gemeinsam mit Maurice Natanson von April bis Oktober 1952 angefertigt hat. Von der Übersetzung existieren zwei Versionen: ein Typoskript mit wohl von Schütz eingefügten handschriftlichen Korrekturen (lfd. Nr. 4191-4466), und eine von Natanson überarbeitete Version (lfd. Nr. 5223-5498). Im Briefwechsel bestätigt Natanson am 7. November 1952 den Erhalt der ersten Version des Typoskripts. Das vorliegende Vorwort dürfte, samt der überarbeiteten Übersetzung im Laufe des Jahres 1953 fertiggestellt worden sein, denn Aron Gurwitsch bedankt für den Erhalt eines Exemplars mit einem auf den 3. Januar 1954 datierten Brief. Die Übersetzung wurde Christian Thomas besorgt.

Vorwort zur Übersetzung von EDMUND HUSSERL: IDEEN II UND III

Frei übersetzt (gekürzt) für private Verwendung
von
Alfred Schütz und Maurice Natanson.

Vorbemerkung:

Die folgende Übersetzung von Edmund Husserls *Ideen zu einer reinen Phänomenologie und Phänomenologischen Philosophie*, Band II: *Phänomenologische Untersuchungen zur Konstitution*[E 26] und Band III: *Die Phänomenologie und die Fundamente der Wissenschaften*[E 27], veröffentlicht vom Husserl-Archiv als Band IV und Band V[E 28] der Sammlung »Husserliana« (Martin[u]s Nijhoff, Haag, 1952) ist nicht als wörtliche Übertragung des deutschen Textes ins Englische gedacht, obwohl bestimmte Abschnitte diesem eher eng zu folgen versuchen. Es ist keine autorisierte Übersetzung und sie ist nicht für die Veröffentlichung vorgesehen. Ihr Anliegen ist lediglich, Gelehrten und Freunden von Husserls Philosophie, die sprachliche Schwierigkeiten beim Studium des Originals haben, die Möglichkeit zu geben, sich mit dem hauptsächlichen Inhalt dieser wichtigen Arbeit vertraut zu machen. Alfred Schütz wählte die Abschnitte aus, die ihm von besonderer Bedeutung zu sein schienen (manchmal unter Aufnahme[E 29] der »Beilagen«[E 30] im Haupttext) und fertigte den ersten Entwurf der Übersetzung an, Maurice Natanson hat diesen Entwurf bearbeitet und den Text in seine gegenwärtige Form gebracht.

Es existieren sieben schreibmaschinengeschriebene Abschriften[E 31] des Manuskriptes, zwei von den Übersetzern einbehalten, eine im »Husserl-Archiv«[E 32] in Louvain hinterlegt, eine bei Prof. Marvin Farber, Buffalo, eine bei Prof. Aron Gurwitch, Cambridge,[E 33] während die anderen beiden Abschriften zwischen persönlichen Studenten und Freunden der Übersetzer kursieren.[E 34] Das Copyright bleibt, selbstverständlich, ausschließlich beim »Husserl-Archiv«. Um jeglichen möglichen Mißbrauch auszuschließen, enthält die Übersetzung keine Textbezügezu den Passagen des deutschen Originals.

A. S. M. N.

M 5 Finks Diskussionsbemerkung zu Schütz' Vortrag »Das Problem der transzentendalen Intersubjektivität bei Husserl« vom 29. April 1957. Dieser Text beruht auf einer tonbandgestützten Mitschrift und wurde erstmals in französischer Sprache veröffentlicht in *Cahiers der Royaumont. Philosophie No. 3: Husserl*, Paris: Éditions de Minuit 1959, S. 369-373. Die deutschsprachige Vorlage für diese Übersetzung wurde erstmals veröffentlicht in Alfred Schütz, *Gesammelte Aufsätze III* [1971-I-1], hg. v. Alexander v. Baeyer, Den Haag: Nijhoff 1971, S. 119-121.

Eugen Finks Diskussionsbemerkungen zu Schütz' Vortrag »Das Problem der transzentendalen Intersubjektivität bei Husserl«

Fink: Mein sehr verehrter Freund, ich bin jetzt bei der Diskussion nicht gehandicapped durch die Freundschaft, und Sie wissen ja, Sie haben selbst gesagt, daß das gerade nicht ein Hindernis wäre für eine strenge geistige Gegnerschaft, sondern ich bin gehandicapped dadurch, daß ich zu sehr mit Ihnen einverstanden bin und Ihren Positionen, soweit sie Aporien der Husserlschen Theorie der Einfühlung[E 35] betreffen, auch in dieser Dimension zustimme, allerdings nicht in allen Fällen den Lösungsversuchen, die Sie für diese Aporien vorschlagen.

Zunächst möchte ich Ihnen zustimmen darin, daß Husserl in der Analyse der Fremderfahrung sich beschränkt auf den gegenwärtig anwesenden Anderen, der in meinem Nahfeld, in meinem Wahrnehmungsfeld steht, und daß er diesen gegenwärtigen Anderen nur auslegt auf die Eigenschaft hin, der Inhaber eines Leibes zu sein, also ein Leibhaber, und dadurch nicht viel anders, nicht verschieden ist von Hunden und Katzen. Und wenn das genügen würde, einen Leibhaber als Index eines transzendentalen Mitsubjektes anzusetzen, müßte man in Konsequenz dieser Auffassung auch dazukommen, daß Hunde und Katzen transzendentale Subjekte sind. Aber schon von der Auslegung eines Leibhabers können wir nicht einmal einen Liebhaber verstehen. Denn der Charakter des Anderen, dem er, sagen wir, im Modus eben des fremden ergänzenden Geschlechtes begegnet, läßt sich gar nicht aufklären durch die Appräsentation eines analogen Waltens in seinem Leibe, wie ich in meinem walte. Husserl bleibt in einer gewissen Weise in der Reduplikation des ego gefangen, wenn er zwar auch diese Gefahr sieht,[E 36] aber methodisch überwindet er sie nicht.[E 37]

Schütz: Sind wir uns also einig oder nicht?

Fink: Ja, vollkommen einig. Ich wollte das mehr ergänzend sagen, als kritisch. Sie sagten aber, die Appräsentation würden Sie in einer anderen Weise für ein wertvolles Instrument begrifflicher phänomenologischer Analyse halten.[E 38] Nun möchte ich aber zu diesem Begriff der Appräsentation etwas sagen. Appräsentation wird von Husserl aufgenommen in der Analyse des Wahrnehmungsdinges. Die Vorderseite des Wahrnehmungsdinges ist selbst gegeben, die Rückseite appräsentiert, aber diese Appräsentation ist eine Antizipation eines möglichen Weges, die Rückseite im Herumgehen selbst zu originärer Gegebenheit zu bringen. D. h. diese Appräsentation hat den Charakter der Einlösbarkeit. Ich frage nun: Ist die Appräsentation, in der der Andere gegeben ist, auch durch den grundsätzlichen Sinn der Einlösbarkeit bestimmt, oder ist es eine Appräsentation, die gerade wesentlich uneinlösbar ist. Ich kann das Innen, das Im-Leibe-Walten des Anderen gar nie durch einen noch so langen Umweg jemals originär gewahren, d. h. ich kann diese Appräsentation gar nie einlösen. Deswegen, weil die Uneinlösbarkeit zur Erfahrung des Fremden gehört, ist der Begriff der Appräsentation hier auch ein versagendes Gleichnis, ein versagendes Modell, und Husserl hat auf den Unterschied der Einlösbarkeit oder Uneinlösbarkeit der

Appräsentation, wie ich meine, nicht ausführlich genug hingewiesen.[E 39]

Ein weiteres Moment ist, daß, wie Sie gesagt haben, in der Fremderfahrung wir den Wechselbezug haben, daß ich den Anderen erfahre so, daß ich im Erfahren des Anderen miterfahre, daß er mich erfährt.[E 40] Aber dieser Wechselbezug ist, streng genommen, nicht nur ein einfach von mir zum Anderen und vom Anderen zu mir zurücklaufender, sondern dieser Wechselbezug hat eine unendliche Iteration potentiell in sich. Ich kann ebenso sagen, daß ich den Anderen so erfahre, daß er mich erfährt, und daß er mich so erfährt, daß ich ihn erfahre, und kann dieses ins Unendliche steigern. Diese Potentialität braucht nicht aktualisiert zu werden, es liegt aber eine unendliche wechselseitige Reflexibilität darin, wie etwa zwei gegeneinander gestellte Spiegel sich ins Unendliche iterieren.[E 41] Diese Unendlichkeit des Wechselbezuges von zwei sich vorstellenden Subjekten wird bei Husserl nicht in dieser Konsequenz der Unendlichkeit gesehen. Und weiter wäre zu fragen, ob überhaupt der Wechselbezug des Vorstellens – also des wechselseitigen Sich-anblickens und Wechselseitig-zum-Gegenstand-Werdens – ob das genügt, um nur die Unmittelbarkeit des Verstehens des Mit-Daseins mit dem Anderen aufzuklären.

[36] In diesem Zusammenhang sprachen Sie dann noch von der Husserlschen Analyse und hatten das in einem positiven Sinn akzentuiert, daß in der Husserlschen Analyse der Andere erfahren wird als »la-bas«, als dort. D. h. der Raumunterschied des Hier und des Dort wird zu einer Verstehenshilfe, um die Differenz meines Lebens und des Anderen zu bezeichnen.[E 42] Aber, nun frage ich: wie ist es mit dem Jetzt? Den Unterschied von Hier und Dort, also die räumliche Differenz von Hier und Dort, können Sie so auslegen, daß das Dortsein des Anderen sein Hier ist und mein Hier für ihn das Dort. Aber können Sie dasselbe auch beim Jetzt? Ist das Jetzt nicht gerade die Dimension, in der überhaupt das Hier und Dort in einer Gleichzeitigkeit, in einer Simultaneität gegeben ist? Können Sie unterscheiden das Jetzt des Anderen, als sein Jetzt, und mein Jetzt? Oder wird nicht ein solcher Unterschied vielmehr überhaupt sinnlos? Die Differenz von Hier und Dort hält sich schon in der Dimension eines gemeinsam umfangenden Jetzt auf.

Dann sagten sie – verzeihen Sie, wenn ich so unsystematisch vorgehe, ich habe mir die Dinge so im Laufe ihres Exposés notiert –, es wäre ein methodischer Fehler, daß Husserl die Objektivität der Welt aus der Intersubjektivität abzuleiten versuche, es sei in der Tat eher umgekehrt, daß für die Intersubjektivität objektive Welt vorausgesetzt wäre. Und sie wiesen in diesem Zusammenhang darauf hin, daß jede Verständigung – durch Sprache, durch Zeichen oder wie immer – bereits objektive Dinge als Anhalt oder als Medium, Träger von Sinnbedeutungen des Sich-Verstehens voraussetzt. Nun ist das aber bei Husserl noch in einem anderen Sinn gemeint, und ich möchte in diesem Zusammenhang hinweisen auf den Kantischen Gedanken. Kant formuliert ja die Objektivität der Erfahrung – d. h. die Bezogenheit der Erfahrung auf Gegenstände –, wo er den Unterschied formuliert zwischen Wahrnehmungsurteil und Erfahrungsurteil;[E 43] er formuliert die Objektivität der Gegenstände auch durch den Charakter – wenn man so will – der Intersubjektivität. Also ich glaube, man kann nicht die Objektivität oder die Intersubjektivität in ein Verhältnis bringen, so daß das eine oder das andere vorgängig ist, sondern vielleicht sind die Objektivität und die Intersubjektivität gleich ursprünglich.

Dann ein anderes Moment, das mich noch beschäftigt hat, war: Sie sagten, das transzendentale Ich, das in seinem strömenden Leben ist, muß die Anderen als innerweltliche Andere und auch sich [37] selbst als einen innerweltlichen Anderen sinnhaft konstituieren. In dieser Innerweltlichkeit meiner selbst und der Mitmenschen gehört aber in einer fundamentalen Weise auch die Endlichkeit meines Lebens als bezogen auf den Tod.[E 44] Kann das transzendentale Subjekt überhaupt sterben? Oder ist der Tod nur ein objektiver Weg, der seiner weltlichen Objektivation zugehört und für seine letzte transzendentale Innerlichkeit keine Wahrheit hat? Also, wird hier die innerweltliche Situiertheit des Menschen nicht in einer Weise unterbestimmt, wenn man solche Bestimmungen des Menschseins wie die Endlichkeit, eben die Todesbestimmtheit, nicht in den Blick nimmt? Wird davon nicht auch die transzendentale Subjektivität mitbetroffen? Das ist als eine Frage formuliert.

In den späten Manuskripten Husserls, denen, die nach den *Cartesianischen Meditationen* entstanden sind, kommt Husserl allerdings auf Fragen, die mit den ganzen Aporien, die Sie aufgewiesen haben, zusammenhängen. Er sieht die Schwierigkeit, die darin besteht, daß er einfach Strukturen der innerweltlichen Vielfalt von Subjekten ins Transzendentale übersetzt, also eine gewisse Gefahr einer Transposition mundaner strukturierender Subjektivität ins Transzendentale sieht er, und kommt in einigen Manuskripten zu dem merkwürdigen Gedanken eines Ur-Ich,[E 45] einer Ursubjektivität, die dem Unterschied der primordinalen Subjektivität und der transzendentalen anderer Monaden vorangeht, also[,] wo er gewissermaßen die Pluralität in der Dimension des Transzendentalen zurückzunehmen versucht, also auf eine Problematik führt, die der des späteren Fichte ähnlich ist.[E 46] In dem Zusammenhang steht dann auch, daß er auch den Unterschied von Wesen und Faktum zu hintergehen versucht auf eine Urfaktizität des transzendentalen Lebens, das erst die Möglichkeit und damit Variationen und als Vergegenständlichung der Variationsmannigfaltigkeiten das Wesen konstituiert. Also gäbe es im Husserlschen Sinn nach diesen ganz späten Manuskripten ein Urleben, das weder eines noch vieles, weder faktisch noch wesenhaft ist, sondern das der letzte Grund all dieser Unterscheidungen ist, ein transzendentales Urleben, das sich selbst pluralisiert und das sich selbst in den Unterschied von Faktum und Wesen erst hinein konstituiert. Also von dorther gesehen würden sich manche Schwierigkeiten, manche Aporien, die Sie dargestellt haben, ganz anders ausnehmen, allerdings wären die sachlichen Schwierigkeiten dadurch nur noch gewachsen.

Anmerkungen des Editors

E1 Eugen Fink (1905 – 1975) war ab 1929 Privatassistent bei Husserl, nach 1945 Ordinarius in Freiburg.

E2 Dorion Cairns (1901 – 1973), Freiburger Schüler Husserls, später mit Schütz gemeinsam an der *New School for Social Research* in New York, übersetzte Husserls *Cartesianische Meditationen* und *Formale und transzendentale Logik*. Wichtige Werke sind *Guide for translating Husserl*, The Hague: Nijhoff 1973 u. *Conversations with Husserl and Fink*, The Hague: Nijhoff 1976.

E3 Jean Héring (1890 – 1966), frz. Phänomenologe und prot. Theologe, Göttinger Schüler Husserls. Phänomenologisch wichtige Werke sind *Bemerkungen über das Wesen, die Wesenheit und die Idee*, in: *Jahrbuch für Philosophie und phänomenologische Forschung* 4, 1921, S. 495-543 (ND: Darmstadt: Wiss. Buchgesellschaft 1968); *Phénoménologie et philosophie religieuse. Études d'histoire et de philosophie religieuse*, Paris: Presse Universitaires de France 1926.

E4 Die im Folgenden protokollierte, vorbereitende Sitzung für das Gründungstreffen der »International Phenomenoloical Society« (IPS) fand Ende Dezember 1939 statt. Anwesend waren Marvin Farber und Alfred Schütz (der Protokoll führte), eventuell auch Herbert Spiegelberg, Dorion Cairns, Aron Gurwitsch, Fritz Kaufmann und Felix Kaufmann. Die treibende Kraft hinter der Organisation und der damit verbundenen vierteljährlich erscheinenden Zeitschrift *Philosophy and Phenomenological Research* war Marvin Farber. Vgl. dazu auch Helmut R. Wagner, »Marvin Farber's Contribution to the Phenomenological Movement: An international perspective«, in: *Philosophy and Science in Phenomenological Perspective*, hg. v. Kah Kyung Cho, Dordrecht: Nijhoff 1984, S. 209-236, sowie Herbert Spiegelberg, *The Phenomenological Movement. A Historical Introduction*. Den Haag: Nijhoff ^{2}1976, Bd. II, S. 626 ff.

E5 Das Wort »definitive« ist am Rand eingefügt, neben dem gestrichenen »In the definite wording«. Die Zuordnung nicht sicher.

E6 Im Orig. »officer«.

E7 Im Orig. »power to be resolved by the council«.

E8 Im Orig. »(if any)«.

E9 Im Orig. nach dem gestrichenen »disgraceful preclusion in this matter« eingefügt: »preclusion from the right of exemption«.

E10 Im Orig. »as second class postal matter«.

E11 Im Orig. »become automatically qua legal persons«.

E12 Dieser Passus geht wohl auf den Kriegsausbruch in Europa und die schwierige Rettung von Husserls Nachlaß aus dem nationalsozialistischen Deutschland zurück. Nach dem Krieg war das Verhältnis der IPS zum Husserl-Archiv in Louvain und dessen Leiter Herman Leo van Breda eher schwierig. Schütz war gerade während des Kolloquiums in Royaumont 1957 in einer Vermittlerrolle. Vgl. dazu vor allem den Brief und Tagungsbericht, den Schütz am 6. Juni 1957 an Aron Gurwitsch, Marvin Farber und Dorion Cairns schickte, in: Alfred Schütz/Aron Gurwitsch, *Briefwechsel 1939 – 1959*, hg. v. Richard Grathoff, München: Fink 1985, S. 405 ff.

E13 Im Orig. »has to be a true record«.

E14 »certified public accountant« – »amtlich zugelassener Wirtschaftsprüfer«.

E15 Im Orig.: »treasurer-secretary«.

E16 Im Orig.: »trustees«.

E17 Vgl. dazu oben E 12.

E18 Im Orig. Deutsch.
E19 Im Orig. Deutsch.
E20 Im Orig. Deutsch.
E21 Im Husserlarchiv wird das Manuskript geführt als D 12 IV.
E22 Im Manuskript ist folgende deutschsprachige Bemerkung gestrichen: »Husserl beginnt in Anknüpfung an ein nicht bezeichnetes anderes Manuskript, wahrscheinlich D 12.«
E23 Im Manuskript ist »added« über dem gestrichenen »chosen« ergänzt.
E24 Dieser Nebensatz ist im Manuskript am oberen Seitenrand formuliert und mit einer Linie dem folgenden Satz vorgeordnet.
E25 Vgl. Schütz' »Vorwort zu Edmund Husserl, ›Notizen der Raumkonstitution‹«, jetzt in diesem Band S. 103 ff.
E26 Deutsch im Original. Edmund Husserl, *Ideen zu einer Phänomenologie und phänomenologischen Philosophie*. Zweites Buch: *Phänomenologische Untersuchungen zur Konstitution. Husserliana* Bd. IV, hg. v. Marly Biemel, Den Haag: Nijhoff 1952.
E27 Deutsch im Original. Edmund Husserl, *Ideen zu einer reinen Phänomenologie und phänomenologischen Philosophie*. Drittes Buch: *Die Phänomenologie und die Fundamente der Wissenschaften*, *Husserliana* Bd. V, hg. v. Marly Biemel, Den Haag: Nijhoff 1952
E28 Im Original finden sich die irrtümlichen Bandangaben V und VI.
E29 Im Orig. »incorporating«.
E30 »Beilagen« im Original deutsch.
E31 Beteiligt an diesem Abtippen, zumindest an der ersten Version, muss wohl auch Schütz' Tochter Evelyn gewesen sein. Auf einer mit vielen Korrekturen versehenen Seite findet sich oben der handschriftliche Vermerk von Schütz: »Eyelyn! Please retype this page!« (lfd. Nr. 4261)
E32 »Archives Husserl« im Original.
E33 Aron Gurwitsch bestätigt am 3. Januar 1954 den Erhalt der Übersetzung. Vgl. Alfred Schütz/Aron Gurwitsch, *Briefwechsel 1939 1959*, hg. v. Richard Grathoff, München: Fink 1985, S. 344 f.
E34 Ein Typoskript dieser Übersetzung liegt im Nachlass in zwei Versionen vor: als auf »Apr. - Oct. 1952« datiertes, handschriftlich korrigiertes Typoskript (*Ideen II*: lfd. Nr. 4191-4408 u. *Ideen III*: lfd. Nr. 4410-4466), sowie als undatiertes Typoskript (*Ideen II*: lfd. Nr. 5223-5439 (217 S.) u. *Ideen III*: lfd. Nr. 5440-5498 (59 S.)).
E35 Vgl. Alfred Schütz »Das Problem der transzentendalen Intersubjektivität bei Husserl« [1957-I-3], in diesem Band, Abschnitt I. S. 227 ff., sowie Abschnitt VI. S. 243 ff.
E36 Vgl. dazu Edmund Husserl, *Cartesianische Meditationen*, in: *Husserliana* Bd. I: *Cartesianische Meditationen und Pariser Vorträge*, hg. v. Stephan Strasser, Den Haag: Nijhoff [2]1973, S. 41-183, § 62.
E37 Vgl. zu diesem methodischen Problem Eugen Fink, *VI. Cartesianische Mediation. Die Idee der transzendentalen Methodenlehre*, hg. v. Hans Ebeling, Jann Holl u. Guy van Kerckhoven, Dordrecht: Kluwer 1988. Zur Verbreitung und Zirkulation dieses Textes in der phänomenologischen Bewegung vgl. Fred Kersten, »Notes from the Underground. Merleau-Ponty and Husserl's Sixth Cartesian Meditation«, in: *The Prism of the Self: Philosophical Essays in Honor of Maurice Natanson*, hg. v. Steven Crowell, Dordrecht: Kluwer 1995, S. 43-58.
E38 Vgl. Alfred Schütz »Das Problem der transzentendalen Intersubjektivität bei Husserl« [1957-I-3], in diesem Band, Abschnitt IV., S. 235 ff.

E39 Vgl. dazu den Begriff der »Erfüllung« bei Husserl in Edmund Husserl, *Ideen zu einer reinen Phänomenologie und Phänomenologischen Philosophie.* Erstes Buch: *Allgemeine Einführung in die reine Phänomenologie*, in: *Jahrbuch für Philosophie und phänomenologische Forschung*, Bd. 1/1, Halle: Max Niemeyer 1913, S. 1-323; jetzt in: *Husserliana* Bd. III, hg. von Walter Biemel, Den Haag: Martinus Nijhoff 1950 (eine veränderte Neuausgabe als Bd. III/1 der *Husserliana* 1976 erfolgte durch Karl Schuhmann), § 136 f., sowie insbes. Edmund Husserl, *Cartesianische Meditationen*, a. a. O. (Anm. E 36), § 54, in dem für die Appräsentation des alter ego die »Erfüllung durch Präsentation« ausgeschlossen wird.

E40 Alfred Schütz »Das Problem der transzentendalen Intersubjektivität bei Husserl« [1957-I-3], in diesem Band, Abschnitt VI., S. 243

E41 Vgl. zu dieser Metapher Edmund Husserl, *Cartesianische Meditationen*, a. a. O. (Anm. E 36), S. 125.

E42 Vgl. Alfred Schütz »Das Problem der transzentendalen Intersubjektivität bei Husserl« [1957-I-3], in diesem Band, Abschnitt IV., S. 235 ff.

E43 Vgl. Immanuel Kant, *Prolegomena zu einer jeden künftigen Metaphysik die als Wissenschaft wird auftreten können*, Riga: Hartknoch 1783; in: *Gesammelte Schriften* Bd. IV, hg. v. der Preußischen Akademie der Wissenschaften, Berlin: Reimer 1911, S. 253-383, § 18, S. 297 f.

E44 Eine Rekonstruktion von Husserls Perspektive auf den Tod findet sich bei James R. Mensch, *Intersubjektivity and Transcendental Idealism*, Albany: State University of New York 1988, S. 157 ff. und 257 ff. Vgl. dazu auch Maurice Merleau-Ponty, *Phénoménologie de la Perception*, Paris: Gallimard 1945; dt. Übersetzung: *Phänomenologie der Wahrnehmung* Berlin: de Gruyter 1966, III. Teil, §§ 1 f., sowie Martin Heidegger, *Sein und Zeit*, Tübingen: Niemeyer [18]2001, §§ 47 ff.

E45 Vgl. zum »Ur-Ich« Edmund Husserl, *Die Krisis der europäischen Wissenschaften und die transzendentale Phänomenologie. Eine Einleitung in die phänomenologische Philoso- phie* (1936); *Husserliana* Bd. VI, hg. v. Walter Biemel, Den Haag: Nijhoff [2]1962, § 54 b, S. 187 ff.; sowie Eugen Fink, »Die Spätphilosophie Husserls in der Freiburger Zeit«, in: *Edmund Husserl 1859 – 1959*, hg. v. H. L. van Breda, Den Haag: Nijhoff 1959, S. 99-115; Shigeru Taguchi, *Das Problem des »Ur-Ich« bei Edmund Husserl. Die Frage nach der selbstverständlichen »Nähe« des Selbst*, Dordrecht: Springer 2006. Zur Frage der Pluralität des transzendentalen Egos vgl. James R. Mensch, *Intersubjektivity*, a. a. O. (Anm. E 44).

E46 Vgl. Johann Gottlieb Fichte, *Wissenschaftslehre* von 1804 (Johann Gottlieb Fichte, *Gesamtausgabe*, Bd. II, 8, *Nachgelassene Schriften 1804*, hg. v. Reinhard Lauth u. Hans Gliwitzky, Stuttgart: Frommann 1985), wo das ursprünglich solipsistisch gedachte absolute Ich im Sein aufgehoben wird und die Bewusstseine nur noch Orte der Realisation des transsubjektiven Absoluten werden bzw. die Bewusstseine als die Urerscheinung des Absoluten gefaßt werden.

Biographische Tafel

1899 Alfred Schütz wird am 13. April in Wien geboren. Sein Vater, Alfred Schütz (geb. 1873), stirbt noch vor der Geburt des Sohnes am 19. Januar. Schütz' Mutter, Johanna Fiala (geb. 1873), heiratet später den Bruder ihres verstorbenen Mannes, Otto Schütz. In dieser Familie wächst Alfred Schütz als einziges Kind auf.

1909 Ab Herbst Besuch des k. u. k Staats-Gymnasiums in Wien.

1917 Notmatura am k. u. k. Staats-Gymnasium in Wien. Eintritt in den Freiwilligendienst des k. u. k-Heeres.

1918 Ab Januar absolviert Schütz zehn Monate bis zum Kriegsende seinen Militärdienst als Fähnrich bei einem Artillerieregiment. Am 20. November Beginn des Studiums der Rechts- und Staatswissenschaften an der Universität Wien. Zu Schütz' Lehrern gehören insbes. Hans Kelsen, Friedrich von Wieser und Othmar Spann sowie ab 1921 Felix Kaufmann und Ludwig von Mises. Parallel zu seinem Universitätsstudium besucht Schütz bis 1920 die Wiener Akademie für Internationalen Handel.

1921 Promotion zum Dr. iur. am 21. Dezember. Erste Anstellung als Sekretär bei der »Bankvereinigung« in Wien. Parallel zu seiner beruflichen Arbeit besucht Schütz bis zum Wintersemester 1922/23 Vorlesungen an der Staatswissenschaftlichen Fakultät. Damit beginnt in dieser Zeit Schütz' sog. »Doppelleben« – tagsüber Bankkaufmann und nachts Gelehrter.
Teilnahme am Wiener Geistesleben, insbes. am Privatseminar von Ludwig von Mises und am sog. »Geist-Kreis«. Aus diesem Engagement resultieren lebenslange freundschaftliche Verbindungen insbes. zu Felix Kaufmann, Eric Voegelin, Friedrich August von Hajek, Fritz Machlup, Gottfried Haberler und Emanuel Winternitz.

1924 Schütz übernimmt bis 1927 die Leitung der Rechtsabteilung des Wiener Bankhauses »Kompaß«. Die erste Frühschrift »Sinn einer Kunstform (Musik)« entsteht.

1925 Weitere Frühschriften unter Einfluss von Max Weber und Henri Bergson, die »Spracharbeit« wird fertiggestellt und das Manuskript »Lebensformen und Sinnstruktur« begonnen.

1926 Am 28. März Heirat mit Ilse Heim.

1927 Beruflich wechselt Schütz als Prokurist zum Wiener Bankhaus Reitler & Co. Ab 1931 ist er für dieses Institut sowohl in Wien als auch in Paris tätig.

1928 Annäherung an die Philosophie Edmund Husserls aufgrund der Lektüre von dessen Arbeit »Zur Phänomenologie des inneren Zeitbewußtseins«.

1929 Beginn der Ausarbeitung des ersten Buches: *Der sinnhafte Aufbau der sozialen Welt.*

1932 *Der sinnhafte Aufbau der sozialen Welt* erscheint im Verlag Julius Springer in Wien. Daraufhin erster Kontakt mit Edmund Husserl in Freiburg, der zum intensiven Austausch mit ihm und seinem Kreis führt. Vom 18. bis 22. Juni besucht Schütz erstmals Husserl in Freiburg.

1933 Geburt der Tochter Eva Elisabeth.

1935 Am 7. Mai hält sich Husserl in Wien zu einem Vortrag über »Die Philosophie in der Krisis der europäischen Menschheit« auf. Bei dieser Gelegenheit ist er mit seiner Frau Gast im Hause Schütz. Auf Anregung Husserls trifft Schütz in Paris erstmals Aron Gurwitsch.

Mitte November reist Schütz mit seiner Frau und Felix Kaufmann nach Prag, um Husserls Vorträge über »Die Krisis der europäischen Menschheit« zu hören.

1936 Ausarbeitung der Disposition zu einer Arbeit über »Das Problem der Personalität in der Sozialwelt«.

1937 März/April: Geschäftsreise in USA, die die Verlegung des Bankhauses Reitler & Co. vorbereiten soll. Im Zuge dieser Reise lernt Schütz u. a. Marvin Farber kennen.

Juli/August: Ausarbeitung einiger Abschnitte der Disposition zur Arbeit über »Das Problem der Personalität in der Sozialwelt«.

Am 21. Dezember besucht Schütz letztmalig den bereits bettlägrigen Husserl.

1938 Geburt des Sohnes Franz Georg. Während des deutschen Einmarsches im März und des »Anschlusses« Österreichs an das »Dritte Reich« befindet sich Schütz auf einer Geschäftsreise in Paris. Alice und Aron Gurwitsch wie auch seine Frau legen ihm nahe, in Frankreich zu bleiben. Schütz lässt seine Frau mit den beiden Kindern nach Paris nachkommen. Beginn der lebenslangen Freundschaft mit Aron Gurwitsch.

1939 Übersiedlung nach New York, wo die Familie am 22. Juli mit dem Schiff ankommt. Schütz ist weiterhin für das Bankhaus Reitler & Co. tätig. Wissenschaftlich beteiligt er sich im Dezember an der Gründung der »International Phenomenological Society« und wird Mitglied ihres »Council«.

1940 Am 13. April referiert Schütz im Seminar von Talcott Parsons an der Harvard University über »The Problem of Rationality in the Social World«. Diesem Vortrag schließt sich die Korrespondenz mit Parsons über Schütz' Abhandlung zu dessen Arbeit *The Structure of Social Action* an.

Schütz wird Mitglied im »Editorial Board« von »Philosophy and Phenomenological Research«. Sein erster Aufsatz in englischer Sprache »Phenomenology and the Social Sciences« erscheint im von Marvin Farber herausgegebenen Husserl-Memorial-Band.

Auf der vierzigsten Jahrestagung der »American Philosophical Association« referiert Schütz am 27. Dezember über »William James' Concept of the Stream of Thought Phenomenologically Interpreted«.

1941 Von Januar bis April findet der kurze und abrupt beeendete Briefwechsel mit Talcott Parsons statt.

1942 Schütz erhält die U. S.-Staatsbürgerschaft. Anfang August wird der Aufsatz über den »Fremden« fertiggestellt.

1943 Mit dem »Spring Term« nimmt Schütz seine Lehrtätigkeit für eine Veranstaltung pro Semester – zunächst als »Lecturer« für Soziologie – an der »New School for Social Research« in New York auf. Als »Senior Consultant« beim U. S. Office of Economic Warfare (später: Foreign Economic Administration) erstellt er Gutachten über den Finanz- und Versicherungssektor in Deutschland und Österreich.

1944 Schütz wird »Visiting Professor« an der »New School for Social Research«.

Im Sommer arbeitet Schütz eine erste Fassung seines »Teiresias«-Aufsatzes aus und erstellt die abschließende Fassung der Arbeit »On Multiple Realities«. Am 6. Dezember referiert Schütz vor dem »General Seminar« der *New School* über den Heimkehrer.

1945 Schütz' erster Aufsatz im Publikationsorgan der *New School*, der Zeitschrift *Social Research* erscheint: »Some Leading Concepts of Phenomenology«. Im Sommer arbeitet Schütz an dem Manuskript »On Choice and Decision«, aus dem die Abhandlung »Choosing Among Projects of Action« und die sog. »Paralipomena« dazu hervorgehen.

1946 Am 20. März referiert Schütz vor dem »General Seminar« der *New School* über den »gut informierten Bürger«. Erste Europareise nach dem Ende des II. Weltkriegs aus geschäftlichen Gründen. Erster Besuch im Husserl-Archiv in Leuven.

1947 Beginn der Ausarbeitung der sog. »Relevanzmanuskripte«.

1948 Schütz schreibt zwei unpubliziert gebliebene Arbeiten über Goethes *Wilhelm Meister*.

1949 Mit Beginn des »Fall Term« erweitert Schütz seine Lehrtätigkeit auf zwei Veranstaltungen pro Semester.

1951 Weitere Ausarbeitung des »Relevanzmanuskript«.

1952 Schütz wird zum »Full Professor« an der »New School for Social Research« bestellt und hält nun auch Kurse im Philosophy Department. Mit der Unterstützung von Maurice Natanson erstellt Schütz eine auszugsweise Übersetzung von Husserls *Ideen II*.
Vom 15.-16. März nimmt Schütz an der Konferenz des »Organizational Behavior Project« in Princeton teil und präsentiert seine Arbeit »Common-Sense and Scientific Interpretation of Human Action«. Bekanntschaft mit Harold Garfinkel.

1953 Auf Einladung von Carl Hempel und Ernest Nagel liest Schütz auf der Tagung der »Conference on Methods in Philosophy and the Sciences« am 3. Mai seinen Beitrag »Concept and Theory Formation in the Social Sciences«. Am 16. Dezember im »General Seminar« der *New School* Vortrag über »Don Quijote und das Problem der Realität«.

1954 Vom 30. August bis 3. September Teilnahme am »Fourteenth Symposium of the Conference on Science, Philosophy and Religion«. Schütz trägt seine Abhandlung »Symbol, Reality and Society« vor.

1955 Vom 28. August bis 1. September Teilnahme am »Fifteenth Symposium of the Conference on Science, Philosophy and Religion«. Schütz trägt seine Abhandlung »Equality and the Meaning Structure of the Social World« vor.

1956 Schütz gibt sein berufliches Engagement im Bankbereich auf, beendet damit sein über 35 Jahre währendes »Doppelleben« und widmet sich nun vollständig seiner Lehr- und Forschungstätigkeit.

1957 Vortrag auf dem Husserl gewidmeten internationalen phänomenologischen »Colloque de Royaumont« (bei Paris) vom 23. bis 30. April über »Das Problem der transzendentalen Intersubjektivität bei Husserl«.
Erste ernsthafte Anzeichen der Erkrankung. Im Herbst schreibt Schütz in deutscher Sprache den erst posthum publizierten Aufsatz über die »Strukturen der Lebenswelt«.

1958 Von Anfang Juni bis Mitte September hält Schütz sich letztmalig in Europa auf und nimmt abschließend am Internationalen Philosophiekongress in Venedig vom 8. bis 11. September teil.
Im »Fall Term« kann Schütz aus gesundheitlichen Gründen seine Lehrtätigkeit an der New School nicht mehr wahrnehmen.
Zwischen August und November Niederschrift der fünf »Notizbücher«, die – in deutscher Sprache – den Entwurf der geplanten zusammenfassenden Darstellung seiner Lebensweltheorie bilden.
Seinen kritischen Gesundheitszustand vor Augen, verfasst Schütz Anweisungen zur, wie er annimmt, ihm nicht mehr möglichen Ausarbeitung seiner Disposition.
Am 7. Dezember schreibt er das Manuskript mit dem Titel »Hic egregie progressus sum«.

1959 Nach zwei Operationen und längeren Krankenhausaufenthalten schließt Schütz seinen letzten Text »Typus und Eidos in Husserls Spätphilosophie« am 6. Mai ab.
Am 20. Mai stirbt Alfred Schütz in New York.

Bibliographie zur Alfred Schütz Werkausgabe (ASW)

erstellt von Martin Endreß

Die Bibliographie verzeichnet alle bisher nachweisbaren Veröffentlichungen und nachgelassenen Manu- und Typoskripte von Alfred Schütz. Posthume Veröffentlichungen sind nur aufgenommen, wenn es sich – mit Ausnahme der Ausgaben der *Collected Papers* und der *Gesammelten Aufsätze* – um deutsch- oder englischsprachige Erstpublikationen handelt.

In der Bibliographie werden zwei Kategorien von Texten unterschieden: Mit der Kennziffer (I) hinter der Jahreszahl sind von Schütz selbst in Druck gegebene oder posthume deutsch- oder englischsprachige Erstdrucke sowie Teilsammlungen seiner Schriften versehen. Die Texte sind nach dem Veröffentlichungsdatum chronologisch angeordnet. Um die Bibliographie unter werkgenetischen Gesichtspunkten transparent zu gestalten, sind mit der Kennziffer (II) hinter der Jahreszahl zusätzlich nachgelassene Textfassungen der von Schütz publizierten Arbeiten aufgenommen sowie Texte aufgeführt, die Schütz nicht selbst in Druck gegeben hat. Im Anschluss an die im jeweiligen Jahr publizierten Arbeiten sind auch diese Texte chronologisch angeordnet. Gegebenenfalls sind hier auch Texte aufgeführt, deren Drucklegung in deutlichem Abstand vom Manuskriptabschluss erfolgte. Im Fall nicht genau datierbarer Manuskripte sind die jeweiligen Jahreszahlen *kursiv* gesetzt. Durch diese doppelperspektivische, Werk- und Publikationsgeschichte dokumentierende Anlage der Bibliographie werden einige Arbeiten von Schütz zweifach aufgeführt.

Nicht von Schütz stammende oder ergänzte Titel sind in spitze Klammern gesetzt. Erläuterungen und Ergänzungen zu den Originaltiteln stehen in eckigen Klammern. Drucknachweise, die sich nicht auf den Erstdruck eines Textes beziehen, werden in runden Klammern im Anschluss an den Nachweis des Erstdruckes ergänzt. Nicht von Schütz stammende Titelformulierungen von nachgelassenen oder aus dem Nachlass publizierten Texten sind in spitze Klammern gesetzt. Für nachgelassene oder aus dem Nachlass publizierte Texte werden zudem die laufenden Nummern der durchgezählten Seiten des Nachlasses verzeichnet.

Die Originale des Nachlasses befinden sich in der Beinecke Library der Yale University, New Haven, Connecticut, USA. Mikroverfilmte Kopien sind im Sozialwissenschaftlichen Archiv Konstanz zugänglich. Für Nachlassmaterialien außerhalb der Zählung der laufenden Nummern (lfd. Nr.) wird auf die entsprechende Box- und Folder-Nummer der Beinecke Library (BL) und/oder auf die Nachlassmappen im Sozialwissenschaftlichen Archiv Konstanz (SAK) verwiesen. Am Ende jeder bibliographischen Angabe ist zudem verzeichnet, in welchem Band der Alfred Schütz Werkausgabe (ASW) der jeweilige Text zum Abdruck kommen soll.

1924-II-1 ›Sinn einer Kunstform (Musik)‹,
lfd. Nr.: 6837-6875
in: 1981-I-1, S. 279-316
(engl. Übers. in: 1982-I-1, S. 180-207) → *VII.*

1925-II-1 Spracharbeit [I.Teil],
lfd. Nr.: 7342-7392
in: 1981-I-1, S. 209-243 u. d. T.: Erleben, Sprache und Begriff
(engl. Übers. in: 1982-I-1, S. 125-151) → *V.2*

1925-II-2 ›Entwürfe‹ [zur Arbeit über die Lebensformen],
lfd. Nr.: 2-14, 18
in: 1981-I-1, S. 319-340
(engl. Übers.: 1984-I-4 sowie z. T. in:
1982-I-1, S. 212-213) → *I.*

1926-II-1 Goethe: Novelle,
lfd. Nr.: 7231-7274
in: 1981-I-1, S. 251-278
(engl. Übers. in: 1982-I-1, S. 159-179) → *VIII.*

1926-II-2 Du und Ich,
lfd. Nr.: 21-21a
(engl. Übers.: 1984-I-5; überarb. Fassung in: 1996-I-19)→ *I.*

1927-I-1 Besteuerung der Kapitalserträgnisse im zwischenstaatlichen Verkehr zwischen Deutschland und Österreich,
in: *Mitteilungen des Verbandes österreichischer Banken und Bankiers* 9, 1927, Nr. 4/5, S. 92-99 → *IV.*

1927-II-1 Lebensformen und Sinnstruktur,
lfd. Nr.: 6589-6756
in: 1981-I-1, S. 79-207
(engl. Übers. in: 1982-I-1, S. 31-117) → *I.*

1927-II-2 Spracharbeit [II.Teil],
lfd. Nr.: 7393-7394
in: 1981-I-1, S. 243-244

(engl. Übers. in: 1982-I-1, S. 151-152) → *V.2*

1929-II-2 [Wiener Exzerpte:] Das Problem der Relevanz,
lfd. Nr.: 6778-6784 → *VI.1*

1929-II-2 [Notizen aus der frühen Wiener Zeit],
lfd. Nr.: 19-22, 33-37, 6785, 6816, 6806-6807
→ *I.*

1930-II-1 Leitsätze zur Diskussion über meinen Vortrag vom 22.5.1930, vorbereitet für den Seminarabend am 27.6.1930,
lfd. Nr.: 12869-12873
(engl. Übers. in: 1996-I-9) → *I.*

1932-I-1 *Der sinnhafte Aufbau der sozialen Welt: Eine Einleitung in die verstehende Soziologie*,
Wien: Julius Springer 1932, ^{5}1960;
ND Frankfurt/M.: Suhrkamp 1974, ^{2}1981, ^{6}1993
(engl. Übers.: 1967-I-1) → *II.*

1932-I-2 [Rezension:] Edmund Husserl, *Méditations Cartésiennes*,
in: *Deutsche Literaturzeitung* 53, 1932: Heft 51 v. 18. Dezember, Sp. 2404-2416
(abgedruckt in: 1971-I-2, S. 222-230; engl. Übers. in: 1996-I-1, S. 155-165) → *III.1*

1932-II-1 [Notizen: Probleme der Explikation und der Gegenständlichkeit],
lfd. Nr.: 13408-13412 → *III.1*

1933-I-1 [Rezension:] Edmund Husserl, *Formale und Transzendentale Logik*,
in: *Deutsche Literaturzeitung* 54, 1933: Heft 17 v. 23. April, Sp. 773-784
(engl. Übers. in: 1996-I-1, S. 166-173) → *III.1*

1934-I-1 [Rezension:] Ludwig v. Mises, *Grundprobleme der Nationalökonomie*,
in: *Deutsche Literaturzeitung* 55, 1934: Heft 1 v. 7. Januar, Sp. 36-42
(engl. Übers. in: 1996-I-1, S. 88-92) → *IV.*

1936-II-1 Das Problem der Personalität in der Sozialwelt,
lfd. Nr.: 7060-7096 → *V.1*

1936-II-2 ›Kommentar zum Hajek-Vortrag über »Wissen und Wirtschaft«‹,
lfd. Nr.: 14172-14196
(engl. Übers. in: 1996-I-10) → *IV.*

1936-II-3 ›Zur Grundlegung der Nationalökonomie‹,
lfd. Nr.: 7335-7341 → *IV.*

1936-II-4 ›Untersuchungen über Grundbegriffe und Methoden der Sozialwissenschaften‹ ,
lfd. Nr.: 7212-7230
(engl. Übers. in: 1996-I-13) → *IV.*

1937-I-1 Tomoo Otakas Grundlegung der Lehre vom sozialen Verband,
in: *Zeitschrift für öffentliches Recht* 17, 1937, Heft 1, S. 64-84
(engl. Übers. in: 1996-I-1, S. 203-220) → *IV.*

1937-II-1 Das Problem der Personalität in der Sozialwelt. Bruchstücke,
lfd. Nr.: 7102-7210 → *V.1*

1939-II-1 Phänomenologie und Kulturwissenschaft,
lfd. Nr.: 6525-6528 und 6529-6533
in: 1971-I-3 [u. d. T.: Phänomenologie und die Sozialwissenschaften: I.Teil]
(engl. Übers. in: 1996-I-1, S. 106-109) → *IV.*

1939-II-2 Phänomenologie und Kulturwissenschaften,
lfd. Nr.: 6534-6565 und 13758-13790
in: 1971-I-1, S. 139-161 [u.d.T.: Phänomenologie und die Sozialwissenschaften: II.Teil]
(engl. Übers. in: 1940-I-1) → *IV.*

1939-II-3 Steps to be taken next by the Council of the International Phenomenological Society,
BL 27/620; SAK Beinecke-Mappe 9 → *III.1*

1940-I-1 Phenomenology and the Social Sciences [Übersetzung von 1939-II-2 durch Richard Hays Williams],
in: Marvin Farber (Ed.), *Philosophical Essays in Memory of Edmund Husserl*, Cambridge/Mass.: Harvard University Press 1940, S. 164-186
(abgedruckt in: 1962-I-1, S. 118-139; dt. in: 1971-I-1, S. 139-161) → *IV.*

1940-I-2 Editor's Preface [zu Edmund Husserl: »Notizen zur Raumkonstitution«],
in: *Philosophy and Phenomenological Research* 1, 1940/41, No. 1: September 1940, S. 21-23
(abgedruckt in: 1996-I-1, S. 174-176) → *III.1*

1940-I-3 ›Abstract‹ William James's Concept of the Stream of Thought, Phenomenologically Interpreted,
in: *The Journal of Philosophy* 37, 1940, No. 25: 5. December, S. 673- 674 → *III.2*

1940-II-1 The Problem of Rationality in the Social World. A Lecture delivered in the Faculty Club of Harvard on April 13th 1940 [Vortragsfassung von 1943-I-1],
lfd. Nr.: 119-177 und 3766-3805
(abgedruckt in: 1996-I-3) → *IV.*

1940-II-2 Parsons' Theory of Social Action,
lfd. Nr.: 430-504
in: 1978-I-1, S. 8-60
(dt. in: 1977-I-2, S. 25-76; auszugsweise abgedruckt in: 1960-I-1; 1964-I-1, S. 3-19; 1972-I-1, S. 3-21; 1976-I-2) → *IV.*

1941-I-1 William James' Concept of the Stream of Thought Phenomenologically Interpretated,

in: *Philosophy and Phenomenological Research* 1, 1940/41, No. 4: June 1941, S. 442-452
(abgedruckt in: 1966-I-1, S. 1-14; dt. in: 1971-I-2, S. 32-46) → *III.2*

1942-I-1 Scheler's Theory of Intersubjectivity and the General Thesis of the Alter Ego,
in: *Philosophy and Phenomenological Research* 2, 1941/42, No. 3: March 1942, S. 323-347
(abgedruckt in: 1962-I-1, S. 150-179; dt. in: 1971-I-1, S. 174-206) → *III.2*

1943-I-1 The Problem of Rationality in the Social World [Druckfassung von 1940-II-1],
in: *Economica. New Series* 10, 1943, No. 2: May, S. 130-149
(abgedruckt in: 1964-I-1, S. 64-88; dt. in: 1972-I-1, S. 22-50) → *IV.*

1943-II-1 ›The Worlds of Work, Imagination, Dream, and Social Sciences‹ [Erste Ausarbeitung von 1945-I-3],
lfd. Nr.: 1876-1923 in: 1996-I-4 → *V.1*

1943-II-2 ›On Social Sciences Literature in Postwar Germany‹ [August 18, 1943],
BL 29/738; SAK Beinecke-Mappe 13 → *VI.2*

1943-II-3 Agricultural Credit in Germany,
BL 31/824; SAK Beinecke-Mappe 15 → *IV.*

1943-II-4 Some Leading Concepts of Phenomenology,
Vortrag an der New York University
lfd. Nr. 6465-6482
(Vortragsversion von 1945-I-1) → *III.1*

1944-I-1 [Rezension:] Marvin Farber, *The Foundation of Phenomenology*,
in: *Philosophic Abstracts* 3, 1943/44, No. 13/14: Spring 1944, S. 8-9
(abgedruckt in: 1996-I-1, S. 187-189) → *III.2*

1944-I-2 The Stranger: An Essay in Social Psychology,
in: *American Journal of Sociology* 49, 1943/44, No. 6: May 1944, S. 499-507
(abgedruckt in: 1964-I-1, S. 91-105; dt. in: 1972-I-1, S. 53-69) → *VI.2*

1944-II-1 ›Fragments on the Phenomenology of Music‹,
lfd. Nr.: 6876-6941
in: 1976-I-1
(abgedruckt in: 1996-I-1, S. 243-275) → *VII.*

1944-II-2 ›Teiresias or Our Knowledge of Future Events‹ [Erste Ausarbeitung von 1945-II-1 und 1959-I-1],
lfd. Nr.: 4956-5006 → *V.1*

1944-II-3 ›Abstract‹ [zu 1945-I-3],

lfd. Nr.: 1875 und 12929
(span. Übers. in: *Philosophy and Phenomenological Research* 5, 1944/45, No. 4: June 1945, S. 575-576) → *V.1*

1945-I-1 Some Leading Concepts of Phenomenology,
in: *Social Research* 12, 1945, No. 1: February, S. 77-97
(abgedruckt in: 1962-I-1, S. 99-117; dt. in: 1971-I-1, S. 113-135) → *III.1*

1945-I-2 The Homecomer,
in: *American Journal of Sociology* 50, 1944/45, No. 5: March 1945, S. 369-376
(abgedruckt in: 1964-I-1, S. 106-119; dt. in: 1972-I-1, S. 70-84) → *VI.2*

1945-I-3 On Multiple Realities [Druckfassung von 1943-II-1],
in: *Philosophy and Phenomenological Research* 5, 1944/45, No. 4: June 1945, S. 533-576
(abgedruckt in: 1962-I-1, S. 207-259; dt. in: 1971-I-1, S. 237-298) → *V.1*

1945-II-1 Teiresias or Our Knowledge of Future Events [Überarbeitung von 1944-II-2; spätere Druckfassung: 1959-I-1],
lfd. Nr.: 5010-5059
in: 1996-I-5 → *V.1*

1945-II-2 On Choice and Decision [September 1-8, 1945. Erste Ausarbeitung von 1951-I-3 und 1955-II-6],
lfd. Nr.: 3212-3266 → *VI.1*

1945-II-3 [Paradoxien-Fragment], Teil des Entwurfs für 1945-I-3
lfd. Nr.: 7054-7059
in: 1996-I-17 → *III.1*

1946-I-1 Editor's Preface [zu Edmund Husserl: Die Welt der lebendigen Gegenwart und die Konstitution der außerleiblichen Umwelt],
in: *Philosophy and Phenomenological Research* 6, 1945/46, No. 3: March 1946, S. 323 → *III.1*

1946-I-2 The Well-Informed Citizen. An Essay on the Social Distribution of Knowledge,
in: *Social Research* 13, 1946, No. 4: December, S. 463-478
(abgedruckt in: 1964-I-1, S. 120-134; dt. in: 1972-I-1, S. 85-101) → *VI.2*

1947-II-1 The World as Taken for Granted. Towards a Phenomenology of the Natural Attitude. Part I: Preliminary Notes on the Problem of Relevance [I.Teil],
lfd. Nr.: 596-654
in: 1970-I-1, S. 1-66
(dt. in: 1971-I-7, S. 27-86)→ *VI.1*

1947-II-2 Making Music Together [Erste Ausarbeitung von 1951-I-1], lfd. Nr.: 3056-3078 → *VII.*

1948-I-1 Sartre's Theory of the Alter Ego,
in: *Philosophy and Phenomenological Research* 9, 1948/49, No. 2: December 1948, S. 181-199
(abgedruckt in: 1962-I-1, S. 180-203; dt. in: 1971-I-1, S. 207-234)
→ *III.2*

1948-II-1 ›Wilhelm Meisters Lehrjahre‹,
lfd. Nr.: 7275-7333 → *VIII.*

1948-II-2 Zu Wilhelm Meisters Wanderjahren,
lfd. Nr.: 885-1039 → *VIII.*

1949-II-1 In Memory of Felix Kaufmann. Spoken at the Meeting arranged to his Honor by the Graduate Faculty of the New School for Social Research on January 4th 1950,
lfd. Nr.: 6379-6393
in: 1996-I-15→ *IV.*

1950-I-1 Felix Kaufmann 1895-1949 [Druckfassung von 1949-II-1],
in: *Social Research* 17, 1950, No. 1: March, S. 1-7 → *IV.*

1950-I-2 Language, Language Disturbances and the Texture of Consciousness,
in: *Social Research* 17, 1950, No. 3: September, S. 365-394
(abgedruckt in: 1962-I-1, S. 260-286; dt. in: 1971-I-1, S. 299-330)
→ *V.2*

1950-II-1 T. S. Eliot's Concept of Culture,
lfd. Nr.: 7478-7515 und 11116-11142 → *VIII.*

1950-II-2 Making Music Together [Überarbeitung von 1947-II-2],
lfd. Nr.: 3012-3055
in: 1951-I-1→ *VII.*

1950-II-3 The World as Taken for Granted. Towards a Phenomenology of the Natural Attitude. Part I: Preliminary Notes on the Problem of Relevance [Erste Ausarbeitungen zu Kap. 7],
lfd. Nr.: 791-815 → *VI.1*

1950-II-4 The World as Taken for Granted. Towards a Phenomenology of the Natural Attitude. Part I: Preliminary Notes on the Problem of Relevance: The Biographical Situation [Kap. 10],
lfd. Nr.: 830-848
in: 1970-I-1, S. 167-182
(dt. in: 1971-I-7, S. 208-226)→ *VI.1*

1951-I-1 Making Music Together: A Study in Social Relationship [Druckfassung von 1950-II-2],
in: *Social Research* 18, 1951, No. 1: March, S. 76-97
(abgedruckt in: 1964-I-1, S. 159-178; dt. in: 1972-I-1, S. 129-150)
→ *VII.*

1951-I-2 [Rezension:] Edmund Husserl, *Cartesianische Meditationen und Pariser Vorträge*
in: *Philosophy and Phenomenological Research* 11, 1950/51, No. 3: March 1951, S. 421-423
(dt. in: 1971-I-2, S. 220-222; abgedruckt in: 1996-I-1, S. 193-195) → *III.1*

1951-I-3 Choosing Among Projects of Action [Teildruck von 1945-II-2],
in: *Philosophy and Phenomenological Research* 12, 1951/52, No. 2: December 1951, S. 161-184
(abgedruckt in: 1962-I-1, S. 67-96; dt. in: 1971-I-1, S. 77-110) → *VI.1*

1951-II-1 The World as Taken for Granted. Towards a Phenomenology of the Natural Attitude. Part I: Preliminary Notes on the Problem of Relevance [II.Teil],
lfd. Nr.: 655-790
in: 1970-I-1, S. 67-158
(dt. in: 1971-I-7, S. 87-226)→ *VI.1*

1951-II-2 Philosophie der Leerstelle (Vacancy),
lfd. Nr.: 816-829
in: 1970-I-1, S. 159-166
(dt. in: 1971-I-7, S. 227-234)→ *VI.1*

1952-I-1 Santayana on Society and Government,
in: *Social Research* 19, 1952, No. 2: June, S. 220-246
(abgedruckt in: 1964-I-1, S. 201-225; dt. in: 1972-I-1, S. 174-202) → *VI.2*

1952-II-1 mit Maurice Natanson] ›Prefatory Note‹ [zur gemeinsamen auszugsweisen Übersetzung von: Edmund Husserl, *Ideen II und III*],
lfd. Nr.: 5222 → *III.1*

1953-I-1 Discussion: Edmund Husserl's *Ideas*, Volume II,
in: *Philosophy and Phenomenological Research* 13, 1952/53, No. 3: March 1953, S. 394-413
(abgedruckt in: 1966-I-1, S. 15-39; dt. in: 1971-I-2, S. 47-73) → *III.1*

1953-I-2 Discussion: Die Phänomenologie und die Fundamente der Wissenschaften (*Ideas III* by Edmund Husserl),
in: *Philosophy and Phenomenological Research* 13, 1952/53, No. 4: June 1953, S. 506-514
(abgedruckt in: 1966-I-1, S. 40-50; dt. in: 1971-I-2, S. 74-85) → *III.1*

1953-I-3 Common-Sense and Scientific Interpretation of Human Action,
in: *Philosophy and Phenomenological Research* 14, 1953/54, No. 1: September 1953, S. 1-38
(abgedruckt in: 1962-I-1, S. 3-47; dt. in: 1971-I-1, S. 3-54) → *IV.*

1953-II-1 ›Concept and Theory Formation in the Social Sciences‹ [Frühere Ausarbeitung von 1954-I-1],
lfd. Nr. 4494-4540
in: 1997-I-1 → *IV.*

1953-II-2 The Scope and Function of a Department of Philosophy within the Graduate Faculty [May 22, 1953],
lfd. Nr.: 7568-7583
in: 1996-I-12→ *IV.*

1953-II-3 The Graduate Faculty's Own Function within the New School and within the Graduate Teaching during the Next Decade,
lfd. Nr.: 7584-7586 → *IV.*

1953-II-4 The Scope and Function of a Department of Philosophy within the Graduate Faculty [Kurzfassung von 1953-II-2],
lfd. Nr.: 7587-7590 → *IV.*

1953-II-5 Don Quixote and the Problem of Reality. First Version of the Essay [Erste Ausarbeitung von 1953-II-7],
lfd. Nr.: 1094-1165 → *V.1*

1953-II-6 Don Quixote and the Problem of Reality [Überarbeitung von 1953-II-5],
lfd. Nr.: 1207-1251 → *V.1*

1953-II-7 Don Quixote and the Problem of Reality. Version IV [Überarbeitung von 1953-II-6],
lfd. Nr.: 1166-1206 und 12112-12141
in: 1964-I-3
(span. Übers. in: 1955-I-1; dt. in: 1972-I-1, S. 102-128) → *V.1*

1954-I-1 Concept and Theory Formation in the Social Sciences [Druckfassung von 1953-II-1],
in: *The Journal of Philosophy* 51, 1954, No. 9: April, S. 257-273
(abgedruckt in: 1962-I-1, S. 48-66; dt. in: 1971-I-1, S. 55-75) → *IV.*

1954-II-1 »Abstract« [zu 1955-I-2],
BL 8/155, SAK Beinecke-Mappe 0 → *V.2*

1955-I-1 Don Quijote y el Problema de la Realidad [Übersetzung von 1953-II-7 durch Martha Díaz de León de Recaséns],
in: *Dianoia. Anuario de Filosofia* 1, 1955, S. 312-330
(engl. Übers. in: 1964-I-3; dt. in: 1972-I-1, S. 102-128) → *V.1*

1955-I-2 Symbol, Reality and Society,
in: Lyman Bryson / Louis Finkelstein / Hudson Hoagland / Robert Morrison MacIver (Eds.), *From Symbols and Society: Fourteenth Symposium of the Conference on Science, Philosophy and Religion*[1954], New York/London: Harper & Bros. 1955, S. 135-202
(abgedruckt in: 1962-I-1, S. 287-356; dt. in: 1971-I-1, S. 331-411) → *V.2*

1955-I-3 Reply to Comment of Charles Morris,
in: Lyman Bryson / Louis Finkelstein / Hudson Hoagland / Robert Morrison MacIver (Eds.), *From Symbols and Society: Fourteenth Symposium of the Conference on Science, Philosophy and Religion*[1954], New York/London: Harper & Bros. 1955, S. 202-203 → *V.2*

1955-II-1 Sociological Aspects of Literature [Skizze für einen Vortrag vor der Alumni Association der New School for Social Research am 5. Februar 1955],
lfd. Nr.: 12957-12958 und 12961 in: 1996-I-20 → *VIII.*

1955-II-2 Equality and the Meaning Structure of the Social World [Vortragsfassung von 1957-I-1, July 1955],
lfd. Nr.: 2828-2897 und 9880-9928 in: 1957-I-1→ *VI.2*

1955-II-3 ›Abstract‹ [zu 1955-II-1 bzw. 1957-I-1],
lfd. Nr.: 2806-2807 → *VI.2*

1955-II-4 Diskussionsbemerkungen auf dem »Fifteenth Symposium of the Conference on Science, Philosophy and Religion«,
BL 21/465-466 → *VI.2*

1955-II-5 Comments on the Meeting of Fellows, August 29 – September 1, 1955: In Search of the Middle Ground [Manuskript von 1957-I-2],
lfd. Nr.: 7556-7560
in: 1957-I-2→ *VI.2*

1955-II-6 Paralipomena to the Paper »Choosing Among Projects of Action« [in 1951-I-3 nicht gedruckter Teil von 1945-II-2],
lfd. Nr.: 3339-3362
in: 1972-I-2→ *VI.1*

1956-I-1 Mozart and the Philosophers,
in: *Social Research* 23, 1956, No. 2: Summer, S. 219-242
(abgedruckt in: 1964-I-1, S. 179-200; dt. in: 1972-I-1, S. 151-173)
→ *VII.*

1956-I-2 Max Scheler 1874-1928 [traduit par Michel Kullman],
in: Maurice Merleau-Ponty (Ed.), *Les Philosophes célèbres*, Paris: Mazenod 1956, S. 330-335
(engl. Orig. in: 1966-I-1, S. 133-144; dt. in: 1971-I-2, S. 171-183)
→ *III.2*

1956-II-1 ›Memorandum to Hans Staudinger Concerning the Report »The Graduate School Today and Tomorrow«‹ [February 23, 1956],
lfd. Nr.: 7561-7565 → *IV.*

1956-II-2 Comment on the Report »The Graduate School Today and Tomorrow«,
lfd. Nr.: 7566-7567 → *IV.*

1956-II-3 Memorandum [to Harold Lasswell on Some Points to be Considered Concerning Barriers to Equality (§ 2), June 7, 1956],
BL 23/496, SAK Beinecke-Mappe 5

in: 1999-I-5→ *VI.2*

1956-II-4 [mit Harold Dwight Lasswell] Report on Discussion of »Barriers to Equality of Opportunity for the Development of Powers of Social and Civic Judgment« [June 14, 1956],
BL 23/488-493, SAK Beinecke-Mappe 5 → *VI.2*

1956-II-5 [mit Harold Dwight Lasswell et al.] Discussion of »Barriers to Equality of Opportunity for the Development of Powers of Social and Civic Judgment«, [June 21-27, 1956],
lfd. Nr.: 9873-9879 → *VI.2*

1956-II-6 Some Considerations Concerning Thinking in Terms of »Barriers«,
BL 23/495, SAK Beinecke-Mappe 5
in: 1999-I-4→ *VI.2*

1956-II-7 [mit Harold Dwight Lasswell] Report on Discussion of »Barriers to Equality of Opportunity for the Development of Powers of Social and Civic Judgment« [Revised July 5, 1956],
lfd. Nr.: 9859-9872
in: 1999-I-6 → *VI.2*

1956-II-8 Diskussionsbemerkungen auf der Konferenz des »Institute on Ethics« zum Thema »Equality of Opportunity in Education«,
in: 1999-I-2 → *VI.2*

1957-I-1 Equality and the Meaning Structure of the Social World [Druckfassung von 1955-II-2],
in: Lyman Bryson / Clarence H. Faust / Louis Finkelstein (Eds.), *Aspects of Human Equality: Fifteenth Symposium of the Conference on Science, Philosophy and Religion* [1955], New York/London: Harper & Bros. 1957, S. 33-78
(abgedruckt in: 1964-I-1, S. 226-273; dt. in: 1972-I-1, S. 203-255) → *VI.2*

1957-I-2 In Search of the Middle Ground [Druckfassung von 1955-II-5],
in: Lyman Bryson / Clarence H. Faust / Louis Finkelstein (Eds.), *Aspects of Human Equality: Fifteenth Symposium of the Conference on Science, Philosophy and Religion*[1955], New York/London: Harper & Bros. 1957, S. 392-397
(abgedruckt in: 1996-I-1, S. 147-151) → *VI.2*

1957-I-3 Das Problem der transzendentalen Intersubjektivität bei Husserl,
in: *Philosophische Rundschau* 5, 1957, Heft 2: Juni, S. 81-107
(engl. Übers. in: 1966-I-1, S. 51-91; abgedruckt in: 1971-I-2, S. 86-118) → *III.1*

1957-I-4 [mit Horace Meyer Kallen] Kurt Riezler,
in: *Proceedings and Addresses of the American Philosophical Association* 1956-1957, Vol. 30, October 1957, S. 114-115 → *IV.*

1957-I-5 Max Scheler's Epistemology and Ethics: I,

in: *The Review of Metaphysics* 11, 1957/58, No. 2: December 1957, S. 304-314
(abgedruckt in: 1966-I-1, S. 144-154; dt. in: 1971-I-2, S. 184-194) → *III.2*

1957-II-1 Antwort auf Diskussionsbeiträge [zum Vortrag über »Das Problem der transzendentalen Intersubjektivität bei Husserl« am 29. April 1957],
lfd. Nr.: 108-118 und 5912-5926
in: 1971-I-4
(frz. Übers. in: 1959-I-4; engl. Übers. in: 1966-I-2) → *III.1*

1957-II-2 »Scheler's Criticism of Kant's Philosophy«,
lfd. Nr.: 1293-1313
in: 1966-I-5
(dt. in: 1971-I-2, S. 194-202)→ *III.2*

1957-II-3 Strukturen der Lebenswelt,
lfd. Nr.: 49-79 und 80-107
in: 1971-I-5
(engl. Übers. in: 1966-I-3) → *V.1*

1958-I-1 Max Scheler's Epistemology and Ethics: II,
in: *The Review of Metaphysics* 11, 1957/58, No. 3: March 1958, S. 486-501
(abgedruckt in: 1966-I-1, S. 163-178; dt. in: 1971-I-2, S. 203-219) → *III.2*

1958-I-2 Some Equivocations of the Notion of Responsibility,
in: Sidney Hook (Ed.), *Determinism and Freedom in the Age of Modern Science. A Philosophical Symposium*, New York: New York University Press 1958, S. 206-209
(abgedruckt in: 1964-I-1, S. 274-276; dt. in: 1972-I-1, S. 256-258) → *VI.2*

1958-I-3 »Die Kontroverse mit Prof. Morris, neuerlich durchdacht, 25. Oktober 1958«,
lfd. Nr.: 5838-5853 und 5654-5661
in: 1984-I-2, S. 336-346
(engl. Übers. in: 1996-I-1, S. 234-241) → *V.2*

1958-II-1 ›Inhaltsübersicht der Notizbücher I und II‹,
lfd. Nr.: 5499-5504
in: 1984-I-2, S. 235-237
(engl. Übers. in: 1989-I-2, S. 181-183) → *IX.*

1958-II-2 ›Die Notizbücher‹,
lfd. Nr.: 5507a-5903
in: 1984-I-2, S. 246-404
(engl. Übers. in: 1989-I-2, S. 191-324) → *IX.*

1958-II-3 ›Lebenswelt [Vorentwurf zur Gliederung]‹,
lfd. Nr.: 5927-5976 und nach 10802 unnummeriert → *IX.*

1958-II-4 ›Karteikarten [Gliederung]‹,
SAK Mappe II/26
in: 1984-I-2, S. 217-234
(engl. Übers. in: 1989-I-2, S. 165-180) → *IX.*

1958-II-5 ›The Meaning Structure of the Social World‹,
lfd. Nr.: 11163-11164
in: 1999-I-1 → *IX.*

1958-II-6 ›The Problem of Social Reality‹,
lfd. Nr.: 11165-11168
in: 1996-I-7 → *IX.*

1958-II-7 ›Husserl and His Influence on Me‹ [Tonbandnachschrift],
lfd. Nr.: 2415-2420, 2443-2445 und 6827-6836
in: 1977-I-1 (dt. in: 1971-I-6) → *III.1*

1958-II-8 Hic egregie progressus sum [7. Dezember 1958],
lfd. Nr.: 11143-11150
(engl. Übers. in: 1996-I-18) → *VI.1*

1959-I-1 Tiresias, or Our Knowledge of Future Events [Druckfassung von 1945-II-1],
in: *Social Research* 26, 1959, No. 1: Spring, S. 71-89
(abgedruckt in: 1964-I-1, S. 277-293; dt. in: 1972-I-1, S. 259-278) → *V.1*

1959-I-2 ›Diskussionsbeitrag zum Vortrag von Roman Ingarden »Le problème de la constitution et le sens de la reflexion constitutive chez Edmond Husserl«‹,
in: *Cahiers de Royaumont. Philosophie No. 3: Husserl*, Paris: Les Éditions de Minuit 1959, S. 267-268 → *III.1*

1959-I-3 ›Diskussionsbemerkung zum Vortrag von John Wild »L' anthropologie philosophique et la crise des sciences europeennes«‹,
in: *Cahiers de Royamont. Philosophie No. 3: Husserl*, Paris: Les Éditions de Minuit 1959, S. 293 → *III.1*

1959-I-4 ›Réponses‹ [Übersetzung von 1957-II-1],
in: *Cahiers de Royamont. Philosophie No. 3: Husserl*, Paris: Les Éditions de Minuit 1959, S. 374-381
(engl. Übers. in: 1966-I-2; dt. Orig. in: 1971-I-4) → *III.1*

1959-I-5 Husserl's Importance for the Social Sciences,
in: Herman Leo van Breda / J. Taminiaux (Eds.), *Edmund Husserl 1859-1959*, The Hague: Nijhoff 1959, S. 86-98
(abgedruckt in: 1962-I-1, S. 140-149; dt. in: 1971-I-1, S. 162-173) → *III.1*

1959-I-6 Type and Eidos in Husserl's Late Philosophy,

in: *Philosophy and Phenomenological Research* 20, 1959/60, No. 2: December 1959, S. 147-165
(abgedruckt in: 1966-I-1, S. 92-115; dt. in: 1971-I-2, S. 127-152) → *III.1*

1960-I-1 The Social World and the Theory of Action [Auszug aus 1940-II-2], ed. by Arvid Brodersen,
in: *Social Research* 27, 1960, No. 2: Summer, S. 203-221
(abgedruckt in: 1964-I-1, S. 3-19; dt. in: 1972-I-1, S. 3-21) → *IV.*

1962-I-1 *Collected Papers I: The Problem of Social Reality*,
ed. by Maurice Natanson,
The Hague: Nijhoff 1962, [6]1990

1964-I-1 *Collected Papers II: Studies in Social Theory*,
ed. by Arvid Brodersen,
The Hague: Nijhoff 1964, [4]1976

1964-I-2 The Dimensions of the Social World [Teilübersetzung von 1932-I-1: Abs. IV. durch Thomas Luckmann],
in: 1964-I-1, S. 20-63

1964-I-3 Don Quixote and the Problem of Reality [Abdruck von 1953-II-7],
in: 1964-I-1, S. 135-158
(dt. in: 1972-I-1, S. 102-128)→ *V.1*

1966-I-1 *Collected Papers III: Studies in Phenomenological Philosophy*,
ed. by Ilse Schütz,
The Hague: Nijhoff 1966, [3]1975

1966-I-2 Answers to Comments Made in the Discussion of »The Problem of Transcendental Intersubjectivity in Husserl« (Royaumont, April 28, 1957) [Übersetzung von 1957-II-1 durch Aron Gurwitsch],
in: 1966-I-1, S. 87-91
(dt. Orig. in: 1971-I-4)→ *III.1*

1966-I-3 Some Structures of the Life-World [Übersetzung von 1957-II-3 durch Aron Gurwitsch],
in: 1966-I-1, S. 116-132
(dt. Orig. in: 1971-I-5) → *V.1*

1966-I-4 Max Scheler's Philosophy [Engl. Orig. von 1956-I-2],
in: 1966-I-1, S. 133-144
(dt. in: 1971-I-2, S. 171-183)→ *III.2*

1966-I-5 Scheler's Criticism of Kant's Philosophy [Abdruck von 1957-II-2],
in: 1966-I-1, S. 155-163
(dt. in: 1971-I-2, S. 194-202) → *III.2*

1967-I-1 *The Phenomenology of the Social World*
[Übersetzung von 1932-I-1 durch George Walsh / Frederick Lehnert],
Evanston/Ill.: Northwestern University Press 1967, [6]1997

1970-I-1 *Reflections on the Problem of Relevance*

[Abdruck von 1947-II-1, 1950-II-3, 1950-II-4, 1951-II-1 und 1951-II-2],
ed. and with an Introduction by Richard M. Zaner,
New Haven/Conn.: Yale University Press 1970, ^{2}1982 → *VI.1*

1971-I-1 *Gesammelte Aufsätze I: Das Problem der sozialen Wirklichkeit*
[Übersetzung von 1962-I-1 durch Benita Luckmann / Richard Grathoff],
Den Haag: Nijhoff 1971

1971-I-2 *Gesammelte Aufsätze III: Studien zur phänomenologischen Philosophie*
[Übersetzung von 1966-I-1 durch Alexander v. Baeyer],
Den Haag: Nijhoff 1971

1971-I-3 ›Phänomenologie und Sozialwissenschaften: I.Teil‹ [Abdruck von 1939-II-1],
in: 1971-I-1, S. 136-139 → *IV.*

1971-I-4 Antwort auf Diskussionsbeiträge [zum Vortrag über »Das Problem der transzendentalen Intersubjektivität bei Husserl« am 29. April 1957] [Abdruck von 1957-II-1],
in: 1971-I-2, S. 121-126 u. d. T.: Beantwortung der Diskussionsbemerkungen → *III.1*

1971-I-5 Strukturen der Lebenswelt [Abdruck von 1957-II-3],
in: 1971-I-2, S. 153-170 → *V.1*

1971-I-6 ›Husserls Bedeutung für mich‹ [Übersetzung von 1958-II-7],
in: 1971-I-2, S. 9-12
(engl. Orig. in: 1977-I-1) → *III.1*

1971-I-7 *Das Problem der Relevanz*
[Übersetzung von 1970-I-1 durch Alexander v. Baeyer],
hg. u. erl. v. Richard M. Zaner / eingel. v. Thomas Luckmann,
Frankfurt/M.: Suhrkamp 1971, textsuperscript21982 → *VI.1*

1972-I-1 *Gesammelte Aufsätze II: Studien zur soziologischen Theorie*
[Übersetzung von 1964-I-1 durch Alexander v. Baeyer],
Den Haag: Nijhoff 1972

1972-I-2 ›Choice and the Social Sciences‹ [Abdruck von 1955-II-5],
ed. by Lester Embree,
in: Lester Embree (Ed.), *Life World and Consciousness. Essays for Aron Gurwitsch*, Evanston/Ill.: Northwestern University Press 1972, S. 565-590 → *VI.1*

1973-I-1 [mit Thomas Luckmann] *The Structures of the Life-World*
[Übersetzung von 1975-I-1 durch Richard M. Zaner / H. Tristam Engelhardt, Jr.],
Evanston/Ill.: Northwestern University Press 1973

1975-I-1 [mit Thomas Luckmann] *Strukturen der Lebenswelt I*
[dt. Orig. von 1973-I-1],
Neuwied/Darmstadt: Luchterhand 1975;

ND Frankfurt/M.: Suhrkamp 1979, [5]1994

1976-I-1 ›Fragments on the Phenomenology of Music‹ [Abdruck von 1944-II-1],
ed. and with an Introduction by Fred Kersten,
in: *Music and Man* 2, 1976, S. 5-71
zugleich in: F. J. Smith (Ed.), *In Search of Musical Method*, London/New York/Paris: Gordon & Breach Science Publishers 1976, S. 5-72
(abgedruckt in: 1996-I-1, S. 243-275) → *VII.*

1976-I-2 ›Subjective Action and Objective Interpretation‹ [Auszug aus 1940-II-2],
ed. by Helmut R. Wagner,
in: *The Annals of Phenomenological Sociology* 1, 1976, S. 34-46 → *IV.*

1977-I-1 ›Husserl and his Influence on Me‹ [Abdruck von 1958-II-7],
ed. by Lester Embree,
in: *The Annals of Phenomenological Sociology* 2, 1977, S. 41-44 → *III.1*

1977-I-2 [mit Talcott Parsons] *Zur Theorie sozialen Handelns: Ein Briefwechsel*,
übers., eingel. u. hg. v. Walter M. Sprondel,
Frankfurt/M.: Suhrkamp 1977 (dt. Fassung von 1978-I-1) → *IV.*

1978-I-1 [mit Talcott Parsons] *The Theory of Social Action: The Correspondence of Alfred Schütz and Talcott Parsons*,
ed. and with an Introduction by Richard Grathoff,
Bloomington/London: Indiana University Press 1978
(engl. Fassung von 1977-I-2) → *IV.*

1981-I-1 *Theorie der Lebensformen. Frühe Manuskripte aus der Bergson-Periode*
[Abdruck von *1924-II-1*, 1925-II-1, *1926-II-1*, *1927-II-1*, 1927-II-2],
hg. u. eingel. v. Ilja Srubar,
Frankfurt/M.: Suhrkamp 1981 → *I. / V.2 / VII.*

1981-I-2 ›Letter from Alfred Schütz to Eric Voegelin, November 1952‹ [transl. by Gregor Sebba],
in: Peter J.Opitz / Gregor Sebba (Eds.), *The Philosophy of Order. Essays on History, Consciousness and Politics*, Stuttgart: Klett-Cotta 1981, S. 434-448
(abgedruckt in: 1996-I-1, S. 221-233) → *VI.1*

1982-I-1 *Life Forms and Meaning Structure*
[Übersetzung von *1924-II-1*, 1925-II-1, *1926-II-1*, *1927-II-1*, 1927-II-2],
transl., introduced and annotated by Helmut R. Wagner
London: Routledge Kegan Paul 1982 → *I. / V.2 / VII.*

1984-I-1 [mit Thomas Luckmann] *Strukturen der Lebenswelt II*, Frankfurt/M.: Suhrkamp 1984, ³1994
(engl. Übers.: 1989-I-1)

1984-I-2 ›Anhang: Materialien‹ [Abdruck von 1958-II-1, 1958-II-2, 1958-II-4], hg. v. Thomas Luckmann,
in: 1984-I-1, S. 213-406
(engl. Übers. in: 1989-I-1, S. 161-326) → *IX.*

1984-I-3 [mit Thomas Luckmann] Andere Wirklichkeiten: Die »großen« Transzendenzen [Teilvorabdruck aus 1984-I-1, S. 161-177],
in: Lester Embree (Ed.), *Essays in Memory of Aron Gurwitsch*, Washington, D.C.: Center for Advanced Research in Phenomenology & University Press of America 1984, S. 267-281

1984-I-4 ›Outline for Life Forms and Meaning Structure‹ [Übersetzung von *1925-II-2*,
in: Helmut R. Wagner (with Ilja Srubar), *A Bergsonian Bridge to Phenomenological Psychology*, Washington, DC: CARP & University Press of America 1984, S. 159-169 → *I.*

1984-I-5 ›Thou and I‹ [Übersetzung von *1926-II-2*],
Helmut R. Wagner (with Ilja Srubar), *A Bergsonian Bridge to Phenomenological Psychology*, Washington, DC: CARP & University Press of America 1984, S. 170-171 → *I.*

1985-I-1 [mit Aron Gurwitsch] *Briefwechsel 1939-1959*,
hg. v. Richard Grathoff, eingel. v. Ludwig Landgrebe,
München: Fink 1985
(engl. Übers.: 1989-I-3)

1988-I-1 ›Antwort auf Erich Voegelins Brief über Husserls »Krisis der europäischen Wissenschaften«, New York, 11. November 1943‹,
hg. u. eingel. v. Richard Grathoff,
in: Elisabeth List / Ilja Srubar (Hg.), *Alfred Schütz. Neue Beiträge zur Rezeption seines Werkes*, Amsterdam: Rodopi 1988, S. 23-41
(engl. Übers. in: 1995-I-1) → *III.1*

1989-I-1 [mit Thomas Luckmann] *The Structures of the Life-World II*, [Übersetzung von 1984-I-1 durch Richard M. Zaner / David J. Parent],
Evanston/Ill.: Northwestern University Press 1989

1989-I-2 »Appendix« [Übersetzung von 1984-I-2 durch Richard M. Zaner / David J. Parent],
in: 1989-I-1, S. 161-326 → *IX.*

1989-I-3 [mit Aron Gurwitsch] *Philosophers in Exile. The Correspondence of Alfred Schutz and Aron Gurwitsch, 1939-1959*,
ed. by Richard Grathoff, trl. by J. Claude Evans, Foreword by Maurice Natanson,
Bloomington/Indianapolis: Indiana University Press 1989

(engl. Übers. von 1985-I-1)

1993-I-1 ›Briefe von Alfred Schütz an Eric Voegelin vom 22./27. April 1951, 10. Oktober 1952 und November 1952‹,
in: Eric Voegelin / Alfred Schütz / Leo Strauss / Aron Gurwitsch, *Briefwechsel über »Die Neue Wissenschaft der Politik«*, hg. v. Peter J. Opitz, Freiburg/München: Alber 1993, S. 55-63 und S. 71-104
(engl. Teilübers. in: 1996-I-1, S. 221-233) → *VI.1*

1994-I-1 ›Brief von Alfred Schütz an Edmund Husserl vom 26. April 1932‹,
in: Karl Schuhmann (Hg.), *Husserliana. Dokumente Bd. III: Briefwechsel, Teil 4: Die Freiburger Schüler*, Dordrecht/Boston/London: Kluwer 1994, S. 481-483

1995-I-1 ›Husserl's *Crisis of Western Science*‹ [Übersetzung von 1988-I-1 durch Helmut Wagner, ed. by Fred Kersten],
in: Steven Galt Crowell (Ed.), *The Prism of the Self. Philosophical Essays in Honor of Maurice Natanson*, Dordrecht/Boston/London: Kluwer 1995, S. 277-287
(abgedruckt in: 1996-I-1, S. 177-186) → *III.1*

1996-I-1 *Collected Papers IV*,
ed. with Preface and Notes by Helmut Wagner and George Psathas. In Collaboration with Fred Kersten,
Dordrecht/Boston/London: Kluwer 1996

1996-I-2 ›Outline of a Theory of Relevance‹ [Übersetzung],
lfd. Nr.: 23
in: 1996-I-1, S. 3-5→ *VI.1*

1996-I-3 The Problem of Rationality in the Social World. A Lecture Delivered at the Faculty Club of Harvard University on April 13th, 1940 [Abdruck von 1940-II-1],
in: 1996-I-1, S. 6-24 → *IV.*

1996-I-4 ›Realities from Daily Life to Theoretical Contemplation‹ [Abdruck von 1943-II-1],
in: 1996-I-1, S. 25-50 → *V.1*

1996-I-5 Teiresias or Our Knowledge of Future Events [Abdruck von 1945-II-1],
in: 1996-I-1, S. 51-66 → *V.1*

1996-I-6 ›Relevance: Knowledge on Hand and in Hand‹,
lfd. Nr.: 850-854 in: 1996-I-1, S. 67-70 → *VI.1*

1996-I-7 The Problem of Social Reality [Abdruck von 1958-II-6],
in: 1996-I-1, S. 71-72 → *IX.*

1996-I-8 enquote*Toward a Viable Sociology [Übersetzung],
lfd. Nr.: 30, 34-37
in: 1996-I-1, S. 75-83 → *I.*

1996-I-9 ›Understanding and Acting in Political Economy and Other Social Sciences‹ [Übersetzung von 1930-II-1], in: 1996-I-1, S. 84-87 → *I.*

1996-I-10 ›Political Economy: Human Conduct in Social Life‹ [Übersetzung von 1936-II-2],
in: 1996-I-1, S. 93-105 → *IV.*

1996-I-11 ›The Life-World and Scientific Experience‹ [Übersetzung eines Briefes an Felix Kaufmann vom 17. September 1945],
in: 1996-I-1, S. 110-111

1996-I-12 The Scope and Function of the Department of Philosophy within the Graduate Faculty [Abdruck von 1953-II-2],
in: 1996-I-1, S. 112-117 → *IV.*

1996-I-13 ›Basic Concepts and Methods of the Social Sciences‹ [Übersetzung von 1936-II-4],
in: 1996-I-1, S. 121-130 → *IV.*

1996-I-14 ›A Note on Behaviorism‹,
lfd. Nr.: 8089 und 8091-8092
in: 1996-I-1, S. 131-133 → *IX.*

1996-I-15 ›A Scholar of Multiple Involvements: Felix Kaufmann‹ [Abdruck von 1949-II-1],
in: 1996-I-1, S. 134-139 → *IV.*

1996-I-16 ›Social Science and the Social World‹ [Übersetzung eines Briefes an Adolph Löwe vom 17. Oktober 1955],
in: 1996-I-1, S. 140-146 → *VI.1*

1996-I-17 ›The Paradox of the Transcendental Ego‹ [Abdruck von *1945-II-3*,
in: 1996-I-1, S. 190-192 → *III.1*

1996-I-18 ›On the Concept of Horizon‹ [Übersetzung von 1958-II-8],
in: 1996-I-1, S. 196-200 → *VI.1*

1996-I-19 ›Thou and I‹ [ausgearbeitete Übersetzung von 1926-II-2],
in: 1996-I-1, S. 201-202 → *I.*

1997-I-1 ›Positivistic Philosophy and the Actual Approach of Interpretative Social Science: An Ineditum of Alfred Schutz from Spring 1953‹ [Abdruck von 1953-II-1],
ed. by Lester Embree,
in: *Husserl Studies* 14, 1997, S. 123-149 → *IV.*

1998-I-1 Sociological Aspect of Literature [Abdruck von 1955-II-1],
in: Lester Embree (Ed.), *Alfred Schutz's ›Sociological Aspect of Literature‹:, Construction and Complementary Essays*, Dordrecht/Boston/London: Kluwer Academic Publishers 1998, S. 4-7 → *VIII.*

1999-I-1 ›The Meaning Structure of the Social World‹ [Abdruck von 1958-II-5],
in: Lester Embree (Ed.), *Schutzian Social Science*, Dordrecht / Boston / London: Kluwer Academic Publishers 1999, S. ix-x → *IX.*

1999-I-2 ›Schutz's Contributions in the General Discussions at the Institute‹ [Abdruck von 1956-II-8],

ed. by Lester Embree,
in: Lester Embree (Ed.), *Schutzian Social Science*, Dordrecht / Boston / London: Kluwer Academic Publishers 1999, S. 244-245, 247-249, 250-252, 253-254, 258-259, 264-265, 272-275 → *VI.2.*

1999-I-3 ›Letter of Alfred Schutz to Clarence H. Faust, May 12, 1956‹,
in: Lester Embree (Ed.), *Schutzian Social Science*, Dordrecht / Boston / London: Kluwer Academic Publishers 1999, S. 245-246

1999-I-4 Some Considerations Concerning Thinking in Terms of Barriers [Abdruck von 1956-II-6],
in: Lester Embree (Ed.), *Schutzian Social Science*, Dordrecht / Boston / London: Kluwer Academic Publishers 1999, S. 287-289 → *VI.2.*

1999-I-5 Memorandum [Abdruck von 1956-II-3],
in: Lester Embree (Ed.), *Schutzian Social Science*, Dordrecht / Boston / London: Kluwer Academic Publishers 1999, S. 291-295 → *VI.2.*

1999-I-6 [mit Harold D. Lasswell] Report on the Discussions of Barriers to Equality of Opportunity for the Development of Powers of Social and Civil Judgment [Abdruck von 1956-II-7],
ed. by Lester Embree,
in: Lester Embree (Ed.), *Schutzian Social Science*, Dordrecht / Boston / London: Kluwer Academic Publishers 1999, S. 297-311 → *VI.2.*

1999-I-7 ›Letter of Alfred Schutz to Clarence H. Faust, The Fund for the Advancement of Education [December 10, 1957]‹,
in: Lester Embree (Ed.), *Schutzian Social Science*, Dordrecht / Boston / London: Kluwer Academic Publishers 1999, S. 313-318 → *VI.2.*

2003-I-7 [mit Thomas Luckmann] Strukturen der Lebenswelt [NA von 1975-I-1 und 1984-I-1],
[korr. u. in den Anm., den Registern sowie um ein Verzeichnis der angeführten Lit. von Martin Endreß ergänzte Ausgabe], Konstanz: UVK 2003 → *IX.*

Glossar fremdsprachiger Begriffe

Vorbemerkung: Das Glossar dient ausschließlich dazu, durch *wörtliche Übersetzungen* der von Schütz verwandten griechischen, lateinischen und französischen Begriffe sowie der im Text in englischer Sprache belassenen Termini den Textzugang zu erleichtern. Selbstverständlich kann damit kein Instrumentarium an die Hand gegeben werden, das die teilweise erheblichen Bedeutungsvarianten dieser Begriffe in unterschiedlichen theoretischen Kontexten vollständig erschließt.

Griechisch

αἰσϑητὰ (aistheta)	das Wahrgenommene
βαϑος (bathos)	Tiefe
εἶδος (eidos)	Idee (Gestalt, Wesen)
ἐποχή (Epoché)	Einklammerung, Ausschaltung der Seinssetzung
ϑῦραϑὲν (thyrathen)	von außen her
ὕλη (hyle)	Stoff, Materie, Urstoff
μεϑεμπσυχοσις (methempsychosis)	Seelenwanderung
νοημα (noema)	(idealer) intentionaler Gegenstand
νοησις (noesis)	Gegebenheit, Auffassungsweise
συμφιλοσοφειν (symphilosophein)	zusammen philosophieren

Lateinisch

adaequatio rei ac intellectus	Übereinstimmung von Ding und Vernunft (scholastisch: Wahrheit)
a fortiori	vom Stärkeren (Grund) her
a posteriori	vom Späteren her, aus Erfahrung
a priori	vor aller Erfahrung
cogitationes	Überlegungen
cogitatum	das Gedachte, der Gegenstand des Denkens
cogito	ich denke
ecce philosophus	Sieh, (welch) ein Philosoph!
ego	ich
ego cogitans	das denkende Ich
eo ipso	eben dadurch, von selbst

etsi furca expellas	wenn auch mit der Mistgabel vertrieben
hic	hier
Hic egregie progressus sum	Bis hierher bin ich vorzüglich vorangekommen
illic	dort, da
in extenso	in aller Ausführlichkeit
in fine	am Ende
intellectus agens	handelnde Vernunft
inter-esse	dazwischen sein
ipse	selbst
lumen naturale	natürliches Licht
mathesis universalis	Universallehre, universelle Anwendbarkeit mathematischer Logik
mens sive animus sive intellectus	Bewusstsein ohne Seele und ohne Vernunft
modus ponens	Logik: setzende Schlussweise
modus tollens	Logik: aufhebende Schlussweise
more geometrico	nach Art der Geometrie
philosophia perennis	immerwährende Philosophie
principium identitatis indiscernibilium	Satz der Identität des Ununterscheidbaren
quasi una fantasia	wie eine Phantasie
res extensa	ausgedehntes Ding, Materie
singulare tantum	nur im Singular vorkommendes Wort
solus ipse	das Selbst allein
sum cogitans	ich bin denkend, ich denke
terminus a quo	Zeitpunkt, zu dem etwas beginnt
terminus ad quem	Zeitpunkt, zu dem etwas beendet sein soll

Französisch

accouplement	Paarung, Zusammenstellung
comportement	Verhalten
corps propre	Leib
durée	Dauer (in der inneren Zeit)
la-bas	dort
mon corps pour moi	mein Leib für mich
mon corps pour autrui	mein Leib für Andere
Nature qui m'appartient	Natur, wie sie mir erscheint

Englisch

behavior	Verhalten
common sense	alltagsweltliche Urteilskraft
face-to-face relationship	unmittelbare Begegnung, direktes Gegenüberstehen
looking-glass-effect	Spiegeleffekt
paramount reality	übergeordnete Wirklichkeit

Namenregister

Vorbemerkung: In dieses Verzeichnis sind lediglich die Personen aufgenommen, auf die Schütz in seinen Texten, den dortigen Fußnoten (mit Ausnahme seitens der Editoren vorgenommener Ergänzungen) sowie in den aus seinem Nachlass herangezogenen Materialien (Auszügen aus den Briefwechseln) Bezug nimmt. Von den Editoren (im Rahmen der Einleitung, in den editorischen Berichten, den editorischen Anmerkungen und im Anhang) erwähnte Namen sind nachfolgend nicht verzeichnet.

Sachregister

Vorbemerkung: In dieses Verzeichnis sind lediglich Begriffe aufgenommen, die Schütz in seinen Texten, den dortigen Fußnoten (mit Ausnahme seitens der Editoren vorgenommener Ergänzungen) sowie in den aus seinem Nachlass herangezogenen Materialien (Auszügen aus den Briefwechseln) verwendet. Von den Editoren (im Rahmen der Einleitung, in den editorischen Berichten und den editorischen Anmerkungen) vorgenommene Verwendungen dieser Begriffe werden nicht ausgewiesen.